地铁工程技术与管理系列丛书

PRACTICAL TECHNOLOGY AND MANAGEMENT ON
CONTROLING VARIOUS RELOCATION PROJECTS BEFORE METRO CONSTRUCTION

地铁前期工程技术与管理实务

胡 鹰 / 编 著

乔晓冉 陈卓如 蔡 翔 / 副主编

黄力平 杨发克 蔡 明 许华林
侯 铁 曾 静 朱明娇 钟水溶 / 主 审

人民交通出版社股份有限公司
China Communications Press Co.,Ltd.

内 容 提 要

本书分为绿化迁移及恢复工程、交通疏解工程、管线改迁工程、地铁前期工程项目管理、地铁前期工程新技术应用5篇共20章，介绍了地铁前期工程各专业设计技术、施工流程和技术要点等内容，阐述了基于建设单位、设计单位以及施工单位的设计管理、招投标与合同管理、项目管理、质量管理、安全管理等内容。此外，还对建筑信息模型（BIM）、交通疏解仿真、海绵城市、快速拆架桥、预制装配式桥墩施工、城市地下管廊与地铁结合共建等新技术应用和研究进行了介绍。

本书可供地铁建设、设计、监理、施工、设备材料供应等单位的技术与管理人员参考，也可以作为大专院校相关专业的辅导用书。

图书在版编目（CIP）数据

地铁前期工程技术与管理实务 / 胡鹰编著 . —北京：人民交通出版社股份有限公司，2019.3
ISBN 978-7-114-15062-3

Ⅰ.①地… Ⅱ.①胡… Ⅲ.①地下铁道－铁路工程－工程管理 Ⅳ.①U231

中国版本图书馆 CIP 数据核字（2018）第 226887 号

书　　名：地铁前期工程技术与管理实务
著 作 者：胡　鹰
责任编辑：刘彩云　李　梦
责任校对：刘　芹
责任印制：张　凯
出版发行：人民交通出版社股份有限公司
地　　址：（100011）北京市朝阳区安定门外外馆斜街 3 号
网　　址：http://www.ccpress.com.cn
销售电话：（010）59757973
总 经 销：人民交通出版社股份有限公司发行部
经　　销：各地新华书店
印　　刷：北京印匠彩色印刷有限公司
开　　本：880×1230　1/16
印　　张：36.5
字　　数：1100 千
版　　次：2019 年 3 月　第 1 版
印　　次：2021 年 1 月　第 2 次印刷
书　　号：ISBN 978-7-114-15062-3
定　　价：228.00 元

（有印刷、装订质量问题的图书，由本公司负责调换）

丛书序

我国城市轨道交通发展至今取得了巨大的成功。其发展历程可分为五个阶段。第一阶段，1908年我国第一条有轨电车在上海建成通车到20世纪50年代，是我国有轨电车交通发展阶段（20世纪50年代后开始拆除）。第二阶段，20世纪80年代末至20世纪90年代中期，是以交通为目的的城市轨道交通建设阶段。第三阶段，1995年至1998年，为城市轨道交通调整整顿阶段，原国家计划委员会1997年底提出并于1998年批复深圳地铁1号线（19.5km）、上海明珠线（24.5km）、广州地铁2号线（23km）作为国产化依托项目，城市轨道交通项目重新启动。第四阶段，1999年至2008年，为城市轨道交通蓬勃发展阶段，城市轨道交通由纯交通功能转化为多功能。第五阶段，2008年至今，为城市轨道交通飞速发展阶段，城市轨道交通具有多功能性。目前，我国城市轨道交通进入到从大到强、从量到质的历史性转换阶段。

截至2017年，我国共有33个城市运营城市轨道交通，总里程达4712km（不计市域快轨），其中地铁占82.4%（3884km），轻轨、单轨、有轨电车、磁浮交通、APM（自动输送系统）等占17.6%（828km）。2017年我国城市轨道交通完成建设投资达4762亿元，有62个城市的轨道交通线网规划获得批准，其中北京、杭州和广州规划线路投资均超过2000亿元。全国在建城市轨道交通的城市达56个，在建线路254条，在建总里程6246.3km（其中，成都405km,杭州和广州都超过350km,深圳272km）。

由于城市轨道交通具有准公益性的显著特点，以及内部效益外部化、经济效益社会化的属性，我国运营城市轨道交通的33个企业无一例外全部亏损。城市轨道交通运营已经是地方政府财政上的一个沉重包袱。56个城市正在建设城市轨道交通，年投资额将突破4000亿元，地方政府很难满足如此巨大的资金需求。另外，城市轨道交通的车辆基地和沿线安保区需要占用大量的土地资源，而当前城市土地资源日益匮乏的状态严重制约了城市轨道交通的发展。要解决这些难题，只有走建效能最大化的城市轨道交通之路，从而实现社会、环境和经济效益（包括城市轨道交通业主的效益）三方面的统一。

在工程安全和造价合理的前提下，如何高标准、高质量、高效率地修建安全可靠的城市轨道交通，是实现城市轨道交通可持续发展的主要研究内容之一，也是广大城市轨道交通建设者共同的目标。实现这一目标的关键就是城市轨道交通工程的管理及施工技术人员要具有较高的理论水平、丰富的实践经验及熟练的操作技能，而理论、经验和技能的获得需要不断的学习和实践。《地铁工程技术与管理系列丛书》的出版，将为广大城市轨道交通建设者系统学习相关技术与管理知识，了解和掌握新技术发展和应用现状提供有效的指导。

本系列丛书的作者团队，以城市轨道交通工程建设者的身份，在相关专业理论知识的基础上，结合现场施工经验，按照地铁建设的三个阶段，编写了《地铁前期工程技术与管理实务》《地铁土建工程技术与管理实务》和《地铁站后工程技术与管理实务》三本著作，从施工技术、项目管理以及新技术应用三个维度,集专业性、针对性、系统性和实用性于一体,深入浅出,对城市轨道交通工程进行了全方位、全过程的梳理和阐述。本系列丛书不仅介绍了地铁前期工程、土建工程及站后工程各专业的系统构成及功能、工程特点、工艺流程及质量控制、核心设备功能、施工工法、常见问题预防及处理、新技术及发展趋势等内容,还阐述了建设、设计、监理、施工单位以及设备供应(集成)商的工程项目管理内容,并对前期工程、土建工程和站后工程部分专业的新技术研究和应用情况进行了介绍。书中不仅提出了一系列实际工程问题的解决方案和新技术,还基于相关课题研究成果,以丰富、翔实的数据和资料对各种理论的科学性和各种方法的有效性进行检验。全书结构合理、内容翔实、重点突出、实用性强,将促进我国城市轨道交通建设技术与管理水平的不断提升。

由于城市轨道交通工程涉及专业多,技术复杂,管理难度大,故其标段划分从一站一区间一个小标段到一条线路数个大标段,乃至整条线路为一个标段;从前期工程、土建工程到站后工程按专业划分标段,到土建工程和站后工程部分专业组成一个标段,乃至把整条线路的前期工程部分专业、土建工程和站后工程大部分专业合并为一个大标段。这些标段划分的创新和发展趋势,对建设人才的要求从单一专业向多专业综合型人才转变;从单一技术或管理型人才向技术与管理复合型人才转变。这就需要参建人员通过系统的学习来提高自己的理论水平和实践能力,以适应新技术、新形势的快速发展。《地铁工程技术与管理系列丛书》的出版,顺应了城市轨道交通建设创新与发展的需要,凝聚了深圳城市轨道交通建设者的智慧与心血,谨此与广大轨道交通建设者共勉之,是为序。

中国工程院院士

2018 年 6 月于深圳

前／言

地铁作为人类利用地下空间的一种有效形式,对于提高土地利用效率、缓解地面交通压力、改善居住环境、保持城市历史文化景观等都具有十分显著的作用;同时,地铁具有运量大、快捷、安全、准时、舒适等特点,是城市交通的主要发展方向。随着国家经济的快速发展和城市交通资源与人们出行需求矛盾的日益突出,地铁建设从一线城市逐渐向二、三线城市延展。据统计,2011—2020年,城市轨道交通新增运营里程将达到6560公里,预计到2020年,我国城市轨道交通累计运营里程将达到7395公里。在可预见的未来十年甚至二十年内,城市轨道交通将始终处于高速发展时期,而地铁在诸多方面的特点和优势,使其成为解决城市交通问题的首选方案。

一般而言,按照实施的顺序将地铁建设分为前期工程、土建工程和站后工程三个阶段。前期工程包括绿化迁移及恢复、交通疏解和管线改迁工程等;土建工程包括车站(含附属)、区间及车辆段综合基地土建工程等;站后工程包括轨道工程、设备(常规、系统)工程以及装饰装修工程等。《地铁工程技术与管理系列丛书》就是按照地铁建设的三个阶段,从施工流程、技术要点及管理方法等方面,对地铁工程的施工技术、项目管理以及新技术应用进行全面阐述,力求通过深入浅出的梳理、归纳和总结,使读者对地铁工程技术与管理以及新技术应用的现状有全面认识,并顺应于地铁建设快速发展的要求,促进地铁建设技术与管理及新技术应用水平的不断完善和提升。丛书分为《地铁前期工程技术与管理实务》《地铁土建工程技术与管理实务》《地铁站后工程技术与管理实务》三册,是一套集系统性、专业性、针对性和实用性于一体的地铁工程技术与管理著作。

前期工程是地铁主体工程施工的前置工程,其贯穿于地铁工程的全过程。有别于地铁土建工程和站后工程,地铁前期工程有以下特点:其一,涉及专业多、权属单位不一。主要包含绿化迁移、交通疏解和管线(包括给排水、电力、燃气、通信等专业)改迁。权属单位既有政府部门及其委托的专业管理公司,也有国有企业,还存在个人或集体小产权等情况。其二,沟通协调难度大、工作量大。主要包括征地拆迁工作的影响,施工需维持城市基础设施功能,设计方案、行政许可、割接碰口等各个环节的审批等。需要在错综复杂的关系中,努力寻求相关各方的利益平衡点,最大限度地缩短达成共识的时间。其三,现场情况复杂,不确定、不可控因素多。包括施工场地的限制、多专业交叉施工的制约、主体工程边际条件的变化、前期工程相关专业的相互影响、方案和行政审批时间的延误等。其四,设计方案稳定性差。由于施工平面和空间的限制性多、物探资料准确性低、各专业设计方案关联性强等问题,前期工程无法按原设计方案实施的比例非常大,导致施工图更新、现场签证成为常态,对项目的工期和造价产生较大影响。针对前期工程上述特点,参建单位只有通过技术与管理手段,才能有效控制工程的安全、质量、进度和造价,较好完成前期工程与土建工程的阶段转换和衔接,并最终实现线路开通试运营的目标。

本书分为绿化迁移及恢复工程、交通疏解工程、管线改迁工程、地铁前期工程项目管理、地铁前期工程新技术应用5篇共20章,不仅介绍了地铁前期工程各专业设计技术、施工流程和技术要点等内容,还阐述了基于建设单位、设计单位以及施工单位的设计管理、招投标与合同管理、项目管理、质量管理、安全管理等内容。此外,对建筑信息模型(BIM)、交通疏解仿真、海绵城市、快速拆架桥、预制装配式桥墩施工、城市地下管廊与地铁结合共建等新技术应用和研究进行了介绍。

  本书的编写人员包括建设、设计、施工单位的工程技术和管理人员,他们长期参加深圳地铁的建设,具有较高的理论水平和较丰富的实践经验。作为地铁前期工程技术与管理方面的参考书,本书主要面向地铁建设、设计、监理、施工、设备材料供应等单位的技术与管理人员,也可以作为大专院校相关专业的辅导用书,目的是使参加或有志于从事地铁建设的人员对地铁前期工程有系统的了解、熟悉,掌握地铁前期工程的相关技术要点和管理思路。希望本书的出版能够为地铁建设和同类大型工程建设提供一定的借鉴,特别为各城市正在实施和将要实施的地铁工程建设提供帮助,为实现地铁建设项目科学、高效管理,促进地铁前期工程建设技术和管理方法的创新及发展提供理论支持和实践经验。

  由于作者水平有限,书中纰漏与不足在所难免,敬请广大读者批评指正。

作　者

2018年9月

目 / 录

第1篇 绿化迁移及恢复工程

第 1 章 绿化迁移及恢复工程设计 ... 2
    1.1 概述 ... 2
    1.2 绿化迁移设计 ... 2
    1.3 绿化恢复设计 ... 6

第 2 章 绿化迁移及恢复工程施工 ... 15
    2.1 概述 ... 15
    2.2 绿化迁移工程分类 ... 15
    2.3 苗木迁移工程 ... 16
    2.4 绿化设施迁移工程 ... 22
    2.5 植物废弃物的回收与利用 ... 22
    2.6 绿化恢复工程分类 ... 22
    2.7 园林附属工程 ... 23

第2篇 交通疏解工程

第 3 章 交通疏解工程设计 ... 46
    3.1 概述 ... 46
    3.2 交通疏解的目的、原则及方法 ... 47
    3.3 交通影响分析 ... 51
    3.4 交通疏解组织设计分析 ... 55
    3.5 交通疏解效果评估 ... 78

第 4 章 交通疏解工程施工 ... 84
    4.1 概述 ... 84
    4.2 工程特点与总体要求 ... 84
    4.3 工程分类 ... 86
    4.4 拆除工程 ... 87
    4.5 道路工程 ... 94
    4.6 桥梁工程 ... 99
    4.7 交通设施及监控工程 ... 103

  4.8 照明工程 106
  4.9 其他零星工程 107
  4.10 资源再生和"四新"技术应用 107

第3篇　管线改迁工程

第 5 章　管线改迁工程设计 110
  5.1 概述 110
  5.2 给水管线改迁工程 121
  5.3 排水管线改迁工程 130
  5.4 电力管线改迁工程 139
  5.5 通信管线改迁工程 158
  5.6 燃气管线改迁工程 171
  5.7 管线综合 178

第 6 章　给水排水管线改迁工程施工 183
  6.1 概述 183
  6.2 工程特点 183
  6.3 工程分类 184
  6.4 管道工程 185
  6.5 附属设施工程 220
  6.6 给水排水管连接工程 227
  6.7 给水排水工程验收 232

第 7 章　电力管线改迁工程施工 235
  7.1 概述 235
  7.2 工程特点 235
  7.3 工程分类 236
  7.4 110kV及以上主网改迁工程 237
  7.5 35kV及以下配网改迁工程 264

第 8 章　通信管线改迁工程施工 300
  8.1 概述 300
  8.2 工程特点 300
  8.3 工程分类 301
  8.4 管道工程 301
  8.5 附属设施工程 307
  8.6 缆线工程 312
  8.7 工程验收 325

第 9 章　燃气管线改迁工程施工 327
  9.1 概述 327
  9.2 工程特点 327
  9.3 工程分类 328
  9.4 管道施工 328
  9.5 附属设施工程 336
  9.6 质量验收 338

9.7	管道接驳工程	339

第4篇　地铁前期工程项目管理

第10章	招投标与合同管理	350
10.1	概述	350
10.2	招投标管理	350
10.3	合同管理	359
10.4	招标及合同管理创新	365
第11章	设计管理	368
11.1	概述	368
11.2	管理原则及目标	368
11.3	管理架构与各方职责	369
11.4	设计阶段及主要任务	371
11.5	设计管理流程	372
11.6	设计管理主要措施	373
11.7	设计审查要点及流程	374
11.8	设计单位内控管理	376
11.9	施工图设计更新流程	385
11.10	设计控制与责任处理	386
11.11	设计管理改革创新	387
第12章	项目管理	388
12.1	概述	388
12.2	工程特点	388
12.3	管理模式和管理原则	390
12.4	管线及设施安全保护	392
12.5	工程策划	394
12.6	计划管理	395
12.7	协调管理	396
12.8	现场签证管理	397
12.9	施工图更新管理	399
第13章	工程质量管理	401
13.1	概述	401
13.2	前期工程质量管理特点	401
13.3	绿化迁移及恢复工程质量管理	402
13.4	交通疏解工程质量管理	405
13.5	管线改迁工程质量管理	408
第14章	安全管理	441
14.1	概述	441
14.2	前期工程安全管理特点	441
14.3	绿化迁移及恢复工程安全管理	442
14.4	交通疏解工程安全管理	444
14.5	管线改迁工程安全管理	448

第5篇　地铁前期工程新技术应用

第15章　BIM技术应用·······468
　15.1　概述·······468
　15.2　BIM概念·······468
　15.3　BIM技术在地铁前期工程中的应用·······469
　15.4　BIM技术在交通疏解工程中的应用·······470
　15.5　BIM技术在管线改迁工程中的应用·······472
　15.6　BIM技术在工程项目管理中的应用·······475

第16章　交通疏解仿真技术应用·······478
　16.1　概述·······478
　16.2　仿真类型及常用软件·······479
　16.3　仿真目的及技术路线·······481
　16.4　疏解阶段交通仿真·······482
　16.5　恢复阶段交通仿真·······485
　16.6　疏解阶段仿真案例·······486

第17章　海绵城市技术应用·······495
　17.1　概述·······495
　17.2　技术综述·······495
　17.3　海绵技术在不同类型项目中的应用·······503
　17.4　海绵技术在地铁前期工程中的应用·······513

第18章　快速拆架桥技术应用·······516
　18.1　概述·······516
　18.2　梁桥预制架设技术方案·······516
　18.3　梁桥拆除技术方案·······521
　18.4　新工艺技术（SPMT/模块车）·······524
　18.5　SPMT/模块车架设桥梁工程实例·······526
　18.6　SPMT/模块车拆除桥梁工程实例·······532

第19章　预制装配式桥墩施工技术·······538
　19.1　概述·······538
　19.2　定义及适用范围·······538
　19.3　国内外应用状况·······539
　19.4　工程特点·······539
　19.5　施工流程及技术要点·······540
　19.6　应用前景和发展趋势·······552

第20章　城市综合管廊与地铁共建研究·······554
　20.1　概述·······554
　20.2　可行性与实施原则·······555
　20.3　城市综合管廊与地铁共建设计·······556

参考文献·······567
《地铁前期工程技术与管理实务》编写人员名单·······571
特别鸣谢·······572

第1篇
绿化迁移及恢复工程

第1章　绿化迁移及恢复工程设计 ◂
第2章　绿化迁移及恢复工程施工 ◂

第1章 绿化迁移及恢复工程设计

1.1 概　　述

为了给地铁主体工程和地铁附属结构工程施工提供临时或永久场地,需要实施包括绿化迁移、交通疏解、管线改迁及恢复等前期工程。绿化迁移工程是交通疏解、管线改迁及主体工程的前置工程,其设计范围包括交通疏解、管线(包括给排水、电力、燃气、通信等专业)改迁及主体工程涉及的场地。

受场地条件所限,地铁主体工程在很多情况下需要多次倒边施工,为了避免短期闲置施工场地"因裸致脏、由露扬尘",需要实施临时绿化恢复工程。地铁主体工程完工后,需要按原标准或提高标准对绿化迁移场地实施绿化永久恢复。同时,根据地铁出入口和附属结构的特点,并结合其周边区域的城市功能定位,实施绿化景观工程。绿化恢复工程设计范围包括临时和永久绿化的恢复以及地铁站点周边的绿化景观工程。

1.2 绿化迁移设计

1.2.1 绿化迁移设计依据

(1)电子版地形图;
(2)地铁工程可行性研究报告;
(3)主体车站建筑、交通疏解及给排水、电力、燃气、通信、照明等专业施工范围图纸;
(4)由勘测单位提供的现状乔木勘测图(标明乔木坐标位置、胸径大小)及现场照片;
(5)现有相关设计规范、规程。

1.2.2 绿化迁移设计原则

1)合理避让原则

古树名木都有较长年限的历史,迁移的成活率很低。通过与地铁主体和前期工程其他专业的充分沟通与协调,在规划设计阶段反复论证设计方案,尽量避让沿线的古树名木。

2）就近安置原则

本着就近安置的原则，尽可能选择在原生长环境附近区域移植，以保持树木原有的生长环境，减少运输距离，保证树木尽快适应并恢复活力。

3）价值选择原则

迁移苗木时，要重点保障景观效果好、生长势强、价值较高的苗木的迁移成活率。

4）同步迁移原则

为避免在迁移苗木的过程中破坏地下煤气管道、电缆等，影响居民生活用气、用电和通信等，此类苗木的迁移应与管线的迁移同步进行。

5）技术与管理并重原则

在苗木迁移过程中和在移植地生长期间，需采取各种技术手段和管理措施，以满足地铁主体工程工期和保证被迁移苗木成活率的设计要求。

1.2.3 绿化迁移设计指引

1）迁移乔木土球的规定

为了保证迁移苗木的成活率，在迁移苗木方案设计时，对苗木起挖时土球直径的规定应遵循以下技术指标：

（1）带土球苗木起挖应根据气候及土壤条件决定土球规格，一般土球直径为胸径的6倍左右；
（2）难成活的树种要考虑加大土球直径，以7～10倍为宜；
（3）棕榈类植物土球直径为地径的2.5～3倍；
（4）土球的高度可比宽度少5～10cm。

2）迁移苗木的修剪

根据苗木的种类、生长条件、迁移种植的位置以及对冠幅保留的要求，在确保安全的前提下，对迁移苗木进行修剪。要求乔木修剪后树型美观，主次枝搭配合理，冠幅均匀，杜绝过度修剪，具体修剪冠幅应符合相关标准规定（表1-1）。

苗木迁移冠幅参照表　　　　表1-1

类别	主要品种	胸径(cm)	冠幅(cm)
杉柏类	罗汉松、杉树	—	保留全冠幅
棕榈类	苏铁、美丽针葵、大王椰子、假槟榔	—	保留全冠幅，只剪除部分叶片
	鱼尾葵、散尾葵	—	剪除部分叶片
塔形直生树种	木棉（属深根移植）、榄仁、杜英等	5以下	全冠幅
		6～10	200～250
		11～20	保留顶芽和轮生侧枝，只对侧枝进行短截　250～300
		21～30	300以上
		30以上	300以上

续上表

类　　别	主要品种	胸径(cm)	冠幅(cm)
榕树类	大叶榕、小叶榕、高山榕等	5以下	150～200
		6～10	250～300
		11～20	疏剪(剪除阴枝、交叉枝、病虫枝、老化枝) 300以上
		21～30	300以上
		30以上	300以上
阔叶圆形树种	秋枫、紫荆、桃花心、阴香、杧果等	5以下	150～200
		6～10	200～250
		11～20	疏剪(剪除阴枝、交叉枝、病虫枝、老化枝) 250～300
		21～30	300以上
		31～40	300以上
		40以上	300以上
狭叶直生树种	白千层、木麻黄等	5以下	150～200
		6～10	疏剪(剪除阴枝、交叉枝、病虫枝、老化枝) 200～250
		11～20	250～300
灌木类	造型灌木	—	保留原有冠幅的2/3
	孤植非造型灌木		适当修剪部分枝叶
	花坛绿篱苗		适当修剪部分枝叶
竹类	青竹	—	适当修剪部分枝叶

3）迁移苗木的去向安排

植物从地铁工程的用地迁移出来后，应该找到适合的场地安置。

迁移的植物尤其是大型乔木（胸径大于15cm），可就近安排在正在建设的市政工程或现有公园内。其他的植物按照方案移植到规定的场地内，地铁绿化恢复时再迁移回来，以降低建设成本。如果回迁费用比重新布置绿化费用高，原则上不建议回迁（有特殊要求的除外）。

为了更加科学、合理、有序地做好该项工作，就地铁绿化迁移苗木去向安排提出以下方案：

（1）迁移到园林管理部门附近苗圃（或绿化带），由建设单位与各区园林绿化主管部门或管护单位逐项、逐点协商登记苗木的名称、数量、大小，做好苗木联系登记工作。

（2）迁移到附近合适的市政绿化工程，由该工程提出绿化施工图纸核对、审核后再进行绿化迁移工程，并由该工程的绿化施工单位种植、养护。

绿化施工图及迁移苗木材料表示例如图1-1所示。

苗木迁移到规定的场地，同种乔木成行成排规则式种植，如图1-2所示。

4）成活率规定

苗木成活率应符合相关标准规定（表1-2），特殊苗木另行规定。施工单位按施工规范施工，在迁移种植过程中发生苗木死亡，对超出苗木规定死亡率以上的死亡苗木扣除其苗木养植费和养护费。如不按规范施工、养护，导致苗木死亡的，施工单位还应承担相关的苗木费。施工单位不按安排地点种植迁移苗木的，要扣除全部苗木迁移的苗木费、种植费和养护费。

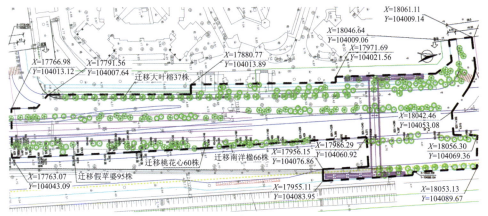

迁移苗木材料表

图例	序号	名称	胸径(cm)	土球直径(cm)	数量	图例	序号	名称	胸径(cm)	土球直径(cm)	数量
⊛	1	假苹婆	16	100	9	◉	3	南洋楹	17～20	120	6
			21～25	140	36				26～30	160	47
			31～35	180	50				31～35	180	13
◯	2	桃花心	11～12	70	4	⊛	4	大叶榕	36～40	180	13
			14～15	90	12				41～45	180	21
			17～20	120	25				56～57	200	3
			26～30	160	19						

注：绿化迁移围挡面积12469m²。绿化迁移面积4910m²。

图 1-1 绿化施工图及迁移苗木材料表示例

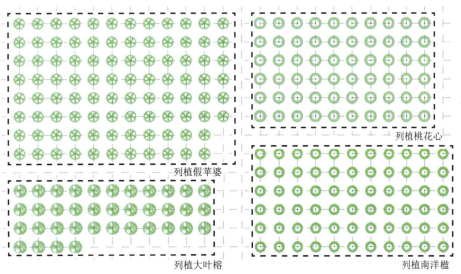

图 1-2 迁移苗木种植示意图

迁移苗木成活率要求 表 1-2

序号	苗木种类	规格	成活率要求
1	榕树类、木棉、刺桐等	所有规格	>90%
2	棕榈科植物	所有规格	>80%
3	白兰、树菠萝、杧果、扁桃、樟树、阴香等	胸径≤12cm	>85%
		胸径>12cm	>70%
4	除上述三类外的其他乔木	胸径≤10cm	>90%
		胸径>10cm	>85%
5	单株灌木	—	>90%
6	花坛灌木	—	>95%
7	垂直绿化	—	>95%

5）绿化设施的迁移

（1）对于绿地中的护树架、围栏等绿化设施，具有较高使用价值的，应立即使用；不能及时使用的，则按种植地点安排单的要求送至规定地点集中管理，统筹安排。对无重复利用价值的设施，应及时清理。

（2）绿地中水管的迁移要确保灌溉系统的正常运转，根据实际情况进行深埋或绕行的方式灵活处理，并做好工程量现场签证工作。

1.3 绿化恢复设计

1.3.1 绿化恢复设计原则

1）整体性原则

从城市整体出发，地铁恢复绿地景观设计要体现城市的形象和个性；从绿地本身出发，需统一考虑绿地两侧的建筑物、绿化、街道设施、色彩、历史文化等，避免其成为片段的堆砌和拼凑，应使景观设计与周边环境融为一体且不失特色。

2）生态性原则

建设工程应遵循低冲击原则，避免过度设计、过度开发。要尽量保留现有绿化及生态比例，有效利用现有设施及资源。设计布局及后期经营模式应遵循低碳环保的理念，做到"零排放、再循环、再利用"等。

3）以人为本原则

充分考虑行车、行人的视距满足交通安全的需要。掌握市民生活和行为的普遍规律，满足人的行为感受和需求，实现其为人服务的基本功能，利用植物引导视线功能，设计出具有引导作用的植物空间。树种选择上应优选根系不破坏路基且无毒无刺的植物品种。

4）因地制宜原则

根据当地气候和道路环境条件，选择适合当地生长的树木，有利于促进树木的正常生长，保持较稳定的绿化成果。同时，植物配置方面，应体现植物生长的多样性、层次性和季相性，并在同一景观格调中呈现出不同的变化。

5）经济适用性原则

绿化恢复景观设计中，在达到绿化、美化目的的同时，也应充分考虑经济效益和社会效益。选择植物时按易采购、易施工、易管护及造价低的原则，营造最佳的景观。

6）艺术性原则

绿化恢复景观设计需简洁明快、层次分明，并与周围环境相协调，既要满足植物的生态习性，又要通过艺术的手法体现植物组合的形式美，植物与硬景的互相烘托，充分体现绿化景观的艺术性。

7）创新和特色原则

在满足绿化恢复设计要求的同时应强调地铁出入口这一功能的特殊性，景观设计时需考虑地铁口周边景观的独特性、可辨识性。运用创新材料及设计手法使设计既具有良好的创意又能兼备施工的便利性。

8）可持续发展原则

可持续发展原则主张不为局部、短期的利益而付出整体、长期的环境代价，坚持自然资源与生态环境、经济社会的发展相统一。

9）科学性原则

加强对场地周边及所属道路现状基础资料的调查和研究，包括交通、人流组织、道路绿化风格、土壤、植物种类、地下管网等。避免绿色植物与地下管线、地面市政设施发生冲突，以及对机动车的正常行驶造成干扰。

1.3.2 绿化恢复设计重难点与策略

在实际设计过程中，主要存在的重难点及解决策略如下。

1）如何化碎为整

绿化恢复工程涉及地铁各个站点区间，每个站点均有其独特的周边环境、历史文化和场地特征。它们正如一块块碎片散落在地铁线路边，如何化碎为整，将每个站点和区间整合串联起来，是绿化恢复工程设计的重难点之一。

解决策略：融入景观的统一性细节。通过提取周边居民所期待的艺术、活力、生态、科技等环境空间设计元素，为市民打造真实、温馨的日常停驻点，优化完善城市的公园绿地系统。

2）如何体现城市功能特色

在地铁沿线各站点分布着城市功能不同的区域，如购物场所集中的商务区，博物馆、大剧院或运动场馆集中的文化体育区，写字楼林立或政府机构所在地的办公区，大型住宅小区及配套设施齐全的居住区等。如何在恢复原有绿化景观的同时，结合地铁站周边物业的特点，设计一些特色绿化景观小品，是绿化恢复工程设计的重难点之一。

解决策略：通过对地铁站点周边景观及所在区域文化特色的分析，选取不同特色的植物和造型，按照"一站一特色"的思路，把车站装饰装修设计、站外绿化景观设计与站点区域功能定位充分结合，并通过不同植物栽植与城市低冲击开发的融合，来凸显特色亮点。

3）如何满足多样化需求

地铁线路经过城市地段，建筑密度大，功能板块高度重叠，人流密集，交通组织复杂，从而产生多样化的市民使用需求。如何满足沿线居民的行为习惯对地铁沿线绿化景观的需求，提高人们的生活品质，是绿化恢复工程设计的重难点之一。

解决策略：以调研使用者需求为基础，设计多功能集约型的多类型绿地。对每一个站口附近进行用地、交通、使用人群及其活动习惯分析，并且以人的活动与使用习惯为设计出发点，以问题为导向，在满足一定功能的前提下考虑植物搭配与其他效果，真正发挥城市绿地系统中散布最为广泛自由的绿化用地应有的价值。

1.3.3 绿化恢复设计指引

作为城市景观的重要组成部分,地铁站点绿化景观恢复应满足城市规划和城市景观的要求,做到与城市景观协调、和谐结合,同时塑造美观的城市形象,提高环境品质。

1)绿化临时恢复设计指引

绿化临时恢复是指地铁施工过程中,为避免"因裸致脏、由露扬尘"问题,而对短期闲置的施工场地采用铺设草坪或配植花境的方式进行临时复绿。

例如,采用自然草花结合地形,营造花海的设计方案,对某地铁站点施工场地进行绿化临时恢复,如图 1-3、图 1-4 所示。

图 1-3　施工中　　　　　　　　　　图 1-4　施工后

2)原标准恢复设计指引

绿化原标准恢复应综合考虑现场实际需求,植物选择要合理,并与原有道路绿化风格相衔接。加强与原有植物风格的统一,采用原有乔木标准进行设计,并丰富设计表达的形式。

3)站口节点改造提升设计指引

地铁站点的出入口作为连通地铁车站与外界环境、建筑的重要节点,是乘客进出车站的通道,其景观恢复设计尤其应注重景观的识别性和导向性。因此,在具体的地铁站点景观恢复设计过程中,应根据出入口类型的不同,各有侧重地进行景观设计。此外,站点周边用地对于景观恢复设计也同样重要,用地功能决定了客流的类型、方向以及对景观的依赖度,也就直接影响了景观设计过程中对于景观导向性和景观类型的考虑。

(1)周边用地分析

①购物、办公:该类站点的客流目的性较强,对于建筑外部景观的驻留性较差,应减少大面积的硬质铺地入口广场,应增加站点出入口与办公商业建筑的直接联系,通过围合、下沉等方式营造亲人的休憩景观空间,如图 1-5 所示。

②休闲、旅游:该类站点的客流量较大,尤其是节假日,应结合公园景区入口,增加入口空间的景观丰富性和可识别性。在景观的空间设计中应尽可能地创造一些休憩空间,以便行人游客驻足停留,如图 1-6 所示。

③生活、休憩:该类站点的客流主要特点为经常性,不仅要考虑居民通勤时景观观赏的需求,更重要的是能结合居民日常生活习惯,丰富公共空间,结合部分微绿地,为周边居民创造闲暇时交流休憩的空间,如图 1-7 所示。

图 1-5　大剧院站　　　　　　　图 1-6　世界之窗站　　　　　　图 1-7　石厦站

（2）其他因素分析

①客流结构：在景观空间布置过程中，考虑客流量的分布，做好景观对客流的引导；同时，重点设计客流量较大的路径与节点，如图 1-8a）所示。

②交通接驳：在站点周边增加公交、自行车接驳的数量，配合景观引导与设计，打造片区的绿道，提高片区绿色出行率，如图 1-8b）所示。

③硬质景观与生态景观：减少城市硬质景观的比例，结合"海绵城市"的概念，增加站点周边的生态景观比例。丰富景观类型，增加四季绿景植被，优化景观视觉效果。加强对景观的日常维护，保证城市景观质量。

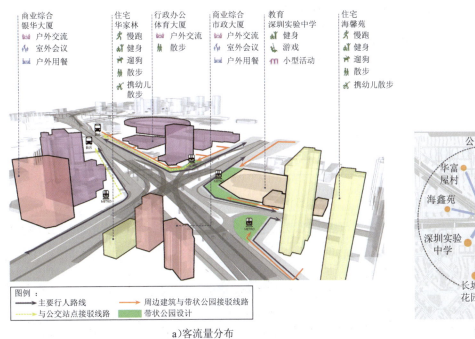

a）客流量分布　　　　　　　　　　　　　　b）交通接驳

图 1-8　某站点客流量分布、交通接驳分析示意图

综合以上考虑，靠近地铁出入口的绿化恢复，以精品节点的形式进行恢复提升，结合精品节点主题特色空间，选用特色植物、小品、铺装材质等，结合地铁出入口标识，强化各站点不同出入口的识别性，构成多样的、赋予人文景观与和谐自然相统一的特色植物空间，如图 1-9 所示。

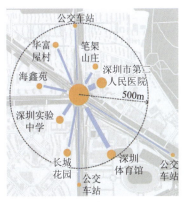

图 1-9　精品节点设计示意图

（3）站口节点设计案例

①美国好莱坞 Vine 地铁站站点景观

好莱坞 Vine 地铁站坐落于美国好莱坞标志性岔路口东侧，这个地铁站及其广场本身既是一个繁

忙的交通节点，又是世界上最有名的城市街景之一。设计方为现有的地铁站设计一个非露天的入口通道，并在入口外设计一个小广场。由于该项目用途复杂，通道入口和毗邻的公共区域被巧妙地融入好莱坞大道，用以作为人行道起点，并且成为典雅的好莱坞酒店和 W 公寓的华丽"前门"。另外，对于在"地铁红地毯"上走过的行人们而言，这里也将是一个优雅的终点。

由于它非凡的城市背景，这个项目需在公共空间的开放性、地铁站点的平等性和好莱坞 W 酒店/公寓环境的排他性之间寻求共通点。广场的设计成功地解决了分流地铁使用者和公共活动的问题，而不需要设置任何物理性隔离设施或恶化空间体验。在这个方案中，广场被作为沿好莱坞大道的系列主题庭院的延伸。该设计也利用了现有的横跨街道的 PANTAGE 剧院作为视觉基准。运用了丰富的色彩并且大胆地采用迥异的硬质景观进行搭配，以此在项目区域间造成对比和产生联系。在场地东侧边界，一个由玻璃骨料混凝土材质建造的红宝石色的"红地毯"（代表着好莱坞最原始的魅力）从星光大道一直延伸至酒店大堂。Vine 地铁站点平面图和站点景观分别如图 1-10、图 1-11 所示。

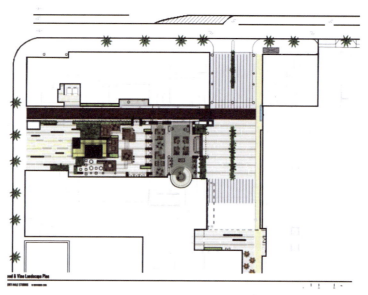

图 1-10　Vine 地铁站站点平面图

图 1-11　Vine 地铁站站点景观

②皇岗口岸地铁站站点景观

结合地域与功能特色，深圳皇岗口岸地铁站出口设计成简洁的集散广场，边界增加微地形草坪，主要观赏点增加草花花境作为点缀。以折线形式作为铺装引导人流，丰富和完善使用需求。以草坡＋地被＋澳洲火焰木树阵、铺装＋景观坐凳＋澳洲火焰木树阵、景观台阶＋草坪＋组团植物等多种景观配置方式为主，营造灵动的空间，如图 1-12～图 1-14 所示。

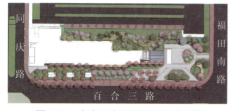

图 1-12　皇岗口岸站景观设计平面图

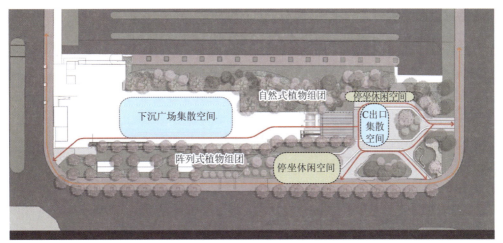

图 1-13 皇岗口岸地铁站交通设计及功能分析图

图 1-14 皇岗口岸地铁站站点景观

③大剧院地铁站站点景观

大剧院地铁站位于深圳市罗湖商务区，即深南东路与解放路交汇处。其C、E和F出入口对接深圳书城、地王大厦、万象城等城市地标。出入口的街头绿地妥善地解决了场地高差，形成了从抬高到下沉一系列实用的广场空间。它很好地统筹了地铁、公交站点以及商业建筑之间的人流穿行，并且提供了休憩设施、街头绿化以及艺术装置，如图 1-15 所示。

图 1-15 大剧院地铁站站点景观

4）带状微绿地改造提升设计指引

靠近居民区，绿地宽度在8m以上的道路绿化带状用地，可结合绿地主题特色进行微绿地改造。微绿地指规模很小的城市开放空间，常呈斑块状散落或隐藏在城市结构中，为当地居民提供服务。城市中的各种小型绿地、小公园、街心花园、社区小型运动场所等都是身边常见的微绿地。微绿地具有选址灵活、面积小、离散性分布的特点，它们能见缝插针地大量出现在城市中。

以功能需求为导向，合理布置微绿地，对于地铁出入口及近居民区地段，应重点考虑。带状微绿地的交通组织应与地铁出入口、道路地下通道、绿道、市政慢行系统、风雨廊等衔接。强化微地形设计，同时依托地形营造植物景观和强调绿地的防护功能；结合海绵城市的概念，充分利用道路人行道和慢行系统建设透水铺装和调蓄等设施；优先利用道路绿化带建设下沉式绿地、植草沟、雨水湿地、渗管（渠）等设施，通过渗透、调蓄、净化等方式，实现海绵城市建设目标。带状绿地设计示意图如图1-16所示。

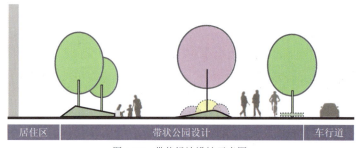

图1-16　带状绿地设计示意图

深圳石厦地铁站站点景观即为带状微绿地设计案例之一，石厦地铁站最吸引人眼球的便是构图优美、色彩丰富的生态立体绿化墙、花境，生硬、简单的围墙换上了耀眼的新衣，路过的行人情不自禁地为之停留片刻，如图1-17所示。

图1-17　石厦地铁站站点景观

石厦地铁站广场采用现代简洁的处理手法，出入口及附近公园植物设计注重线条感，同时考量地被与灌木间的色彩对比，配搭现代灯具及座椅等景观家具，铺装采用现代简洁形式，植物组合注重色彩配搭，同室外灯具及坐凳统一形式，强化区域整体感。点缀人面子大树形成林荫空间，同时选用小叶榄仁，搭配宫粉紫荆、小叶紫薇等开花植物，并配以精致地被孔雀竹芋、龙船花等；结合生态水池设计耐水湿植物，形成低冲击开发海绵生态植物，强化区域空间的记忆点。

5）景观道路绿化改造提升设计指引

景观道路绿化改造提升植物配置应综合考虑背景、中景、前景等空间和尺度感。延续现有道路的行道树，统一道路整体风格。中层灌木是行车人主要视线集中的区域，通过对灌木的替换，增加开花植物和色叶植物的配置，从而丰富整体色彩关系。景观道路绿化设计示意图如图1-18所示。

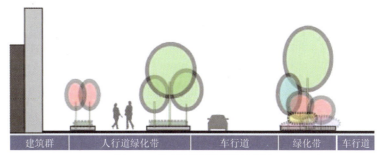

图1-18 景观道路绿化设计示意图

华新地铁站站点景观即为景观道路绿化改造提升设计案例之一,在精品节点营造微地形,结合大腹木棉,采用"上层自然、中层简化、下层精致"的植物配置模式,形成浓荫通透型且疏密有致的植物景观空间。华新地铁站的行道树美丽异木棉绿树成荫,大腹木棉在绿油油的地毯上映射出饱满、挺拔的身影,下层的矮化朱瑾竞相开放,生机盎然,如图1-19、图1-20所示。

图1-19 华新地铁站施工前

图1-20 华新地铁站施工后

6)风亭等附属建筑绿化设计指引

风亭等地铁附属建筑应具有很好的隐蔽性和免打扰性,以保证地铁在正常运营时不受人群和车辆的干扰,而且风亭排出的地下废气需要植物的净化再汇合到空气中,因此风亭的绿化种植不仅要能保护风亭设施,还要能净化空气,起到环保的作用。风亭附近 1.5m 范围内的绿地可考虑通过绿篱或灌木进行遮挡,1.5m 范围外的绿地可采用大乔木进行装饰。垂直电梯及紧急疏散通道可考虑采用立体绿化墙进行装饰,给来往市民创造绿意盎然的视觉体验。附属建筑绿化设计示意图和案例分别如图 1-21、图 1-22 所示。

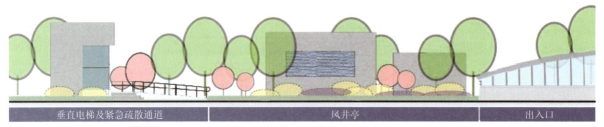

图 1-21　附属建筑绿化设计示意图

图 1-22　附属建筑绿化设计案例

第 2 章 绿化迁移及恢复工程施工

2.1 概述

地铁绿化迁移工程,是指将地铁沿线各站点、区间等施工所占用的绿地进行绿化迁移施工。地铁工程施工周期长、影响范围广,在施工前期应对地铁沿线的乔木、行道树等进行迁移保护。作为地铁建设的前期工程,绿化迁移工程既是地铁主体工程的前置工程,也为交通疏解、管线改迁等工程提供施工条件,是地铁工程建设率先开工的工程之一,对地铁建设能否按期开工及后续工期的影响举足轻重。

地铁绿化恢复工程,是指将地铁沿线各站点、区间等施工所占用绿地在主体工程完工后进行绿化恢复施工。绿化恢复工程包括绿化临时和永久恢复工程以及地铁车站周边的绿化景观施工。绿化临时恢复工程,是指地铁工程施工过程中,对短期裸露区域进行临时覆绿。绿化永久恢复工程,是指地铁主体工程完工后,对绿化迁移区和车站周边区域按原标准进行绿化恢复,或提高标准进行景观升级改造。绿化恢复工程对提升城市形象和提高居民生活品质具有重要意义。

2.2 绿化迁移工程分类

绿化迁移工程分类如图 2-1 所示。

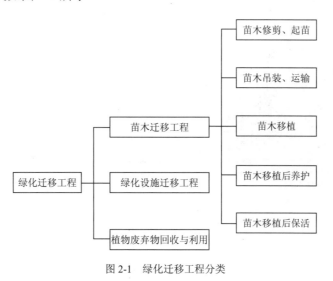

图 2-1 绿化迁移工程分类

2.3 苗木迁移工程

2.3.1 苗木迁移工程技术要点

苗木迁移施工流程如图 2-2 所示。

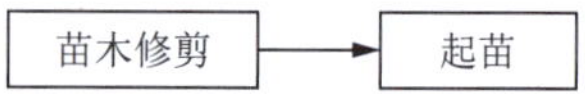

图 2-2 苗木迁移施工流程图

1）苗木修剪

（1）选定移植树木后，应在树干北侧用油漆做出明显的标记，以便找出树木的朝阳面，同时进行树木挂牌、编号并做好登记，以利于对号入座。

（2）建立树木卡片，内容包括树木编号、品种、规格（高度、分枝点干径、冠幅）、树龄、生长状况、所在地、拟移植的地点。如需要，还可保留照片或录像。

（3）对于部分乔木生长老化、破损，造成迁移苗木重新种植的成活率过低或没有重新利用价值的不迁移，只做简单的植物起挖、砍伐并运送至绿化废料综合处理中心。确认迁移的苗木，则安排施工单位按规定种植点进行重新种植。

（4）为保证苗木的成活率和景观效果，起苗前可根据苗木类型和迁出地环境对苗木进行适当修剪。修剪时应保持原树形，严禁过度修剪和乱修剪。

①落叶树移植前对树冠进行修剪，裸根移植一般采取重修剪，剪去枝条的 1/2～2/3。带土移植则可适当轻剪，剪去枝条的 1/3 即可。修剪时剪口必须平滑，截面尽量缩小，修剪 2cm 以上的枝条，剪口应涂抹防腐剂。落叶树修剪时可适当留些小枝，易于发芽展叶。

②常绿树修剪时应留 1～2cm 木橛，不得贴根剪去。剪后涂防腐剂或包装剪口。常绿树移植前一般不需修剪，定植后可剪去移植过程中的折断枝或过密、重叠、轮生、下垂、徒长枝及病虫枝等。

（5）根据苗木冠幅的修剪幅度，修剪后苗木可分为全冠苗、半冠苗（骨架苗）和截杆苗。

①全冠苗：适用于古树名木、具有特殊历史文化价值的苗木、名贵树或树高在 6m 以内精品苗木的起苗前修剪。该类苗木主杆、主枝不修剪，保留自然完整冠型，基本不打叶，适当修剪病枝、枯枝、内膛枝。

图 2-3 施工现场树木截杆

②半冠苗（骨架苗）：为起苗前修剪的主要方式。主杆、主枝适当修剪，骨架基本完整，小枝可进行修剪，可打叶。

③截杆苗：仅适用于较易成活且景观效果要求低或者主干超过 6m 且需要市内运输的苗木，或者工期特别紧张情况下的迁移种植工程。对主杆进行截杆处理，需确保主干长度、干型符合合同和设计要求。

施工现场树木截杆如图 2-3 所示。

2）起苗

（1）土球规格一般为干径 1.3m 处的 7～10 倍，土球高度一般约为土球直径的 2/3。

(2)挖掘冠幅较大的树木前应立好支柱,用钢管进行树身加固,支稳树木,防止树身折断或倾斜。

(3)将包装材料,如蒲包、蒲包片、草绳用水浸泡好待用。

(4)挖掘前以树干为中心,按规定尺寸画出圆圈,在圈外挖60～80cm的操作沟至规定深度。挖时先去表土,见表根为准,再行下挖。遇粗根时必须用锯锯断再削平,不得硬铲,以免造成散坨。行道树等特殊立地条件下苗木的起挖因受树池及周边环境的影响,可根据实际情况进行调整。非正常季节进行乔木迁移种植时,落叶乔木应适当加大土球规格。

(5)修坨。用铣将所留土坨修成上大下小呈截头圆锥形的土球。

施工现场土球修坨如图2-4所示。

(6)收底。土球底部不应留得过大,一般约为土球直径的1/3。收底时遇粗大根系应锯断。若起出的苗木根部有劈裂、拉伤、切口表面不平整,或有腐烂、病虫害等情况,应采用锋利修剪工具重新修根,并对根系伤口进行处理。

(7)围内腰绳。用浸好水的草绳,将土球腰部缠绕紧,随绕随拍打勒紧,腰绳宽度视土球土质而定,一般约为土球直径的1/5。

(8)开底沟。围好腰绳后,在土球底部向内挖一圈5～6cm宽的底沟,以便于打包时兜绕底沿,草绳不易松脱。

(9)用包装物(如蒲包、蒲包片、麻袋片等)将土球包严,再用草绳围接固定。

(10)打包时绳要收紧,随绕随敲打,用双股或四股草绳以树干为起点,稍倾斜,从上至下绕到土球底沿沟内再由另一面返到土球上面,再沿树干顺时针方向缠绕,应先成双层或四股草绳,第二层与第一层交叉压花。草绳一般间隔为8～10cm。注意绕草绳时双股绳应排好理顺。

(11)围外腰绳。打好包后在土球腰部用草绳横绕20～30cm的腰绳,草绳应缠紧,随绕随用木槌敲打,围好后将腰绳上下用草绳斜拉绑紧,避免脱落。包扎方式可采用橘子式、井字(古钱)式、五角式等。

施工现场土球围外腰绳如图2-5所示。

图2-4 施工现场土球修坨　　　　　图2-5 施工现场土球围外腰绳

(12)树干采取包裹措施,采用麻包片、草绳围绕,一般从根茎至分枝点处,既可减少蒸发又可减少移植过程中的擦伤,定植后再行拆除。对于树干损伤的部位,应及时进行伤口处理(愈伤涂膜剂)。

(13)打包完成后,将树木按预定方向推倒,遇有直根应锯断,不得硬推,随后用蒲包片将底部包严,用草绳与土球上的草绳相串联。就近迁移种植的苗木可采用简易式包装。

(14)苗木迁移种植前,应标明树木的阳面、最佳观赏面及出土线。

2.3.2 吊装、运输技术要点

苗木吊装、运输流程如图2-6所示。

图 2-6　苗木吊装、运输流程图

（1）苗木装运前应仔细核对苗木的品种、规格、数量和质量。

（2）装车时，根系、土球、木箱向前，树冠朝后。用软木支架将树冠架稳，避免树冠、树干与车辆摩擦造成损伤。同时，避免枝梢垂到地面，如树梢过长，可用绳子将树梢围拢。土球苗在装车时，在土球的下方垫软质材料，如原生土或草绳，用软木或砂袋支垫车箱中土球两侧，防止土球松散。苗木土球规格决定堆放层数，土球之间应排列紧密，以防车开动时摇摆而弄散土球。裸根苗在装车时，车内底板应用草袋、蒲包等铺垫避免苗木损伤，保持苗木水分。装运小规格乔木时可按数量打捆卷包，错行重叠摆放，并用湿润的苔藓或锯末填充根部空隙，外围用苫布将树根盖严捆好，根部喷洒冷水保湿。吊装应采用软质吊带多点捆吊，在吊带接触处垫好软垫，以降低压强，避免对树皮造成损伤。

（3）起运时提前采取保湿、防损、防晒、防风及防冻等措施。高温季节，应对苗木叶面喷洒抗蒸腾抑制剂，以减少水分蒸发，运输途中保持空气流通，防止温度过高烧苗。雨季运输土球苗前，土球应覆盖苫布，防止运输过程中雨水冲散土球。

（4）起运前规划好运输线路和时间，并提前通知种植人员做好验收、卸车准备。苗木运输量应根据现场栽植量确定，苗木运到现场后应及时栽植，确保当天栽植完毕。裸根苗可在栽植现场附近选择适合地点，根据根幅大小，挖假植沟假植。假植时间较长时，根系应用湿土埋严，不得透风，根系不得失水。卸车时应轻取轻放，不得损伤苗木及散球。

2.3.3　苗木移植技术要点

苗木移植施工流程如图 2-7 所示。

图 2-7　苗木移植施工流程图

（1）移植前对栽植地做土壤的理化性质、地下水矿化度分析。土壤应达到全盐含量低于 0.3%，pH（酸碱度）值在 6.5～8.5 之间。若土壤不符合以上条件，对栽植土采取下列措施：

①当 pH 值小于 6.5 或大于 8.5 时，采取土壤改良措施。

②土壤全盐含量在 0.3%～0.5% 时，换土及扩大树穴。

③土壤全盐含量在 0.5% 以上时，采取综合改土措施。

④土壤密度在 1.45g/cm^3 以上时，改土或加入疏松基质。

⑤种植穴土壤含有建筑垃圾、有害物质时，均采取客土或改良土壤措施，树穴必须放大。

（2）按设计位置挖种植穴，种植穴的规格根据根系、土球规格的大小而定。土球树木的种植穴为圆坑，较根系或土球的直径加大 60～80cm，深度加深 20～30cm。坑壁应平滑垂直。掘好后坑底部放 20～30cm 的土堆。

（3）定植起吊前同样在树干上捆绑两根长绳索，以便卸装和定植时用人力控制方向；同时进行种植坑的回土和施肥，回填土高度保证树木下坑后土球上表面略高于地面 5～10cm（因为灌水后树木会出现一定的下沉）。定植起吊时在不影响吊车起吊臂的前提下尽可能使树体直立，以便直接进坑；距坑 20～30cm 时，人为掌握好定植方位，尽量符合原来的朝向。当树木栽植方向确定后，先将树木轻落坑中，然后采用人力稳住树体，最后解开吊绳和包装材料。

（4）种植的深浅合适，与原土痕平或略高于地面 5cm 左右。种植时选好主要观赏面的方向，并照顾朝阳面，树弯尽量迎风，种植时要栽正扶直，树冠主尖与根在同一垂直线上。种植过程中用生根粉托布津和硫酸二氢钾及适量尿素进行稀释浇灌。

（5）种植土球树木时，将土球放稳，随后拆包取出包装物，如土球松散，腰绳以下不拆除，以上部分则解开取出。

（6）还土。一般往种植土中加入腐殖土（肥土制成的混合土），种植土和腐殖土的用量比例为7∶3。注意肥土必须充分腐熟，混合均匀。还土时要分层进行，每30cm一层，还土后踏实，至填满为止。

（7）护树架，一般是3~4根杉木杆，打三角支架或四角支架，或用细钢丝绳拉纤埋深立牢，绳与树干相接处垫软物。若部分移植树木规格较大，则可用钢架固定支撑。安置时要根据树木的特点，依据树种和大小，选择适当的护树架，固定装置应有一定的角度和力度，护树架支撑高度略低于苗木枝下高，保证基础、捆绑稳固，充分发挥树架的防护作用。注意捆绑材料与苗木之间接触部位的保护，宜用草包、麻布片、橡胶垫等软物将树干衬裹保护，以防摩擦损伤树皮。捆绑固定后，随着树木胸径的生长，铁丝、绑带应及时松解，避免嵌入树干，对树木造成破坏。种植2年后，合理评估护树架的稳固性，对未在强风口的护树架，宜及时拆除。

（8）开堰。土球树开圆堰，土堰内径与坑沿相同，堰高20~30cm。木箱树木，开双层方堰。

施工现场开堰浇水如图2-8所示。

图2-8 施工现场开堰浇水

内堰里边在土台边沿处，外堰边在方坑边沿处。堰用细土，拍实，不漏水。

（9）浇水。第一次浇水要求浇透灌足，即水分渗透至全种植穴土壤及穴周围土壤内，一方面可增加土壤含水量，给大树补充必要的水分，另一方面可以使大树根系与土壤紧密接触，有利于根系对养分和水分的吸收。在第一次浇水后，通常隔3~5d浇第二次水，再隔7~10d浇第三次水。但并非对于所有情况均是如此，需要根据不同树种、不同地势及不同土壤条件对浇水的时间和频次作一定的调整。在每次浇水之后，待水分完全下渗，要进行中耕松土，将根际周围浇水面积内的土壤疏松，避免土壤龟裂和水分大量蒸发。

2.3.4 苗木移植后养护技术要点

苗木移植后养护流程如图2-9所示。

图2-9 苗木移植后养护流程图

1）保持树体水分代谢平衡

（1）包干

用草绳、蒲包、苔藓等材料严密包裹树干和比较粗壮的分枝，其优点是：

①可避免强光直射和干风吹袭，减少树干、树枝的水分蒸发；

②可储存一定量的水分，使枝干经常保持湿润；

③可调节枝干温度，减少高温和低温对枝干的伤害，效果较好。

目前，有些地方采用塑料薄膜包干，此法在树体休眠阶段效果是好的，但在树体萌芽前应及时撤换，因为塑料薄膜透气性能差，不利于被包裹枝干的呼吸作用，尤其是高温季节，内部热量难以及时散发会引起高温，灼伤枝干、嫩芽或隐芽，对树体造成伤害。

图2-10 施工现场树干包干

施工现场树干包干如图2-10所示。

（2）喷水

树体地上部分（特别是叶面）因蒸腾作用而易失水，必须及时喷水保湿。喷水要求细而均匀，喷及树上各个部位和周围空间、地面，为树体提供湿润的小气候环境。

（3）遮阴

在大树移植初期或高温干燥季节，要搭制荫棚遮阴，以降低树体周围小环境温度，减少树体的水分蒸发。在成行、成片种植且密度较大的区域，宜搭制大的荫棚，省材又方便管理；孤植树宜按株搭制。要求全冠遮阴，荫棚的上方及四周与树冠保持50cm左右的距离，以保证棚内有一定的空气流动空间，防止树冠日灼危害。遮阴度为70%～75%，让树体接受一定的散射光，以保证树体光合作用的进行。随后视树木生长情况和季节变化，可逐步去掉遮阴物。

2）促发新根

（1）控水

移植大树，根系吸水功能减弱，对土壤水分需求量较小。因此，只要保持土壤适当湿润即可。土壤含水量过大，反而会影响土壤的透气性能，抑制根系的呼吸，对发根不利，严重的会导致烂根死亡。

①严格控制土壤浇水量。移植时第一次浇透水，后期应视天气情况、土壤质地，检查分析，谨慎浇水。同时要慎防喷水时过多水分进入根系区域。

②要防止树池积水。种植时留下的浇水穴，在第一次浇透水后即应填平或略高于周围地面，以防下雨或浇水时积水。同时，在地势低洼易积水处，要开排水沟，保证雨天能及时排水。

③保持土壤通气。保持土壤良好的透气性能有利于根系萌发。为此，一方面，要做好中耕松土工作，以防土壤板结；另一方面，要经常检查土壤通气设施（通气管或竹笼），发现通气设施堵塞或积水的，要及时清除，以保持良好的通气性能。

（2）保护新芽萌发

树体地上部分的萌发，对根系具有自然而有效的刺激作用，能促进根系的萌发。

移植初期，特别是移植时进行重修剪的树体所萌发的芽要加以保护，让其抽枝发叶，待树体成活后再行修剪整形。同时，在树体萌芽后，要特别加强喷水、遮阴、防病治虫等养护工作，保证嫩芽与嫩梢的正常生长。

3）树体保护

（1）防病治虫

坚持以防为主，根据树种特性和病虫害发生发展规律，勤检查，做好防范工作。一旦发生病情，要对症下药，及时防治。

（2）施肥

施肥有利于恢复树势。大树移植初期，根系吸肥力低，宜采用根外追肥，一般半个月左右一次。用尿素、硫酸铵、磷酸二氢钾等速效性肥料配制成浓度为0.5%～1%的肥液，选早晚或阴天进行叶面喷洒，遇降雨应重喷一次。根系萌发后，可进行土壤施肥，要求薄肥勤施，慎防伤根。入秋后，要控制氮肥，增施磷、钾肥，并逐步延长光照时间，提高光照强度，以提高树体的木质化程度，提高自身抗寒能力。

（3）保温

在入冬寒潮来临之前，做好树体的保温工作。可采取覆土、地面覆盖、设立风障、搭制塑料大棚等方法加以保护。

2.3.5 苗木移植后保活技术要点

苗木移植后保活技术流程如图2-11所示。

图2-11 苗木移植后保活技术流程图

1）土壤的选择和处理

要选择通气、透水性好，有保水、保肥能力，土内水、肥、气、热状况协调的土壤。用泥沙拌黄土（比例3∶1为佳）作为移栽后的定植用土较好，它有三大好处：

①与树根有"亲和力"。在栽培大树时，根部与土往往有无法压实的空隙，经雨水的侵蚀，泥沙拌黄土易与树根贴实。

②通气性好。能增高地温，促进根系的萌芽。

③排水性好。雨季能迅速排掉多余的积水，免遭水沤，造成根部死亡；旱季浇水能迅速吸收、扩散。

在挖掘过程中要有选择地保留一部分树根际原土，以利于树木萌根。同时必须在树木移栽半个月前对穴土进行杀菌、除虫处理，用50%托布津或50%多菌灵粉剂拌土杀菌，用50%面威颗粒剂拌土杀虫（以上药剂拌土的比例为0.1%）。

2）喷洒呼吸蒸腾抑制剂

目前比较有效的呼吸蒸腾抑制剂有日本生产的固林纳、新固林纳、OED等。不同的植物对喷施浓度要求不同。通常来说，古树在运输前喷1次0.6%浓度的固林纳，栽植后每隔10d喷1次0.2%浓度的固林纳（下雨后补喷）对大多数植物安全有效。具体浓度要根据不同树木和不同树龄灵活掌握，通常根据栽植地晴天11∶00树叶是否萎蔫作为是否加大浓度的依据，但最高浓度不宜超过1%。

3）移栽后的水、肥管理

（1）旱季的管理

①遮阳防晒，在树冠外围东西方向可以搭"几"字形，盖遮阳网，这样能较好地挡住太阳的直射光，使树叶免遭灼伤。

②根部灌水，在预埋的塑料管或竹筒内灌水，此方法可避免浇"半截水"，能一次浇透，平常能使土壤见干见湿，也可往树冠外的洞穴灌水，增加树木周围土壤的湿度。

③树南面架设三脚架，安装一个高于树1m的喷灌装置，尽量调成雾状水，因为夏、秋季大多吹南风，安装在南面可经常给树冠喷水，使树干树叶保持湿润，也增加了树周围的湿度，降低了温度，减少树木体内有限水分、养分的消耗。没条件时可采用"滴灌法"，即在树旁搭一个三脚架，上面吊一只储水桶，在桶下部打若干孔，用硅胶将塑料管粘在孔上，另一端用火烧后封死，将管螺旋状绕在树干和树枝上，按需要从不同方向在管上打孔至滴水，同样可起到湿润树干树枝、减少水分养分消耗的作用。

（2）雨季的管理

南方春季雨水多，空气湿度大，这时应主要抗涝。由于树木初生芽叶，根部伤口未愈合，积水往往会造成树木死亡。雨季用潜水泵逐个抽干穴内积水，避免树木被水浸泡。

（3）寒冷季节的管理

要加强抗寒、保暖措施：

①用草绳绕干,包裹保暖,这样能有效抵御低温和寒风的侵害;
②搭建简易的塑料薄膜温室,提高树木的温、湿度;
③选择一天内温度相对较高的中午浇水或叶面喷水。

(4)移栽后的施肥

由于树木损伤大,第一年不能施肥,第二年根据树的生长情况施农家肥或叶面喷肥。

4)移栽后病虫害的防治

树木锯截、移栽后,伤口多,萌芽的树叶嫩,树体的抵抗力弱,容易遭受病害、虫害,所以要加强预防。可用多菌灵或托布津、敌杀死等农药混合喷施。分4月、7月、9月三个阶段,每个阶段连续喷三次药,每星期一次,正常情况下可达到防治的目的。

2.4 绿化设施迁移工程

(1)对于绿地中的护树架、围栏等绿化设施,能及时利用的,应立即应用,不能及时利用的,则按种植地点安排单的要求送规定地点集中管理,统筹安排。对无重复利用价值的,按垃圾清理。

(2)绿地中水管的迁移要确保灌溉系统的正常运转,根据现场的实际进行深埋或绕行的方法进行灵活处理,但要做好工程量的现场签证工作。

2.5 植物废弃物的回收与利用

(1)苗木迁移产生的植物废弃物应单独、分类收集,不应与生活垃圾混合。受病菌、虫卵危害的植物废弃物应专门收集。直径大于8cm的乔、灌木修剪的枝干宜单独收集。

(2)回收的植物废弃物主要是园林植物的地上部分。废弃物中不得混入土、石块、铁丝、铁钉、花盆以及塑料等杂物。

(3)收集的植物废弃物应当采用可移动式粉碎机就地粉碎处理,或者及时就近运往植物废弃物处理场或生活垃圾综合处理场,防止其在收集运输过程中变质。受病菌、虫卵危害的植物废弃物应运至生活垃圾处理场进行深埋或焚毁。

(4)乔木、灌木废弃物中胸径大于8cm的枝干可加工成木材、建筑材料,或者作为园林绿化设计材料使用,其他枝叶及地被可用作饲料、有机覆盖物、堆肥处理、开发生物质能源等。

(5)植物废弃物好氧堆肥技术。优化园林植物废弃物堆肥的发酵工艺流程,筛选、扩繁有利于木质素、纤维素分解发酵的高效菌种,生产出高效的土壤改良基质和生物有机肥。

2.6 绿化恢复工程分类

绿化恢复工程分类如图2-12所示。

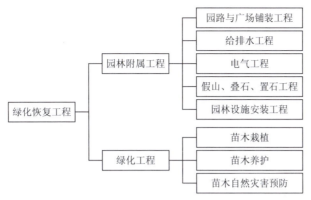

图 2-12　绿化恢复工程分类

2.7　园林附属工程

2.7.1　园路与广场铺装工程

园路与广场铺装工程施工流程如图 2-13 所示。

图 2-13　园路与广场铺装施工流程图

1）复核地下管网

根据建设单位提供的图纸，对施工区域地下管线进行复核，做好标记，避免施工中对管线造成不必要的损坏。

对照场地设计图，复核场地地形各坐标点、控制点的自然地坪高程数据，有缺漏的要在现场测量补上。

若图纸与施工现场有较大差异，则需与设计单位、建设单位沟通，及时做好变更。

2）放线、定位

按照设计图所绘的施工坐标方格网，将所有坐标点测设到场地上并打桩定点。然后以坐标桩点为准，根据设计图纸，在场地地面上放出场地的边线，主要地面设施的范围线和挖方区、填方区之间的零点线。最后定出坐标桩点高程，注意尽量采用共同基准点。要充分考虑与地铁出口、市政道路接壤处的铺装，保证衔接自然。

由于工程量大，形状变化多，需事先对铺装地点的实际尺寸进行放样，确定边角的方案及与交接处的过渡方案。在进料时要把好质量关，保证材料的规格尺寸、机械强度和色泽一致。

施工现场放线定位如图 2-14 所示。

图 2-14　施工现场放线定位

3）场地平整

根据设计高程，将边线放宽 200mm 进行挖填土方、场地平整。填方时应先深后浅、分层填实，按施工规范每填一层夯实一层。挖方时挖出的适宜栽植的肥沃土壤，可临时堆放在绿化种植区域。

场地平整与找坡挖填方工程基本完成后，对挖填出的新地面进行整理。根据各坐标桩标明的该点填挖高度和设计的坡度数据，对场地进行找坡，保证场地内各处地面基本达到设计坡度。

施工现场场地平整如图 2-15 所示。

根据场地旁存在的建筑、园路、管线等因素，确定边缘地带的连接方式，调整连接点的地面高程。还要确认地面排水口的位置，调整排水沟管底部高程，使场地与周边坪的连接更自然，并将排水、通道等方面的矛盾降到最低。根据施工图管线的分布，做好给排水、电气工程管线的预埋工作。

4）素土夯实

先应清除腐殖土，消除日后地面下陷隐患。当地面达到设计高程后，可用打夯机进行素土分层夯实，素土夯实的密实度要达到 93% 以上。

素土夯实过程中，如果打夯机的夯头印迹基本看不出，则可用环刀法进行密实度测试。如果密实度尚未达到设计要求，则应不断夯实，直到达到设计要求为止。考虑地铁出口周围绿化园路、广场工程相对路面荷载较小，一般采用打夯机夯实。

施工现场素土夯实如图 2-16 所示。

图 2-15　施工现场场地平整

图 2-16　施工现场素土夯实

5）基层摊铺

常用的透水性基层有砂、碎砾石、灰土等，稳定性基层有水泥石粉渣、煤渣石灰稳定土等，常见的铺设厚度 10～30cm。

为保证广场和路面高程合理，在回填时先在场地内设置好高程控制点，并注意对控制点的保护。回填时应控制虚铺厚度，以便在夯实后能达到要求。

对于碎石垫层，首先要控制碎石的质量，并按施工图及规范要求控制石子颗粒大小。对于水泥石粉渣，应首先根据施工图及规范要求将石粉和水泥等垫层材料按比例拌和均匀后，再进行铺设、刮平、夯实。采用机械配合人工进行摊铺作业，需分层铺填，分层夯实，适量洒水并压实，压实度不小于93%。在摊铺作业时控制好摊铺厚度、坡度。碾压成型后保证厚度不小于设计规格。施工过程中，对局部不平整部位采用人工填补再碾压措施处理。

施工现场碎石摊铺如图 2-17 所示。

6）混凝土垫层浇筑

在完成的基层上定点放线，每 10m 为一点，根据设计高程，在园路的边线放置中间桩和边桩，并在园路整体边线处放置施工挡板。挡板的高度应在垫层以上,但不要太高,并在挡板上画好高程线。检查、复核和确认园路边线和各点高程正确后,方可进入下道工序。

在浇筑混凝土垫层前,在干燥的基层上洒一层水或1∶3砂浆,然后浇筑、捣实混凝土,并用直尺将顶面刮平,顶面调整至设计高程。施工中要注意做出路面的横坡和纵坡。

混凝土垫层施工完成后,应浇水养护,并及时对混凝土基层进行伸缩缝的切割,切割时应注意与道路面层铺设尺寸的吻合,然后考虑地铁出口周围绿化园路和广场地面层的铺装。广场面积大于100m² 时应设置伸缩缝;道路基层每隔6m应设置伸缩缝,缝宽20mm,可用湿稻草、湿砂及塑料薄膜覆盖在路面上进行养护。混凝土垫层的浇筑必须控制厚度和强度,按施工图做好混凝土试块的强度检测工作。

施工现场混凝土垫层浇筑如图 2-18 所示。

图 2-17 施工现场碎石摊铺

图 2-18 施工现场混凝土垫层浇筑

7)面层铺装

常用的面层铺装材料类别有石材类(花岗岩等)、地砖类(透水砖、植草砖)、木材类(防腐木)等。面层铺装是园路和广场又一个重要的质量控制点,必须控制好高程、结合层的密实度及铺装后的养护。

面层材料应设专人进行严格的挑选,规格、质量必须符合设计规格,不得有歪斜、翘曲、空鼓、缺棱、掉角、裂缝等缺陷。砖面应平整,边缘棱角整齐,不得缺损,并且表面不得有变色、起碱、污点、砂浆流痕和显著光泽受损处。在搬运过程中,要轻拿轻放,防止边角损坏和破裂。铺贴前现场需试铺样板,经建设单位确认后,方可大面积铺贴。面层、水泥、砂及其他辅材的入场,应根据设计要求选定的品牌、规格及材料计划单所提供的数量、日期和材质要求有计划、分批次地进行。

(1)花岗岩面层铺装

①铺装依施工放线而定,所有曲线如未注明弧度、半径,则需采用方格网放线,以保证曲线流畅、自然。对于呈曲线形、弧形等形状的园路,花岗岩按平面弧度加工,并按不同尺寸堆放整齐。对于不同色彩和不同形状的花岗岩进行编号,便于施工时不乱套。

②在完成的稳定层上放样,根据设计高程和位置打好横向桩和纵向桩,纵向线每隔板块宽度1条,横向线按施工进展向下移,移动距离为板块的长度。地面规则石材铺装,除特殊标注外,缝宽均为2mm,并勾平缝。地面不规则石材铺装,除特殊标注外,缝宽均为5～10mm,并勾平缝,不规则石材周边须用机器切割并粗打磨。

③将稳定层扫净后,洒一层水,略干后先将1∶3的干硬性水泥砂浆平铺在稳定层上,厚度为3cm,做结合层用,铺好后抹平。

④要根据花岗岩规格弹出水平及垂直控制线,并预排铺贴图,花岗岩地坪则分段、分格弹线,同时进行石层标准点工作的控制及对直、平整。再在上面浇一层薄薄的水泥砂浆,然后按设计的图案

铺好,注意留缝间隙按设计要求保持一致。面层每拼好一块,就用平直的木板垫在顶面,以橡皮锤多处振击(或垫上木板,锤击打在木板上),使所有的石板的顶面均保持在一个平面上,使园路铺装平整。铺贴前现场需试铺样板,经建设单位确认后,方可大面积铺贴。

施工现场花岗岩面层铺贴如图2-19所示。

(2)透水砖面层铺装

①铺装控制网格尺寸采用5.0m×5.0m;设置高程控制点,控制点间距5m;相邻标志点间拉通线。按放线高程,在方格内按线砌第一行样板砖,然后以此挂纵横线,纵线不动,横线平移,依次按线及样板砖砌筑。直线段纵线向远处延伸,纵缝直顺。曲线段砌筑成扇形状,空隙部分用切割砖填筑,也可按直线顺延铺筑,然后填补边缘处空隙。铺装时避免与路缘石出现空隙,如有空隙应甩在建筑物一侧,当建筑物一侧及井边出现空隙时用切割砖填平。切割砖时,弹线切割;遇到连续切割砖时,保证切边在一条直线,偏差不大于2mm。

施工现场透水砖面层铺贴如图2-20所示。

图2-19 施工现场花岗岩面层铺贴　　　　图2-20 施工现场透水砖面层铺贴

②铺装时,采用15%水泥粗砂层找平,用刮板法人工摊铺。按设计要求,摊铺厚度不小于30mm。找平层表面要密实,与透水砖面层结合应牢固。砖应轻、平放,贴近已铺好的砖垂直落下,不能推砖,易造成积砂现象,并观察和调整砖面图案的方向。用木槌或胶锤轻击砖中间1/3面积处,不应损伤砖的边角,直至透水砖顶面与标志点引拉的通线在同一高程线,并使砖平铺在找平层上且稳定。铺砌时应随时用水平尺检验平整度。直线或规则区域内两块相邻透水砖的接缝宽度不大于2mm。

③透水砖面层铺砌完成并养护24h后,用填缝砂填缝(当缝隙小于2mm时不填缝),分多次进行,直至缝隙饱满,同时将遗留在砖表面的余砂清理干净。透水砖铺装过程中,不得在新铺装的路面上拌和砂浆、堆放材料或遗撒灰土。面层铺装完成到基层达到规定强度前,设置围挡,以维持铺装完成面的平整。

(3)植草砖面层铺装

①根据施工图、规范和实测场地情况绘制排版大样图。铺结合层砂浆前,基层应浇水湿润,刷一道水灰比为0.4～0.5的水泥素浆,随刷随铺,水泥：粗砂=1：3(体积比)的干硬性砂浆(砂浆稠度必须控制在3.5cm以内);根据标筋的高程,用木抹子拍实,短括尺刮平,再用长括尺通刮一遍。然后检测平整度,不应大于4mm;拉线测定高程和泛水,符合要求后,用木抹子搓毛面。

②按大样图要求弹控制线。弹线时在地面纵横两个方向排好砖,其接缝宽度满足设计要求。当排到两端边缘不合整砖尺时,量出尺寸,将整砖切割成镶边砖。排砖确定后,用方尺规方,每隔3～5块砖在结合层上弹纵横线或对角控制线。将选配好的板块清洗干净,铺砖时,应抹水泥湿浆,或铺1～2mm厚干水泥且洒水湿润,将地面砖按控制线铺贴平整密实。

施工现场植草砖面层铺贴如图2-21所示。

③每铺完一个施工段,用喷壶略洒水,15min 后用木槌和硬木板按铺砖顺序锤拍一遍,不遗漏。边压实边用直尺向坡度找平。压实后,拉通线,先竖缝后横缝进行拨缝调直,使缝口平直、贯通。调缝后,再用木槌、拍板砸平。破损面砖应更换,随即将缝内余浆或板面上的灰浆擦去。从铺砂浆到压平、拨缝,要连续作业,常温下必须 5～6h 完成。

④铺完地面砖 2d 后,将缝口清洁干净,用水湿润,用 1∶1 水泥砂浆按设计要求抹缝,嵌实压光。嵌缝砂浆终凝后,浇水养护不得少于 7d。铺贴完后,用棉纱将地面擦拭干净。

⑤在植草砖孔口内铺设筛过的培植土并压实。

(4)防腐木面层铺装

①基础清理:清除混凝土基础表面的泥土、砂、油污和垃圾。

②木龙骨安放:首先,在龙骨安装之前,应严格按照设计图纸的要求,对龙骨进行挑选,选择表面无痕、无缝、规格尺寸符合设计要求的龙骨。同时保证龙骨表面的洁净,无泥土、砂、油污等。然后,根据基础面层的平面尺寸进行找中、套方、分格、定位弹线,形成定位方格网。安装固定龙骨前基础必须打水平,以保证安装后整个平台水平面高度一致。

③角钢固定安装:木龙骨按施工图要求安放后,通过角钢进行固定。木龙骨上下固定住,同时方管起到调整水平的作用,而在垂直受力面上,要通过木楔支撑来自上层的压力。

施工现场防腐木面层安装如图 2-22 所示。

图 2-21 施工现场植草砖面层铺贴

图 2-22 施工现场防腐木面层安装

④木楔:龙骨经过水平调整之后,将木楔插入龙骨与混凝土梁之间,承载垂直方向的压力。

⑤防腐木刷木油、安装:防腐木整体面层宜用聚氨酯漆涂刷,达到防水、防起泡、防起皮和防紫外线的作用。防腐木通过镀锌连接件或不锈钢连接件与木龙骨进行连接,每块板与龙骨接触处需用两颗钉。

⑥清理、养护:安装完后及时清理防腐木表面,注意对成型产品(工序)的保护。对于确实需要锯、刨、削、切的个别部件,如果粉碎了防腐层,则需在因锯、刨、削、切形成的新的外貌上涂刷高液体浓度的聚氨酯漆。否则,这些部位的木结构易腐、易蛀、易脱落。

8)路缘石安装

(1)路牙基础宜与地床同时填挖碾压,以保证有整体的均匀密实性。

(2)混凝土垫层浇筑时应振捣严密,顶部用抹子收平。

(3)在混凝土垫层上安置路牙,应先检查轴线高程是否符合设计要求,并校对。

(4)路缘石铺砌时应使用干硬性砂浆,砂浆应饱满,厚度均匀。路缘石基础及背后用 100～150mm 厚混凝土衬实,反起高度不低于路缘石高度的 2/5。

(5)平道牙通常采用密缝处理,而立道牙通常有密缝、凸缝、凹缝三种处理方式。路缘石之间的凹缝勾缝时,宜用 10mm 圆钢或方通隔开砌石,再用 10mm 的圆钢或方通密实勾缝,并压入缝内

1～2mm,凸缝连接时,填缝应高出石材面约8mm,宽度约12mm,表面光滑工整,棱角挺直。

(6)圆弧处可采用20～40cm长度的路牙拼接,以利于圆弧的顺滑。严格控制路牙顶面的高程,接缝处留缝均匀。

(7)平道牙收边时,地面铺装与路缘石上缘接缝要平顺,缝隙要均匀,留缝应与地面等同,并根据设计或规范要求向路缘放坡。立道牙收边时,地面铺装与路缘石之间交缝应均匀,留2～3mm缝隙,横坡顺水,纵坡连接集水口应顺畅。路缘石与种植区收边时,种植面应低于路缘石3～5cm,并在背后勾缝,以防止泥浆渗漏。

施工现场路缘石安装如图2-23所示。

图2-23 施工现场路缘石安装

9)砖砌种植池

(1)定位放线

用水准仪和经纬仪根据种植池平面布置图,弹出墙外边线及中心线。

(2)基槽开挖

基槽采用人工的方式开挖。开挖至设计高程时,用人工进行整平夯实。

(3)混凝土垫层

混凝土垫层浇筑时应振捣严密,顶部用抹子收平。基础底板通长浇筑,每30m留2cm宽伸缩缝一道。浇筑完成待混凝土终凝后,应洒水养护。在垫层将砖砌位置弹线定位。

(4)砖砌

在常温状态下,应在砌筑前1～2d浇水润湿,砖的含水率宜控制在10%～15%,小于1/4砖体积的碎砖不能使用。砌筑操作采用铺浆法,铺浆长度不得超过75cm,气温超过30℃时,铺浆长度不得超过50cm。

砖砌体总的质量要求是:横平竖直,砂浆饱满,错缝搭接,接槎可靠。

横平竖直,砌体灰缝应保证横平竖直,竖向灰缝必须垂直对齐,严禁对不齐而错位,影响墙体外观质量。砂浆饱满,为保证砖块均匀受力和使砌块紧密结合,要求水平灰缝砂浆饱满,厚薄均匀。水平灰缝的砂浆饱满度不得小于80%,竖向灰缝不得出现透明缝、瞎缝和假缝。错缝搭接,上下错缝的长度一般不应小于60mm。接槎可靠,砖墙转角处和交接处应同时砌筑,对不能同时砌筑而又必须留置的临时间断处,应砌成斜槎,斜槎水平投影长度不应小于高度的2/3。

墙体按设计要求预留排水孔。

砌筑完毕后,基础处需回填泥土并夯实整平。

施工现场砖砌种植池如图2-24所示。

图2-24 施工现场砖砌种植池

(5)抹面及抹灰

砖墙表面的孔洞、缝隙,应先用水泥砂浆抹平和填实。基层表面应无杂物、油污、泛砂、结皮、积水等现象,其平整度应符合规范要求,抹灰前基层应洒水润湿。防水砂浆应分层施工,并应压平抹实,最后一层表面压光。防水砂浆应与基层结合严密,并应连续施工。

(6)饰面及压顶

池壁通常采用湿贴工艺进行铺贴,先铺贴池壁面层,后进行压顶面层铺贴。先弹出铺装控制线,确定铺装的起点,若有排版图案,应先在地面上进行试拼并编号,再进行铺贴。铺贴时,一般由下往上、由中间往两端铺贴,上缝应水平,侧缝应垂直,并与相邻缝隙对齐。铺装表面整体平整,无明显翘曲。石材铺贴前应先做好防水与防碱措施。

2.7.2 给排水工程

给排水工程施工流程如图 2-25 所示。

图 2-25 给排水管道施工流程图

1)复核地下管网

根据建设单位提供的图纸,对施工区域地下管线进行复核,做好标记,避免施工中对管线造成不必要的损坏。

对照场地设计图,复核场地地形各坐标点、控制点的自然地坪高程数据,有缺漏的要在现场测量补上。

若图纸与施工现场有较大差异,则需与设计单位、建设单位沟通,及时做好变更。

2)放线、定位

先按施工图测出管道的坐标、高程,再按图示方位打桩放线,确定沟槽位置、宽度和深度,应符合设计要求,偏差不得超过质量检验标准的有关规定。

3)沟槽开挖

采用机械与人工相结合的方式进行开挖,沟槽边坡放坡,由于部分为回填土,放坡坡率定为1:0.5,机械挖至槽底以上 30cm,余土由人工清理,防止扰动槽底原土或雨水泡槽影响基础土质,保证基础稳定。土方堆放在沟槽的一侧,土堆底边与沟边的距离不得小于 1.0m。如果槽底土不符合要求或局部超挖,则应用 3:7 灰土或其他砂石进行换填处理。

4)沟槽垫层

要求沟底为坚实的自然土层,且为未经扰动的原状土层。如为回填土,则应分层夯实达到 95%后再垫砂,砂层厚度为 300mm;如为岩石或多石层,则在岩石或多石地段做 150mm 厚砂石垫层;如为软泥土,则应更换土壤或每 2.5～3.0m 做混凝土枕基。管道垫层应夯实紧密,表面平整。管道垫层施工时必须使基础与管道结合良好,以保证在受力条件下共同工作。

5)铺设管道

(1)给水管道按照先上游后下游的顺序铺设,排水管道按照先下游后上游的顺序铺设。材料规格、型号、质量均应符合设计及规范要求,且必须经验收合格后,方可施工。排水管道采用人工下管,当管道慢慢落到基础上时,应立即校正找直符合设计的高程和平面位置,管材接插口顺水流方向、承口逆水流方向安装。给水管道每根管需对准中心线,接口的转角符合施工规范要求。安装时要求沟槽平整,不允许有架空管道现象。一切管口均须封堵,以防不洁之物进入管内,水管装接完尚未试压前,应将管身部分先行覆土。

(2)管道改变方向时,可利用管材良好的柔性进行弯曲敷设,弯曲角度过大须使用弯头。

(3)管道穿过构筑物时,应将比管道大一到二级管径的钢管或钢圈砌在构筑物中作为套管,中间填充橡胶或黏土以形成柔性连接。

(4)接口处理:给水管道一般采用热熔连接、机械连接、电熔连接等方式。排水管道一般采用承插连接。热熔连接、承插连接法由于具备成本低、管道接口质量好、不需管件等优点而被大量使用。

①热熔连接的主要步骤:

a. 材料准备:将管道或管件置于平坦位置,放于对接机上,留足10～20mm的切削余量。

b. 夹紧:根据所焊制的管材、管件选择合适的卡瓦夹具,夹紧管材,为切削做好准备。

c. 切削:切削所焊管段、管件端面杂质和氧化层,保证两对接端面平整、光洁,无杂质。

d. 对中:两焊管段端面要完全对中,错边越小越好,错边不能超过壁厚的10%,否则将影响对接质量。

e. 加热:对接温度一般宜在210～230℃之间,加热板加热时间冬夏有别,以两端面熔融长度为1～2mm为佳。

f. 切换:将加热板拿开,迅速让两热融端面相黏并加压。为保证熔融对接质量,切换周期越短越好。

g. 熔融对接:是焊接的关键,对接过程中应始终处于熔融压力下,卷边宽度以2～4mm为宜。

h. 冷却:保持对接压力不变,让接口缓慢冷却,冷却时间长短以手摸卷边生硬,感觉不到热为准。

i. 对接完成:冷却好后松开卡瓦,移开对接机,重新准备下一接口连接。

②承插连接的主要步骤:

a. 先检查橡胶圈是否配套完好,确认橡胶圈安放位置及插口的插入深度。

b. 接口时,先将承口内壁清理干净,并在承口及插口橡胶圈上涂润滑剂(首选硅油),然后将承插口端面的中心轴线对齐。

c. 橡胶圈嵌缝作业时,先用楔钻将接口下方楔大,嵌入胶圈,由下而上逐渐移动楔钻,用麻凿均匀施力打胶圈,凿子应紧贴插口壁锤击,使胶圈沿一个方向均匀滚入,胶圈不宜一次滚入承口太多,以免当胶圈快填塞完一圈时,多余一段形成疙瘩或造成胶圈填塞深浅不一。

d. 一般第一次填塞到承口内三角槽处,然后分2～3次填塞到位,并要求胶圈到承口外边缘的距离均匀。采用青铅作密封材料时,在填塞胶圈后,必须打油麻1～2圈。

6)水压试验、冲洗

(1)给水管道安装完毕后,采取分段打压的方式,基本上保证随做随打,以免影响后续工程,暂定80～100m打压一次,应逐步升压,以每次0.2MPa为宜,升至工作压力后停泵检查,无问题后继续升至试验压力,观察压力表10min内压降不超过0.05MPa,管道、附件、接口未渗漏,降至工作压力,进行外观检查,不漏为合格。

(2)排水管道分段冲洗或整个系统安装完毕后进行冲洗。冲洗前先拆除管道已安装的水表,加短管代替,并隔断与其他正常供水管线的联系。冲洗时用高速水流冲洗管道,直至所排出的水无杂质,验收合格后即可。

7)沟槽回填

必须严格控制从管底到管顶以上0.3m范围内的回填材料。可先采用中砂等材料进行回填,之后再进行土方回填。管道回填土中不能夹有石块、砖块、草皮、树根等杂物,沟槽内的回填土应分层夯实,机械夯实不大于300mm,人工夯实不大于200mm。在回填至管顶上50cm后,可用打夯机夯实,每层虚铺厚度控制在15～20cm,检查井周围用人工夯实(木夯)。管道接口处的回填土应仔细夯实,不得扰动管道的接口。夯实从管沟壁开始逐渐向管道靠近,两侧对称进行。雨季施工要及时排除沟槽积水,防止管道漂浮。当管道过地面铺装、人行道等破路后需原状恢复,按路面要求进行回填。

2.7.3 电气工程

1)电缆保护管敷设

电缆保护管敷设施工流程如图 2-26 所示。

图 2-26 电缆保护管敷设施工流程图

(1)复核地下管网

①根据建设单位提供的图纸,对施工区域地下管线进行复核,做好标记,避免施工中对管线造成不必要的损坏。

②对照场地设计图,复核场地地形各坐标点、控制点的自然地坪高程数据,有缺漏的要在现场测量补上。

③若图纸与施工现场有较大差异,需与设计单位、建设单位沟通,及时做好变更。

(2)放线、定位

根据电气施工图,组织人员对电缆管位进行定位测量放线,定出配电箱、灯具、电缆管线铺设位置的起止点位,放出开挖标记线。

(3)沟槽开挖

①采用人工开挖,按 1:0.33 放坡,挖土时严格控制高程。挖沟断面和堆土位置、高程要符合设计要求及施工规范。严禁扰动沟底土壤。

②土堆边缘与沟边的距离不得小于 0.5m,堆土高度不得超过 1.5m,堆土时注意不得掩埋消火栓、管道闸阀、雨水口、测量标志及各种地下管道的井盖,且不得妨碍其正常使用。

(4)沟槽垫层

要求沟底为坚实的自然土层,且为未经扰动的原状土层,如为回填土,则应分层夯实达到 95%。基底平整后铺 100mm 厚砂垫层,采用人工摊铺后,用振动机和平板振动机振捣密实、平整,表面用木夯抹平。沟槽基础应夯实紧密,表面平整。

(5)铺设电缆保护管

开挖好管道沟槽后,应及时铺设电缆保护管。管道铺设时,要求做到平滑、顺直、接头自然,无死弯、死角。在管道与手孔井及检查井部分的出口处,按设计要求包扎好接口,以免泥沙流入影响电缆敷设。电缆管采用胶黏连接,管孔应对准,接缝应严密,不得有地下水和泥浆渗入。要求管端齐平,管身平直,间距均匀。

(6)回填、盖砖

电缆保护管敷设完毕,应在电缆保护管上铺盖 100mm 厚砂子或细土,然后用砖将电缆保护管盖好,居中水平摆放,覆盖宽度超过电缆管两侧 5cm,电缆保护管铺砂盖砖完毕并经建设单位、监理单位验收合格后方可进行沟槽回填,宜采用人工回填。

(7)沟槽回填

回填至设计高程,回填土中不能夹有石块、草皮、树根等杂物。沟槽内的回填土应分层夯实,机械夯实不大于 300mm，人工夯实时，不大于 200mm。在回填至管顶上 50cm 后，可用打夯机夯实，每层虚铺厚度控制在 15～20cm。管道接口处的回填土应仔细夯实，不得扰动管道的接口。

2）电缆敷设

电缆铺设安装施工流程如图 2-27 所示。

图 2-27　电缆铺设安装施工流程图

（1）首先熟悉图纸，包括电气系统图、电气接线图、线路配管图等电气图纸。按图纸的每一项进行全面的技术交底。电气系统图包括动力配电系统图和照明配电系统图的电缆型号、规格、敷设方式及电缆编号。电气接线图包括电气设备与电气设备之间的电线或电缆连接、设备之间线路的型号、敷设方式和回路编号。

（2）施工前应对电缆进行详细检查，规格、型号、截面、电压等级均须符合要求，外观无扭曲、坏损等现象。安装中所使用的电缆、电缆附件应符合国家现行技术标准的规定。应有合格证、生产许可证。电缆敷设前须进行绝缘摇测或耐压试验。

（3）电缆敷设时必须按区域进行，原则上先敷设长电缆，后敷设短电缆，先敷设同规格较多的电缆，后敷设同规格较少的电缆。电缆敷设可用人力牵引、卷扬机或托撬（旱船法），敷设时，注意电缆弯曲半径符合规范要求。

（4）按照电缆清册逐根敷设，敷设时按实际路径计算每根电缆长度，合理安排每盘电缆的敷设条数。敷设完一根电缆，应马上在电缆两端及电缆竖井位置挂上临时电缆标签。电缆在沟内敷设有适量的蛇形弯，电缆的两端、中间接头、电缆井内、过管处、垂直位差处均应留有适当的余度。

（5）电缆明敷时，必须固定的部位包括：垂直敷设，电缆与每个支架接触处应固定；水平敷设，在电缆的首末端及接头的两侧应采用电缆绑扎带进行固定。此外，电缆拐弯处及电缆水平距离过长时，在适当处亦应固定 1～2 处。

（6）电缆敷设应做到横看成线，纵看成行，引出方向一致，余度一致，相互间距离一致，避免交叉压叠，达到整齐美观的效果。

（7）电缆敷设完后，应及时制作电缆终端。否则，必须采取措施进行密封，防止潮湿。

3）配电箱安装

配电箱安装包括配电箱基础制作、配电箱安装、配电箱接地装置安装和电缆头制作安装等。

（1）配电箱基础制作：首先确定配电箱位置，然后根据高程确定基础高度。根据基础施工图要求和配电箱尺寸，采用混凝土制作基础底座，于混凝土初凝前在其上方设置方钢或基础完成后打膨胀螺栓用于固定箱体。

（2）配电箱安装：在安装配电箱前首先熟悉施工图纸中的系统图，根据图纸接线。对接头的每个点进行刷锡处理。接线完毕后，要根据图纸复检一次，确保无误且建设单位、监理单位验收合格后方可进行调试和试运行。

（3）配电箱接地装置安装：配电箱有一个接地系统，一般用接地钎子或镀锌钢管做接地极，用圆钢做接地导线，接地导线要尽可能直、短。

（4）电缆头制作安装：导线连接时要保证缠绕紧密以减小接触电阻。电缆头干包时首先要进行抹刷锡膏、刷锡的工作，保证不漏刷且没有锡疙瘩，然后包裹绝缘胶布和防水胶布，既要保证绝缘性能和防水性能，又要保证电缆散热良好，不可包裹过厚。

4）灯具安装

灯具安装包括灯具基础制作、灯具安装、灯具接地装置安装等。

（1）灯具基础制作：首先确定灯具位置，然后根据高程确定基础高度。根据基础施工图要求和灯具底座尺寸，采用混凝土制作基础底座，基础底座中间加钢筋骨架以确保基础坚固。在浇筑基础底座混凝土时，于混凝土初凝前在其上方放入紧固螺栓或基础完工后打膨胀螺栓用于固定灯具。

（2）灯具安装：在安装灯具前首先对电缆进行绝缘测试和回路测试，再对所有灯具进行通电调试，确保电缆绝缘良好且回路正确，无短路或断路情况，灯具合格后方可进行灯具安装。安装后保证灯具竖直，同一排的灯具在一条直线上。灯具固定稳固，无摇晃现象。接线安装完毕后检查各个回路是否与图纸一致，根据图纸复检一次，确保无误且建设单位、监理单位验收合格后方可进行调试和试运行，调试时应保证有两人在场。重要灯具应安装一套样板，请建设单位及监理人员共同检查，同意后再进行安装。

（3）灯具接地装置安装：为确保用电安全，每个回路系统都需安装一个二次接地系统，即在回路中间做一组接地极，接电缆中的保护线和灯杆，同时用摇表进行摇测，保证摇测电阻值符合设计要求。

5）调试运行

电气调试，应在电气设备安装结束后，对电气设备、配电系统及控制保护装置进行调整试验，调试项目和标准应按《电气装置安装工程 电气设备交接试验标准》（GB 50150—2016）执行。

2.7.4 假山、叠石、置石工程

假山、叠石、置石施工流程如图 2-28 所示。

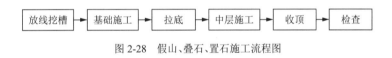

图 2-28 假山、叠石、置石施工流程图

1）放线挖槽

根据设计图纸上假山的位置与形状，在地面上放出假山基础的外形，并根据条件适当外扩。在假山有较大幅度的外挑处，要根据假山的重心位置来确定基础的大小，需要放宽的幅度更大。如果施工区内土层松软、有建筑垃圾或临水体，则要适当变化，便于特种防护处理。挖槽的深度与山高、石质、当地气候和土质有关。假山堆叠南北方各不相同，北方一般满铺底，基础范围覆盖整个假山；南方一般沿假山外形及山洞位置设基础。

2）基础施工

常用的基础形式有桩基、石基、灰土基和钢筋混凝土基。桩基用于湖泥沙地，石基多用于较好的土基，灰土基用于干燥地区，钢筋混凝土基多用于流动水域或不均匀土基。假山地基基础承载力应大于山石总荷载的 1.5 倍。灰土基础应低于地平面 20cm，其面积应大于假山底面积，外沿宽出 50cm。根据不同地势、地质有特殊要求的可做特殊处理。

（1）桩基：即主要由支撑桩撑起的假山基础。水中的假山选用结实坚固、耐水湿、抗腐烂和锈蚀的木桩、石桩、钢筋混凝土桩为支撑桩。桩按梅花形排列，在基础范围内均匀分布，桩间用块石嵌紧，再用条石压顶。条石上面是自然形态的山石。条石应置于低水位线以下,自然山石的下部亦在水位线下。

(2)灰土基:即由石灰和素土按一定比例配制的混合物,凝固后形成结实的不透水层,能有效减少土壤冻胀对上层建筑设施的破坏。在北方,地下水位一般不高,雨期较集中,使灰土基础有比较好的凝固条件,园林中位于陆地上的假山多采用灰土基础,在北京的古典园林中较为常见。

(3)钢筋混凝土基:现代的假山多采用浆砌块石或钢筋混凝土基础,这类基础具有耐压强度大、施工速度快的特点。

3)拉底

拉底即在基础上铺置最底层的自然山石。拉底应选用大块平整山石,坚实、耐压,不允许用风化过度的山石做基石。拉底山石高度以一层大块石为准,有形态的好的一面应朝外,注意错缝(垂直与水平两个方向均应照顾到)。每安装一块山石,即应用砂垫稳,然后填馅,如灌浆应先填石块,如灌注混凝土则应随灌随填石块,山脚垫砂的外围,应用砂浆或混凝土包严。北方多采用满拉底石的做法。

4)中层施工

中层是指底层以上、顶层以下的大部分山体。这一部分是掇山工程的主体,掇山的造型手法与工程措施的巧妙结合主要体现在这一部分。其基本要求如下:

(1)堆叠时应注意调节纹理,竖纹、横纹、斜纹、细纹等一般宜尽量同方向组合。整块山石要避免倾斜,靠外边不得有陡板式、滚圆式的山石,横向挑出的山石后部配重一般不得小于悬挑重量的2倍。

(2)石色要统一,色泽的深浅力求一致,差别不能过大,更不允许同一山体用多种石料。

(3)一般假山多运用"对比"手法,显现出曲与直、高与低、大与小、远与近、明与暗、隐与显各种关系,运用水平与垂直错落的手法,使假山或池岸、掇石错落有致,富有生气,表现出山石沟壑的自然变化。

(4)叠石"四不":石不可杂,纹不可乱,块不可均,缝不可多。

5)收顶

叠筑时要用轮廓和体态都富有特征的山石,注意主、从关系。收顶一般分峰、峦和平顶三种类型,可根据山石形态分别采用剑、堆秀、流云等手法。

顶层是掇山效果的重点部位,收头峰势因地而异,故有北雄、中秀、南奇、西险之称。就单体形象而言,又有仿山、仿云、仿生、仿器设之别。掇山顶层有峰、峦、泉、洞等20多种。其中"峰"就有多种形式。峰石须选完美丰满石料,或单或双,或群或拼。立峰必须以自身重心平衡为主,支撑胶结为辅。石体要顺应山势,但立点必须求实避虚,峰石要主、次、宾、配,彼此有别,前后错落有致。忌笔架香烛,刀山剑树之势。

收顶施工应自后向前、由主及次、自下而上分层作业。每层高度在0.3～0.8m之间,各工作面叠石务必在胶结料未凝结之前或凝结之后继续施工。千万不能在凝结期间强行施工,一旦松动则胶结料失效。

6)检查

一般管线水路孔洞应预埋、预留,切忌事后穿凿,松动石体。对于结构承重受力用石必须小心挑选,保证有足够强度。

山石就位前应按叠石要求原地立好,然后拴绳打扣。无论人抬机吊都应有专人指挥,统一指令术语。就位应争取一次成功,避免反复。掇山始终应注意安全,用石必查虚实。拴绳打扣要牢固,工人应穿戴防护鞋帽,掇山要有躲避余地。雨期或冰期要排水防滑。人工抬石应搭配力量、统一口令和步调,确保行进安全。

掇山完毕应复检设计模型,检查各道工序,进行必要的调整补漏,冲洗石面,清理场地。

有水景的地方应开阀试水,统查水路、池塘等是否漏水。

2.7.5 园林设施安装工程

(1) 应根据设计图纸及小品设施的形状、尺寸及材料确定其基础结构形式;
(2) 基础的轴线、高程应符合设计要求;
(3) 对于某些成品设施,订货时应注意与周围种植及建筑物之间的搭配,使之相辅相成;
(4) 小品设施的安装必须牢固,无松动现象;
(5) 所有小品在安装完成后,必须及时清理表面杂物,使之清洁光亮;
(6) 应注意成品的保护及设施维护。

2.7.6 绿化苗木栽植工程

苗木栽植施工流程如图 2-29 所示。

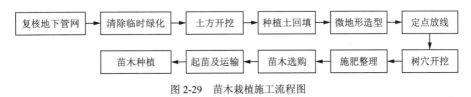

图 2-29 苗木栽植施工流程图

1) 复核地下管网

土方开挖前,应摸清地下管线等障碍物,以免机械施工时损坏管线,并应根据施工方案的要求,清除施工区域内的地上、地下障碍物。

2) 清除临时绿化

由于现状地块已进行临时绿化,故需清除临时绿化,移植需保留的乔木。

施工现场清除临时绿化如图 2-30 所示。

3) 土方开挖

在现状地块已临时覆土回填的情况下,如地下建筑垃圾太多,不适宜绿化种植。此时,应采用机械、人工配合的方法开挖绿化种植区域内不适宜种植苗木的土壤,外运堆置于经批准的区域。

按平面图确定各处挖掘的范围,撒好槽灰线。土方开挖时必须密切配合测量放线,严格控制高程、几何尺寸,严防超挖、少挖现象,在灰线、高程、轴线复核检查无误后方可进行挖土施工。人工修整边坡,机械开挖时不能到位的坑壁、坑底、土层和管线四周由人工修整。开挖到设计深度,经核定符合设计要求后,再由人工清底。

施工现场土方开挖如图 2-31 所示。

图 2-30　施工现场清除临时绿化　　　　　　图 2-31　施工现场土方开挖

填土前要先将基槽底的垃圾杂物清理干净,且要清理到底面高程,将回落的松散土、砂浆、石子等清除干净。基础清底完毕后,应及时组织建设、设计、质监、监理等单位验收。

4)种植土回填

土方开挖检查验收合格,办理完隐检手续后进行土方回填。对种植区域回填种植土,种植土土壤 pH 值应符合本地区栽植土标准或按 pH 值 5.6～8.0 进行选择,回填土的含水率应控制在 23% 左右。不允许含有粒径超过 10cm 的石块、砖块、草皮、树根等杂物。回填时注意不得掩埋消火栓、管道闸阀、雨水口、测量标志及各种地下管道的井盖,且不得妨碍其正常使用。

施工现场种植土回填如图 2-32 所示。

5)微地形造型

(1)测量、放线。根据建设单位提供的高程,利用经纬仪按照施工图中的定位坐标,定出南北及东西方向直线桩,并测出桩顶部高程,然后以直线桩为准进行测量放线,按设计图放出地形的平面控制点,以临时水准点控制高程。要考虑地铁构筑物及各种地下管道的井盖对地形的影响,并在地面上用白灰勾勒出土山丘的轮廓。土方回填应分层,每层回填土厚度不大于 300mm。基槽开挖有余土外运时,应尽量将自然地坪的上表面杂填土优先运出,较好的土用于回填。

施工现场微地形造型测量、放线如图 2-33 所示。

图 2-32　施工现场种植土回填　　　　　　图 2-33　施工现场微地形造型测量、放线

(2)粗整地。利用机械根据地形的控制点及高程堆筑地形造坡,施工过程中进行分层适度夯实,以保证地形的密实度,以免因沉降产生坑洼,严禁用机械反复碾压。堆筑地形时,根据放样高程,由里向外施工,边造型、边压实,施工过程中始终把握地形骨架,翻松碾压回填土,机械设备不得在栽植表层土上施工。

施工现场微地形造型粗整地如图 2-34 所示。

(3)细整地。微地形造型粗整地完成后,人工细做覆盖面层,保持表面土质疏松,并清理杂物。人工平整时要顺地形和周围环境,整成龟背形、斜坡形等,坡度为 2.5%～3.0%,从边缘逐步向中间收拢,使地形厚度、高程、造型及坡度符合设计要求,坡面曲线和顺、排水通畅。雨天停止作业,雨后及时修整和拍实边坡。草地接平道牙时,绿地与铺装齐平,立道牙、花池、树池时,绿地边缘要低 3～5cm,表面平整,无坑洼,必须使场地与四周道路、广场的高程合理衔接,使绿地排水通畅。

施工现场微地形造型细整地如图 2-35 所示。

图 2-34　施工现场微地形造型粗整地

图 2-35　施工现场微地形造型细整地

6）定点放线

根据地形地貌和障碍物情况,按施工平面图所标具体尺寸定点放线。如为不规则造型,应用方格网法及图中比例尺寸定点放线。图中未标明尺寸的种植,按图比例依实放线定点。要求定点放线准确,符合设计要求。图纸与现场条件有冲突时,在征得现场监理工程师同意的前提下,可做适当的调整。

按图纸标出种植地段、种植位置及品种的轮廓,并进行放样,按现场监理工程师提供的水准点、坐标基准点结合图纸,确定放样基准点。

分别对绿化苗木栽植位置等进行放样,每次放样后,报请监理工程师进行审核,核准后进行下一道工序的施工。

对交叉施工造成的放样破坏及时进行复样,保证施工精确度和进程。

施工现场定点放线如图 2-36 所示。

图 2-36　施工现场定点放线

7）树穴开挖

种植穴、槽挖掘前,应向有关单位了解地下管线和隐蔽物埋设情况。遇有障碍物影响株距时,应及时与建设单位和设计单位取得联系,进行适当调整。

挖种植穴、槽的大小,应根据苗木根系、土球直径和土壤情况而定。穴、槽必须垂直下挖,上口下底相等。带土球的苗木种植穴,应该比土球大 20cm,裸根苗应该保证根系的充分舒展,穴深应该比土球深 15cm。

人工开挖,植穴的大小应满足设计要求,株行距符合设计的尺寸。乔木种植穴形状以正方形或圆柱形为主,种植穴的几何中心点即为定点放线位置。挖树穴规格要适当,挖出的表土与底土分开堆放于穴边,穴的上下口应一致,在斜坡上挖穴应整成一个小平台,然后在平台上挖穴,挖穴的深度应从坡下口开始计算。在新填土方处挖穴,应将穴底适当踩实,土质不好的应加大穴的规格。挖树穴要正确,必须是坑壁垂直,且要比根系球大 30cm 以上,并要施加 20cm 厚的有机肥,再覆以一薄层原土后种植,使苗木今后生长强壮,克服土壤贫瘠的不足。

对于花坛、绿篱种植穴,按设计要求确定植穴形状。绿篱以带状为主,穴宽度不大于 30cm,深度不小于3cm；花坛则以几何图案为主，植穴深度不小于30cm。

种植穴挖掘完毕后，将有机肥撒于穴边及种植绿地上，以改良土壤结构，同时增施迟效性氮磷钾复合肥以增强后期土壤肥力。

施工现场树穴开挖如图2-37所示。

8）施肥整理

基肥用堆沤蘑菇肥加3%的过磷酸钙和4%的尿素进行堆沤后使用，用量为10kg/m^2。施肥料后进行一次30cm的深翻，把肥料与土充分混匀，做到肥土相融，起到既提高土壤养分，又使土壤疏松、通气良好的作用。乔木、灌木则应在种植前在穴边将肥土混匀，依次放入穴底和种植池。

施工现场栽植土施肥和表层整理如图2-38所示。

图2-37 施工现场树穴开挖

图2-38 施工现场栽植土施肥和表层整理

9）苗木选购

乔木、灌木：树干符合设计要求，树冠应生长茂盛，分枝均衡，土球完整，土球大小符合设计要求，包装牢固，根系完整，切口平整，无病虫害。

棕榈类植物：主干挺直，树冠均匀，土球符合要求，根系完整，无病虫害。

苗、地被、绿篱及模纹色块植物：株型苗壮，根系良好，无伤苗，茎、叶无污染，无病虫害。

草块、草卷：草块、草卷长、宽尺寸基本一致，厚度均匀，无杂草，草高适度，根系好，草芯鲜活，无病虫害。

10）起苗及运输

按设计要求，充分理解设计意图、设计效果。除特殊树形和设计要求外，均要采用生长健壮、分枝多且均匀、冠幅丰满、无病虫害、无老化等正常状况的苗木。

以苗木大小确定土球规格，普通苗木土球直径=2×树地径周长+树直径，大苗土球应加大，根据不同情况，土球是胸径的7～10倍。挖出符合规格的泥土后，用草绳或编织袋按要求包好。

施工现场乔木土球包装如图2-39所示。

苗木装卸车时应轻吊、轻放，不得损伤苗木和土球而影响植物存活。在运输过程中，必须采取足够措施，保证树身、树形、重要观赏部位的枝条和着尘点不被损坏，土球完整结实；装运竹类时，不得损伤竹竿与竹鞭之间的着尘点和鞭芽。灌木及花草应分层放置，以防断枝、烂叶而影响景观。对于运抵现场后而不能立即种植的植物应放在阴凉处，必要时做假植处理，并浇足水，确保植物成活。

施工现场苗木装卸车如图2-40所示。

图 2-39 施工现场乔木土球包装　　　　　　图 2-40 施工现场苗木装卸车

11）苗木种植

种植时应严格按照设计要求核对苗木品种、规格及种植位置。先将基本肥、复合肥与种植土充分混合，再将树木放入树穴内，应注意观赏面的合理朝向。随即填入肥泥混合土，约每填 20cm 松土压实一次，覆土深度比泥头高出 3～5cm。

规则式种植应保持对称平衡，行道树或行列树应在一条线上，相邻植株规格应合理搭配，高度、干径、树形近似，种植的树木应保持直立，不得倾斜，应注意观赏面的合理朝向。树形丰满的一面应向外，按苗木高度、树干大小搭配均匀。种植带土球树木时，拆除不易腐烂的包装物。珍贵树种应采取树冠喷雾、树干保湿和树根喷布生根激素等措施。种植绿篱的株行距应均匀。在苗圃修剪成型的绿篱，种植时应按造型拼栽，深浅一致。种植时，根系必须舒展，填土应分层踏实，种植深度应与原种植线一致。竹类可比原种植线深 5～10cm。

在种植前，为减少树木体内水分蒸发，保持水分代谢平衡，使新种树木迅速成活和恢复生长，必须及时修剪部分枝叶，修剪时应遵循各种树木自然形态的特点。修剪整形的花坛和绿篱灌木，严禁使用单干无分枝苗；竹子、棕竹等从小类植物须有较多分枝，冠幅丰满。在保持树冠基本形态下，剪去阴枝、病弱枝、徒长枝、重叠或过密的枝条，适当剪摘部分树叶。

大树种植需用吊机等机械，并要求专人负责指挥，且注意施工安全。种植完毕，应设支撑固定。支撑应牢固，绑扎树木处应夹垫物，绑扎后的树干应保持直立，以稳定树木原有的树姿。树木置入种植穴前，应先检查种植穴大小及深度，不符合根系要求时，应修整种植穴。种植裸根树木时，应将种植穴底填上呈半圆状的土堆，置入树木填土至 1/3 时，轻提树干使根系舒展，并充分接触土壤，随填土分层踏实。带土球树木必须踏实穴底上层，而后置入种植穴，填土踏实。应尽量做到随起、随运、随栽，以保证苗木的成活率。若因故不能当天栽完，则应将剩余苗木根据不同的技术要求用不同的方法分散假植，深度以能覆盖树木根系为度，放入苗木后覆土，踩实，不漏风，并应浇水、遮阴养护。

落叶乔木在非种植季节种植应根据不同情况分别采取以下技术措施，苗木必须提前采取疏枝、环状断根或在适宜季节起苗用容器假植等处理。苗木应进行修剪，剪除部分侧枝，保留的侧枝也应疏剪或短截，并应保留原树冠的 1/3，同时必须加大土球体积。可摘叶的应摘去部分叶片，但不得损害幼芽。夏季可搭栅遮阴、树冠喷雾、树干保湿，保持空气湿润；冬季应防风防寒。

新植树木无论何种天气，均应在栽植完成后当日浇透第一遍定根水，以后应根据当地情况及时补水。浇定根水时，水压不宜过大，避免直接冲刷土球造成根系外露。可采用多次浇少量水，直至土球及土壤吸足水分，并适量喷洒树干及树叶。种植后应在略大于种植穴直径的周围，浅挖一圆形保水圈，以直径以 60～80cm 为宜（灌木以 40～60cm 为宜），深度以 3～5cm 为佳。堰应筑实不得漏水。坡地可采用鱼鳞穴式种植。干旱季节时，应增加浇水次数。干热风季节，应对新发芽放叶的树冠喷雾，并宜在上午 10 点前和下午 15:00 后进行。浇水时应防止因水流过急冲刷裸露根系或冲毁围堰，造成跑漏水。浇水后出现土壤沉陷，致使树木倾斜时，应及时扶正、培土。浇水下渗后，应及时用围堰土封树穴。再筑堰时,不得损伤根系。

绿篱成块种植时,应由中心向外顺序退植。坡式种植时,应由上向下种植。大型块植或不同色彩丛植时,宜分区、分块种植。独立花坛,应按"中心向外"的顺序种植;高低不同品种的花坛苗混种时,先种高的品种后种矮的品种;模型或花坛,先种植图案的各条轮廓,然后再内部填充。种植绿篱的株行距应均匀。

草坪栽植时,按设计和工艺要求,新植草地的地床,要严格清除杂草种子和草根草茎,并填上纯净客土刮平压实10cm以上才能贴草皮。贴草皮有全贴和稀贴两种。稀贴一般在20cm×20cm方块草皮上等面积留空稀贴。采用铺设法栽植草坪,即把成块带土的草皮铺满地面,并随时采用木板拍实,要求草块与地面紧密相连。草皮和灌木、建筑物交界处及树木蓄水圈的草皮铺贴必须成直线整齐(或弧线圆滑),草皮边缘到树身距离为20cm。铺草时应施底肥,杀除杂草及害虫。

2.7.7 苗木养护措施

苗木养护措施流程如图2-41所示。

苗木草坪栽种后,需要有丰富经验的专业园艺人员进行栽后的养护和管理,了解情况及时发现问题,制订可行的管养计划,做到双层的管养监督,保证树木的成活率及达到设计效果。如发现有植株死亡,应及时用相同品种、规格的苗木进行补植,并加强对新栽苗木的养护管理。

1)乔木、灌木

在施肥方面,用肥种类以复合肥为主,氮、磷、钾肥的比例,1～3年的幼年树是5:3:2,3年以上的大树是3:2:1。施肥的次数,植后3年内,每年的春、夏、秋初各施一次,每次用复合肥1～2 kg,小树少施,大树多施。施肥的方法是:小树结合松土施液肥,大树在冠幅内地面均匀开穴干施,3年以上高大的乔木原则上可不施肥。灌

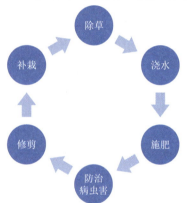

图2-41 苗木养护措施流程图

木树型小,以浅穴或浅沟种植为主,丛生根系浅,视土壤和树势施用适量的复合肥,液施干施结合,观花观果灌木适当增加磷肥、钾肥,观叶灌木适当增加氮肥施用。绿化树木的水分管理,重在幼树,原则是保湿不渍,表土干而不白。高大乔木,根深叶茂,不存在因缺水影响生长的问题。灌木矮小,根系短浅,盆栽地栽都要防旱保湿不渍,才能正常生长。

乔木要求树干笔直挺拔,不要过早拔掉种植时的固定拴护杆,以免树干弯曲。对于成年大树,应及时锯掉不规则的树枝,保留冠幅大、叶多枝小的挡风枝,避免大风雨时折枝断干或连根拔起。灌木要求整齐有形有序,可将树形修剪成圆球形、方形、扇形、蘑菇形、抽象图案、线条、柱桩、椎桩等,甚至可用铁丝编织文字或图案,如"双龙戏珠""狮子滚球""孔雀开屏"等,让灌木的枝叶在其中生长,通过编织修剪而成。对于乔木、灌木均要及时清除枯枝落叶,对于大王椰、假槟榔等观茎树,要保证树干笔直干净,其叶鞘大,干枯后不易自然脱落,要人工及时清除。

对当年栽植的苗木,因其对外界的抵抗力未达到良好状态,在冬季要对其进行防寒处理。对大苗、大树要用石硫合剂对主干涂白,避免树干冻裂,还可杀死在树皮内越冬的害虫。涂白要均匀,不可漏涂。还可对大苗、大树用稻草或草绳将不耐寒的主干包起来,以达到保暖的目的。

根据实际情况,对不同品种苗木在不同季节可能发生的病虫害进行检测,以防为主,一旦发生病虫害,应及时用药物进行防治。绿化树木的主要虫害有天牛、木虱、潜叶蛾、潜叶虎、介壳虫、金龟子等。近年来,在乔木、灌木中,木虱为害较严重,其次是介壳虫,采用常规杀虫剂、速扑杀、介特灵等均

能达到防治效果。主要的病害有根腐病、白粉病、炭疽病等,常用的防治药物有托布津、多菌灵等,常用浓度800～1000倍。除了药物防治外,栽培上要经常清理枯枝落叶,保持清洁,同时要排除渍水,必要时修剪后喷药。

2）绿篱

绿篱的养护管理原则是:保证肥水供应,茂盛生长,修剪成篱成墙成形,达到观赏和隔离的作用。绿篱要不断修剪,肥水条件要求较高。施肥原则是:基肥足追肥速,以氮为主,磷钾结合,群施薄施,剪后必施。必要时还应进行根外施肥。水分管理,以保湿为主,表土干而不白,雨后排水防渍,以免引起烂根,影响生长。在生长季节,应及时清除杂草,以防杂草吸收苗木、草坪所需的水分、养分。中耕除草是绿地养护中的一项重要组成部分。通过中耕除草可保持根部土壤的疏松,利于根部的吸水和呼吸。松土可一月一次。中耕除草应选在天气晴朗且土壤不过分潮湿的时候,中耕深度以不影响根系生长为限。

平面绿篱、图形绿篱、造案绿篱,都是为了符合设计要求通过人工修剪而成的。

修剪的作用:一是抑制植物顶端生长优势,促使腋芽萌发,枝条生长,墙体丰满,利于修剪成型。二是加速成型,满足设计欣赏效果。

修剪的原则:从小到大,多次修剪,线条流畅,按需成型。一般的绿篱设计高度为60～150cm。超过150cm的为高大绿篱(也叫绿墙),可起到隔离视线的作用。

始剪修剪的技术要求是:绿篱生长至30cm高时开始修剪,按设计类型3～5次修剪成雏形。

修剪的时间:当次修剪后,清除剪下的枝叶,加强肥水管理,待新的枝叶长至4～6cm时进行下一次修剪,若前后修剪间隔时间过长,绿篱便会失形。中午、雨天、强风、雾天不宜修剪。

修剪的具体操作:具体目前多采用大篱剪手工操作,要求刀口锋利紧贴篱面,不漏剪、少重剪,旺长凸出部分多剪,弱长凹陷部分少剪,直线平面处可拉线修剪,造型(圆形、蘑菇形、扇形、长城形等)绿篱按形修剪,顶部多剪,周围少剪。

定型修剪:当绿篱生长达到设计要求定型以后的修剪,每次把新长的枝叶全部剪去,保持设计规格形态。

根据实际情况,对不同品种苗木在不同季节可能发生的病虫害进行检测,以防为主,一旦发生病虫害,应及时用药物进行防治。绿篱的主要虫害,山子甲绿篱常有木虱、潜叶蛾和白粉病为害;福建茶有介壳虫、白粉病为害;黄心梅较抗病虫害,偶有木虱。以上虫病,用常规的杀虫剂(速扑杀等)和杀菌剂(多托布津、多菌灵等)均能达到除治效果。

3）草地

草地养护原则是:均匀一致,纯净无杂,四季常绿。重在水、肥的管理,春贴防渍,夏贴防晒,秋冬贴草防风保湿。一般贴草后一周内早晚喷水一次,并检查草皮是否压实,要求草根紧贴客土。贴后两周内每天傍晚喷水一次,两周后视季节和天气情况一般两天喷水一次,以保湿为主。施肥植后一周开始到三个月内,每半月施肥一次,用1%～3%的尿素液结合浇水喷施,前稀后浓,以后每月一次,每亩用2～3kg尿素,雨天干施,晴天液施,当草高在8～10cm时,用剪草机剪草。除杂草,早则植后半月,迟则一月,要及时挖草除根,挖后压实,以免影响主草生长。新植草地一般无病虫,无须喷药,为加速生长,后期可用0.1%～0.5%磷酸二氢钾结合浇水喷施。草地植后的2～5年是旺盛生长阶段,观赏草地以绿化为主,所以重在保绿。水分管理的原则是翻开草茎,客土干而不白,湿而不渍,一年中春夏干,秋冬湿。施肥应轻施薄施,一年中4～9月少,其余月份多,每次剪草后,每亩用1～2kg尿素。旺长季节,要控肥控水控制长速,否则剪草次数将增加。

剪草次数每年以 8～10 次为宜，2～9 月每月剪一次，10 月至次年 1 月每两月剪一次。剪草技术要求为：

①最佳观赏草高为 6～10cm，超过 10cm 可剪；大于 15cm 时，会起"草墩"，局部呈疙瘩状，此时必剪。

②剪前准备：检查剪草机动力确保正常，草刀锋利无缺损，同时捡净草地细石杂物。

③剪草机操作：调整刀距，离地 2～4cm（旺长季节低剪，秋冬季节高剪），匀速推进，剪幅每次相交 3～5cm，不漏剪。

④剪后及时清理草叶，并保湿施肥。

4）花卉

栽种较多的是美人蕉、黄花草、多色花和桃、梅、杏、桂、含笑及炮仗花、金银花等。在栽培上，要求土地肥沃疏松，通透性好，保水保肥力强。肥水管理，前期应肥水充足，以氮肥为主，结合施用磷肥、钾肥；中期应氮、磷、钾肥结合；花前控肥控水，促进花芽分化；开花后补施氮、磷、钾肥，可延长开花期。松土、除草、培土每月一次，浅松表土，除去杂草，结合施肥。草本花卉，多施液肥；木本花卉，雨季可开小穴干施。植株高大的地栽花木，不能露根，适当培土，可防止倒覆。生长中要及时剪去干枯的枝叶，并在夏秋季节进行地表覆盖，可保湿防旱和抑制杂草生长。病虫防治，每月喷一次杀虫药，在修剪后或台风暴雨前后喷一次杀菌剂，均有防治效果。藤本花卉管理的不同之处是要有树柱子或搭架，使之攀延生长。

2.7.8 预防自然灾害措施

1）旱灾

在旱季来临前，做好预防计划和准备。加强植物日常养护管理，促进植物根系发达，提高植物抗旱能力。做好充足水源供应准备，确保灌溉用水及时足量供应。

旱灾发生时，对大树进行树体缠绕和树兜覆盖，小型花木可搬到隐蔽的地方或遮阴处理，减少水分蒸发。

旱灾面积大时，采用自动喷淋系统或大型洒水车运水浇灌。当采用大型洒水车浇灌时，应安排好供水地点、行车路线、浇灌顺序等，做到淋水及时、充足。

2）水灾

绿化种植前，保证地面坡度适当和地面平整，排水良好，必要时做好排水系统。

雨季来临前，经常检修排水系统，及时疏通，保证排水顺畅。对坑凹地，应及时填土垫高或修建排水渠等。

每次降雨后，应及时将积水排干。对经常大面积积水处，应挖排水沟集中排水。

对被水冲损的绿化植物，应及时进行扶正、补栽、补种工作。

3）风害

对高大乔木特别是两年内新栽乔木，在风暴来临前应进行加固支撑。

对乔木枯黄枝进行清除修剪，防止被风吹落、吹断。对已倾斜且树冠较大的乔木，可适当修剪枝条，以减轻树干负担。

对小型花木，可建挡风屏。可移动的花木，应在风暴前及时搬入室内或背风处加以保护。

风暴来临前，在大型乔木较多的行人区、停车区，应提前做宣传，或以拉警示带的方式提醒路人，以防树木倒塌，造成人员或车辆等物品的损坏。

风暴来临时，值班员工每半小时巡查一次，发现有被吹断吹倒的大型乔木应及时移开，疏通出安全通道。

风暴过后，对倒伏植株进行扶正加固支撑，对吹断、吹折的枝条进行及时修剪并把残枝叶及时清理干净。

4）雪灾

及早采取有效防冻措施，抵御强低温对绿化植物的侵袭，及时清扫植物表面积雪，以免压坏植物。对受损树木进行登记并上报，并采取扶正、防寒、修复措施。

协助项目负责人做好积雪清扫工作，并将积雪堆积在树盘内起到保暖、营养的作用（含融雪剂的除外）。

要趁雨雪间隙及时做好降湿排涝工作，以防阴雨雪天气造成长期积水，影响植物根系生长发育，同时做好病虫害的防治工作，减少植物病害的发生。

第2篇
交通疏解工程

第3章 交通疏解工程设计◀

第4章 交通疏解工程施工◀

第 3 章 交通疏解工程设计

3.1 概 述

地铁线路一般设在中心城区客流需求较多的区域,地铁施工必将对已经拥挤的城市交通产生严重的负面影响,成为城市交通"最黑暗"的时期。如何做好地铁施工期间的交通疏解工作,处理好地铁施工与道路交通的矛盾,确保地铁建设的顺利进行,同时把地铁建设对城市交通的影响程度减少到最低,是地铁建设前期必须研究的一个重要课题。尽量平衡矛盾,减少地铁施工期间对现状交通的影响,在行人心理预期与实际需求之间找到一个平衡点,并把这个平衡点作为交通疏解的总目标,地铁施工和现状交通的疏解均需要按照这个目标实施,相互协调,合理退让,共同完成地铁施工期间的交通疏解,满足近远期的居民出行需要。

在地铁建设期进行合理的交通流组织对整个城市的交通发展有着重大的社会意义。交通流组织体系优化研究在保证道路施工的工程进度和质量的同时,还需减小施工围挡对交通流的干扰,保障道路交通的安全畅通。地铁建设期间城市的地面交通将受到很大的影响,地铁线位所在的道路失去了其城市交通走廊的作用,使得许多车辆不得不重新选择更合适的路径,这给城市道路交通网络带来了很大的影响。

确定如图 3-1 所示合理的交通疏解技术路线,可以用最小的工程代价实现最大的交通效益。

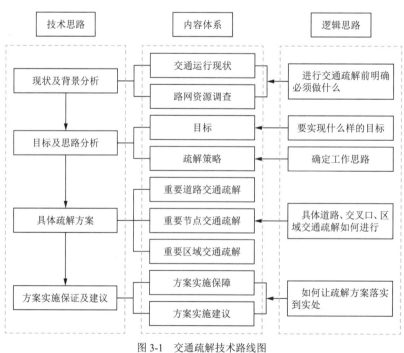

图 3-1 交通疏解技术路线图

3.2 交通疏解的目的、原则及方法

3.2.1 交通疏解的目的

建设期道路交通组织设计的目的,在于充分发挥现有道路网的效能,合理协调道路网局部利益与整体利益之间的关系,使车辆在整个研究区域的道路网上有序高效地运行,从而最大限度地节约道路网络资源,消除道路交通事故隐患,使道路网络的通行能力和施工前尽可能相一致,以缓解道路交通矛盾。

地铁施工区域多为重要的客流走廊,沿线经过城市商业成熟区,也是沿线居民出行客流集中、公交线路密集的区域,施工期间对居民的出行和车辆通行的影响较大,国内一直在施工占道中的交通组织设计研究得不够,缺乏系统和整体思想,导致施工期交通组织无序、交通疏导盲目,经常造成长时间交通拥堵等被动局面。为此,应高度重视城市轨道交通施工期阶段的交通组织设计研究。

3.2.2 交通疏解的原则

在地铁施工期间,合理选择交通组织方案,减少对原有道路的交通影响,以控制交通需求总量、保证交通供给能力、平衡路网交通量的总体原则,拟定外围交通尽早分流、社会交通合理引导、关键路段公交优先、多种手段综合运用的总体疏解方案,把轨道交通建设对城市交通的影响程度减小到最低。

1) 以人为本原则

由于地铁站点施工对市区道路、公交等造成了一定的影响,从而直接影响到区域内居民的正常出行。在制定地面交通疏解方案时,需切实关注施工直接影响区域内居民的出行需要,保证居民正常出行,尤其是站点附近居民的正常出行。

2) 优先保证公共交通、特种车辆的道路使用权原则

地铁站点施工期间部分道路被占用或封闭,道路资源有限。在这种情况下,优先保证公共交通的道路通行权,尽量减小对广大市民造成的不便。同时,优先保证公安、消防车、救护车等特种车辆的道路使用权。

3) 交通分离原则

交通分离原则是指采用科学的交通管理手段,对不同流向、不同车型种类、不同特点的交通流在时间和空间上进行分离,避免发生交通冲突。交通分离分为时间分离和空间分离。交通空间分离主要依靠交通标志、交通标线来实现,交通时间分离则依靠信号控制相位来实现。

4) 交通连续原则

交通连续原则是指保证大多数人在交通活动过程中,在时间、空间、交通方式上不产生间断,这是搞好交通秩序管理的基本保证。例如,保持原有行车道数,信号灯重新调整实现施工期信号绿波带,以保证车流在时间上的连续,以及施工阻断交通后架设钢便桥设施等实现交通连续。

5）交通负荷均分原则

由于施工占用道路段交通负荷比正常道路交通负荷大，需要对施工占用道路周围路网重新进行交通流分配，以达到道路施工占用区域的交通压力与周边路网平衡的目的，不致在施工到某个点时造成道路交通拥堵。将道路交通拥堵处的交通压力转移一部分给非交通拥堵处，即为交通负荷均分，关键在于转移多少交通压力和转移到哪个合适的作用点。

6）交通总量控制原则

交通总量控制，当区域道路网某一处的总体交通负荷接近于饱和，并且没有交通压力转移的余地时，可以采取禁限部分车种行驶来削减交通总流量。

7）合理组织施工原则

尽量减小施工运输车辆与其他车辆在地铁站点施工直接影响区域内的相互干扰。若存在大运量的施工运输车辆在市区内行驶，造成了施工运输车辆与其他机动车辆之间的相互干扰，则需合理组织施工直接影响区域内的机动车辆行驶，为施工运输车辆制定特定的行驶路线。

8）通行能力资源配置原则

通行能力资源配置核心是上下游相同流向的道路通行能力匹配问题，也就是上游道路路段的最大通行能力应与下游道路路段所能提供的最大通行调控能力相适应，施工后重新划分的车道配置不应出现"瓶颈"。

9）动静态交通组织相结合原则

通过由静态交通组织向动态交通组织转化，由追求道路路段的最大通行能力逐步向追求道路网的最大调控能力发展，解决好道路通行能力分配以及道路交通负荷均分问题，防止交通压力过于集中于某一道路而造成交通拥堵的状况。

3.2.3 交通疏解的方法

1）借一还一

若地铁施工占用城市的部分道路资源，道路的通行能力与服务水平将会降低，在重要交叉口容易形成交通"瓶颈"的现象，所以对于地铁施工区的道路改造，尽量做到"借一还一"（图3-2、图3-3），尽可能利用道路红线内的隔离带、绿化带等非道路空间，将其临时改造为机动车道与人行道等道路通行资源，以减少地铁施工给交通通行在道路资源层面上所带来的影响。

图3-2 施工前交叉口现状

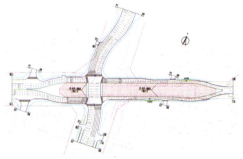

图3-3 施工时"借一还一"示意图

2）设计指标

在地铁施工期间，尽量采取高标准维持道路的各项线型指标要求。临时道路的主要设计指标包括道路等级、疏解设计速度、设计荷载、人群荷载、路面设计标准轴载、机动车道宽度与净空、人行道净空及路面结构形式等。只要保证以上相关道路元素的设计高标准，就可以降低道路通行的阻抗，保障机动车的行驶速度，缓解施工期间的道路通行压力。交通疏解前后某道路设计指标对比见表3-1。

交通疏解前后某道路设计指标对比表　　表3-1

设计指标	车道数	机动车道宽度(m)	非机动车道宽度(m)	人行道宽度(m)	绿化带宽度(m)	行驶车速(m/h)
交通疏解前	8	3.5	2.5	5	1	60
交通疏解后	8	3	0	3	0	40

3）路口灯控

道路的路段或原交叉口经过施工围挡后，一般会形成新的交叉口，所以原有的交通流量及交通信号灯配时会因此发生相应的改变。地铁施工围挡一般采用多期围挡，对应不同的施工工期，需要根据围挡的具体布置，对改变后的交叉口重新进行渠化和信号灯配时，原则上利用现状监控设备。对于疏解倒边实施时无法利用现状监控设备进行迁移设计的，需新建监控设备。机动车道灯以立柱式为主，人行信号灯与现状保持一致。

原交叉口各相位信号灯配对如图3-4所示，渠化后各相应信号灯配时如图3-5所示。

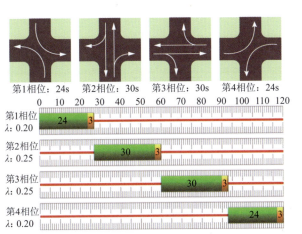

图3-4　原交叉口各相位信号灯配时

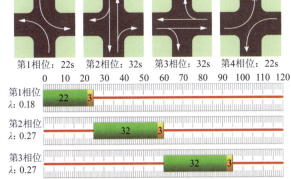

图3-5　渠化后各相位信号灯配时

4）人行系统

人行系统的疏解，在地铁施工期间的交通疏导系统中占据极其重要的位置，需要着重考虑人的出行，优先保障行人的使用空间。构建系统的出行向导机制，为行人指明出行方向，在施工围挡的周围建立临时标牌，引导行人合理的路线出行。适当优化人行道横线、人行过街天桥的位置，帮助行人正确选择出行路线（图3-6），若施工期间临时拆除现状人行天桥的，在周边无人行需求时无须建设临时人行天桥，在周边有人行需求时完成临时人行贝雷梁钢便桥后（图3-7），方可拆除现状人行天桥。尽可能保证人行区域的通畅性与空间上的隔离性，减少行人的绕行时间与保证行人的出行安全。

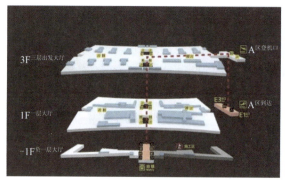
图 3-6 施工期间人行路线指示图

图 3-7 人行贝雷梁钢便桥组织设计图

5）公交系统

地铁施工期间,需要充分保障公交出行的交通需求,合理分配公交网络出行的空间布局,这能有效缓解城市紧张的交通状况,在体现公交优先的格局下,满足地铁施工的相关需求。

运用智能交通实施公交信号优先,体现公交出行优先的发展策略;对于地铁施工影响较大的路段,适当调整公交线路（图 3-8）；迁移或取消地铁施工围挡所占用的公交停靠站;在地铁施工前需采取电视、报刊、广播、网络等多媒体方式通知市民,告知市民地铁施工期间公交出行线路及站点的改动;在道路条件良好的路段,可设置公交专用道,方便居民的公共交通出行。

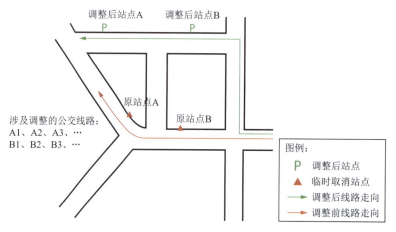

图 3-8 地铁施工期间公交线路调整示意图

6）交通分流

当地铁施工需要对现状道路采取部分占道的方案或地铁施工区间采用盾构法不占道的方案时,需要进行交通分流。

在地铁施工影响区域的相关交叉口设置交通控制点,尽量控制区域道路网络交通流量分布的均衡性,合理控制交通流量分布,缓解影响区域道路交通压力,提高交通通行效率。通常情况下,需要在现有道路的红线宽度内改造横断面的布置形式,利用施工影响区域内平行道路进行分流,对现有道路的改造尽量依据"借一还一"的布置原则,尽可能利用道路红线内的其他空间补充施工所占用的道路损失。

7）区域绕行

当地铁施工需要对现状道路进行全路段封闭时（图 3-9），需要进行交通微循环设计（图 3-10），完成区域绕行的策略。

当现有道路的红线宽度较窄或线型条件较差无法达到"借一还一"的布置条件时,需对地铁施工影响区域进行整改、打通,并加以合适的交通组织管理手段,让车辆进行小范围绕行,重点考虑与封闭道路相平行的主干道、次干道,分担被占道路的交通流量,区域绕行道路可适当增加一定量的交通负荷,但不宜过多,避免出现交通流量的置换效应。对区域路网进行一定程度的改造建设,形成完善的区域道路网络布局,更好的分担交通出行压力,提高居民的交通出行通畅性。

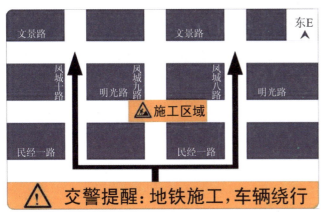

图 3-9 完全占道施工标志牌

图 3-10 区域绕行交通微循环设计

3.3 交通影响分析

3.3.1 交通影响分析的目的及意义

1)交通影响分析目的

地铁前期工程交通影响分析是在地铁项目建设之前,分析其施工时交通疏解对城市交通系统的影响范围和影响程度,从而制定确保交通服务水平不降低的对策,将地铁施工对城市交通的影响限制在特定的范围内。

地铁建设工程量大,建设站点多,建设周期长,占道范围广,且线路多位于城市中心区,给本就处于饱和状态的道路带来了更大的交通压力,局部地区甚至出现交通拥堵,严重影响居民出行。地铁施工期间的交通影响不仅涉及"点""线",而且涉及"面",甚至影响区域性交通,因此分析交通影响程度对于交通组织和管理显得尤为重要。

2)交通影响分析意义

交通环境是城市环境的重要组成部分,是城市管理、经营的主要内容之一,是一个城市综合竞争力的体现,能够反映一个城市的总体发展水平。在地铁施工期间,由于施工对道路资源的占用,交通疏解造成道路线型较差,车行道缩窄,车道数减少,甚至交通线路的阻断,从而增加了道路"瓶颈",导致出现交通拥堵等一系列交通问题。

交通问题的解决方法主要有两个:一方面是加法,即增加交通供给,这主要是通过交通设施建设和交通系统改善来完成;另一方面是减法,即减少交通需求,这主要是通过制定交通政策、科学合理规划、改善交通结构、优化交通组织来完成。

解决交通问题的两个方法都说明了交通影响分析工作的重要意义和实际作用。交通影响分析不但有重要的现实意义,而且还对城市的发展有深远的影响,其主要意义在于:

(1)总体评价项目施工期间对周边及城市交通的影响,在整个网络上考虑交通疏解方案,减少项目施工对城市交通的影响,保障项目顺利实施。

(2)交通影响分析为工程提供道路交通优化组织方案,为政府相关部门提供决策的依据,当针对同一项目出现不同的方案时,可借助交通影响分析来进行相关问题的比较研究。

(3)新建项目会影响项目区域的交通需求。这些新增的交通需求加重了周围路网的负荷,降低了交通设施的服务水平,进行交通影响分析,以保证交通服务水平不低于规定标准。

(4)土地利用和交通规划存在深刻的内在联系和相互作用。交通设施的建设和改良将促进该地区的土地开发利用,而土地开发利用又会创造新的交通需求。在进行交通系统规划时,必须考虑这种相互影响关系。交通影响分析是将城市规划、土地利用和交通规划联系起来,作为一个系统来考虑的重要环节。

3.3.2 地铁前期工程对交通的影响分析

1)地铁施工对道路交通设施的影响分析

根据地铁施工期间管线改迁工程、车站主体工程和区间段工程施工围挡对道路的占用情况,结合沿线及区域道路交通现状,总结得出地铁施工对道路交通设施的影响主要有以下几方面:

(1)道路断面形式

地铁施工阶段由于施工围挡占用部分道路资源,导致原有的道路断面形式发生变化,在施工区域道路封闭或道路变窄,车道数减少,非机动车道改为机动车道,甚至无非机动车道,公交专用道取消。道路断面形式的改变使道路通行能力降低,服务水平下降,交通供给不能满足交通需求。

(2)道路线型

由于施工围挡占用部分道路资源,施工区域道路线型常常需要进行交通渠化,原有直线段改为曲线段,车辆沿曲线绕行通过。由此导致车辆在此减速变道形成交通"瓶颈",容易产生交通拥堵。

(3)标志标线

交通疏解组织使原有的道路线型及断面形式发生变化,原有交通引导标识需拆除废弃,同时需新设交通标志标线。

(4)道路绿化及隔离设施

地铁施工时,因开辟施工场地的需要,常常将位于施工围挡区域的绿化设施进行移栽。并根据施工区域交通渠化的需要,将原有绿化设施用地改为机动车道或非机动车道。

地铁施工除影响上述道路交通设施外,还对道路照明设施、道路排水设施、道路两侧停车设施、交通控制设施等产生影响。

2)地铁施工对交通运行的影响分析

地铁建设过程中对施工区进行围挡,不可避免地影响到地面交通,对现有的车流、人流造成一定的影响,主要有以下几个方面:

(1)机动车交通

地铁工程施工对机动车交通的影响最为明显。由于地铁线路多是构成城市主要骨架和动脉的交通干道,是城市客流的主通道,施工占用道路资源导致道路的通行能力下降,在施工区域容易发生交通拥堵,给过境交通和沿线居民出行造成不便,施工路段交通"瓶颈"多,延误增大,车流速度下降,居民出行经济和时间成本加大。施工沿线路段的拥挤,通过交通分流和驾驶员的自由选择绕行,也会使与地铁线路相互平行的两侧道路交通量增加,交通压力增大。施工期间所做出的交通疏解方案主要也是针对机动车交通。

（2）公交交通

根据地铁工程施工对交通的影响程度和公交线网的布局,需要对公交线路进行调整,部分公交停靠点迁移或取消,影响居民出行。同时施工路段"瓶颈"增多,公交延误增加,导致公交车辆不准时,乘客等待时间延长。

（3）非机动车及行人交通

地铁工程施工阶段,由于围挡占用非机动车道及人行道,行人和非机动车需绕行通过,或行人为了减少绕行距离而穿越道路与机动车混行,对机动车交通产生较大干扰,同时也增加不安全因素。

（4）工程运输车辆

地铁工程施工阶段,由于建设需要大量的工程运输车辆进入市区行驶,对施工阶段的道路交通产生较大的影响,尤其是交通已经趋于饱和的路段。科学合理地设置工程运输车辆的运输路线和时间段,尽量避开道路交通高峰时间段和交通压力相对较大的道路,有利于缓解施工期间的城市交通压力。

3）地铁施工对沿线用地的影响分析

地铁工程施工阶段,施工围挡会占用或封闭部分道路,导致道路附近的地块出行受到影响。而地铁沿线的用地密度通常较高,常常分布着居住、商业及公共服务设施等与居民生活息息相关的用地。地铁工程施工影响用地地块的出入交通,使这些用地的"到达"功能受到影响,使得该用地地块的功能发挥受到限制,在一定程度上影响了居民的出行活动。

3.3.3 交通影响分析方法与流程

1）交通影响分析方法

目前,在交通影响分析中,各编制单位采用的具体预测方法不尽相同,但大多是先预测背景交通量,在此基础上,再按交通规划模型的"四阶段法"来预测项目交通量,最后把两者结合以饱和度、主要道路上项目交通量占背景交通量的比例等作为主要指标进行交通服务水平的敏感性分析。

2）交通影响分析流程

交通影响分析流程如图 3-11 所示。

（1）收集资料

进行交通影响分析之前,先要收集资料,包括项目周边及所在道路网现状和规划情况,现状交通流量及运行特征,项目周边的一些建筑情况,项目影响范围内土地利用性质分析,项目的性质、规模、面积、出入口、交通疏解方案等的情况。

（2）确定研究范围

交通影响分析的研究范围有两个方面:一个是项目实施时的直接交通影响范围,包括施工围挡的范围、交通改迁范围等;二是对片区交通影响的范围,将周边地区乃至更大范围作为一个整体来考查与城市交通的关系,按照城市一般建设项目交通影响范围,原则是项目周边的主干路或城市快速路围合的范围。

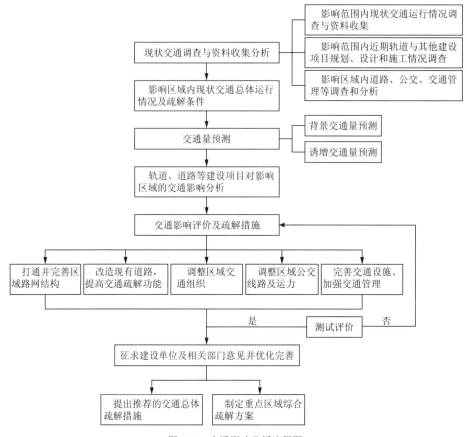

图 3-11 交通影响分析流程图

(3)确定预测年限

预测年限随项目实施的施工年限和完全投入使用年限而定,一般地铁项目施工年限在 5 年左右。

(4)现状调查及分析

对项目周边道路网进行交通量调查,掌握项目周边地区交通流时空变化特征、道路服务水平、停车设施供需状况及公共交通现状,在调查的基础上进行现状道路服务水平、停车设施、公共交通现状供需的分析。

(5)交通需求分析

主要包括两部分,一部分为背景交通量的预测,另一部分为诱增交通量的预测。

背景交通量是指即使不进行项目施工,道路上也存在的交通量。背景交通量的预测又分为两部分:其一为过境交通量,即相关道路上的穿越交通量,起止点均在项目范围以外,主要由项目相关道路的现有交通量在研究期限内相应增长而得到;其二为研究区域内其他项目的交通量,由交通影响分析研究范围内其他建设项目所产生的交通量,在道路网上分配而获得。

(6)交通影响程度评价

对地铁施工期间提出的交通组织设计方案进行评价,同时对路网交通影响、公共交通影响、慢行交通影响、停车设施以及施工区域内外部交通组织进行评价。

(7)交通疏解措施与评价

针对地铁施工所带来的影响,提出相应的改进措施来降低这种影响,同时对改进措施进行预评价。改进措施主要分为两类:一类是针对建设项目本身的,主要为项目的交通疏解方案;另一类是针对与项目相关的因素,如道路及其他交通设施、交通组织、交通政策、交通管理和控制等。

(8)交通仿真

采用先进的仿真技术,对地铁施工期间的疏解方案进行仿真评估,找出潜在问题节点,并提出相应的改善措施和建议,完善疏解方案。

(9)结论与建议

明确地铁施工对评价范围内交通系统的影响程度,同时提出必要性改善措施和建议性改善措施。

3.4 交通疏解组织设计分析

3.4.1 现状运行条件分析

1)影响区域路网运行条件

地铁建设的目的是为了降低机动化出行率,提高公共交通分担率,最终是为了缓解城市的交通拥堵问题。地铁线路往往分布在机动化出行较高的路网上,而在地铁未通的情况下,地铁站点及区间施工对道路资源的占用必然会加剧现状路网的拥堵,使得城市交通运行矛盾更加突出,因此在进行交通疏解组织之前必须深入了解现状区域路网资源情况、路网组织形式、现状交通管理情况等因素。

2)路网资源调查

(1)路网系统构成

路网一般是由快速路、主干道、次干道和支路构成,其中快速路、主干道和次干道是地铁路的主要选择道路。了解路网构成有利于确定具体的交通疏解方案。

(2)道路横断面

道路的构成元素主要体现在道路横断面上,如机动车道宽度、绿化带宽度、非机动车道宽度、人行道宽度、管线埋设深度及位置。因此,道路调查的核心就是调查道路横断面的相关参数(表3-2),为站体开挖、区间顶进提供参数依据。

某地铁施工区间道路参数调查表 表3-2

道路等级	主干道	车速(km/h)	40
单侧绿化带宽度(m)	1	车道数	8
机动车道宽度(m)	3.5	桥涵荷载等级	城—A级
单侧人行道宽度(m)	5	路面设计标准轴载	BZZ—100
单侧非机动车道宽度(m)	2.5	管线埋设深度(m)	1

3)路网组织形式及压力分析

路网组织形式,决定了在交通疏解过程中单点或线性拥堵对区域路网的压力,不同的路网结构,所形成的交通压力是不同的。现状路网的合理性决定了如何选择疏解方案。合理的路网结构,可使路网中各节点交通压力比较均衡,在交通疏解过程中可以选择区域疏解,或者局部增加车道数的方案,而不合理的路网结构则可能出现单点或线性拥堵而导致片区拥堵,因此分析地铁工点范围内的路网情况,充分掌握片区道路的组织形式,对于选择适当的疏解方案是十分必要的。

(1)棋盘式路网

棋盘式路网格局交通压力分布比较均衡,如图 3-12 所示。

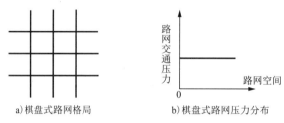

图 3-12 棋盘式路网格局和交通压力分布图

棋盘式路网交通压力的大小与路网密度有关,路网密度大,道路间距小,路网上交通压力就小。因此对于棋盘式路网好用不好用,要看的不是路宽,而是路长,能不能把小路相连形成贯通的棋盘式路网。换言之,"毛细血管"通,"动脉"的压力才会小。在区域交通组织中,尽可能贯通小路,缩小网眼,以此降低交通压力。

(2)环路加放射式路网

由于市中心区开发的力度要大于郊区,故市中心对交通流的吸引力也大于郊区,造成了城市交通流向心性的特点。而环路加放射式路网有两种压力分布结果(图 3-13):一是内环路网完善,路路相通时,交通压力主要集中在内环以内;二是内环路网不完善,多堵头、多断头路时,交通压力主要集中在环上。

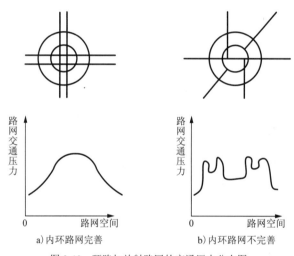

图 3-13 环路加放射路网的交通压力分布图

4)现状交通管理分析

(1)影响范围的确定

地铁施工期间对城市交通造成的影响包括直接区域和备选区域,前者是占用了城市的道路资源,增加了原有的交通压力;后者是降低了周边道路的交通通行能力,改变了原来的出行方式,增加了出行成本。对于地铁站点施工来说,会直接影响到与其相连的交叉口和道路,使交通压力产生转移,进而会影响到更多的道路及交叉口;对于站点间的线路施工,会影响到与其平行和相交的若干条道路,一般为沿线两侧各 500m 左右。

(2)现状交通管理措施

在进行交通疏解前,需了解地铁施工影响区域的现状交通管理措施,以便在现状交通管理措施的基础上,进一步贯彻和完善地铁施工期间的交通管理手段。影响范围内的现状交通管理情况包括错开高峰、限制高峰交通量、扩大夜运、组织单向交通、禁止出行、限制发展、单双号限行等措施,不同程度地缓解了道路现状通行的交通压力。

5)现状服务水平调查

地铁施工对交通的影响可从"点"——交叉口、"线"——路段、"面"——区域三个层次进行分析,分别系统地调查上述三个层次的现状交通服务水平,为交通疏解的进行提供数据参考。如图3-14～图3-16所示。

图 3-14 某地铁施工影响区域("面")饱和度图

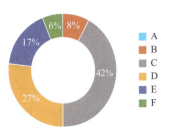

图 3-15 某地铁施工交叉口服务水平("点")统计图

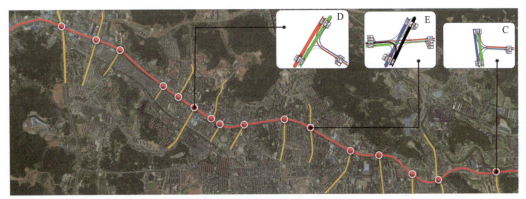

图 3-16 某地铁施工路段("线")现状调查

3.4.2 地铁施工工法及交通组织适应性分析

由于地铁施工所特有的建设模式,每个项目施工期间会在很长时间内占用城市道路资源,而且其影响范围比较大,导致道路通行能力及服务水平下降,使得原本就紧张的城市道路资源更加"捉襟见肘",进而严重影响城市居民的正常生产和生活。

明挖法和盖挖法是地铁土建结构施工的重要方法，不同的施工方法，对现状道路资源条件、地面交通状况等多方面因素的需求有所区别，现将明挖法与盖挖法两种施工方法对现状道路资源的占用情况进行重点分析，旨在面对不同现状道路条件时，确定最为经济合理的施工方法，达到提高地铁工程建设质量、缩短建设周期、总体降低工程造价的科学目的。

1）明挖法施工时交通组织适应性分析

明挖法是在地面直接敞口开挖，待车站或区间隧道主体结构建设完成后回填基坑或恢复地面的施工方法，在构建地下工程中比较常用。虽具有施工作业面多、速度快、工期短、施工质量易保证、工程造价低等优点，但占用现状道路资源较多，对城市交通的影响较大。因此在交通压力小，存在局部绕行条件，交通道路能够改道、压缩或绕行疏解的条件下，可将明挖法作为地铁车站建设的首选方法。

（1）施工工法概况

某车站为地下车站，采用明挖法施工。车站主体场地基本沿道路中心线布设，道路 z 交通流量较大，现状为双向 10 车道。可利用两侧人行道、绿化带临时倒改交通，施工一阶段围挡主体结构，再依次东、西导流交通，施工二、三阶段围挡附属结构。因此，本车站主体拟采用明挖法施工。

（2）交通疏解设计

①疏解道路技术标准

道路等级：主干路

车道数：道路 z 双向 10 车道

疏解车速：40km/h

桥涵荷载等级：城—A 级

路面设计标准轴载：BZZ—100

路面结构形式：沥青混凝土路面

②分阶段交通疏解设计

根据结构专业提出的围挡条件、施工工法及施工工序，交通疏解方案分为 4 个阶段。

图 3-17 为第一阶段交通疏解，本阶段主要施工车站建筑主体结构，围挡面积为 8519m²，工期为 18 个月。

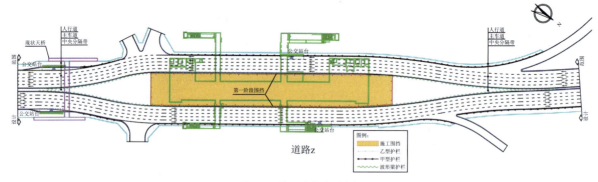

图 3-17 第一阶段交通疏解

交通疏解方案：将车站主体一次性围挡，利用道路 z 东、西两侧的绿化及人行道新建临时道路，围挡两侧均设置 5 个车道，疏解后满足道路 z 现状双向 10 车道通行能力，道路 z 与其他路口维持现状右进右出交通组织，并与现状顺接。

疏解期间人行道宽度改为 3m，行人与非机动车混行。

图 3-18 为第二阶段交通疏解,本阶段主要施工车站西侧附属结构,围挡面积为 11200m²。

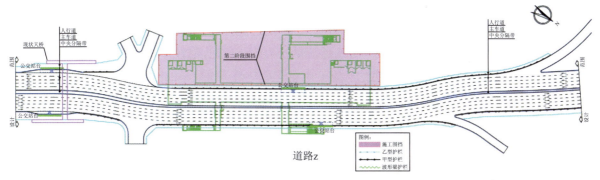

图 3-18　第二阶段交通疏解

将西侧附属结构一次性围挡,明挖法施工,利用围挡东侧宽度新建临时道路,疏解后满足道路 z 现状双向 10 车道通行能力,道路 z 与其他路口维持现状右进右出交通组织,并与现状顺接。

图 3-19 为第三阶段交通疏解,本阶段主要施工车站东侧附属结构,围挡面积为 1009m²。

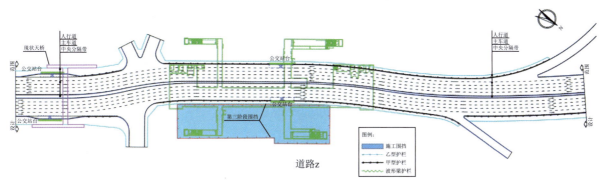

图 3-19　第三阶段交通疏解

将东侧附属结构一次性围挡,明挖法施工,利用围挡西侧宽度新建临时道路,疏解后满足道路 z 现状双向 10 车道通行能力,道路 z 与其他路口维持现状右进右出交通组织,并与现状顺接。

图 3-20 为恢复阶段交通疏解,本阶段主要为道路恢复阶段施工。

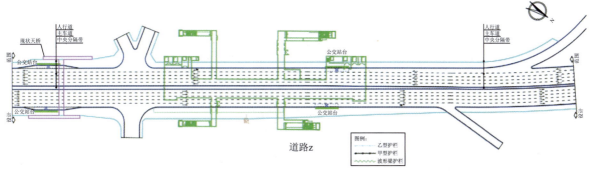

图 3-20　恢复阶段交通疏解

交通疏解方案:按照主干路标准对现状道路进行恢复,并与已建路面做好搭接,人行道、公交车站基本按原状恢复,并根据车站出入口及风亭位置适当调整。

2)盖挖法施工时交通组织适应性分析

盖挖法分为盖挖逆作法与盖挖顺作法两大类。其中盖挖逆作法分为全盖挖逆作法和半盖挖逆作法,盖挖顺作法又分为全盖挖顺作法和半盖挖顺作法。

盖挖逆作法施工适用于车站顶板覆土比较薄的情况,通过多次分幅围挡,倒边施工顶板及逆作结构柱,在短期内可根据交通疏解要求分段完成顶板结构,快速恢复地面交通。若车站顶板覆土比较厚,则适合盖挖顺作法施工。该法通过两次分幅围挡,倒边施工临时便桥,在短期内可快速恢复地面交通。当施工路段处于繁华商业办公区等交通流量较大的区位时,沿线单位密集,地面交通量较大,新建临时疏解通道条件有限,在采用明挖法施工不能满足交通车道数量的情况下,可以采用半盖挖顺作法施工方案代替明挖法。此法通过围挡半幅路面,建造半个车站宽度的临时便桥,在短期内可快速恢复地面交通,保证道路的通行能力,大大减轻施工对城市交通的影响。

(1)施工工法概况

某车站为地下车站,车站主体结构施工采用盖挖法施工,施工主体时分4期进行,南北两侧出入口及风道采用明挖法施工。

(2)交通疏解设计

①疏解道路技术标准

道路等级:城市次干路

车道数:双向4车道

车道宽度:3.25m

疏解车速:30km/h

路面设计标准轴载:BZZ—100

路面结构形式:沥青混凝土路面

②分阶段交通疏解设计

根据结构专业所提围挡条件、施工工法及施工工序,交通疏解方案分为3个阶段,其中第一阶段分4期进行施工。

图3-21为第一阶段一期交通疏解,本阶段主要施工车站南侧主体结构,围挡面积为4455m²。

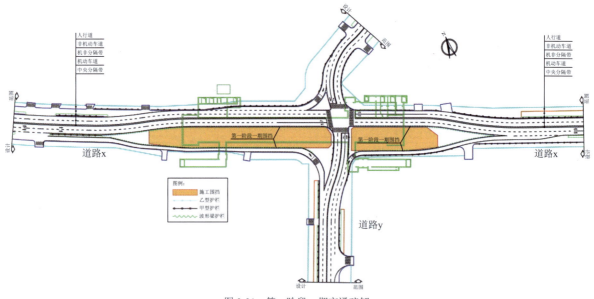

图3-21 第一阶段一期交通疏解

第一阶段一期对车站主体进行半盖挖施工,先施工南侧主体结构;在路口处局部做盖,为下阶段交通疏解预留条件。根据围挡条件,将道路x倒边至围挡北侧,维持双向4车道,同时在围挡南侧新建右转专用道;路口处,将道路x与道路y交叉口东移。疏解后,维持道路x与道路y交叉口现状交通组织方式不变,道路x为2进2出,其中进口道为1直左1直右;道路y为2进2出,其中进口道为

1直左1直右。

图3-22为第一阶段二期交通疏解，本阶段主要施工车站南侧主体结构，围挡面积为4541m²。

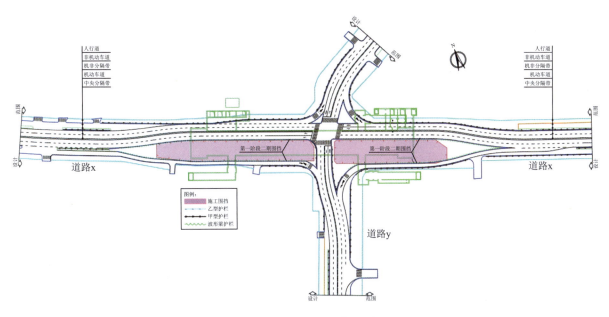

图3-22　第一阶段二期交通疏解

一阶段一期盖板施工完毕后，将道路x与道路y交叉口西移至盖板上方进行疏解，同时进行车站南侧主体后续施工。本阶段道路维持一阶段一期疏解方式，道路x为2进2出，其中进口道为1直左1直右；道路y为2进2出，其中进口道为1直左1直右。

图3-23为第一阶段三期交通疏解，本阶段主要施工车站北侧主体结构，围挡面积为5040m²。

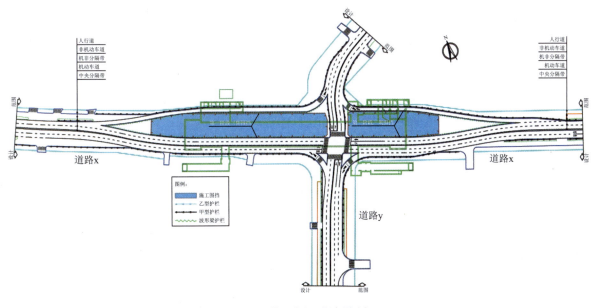

图3-23　第一阶段三期交通疏解

第一阶段三期施工北侧主体结构，将疏解道路倒边至围挡南侧；在路口处局部做盖，为下阶段交通疏解预留条件。维持道路x双向4车道，同时在围挡北侧新建右转专用道；路口处，将道路x与道路y交叉口东移。疏解后，维持道路x与道路y交叉口现状交通组织方式，道路x为2进2出，其中进口道为1直左1直右；道路y为2进2出，其中进口道为1直左1直右。

图 3-24 为第一阶段四期交通疏解,本阶段主要施工车站北侧主体结构,围挡面积为 5099m²。

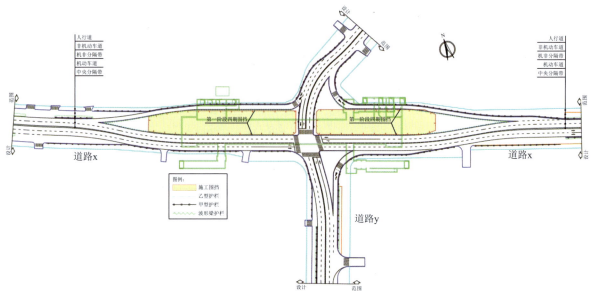

图 3-24 第一阶段四期交通疏解

第一阶段三期盖板施工完毕后,将道路 x 与道路 y 交叉口西移至盖板上方进行疏解,同时进行车站北侧主体后续施工。本阶段道路维持上阶段疏解方式,道路 x 为 2 进 2 出,其中进口道为 1 直左 1 直右;道路 y 为 2 进 2 出,其中进口道为 1 直左 1 直右。

图 3-25 为第二阶段交通疏解,本阶段主要施工车站附属结构,围挡面积为 9946m²。

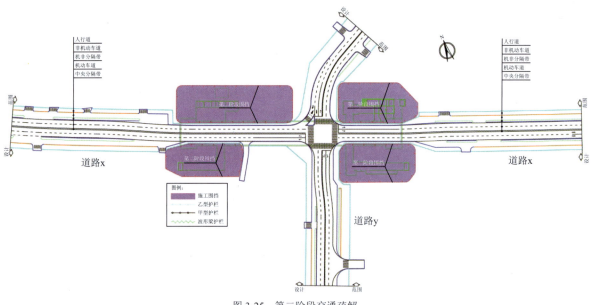

图 3-25 第二阶段交通疏解

主体施工完毕后,对车站两侧附属进行围挡施工,对道路 x 与道路 y 的机动车道基本进行恢复。此阶段道路 x 与道路 y 交叉口恢复现状交通组织方式,道路 x 为 2 进 2 出,其中进口道为 1 直左 1 直右;道路 y 为 2 进 2 出,其中进口道 1 直左 1 直右。

图 3-26 为恢复阶段交通疏解,本阶段主要为道路恢复阶段施工。

交通疏解方案:按照次干路标准对现状道路进行恢复,并与已建路面做好搭接,人行道、公交车站基本按原状恢复,并根据车站出入口及风亭位置适当调整。

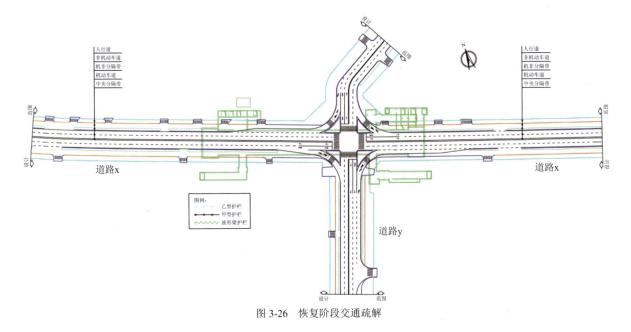

图 3-26 恢复阶段交通疏解

3）明挖法+局部盖挖逆作法施工时交通组织影响分析

(1) 施工工法概况

某车站为地下车站，车站主体结构施工采用明挖法+局部盖挖法施工，其中道路 a 与道路 b 交叉口处局部采用盖挖法施工；附属结构采用明挖法施工。

(2) 交通疏解设计

① 疏解道路技术标准

道路等级：城市主干路

车道数：双向 8 车道

车道宽度：3.25m

疏解车速：30km/h

路面设计标准轴载：BZZ—100

路面结构形式：沥青混凝土路面

② 分期交通疏解设计

根据结构专业所提围挡条件、施工工法及施工工序，交通疏解方案分为 3 个阶段，其中第一阶段分两期进行施工。

图 3-27 为第一阶段一期交通疏解，本阶段主要施工车站主体结构，围挡面积为 8270m²。

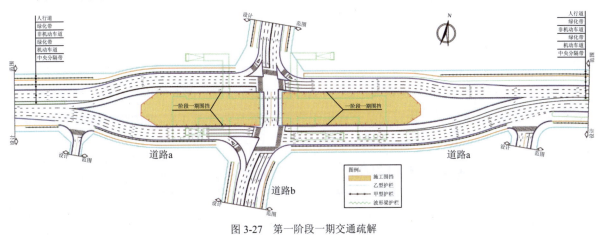

图 3-27 第一阶段一期交通疏解

第一阶段一期对车站主体进行一次围挡施工,在路口处局部盖挖,为下阶段交通疏解预留条件。根据围挡条件,将道路 a 倒边至围挡两侧,其中北侧道路主要为西行车流服务,并新建 5m 宽左转专用道;南侧道路为东行车流服务;路口处,将道路 a 与道路 b 交叉口东移。疏解后,维持道路 a 与道路 b 交叉口现状交通组织方式不变,道路 a 为 5 进 4 出,其中进口道为 1 左 3 直 1 右;道路 b 为 3 进 3 出,其中进口道为 1 左 1 直 1 右。

图 3-28 为第一阶段二期交通疏解,本阶段主要施工车站主体结构,围挡面积为 8298m²。

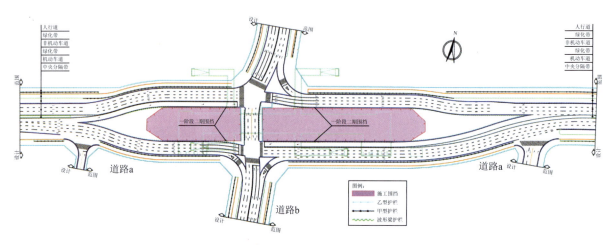

图 3-28　第一阶段二期交通疏解

第一阶段一期盖板施工完毕后,将道路 a 与道路 b 交叉口西移至盖板上方进行疏解,同时进行车站主体后续施工。本阶段道路维持一阶段一期疏解方式,道路 a 为 5 进 4 出,其中进口道为 1 左 3 直 1 右;道路 b 为 3 进 3 出,其中进口道为 1 左 1 直 1 右。

图 3-29 为第二阶段交通疏解,本阶段主要施工车站附属结构,围挡面积为 8907m²。

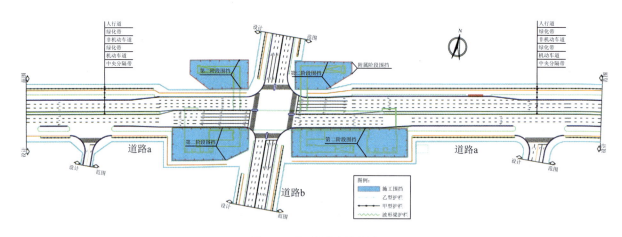

图 3-29　第二阶段交通疏解

主体施工完毕后,对车站两侧附属进行围挡施工,对道路 a 与道路 b 的机动车道基本进行恢复。此阶段道路 a 与道路 b 交叉口恢复现状交通组织方式,道路 a 为 5 进 4 出,其中进口道为 1 左 3 直 1 右;道路 b 为 3 进 3 出,其中进口道为 1 左 1 直 1 右。

图 3-30 为恢复阶段交通疏解,本阶段主要为道路恢复阶段施工。

交通疏解方案:按照主干路标准对现状道路进行恢复,并与已建路面做好搭接,人行道、公交车站基本按原状恢复,并根据车站出入口及风亭位置适当调整。

图 3-30 恢复阶段交通疏解

3.4.3 交通组织类型分析

1）区域化交通疏解组织

城市中每一条道路都不是独立存在的,而是与其他道路相互连接,它们之间的交通流相互转移,从而在一定区域内构成一个连通的"道路网",城市道路轨道建设占道期地面交通组织首先要基于"面"的角度来进行考虑,要从整个道路网布局出发,来合理分配被施工影响道路上的交通流。

(1)区域化道路交通组织

从"面"上对施工地区的交通加以考虑。"面"层交通组织是基于施工道路所在道路网布局,通过交通管制、诱导、分流等措施使整个路网的交通流秩序达到平衡稳定。面层交通流组织的作用表现在两个方面:采取交通疏导的分流策略(即按照交通流类别分离、利用隔离设施对不同的交通方式进行分离、按专用通行带分离)和交通总量(即在时间上对交通流错时削峰,在城市区域范围内实行错时上下班制、弹性工作制、轮流休息制,在空间上对交通流量进行调节,实行单行线、可变车道、禁制左转等)控制措施,减轻相关道路及整个区域的交通压力。"面"层施工区道路地面交通组织在整个交通道路网中起着积极的重要意义,具体表现如下:

①使道路网交通流达到交通平衡

施工区道路不是孤立存在的,它是存在于特定地区的区域网中,有着特定的影响区域,是所在道路网的重要组成部分。施工区道路造成自身道路通行能力下降,也干扰原先稳定的道路网交通流秩序,原有的交通网络平衡状态被打破,需重新进行交通流分配。在这种情况下,若只从施工区道路角度来进行交通流组织,势必过于片面,且易导致道路网其他道路交通负荷过大,使道路网运转无法处于正常合理的状态。这种交通流组织的结果最终还会影响施工区道路的交通状况,使其交通流组织无法达到预期效果。因此,"面"层交通流组织的作用在于从整个道路网的角度来考虑,使整个道路网的交通流在受到干扰后重新回到平衡状态。

②基于"面"层交通流组织为"线"层、"点"层交通组织奠定基础

第一,面层交通流组织的首要作用是使道路网重回交通平衡状态,此时施工占道道路上的交通流也相对稳定,无较大波动,比较有利于"线"层和"点"层的交通流组织;第二,"面"层交通流组织方案的制定与"线"层、"点"层的交通流组织是相互作用的,即制定"面"层交通流组织方案时考虑了"线"层和"点"层施工组织类型以及与之相对应的交通流组织方案,满足"线"层和"点"层交通流组织方案的最大承受能力,为"线"层和"点"层的交通流组织方案的实施留下了充足空间。

（2）区域化交通疏解组织步骤

①研究施工区道路所在道路网布局，划分直接影响区、间接影响区和所在区域；明确哪些道路与施工区道路存在交通联系，以确定分流节点。

②间接影响区的重要节点可作为交通分流的诱导点，直接影响区的重要节点可作为分流点，所在区域的主要节点可作为交通分流的控制点。

③选择与施工区道路处于同一通道方向的道路，作为分流道路，研究分流道路基础设施条件和交通状况，估算其最大剩余道路通行能力。

④预测施工区道路在施工期间的交通量，并分析施工区道路的交通流特性，同时结合选用的施工方案，计算需分流交通量大小。

⑤模拟分配交通量，评估交通分流后施工区道路和分流道路的交通状况；根据评估结果初次确定交通分流方案。

⑥实施交通分流方案，评估实际交通分流效果，再次调整交通分流方案；必要时，调整扩建施工方案，使交通分流组织达到最优效果。

（3）区域化交通疏解组织措施

路网交通分流就是着眼区域全局路网构架和分布，充分利用区域路网资源和改扩建项目所在交通运输主通道交通体系，从交通需求产生和吸引的源头上引导车流远离项目建设实施区间，减轻运输通道的通行压力，符合"源头疏导、路网分流"的思想和"减少干扰、科学组织、保障通行"的理念。

施工区交通流组织措施将从交通组织范围边界的路段和交叉口展开，以标志诱导为主、周边道路改善为辅，采取"外部诱导，内部管制"的交通流组织策略，设置交通管理措施。

①交通诱导

属于相对柔性的交通管理措施，实质是通过发布路况信息等手段实施交通管理的策略。诱导交通流，使出行者提前、及时、详细、准确地了解和掌握实时通行状况，以便主动合理地选择行车路线，避免盲目性和错觉，减少非起终点交通对影响区域内部路网的影响，降低其交通负荷。交通诱导位置遍布整个施工影响区域，而外围影响区域与过渡区域的交通诱导对前两类的交通流组织尤为重要。交通诱导措施主要是提前引导车辆，避免选择围挡路段，避开施工围挡区。

交通组织诱导点具体设置位置与交通影响的范围有着密切的关系。在交通外围影响区域与交通过渡区域需要设置基本的告知标志，如某某路段施工，请绕行。在交通重点组织区域需设置限速、左侧改道、减速满行等交通标志。

②交通分流

属于相对刚性的交通管理措施，是采用交通渠化等手段引导交通流进入指定的分流路径的过程。

a.经过对城区道路网主骨架的修建，为地铁施工建设的道路交通疏导分流奠定了一定的基础；

b.通过大范围区域道路交通疏导分流方案的实施，使以地铁线位为中线向东西各扩展2km的带状区域内的道路通行能力恢复到现状道路通行能力的70%～80%。通过渠化道路、信号控制，单向交通改双向交通，并改造相关道路交叉口的通行条件等措施，保障道路交通的畅通。

③交通管制

属于强制性的交通管理手段，是强制出行者行驶交通管理者规定路径的行政行为。通常采取下述管理手段：

a.加强道路交通管理，某些路段取消路边停车、严禁摆摊设点等；

b.组成专职交通协管员队伍，专门负责地铁施工期间交通管理与组织工作；

c.制定不良气候、天气条件、大型活动下交通疏导的紧急预案。

2)施工期间"线"层交通疏解组织

"线"层交通流组织研究对象是道路基本路段或一个施工路段,"线"层交通流所要解决的是在现有交通量的条件下,根据轨道施工围挡占地面积不同,选择合理的施工组织方案,继而进行交通流组织方案的优化。因此,"线"层交通流组织的作用可以概括为:根据占道道路应承担的交通量,比选合理的施工组织方案,并进一步优化交通流组织方案。其关键问题在于如何比选合理的施工组织方案,以及如何确定交通流组织中所涉及的交通组织方法。

(1)施工期间沿线交通组织设计原则

这主要是从"线"的角度出发,对地铁施工期间直接影响道路的交通组织进行研究。制定交通组织方案时应从以下几方面进行考虑:

①按照与地区道路交通相协调、局部交通与整体交通相协调一致的原则,在保证工程进度、质量的前提下,本着围挡时间尽可能短、围挡面积尽可能小的原则制定交通组织方案。

②必须确保机动车和行人的交通安全,并尽可能减少对居民出行的干扰。施工时,要尽可能地为沿线居民出行提供必要的行驶路线,尽量避免绕行线路,特别是对行人、骑自行车者等交通弱势群体,在占道严重的道路上应预留人行通道,通道宽度须满足客流要求,力求为行人提供方便、舒适和安全的步行环境。公交车辆原则上尽量不改道,以方便居民的出行,同时保证公共交通服务范围的稳定性,如必须改道,则应在原站点处提供指引性交通语言或直接向乘客宣传。

③充分挖掘现有道路资源的交通通行潜力,尽可能使交通流经路段和路口的流量与其通行能力相匹配,尽可能维持主要交通走廊的服务水平和交通畅通。

④占用道路施工时,要进行施工围挡区与机动车、非机动车以及行人等的分离,维持施工区良好秩序,以保障驾驶员、行人、骑自行车者与施工人员的安全。

⑤在不违背交通安全的前提下,施工前道路的一些特征标志尽可能地保留,避免加重驾驶人经过此地时获取交通信息量的负荷,导致其由于不熟悉秩序而造成事故。另外,按照施工期特点,根据实际情况合理增加或去掉原有不适合的交通标志。

(2)施工期间沿线交通组织方案

对占道施工区的设计以尽量不占用或少占用道路为原则。对必须要占用的行车道可以通过减小车道宽度或者改造安全宽度较大的非机动车道、人行道等作为补偿。规范规定的单车道宽度在正常情形下为3.75m,在施工期为了尽可能满足交通需求,可将车道宽度最窄设置为3.0m,以确保车道数量的匹配,减少车流的汇聚,且起到降低车速的作用。本节从工程方面和交通管理两个方面对行车道进行交通组织。

①工程方面

为减少非机动车与机动车的相互干扰,施工期间划分非机动车道(至少为1.5m),保证非机动车通行,同时增设警告标志,保障非机动车交通的安全性。可在交叉口实施人工管理非机动车通行。架设钢便桥及倒边施工保证主要道路交通不中断。根据具体站点围挡对道路的占用情况,对施工站点周围部分道路进行断面改造。拆除一些地铁站点位于道路交叉口周边的临时建筑并适当压缩部分交叉口转角处人行道宽度,拓宽交叉口道路空间,提高通行能力和安全性,同时为公交车辆在部分道路交叉口的转向提供条件。拆除工程建设围挡区域附近的机非分隔带,改造为机动车道使用。

②交通管理方面

加强道路交通管理,某些路段取消路边停车、严禁摆摊设点等。对道路重新进行交通渠化,布设并调整信号灯控制,最大限度地提高其通行能力并保障交通的有序性和安全性。对路边停车场和公交路线进行调整,以适应目前的道路交通情况。

（3）车辆交通组织方案

在没有任何障碍的情况下，车辆在通过施工区时因道路环境的改变也易与其他车辆发生碰撞，或者行驶缓慢，大幅度降低通行效率。此外，经过施工区的车辆在避让其他车辆的过程中，又经常发生与隔离设施、施工车辆、施工人员及其他行人碰撞的事故。通过制订合理的车辆交通组织措施，可以有效地保障车辆的行进效率和安全。

①车辆限速设置方案

在对施工路段通行能力进行分析时，通过仿真模拟确定了路段合适的限速值范围在40～50km/h之间。合理的限速方案也是车辆安全行驶的必要条件，速度过快，车辆容易发生碰撞；速度过低，容易造成交通拥堵，从而导致事故的发生。限速标志应在道路沿线清晰、合理地进行设置。降幅超过20km/h时，限速标志需重复设置2次；降幅低于20km/h时，限速标志只需要设置1次。过多的设置会增加驾驶员的疲劳感和迷惑感。

②道路施工安全标志设置方案

施工护栏设置于施工作业区前，面向车流方向；锥形路标用于围挡施工作业区；"道路施工"标志设于施工区前方400～500m位置；"道路封闭""道路改道"标志设于"道路施工"标志后面；"车辆慢行"标志设于工作区路段。

③大型货车车辆组织方案

影响施工区安全和通畅的重要因素之一是大型货车比例。施工区的交通事故中，30%事故主体有大型车的参与，因此需要对货运车辆进行交通组织和强制化管理，确保施工区货运车辆的安全和整个施工区的交通通畅。

a. 交通强制管理手段：通过设置大货车出入道路的时间来保证对道路影响最小，例如严禁高峰时期的货车通行。

b. 设置信息板：提示货车驾驶员注意其他处于高危险区域的车辆，同时提醒其他车辆注意并保持与货车的纵向和横向间距。

④行人交通组织方案

制定合理的行人交通组织方案，可以很好地减少道路上行人对车辆的干扰以及保障行人的安全。地铁施工围挡的设置会引发行人过街原有路径更改、过街距离增长等问题；另外，由于行人已经习惯了他们日常行走的街道，因此可能会忽略施工中明显增多的道路安全隐患。可以采取以下交通组织措施减轻以上问题：

a. 建立完善的信息发布机制，为行人提供安全指导，在施工区前方设置临时标志。

b. 合理调整原有人行横道标线位置、设置过街天桥等来保障行人安全。由于施工占道出现的畸形交叉路口过街长度普遍较长，对此类位置，可以将行人过街时间分段，在道路中间设置安全区，组织行人二次安全过街。

c. 尽量保持人行横道的通畅与良好的隔离。如果需要对人行横道进行物理阻隔，则必须提前设置醒目的警告标志，并提供绕行信息。

⑤公交线路交通组织方案

根据对施工前期现状的调查与分析，即可掌握施工路段及周边道路轨道交通及常规公交线路和停靠站点的情况。根据工程施工期间对现状公交的影响，从方便市民出行的角度出发，工程施工期间公交线路调整遵循以下原则：保证工程建设顺利进行，公交调整与施工交通协调，优先满足施工要求。在道路资源有限的情况下保障公众利益，体现公交优先。在条件许可的情况下，尽量实现公交分流，缓解道路交通压力。尽量保持公交线网结构，原则上不对公交线网结构做较大调整。尽量体现就近原则，减少市民出行步行距离和出行时耗。根据上述原则，结合工程施工对区域交通影响程度和公交

线网布局实际,区域内公交根据实际情况进行调整,主要包括:

a. 对公交线路的起终点的改变及线路的改变。针对某些施工区域必须占用的公交线路,可根据实际情况酌情调整,利用周边道路来替代原公交使用道路,以保证施工区周边居民的安全交通出行。在更改线路的过程中,尽量减少居民施工区的过境交通。

b. 对公交站及相关标志的改变。针对已经调整后的公交线路,新站点的设定异常重要,要及时做好通知工作,提前一段时间以媒体或者流动信息板的形式通知市民,并在公交车内和站牌处贴告示。在原公交站处及重要交通点设立明确的信息标志,保证乘客的正常乘车。对影响区域内的公交站点尽量组织公交港湾。公交行驶时是流动瓶颈,车速太快,刹车时易摔坏乘客,故公交车速一般都在 30km/h 左右,在有条件的道路上,尽量设置公交专用道,以减少公交车流动瓶颈的影响。

3)施工期间"点"层交通疏解组织

地铁建设期关键点主要指车站主体建设围挡占用道路区域,它是相对于轨道区域结构建设路段的长度而言的,施工关键点的交通流组织称之为"点"层交通流组织,其优化在整个交通组织方案中属于微观层次。"点"层交通流组织的作用及其关键问题实际上就是研究车站主体施工影响道路关键点的交通流组织方案。因为地铁车站建设多布设在平面交叉口,平面交叉口的通畅度对整条路的交通组织具有重要意义,施工关键点可以看作是整个交通流组织的节点,若施工关键点交通流组织不当,则会导致交通流运行不畅,而且还会波及路段甚至全线的交通流状况。"点"层交通流组织的作用是保证"点"层交通流秩序,体现在:第一,根据施工道路交通流特性,为施工关键点的施工组织方案的制定提供决策依据,减少关键点施工对交通流的干扰;第二,根据施工组织方案制定合理的交通流组织方案,使交通流运行平稳。

平面交叉口是交通流变换方向的重要节点,而它的交通特性在城市路网中是通行能力降低的节点,因为同时有一半左右的绿灯时间供交叉方向上的车流通行,因此在一个流向上,平面交叉口的通行能力一般要小于路段通行能力一半左右,但是平面交叉口因交通便利,四周商业与基本路段相比较发达,交通流较大,地铁施工车站多考虑设在平面交叉口处,从而方便交通流的换乘。即使有的交叉口没有设置站点,受轨道区域施工的影响,平面交叉口经过施工围挡后变成非常规交叉口,原有的交叉口现状渠化交通及信号灯配时已经不能满足要求,因此需要重新进行平面交叉口的渠化交通和调整信号灯配时。城市轨道施工期平面交叉口的交通组织是整个路网交通组织优化的关键。

交通渠化的作用是明确不同交通流的空间路权,重点是控制冲突点的位置。信号控制的作用是明确不同流向、不同种类交通流的时间路权,重点是控制冲突点上冲突现象的发生。道路交叉口的交通组织,实际上就是通行能力分配和路权分配问题。

(1)非常规交叉口渠化

交叉口渠化就是采取适当的方法修建和安置一些设施,使秩序不好的、混乱的车流导入预定供其行驶的车道,以防止车辆无约束行驶而造成混乱和相互碰撞。这些设施通常包括交通标志、标线、标记或高出路面的各种岛状构造物,或路面刷漆成不同颜色护栏、分隔带、隔离墩等。畸形交叉口也属于平面交叉口,因此好的交通渠化设计同样可以改善畸形交叉口内交通运行的不利方面,但若设计不合理,将会给实际的交通运行带来危险,或者引起严重交通拥堵。

①交通渠化设计思路:

a. 坚持主要道路优先、满足主要流向交通需求;在交通渠化设计时,必须保持主要道路交通流线的顺畅,适当遏制相冲突的次要道路的交通流线。

b. 分散冲突点,避免驾驶员在同一地点、同一时间需要面对两个方向的冲突,确保交通安全。

c. 增大交叉角度,改善车流小角度冲突、大角度汇入的现状,可以大大提高交通安全。

d. 为车辆提供安全待行区,当转向车辆或交叉车辆等待可穿越间隔时,可以提供交通岛以保护车辆不受其他车辆碰撞。

e. 利用恰当的交通岛、交通画线、分离带及微型环岛等措施帮助隔离车道,避免冲突导流,使各种类交通流明确路径;设施的设置应该比较醒目,使驾驶员比较容易察觉到它的存在。

②交通渠化方法

a. 分清主次道路,主要道路优先,保持原有车流状态;

b. 保持转弯车流;

c. 优化标志标线,如增加禁限标志;

d. 减少冲突面积,填充交叉口,减少交通流在交叉口的冲突面积,降低车辆和行人过街通行发生碰撞的危险性;

e. 增大交通流的交叉角度:使交通流尽可能成直角交叉,缩短交叉时间,为驾驶员提供判断车辆相对位置和速度的最佳条件;

f. 减小汇入角,使交通流以最小的角度差进行合流,使汇合车辆可利用最小的车头间距;

g. 设行人过街安全全岛,利用行车不用地带布设交通岛缩短行人过街暴露在车流中的时间和距离,起到保护行人安全的作用;

h. 禁止左转弯,限制车辆驶入禁区,防止转错车道,设三角形方向岛,禁止转弯;

i. 分隔车流,分散交叉口内的交叉点,使车辆在交叉口的固定区域内交叉通行,减少冲突碰撞;

j. 设置分隔岛,组织行车;

k. 分道转弯,减少过多的道路面积,减少铺装,节省费用;

l. 增设候驶车道,布设渠化岛,划分左转、右转专用车道,起到分离交通流、保护转弯和横穿道路车辆的作用;

m. 交叉口连续流的设计。

(2)交叉口信号控制与配时优化

①信号优化思路

施工中道路结构发生变化的交叉口,信号控制也必然需要相应改变,以保证各个路口之间绿波带较长,考虑行人过街及车辆通过交叉口的要求,减少交叉口冲突点的数目,合理分配不同方向路口的红绿灯周期。信号交叉口的控制主要采取两种方法:

a. 紧急情况时,交通指导人员疏导法。施工区是一个突发事件繁多、交通冲突问题严重的区域,通常需要较为专业的交通指导人员参与到交叉口的交通疏导当中,尤其是在高峰时期,可作为交叉口控制的应急控制方法。

b. 日常施工时,定时交叉口信号控制法。由于施工期一般为一年左右,如专为施工问题采用智能自适应的信号控制方法,不仅会造成资源的浪费,实施效果也不明显,优势不突出,而且还会阻碍施工。因此,较为传统的定时信号控制法即为首选,而重点为信号的配时优化,以各进道口的流量为数据基础,结合原信号配时方案做出相应的调整。

②非常规交叉口信号优化方法

常规交叉口经过施工围挡后成为非常规交叉口,经过总结,对以下的两类交叉口进行分析:

a. "十"字形交叉口围挡成"T"形交叉口。"十"字形交叉口一侧流向车道完全被围挡,交叉口形状改成"T"形,此类交叉口可以当作"T"形交叉口来处理,信号配时要减少一个相位,按照三个相位进行配时。

b. "十"字形交叉口围挡成环形交叉口。交叉口中心围挡,整个交叉口形成以围挡为环岛的交叉口。此类交叉口可按照环形交叉口来处理组织交通。环岛信号控制要求环岛在原渠化基础上,在环岛入口处画停车线,设置信号灯,一般采用两相位放行方式或四面轮放方式。信号配时周期不宜过长,避免环岛内车辆积累造成拥堵。由于车辆进入环岛后往各个方向均需绕岛行驶,通过环岛所用时间较长,因此配时计算时饱和流量不宜取值太高。

3.4.4 交通组织相关设计标准研究

确定临时道路与恢复道路等相关的主要技术标准,需遵循相关的指示规范。

1)临时道路

临时道路主要技术标准,可参照表3-3执行。

临时道路主要技术标准表　　　　　　表3-3

序号	内容	单位	设计指标			
1	原道路等级		快速路	主干道	次干道	支路
2	疏解设计速度	km/h	40/50/60	40/50	30/40	20/30
3	设计荷载	城市	城市A级	城市A级	城市B级	城市B级
4	人群荷载	kPa	3.5	3.5	3.5	3.5
5	路面设计标准轴载		BZZ—100	BZZ—100	BZZ—100	BZZ—100
6	机动车道宽度	m	3.25～3.5	3.0～3.5	3.0～3.5	3.0～3.25
7	机动车道净空	m	≥4.5	≥4.5	≥4.5	≥4.5
8	人行道净空	m	≥2.5	≥2.5	≥2.5	≥2.5
9	路面结构形式	—	沥青路面	沥青路面	沥青路面	沥青路面

注:困难路段交叉口进口道宽度最小值可取2.75m。

2)路基工程

(1)临时道路

①临时道路路基压实设计依照相应道路等级,可参照表3-4执行。

临时道路路基压实度要求参照表　　　　　　表3-4

项目分类	路床顶面以下深度(m)	压实度(%)	
		快速路、主干路	次干路、支路
填方路基	0～0.8	94	92
	0.8～1.5	92	91
	>1.5	91	90
零填及挖方路基	0～0.3	94	92
	0.3～0.8	—	—

注:表中数值均为重型击实标准。

②临时道路路床顶面设计回弹模量,可参照表3-5执行。

临时道路路床顶面设计回弹模量值参照表　　　　　　表3-5

道路等级	回弹模量值(MPa)	道路等级	回弹模量值(MPa)
快速路、主干路	30	次干路、支路	20

(2)恢复道路

恢复道路路基压实度应满足路面工程设计要求,同时应满足《城市道路工程设计规范》(CJJ

37—2012)(2016年版)和《地下铁道工程施工及验收规范》(GB 50299—1999)(2003年版)的规定,保证承载力和沉降要求。具体指标在地铁主体和交通疏解工程施工图设计中同时反映,可参照表3-6执行。

回填路基压实度参照表　　　　表3-6

项目分类	路床顶面以下深度(m)	压实度(%)			
		快速路	主干路	次干路	支路
填方路基	0~0.8	96	95	94	92
	0.8~1.5	94	93	92	91
	>1.5	93	92	91	90
零填及挖方路基	0~0.3	96	95	94	92
	0.3~0.8	94	93	—	—

注:表中数值均为重型击实标准。

绿地范围表层70cm种植土不宜压实,预留沉降量,表面整平,70cm以下压实度不小于87%。管道两侧回填土压实度按相关规范执行,管顶以上部分回填路基压实度根据相应道路等级,参照表3-7执行。

回填路基压实度参照表　　　　表3-7

路床顶以下深度(cm)		机动车道			人行道
		快速路和主干路	次干路	支路	
上路床	0~30	95/98	93/95	90/93	90/93
下路床	30~80	95/98			
上路基	80~150	93/95	90/93	87/90	87/90
下路基	>150	90/93			

注:1. 表中数字,"/"线左侧为重型击实标准,"/"线右侧为轻型击实标准。
　　2. 路面结构层厚度按700mm考虑,绿地包含地面以下700mm厚种植土。

其他未详情况,路基压实设计依照相应道路等级,按照《城市道路路基设计规范》(CJJ 194—2013)执行。

3)路面工程

(1)恢复道路

恢复道路路面设计均采用沥青混凝土路面结构形式,路面结构根据恢复道路等级选取。具体如下(有特殊要求的可做适当调整):

①快速路:沥青玛蹄脂碎石混合料(SMA-13)4cm、中粒式改性沥青混凝土(AC-20C)6cm、粗粒式沥青混凝土(AC-25C)8cm、5%水泥稳定级配碎石36cm、4%水泥稳定级配碎石20cm,如图3-31所示。

②主干路:沥青玛蹄脂碎石混合料(SMA-13)4cm、中粒式改性沥青混凝土(AC-20C)6cm、粗粒式沥青混凝土(AC-25C)8cm、5%水泥稳定碎石基层32cm、4%水泥稳定碎石基层20cm,如图3-32所示。

③次干路:细粒式改性沥青混凝土(AC-13C)4cm、中粒式改性沥青混凝土(AC-20C)5cm、粗粒式沥青混凝土(AC-25C)7cm、5%水泥稳定碎石基层30cm、4%水泥稳定碎石基层20cm,如图3-33所示。

④支路及以下:细粒式改性沥青混凝土(AC-13C)4cm、中粒式改性沥青混凝土(AC-20C)6cm、5%水泥稳定碎石基层20cm、4%水泥稳定碎石基层20cm,如图3-34所示。

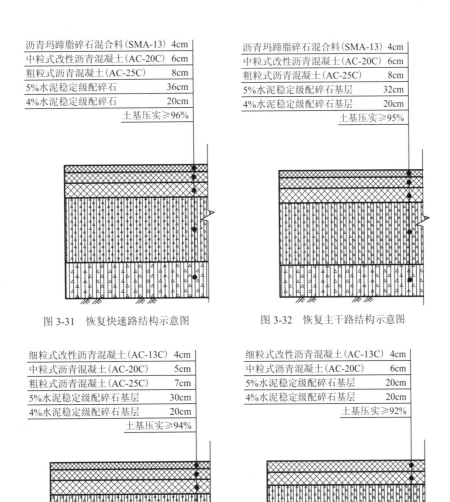

图 3-31　恢复快速路结构示意图　　　　图 3-32　恢复主干路结构示意图

图 3-33　恢复次干路结构示意图　　　　图 3-34　恢复支路结构示意图

（2）道路修缮及路面罩面

恢复阶段对地铁施工影响区域内破损道路进行修缮，修缮标准和样式参照原状道路。恢复阶段同步对地铁施工影响区域内机动车道统一罩面。

（3）疏解道路

本着节省工程投资、保证疏解道路基本使用要求及施工方便的原则，疏解期间，疏解道路均采用沥青混凝土路面结构形式，按道路等级选取相应的疏解路面结构。具体如下（有特殊要求的可做适当调整）：

①快速路、主干路：细粒式沥青混凝土［AC-13C（外掺剂）］4cm、中粒式沥青混凝土（AC-20C）6cm、C30素混凝土基层26cm、级配碎石15cm，如图3-35所示。

②次干路、支路：细粒式沥青混凝土［AC-13C（外掺剂）］4cm、中粒式沥青混凝土（AC-20C）5cm、C25素混凝土基层25cm、级配碎石15cm，如图3-36所示。

③使用外掺剂后的改性沥青AC-13C混合料的检验项目满足《公路沥青路面施工技术规范》（JTG F40—2004）中改性沥青混合料的相关要求，其中动稳定度不小于4000次/mm，浸水马歇尔试验残留稳定度不小于85%，冻融劈裂残留试验残留强度不小于80%。

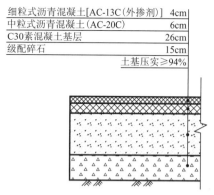
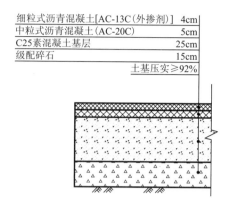

图 3-35 临时快速路、主干路结构示意图　　图 3-36 临时次干路、支路结构示意图

（4）新旧路面搭接

路面搭接分为三种情况：水泥路面—水泥路面搭接（图 3-37）、水泥路面—沥青路面搭接（图 3-38）、沥青路面—沥青路面搭接（图 3-39）。

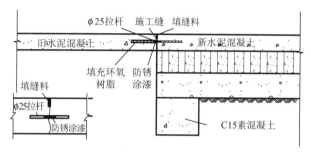
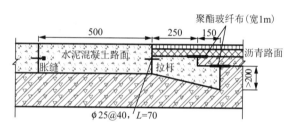

图 3-37 新旧水泥路面搭接示意图　　图 3-38 水泥路面与沥青路面搭接示意图(尺寸单位：mm)

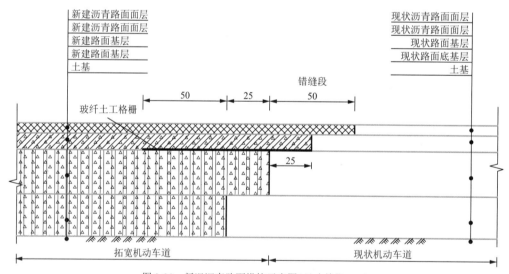

图 3-39 新旧沥青路面搭接示意图(尺寸单位：cm)

（5）道路相关细节处理

①机动车道上雨水口、检查井等精细化设计

a. 雨水口：交通疏解道路设计路面雨水收集系统，结合道路横坡和竖向，在低点新建雨水口。

b. 检查井：位于机动车道上的新建检查井、阀门井井圈做加固设计。现状原位于非机动车道或绿化带上的检查井、阀门井在交通疏解期间位于机动车道上后，井圈加固并调平。除位于永久绿化带及人行道且不位于施工围挡范围内的检查井采用 C250 型球墨铸铁防盗井盖及井座外，其余检查井一律采用 D400 型球墨铸铁防盗井盖及盖座。

②疏解道路下管道回填要求

疏解道路下管道回填采用石粉渣,回填至路基底面,保证路基顶面压实度、回填模量、弯沉满足道路设计相关要求,管道回填如图 3-40 所示。

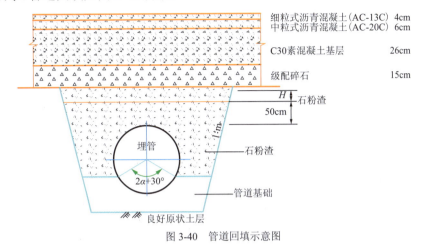

图 3-40　管道回填示意图

4）人行道和路缘石

人行道及路缘石设置应本着以人为本,保持道路人行道与路缘石的连续性和一致性,铺装平整美观,与周围环境相协调,改善行人出行条件的原则,针对现状道路及区域情况,对地铁施工期间及施工后恢复道路人行道与路缘石进行设计。

（1）恢复道路

①人行道

人行道宽度应满足各等级道路人行道规范要求,并参照现状进行恢复。各等级城市道路人行道最小宽度,可参照表 3-8 执行。

人行道宽度规定　　　　表 3-8

位　置	最小宽度（m）
快速路及交通性主干道的人行道（硬路肩）	1.5
快速路辅路和主干道的人行道	3.0
次干道的人行道	2.5
支路的人行道	2.0

永久恢复人行道应根据地铁线站所处片区行政功能、铺装样式进行恢复,选材、色调应参照原状,与周围景观相协调。若地铁线站所在市政道路人行道铺装样式老旧、款式难以采购,则参照如下情形选用：

a. 高档商务区、人流量密集、商业气氛浓厚及高档写字楼的地铁线站位宜采用花岗岩大理石铺装。其相应配套的路缘石、车止石均采用花岗岩大理石材质。要求铺装色调一致,搭配色调以 1～2 种为宜,铺装肌理要求丰富、精致、有质感,塑造宁静、清新、典雅的环境景观。

b. 普通市政路的地铁线站位提倡用节能环保的灰色透水面砖,市政道路透水砖基层宜采用透水混凝土以增强基层的强度,避免采用中粗砂导致不均匀沉降、断裂、破碎等病害。

c. 在公园或者景观要求较高的地铁线站位可以采用 PC 预制砖,其造价不高、色彩丰富并满足景观要求。

d. 现状市政路的地铁线站位人行道铺装为透水混凝土路面的,永久恢复人行道时则应与原状一致,采用透水混凝土面层铺装,铺装时应对面层用无色透明双丙聚氨酯进行密封处理。

恢复人行道结构,如图3-41所示。

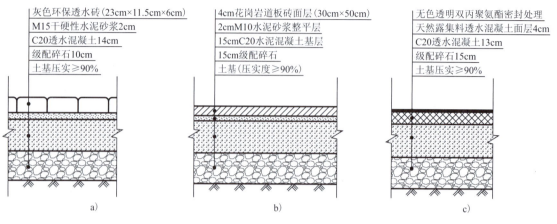

图3-41 恢复人行道结构示意图

铺装范围界定,如图3-42所示。

交通疏解范围内,人行道应保证材质、铺装样式的统一性。

交通疏解范围外,与现状顺接段的范围规定如下:

a. 交叉口范围内,被交道路统一铺装范围宜延伸至道弧外20m。

b. 设计范围外30m内如出现现状路口,铺装应过渡至就近路口,无路口情况下应设置30m铺装过渡段。

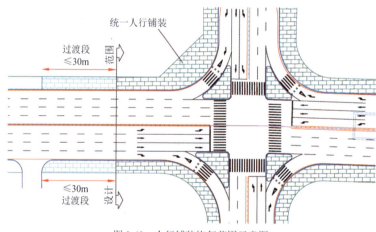

图3-42 人行铺装恢复范围示意图

②路缘石

永久恢复以遵循现状为原则,应按原状恢复,并与周边景观协调一致。

若原状缘石款式难以采购,则按以下原则恢复:

a. 采用材质相同,款式、色调与原状相近的缘石。

b. 高档商务区、人流量密集、商业气氛浓厚及高档写字楼、人行道铺装为花岗岩材质的地铁线站位宜采用花岗岩大理石材质路缘石。

c. 景观要求较高的路段及其他特殊要求路段,宜采用花岗岩大理石材质路缘石。

d. 支路及以下等级道路,优先选用水泥混凝土预制路缘石。

e. 交叉口范围内,被交道路统一缘石范围宜延伸至道弧外20m。

f. 设计范围外30m,若出现现状路口,缘石恢复范围应延长至就近路口。

路缘石分为立缘石(图3-43～图3-45)和平缘石(图3-46),材质一般采用花岗岩或预制混凝土。

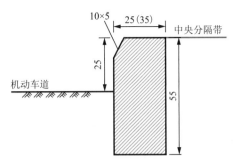
图 3-43　A 型立缘石示意图(尺寸单位:cm)

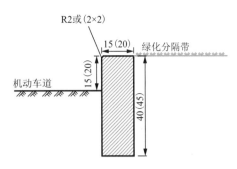
图 3-44　B 型立缘石示意图(尺寸单位:cm)

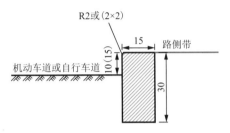
图 3-45　C 型立缘石示意图(尺寸单位:cm)

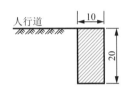
图 3-46　平缘石示意图(尺寸单位:cm)

（2）临时道路

①人行道

a. 地铁施工期间，人行道宽度原则上应满足相应道路等级人行道宽度规定，在局部疏解困难路段，根据实际情况进行调整，但不宜小于 1.5m。

b. 地铁施工期间，疏解范围内临时人行道宜采用灰色环保透水砖，具体结构形式见图 3-47。

c. 铺装应保证人行道整洁美观，与现状人行道衔接时，应平齐顺接。

②路缘石

a. 地铁施工期间，需布设立缘石处，宜选用 B 型混凝土立缘石，外露高度为 15cm。

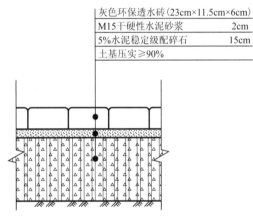
图 3-47　临时人行道结构形式示意图

b. 地铁施工期间，需布设平缘石处，宜选用水泥混凝土预制平缘石。

5）交通管理设施

（1）交通标志标线

①结合疏解期间各阶段交通组织，对疏解范围内的标线进行重新施划；使用时间 3 个月以上的采用热熔标线，使用时间少于 3 个月(含 3 个月)的采用冷涂标线。

②结合恢复交通组织及渠化，对疏解影响范围内的标线进行重新施划。

③疏解期间，结合区域交通组织，在施工地点周边区域设置施工预告标志。

④疏解期间，重复利用疏解范围内的交通标志。

⑤结合恢复交通组织及渠化，统一更新疏解范围内的交通标志。

（2）交通安全设施

①疏解期间，结合机动车及行人交通组织，设置相应的交通安全设施。

②疏解期间，重复利用疏解范围内的交通安全设施。

③结合恢复交通组织及渠化,统一更新疏解范围内的交通安全设施。

6）交通监控设施

（1）道路交通监控根据主体施工阶段疏解道路、附属施工阶段疏解道路、恢复阶段道路情况分阶段进行。

（2）主体施工阶段、附属施工阶段两阶段交通监控设备改迁,原则上利用现状监控设备。由于疏解倒边实施时无法利用现状监控设备进行迁移设计的,需新建监控设备,机动车道灯以立柱式为主,人行信号灯与现状保持一致;恢复阶段所有在交通疏解阶段改迁过的监控设备全部拆除,并根据道路等级重新进行路口监控设计。

（3）各阶段交通架空采用现有供配电系统,涉及箱式变电站的调整纳入电力（20kV及以下）改迁设计范围。

（4）在市政道路下或交通疏解临时道路下的新设计监控管道宜采用石粉渣回填,以缩短工期,减少对交通的影响。

（5）拆除的现状监控设备及导线,由建设单位与交通监控管理部门协商处理,废弃的现状监控导线及埋管由施工单位自行处理。

（6）交通监控在疏解阶段的改迁设计需满足各阶段道路通行功能需求,恢复阶段交通监控按照相应标准恢复。

3.5 交通疏解效果评估

3.5.1 交通疏解效果评估目标、原则及方法

1）交通疏解效果评估目标

对地铁建设期间施工路段交通组织方案的实施效果进行评价,是为了充分挖掘施工路段通行能力的潜力,提高服务水平,避免方案实施后发现问题再进行调整所带来的不便。因此,交通疏解效果评估是地铁工程建设期间施工路段交通组织设计方案成功的前提。

2）交通疏解效果评估原则

地铁建设期间施工路段交通疏解方案的效果评估,应能够满足实际工作的需要,同时具有较强的可操作性。

（1）系统性

由于地铁建设期间施工路段交通组织设计涉及多方面的因素,单一评价只能从某一侧面反映方案的某种特点,而不能反映方案的整体特性和效益。因此,效果评估应力求全面反映方案的综合情况,以保证评价的全面性和可靠性。

（2）科学性

交通疏解方案效果评估必须有科学的理论依据,要能客观、合理地反映地铁建设期间施工路段交通组织设计方案的特性和状况。因评价对象是地铁建设期间施工路段交通组织方案的实施效果,而

方案的实施效果是通过交通系统的运行状况来反映的,因此,应充分考虑地铁建设期间施工路段交通运行系统的特性。

(3)实用性

评价地铁建设期间施工路段交通组织设计方案的实施效果,关键体现在施工路段交通运行状况的实时效果。根据交通运行状况的实时效果来确定方案是否能够取得预期的效果,或者找出其达不到预期效果的主要原因,进行针对性的调整。

(4)相对独立性

描述方案实施效果的指标往往存在重复性,或是线性相关,所以在选择指标时,应该尽可能选择具有相对独立性的指标,从而增加评价的准确性和科学性。

3) 交通疏解效果评估方法

(1)交通仿真评价

交通仿真动态地模拟出道路交通流运行效果,可以从微观与宏观上反映交通流的特征,分析交通参与者与交通车辆的交通行为,得到反映交通状态的指标参数,以及交通流的管理与规划方式和交通流的变化规律、分布特征。此种评价方法可直观有效地反映交通流的状态。

(2)综合评价法

用综合评价法来评价各种交通流组织效果时,常常将指标进行分类、筛选,确定指标权重,通过分析评价工程的交通状况计算评价指标值,进行综合分析。

3.5.2 交通疏解效果评价

1) 选取评价指标

地铁工程施工周期长,对交通影响大,在进行交通疏解方案设计后,需要对方案进行合理评价,保证方案的有效性。因此,评价体系指标的选取应从点—线—面三个角度来考虑,分别选择能够代表点—线—面交通情况的指标来进行评价。

(1)交叉口"点"评价指标

选取道路交叉口的各向进口道分别进行服务水平划分,当现状饱和度大于 0.85 时,计算延误指标,当延误与饱和度对应的服务水平不一致时,以延误对应的服务水平为准。

(2)路段"线"层评价指标

研究路段的饱和度评价路段指标。路段饱和度为道路实际通过的交通量与通行能力的比值。

(3)路"网"评价指标

路"网"评价指标主要反映道路网交通组织方案的优劣,可选取路网的平均车速、车均延误来评价路网效果。路网平均车速是路"网"中所有路段机动车的平均行程速度;车均延误是通过单位长度路段的所有车辆的延误值总和的平均值。

2) 疏解效果评价

(1)交叉口"点"疏解效果评估

地铁站点施工期间,占道或压缩车道,不仅会影响道路的通行能力,也会对交叉口的通行能力造成影响,增加交通延误。交叉口疏解效果主要是通过交叉口服务水平来进行分析的。

根据交叉口服务水平划分标准,一般分为 A～F 六个等级(表 3-9),交叉口服务水平按各向进口道分别进行服务水平划分。

交叉口服务水平划分标准　　　　表3-9

服务水平	运行状况描述	饱和度 S	每车信控延误 T（s）
A	城市道路自由流	$S \leq 0.25$	$T \leq 10$
B	接近自由流	$0.25 < S \leq 0.5$	$10 < T \leq 20$
C	交通畅通	$0.5 < S \leq 0.7$	$20 < T \leq 35$
D	比较畅通	$0.7 < S \leq 0.85$	$35 < T \leq 55$
E	比较拥堵	$0.85 < S \leq 0.95$	$55 < T \leq 80$
F	交通拥堵	$0.95 < S$	$80 < T$

（2）路段"线"疏解效果评估

地铁工程施工工期较长，车站主体工程、管线改迁工程期间所占用的道路面积较大，对道路交通的影响较为严重。对于后期的车站附属设施工程，主要占用人行道等小面积范围，对道路交通的影响较小。路段交通影响主要是通过路段饱和度来进行分析的。

按饱和度将交通运行状况划分为不同的服务水平。根据国内有关研究采用的交通服务水平划分标准（表3-10），一般以D级作为城市道路最低可接受的交通服务水平。

路段运行服务水平等级划分标准　　　　表3-10

服务水平	饱和度 S	交通状态
A	$S \leq 0.25$	畅通车流，基本上无延误
B	$0.25 < S \leq 0.5$	稳定车流，有少量延误
C	$0.5 < S \leq 0.7$	稳定车流，有一定的延误，但驾驶员可以接受
D	$0.7 < S \leq 0.85$	接近不稳定车流，有较大延误，但驾驶员还能接受
E	$0.85 < S \leq 0.95$	不稳定车流，交通拥挤，延误很大，驾驶员无法忍受
F	$0.95 < S$	强制车流，交通严重阻塞，车辆时停时开

（3）路网"面"疏解效果评估

根据地铁工程交通疏解前后路网交通服务水平的变化，来判断地铁施工对交通系统的影响是否显著，主要包括区域主要路段平均车速、车均延误服务水平的变化。

3）交通疏解效果评判标准

对有地铁施工和无地铁施工（背景交通）两种情况下，评价时段的道路交通服务水平进行对比分析，判断地铁施工对道路交通系统的影响程度。

（1）可接受

当提出的交通疏解措施可行且评价范围内疏解后的交通系统运行指标均符合下列四项规定时，应判定交通疏解影响为可接受：

①机动车交通：机动车交通系统的评价指标低于表3-11规定的显著影响指标。

机动车交通显著影响判定标准　　　　表3-11

背景交通服务水平	地铁施工期间交通疏解后的服务水平
A	D、E、F
B	D、E、F
C	D、E、F
D	E、F
E	F
F	F

注：交通疏解后，服务水平由C降为D的，若影响范围内主要路段交通服务水平情况良好（达到D级），视为可接受。

②公共交通：地铁施工影响范围内的主要公共交通站点能够满足出行需求。

③停车设施：地铁施工新生成的停车需求能在项目内部平衡或解决方案可行，不会对评价范围内的停车造成负面影响。

④慢行交通：交通疏解后能满足步行和自行车慢行交通的要求。

（2）不可接受

当无法通过可行的交通疏解措施使得评价范围内疏解后的交通系统运行指标符合上述可接受条件时，应判定该交通疏解方案的交通影响不可接受。此时，应对交通疏解方案进行修改优化使其达到可接受要求。

3.5.3 交通疏解方案改善建议

交通疏解组织对地铁施工期间道路资源重新分配，使影响范围内的交通系统能够有序运行，为将地铁施工的影响降到最低，在不大幅改变施工工艺、工法的基础上，可从施工方案、施工时序、施工管理等角度对疏解方案进行优化。

1）优化施工方案

铺设临时路面及倒边施工保证主要道路交通不中断；将施工占道区周围的非机动车道拆改为机动车道，并将交叉口进口道拓宽，提高交叉口的服务水平；在受施工影响严重且人流量较大的路口设置人行便桥；施工期间所设置的围挡设施应最大限度满足交通视线的要求；拆除工程建设围挡区域附近的机非分隔带，改造为机动车道使用。

2）优化施工时序

地铁施工由多个分项工程组成，并主要由站点和区间段施工组成，科学合理的施工时序可以协调时空资源的配置关系，将地铁施工的影响降到最低。车站及区间施工时序的不同安排对交通系统的影响程度不同。多个车站同时或交替施工在一定程度上减少了与地铁线位相交的分流道路，导致饱和状态的路段和交叉口增多，使得施工影响区域道路网交通压力繁重，尤其是站点距离较近影响通行效率的不宜同时施工，以缩小交通影响的范围，避免加重其他道路的压力；对于单个车站的施工，对车站各分项工程分期分段施工，最大限度减少同时施工对道路资源的占用。

3）加强施工管理

地铁施工期间，地铁施工各工点应设置统一、清晰、安全的交通围挡设施；地铁施工单位应按照交通疏解确定的工期、工法进行施工；各施工工点运输材料和弃土车辆应按照指定路线和时间行驶；相关管线改迁工作应在主体单位要求的建设时间内完成，不得延误工期。

3.5.4 交通疏解效果评估实例

某地铁车站位于道路 X 与道路 Y 交叉口，道路 Y 上跨道路 X，高架桥双向 6 车道，主线双线 8 车道；道路 X 主线双向 8 车道，辅道双向 4 车道。

该地铁车站某一阶段的交通疏解方案如图 3-48 所示，此阶段疏解工程包括两个主要部分：围蔽道路 X，利用两侧绿化带，修建疏解道路，将原道路 X 交通倒到两侧；道路 Y 现状桥西侧架设临时便桥，立交交通倒到钢便桥上，围蔽道路 Y 西侧道路，采用倒边施工。根据站点施工围挡对道路的占用情况,结合沿线及区域道路交通运行情况对该阶段交通疏解效果进行评估。

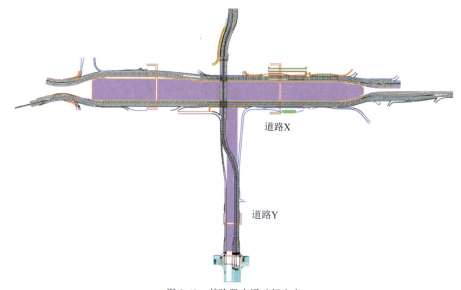

图 3-48 某阶段交通疏解方案

1)站点交通疏解评估

(1)机动车交通影响评估

该疏解阶段,道路 X 围蔽主道范围,交通疏解至现状绿化带内,由原双向 8 车道增至双向 10 车道。疏解后,道路 X 维持原东西向交通功能,但东进口右转匝道封闭,右转车辆需利用区域疏解进行绕行。道路 Y 标准路段围挡西侧单车道供服务地块出行,围挡东侧由南向北 3 车道、由北向南 3 车道,合计双向 6 车道,路口采用拓宽处理,增加车道数。疏解后,由于道路线型变化及车道数减少,道路 Y 疏解段服务水平变化较为明显。

其中,东进口道直行服务水平由 C 变为 F,右转匝道封闭,北进口道直行服务水平由 E 变为 F,有显著影响,造成道路 X 东向西交通拥堵,道路 Y 北向南交通拥堵,具体见表 3-12。

交叉口服务水平分析 表 3-12

指标		东进口道			南进口道			西进口道			北进口道		
		左	直	右	左	直	右	左	直	右	左	直	右
施工前	饱和度	—	0.57	0.42	—	0.54	0.40	—	0.67	0.52	—	0.88	0.56
	延误	—	28.9	17.9	—	26.9	18.2	—	30.1	21.2	—	60.2	25.1
	服务水平	—	C	B	—	C	B	—	C	C	—	E	C
疏解阶段	饱和度	—	1.04	—	—	0.72	0.51	—	0.78	0.61	—	1.03	0.78
	延误	—	81.1	—	—	42.1	28.3	—	40.6	28.9	—	80.9	40.9
	服务水平	—	F	—	—	D	C	—	D	C	—	F	D

(2)公交出行影响评估

道路 X 西段公交站位置无变化,东段公交站按现状位置向后迁移;道路 Y 两侧公交站向北迁移。该疏解阶段,通过迁移部分公交站点,保障了公交服务水平,满足公交出行需求。

(3)行人出行影响评估

道路 X 西段原地面灯控过街废除,在该过街位置西侧新建 1 座人行天桥,东段原过街地道废除,新建 1 座人行天桥,路侧行人利用新建疏解人行道进行通行;道路 Y 原过街天桥拆除,行人利用新建人行天桥进行通行。该阶段通过新建人行天桥、疏解人行道,确保了施工围挡周边行人交通的通行条件。

(4)施工车辆进出影响评估

北侧围挡东部设置施工通道,施工车辆均从围挡东端进出,车辆进出方向与道路 X 一致;南侧施工车辆均从围挡西端进出,车辆进出方向与道路 Y 一致。

2)"线"层交通疏解评估

将道路 X 与道路 Y 作为主要研究路段,道路 X 双向服务水平均保持在施工前水平,通行能力能够满足交通出行的需求。道路 Y 南向北交通服务水平保持在 D 级以上,但北向南通行能力影响较大,服务水平由 D 级降至 E 级,基本能够满足交通出行的需求,具体见表3-13。

重点路段指标分析 表3-13

研究路段		饱和度		服务水平	
		施工前	疏解阶段	施工前	疏解阶段
道路 X	西向东	0.81	0.84	D	D
	东向西	0.86	0.89	E	E
道路 Y	南向北	0.60	0.72	D	D
	北向南	0.78	0.88	D	E

3)区域交通疏解评估

通过对疏解后路网车均延误及平均车速结果分析,路网平均车速下降7.24%,车均延误由51.5s增至58.7s,路网服务水平基本满足出行需求,具体见表3-14。

路网指标分析 表3-14

评价指标	施工前	疏解阶段
平均车速(km/h)	30.4	28.2
变化率(%)	0	7.24
车均延误(s)	51.5	58.7
变化率(%)	0	13.98

综上所述,由于该疏解阶段,站点交叉口服务水平基本维持不变,道路 X 与道路 Y 两条施工道路均可以维持原来的交通功能(南北向通行和东西向通行)。因此,对于驾驶员改变出行路径的影响较小,各道路交通量基本维持疏解前的水平,其中,道路 Y 施工段北向南通行能力达到饱和。路网服务水平基本维持不变,交通服务水平属于可接受范围。

第4章 交通疏解工程施工

4.1 概　　述

为了保证地铁施工期间城市道路的安全与畅通,需要实施交通疏解工程。交通疏解工程根据各个站点所在位置的交通特点,结合车站主体施工的技术要求,通过多次倒边施工,为展开主体工程施工提供条件。按照地铁主体工程和附属结构工程施工的不同阶段,交通疏解工程也分阶段实施,包括建设临时道路的疏解阶段和在地铁工程完工后的永久道路恢复阶段。施工内容包括道路及交通设施拆除工程,新建临时道路、桥梁、交通设施,照明迁移及上述范围的恢复工程。综上所述,地铁交通疏解工程虽然属于市政工程类范畴,但却具有施工周期长、阶段性明显的特征,同时具有施工内容繁杂、施工范围宽、专业涉及面广、工期紧、协调工作量大等特点,是地铁前期工程中具有系统性、综合性特征的专业项目。

4.2 工程特点与总体要求

4.2.1 工程特点

1）施工范围分布广

地铁工程呈带状分布,横跨多个区域,一般达数十公里。交通疏解工程随地铁主体工程分布,具有点多、线长、面广的特点。采用明挖法或盖挖法施工的车站主体、区间或施工竖井区域,均属于交通疏解工程的施工范围。

2）工程涉及专业面广

地铁交通疏解工程涵盖市政道路、桥梁、结构物、交通设施及监控、照明、绿化、市政管线等多个专业,各专业之间的交叉作业、工序衔接需要统一协调安排,是一项专业综合性、系统性较强的工程。

3）施工周期长,具有明显的阶段性

地铁建设周期一般约为5年,随着地铁主体工程施工部位的变动,交通疏解工程施工具有明显的阶段性特点。为了保持交通的畅通,疏解阶段和恢复阶段均具有时间紧、任务重的特征;在地铁主体进入正常化施工后,交通疏解工程的工作内容转为道路的管养阶段,整个建设期呈"紧—松—紧"的工作状态。整个建设周期可分为为地铁主体工程施工占道创造条件的疏解阶段和地铁主体工程完工后恢复原道路的恢复阶段,疏解阶段为临时性工程,恢复阶段为永久性工程。

4)协调工作量大

交通疏解工程涉及交警、城管、路灯、绿化、路政等多个政府管理职能部门,施工前需到各政府主管部门办理各项审批事项,还需要与施工范围内的占地权属单位进行协调,处理好征地拆迁、市政设施迁移等一系列问题。此外,地下管线、园林绿化及市政设施的权属单位,以及施工范围内的其他关联单位和个人,在空间和时间上发生的交叉、碰撞和利益冲突,需要进行多方、反复的沟通协调,以达成一个能平衡各方诉求的方案。

5)施工场地更换频繁,设计图纸变更较多

地铁主体及附属构筑物的施工,无论是采用明挖法,还是采用盖挖法,交通疏解都需分段分期多次分幅倒边施工。特别是当施工路段处于繁华商业、办公区等交通流量较大的区位时,新建临时疏解道路条件受各种因素约束,需短时间内来回多次改道,造成施工场地更换较为频繁。此外,由于施工路段多为成熟商区、城市中心区,市政设施较为繁杂,地下管线较为复杂,对施工现场有需求的单位较多,造成设计图纸与现场条件存在差异,设计图纸发生变更的可能性大。

4.2.2 总体要求

1)应确保车辆、行人安全通行

由于地铁线路及车站的选址一般都位于城市快速路、主干路或次干路的周围,现状交通、周边环境直接影响交通疏解方案的设计及施工。当地铁主体工程采用明挖法或盖挖法施工时,需要占用现状的道路交通,包括车行道、人行道、绿化带、建筑物红线等,因此交通疏解工程的实施必须建立在确保车辆、行人安全通行的前提下进行,同时要尽量减少对周边交通环境的不利影响。

2)应满足地铁主体工程施工的要求

交通疏解工程作为地铁主体工程建设的前置工程,其工程目标就是满足地铁主体工程施工的要求。受施工场地限制影响,地铁主体工程施工时工作面往往不能一次性展开到位,需要分阶段、多层次进行,这就要求交通疏解工程配合主体工程开展多次疏解方案设计、施工,以满足和配合主体工程的施工进度要求。

3)应充分考虑工程的经济性

疏解阶段工程仅作为一种临时性疏导措施,在2~3年内用以维持正常的交通秩序,随着某一阶段的结束,临时性疏导措施也随之拆除,因此临时性疏解方案的建设标准应有别于永久工程,需充分考虑整个项目的经济性。

4)应确保工程质量及安全文明施工

交通疏解工程作为建设工程项目,工程质量必须满足设计及相关规范、标准的要求,这是竣工验收的前提条件。同时,由于工程所在地地理位置的特殊性,做好现场安全文明施工,减少对市民造成

的不便,既彰显了相关单位的管理水平,又有利于获得市民的理解与支持,为工程项目实施构建和谐的施工环境。

4.3 工程分类

交通疏解工程可按建设阶段的不同、实施的专业类别不同进行分类。

4.3.1 按建设阶段分类

交通疏解工程主要是配合地铁主体工程施工。根据地铁工程建设阶段的不同,交通疏解工程分为疏解阶段和恢复阶段。

1) 疏解阶段

疏解阶段是将因地铁主体工程占用的道路,按"借一还一"的原则,利用既有道路周边的市政用地或其他场地资源,按照设计标准修建临时道路,并配套相应的交通设施,必要时或进行区域性道路的改造或交通组织调整,以基本维持地铁施工期间的既有道路系统的通过能力。因地铁施工一般按照车站主体、附属结构、区间分阶段实施明挖法或盖挖法施工,所以疏解阶段的施工需要配合地铁主体的施工分阶段实施。疏解阶段建设的道路及交通设施属于临时性疏导措施,待该阶段结束后,临时性疏解道路及交通设施将面临拆除。

2) 恢复阶段

恢复阶段是指在地铁主体工程施工完成后,按照设计标准,在与管线恢复工程和其他相关工程相互衔接、配合下,恢复原有道路及交通设施,并将疏解阶段建成的临时道路及交通设施拆除且按相关标准移交给绿化或其他专业进行后续的恢复工程施工。恢复阶段可能按相关部门要求,对原有道路实施系统性或局部道路功能的改善或提升工程,这种情况往往会联动管线改迁和绿化迁移工程,对工程的造价和工期产生相应的影响,应谨慎对待。恢复阶段施工任务的完成,标志着整个交通疏解工程项目的完工。作为最终工程实体,恢复阶段的结束也标志着交通疏解工程的竣工和具备向相关权属单位进行移交的条件。

4.3.2 按实施专业分类

交通疏解工程按所实施的专业类别不同,可分为拆除工程、道路工程、桥梁工程、交通设施及监控工程、照明工程及其他零星工程,如图4-1所示。

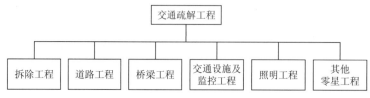

图4-1 交通疏解工程按实施专业划分类

（1）拆除工程的施工内容主要包括拆除施工图范围内、外影响主体施工的道路、桥梁及其他建（构）筑物等，恢复阶段将对此类已拆除的原有实体进行恢复。

（2）道路工程的施工内容主要包括新建、改建、扩建车行道、广场与停车场、人行道、人行地道、挡土墙、附属构筑物等，以及对道路工程进行日常巡查、养护。

（3）桥梁工程的施工内容主要包括新建临时便桥（人行天桥）、新建永久性桥梁（人行天桥）、新建箱涵，以及对桥涵结构的日常巡查、养护。

（4）交通设施及监控工程的施工内容主要包括迁移、新建交通标志标牌、交通设施、监控设备、交通信号灯，涂改、新增标志标线，以及对交通设施及监控工程的日常巡查、维护。

（5）照明工程的施工内容主要包括拆除、迁移、新增路灯管线、灯杆灯具、箱式变电站等，以及管线、灯杆、灯具、箱式变电站等的日常巡查及维护。

（6）按照政府部门和建设单位要求施工的其他零星工程，包括施工图范围内、外的所有零星工程，例如小型建筑物、构筑物的拆除、重建，停车场及设施的拆除和恢复，公交站台迁移，临时绿化恢复以及其他应急抢险工程等。

4.4 拆除工程

任何结构物、构筑物的拆除，施工前均需取得有关部门、权属单位的许可，同时应探明地下管线的分布、对周边环境的影响等情况，在做好封闭围挡且备有温馨提示牌、疏导牌的前提下方可进行施工作业。

4.4.1 道路及附属结构拆除工程

1）施工流程

道路及附属结构拆除施工流程如图4-2所示。

2）技术要点

（1）施工许可证办理

道路工程拆除包括车行道、人行道、挡土墙、附属构筑物拆除等，一般位于市政道路上，属于政府相关职能部门管辖范围，因此，施工前要办理占用、挖掘道路许可证。未办理许可证，严禁施工。

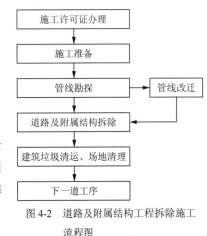

图4-2 道路及附属结构工程拆除施工流程图

（2）施工准备

①道路工程拆除施工前，应做好交通疏解工作，在合理的范围内设置围挡，布置温馨提示牌和道路指向牌，张贴占用挖掘道路许可证，悬挂夜间警示灯，安排专人疏导等。临时道路施工完成或绕道提示布置好后，方可进行拆除工作。

②采用封闭围挡时，市区不低于2.5m，郊区不低于1.8m。采用临时围挡时，应将围挡连接紧密，不得出现空隙、缺漏；出入口位置可采用活动围挡（例如胶马、铁马、水马等），在活动围挡上或者周边设置"施工重地，闲人免进"等警示标牌，人员、机械、车辆进出场后应立即封闭围挡。

③拆除施工拟采用挖掘机、装载机等大型机械设备的，应向监理单位申报大型机械进场，提供机械设备的合格证明以及操作手的特种作业操作证，经监理单位签字同意后方可进场作业。

④正式施工前，项目总工应组织施工人员、机械操作手进行安全技术交底，明确工程概况、拆除顺序、施工方法、安全技术措施等注意事项，并由双方签字确认，专职安全生产管理人员全程参与见证。

（3）管线勘探

①拆除施工前应探明地下管线分布情况。可根据地面的管线标志进行识别。

②不确定是否存在管线或管线埋深不确定的，应采用人工开挖探沟，明确管线类别、规格、深度、走向等，联系管线的权属单位，确定是否需要采取迁移、保护等措施。特别是地下存在燃气管道和电力管线时，每次施工前都必须联系燃气或电力的相关人员到达现场，明确施工方法，并安排专人对此类特殊敏感区域进行现场旁站。

（4）开挖施工界面的划分

①拆除施工前，测量人员应依据图纸进行平面控制测量，标记出施工范围。若施工范围内存在绿化苗木，则需要向监理单位、建设单位报告，申请绿化迁移，同时标记出需要迁移的苗木范围。

②若交通疏解施工范围内存在需要采取迁移、保护等措施的各种管线，需与监理单位、建设单位明确施工主体以及施工界面，避免产生后续纠纷。

（5）道路工程拆除

①道路工程拆除时，应采用低噪声的机械设备，并尽量避免夜间施工，确因工程需要时应办理夜间施工相关手续。

②在居民密集区施工时，应粘贴温馨告示牌，实行晚开工、早收工制度，尽量减少对周边环境的影响。

③采用间断性洒水措施减少因拆除工程产生的扬尘。

④挖掘机使用炮锤拆除时，可在围挡处加挂围网封闭，减少拆除物飞溅现象。

（6）建筑垃圾清运、场地清理

①道路工程拆除后的建筑垃圾应及时清运。

②应合理安排泥头车的进出场位置，方便排队等候、掉头，减少对道路交通的影响。

③对于已清运的场地，应进行细部处理，确保满足下一道工序的要求。

4.4.2 桥梁拆除工程

交通疏解工程中桥梁的拆除主要分为人行天桥的拆除和立交桥的拆除，通常采用机械破碎拆除、爆破拆除和切割拆除三种方法。

地铁交通疏解工程桥梁拆除方案的选取，首要考虑的因素是对道路交通的影响和对行人、车辆的安全保障。机械破碎拆除的优点是工艺简单，较为经济，受场地限制较少；缺点是施工粉尘及噪声污染大，对桥下道路需长时间封路施工，工期较长，对周边影响较大。该工法在施工现场周边条件允许的情况下，可以采用。

爆破拆除的优点是经济性好，工期短；缺点是施工粉尘污染大、对桥下道路需长时间封路施工，危险性大，对周边构筑物影响较大。

切割拆除法施工过程中无振动、低噪声、无污染、施工效率高、工期短、安全性能好，主要是交通组织、疏解相对容易、简单，吊运封路多在夜间进行，对交通的影响较少，非常适用于地铁交通疏解工程桥梁拆除施工，应作为地铁交通疏解工程拆除施工的首选工法。

1）施工流程

桥梁拆除工程施工流程如图4-3所示。

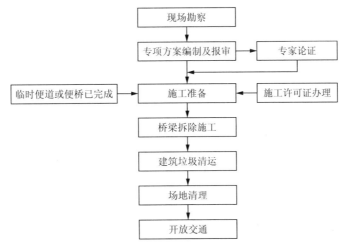

图4-3　桥梁拆除工程施工流程图

2）技术要点

（1）人行天桥的拆除

①拆除作业前针对可能影响施工的管线必须迁移完毕，无法迁移的必须在相关部门的指导和配合下采取保护措施。

②人行天桥所在地为人口集中区，严禁产生较大噪声、扬尘等环境问题，多采用切割方法进行拆除，因一般人行天桥的构造较为简单，但跨度和自重较大，拆卸的方法均采用切半留半的技术措施。考虑人行天桥的特性及拆卸吊装重量的限制，梁体分段分块切割后吊车分段吊装拆卸（切半留半的切割方法），确保切割后起吊的安全性，节省吊装台班费，防止因吊车施工的碰撞与梁体倾覆而出现事故。吊车运输梁体如图4-4所示。

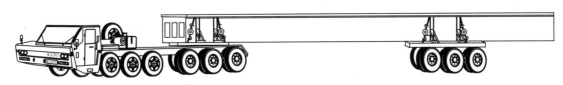

图4-4　吊车运输梁体

③要充分考虑桥下交通状况。主干道交通，车流量较大，因此在制定拆除方案时，必须考虑施工对交通的影响。拆除过程中车流量大，交通组织困难，材料进出场运输受到限制，必须加强场内外运输组织指挥工作。施工范围内需全面设置临时围挡，防止车辆及行人进入施工区域；且采用部分拆除完成、部分开放道路的形式，以保证道路及时畅通。

④钢结构人行天桥拆除可采用氧焊切割分离、大吨位汽车吊吊卸，钢筋混凝土结构梁、墩柱及基础设施可采用机械切割、破碎法分解拆除，其他附属设施可采用人工配合机械拆除。

⑤现场交通疏解、交通组织。根据工程实际情况，现场道路须设置相关的交通安全设施，以保证车辆的行车安全。在工程施工期间，与交警部门保持密切联系，随时调整临时交通组织，保证施工期间交通安全和畅通。交通组织方案要做到减低车速，杜绝堵塞，确保畅通，安全施工。具体要求如下：

a. 始终维护好现有车道的交通，保证车辆畅通，不随意封路，不随意占用车道。

b. 自然分流与管制分流相结合。通过广播宣传和交通管制，做到科学合理的分流车辆。施工路段前后有关交叉路口要设置明显的交通警示牌,引导车辆行驶,调节各线路交通量;施工路段禁止随意停车,以确保车辆顺畅行驶。

c.施工开工前,要先做好交通组织方案,报交管部门批准后,先试行一段时间,经检验切实可行后再正式实施,做到先交通后施工、施工服从交通,以确保交通安全顺畅。

d.以内部交通为主、外部交通为辅,应特别做好内部交通组织和临时措施,同时,也应十分重视外部交通的组织与分流作用,真正做到内、外结合,文明有序,安全畅通。

⑥专项方案编制及报审

a.依据2018年3月住房和城乡建设部发布的《危险性较大的分部分项工程安全管理规定》(住建部令第37号)规定,施工单位在桥梁拆除施工前应编制专项施工方案;对于超过一定规模的桥梁拆除工程,施工单位应当组织专家对专项方案进行论证。

b.专项方案的编制应考虑桥梁类型、结构、跨度、重量、连接形式等因素,划分合适的拆除段落;考虑起重机的选型,钢丝绳、吊钩、卡环等器具的选用;考虑每一部分拆除时起重机械的摆位、起吊点的设置和交通疏解的形式;还应考虑施工安全保证措施,制定应急预案。专项方案的理论计算应满足相关安全技术规范的要求。

c.桥梁拆除施工应当严格按照专项方案组织施工,不得擅自修改、调整专项方案。如因结构、外部环境等因素发生变化确需修改的,修改后的专项方案应当按规定重新审核。

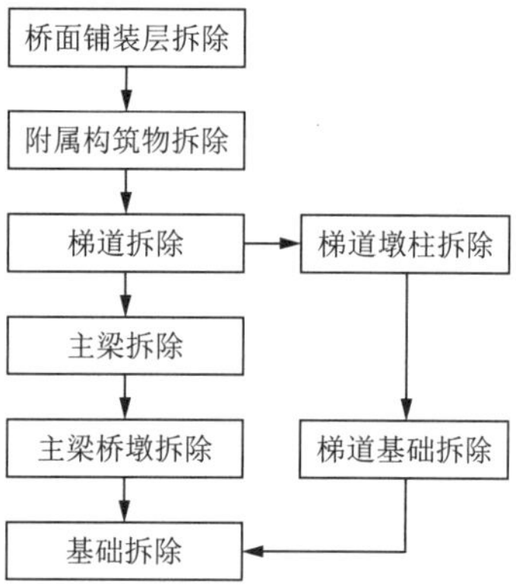

⑦人行天桥拆除施工顺序

桥梁的拆除顺序一般与桥梁的建设顺序相反,遵循"先建后拆,后建先拆"的原则。

人行天桥的一般拆除顺序如图4-5所示。

⑧人行天桥拆除工法

某人行天桥拆除施工,桥下为双向12车道,主桥主要结合现场情况分为两个拆桥阶段,同时桥梁采用起吊转运的方案进行拆除。具体分切见表4-1、图4-6和图4-7。

图4-5 人行天桥的一般拆除顺序

主桥分切 表4-1

拆桥阶段	分切编号	吊装方式
第一阶段	C	4绳吊装
第一阶段	D	4绳吊装
第一阶段	A	4绳吊装
第二阶段	B	4绳吊装

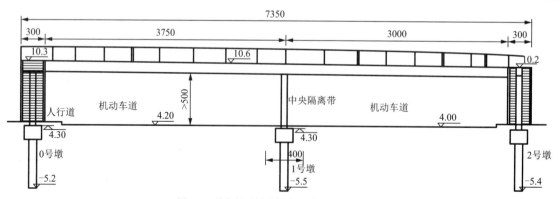

图4-6 某人行天桥跨径布置图(尺寸单位:cm)

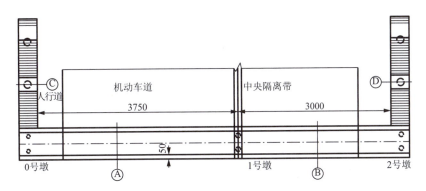

图 4-7 某人行天桥平面布置图(尺寸单位:cm)

a. 第一阶段的拆除步骤

- ▶ 吊装拆除东侧梯道,封闭人行道和一条车道。施工安排夜间进行。
- ▶ 吊装拆除西侧梯道,封闭人行道和一条车道。施工安排夜间进行。
- ▶ 占用北向南方向内侧 3 车道,其他 3 条车道正常通车,封闭内侧 3 车道,车道搭设封闭施工围挡。
- ▶ 拆除桥梁上部附属结构。
- ▶ 摆正吊机位置,设置吊点,确保拆除梁体稳定。同时封闭北向南方向 6 条车道。
- ▶ 采用氧焊切割分离支墩顶和连接部分并留出 1.5m 梁体。
- ▶ 吊卸拆除完 A 块后,恢复 3 条车道正常通车,只占用内侧 3 条车道进行吊链切割。
- ▶ 机械破碎 0 号桥墩,人工配合氧焊切割连接钢筋。
- ▶ 清运废渣,恢复路面。

第一阶段主梁纵向拆除顺序如图 4-8 所示。

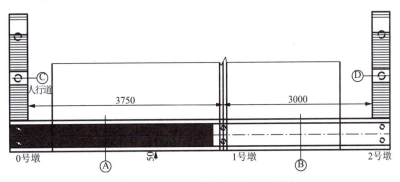

图 4-8 第一阶段主梁纵向拆除顺序图(尺寸单位:cm)

▶ 吊点位置设置:在拆掉 A 主梁时,吊点位置如图 4-9 所示,处于要拆装的 A 主梁 1/3 位置。为防止梁体不稳发生偏离,设置两个吊点,进行拆卸起吊点。吊机站位如图 4-10、图 4-11 所示。

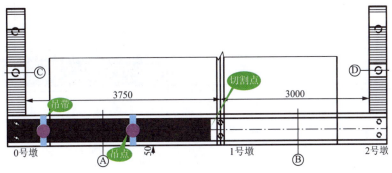

图 4-9 第一阶段 A 段吊带捆绑和吊点设置(尺寸单位:cm)

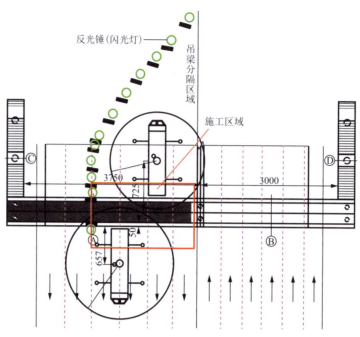

图 4-10 第一阶段交通组织和吊车站位(尺寸单位:cm)

b. 第二阶段的拆除步骤

▶ 占用南向北方向内侧 3 车道,其他 3 车道正常通车,封闭内侧 3 车道搭设封闭施工围挡。

▶ 拆除桥梁附属结构。

▶ 摆正吊机位置,设置吊点,确保梁体拆除段稳定。同时封闭南向北方向 6 车道。

▶ 采用氧焊切割分离支墩顶。

▶ 吊卸拆除完 B 块后,恢复 3 车道正常通车,只占用内侧 3 车道。

▶ 机械破碎 1 号桥墩,人工配合氧焊切割连接钢筋。

▶ 清运废渣,恢复路面。

第二阶段主梁纵向拆除顺序如图 4-12 所示。

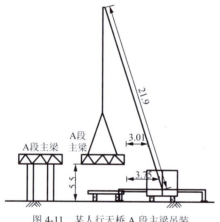

图 4-11 某人行天桥 A 段主梁吊装立面图(尺寸单位:m)

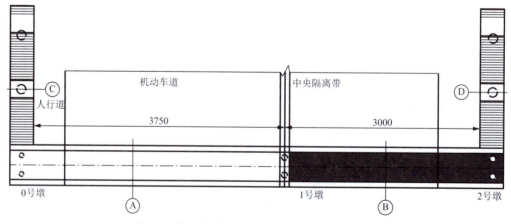

图 4-12 第二阶段主梁纵向拆除顺序图(尺寸单位:cm)

▶ 吊点位置设置:在拆除 B 主梁时,吊点位置设置如图 4-13 所示,处于要拆装的 B 主梁中间位置。为防止梁体不稳发生偏离,设置 2 个吊点,进行拆卸起吊点。吊机站位如图 4-14、图 4-15 所示。

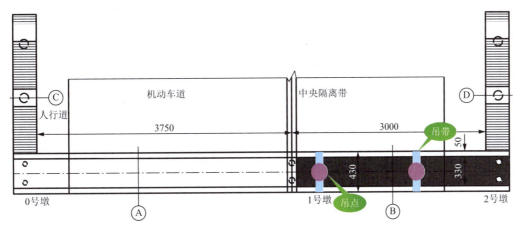

图 4-13　第二阶段吊带捆绑和吊点设置(尺寸单位:cm)

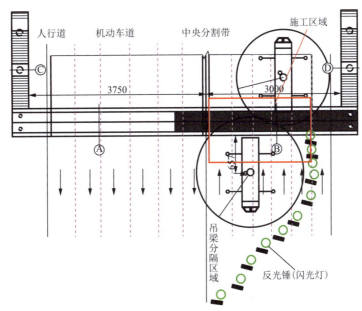

图 4-14　第二阶段交通组织和吊车站位(尺寸单位:cm)

(2)立交桥的拆除

①车行桥梁的拆除顺序与人行天桥基本一致,总体顺序为:桥面铺装层拆除→附属构筑物拆除→主梁拆除→墩柱拆除→基础拆除。

②大型桥梁拆除一般宜采用切割分离法,为了不影响现有交通,一般都选择在夜间施工,对于噪声大的工作,尽量安排在白天施工。

③桥梁拆除下来的结构物需要通过氧割或炮锤将大块结构物分解为小块,再分类堆放,统一装车,清运出现场。

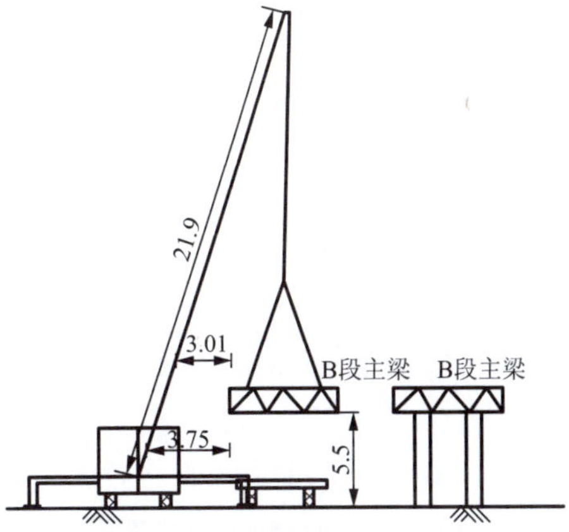

图 4-15　某人行天桥 B 段主梁吊装立面图(尺寸单位:m)

4.4.3　其他建(构)筑物拆除工程

其他建(构)筑物拆除施工,应参照《危险性较大的分部分项工程安全管理规定》(住建部令第 37 号)规定,编制专项施工方案,必要时需要组织专家进行论证。拆除施工前应做好围护措施,围挡应封闭严密,并张贴温馨提示。应尽量避免夜间施工,并采取降低扬尘、降低噪声的措施。

4.5 道路工程

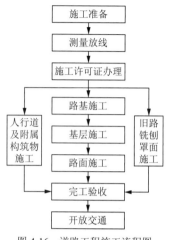

图4-16 道路工程施工流程图

无论地铁主体施工是采用明挖法、盖挖法,还是采用半明挖半盖挖法,交通疏解都需要经过多次倒边才能完成,主体施工完成后原占用的道路必须恢复原样,因此交通疏解工程中的道路工程包括了疏解阶段的临时道路和恢复阶段的永久道路两部分。由于疏解阶段的临时道路需多次倒边施工,为保证临时道路基本的使用要求,以及遵循施工方便的原则,建议疏解期间临时道路采用沥青混凝土路面结构形式,按原道路等级选取次一级的临时路面结构,如原道路为主干道,改道后的临时道路采用次干道标准。永久道路施工时,可一并考虑原道路存在的瓶颈、缺陷等问题,进行优化设计处理,避免后期重复施工。

道路工程施工流程如图4-16所示。

4.5.1 测量放线

道路工程施工时,测量以平面线型测量放线为主,内容包括施工控制测量、施工测图、钉桩放线、细部放样以及其他测量等。道路高程以现状道路的高程为基准,控制新建、扩建、改建的道路高程,确保与现有道路顺接。

4.5.2 道路路基工程

常见的路基有挖方路基、填方路基和半填半挖路基,其中填方路基又分为填土路基与填石路基。路基施工以机械作业为主、人工配合为辅。

1)施工流程

道路路基施工流程如图4-17所示。

2)技术要点

(1)道路路基施工应符合设计要求和有关规范的规定,其中施工质量应满足《城镇道路工程施工与质量验收规范》(CJJ 1—2008)的要求。

(2)路基施工前应按照交通疏解方案设置围挡,导行临时交通。开工前,施工项目技术负责人应依据获准的施工方案向施工人员进行安全技术交底,强调工作难点、技术要点、安全措施,使作业人员掌握要点,明确分工。

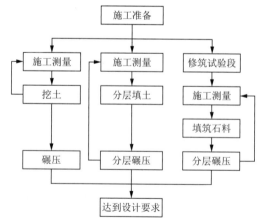

图4-17 道路路基施工流程图

(3)地下管线、涵洞(管)等构筑物是城镇道路路基工程中必不可少的组成部分。涵洞(管)等构筑物可与路基(土方)同时进行,但地下管线施工必须遵循"先地下,后地上""先深后浅"的原则。在交通疏解工程中遇到地下管线时,必须等地下管线施工完成方可进行路基施工,避免路基被开挖破坏。

（4）路基施工前必须排除原地面积水,清除树根、杂草、淤泥。作为路基填筑材料,填料的强度应符合设计要求。不应使用淤泥、泥炭土、腐殖土、有机土及含生活垃圾的土做路基填料。填土内不得含有草、树根等杂物,粒径超过100mm的土块应打碎。针对含水率高、土质松软的不良地基,宜采用换填或掺灰改良的方法进行地基处理。

（5）路基压实有重力压实和振动压实两种。路基压实应遵循"先轻后重、先静后振、先低后高、先慢后快、轮迹重叠"的原则。碾压不到的部位应采用小型压路机或小型夯压机夯实。路基碾压要确保达到压实度和弯沉值的要求。

（6）一般管线迁移的开挖和回填由管线迁移单位负责,道路部分的管线回填到路基面,回填密实度需满足道路路基的技术规范要求,且需经建设单位、监理单位、交通疏解施工单位及管线迁移单位现场验收合格后,再交付交通疏解施工单位进行道路工程施工。

（7）主体采用盖挖逆作法施工时,车站顶板覆土回填应分层进行,回填高度需达到道路路基面高程,一般由主体施工单位负责,回填路基面的密实度需满足道路路基技术和规范要求。

4.5.3 道路基层工程

城镇道路工程中,常用的道路基层有石灰稳定土(粒料)基层、水泥稳定土(粒料)基层和石灰工业废渣稳定土(粒料)基层。但在交通疏解工程中,水泥稳定粒料基层应用得最多、最广。采用不同配合比的水泥稳定粒料作为道路底基层和基层,能满足各种等级道路的基层要求。疏解阶段雨季施工或遇上不良土质时,满足水泥稳定粒料基层施工的条件有一定的局限性,且养护期历时长,难以满足工期节点的要求,为保证临时道路基本的使用要求,以及遵循施工方便的原则,可采用级配碎石垫层搭配素混凝土的刚性基层,其施工速度快、养护时间短且强度高,能较好地满足施工要求。恢复阶段的基层应严格按照设计要求及相关技术规范要求施工。

1）施工流程

水泥稳定粒料基层施工流程如图4-18所示。

刚性基层施工流程如图4-19所示。

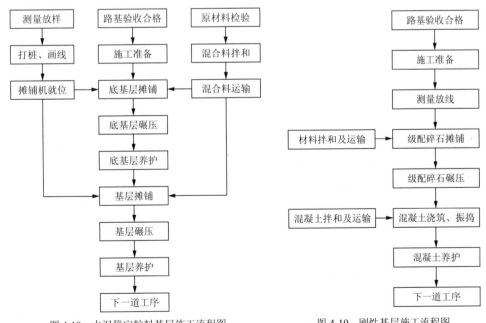

图4-18 水泥稳定粒料基层施工流程图　　图4-19 刚性基层施工流程图

2）技术要点

（1）道路基层施工应符合设计要求和相关规范规定，其中施工质量应满足《城镇道路工程施工与质量验收规范》（CJJ 1—2008）的要求。

（2）基层所用的水泥、碎石等原材料应进行检验，符合要求后方可使用，并按设计或相关规范进行材料配合比设计，确保符合设计与检验标准的要求。

（3）混合料运输过程中应采取遮盖措施，防止扬尘、水分蒸发、混合料遗撒和淋雨。降雨时应停止施工，已摊铺的应尽快碾压密实。

（4）基层碾压应由低向高进行，直线和不设超高的平曲线段，应由两侧向中心碾压；设超高的平曲线段，应由内侧向外侧碾压。碾压工艺应符合相关技术规范的要求，压实度和弯沉值应符合设计要求。

（5）基层碾压成活后应洒水（或覆盖）养护，保持湿润。养护期视季节而定，一般为 7 ～ 14d。未铺装面层前不得开放交通。

（6）针对级配碎石垫层和素混凝土的刚性基层，所用原材料的相关技术指标应符合规范要求。级配碎石宜采用机械摊铺，摊铺应均匀一致；碾压前应先适量洒水。素混凝土施工前宜适量洒水；浇筑完成后，由于不作为路面面层，因此可不拉毛、刻槽。

4.5.4 沥青混凝土路面工程

1）施工流程

主体及附属结构施工阶段交通疏解工程需多次倒边施工，造成临时道路使用时间较短即被拆除，考虑到经济性及施工、养护方便的原则，疏解阶段临时道路和恢复阶段道路路面，均宜采用沥青混凝土路面结构形式。恢复阶段对地铁施工影响区域内破损道路进行修缮，修缮标准和样式参照原状道路。恢复阶段同步对地铁施工影响区域内机动车道统一沥青混凝土罩面。

新建沥青混凝土路面施工流程如图 4-20 所示。旧路铣刨罩面施工流程如图 4-21 所示。

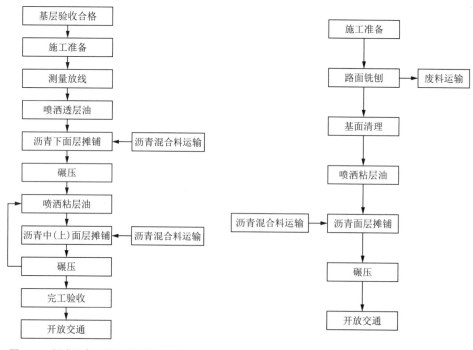

图 4-20 新建沥青混凝土路面施工流程图　　图 4-21 旧路铣刨罩面施工流程图

2）技术要点

（1）沥青混凝土路面施工应满足设计、《公路沥青路面施工技术规范》（JTG F40—2004）的要求，其质量应满足《城镇道路工程施工与质量验收规范》（CJJ 1—2008）的要求。

（2）由于沥青混凝土路面施工涉及运输车辆、摊铺机、铣刨机、压路机等大型机械，为避免对现状交通造成负担，一般安排在夜间施工。夜间施工时，应准备好充足的照明，施工人员施工穿好反光衣，施工围挡上悬挂安全警示灯，施工时控制好沥青混合料的摊铺厚度。

（3）旧路铣刨罩面时，基面清理需干净彻底，无铣刨渣滓，必要时可采用吹风机进行吹扫。喷洒透层油或黏层油时，可采用洒油车或喷雾枪，确保喷洒均匀、到位，边缘拐角处亦不能出现空白。

3）新旧路面搭接

无论是新沥青路面与旧混凝土路面搭接还是新旧沥青路面搭接，均需满足设计以及施工技术规范的要求。搭接缝需经过放线、切割等工序，确保搭接缝顺直、搭接面平顺。新沥青路面与旧混凝土路面搭接视情况决定是否需要采取混凝土搭板的结构形式，以满足从刚性路面过渡到柔性路面的需求；原路面坑洞部分，必须进行补强处理，采用切割机将坑洞部位切割成矩形，再凿除旧路面进行基础补强，等达到需求强度后铺筑新路面。

4）顶板上路面施工

主体结构采用盖挖法施工时，可通过多次分幅围挡、倒边施工期间搭设临时便桥的方法快速恢复地面交通。采用盖挖逆作法施工，一般车站顶板覆土比较薄，恢复阶段路面施工必须充分考虑主体结构顶板的承载能力，需与设计单位沟通验算，选用合适的机械设备，优化施工工艺，例如采用大吨位压路机静压替换小压路机振压、增加碾压遍数，选用合适的基层材料等，确保施工质量满足设计及相关规范要求且不影响主体结构安全。

4.5.5 人行道施工

1）施工流程

疏解阶段临时道路路缘石及人行道铺装层全部采用混凝土材料的路缘石和人行道板，恢复阶段应结合现状道路情况，同步对地铁施工影响区域内人行道进行统一新建，恢复路缘石及人行道铺装层基本参照道路原状恢复。人行道、渠化岛、公交车站基本按原状恢复，并根据车站出入口及风亭位置适当调整。

人行道施工流程如图4-22所示。

2）技术要点

人行道施工应满足设计、相关施工技术规范要求，同时施工质量应满足《城镇道路工程施工与质量验收规范》（CJJ 1—2008）的要求。

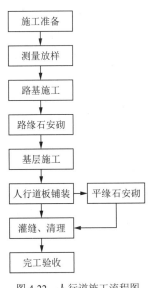

图4-22 人行道施工流程图

4.5.6 挡土墙工程

交通疏解工程中，受场地限制及工期进度影响，常见的挡土墙结构类型有重力式挡土墙和悬臂式挡土墙。重力式挡土墙依靠墙体的自重抵抗墙后土体的侧向推力,以维持土体稳定,多用片石、块石或混凝土预制块砌筑,是目前城镇道路常用的一种挡土墙形式,施工简便;墙高时存在较大的施工困难和安全风险。悬臂式挡土墙主要由底板和墙体两部分组成,依靠底板上的填土重量维持挡土构筑物的稳定;墙高时,墙体下部受弯矩大,要求配筋多,不经济。

1)施工流程

重力式挡土墙施工流程如图4-23所示。

悬臂式挡土墙施工流程如图4-24所示。

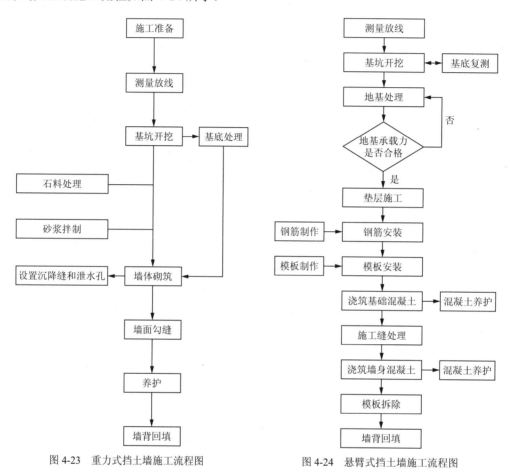

图4-23 重力式挡土墙施工流程图　　　　图4-24 悬臂式挡土墙施工流程图

2)技术要点

(1)重力式挡土墙施工在满足设计要求的前提下,还应满足《城镇道路工程施工与质量验收规范》(CJJ 1—2008)、《砌体结构工程施工质量验收规范》(GB 50203—2011)、《砌体结构工程施工规范》(GB 50924—2014)及其他相关规范的要求。

(2)悬臂式挡土墙施工在满足设计要求的前提下,还应满足《混凝土结构工程施工规范》(GB 50666—2011)的要求,质量应满足《城镇道路工程施工与质量验收规范》(CJJ 1—2008)的要求。

(3)当挡土墙基坑开挖遇到管线时,应尽量采用迁移的方式处理。若管线无法动迁,则应采取管线加固保护措施,加固保护方案需报管线权属单位审核通过后,由管线迁移单位提前实施。若管线需包封在挡土墙的基础中,可在浇筑基础混凝土时同时进行,但要尽量避开沉降缝和泄水孔的位置并做好相应的保护措施。挡土墙的墙身施工可按砌体重力式挡土墙和钢筋混凝土悬臂式挡土墙的施工工艺及技术要求进行。

4.5.7 附属构筑物工程

交通疏解工程的附属构筑物主要包括路缘石、护坡、隔离墩、隔离栅、护栏等,施工过程应符合相关技术规范要求,施工质量应该满足设计及质量验收规范的要求。

4.6 桥梁工程

地铁交通疏解工程中,为确保地铁项目的正常建设以及现状人流、车流的正常通行,需要新建临时性桥梁,待车站主体或区间隧道完工后,再在原址或另行择址新建永久性桥梁,最后拆除临时性桥梁,恢复原貌。

交通疏解工程中的桥梁工程可划分为临时性桥梁和永久性桥梁,一般以人行天桥为主,也涉及立交桥梁。考虑项目建设的经济性和疏解交通的影响,人行天桥的拆除、新建成本相对较低,风险相对较小,且对道路交通的影响相对较小,交通疏解期间新建临时桥梁以人行天桥居多。

4.6.1 临时性桥梁工程

交通疏解工程中,考虑临时性桥梁使用年限短、后期需拆除等因素,采用最多的是钢桥。钢桥的优点在于能够工厂预制,现场快速拼装,减少道路占用时间;后期拆除时可回收利用钢材,减少建筑垃圾的产生。钢桥的缺点在于其空心板体结构,容易因行人行走或机动车行驶而产生噪声。不管是车行钢桥还是人行钢桥,一般均可采用箱型连续梁或者贝雷架梁,主梁采用箱型结构或者贝雷架拼接,梯道梁和墩柱采用钢结构预制,所有钢构件现场吊装拼接。

1) 施工流程

钢箱梁桥施工流程如图 4-25 所示。
贝雷梁桥施工流程如图 4-26 所示。

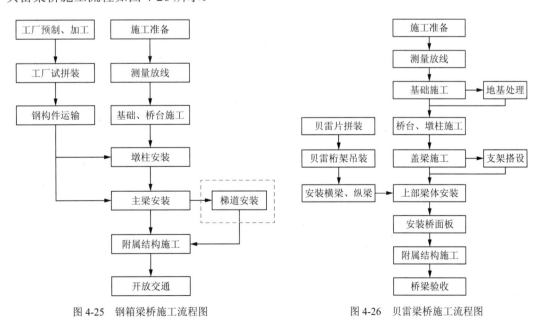

图 4-25 钢箱梁桥施工流程图　　　　图 4-26 贝雷梁桥施工流程图

2）技术要点

（1）主梁和梯道梁在工厂整体制作，分段运输，现场搭设临时承重支架，分段吊装，现场焊接。

（2）钢构件的制作和加工应满足设计要求，钢桥施工应满足《公路桥涵施工技术规范》（JTG/T F 50—2011）、《钢结构工程施工规范》（GB 50755—2012）、《建筑施工起重吊装安全技术规范》（JGJ 276—2012）及其他相关规范的要求，施工质量应满足《城市桥梁工程施工与质量验收规范》（CJJ 2—2008）的要求。

（3）根据《危险性较大的分部分项工程安全管理规定》（住建部令第37号）要求，钢桥施工应编制专项施工方案，经施工单位技术、安全、质量等部门的专业技术人员审核后，施工单位技术负责人签字，报送监理单位审批。依据现场实际情况，对超过一定规模的危险性较大的钢桥施工专项方案还应当组织召开专家论证会。

（4）编制钢桥施工专项方案时应充分考虑施工顺序、起重机选型及配件选用、起重机及运输车辆摆位、交通疏解平面布置、应急预案等要素，确保方案的可行性。方案经监理审批或经专家论证后，应严格按方案执行，并委派专人监督方案的执行情况。

（5）钢桥施工，特别是起重吊装需要占用市政道路时，一般选择夜间施工，施工前应与交警等相关部门进行沟通，争取得到交警部门的大力支持。

（6）钢箱梁与贝雷梁的施工方法基本一致，分段制作，现场拼接。贝雷桁架可通过螺栓连接随意拼装榀数，单次拼接数量、重量可自主控制，能有效地降低起重吊装风险。

（7）钢桥施工工法：

①上部结构

某天桥主桥钢梁采用薄壁闭合箱型截面连续梁，正交异型板桥面，天桥梁高1m，材质为Q345C钢，工厂分段制造，工地安装焊为一体。梯道梁为闭口箱型截面连续梁，人、自行车混合梯道梁高0.3m，材质为Q345C钢，工厂分段制造，工地安装焊为一体。

②主梁、梯道分段

主梁分成4段制作，断口采用企口缝。主梁分段示意如图4-27所示。

梯道按照设计图纸要求坡度1:2梯道分为3个节段制作，现场对焊连接；坡度1:4梯道分为4个节段制作，现场对焊连接。梯道分段示意如图4-28所示。

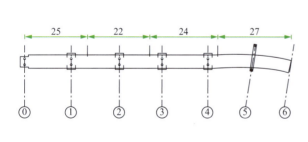

图4-27 主梁分段示意图（尺寸单位：cm）

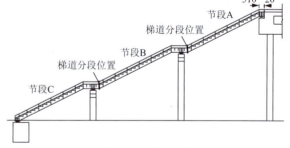

图4-28 梯道分段示意图（尺寸单位：mm）

③主梁、梯道吊装顺序

主梁、梯道吊装选择在23:00～6:00施工。吊装作业分为主箱吊装和梯道吊装，施工过程中按照构件主次结构要求，先进行主梁吊装，待主梁吊装完成后，再进行梯道吊装。

④临时支架搭设

根据现场环境，选用一个钢管立柱与腹杆构成的格构式支架，立柱顶部纵桥向设置I36c工字钢横撑，横桥向设I32a工字钢分配梁，分配梁顶部比箱梁设计高程低1～2cm，并设钢垫板与钢梁接触，以方便调整箱梁高程及落梁,距立柱顶下 0.17m 设置第一道纵横向腹杆,往下最大每隔 2.0m 设置一道纵横向腹杆,距地面 0.5m 布设纵横向腹杆。腹杆节间距离根据临时支架实际高度做相应调整。临时支架布置图如图 4-29 所示。

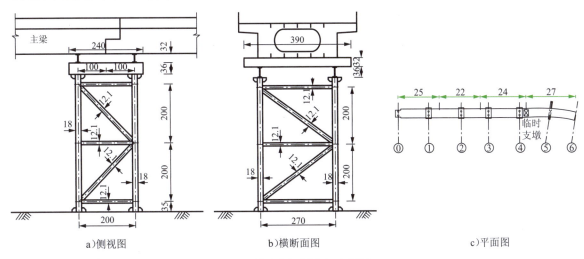

图 4-29 临时支架布置图(尺寸单位:m)

⑤复测

钢梁吊装前,测量人员提前在临时支架顶部放出钢梁边线及中心线,便于钢梁吊装定位,同时复核临时支架顶部高程(即钢梁底板高程)是否准确,如果误差超过规范要求,则应及时进行调整,以免耽搁钢梁吊装。

a. 钢梁轴线控制

根据坐标在桥墩及临时支架上准确放出轴线和中心线;钢梁在装配制作时要放出桥梁中心线和轴线,焊接完成后复查各线并打上标志。

b. 钢梁高程控制

实测临时支墩和桥墩支座顶面高程,偏差应在规范允许范围内,方可进行主梁吊装,否则应进行调整。

钢梁安装过程中,测量人员应进行全过程检测。每拼装完毕一节钢梁后,测量人员对安装完毕的钢梁顶板十字测量放线,同时进行高程测量,检查钢梁平面方向和垂直方向是否安装正确,如误差超过规范要求,则应及时进行调整。

⑥吊点布置图

吊点断面布置图、平面布置图如图 4-30、图 4-31 所示,吊装立面图如图 4-32 所示。

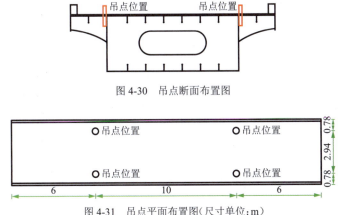

图 4-30 吊点断面布置图

图 4-31 吊点平面布置图(尺寸单位:m)

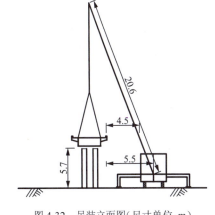

图 4-32 吊装立面图(尺寸单位:m)

⑦精确定位

箱梁节段吊装至指定位置后,其位置与设计不可避免地会存在微小误差。吊装完成后节段焊接前,需要对节段位置进行精确调整,调整顺序按照先平面位置后高程的顺序进行。

a. 平面位置精确调整方法

▶ 纵桥向位置的调整:

后点位置调整:在已安装完毕的钢梁与待进行调整位置的钢梁箱室腹板上各焊接两个受力点,注意保证两个受力点在同一条水平直线上,然后在受力点之间安装10t平三套,通过调整平三套上的紧固螺栓来完成钢梁后点位置的调节。

前点位置的调整:在待调整位置钢梁的底板位置及临时支架顶端横梁位置处焊接受力点,然后在受力点之间安装10t平三套,通过调整平三套上的紧固螺栓来完成钢梁前点位置的调节。平三套如图4-33所示。

▶ 横桥向位置的调整:

在临时支架顶端横梁上焊接千斤顶反力点,安装20t水平千斤顶,通过千斤顶的顶推力来完成钢梁横桥向位置的调整。千斤顶支点如图4-34所示。

图4-33 平三套

图4-34 千斤顶支点

b. 高程精确调整方法

箱梁节段平面位置调整完成后,进行垂直方向调整,使用4台30t千斤顶调节,千斤顶放置在纵向I36c工字钢上,千斤顶液压杆上放置20cm×20cm×2cm钢板垫块,调整过程中进行精确测量,顶升至设计高程后在横向分配梁上每个腹板位置处放入钢垫片及钢楔块。

箱梁位置调整设备平面图如图4-35所示。

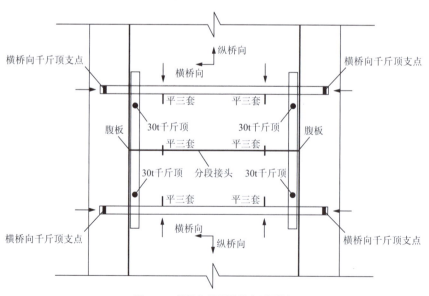
图4-35 箱梁位置调整设备平面图

⑧交通疏解方案

吊装交通疏解如图4-36所示。

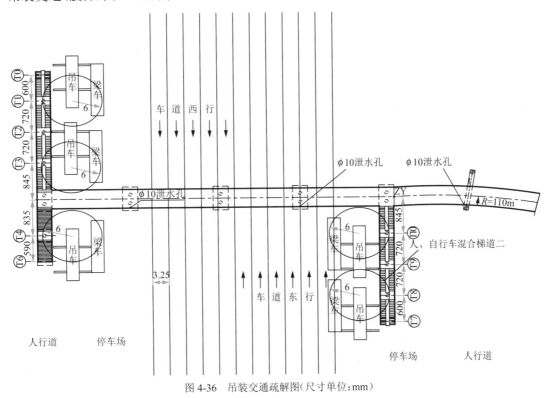

图4-36 吊装交通疏解图(尺寸单位:mm)

4.6.2 永久性桥梁工程

永久性桥梁施工一般都在交通疏解工程的恢复阶段,建成后桥梁的质量及使用年限均需达到设计文件的要求。地铁交通疏解工程的桥梁施工,往往位于市政道路上或人流车流密集区,需充分考虑现状交通和周边环境,做好交通疏解工作,合理安排施工作业时间,在确保安全的前提下采用新工艺、新技术。恢复的人行天桥位置若与地铁出入口重叠或较近,建议取消该人行天桥或移位设置。

桥梁上部结构的主要施工技术,有逐段悬臂平衡施工、逐孔施工、顶推法施工、转体施工、缆索吊装施工等,受场地及交通制约,交通疏解工程以采用吊机双机吊梁、板为主。

无论是何种类型、何种结构的桥梁,材料首先必须要满足设计及相关材料规范的要求,施工时需符合《公路桥涵施工技术规范》(JTG/T F50—2011)及其他技术规范要求,施工质量应满足《城市桥梁工程施工与质量验收规范》(CJJ 2—2008)。

与临时性桥梁一样,永久性桥梁施工也应编制专项施工方案,对超过一定规模的危险性较大的施工专项方案应当组织专家论证。

4.7 交通设施及监控工程

交通疏解实施原则中的分离原则主要依靠交通标志、交通标线来实现,交通时间分离依靠信号控制相位来实现,因此交通设施及监控工程分为交通设施工程及交通监控工程两大部分。交通疏解工程需要对这两部分工程的相关设施进行迁移和新建,以保证地铁施工期间交通有序进行。施工阶段应充分考虑经济因素,尽量利用现有的交通设施,同时尽量考虑一次迁移、多阶段利用,减少迁移次数。恢复阶段,原则上也是尽量利用现有设施设备,并根据交管部门要求增加、更换新设备,同时结合最新标准和规范,完善道路配套设施和路口交通监控设施。交通设施及监控工程主要施工内容如图4-37所示。

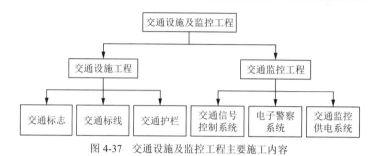

图4-37 交通设施及监控工程主要施工内容

4.7.1 交通标线工程

交通标线分为各种路面标线、导向箭头、文字。结合疏解期间各阶段交通组织,临时道路的标线需进行多次重新施划;交通疏解路面标线使用时间超过3个月的采用热熔标线,使用时间少于3个月(含3个月)的采用冷涂标线。对于多次施划标线的路面,原标线若是冷涂标线,则需做涂黑处理;若是热熔标线,则需凿除后做涂黑处理。

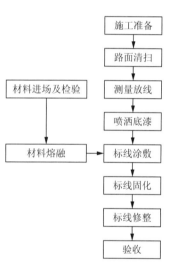

图4-38 交通标线施工流程图

1)施工流程

交通标线施工流程如图4-38所示。

2)技术要点

(1)交通标线施工应满足设计要求,同时满足《道路交通标志和标线》(GB 5768—2009)、《路面标线涂料》(JT/T 280—2004)等相关规范要求。

(2)标线的路面一定不能有灰尘、砂土、积水等。彻底清扫干净路面是保证涂料与路面结合牢固的重要条件。热熔型涂料在施工中的重要操作之一就是清扫路面,清扫时可根据不同情况用扫帚、板刷和煤气燃烧器彻底清除。

(3)在相交道路划定标线时,如设计标线位置与现状标线重合,则要检查旧标线是否可以利用,如旧标线已剥落、残缺不全,则应该清除重新划定。标线位置不重合时,可清除旧标线,按设计要求重新标线,并应与设计范围外现状交通标线顺接。人行横道线、导流标线、文字记号等的放线以施工图设计为原则,但是考虑道路的特殊条件和进出路口的位置需总体协调时,有必要根据道路实际情况重新设计放样定位。

(4)要掌握好底漆的刷涂用量,过多或不足都会降低路面与涂膜之间的黏结力。底漆刷涂宽度应比标线放样宽度稍宽一些,底漆刷涂后要保养。当底漆不粘车胎,也不粘灰尘、砂土时表示底漆已干燥,可以进行标线涂布作业。

(5)涂料的熔融情况对于操作黏结、修整都有影响,应给予足够重视。应严格控制温度,避免长时间高温加热,防止涂料变色热劣化。

(6)标线涂敷是标线施工的关键步骤,应按操作程序严格把关。标线涂敷应在底漆溶剂干燥后进行,在底漆尚未干燥前就画标线,溶剂会穿透未硬化的涂膜,造成气泡。在标线涂敷的同时,要撒布玻璃珠,要使玻璃珠的直径有一半埋入涂膜中,此时其反光效果最佳。

(7)涂料的干燥从黏结性和平整性来看,最好自然冷却。如采取速冷,则应在涂敷后略等片刻,用水浇洒。但对尚未硬化的涂膜洒水,可能会使标线内部变形而与路面剥离,以及在涂料面上产生麻点而使修整困难,应尽量不采取速冷固化法。

(8)画涂标线结束后,应根据实际完成情况,对不符合要求的标线进行修整,去除溢出和垂落的涂料,检查厚度、尺寸、玻璃珠的撒布情况及标线的形状,扫除施工残留物。

4.7.2 交通标志工程

交通标志是显示交通法规及道路信息的图形符号,它使交通法规得到形象、具体、简明的表达,其具体作用是提供交通信息。指挥、控制交通,保障交通安全,指路导向,提高行车效率,是交管部门正确执法的依据。交通标志主要包括警告标志、禁令标志、指示标志和指路标志,按交通标志支撑方式可分为竖杆、Y形杆、F形杆、T形杆、L形杆、双柱式。

1)施工流程

(1)交通标志基础工程施工流程

交通标志基础工程施工流程如图4-39所示。

(2)交通标志工程施工流程

交通标志工程施工流程如图4-40所示。

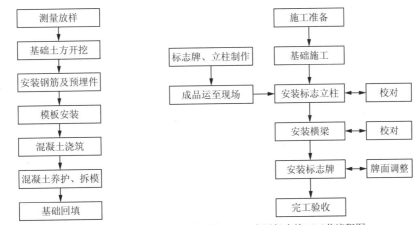

图4-39 交通标志基础施工工艺流程图　　图4-40 交通标志施工工艺流程图

2)技术要点

(1)交通标志所采用的原材料和标志样式应满足设计及相关材料规范的要求,施工应满足《道路交通标志和标线》(GB 5768—2009)、《混凝土结构工程施工质量验收规范》(GB 50204—2015)等相关规范要求。

(2)标志牌的施工须注意保护好牌面,不得有掉漆、脱模、牌面不平等现象。所有交通标志牌的设置均禁止占用车辆和行人的行驶空间(应满足净空和净宽的要求),同时还应保证有良好的视线条件。

(3)安装的标志应与交通流方向几乎成直角;在曲线路段,标志的设置角度应由交通流的行进方向来确定。为了消除路侧标志表面产生的眩光,标志应向后旋转约5°以避开车前灯束的直射。

(4)标志立杆安装前,先检查杆体是否符合要求,配件是否齐全,确认后再进行下一道工序;在不影响车辆、行人通行的拼装场地进行杆体拼接;杆体与地脚螺栓连接要牢固,地脚螺栓外露部分要用黄油封好。

4.7.3 交通安全设施工程

地铁交通疏解工程中所使用到的交通安全设施主要有护栏、沙桶、车止石、防撞墩柱、反光锥、指示灯、临时信号灯、太阳能分道器、各种标志牌等,根据不同的部位和用途设置相应的安全设施。施工期间,原则上应尽可能利用原有的设施材料,数量不足的应及时补充,出现破损的应及时进行修复或更换,以满足使用要求。恢复期间,应严格按照设计图纸要求,安装崭新的设施材料,不能以次充好。

地铁交通疏解工程中所使用到的护栏可分为甲型护栏、乙型护栏和波形护栏三种,护栏一般都是工厂预制、现场拼装。甲型护栏和波形护栏常用于分隔车行道与人行道(或绿化带),乙型护栏常用于分隔车行道之间。护栏的设计样式、安装高度、表面涂料材料及厚度、埋置基础深度均需满足设计、相关技术规范和验收规范的要求。

4.7.4 交通监控工程

交通监控工程中的交通信号控制系统、电子警察系统、监控供电系统,由于其具有的特殊性和敏感性,因此所使用的材料设备、技术参数、技术要求等必须严格满足设计要求以及交管部门的有关规定及相关规范要求。路口交通信号配时方案需由相关部门审核批准后,方可实施。

4.8 照明工程

交通疏解工程中的照明工程包括路灯、管线、箱式变电站、配电箱的改迁和新建。不管是施工阶段还是恢复阶段,都应尽可能利用现状路灯灯杆灯具。施工后的照明工程应满足照度要求。

1)施工流程

照明工程施工流程如图4-41所示。

2)技术要点

(1)照明工程施工及施工质量应满足设计要求,同时满足《城市道路照明工程施工及验收规程》(CJJ 89—2012)等相关规范规程的要求。

(2)无论是配电箱、电缆线还是灯杆灯具,其质量必须符合设计及相关质量验收规范的要求,材料进场后应进行电气性能试验,合格后方可使用。

(3)施工中所使用的调试设备、仪表、仪器必须经国家认可的有计量资格的相关单位检验合格,并由专人使用、保管。各分项调试完成后方可进行系统调试、联动调试、试运行,并做好记录。

(4)原则上,位于地铁施工围挡内的路灯应拆除或迁移出施工围挡,待地铁施工完后再恢复原位,其供电回路还应连通,以保证其他路灯的正常供电。部分位于开挖范围外施工围挡内的路灯和管线,工期较短时在不影响施工的原则下可就地保护,路灯四周可加围栏保护。

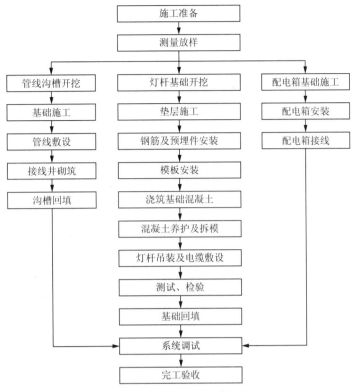

图 4-41 照明工程施工流程图

(5)路灯改迁施工时,施工单位应制订合理的计划,选择白天施工,确保当天迁移当天亮灯。

(6)各阶段供电线路采用的铝合金电缆可在绿化带及人行道下穿塑料管敷设,在机动车道下穿热浸塑钢管敷设,埋深不小于设计要求。穿越现状机动车道时,交通不繁忙路段可采用开挖敷设,交通繁忙路段宜采用顶管或拖管敷设。

4.9 其他零星工程

其他零星工程主要是指按照政府相关部门、建设单位及占地权属单位等要求施工的包括图纸范围内、外的所有零星工程,例如小型建(构)筑物的拆除、重建,公交站台迁移,绿化恢复以及其他应急抢险工程等。其中,公交站台的迁移涉及公交站点的重新布置、公交线路的重新调整,因此交通疏解方案必须征得有关部门的书面认可后方可实施,并做好临时站台指引、温馨提示工作。

4.10 资源再生和"四新"技术应用

1)资源再生

交通疏解工程应考虑到经济性,临时道路多次倒边过程中尽量将能重复使用的资源重复利用,减少资源的耗费,例如将使用不久质量较好的隔离护栏、路缘石、人行道板、透水砖收集起来集中堆放,待人行道损害严重时可以及时更换;拆除的混凝土碎块、石粉渣等均可作为场内临时通行道路的填筑材料,拆除后完好的花岗岩路缘石、大理石铺装等材料在临时道路施工中能重复利用的尽量使用;照明工程、交通设施及监控工程也是尽可能地利用原有的设施设备,节约施工成本。

2)"四新"技术运用

地铁交通疏解工程施工过程中,在保证施工安全的前提下,应尽可能采用新技术、新工艺、新设备、新材料等"四新"技术,来提高交通通行能力,降低交通疏解对现状交通的影响。下面以深圳地铁一工程实例来阐述"四新"技术在交通疏解工程中的应用。

深圳地铁10号线岗厦北综合交通枢纽交通疏解工程中重要一环——彩田立交钢便桥深南大道北侧架梁工程。为满足岗厦北综合交通枢纽工程主体建设需要,同时保证彩田路南北线的交通通行,交通疏解期间,在彩田立交西侧修建一座长188m、宽24m的临时钢便桥,取代现有的彩田立交。工程采用了国内城市桥梁首例SPMT模块车架桥先进技术方案,将原本7d的工期缩短为14h。

SPMT模块车架设桥梁借鉴了运载火箭及大型滚装船截断运输的理念,就是将横跨深南大道机动车道的主桥跨整体采用两台SPMT模块车顶升运输至指定位置落梁完成架设。该技术的优点在于架设速度快,仅用两个晚上便可完成架设,较传统吊装架设提速3倍;技术安全性高,保证了桥下行车安全。此外,在夜间车流量较小时段进行半幅封闭施工,对深南大道交通通行能力的影响很小,白天即恢复深南大道相应车道。

深圳地铁本次采用的工程创新科技手段大大加快了整个架桥进度,同时把对周边环境和交通的影响降到最低,对于城市桥梁预制、快速架设的新发展具有里程碑意义。现场施工如图4-42所示。

图4-42 彩田立交钢便桥深南大道北侧架梁工程实例

此外,在道路工程方面,小面积沥青坑洞可以采取沥青冷补材料修复,大面积沥青路面问题可以采用沥青就地热再生技术、超快硬水泥、移动式信号灯、超薄层施工、快拆支撑体系等解决。"四新"技术的应用既有利于减少污染,又能降低对周边环境的不利影响。

第3篇
管线改迁工程

第5章 管线改迁工程设计
第6章 给水排水管线改迁工程施工
第7章 电力管线改迁工程施工
第8章 通信管线改迁工程施工
第9章 燃气管线改迁工程施工

第5章 管线改迁工程设计

5.1 概 述

地铁工程建设的主要目的是解决大城市、特大城市的交通问题,客流量是其布设的主要因素。因此,大多数地铁的线路及站点都设置于城市中心区域。地铁建设将不可避免地与现有城市道路以及各类正在使用中的市政管线产生矛盾,导致出现大量的市政管线改迁问题。

城市地下管线种类繁多,包括给水、排水(含雨水、污水)、燃气、热力、电力、通信、广播电视、工业管线等8大类、20余种管线以及各类综合管廊。这些埋在地表以下的各类大小不一的管线关系到千家万户的用水用电、通信收视、供暖做饭,可谓覆盖百姓生活的方方面面,意义重大,是保障城市正常运行的重要基础设施,也可以称之为城市的"生命线"。

城市地铁的建设空间与这些城市生命线同处于浅层地下空间。地铁在穿越已建成区域进行建设时,往往没有充足的剩余地下空间供地铁建设使用,故二者需互相避让。地铁线位选择在最大限度地避让各类现状重大管线的基础上,对正在使用运行中的其余各类现状市政管线进行改迁,既需保证各类管线的正常使用,又不影响地铁建设的基坑或桩基开挖、地基加固等施工,为地铁的顺利建设扫清障碍,因此管线改迁工程被列入地铁工程的前期工程范围。处理得当的管线改迁,能大大节约地铁工程投资,缩短整个建设周期。

为保障地铁工程建设的顺利实施,避免因地铁工程建设占用道路而导致交通封闭,中断生活所需的各种市政管线和交通设施,给人们的生活和出行带来困扰,地铁工程前期工程交通疏解和管线改迁充当排头兵的作用,对地铁工程能否顺利实施起着关键性作用。

5.1.1 现状管线与地铁建设关系分析

1)交通形式

地铁是涵盖了城市各种地下与地上的高密度、高运量的城市轨道交通系统,是铁路运输的一种形式。地铁以地下运行为主,但为了配合修筑的环境,综合考量建造及运营成本,也会以地面或高架形式出现。

2)施工工法

地铁隧道的施工方法主要分为暗挖法、明挖法和盖挖法三类。

(1)地铁车站的施工三种方法均有采用,其中明挖法和盖挖法均需以不同形式开挖深基坑,对市政管线影响较大。

(2)地铁区间隧道的施工工法主要采用明挖法和暗挖法。暗挖法又分为盾构法、矿山法、钻爆法、掘进机法、新奥法和沉管法等。明挖法需进行基坑开挖,对市政管线影响较大。暗挖法也需局部在地面修建出土孔、盾构始发井、盾构接收井以及进行局部地面加固、地下钻爆等,这些操作也可能对地下管线造成损害。

(3)高架地铁线路主要以桥梁架设为主,影响地下管线的因素主要是高架车站、区间的桥梁桩基以及墩柱的施工。

3)地铁建设与管线的关系分析

在建设站点和区间时需对施工范围内受影响的现状管线进行改迁。现状管线与地铁建设常见的冲突有四大类:

(1)现状管线与地铁墩柱、站体结构、附属结构、区间结构、停车场或车辆段的施工基坑围护结构或主体结构冲突。

对于需从地面进行开挖施工的施工工法,平面位置横跨、斜跨、纵跨车站基坑,或直接与基坑围护结构有重叠关系的管线,无论管线高程是否与地铁主体结构冲突,均会影响车站围护结构和主体的正常施工。

对于高架车站及区间,一般在桥梁墩柱及出入口基础承台位置处易与现状管线冲突。管线与附属结构冲突示意图如图 5-1 所示。

图 5-1　管线与附属结构冲突示意图

(2)现状管线与暗挖区间的出土孔、盾构始发井、盾构接收井、地质加固范围以及对地下基岩进行地面爆破处理范围等暗挖工法的辅助施工区域冲突。

暗挖区间主要为地下施工,但为了配合暗挖工艺,仍需在地面设置一些辅助设施,如盾构工艺中所设置的为盾构机下井掘进的盾构工作井,接收盾构机出井用的盾构接收井,用来出渣土的出土孔等,均需从地面进行明挖施工,因此必须穿越这些区域的现状管线。

有些施工工艺虽不进行开挖施工,但需对地下土体进行特殊处理,如对地层的不密实土体进行填充加固的地面注浆加固法,以及对地下孤石或整体岩层进行钻眼爆破的矿山法等工艺,虽然主要施工工艺在地下完成,但仍需在部分地面进行施工操作,对管线仍会造成损害。

(3)现状管线与车站结构空间(净距)、安全运行和施工条件不满足规范要求。

地铁施工期间现状管线仍需正常运行,有的现状管线虽不位于施工范围内,但与地铁施工区域的净距不满足安全运行的规范要求。

例如,电力系统规定:35kV 及以下电力线路杆塔、拉线周围 5m 的区域内,66kV 及以上电力线路杆塔、拉线周围 10m 的区域内,均不得进行取土、打桩、钻探、开挖或倾倒酸、碱、盐及其他有害化学物品的活动。但当地铁站邻近高压线路或在线路正下方时,常常存在高架车站建(构)筑物与高压线水平安全净距不足的情况,或车站顶棚与高压线垂直安全净距不满足要求,以及车站施工时机械作业高度与高压线水平安全净距、垂直安全净距不满足规范要求的情况。

各类现状管线与施工区域的安全净距要求各不相同,不同的施工方式对土层的影响范围也不尽相同,故应根据不同的施工方式对地层存在扰动的影响范围,对埋地管线进行改迁。

(4)现状管线与前期工程其他专业冲突。

地铁前期工程一般包括交通疏解、给水管线、雨水管线、污水管线、电力管线、通信管线、燃气管线等专业内容。车站基坑围护结构施工及基坑开挖前,须对施工场地进行围挡,并进行交通疏解,同时对受影响的相关市政管线进行改迁。虽然地铁前期工程管线改迁时一般会尽量避让其他现状管线,避免因一种管线改迁引起其他管线的改迁。但是由于现场场地条件受限,改迁管位空间不足,仍会存在小管线避让大管线的情况,以小代价节省更大的投资。

交通疏解也同样会引起现状管线的迁移。通常疏解期间的道路会占用原道路人行道部分,甚至会深入到周边地块红线范围内。原设于人行道上埋深较浅的电缆管沟、通信线缆以及给水管、燃气管等均需采取保护或迁移措施。原位于人行道边的市政雨水口、消火栓、路灯等附属设施,也均需采取措施进行改迁。

5.1.2 管线改迁的内容、范围、特点和目的

1)管线改迁的内容

通常所指的管线改迁内容不仅包括地铁施工期对各类管线采取的保护、迁移工程,也包含地铁主体完工后,场地恢复阶段市政管线的恢复工程。

2)管线改迁的范围

随着城市快速发展,为满足各方的多种多样的使用需求,城市地下管线也在建设初期较为单一的管线种类、管道容量偏小的基础上不断地更新换代,扩大容量,新增管线种类。各类地下管线工程的不停建设,导致敷设在地下的各种管线重叠交错、杂乱无章,呈密集的网状分布。

城市地铁规划的线路一般沿城市内主干道进行布设,整条地铁线路的施工呈带状分布,市政管网密集,且大多为主干管。地铁沿途大部分站点均位于城市中心各大路口,地下为各类市政管线的主要交汇节点,呈编织交叉网状分布。地铁区间施工多数占用城市道路及一部分沿线用地,也分布了各类市政主要干管及地块用户管线。城市地铁开挖、桩基施工以及地下土质加固,地下岩石爆破等施工工艺,将破坏位于施工范围内的管线,一旦这些保证城市运行的"生命线"被切断,该条管线所服务区域的该类管线功能将面临停滞,给片区内的企业、商户的正常运作带来不可估量的生命、财产损失,给居住在该区域的居民生活带来极大的不便。

通常在修建地铁的车站、车辆段、地铁明挖区间等工点时会发生管线改迁的情况。管线在以下情况下必须进行改迁:

(1)管线位于地铁施工基坑或结构范围内;
(2)管线位于盾构区间地质加固范围内;
(3)管线位于需对盾构区间地下基岩进行地面爆破处理范围内;
(4)由于地铁施工导致管线埋设深度无法满足最小要求时;
(5)不能位于机动车道下的管线,受交通疏解影响,位于疏解道路下方的管线。

由于市政管线大多埋于地下,进行改迁时,会对周边环境造成影响,故应尽量减少管线改迁范围,降低对周边环境的影响。同时由于管线接驳期间给该类管线的使用带来不便,也应尽量减少改迁次数。一般来说,管线改迁应尽量围绕地铁工程的基坑或施工范围边界进行,并尽快与现状管线接驳。

尽量将管线改迁影响范围控制在地铁工程施工所处位置的道路或地块附近，就近改迁。但当部分管线尺寸较大，如雨、污水箱涵等，而施工范围周边地下空间较小，无法就近改迁时，管线改迁范围将在一定区域范围内扩大至周边不进行地铁施工的城市道路下方，进行区域性的管道改迁。部分对改迁接驳次数及管道保护要求较高的重要管线，如军用光缆等，地铁施工范围无法保障管线进行一次性改迁，也需进行区域性管线改迁。

3）管线改迁的特点

地铁工程的管线改迁具有以下特点：

(1) 改迁范围广。地铁建设范围沿线各工点均可能碰到管线。

(2) 管线类型多，权属单位多，协调工作量大。城市生产、生活所需的各类管线地铁建设均会触及，包括给水、排水、电力（含高、中压电缆、电塔）、通信（军用、民用）、广播电视、燃气（含高压、次高压、中压、低压）、热力、冷冻水以及各类工业管道和综合管廊。由于不同的管线权属管理单位各不相同，故管线改迁形成众多接驳，相互影响制约。

(3) 现状条件复杂，限制因素多，施工难度大。地铁工程在城市已建成区域建设时，工程周边建筑密集，地下建筑物、构筑物密布，道路狭窄，各类现状地下管线互相交织，可供管线改迁的空间狭小，复杂性远高于新建项目，事故风险大。遇到燃气、电力等高危管线，极易发生安全事故。

(4) 阶段性施工，实施周期长。管线改迁工程虽划为前期工程之列，但实质将贯穿整个地铁的全建设周期。由于地铁主体建设实施基本都是分阶段进行，故管线改迁工程一般也会根据主体及交通疏解分为若干阶段来配合实施。从地铁建设的周期性来看，管线改迁的时间跨度会长达4～5年之久。

(5) 地下物探资料不准确，缺乏直观性。现状管线埋地敷设，许多地下资料因年久缺失，而目前物探技术尚存在局限性，部分管线及地下建、构筑物探位不准甚至根本无法探出，直接影响了管线改迁方案的正确性，影响工期及工程投资。

4）管线改迁的目的

城市地铁建设具有施工规模大、施工周期长等特点，而前期工程已成为地铁工程施工中控制工期、影响工程风险的重要因素之一，因此管线改迁设计及施工在地铁建设中就显得尤为重要。在城市地铁建设期进行合理的管线改迁设计，对保证整个城市的"生命线"正常运行有着重大的社会及经济意义。

(1) 保证地铁工程的顺利实施。管线改迁为地铁工程的前期工程，顾名思义，是先于地铁正线工程建设前实施的工程。位于地铁建设施工范围内的各类现状管线是影响地铁建设的"最大障碍"，管线不迁出，地铁正线工程便无法正常开工建设，故需将妨碍地铁正线建设的现状管线改迁出建设影响范围，确保地铁建设顺利开工。

(2) 保证管线的正常使用。地铁建设周期时间长，建设期间会给人们的日常生活和出行带来极大影响，而星罗棋布的地下管网是否能正常运行，直接关系人们工作、生活的方方面面，甚至涉及国家安全，因此必须保证在地铁建设期间，各类管线的正常使用功能不受到影响。

5.1.3 管线改迁总体原则

(1) 需全面落实相关专项规划以及管理条例，并遵循运营管理单位相关规定。

(2) 应了解、掌握主体施工方法、工序、工期的要求，并结合交通疏解工程，合理安排管线改迁方案,满足主体工程施工需要。

(3)应遵循所有管线"不改迁、少改迁、一次改迁到位"的原则,避免不必要的多次改迁。

(4)市政管线改迁工程设计应考虑系统性和连续性,充分协调好各站点路段各类管线和周边道路各类管线之间的关系,梳理上下游关系,确保安全运行。

(5)充分收集周边项目情况,结合周边在建项目统筹考虑改迁方案,避免重复建设。

(6)管线改迁设计和建设应遵循"管材质量要可靠、管道基础要牢固、管道接驳要严密、沟槽回填要密实"的原则。

(7)地铁工程站点、附属设施及隧道区间的设计空间位置应充分考虑对管道系统的影响,遇到重要管线时,应统筹规划设计,尽量予以避让。主体高程应充分协调现有管线改迁平面及竖向需求,并结合相关规划为未来管(渠)的改造预留空间。

(8)对于距站点主体或附属结构较近的未改迁管线,需考虑主体及附属施工时的地面沉降等因素,明确管线的沉降监测要求,结合管线运营状况提出保护方案或改迁方案,确保管线的安全运行。

(9)在管线改迁过程中不得影响现状管线系统的正常运行,否则需要考虑调整设计管位(路由)或布置临时替代系统。

(10)应充分考虑交通疏解对现状管线的影响,结合现状管材、埋深及运行状况来优化和完善因交通疏解引起的管线改迁方案。

(11)管线改迁临时管以满足现状为准。管道永久恢复工程应结合实际尽量符合相关规划。

(12)用户管的接驳应以现场实际情况为准,不得遗漏和错接,不得改变管道的原有功能;所有与现状系统相连接的用户管必须接入新建系统,并按集中开口、就近连接的原则与新管进行接驳。

(13)管线改迁需根据其埋设深度、周边现状管道及建筑物等情况适当考虑加强管道支护措施。

(14)对地铁工程施工影响较小的管道可采用原位支托、悬吊保护或包封加固等原位处理设计。但悬吊保护的管线应慎重处理,悬吊方案须充分与主体施工方案协调。对于悬吊保护管线两端的阀门井、检查井宜采用钢筋混凝土结构。

(15)废除的各类管线及其附属设施宜彻底拆除,不具备拆除条件的须进行填实处理,避免形成空腔。

(16)永久改迁的管线系统原则上按相关规划落实,协调好平面和竖向高程关系,并同步实施。

(17)永久改迁的管线系统应遵循"原位恢复优先"的原则,尽量不超出市政道路用地红线范围;对于进入用户红线范围内的管线,以及不能原位恢复的大型管线,须从系统安全的角度进行评估分析,并报政府相关主管部门及接收单位审批。

5.1.4 管线改迁形式

管线改迁泛指在对管线有影响的工程中,对受影响的管线采取的迁移或保护的工程措施。一般分为管线迁移和原位保护两种改迁方式。

1)管线迁移

管线迁移是指将现状管线废除后,重新建设新管线路由的管线改迁方法。管线迁移分为临时迁移和永久迁移两种。

(1)临时迁移

改迁管线在无法满足规划的管位、管径要求或迁移时位于用地红线外时,为保证地铁工程的顺利实施建设,临时将管线改移至受影响区域范围外,待管线受影响区域施工恢复后,管线再按规划恢复到原管位或合理工程范围内的一种改迁方式,如图5-2所示。

图 5-2 临时迁移示意图

市政管线根据管线的类别不同,埋深也各不相同。通常情况下,电力采用电缆浅沟敷设,通信、燃气和给水管线虽采用埋管敷设,但管道尺寸一般较小,埋深一般均在2m以内。地下车站的主体结构顶板覆土一般会大于3m,故此类管线敷设时一般不会直接侵入地铁地下永久主体结构,在地铁主体施工完成后,具备迁回原位(附近)的条件。而为满足地铁主体施工需求,改迁出去的管线一般需临时占用地块红线,且改迁出去的管线与建筑物、构筑物以及管线间距常常无法满足规范净距要求,对于此类具备回迁条件的管线,可采用临时迁移。

(2)永久迁移

永久迁移是指将影响地铁施工的现状管线结合城市规划一次性改迁到位,不再回迁的改迁方式,如图5-3所示。

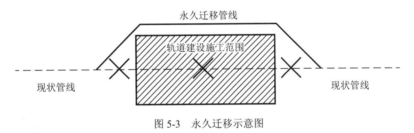

图 5-3 永久迁移示意图

地铁的附属结构,如出入口、垂直电梯、风亭组等均为出地面构筑物,位于地铁附属永久结构范围内的现状管线,不具备回迁条件,需采用永久迁移。

城市雨水管、污水管为重力流管道,管道尺寸较大,改迁影响范围大,且受高程影响,埋深大于3m的较多,易与地铁地下站体结构冲突,通常也采用永久迁移的方式。

对于一些保障性要求非常高的管线,如次高压燃气管、高压燃气管、高压电缆、超高压电缆、军用光缆、长途光缆、证券交易所通信线缆等,不宜多次改迁接驳,即使具备回迁条件,也不再回迁,均建议永久迁移,一次性改迁到位。

2)原位保护

地铁建设施工对现状管道有影响,但影响不大的情况下,管线无须迁移,可采用包封或注浆的方式将管线在原管位将其保护起来,如图5-4所示。

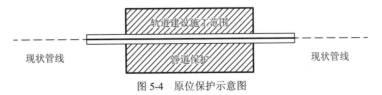

图 5-4 原位保护示意图

受交通疏解影响,现状管线上地面高程发生变化,导致管线上方覆土减少,不满足管线最小覆土要求时,通常采用原位保护的措施。

5.1.5 管线改迁工程措施

管线改迁的主要工程措施包括明挖法、非开挖法、悬吊法及原位保护法,分述如下:

1)明挖法

明挖法,也称为开槽施工法,是指从地表向下开挖沟槽至管线基坑底面,完成管道安装后,用满足基坑回填要求的土石进行回填的管道施工方法。明挖法分为放坡开挖施工和支护开挖施工两种方式。

明挖法施工时,由于开挖路面,堆放材料和挖出来的土方给管线两侧的居民生活、工厂、商店和公共设施等的活动均带来不便,因此,要做好施工组织设计。施工现场要设置安全设施保障过往行人和车辆的安全。对沟槽两旁建筑及地下管线要有安全保护措施,防止沟槽两侧塌陷,损坏房屋建筑,折裂其他现状管线。

(1)放坡开挖

放坡开挖施工,又称为大开挖施工,一般适用于地面有条件敞口开挖,地质条件良好、土质均匀且有足够施工场地的情况。沟槽边坡需根据地质条件及开挖深度进行放坡处理。当沟槽挖深较大时,应合理确定分层开挖的深度。如图5-5所示。

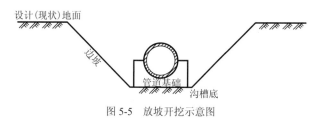

图5-5 放坡开挖示意图

(2)支护开挖

当周边有重要的建(构)筑物、管线、道路等,不具备放坡条件时,应采用槽钢、钢板桩、微型桩、灌注桩等支护方式开挖沟槽。支护方式应根据管(渠)埋深、场地地形、地质条件、周边环境及工程造价等因素综合考虑。如图5-6所示。

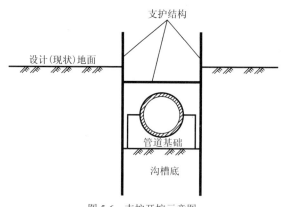

图5-6 支护开挖示意图

2)非开挖法

非开挖法是指在不大面积开挖地表的条件下敷设、修复和更换各种地下公用设施的施工方法。该施工方法利用各种岩土钻掘设备和技术手段,通过导向、定向钻进等方式在地表极小部分开挖的情况下(一般在入口和出口小面积开挖),敷设、更换和修复各种地下管线。与传统的开挖施工方法相比,非开挖法具有不阻碍交通、不破坏环境、施工周期短等优点。非开挖法避免了开挖施工对居民生活的干扰,具有较好的社会经济效果。

(1)定向钻

定向钻,也称为拉管,是由定向钻机进行导向定位钻孔、扩孔、清孔、管道回拖布管。其适用情况如下:

①对高程控制要求不高的管道,如给水、电力、燃气、通信等;
②不具备开挖条件的地区,如建筑密集区、城市道路,或地下有障碍物需要穿越等区域;
③使用的管材需具备一定的柔韧性;
④管径不宜过大;
⑤埋设深度过深的管线。

(2)顶管

顶管,是利用工具管或掘进机将管线路由前方的土体移除,并借助位于工作井内或中继间的顶进设备产生的推力,通过传力顶铁和导向地铁,克服管壁与周围土壤的摩擦力,按设计的高程、坡度将管道顶入土层中,当第一节管全部顶入后,做好接驳,接着将第二节管放入在后面继续顶进,这样一节节管道顶入,直至推进到接收井(坑)内,完成敷设。

按挖土方式不同,顶管分为人工顶管、机械顶管、挤压顶管以及水力机械顶管。其适用情况如下:

①改迁区域不具备明挖条件或征地拆迁困难的区域,管线需穿过既有建筑物、交通线、河流、湖泊或地下障碍物;
②埋设深度较深的管线;
③管径不宜过小,尤其采用人工顶管时,不宜小于1000mm;
④对高程控制有着要求严格的管道,如雨水、污水等重力管道;
⑤使用的管材需具备一定的刚度。

(3)盾构

盾构法是暗挖法施工中的一种全机械化施工方法。它是利用盾构机在地下推进,通过盾构外壳和管片支承四周土体防止发生坍塌,同时在开挖面前方用切削装置进行土体开挖,通过出土机械将土运出洞外,靠千斤顶在后部加压顶进,并拼装预制混凝土管片,形成地下结构的一种机械化施工方法。

盾构法广泛应用于地铁、铁路、公路、市政、水电隧道工程建设。其适用情况如下:

①大型隧道、暗涵;
②具备足够的埋设深度;
③连续的盾构施工长度不宜过小。

3)悬吊法

悬吊法是指对跨越基坑范围的管线,在采取一定的保护措施后,将其在基坑上方进行悬挂处理的施工方法,如图5-7所示。

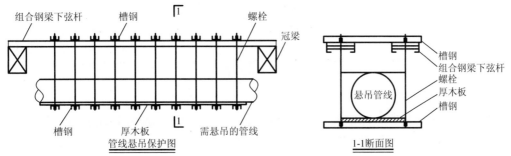

图5-7 悬吊示意图

悬吊又分为原位悬吊和异位悬吊。

（1）原位悬吊

该方法无须更换现状管线，对需进行悬吊的管线在现状管位采取保护措施后将其悬挂在基坑上方。其适用情况如下：

①管线改移对该管线的使用功能影响较大，或改移无路径空间；

②现状管线具有较强的柔韧性，如电力、通信线缆；

③管线横跨基坑的距离不长，通常小于40m。

（2）异位悬吊

异位悬吊是指将需悬吊的管线先改移至原管位附近已建成的基坑围护结构上方，进行悬吊处理，待地下结构施工完成后，再根据管位情况，进行恢复的悬吊方法。其适用情况如下：

①不具备绕行改移条件，或改移难度较大的地下管线；

②管线可允许多次改移接驳；

③管线横跨基坑的距离不远。

4）原位保护法

原位保护是指在不更换现状管线的前提条件下，将现状管线就地保护起来的做法。

（1）注浆保护

管线一般对地铁施工无影响，但对位于地铁施工影响范围内的管线，为防止地铁施工对现状管线造成破坏，可对受影响范围内的管线周边土层进行注浆加固，以保护现状管线的正常使用。该保护方式无须开挖管线，但对注浆质量把控较为困难，尤其在土质相对疏松、现状管线老化破损的情况下，不仅难以保证注浆加固效果，还容易对现状管道造成更大的破坏，故一般较少采用，通常用于不易被破坏的钢筋混凝土箱涵加固。

（2）包封保护

包封保护方案需将现状管道开挖，在现状管道外周加设满足设计要求的刚性套管或现浇钢筋混凝土保护涵，以达到保护现状管的目的。该方法由于操作直观、施工质量控制效果好，在管线保护中应用较为广泛，如图5-8所示。

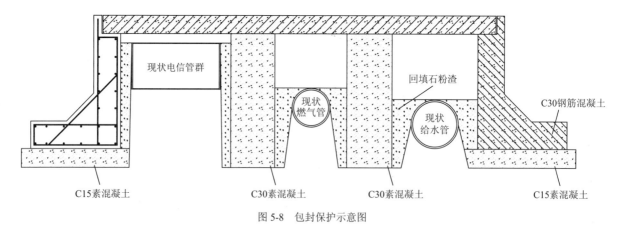

图5-8 包封保护示意图

（3）原位支托

原位支托是指在现状管线敷设路径上，通过增加现状管线结构强度，将地下管线在原位架起，支托于地铁主体基坑上方的处理方法。其适用情况如下：

①管线改移对该管线的使用功能影响较大，或改移无路径空间；

②管线支托对主体基坑建设影响较小。

原位支托常见于电力、通信线缆,重要的燃气管线也可以采用该方法进行保护。

5.1.6 常见问题分析及处理

1) 改迁管道管位紧张

地铁前期工程存在涉及管线类型多、地下空间小等实际问题,因此,合理布设各类管线的位置就显得尤为重要。在布置各管线的管位时,可结合规范对各种管线的安全间距要求,巧妙安排各专业的相邻管线,使管线布设既能满足规范要求,又能尽量减小管线占地面积。表5-1为目前各专业管线布设时主要执行的规范。

目前各专业管线布设时主要执行的规范　　　表5-1

专业	执行的设计规范	专业	执行的设计规范
给水	《室外给水设计规范》(GB 50013)	通信	《通信管道与通道工程设计规范》(GB 50373)
排水	《室外排水设计规范》(GB 50014)	燃气	《城镇燃气设计规范》(GB 50028)
电力	《电力工程电缆设计规范》(GB 50217)	热力	《城镇供热管网设计规范》(CJJ 34)

当空间有限、管线净距无法满足规范要求时,就需采取适当的保护措施。具体保护方式参见5.7.4节相关内容。

2) 管道覆土厚度不足

受交通疏解工程或用地限制、地下空间不足的影响,常常发生改迁管所处位置的覆土不能满足规范要求的情况,通常可采用抬高路面高程、采取保护措施、更换管材、缩小管径等方法来解决。

(1) 抬高路面高程

当管道覆土不满足各自的最小覆土要求时,可与相关专业进行协调,在技术可行的前提下,将管道上方的路面高程适当抬高,以达到增加管道覆土、满足规范要求的目的。

(2) 采取保护措施

① 套管保护

对于小管径管道,如燃气管道,可采用套管的方式来进行加固保护。套管可采用钢筋混凝土管或钢管,端头封堵,内设支架。

② 包封保护

当管顶覆土在采用套管也无法满足的厚度要求时,可视具体情况采用包封保护。

在临时改迁阶段时,普通管材结合钢筋混凝土保护涵保护,能大大降低管顶至路面的厚度要求。极限情况下,钢筋混凝土保护涵在结构计算后无覆土(盖板即为路面)也能满足车行(包括重型施工器械)荷载。

(3) 更换管材

不同的管材对工作环境适应性及要求不尽相同,在管道设置条件有限的情况下,可根据该差异选择合适的管材。比如当燃气管道埋设在机动车不可能到达的地方时,钢管要求最小覆土为0.3m,而聚乙烯管由于耐温性及抗紫外线能力都比较差,要求最小覆土为0.5m。因此,在这种情况下可考虑将聚乙烯管道更换为钢质管道。同样,有时管道埋地敷设条件困难,需要明设时,也适合采用钢管管材。

（4）缩小管径

对于现场受埋设覆土限制较大而平面空间限制较小时，可采取缩小管径同时增设一根管道并行的方式来处理。该方法是经过计算后，采用两根新建的较小管道来满足现状较大管道对流量的需求；在临时改迁阶段设计时也是一种可供选择的措施，一般与其他措施结合使用。

5.1.7 常见制约设计进度的因素及应对措施

地铁工程项目建设周期较长，通常一条地铁线路的建设平均周期需要5年时间。地铁前期工程的开工时间位于建设周期的前段，并配合主体建设分期，贯穿整个地铁建设期，直至最终地铁建设结束，地面道路恢复通车。配合前期工程的开工时间，前期工程的设计工作成为地铁建设中首要完成的工作任务，就显得尤为重要作为前期工程中不可或缺的管线改迁工程，也在地铁建设中起着举足轻重的作用。一个好的管线改迁设计，将大大节省地铁建设投资，缩短地铁建设周期。但管线改迁设计也受到众多因素制约，综合分析有以下主要制约改迁设计进度的因素及相应的解决方法：

（1）地铁主体及附属结构方案不稳定

地铁建设为民生工程，从线位走向、站点选择到确定施工方法通常慎之又慎。虽然建设前会多方征求意见，审慎规划，但仍避免不了在建设时进行局部修改，尤其是对管线影响最大的位于人行道上的地铁附属工程，修改较为频繁，常常在进入施工图阶段后，还会进行修改。由于前期工程设计的前置条件为地铁主体工程的设计，故主体设计方案的稳定将直接影响前期工程的设计，而前期设计方案又制约着主体设计，导致管线改迁设计无法在一个阶段内稳定，需要随着主体方案的调整而调整，造成方案及投资不稳定。

面对这种情况，建议主体设计充分征求地铁沿线主管部门及建设单位的意见，同时在主体设计时及时与前期工程设计进行沟通，以便前期设计及早参与到地铁设计中，在主体选线、站位设置及确定主体工法时提出相关意见，使主体设计避免重要管线的改迁，并结合管线改迁选择适合的主体工法，为前期工程设计提早有序开展创造有利条件。

（2）管线及周边物探调查成果不完善

由于管线探测干扰因素多，造成测定结果的不确定，管线调查成果出现错、漏的情况时有发生。地下物探成果有误将直接导致管线改迁方案错误，轻则影响投资，重则威胁到现场工程人员的生命安全。

建议前期设计单位在收到管线物探调查成果后，要独立核实相关成果，对成果进行分析，同时走访相关主管部门及管理单位，对现场情况进行核实后，再进行设计。

（3）前期工程各专业之间的制约

前期工程涉及多个专业，前期工程的交通疏解和某种管线工程的方案发生变化，也将导致其他管线改迁设计方案根据工程总体布局进行方案调整，制约设计总体进度。此时，前期各专业之间的协调就显得非常重要。

建议前期设计各专业之间加强沟通，交通疏解需结合主体工期安排尽快稳定方案。而根据交通疏解的分期安排，在管线改迁设计开始阶段就融入管线综合的概念，各类管线设计尽早提出本专业管线改迁路由，在进行本专业设计时就适当考虑本专业管线与其他管线专业之间的关系，为管线综合设计及时进行提供工作条件，合理分配、布置管线走位，也是解决各类管线之间互相影响制约的好方法。

5.2 给水管线改迁工程

5.2.1 给水系统分析

给水系统是指供给生活饮用和生产应用的水系统,它包括取水、输水、水质处理和配水等设施。给水管线改迁涉及的给水系统主要是输水管道及其附属设施。市政给水系统构成如图 5-9 所示。

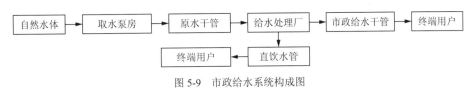

图 5-9 市政给水系统构成图

1) 给水现状分析

与新建市政给水管线不同,地铁工程的改迁管道往往不具备充足的地下空间来进行改建,故改迁方案的可实行性就显得尤为重要,会直接影响整个地铁建设的工期及投资。而方案的可行性是建立在准确的地下物探资料上的。

给水管网干管一般为枝状或环状布置。大中型城市、大工业区和供水要求高的工业企业内部,多采用环状管网布置。大型给水系统常有多个水源,有利于保证水量、水压。目前,随着社会的发展,有的城市出现了分质供水管网,即用不同的管网供应不同水质的水,分质供水管网与普通给水管网不能混接、错接,这也需要进行现状资料搜集及准确分析,方可做出正确的设计方案。

因此,在进行给水管线改迁设计前,务必对现状给水系统进行准确分析,方能做出符合现场情况、可实施性强、经济合理的设计方案。对给水的现状分析工作主要从以下方面入手。

(1) 现状资料的搜集、整理

进行给水现状分析,首要具备的是给水系统现状资料。给水现状资料的来源是多方面的,包括搜集资料和实测资料。

搜集资料主要是从政府相关主管部门、运营管理单位、政府的市政资料管理单位搜集而来的给水系统建设之初的设计、竣工等资料。搜集资料还包含各专项规划中的给水资料。

实测资料是指沿地铁工程范围进行的地形图测绘及物探资料,其中地形图应标出测量控制点、居民地和垣栅、工矿建(构)筑物及其他设施、交通及附属设施、管线及附属设施、水系及附属设施、境界、地貌、植被等各项地物、地貌和土质、植被等地形要素,并对地形要素进行名称注记、说明注记及数字注记。物探资料应包括管道属性、管道走向、管道规格、埋设深度(高程)、管道材质、管线平面位置等信息。实测资料也是进行给水改迁设计的主要基础资料。地形、管线物探分别如图 5-10、图 5-11 所示。

(2) 现状资料的分析、确认

由于管线探测干扰因素多,影响探测信号,造成测定结果的不确定性,部分管线无法探出,或探出结果明显偏离实际时,需通过物探单位重新探测以及结合搜集的管线资料来做出分析。

对于物探资料中未连接主干管的给水孤立管(前后不与任何管道连接的),需提交物探单位重新核实是否为废弃管道,若非废弃管,需找出与主管的连接管,方可制定改迁方案。物探初次核实后资料分别如图 5-12、图 5-13 所示。

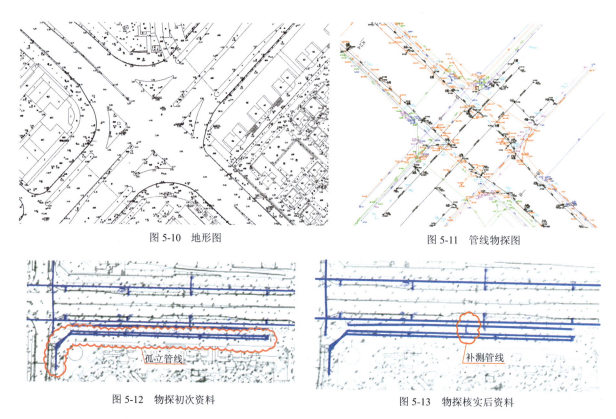

图 5-10 地形图　　　　　　　　　　　图 5-11 管线物探图

图 5-12 物探初次资料　　　　　　　　图 5-13 物探核实后资料

在管线探测未发现明显问题的情况下,也应将所搜集的各种资料互相进行比对,契合。

现状资料搜集完毕后,需进行现场实地踏勘,并与管线的主管单位进行确认。虽然设计人员不具备专业的管线探测设备及资质,仍需到现场进行踏勘,对设计范围内的地形及管线进行初步核实。对重要的给水主干管,需走访运营管理单位,对管线进行确认,以落实管道的使用状态,为下一步设计做准备。

2）给水规划分析

（1）给水系统规划

我国规划按规划层次分为城市总体规划、分区规划、详细规划以及各类专项规划、布局规划等。

城市总体规划是指城市人民政府依据国民经济和社会发展规划以及当地的自然环境、资源条件、历史情况、现状特点,统筹兼顾、综合部署,为确定城市的规模和发展方向,实现城市的经济和社会发展目标,合理利用城市土地,协调城市空间布局等所做的一定期限内的综合部署和具体安排。

城市总体规划是指导与调控城市发展建设的重要手段。经法定程序批准的城市总体规划是编制城市近期建设规划、详细规划、专项规划和实施城市规划行政管理的法定依据。同时,城市总体规划是引导和调控城市建设,保护和管理城市空间资源的重要依据和手段,也是城市规划参与城市综合型战略部署的工作平台。

分区规划是在总体规划的基础上,对城市的土地利用、人口分布、公共设施、城市基础设施的配置做进一步的安排。

详细规划分为控制性详细规划和修建性详细规划。

控制性详细规划主要以对地块的用地使用控制和环境容量控制、建筑建造控制和城市设计引导、市政工程设施和公共服务设施的配套,以及交通活动控制和环境保护规定为主要内容,并针对不同地块、不同建设项目和不同开发过程,通过指标量化、条文规定、图则标定等方式对各控制要素进行定性、定量、定位和定界的控制和引导。

修建性详细规划是以城市总体规划、分区规划或控制性详细规划为依据,制订用以指导各项建筑和工程设施的设计和施工的规划设计。

专项规划是指国务院有关部门、设区的市级以上地方人民政府及其有关部门,对其组织编制的工业、农业、畜牧业、林业、能源、水利、交通、城市建设、旅游、自然资源开发的有关专项的规划。由此可见:

①总体规划和分区规划主要确定市政设施的发展目标和总体布局,对工程设施及市政管网建设不做出详细的指导要求,一般作为市政管网设计的参考规划。

②控制性详细规划、修建性详细规划以及各类专项规划是用来指导各项建筑工程的设计和施工,规划中会提出地下管线控制和引导要求,对市政管网建设具有指导性意义,是指导市政设计的重要规划依据。

市政给水工程给城市提供生产和生活用水,直接关系到在城市生活的每一个人的具体生活。给水规划是按照前瞻性的理念来进行设计的,目的是为了给水工程的可持续性发展和合理利用水资源。因此,城市市政给排水规划有着极大的意义,不仅关系到城市的人居环境,而且还影响了我国社会可持续发展进程。

(2)给水规划综合应用

给水规划中一般包括水源选择、需水量预测、水厂位置选择以及输配水管网的布设等几方面。与地铁前期工程中的给水管线改迁有关的,一般为输配水管网布设。给水输配水管网布设主要包含的信息有道路下的给水管径大小、管道数量、管道路径等。

给水管线临时改迁只需保证现状供水情况即可,故临时改迁管管径仅需维持现状管径大小即可。永久改迁的给水管应根据改迁的实际情况来确定管道是否按照规划实施:

①永久改迁管线只是局部短距离改迁,如仅绕行风亭风井、出入口等建(构)筑物,改迁距离小,长度短,并很快与现状管线接驳的,在运营管理单位无特殊要求的情况下,可按现状管管径进行永久性改迁。

②永久改迁管线距离较长,或跨越交通繁忙的主干路口时,应尽量满足规划要求,进行改迁。如下例:

站体所处位置的道路下规划给水管径为 DN300,规划图纸如图 5-14 所示。

图 5-14 规划图纸

但地铁建设前现状道路下给水管管径为 DN100,现状给水管如图 5-15 所示。

临时改迁管仍采用 DN100 管径,临时改迁给水管如图 5-16 所示。

永久改迁时采用规划 DN300 管径,如图 5-17 所示。

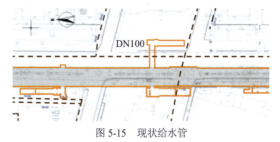

图 5-15 现状给水管

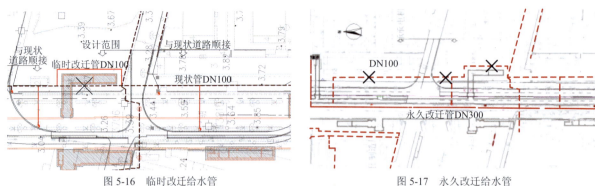

图 5-16　临时改迁给水管　　　　　　　　图 5-17　永久改迁给水管

5.2.2　给水改迁设计

给水改迁设计应遵循以下原则：

(1) 不降低用户的供水安全性。
(2) 保证消防要求。
(3) 不出现枝状末端，保证供水水质。
(4) 永久管道管径尽量符合规划要求。
(5) 根据交通疏解方案及周边现状情况，合理选择倒边施工或悬吊保护等方式处置横跨地铁基坑的给水管道。
(6) 对于交通疏解临时道路下的现状管道，根据管材、埋深及运行状况来确定是否需要采取加固措施或更换管道。所有现状阀门井盖（座）一律按机动车道要求进行更换。
(7) 在改迁过程中应不影响现状管道的正常运行，否则需要考虑调整设计管位或布置临时替代管道。新改造干管应充分考虑周边地块现状支管的改接，不应出现遗漏和错接，保证不会因工程的实施给周边地块的正常生产、生活带来不便。
(8) 沿线需设置给水标识桩，建议标识桩设置原则：直线段每50m设置一个，另外管道转弯、三通、四通等处均需设置。
(9) 用户给排水接驳应以现场实际情况为准，不得遗漏和错接，不得改变管道的原有功能；所有与原给水管道相连接的用户管必须接入新建给水管，并按集中开口、就近连接的原则与新管进行接驳。
(10) 对于市政道路下的给水阀门井和检查井井盖应采用"防盗、防响、防滑、防位移、防坠落"的五防井盖，并按当地运营管理单位的标准选用。

1）改迁方案设计

前面已经对所有管线改迁的方式有过介绍，在本节里，就改迁的具体案例进行分析：

(1) 临时封堵方案

正在运行使用中的市政给水管网考虑管网运行的安全性需成环网运行，故当现状管网受地铁建设影响时，需进行改移或保护处理，通常不能直接封堵管道。如管道还未通水运行，可采用临时封堵，就是将受影响的现状管道在施工期临时废除，废除的两端进行封堵，待施工完成后再按原管道功能进行恢复。该方案需与给水运营管理单位确认管道情况，在征得同意后方可实施。

这是一个地铁站体的给水改造方案，该段管道周边无用户，暂未通水运行，经与管道运营管理单位沟通后，同意临时封堵该段管道，现状车站附属结构施工期间，道路北侧的给水管临时废除，待车站附属结构施工完成后，将北侧的给水管进行恢复，如图5-18～图5-20所示。

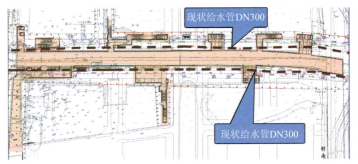

图 5-18　现状给水

图 5-19　临时封堵

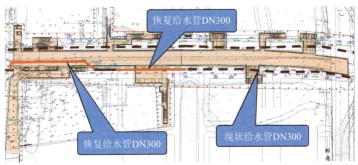

图 5-20　给水管恢复

（2）原位保护

对于位于地铁施工影响范围，但可不改迁的现状给水管，可采用原位保护的方式，如下例：

某地铁站，一根 DN300 的现状给水管位于主体基坑范围外，现状在非机动车道下。主体施工不会影响。但交通疏解工程将该非机动车道改为了疏解的机动车道，该段管埋设深度变浅，不满足规范要求，因而采用了现状给水管盖板涵加固保护的方案，如图 5-21、图 5-22 所示。

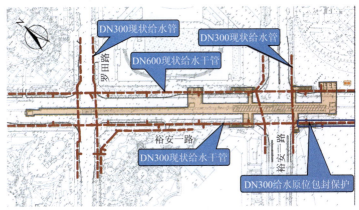

图 5-21　原位加固保护给水管

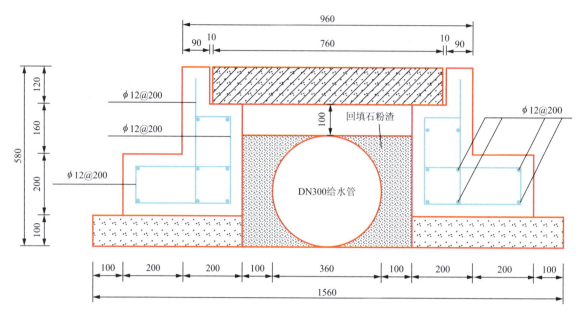

图 5-22 包封保护图(尺寸单位:mm)

(3)悬吊保护

对于横跨基坑的给水管,可采用换管悬吊的方式进行改迁。悬吊管可在主体施工完毕且在管道外壁进行二次防腐后,直接埋设。

某地铁站,现状 4 根 DN300 的过路给水管,由于管径较小,绕行距离远,改迁管位紧张等因素,采用钢管悬吊的方式从地铁基坑上方跨越进行改迁,如图 5-23 所示。

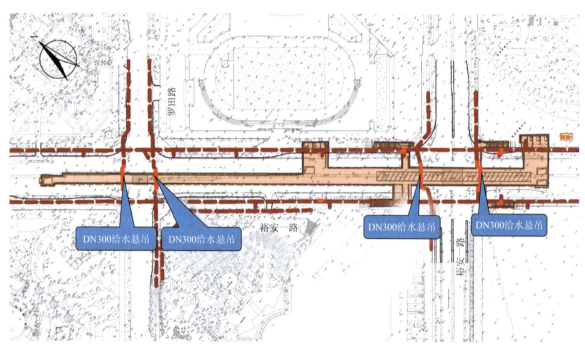

图 5-23 悬吊过路给水管

2)给水管材选用

(1)管材种类

城市给水工程可利用的管材较多,按材质可分为金属管、混凝土管、塑料管三大类,详见表 5-2。

给水管材特性表　　　　　　　　　　　　　　　　表 5-2

序号	分类 类型	分类 材质	接驳形式	说　明
1	金属管	铸铁管	橡胶圈接驳、滑入式或机械柔性接驳	铸铁管按材质又分为球墨铸铁管和其他（灰口、白口、蠕墨）铸铁管，球磨铸铁以其高强度及优良的性价比，比较普遍地应用在市政管网上。 球墨铸铁管具有优良的抗冲击能力，使用年限长，管道承压能力高。柔性较好，施工方便，对柔弱地基适应性较强，且标准管配件齐全，适用于配件及支管较多的管段。球墨铸铁管的防腐能力较钢管好。其缺点是质硬而脆、施工困难、质量大。当管径大于DN1000时，价格相对较高
2	金属管	钢管	焊接	按生产方法分为无缝钢管和焊接钢管。无缝钢管没有焊缝，在性能上，尤其是承压能力上较普通钢管有很大提高，但价格相对较高，所以经常被用于高压设备上，市政给水管网一般采用焊接钢管。 焊接钢管是一种常用的供水管材。其优点是管材强度较高、耐压性好、适应性强、单位管长质量较轻、管配件可根据需要现场制作、施工方便，可用来埋设穿越各种复杂环境。其壁厚可根据内压及刚度要求由设计决定。钢管的缺点是价格较高，耐锈蚀性差，除对钢管本身进行严格的内外防腐处理外，对于长距离的管线还需根据情况进行电化学保护，如穿越盐碱地区时防腐处理的工程代价较高
3	混凝土管	预应力钢筋混凝土管	填料接驳、套环接驳、弹性密封圈接驳	传统的大管径给水管管材，具有耐腐蚀性好、价格低廉等优点。其主要缺点是接头止水性欠好，配件需用钢制配件
4	混凝土管	预应力钢筒混凝土管（PCCP）	橡胶圈接驳	分为两种：一种是内衬式预应力钢筒混凝土管（PCCP-L），是在钢筒内部衬以混凝土，然后在钢筒外面缠绕预应力钢丝，再辊射砂浆保护层；另一种是埋置式预应力钢筒混凝土管（PCCP-E），先将钢管埋置在混凝土里面，然后在混凝土管芯上缠绕预应力钢丝，再辊射砂浆保护层。PCCP管由于抗渗能力强，接头止水效果好，便于施工，因而近几年得到广泛的应用。PCCP管的材料价格略高于预应力钢筋混凝土管
5	塑料管	玻璃钢夹砂管	承插式连接、法兰式连接、黏接连接	是以聚酯树脂、环氧树脂等为基体材料，石英砂及碳酸钙等无机非金属颗粒材料为填料而制成的复合材料，具有质量轻、耐磨性好、不需内外防腐、输水能力大、施工方便等优点。 玻璃钢夹砂管道存在抗外压强度较低，承受土压力及外部荷载能力不强，产品质量难控制等缺点。同一管径其综合造价比球墨铸铁管稍大
6	塑料管	聚氯乙烯管（PVC管）	弹性密封圈连接、溶剂黏结连接	目前技术标准最完整，安装技术规范最完善，施工验收规范最齐全的塑料管材。硬质聚氯乙烯管通常分为Ⅰ、Ⅱ、Ⅲ型。Ⅰ型为普通硬质聚氯乙烯，Ⅱ型为添加改性剂的UPVC，Ⅲ型为具有良好的耐热性能的氯化PVC管材。 PVC管使用时间久了会有氯离子析出，不宜用于热水管道，可作生活用水供水管，但不宜作为直接饮用水供水管；抗冲击差，易脆裂；价格低，很多中小型企业偷工减料以次充好
7	塑料管	聚乙烯管（PE管）	电热熔管件连接、热熔对接	目前实际工程中使用较多的给水管材之一。它的柔韧性、耐冲击性能都比PVC好，是传统的钢铁管材、聚氯乙烯管材的换代产品，符合国家"以塑代钢"产业导向。 材料按照国际上统一的标准划分为五个等级：PE32、PE40、PE63、PE80、PE100，用于给水管的材料主要是PE80和PE100，也称为高密度聚乙烯（HDPE）。它具有质轻、柔韧性好、摩擦系数小、过水能力强、耐腐蚀性佳、卫生性能好（无毒、不结垢），能有效防止因管道腐蚀引起的二次污染，运输安装方便，施工工艺简单，工期相对较短等优点。 PE管熔点低，不宜用于工作温度大于40℃的热水管道；易开裂，不易染色；抗紫外线能力较差，夏季施工露天堆放时受阳光暴晒，管道技术指标极易恶化。抗外压强度较低，承受冲击及外部荷载能力不强；同一管径其综合造价比球墨铸铁管稍大。针对它的特点，目前市场上又开发出了一种钢骨架（钢丝网骨架）PE管，具有更强的抗冲击性和耐压性能，价格比PE管贵

续上表

序号	分类 类型	分类 材质	接驳形式	说明
8	塑料管	无规共聚聚丙烯管（PPR管）	热熔连接、电熔连接、螺纹连接	除了具有一般塑料管质量轻、耐腐蚀、不结垢、使用寿命长等特点外，还具有无毒卫生、保温节能、耐热性好等优点。一般管径较小，应用于建筑物的冷热水系统
9	塑料管	丙烯腈—丁二烯—苯乙烯管（ABS管）	黏结连接、套筒连接、螺纹连接、法兰连接	耐腐蚀性极强、耐撞击性极强，能在强大外力的撞击下，材质不破裂，韧性强，比PVC管和PE管具有更高的冲击韧性好耐热性，成本较普通塑料管高，使用温度范围广，可用于温度较高的耐热场所，通常用于化工管道

（2）管材选用原则

根据给水管材各项性能的综合比较，目前运用在市政给水管道的管材较为广泛的是球墨铸铁管、钢管以及PE管。管材选用的基本原则如下：

①给水管道管材选用应遵照相关国家规范及地方性技术规程执行。

②由于地铁工程施工工期的紧凑性及工程环境的复杂性，临时给水管道建议可采用焊接钢管，在条件允许的情况下尽量采用球墨铸铁管道。永久给水管道可采用球墨铸铁管道，小于DN100的小区管道可采用给水PE管。

③对于使用优质饮用水的城市，为满足优质饮用水要求，建议永久管管径≥1800mm宜选用焊接钢管，1200mm≤管径＜1800mm宜选用球墨铸铁管、焊接钢管，200mm≤管径＜1200mm应选用球墨铸铁管。

④管径≥DN800给水管应设计相应碰口大样图；管径≥DN800的给水焊接钢管，须做电火花试验和无损探伤试验；管径≥DN1200、改迁长度超过400m的给水焊接钢管，须做阴极保护方案。

⑤改迁的给水管线与现状管线接驳的，应采用弯头、三通等标准管件进行连接。

3）给水附属设施

给水管线改迁中通常遇到的附属设施为：给水阀门井、水表井、排气（泥）阀井、室外消火栓等。

（1）阀门及阀门井

给水管沿线需设置检修阀门井，阀门位置可结合连接管以及重要的供水支管的节点设置，干管上的阀门间距一般不超过5个消火栓。

为减少施工停水对用户的影响，临时和永久改迁给水管应结合现状阀门布置情况增设必要的控制阀门，部分改迁管线较长时应在局部高点增设排气阀和在局部低点设置排泥阀。

永久改迁给水阀门井的设计应采用井圈加固方式，对位于机动车道下的阀门井盖，建议采用重型井盖，井筒采用钢筋混凝土结构。

对于管径≤DN400的阀门，建议采用闸阀；管径＞DN400的阀门建议采用蝶阀、卧式安装，并设单边伸缩器。

对于管径≥DN400的阀门，需送阀门检测中心检测，检测指标包括材质、传动、密闭性及防腐层等，检验合格后方可使用。

市政给水阀门种类详见表5-3。

市政给水闸门分类表　　　　　　　表 5-3

序　号	阀门名称	阀门图片	阀门特点
1	明杆闸阀		阀杆螺母在阀盖或支架上，开闭闸板时，用旋转阀杆螺母来实现阀杆的升降。对阀杆的润滑有利，开闭程度明显，因此被广泛采用
2	暗杆闸阀		阀杆螺母在阀体内，与介质直接接触。开闭闸板时，用旋转阀杆来实现。闸阀的高度总保持不变，安装空间小，适用于大口径或对安装空间受限制的闸阀。要安装开闭指示器，以指示开闭程度。阀杆螺纹直接接受介质侵蚀，且无法润滑，容易损坏
3	软密封蝶阀		一般采用橡胶环密封，其具有质量轻，启闭迅速，操作方便、省力，流体阻力小，体积小，调节性能好，密封件可更换，密封性能好等优点，但容易老化、磨损、使用寿命短等
4	硬密封蝶阀		通常采用金属环密封，具有过流面积大、流阻小、耐高温、耐腐蚀、抗磨损、使用寿命长、强度高、机械性能好等优点，但密封性相比软密封蝶阀差

（2）消火栓

消火栓沿道路布置最大间距不超过 120m，设置于绿化带或人行道上，消火栓距车道边距离不大于 2m。消火栓采用地上式，按国家标准选用。距离车道过近的消火栓建议采用防撞消火栓。

消火栓如图 5-24、图 5-25 所示。

图 5-24　普通室外地上式消火栓　　　图 5-25　防撞消火栓

（3）水表井

给水管线改迁前务必落实管道性质为市政给水管还是小区入户管，小区给水管上一般设有水表井。如遇水表井，无论临时改迁还是永久改迁，均需进行改迁，以便运营单位进行计量，水表井的大小及规格可按国家标准选用。

（4）管道基础

一般地段管槽开挖后，平整基底，原土夯实，采用 150mm 厚砂垫层基础；管底为岩石石块时，管沟超挖 200mm 后，平整基底，敷设 200mm 厚砂垫层。填方地段：根据密实度按国家相关规范执行，软弱地基段做换填处理。给水管砂垫层须注水夯实。由于缺乏相关地质资料，如遇特殊工程地质时，视现场情况另做处理。

(5) 管道回填

管道回填要求应遵从国家规范要求。一般来说,埋地管道位于市政机动车道路、社区内机动车道路、社区内非机动车道路、人行道时,管顶150mm以下回填砂,管顶150mm以上采用石粉渣回填;埋地管位于绿化带下,管顶100mm以下回填砂,管顶100mm以上采用素土回填。回填时应分层回填,每层回填厚度不得超过200mm,且应分层检查密实度。

(6) 标志桩

为日后维护管理方便,建议在新建管道三通、四通、拐弯、变径处及沿线每隔一定距离设置统一给水标志桩,标志桩的具体设置要求可参照各地管理运营单位的相关标准执行。标志桩参考示意如图5-26所示。

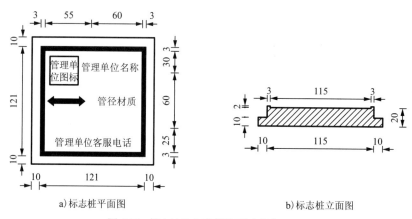

图 5-26　标志桩参考示意图(尺寸单位:mm)

5.3　排水管线改迁工程

5.3.1　排水系统分析

排水系统是指雨、污水的收集、输送、水质的处理和排放等设施以一定方式组合成的总体,城市排水系统通常由排水管道、调蓄收集构筑物及水处理厂组成。城市排水机制分为合流制系统和雨、污分流制系统两类,目前城市新建排水系统基本为雨、污分流制系统。由于历史原因,部分老旧系统仍为雨污合流制,或虽为分流制系统,但由于错接乱排,雨水系统内有污水进入。本节就从雨、污分流系统的改迁设计分别进行阐述。市政雨、污水系统构成分别如图5-27、图5-28所示。

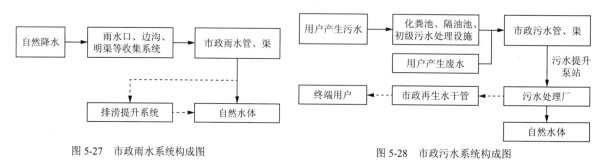

图 5-27　市政雨水系统构成图　　　图 5-28　市政污水系统构成图

1)污水系统分析

向城市污水系统排放的水包含生活污水、工业废水和径流污水,由城市污水管(渠)汇集经城市污水处理厂处理后排入自然水体。污水管线改迁所涉及的污水系统主要是污水管(渠)及其附属设施。

(1)污水现状分析

城市污水系统现状分析过程与给水管网分析过程一致,同样经历现状资料的搜集、整理以及现状资料的分析、确认过程。对于探出结果存在疑问的,需结合搜集的管线资料做出分析,并通过物探单位进行重新探测,此分析过程在本节不再赘述。

应特别注意:道路周边地块建筑物的污水、含油废水等需经化粪池、隔油池等设施处理后方可排放进入市政污水管网。为尽快接入城市污水管网,并最大限度减少对建筑物的影响,化粪池、隔油池的设计一般贴近地块红线设置,有的建筑物化粪池、隔油池甚至已经进入了市政道路红线内。而管线改迁需绕行改移的管线大多借用周边地块的空旷场地进行,容易遇到建筑物的附属地下构(建)筑物。通过对现状管线的分析,怀疑该处存在化粪池、隔油池等地下构(建)筑物时,应尽量通过搜集建筑物资料,并通过物探单位的实测将现状构筑物的详细坐标、构筑物尺寸、埋设深度、构筑物材质等资料一并统计出来,方可做出有效、可行的管线改迁方案。首次污水测量图如图 5-29 所示。

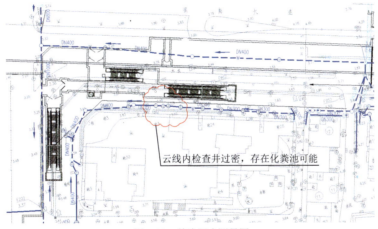

图 5-29 首次污水测量图

首次污水测量图未显示有化粪池,但污水井距离建筑物位置、井与井间的距离及污水井的排布方式、设计人员分析、线内污水井排布符合化粪池特征,又提复测要求给物探单位。物探单位经复测后,证实该处确实为化粪池。复测污水现状如图 5-30 所示。

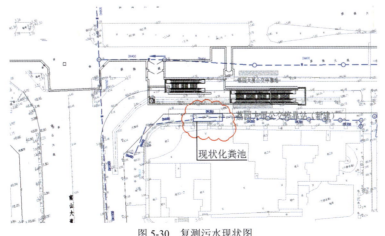

图 5-30 复测污水现状图

由于排水主干管（渠）一般尺寸较大，在进行现状分析时，管线改迁设计人员还应结合地铁主体线位进行综合评判，应尽量减少对大型管渠的改迁。在地铁线位上发现大型排水管（渠）时，应与主体设计单位沟通，调整地铁线位，避开大型排水管（渠）及构筑物，如图 5-31 所示。

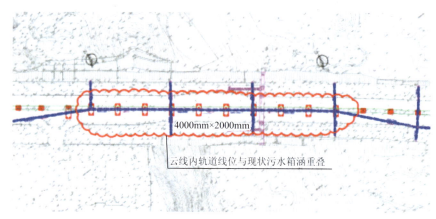

图 5-31　调整前地铁与污水箱涵关系图

图 5-31 是地铁区间段的初次线位图纸，由图可知，地铁初次选线与进入污水处理厂前一断面尺寸为 4.0m×2.0m 的箱涵冲突，按照该线位，该箱涵必须进行改迁，但改迁该污水箱涵工程难度大，造价高，且会长时间影响污水处理厂的正常运行。综合各方面因素，在前期进行管线现状分析时，设计人员就与地铁主体设计单位沟通，将地铁线位偏移至道路边，避让该箱涵，减少工程投资。调整后地铁与污水箱涵关系如图 5-32 所示。

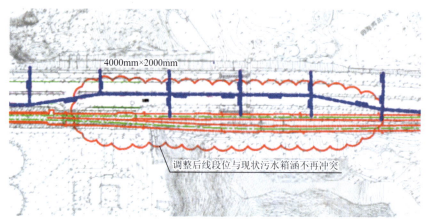

图 5-32　调整后地铁与污水箱涵关系图

（2）污水规划分析

污水规划使污水工程在污水收集、输送、净化、利用和排放几个环节上能够统一协调发展，使污水系统具备完整性，直接关系到水资源的循环利用以及对水环境的保护。因此污水改迁设计需要根据相关规划考虑各个方面的内容，在保证畅通的前提下，因地制宜地完善污水系统的建设。

污水工程规划主要包括以下内容：确定排水体制、明确排放标准，污水工程服务范围，市政配套污水管网的走向、管道断面，污水泵站及污水处理厂的位置、规模、用地面积，近、远期实施建议等。

污水管线的临时改迁只需保证现状污水排水顺畅，故临时改迁管的管径仅需维持现状管径大小，绕行的管道需适当放大管径。永久改迁的污水管应尽量根据污水管网规划来确定管径及埋设深度，如图 5-33 所示。

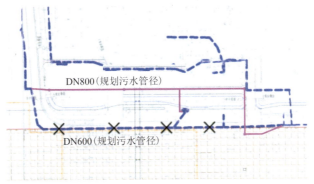

图 5-33 污水改造方案图

某地铁综合交通枢纽工程中的一根现状 DN600 污水管,在改迁后按规划管径 DN800 恢复。

2)雨水、防洪排涝系统分析

市政雨水系统是指雨水径流由雨水管道收集后,就近排入水体的系统。城市防洪系统是依托城市雨水管网系统及城市水系,排除上游洪水、城市涝水的系统,包括城市雨水管网系统、水系及防洪排涝设施。

(1)雨水、防洪现状分析

对于现状雨水管网的分析,与污水、给水管网方法过程类同,在此不再做过多的叙述。

需要注意的是,位于非机动车道下的部分老旧暗涵,虽不影响地铁施工,但由于前期交通疏解的原因,将会位于交通疏解道路下方,或施工场地内的重型机械下方。对于该类型箱涵,能搜集到当初设计资料的,需搜集资料进行复核荷载计算;无设计资料的,应提出做箱涵强度检测,以确定该暗涵的处理方式。

地铁工程不可避免地会穿越河道(渠道),穿越形式各不相同,有的为高架桥梁跨越,有的为地下隧道穿越,穿越施工时,应尽量避免对河道(渠道)的影响。这就要求设计人员在搜集地铁沿线河道(渠道)的现状资料后,结合地铁主体工程的施工工艺,与主体设计单位进行协调,争取避让河道(渠道)。而地铁工程的停车场、车辆段由于占地面积大,受规划选址影响,有时会对现状河道或明渠进行覆盖,由于覆盖河道(明渠)对行洪能力及河道疏浚有较大影响,故应谨慎覆盖。如无法避免覆盖,务必与当地水务部门沟通,得到相关的许可后方可进行。排洪渠与车辆段关系如图 5-34 所示。

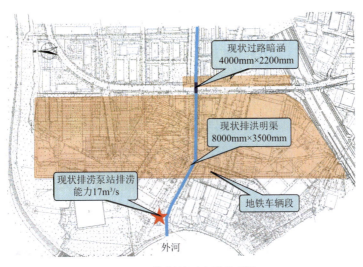

图 5-34 排洪渠与车辆段关系图

某地铁工程的车辆段规划选址在外河边,横穿车辆段的一条排洪渠,承担了上游4.32km²的面积的泄洪功能,现状为敞口明渠,受地铁线位影响必须加盖,与政府水务主管部门沟通,并进行了一系列的防洪排涝论证、评估后,该段明渠最终按加盖处理。

(2)雨水、防洪规划分析

①雨水、防洪系统规划分析

城市规划设计中的另外一个重要方面就是雨水规划和防洪规划。雨水规划是统筹城市雨水排放系统的规划,包含城市雨水系统暴雨重现期和径流系数的选择、雨水量计算、管网收集区域的划分、管网的布置、管道排向、管道规格、管道高程以及出水口的设置位置等要素。雨水规划解决的是小流域的雨水排放,目的是使雨水能顺畅及时的排入水体。防洪规划是为防治某一流域、河段或者区域的洪、涝灾害而制定的总体安排,解决的是城市雨水工程无法解决的超标准暴雨以及城市外来径流汇入大流域(水系)等排水工程问题。因此雨水规划和防洪规划应相互协调、按各自功能充分发挥其作用。

虽然地铁工程中的雨水改迁一般只是对城市雨、洪系统的管渠局部进行迁移或加盖,但城市雨水排放、洪涝防治是一个复杂的系统工程,不能孤立地就排水论排水,需综合分析雨水、防洪规划的要求,对城市的雨水排放和该区域防洪工程的总体部署措施有全面的了解,充分考虑各个方面,使雨水、防洪系统的建设在保证畅通的前提下,因地制宜地开展。

②雨水、防洪规划综合应用

对于雨水管线改迁来说,通常需使用的雨水规划信息有该段道路下雨水管渠的管道排向、规格以及高程。而防洪规划对设计区域的水系断面、流域范围以及提升泵站等有明确的要求。

通过将防洪规划中的要求与雨水规划中的雨水收集范围进行对比,可核实规划的可行性。由于规划对象通常为一段时间内实施的工程,因此须将规划与现状排水流域进行对比,方可得到符合现场情况的可行设计方案。如下例:

车辆段选址所在位置将覆盖现状排洪明渠。该渠道承担现状上游4.32km²面积的泄洪排涝功能。渠道所处位置为内涝区,入河口处设有一座现状排涝泵站,常水位时雨水靠自流排放,发生涝灾时关闭闸门,防止河水倒灌,涝区内雨水进入排涝泵站,经泵提升后排入外河。但现状渠道断面严重不足,涝灾较为严重,现状排涝泵站排涝能力为17m³/s,如图5-35所示。

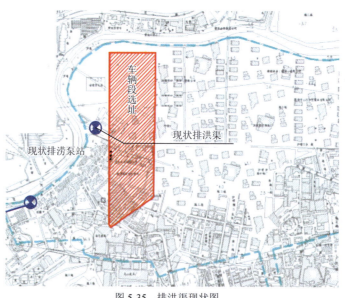

图5-35 排洪渠现状图

根据雨水和防洪规划,远期该片区将新建泵站,共同排除该片区涝水,现状泵站及渠道的服务面积将减少为1.33km²,因此可维持现状断面,雨水规划、防洪规划分别如图5-36、图5-37所示。

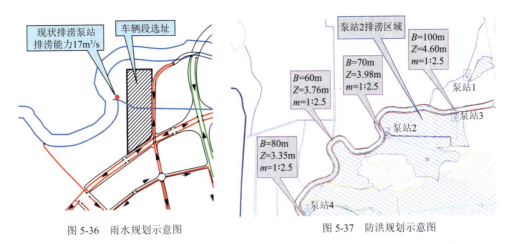

图 5-36 雨水规划示意图　　　图 5-37 防洪规划示意图

由于车辆段的建设在近期开展,规划新增的两个泵站还未建成,故经设计人员与相关规划部门、水务主管部门的多次沟通,最终该渠道的上盖设计是以满足现状排涝范围为设计前提进行的。排洪渠改造后平面图如图 5-38 所示。

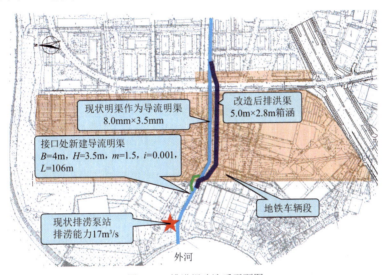

图 5-38　排洪渠改造后平面图

5.3.2　排水改迁设计

城市排水系统能及时收集沿线地块排放的雨、污水,其通常为重力流管道系统。重力流是指管道系统在没有人为干预、施加外部压力的情况下,依靠排水管自身的倾斜坡度,在管道内流体自身重力的作用下发生的流动。重力流系统只能由水位高处流向低处,因而管道必须具备一定的坡度,不能有平坡。

因为排水管为重力流管,且管径相对较大,所以排水改迁的设计显得尤为重要,甚至关系到地铁工程的建设能否顺利进行。

排水改迁设计应遵循以下原则:

(1)除雨水口连接管外,市政排水管管径建议最小为 DN400,排水管渠的设计流速应按照《室外排水设计规范》(GB 50014—2006)来选用。

最小设计流速:在设计充满度下污水管道的最小设计流速应不小于 0.6m/s,在满流时雨水管道和合流管道的最小设计流速应不小于 0.75m/s,明渠的最小设计流速应不小于 0.4m/s。

最大设计流速:金属管道的最大设计流速不宜大于 10.0m/s,非金属管道的最大设计流速不宜大于 5.0m/s，明渠的最大设计流速应根据明渠的水深及材质按《室外排水设计规范》（GB 50014—2006）来选用。

（2）对于交通疏解道路下的现状管道，根据管顶覆土确定是否需要采取加固措施。管道管顶最小覆土深度宜为：人行道下 0.6m，车行道下 0.7m。

（3）对于交通疏解临时道路上的检查井盖和雨水口，应按照机动车道标准进行统一更换，并应进行加固处理；交通疏解工程改变原有路面雨水流向的，应在系统分析的基础上重新调整优化雨水收集系统。

（4）管线改迁临时给水管以满足现状为准，临时排水管原则上不应小于原有断面尺寸和坡度，对于改迁绕行的排水管（渠），应适当放大管径，确保不降低过流能力。大型排水管（渠）的接驳应考虑碰口方案及临时排水措施。

（5）沿线现状用户排水管道须按雨、污分流的原则接入相应的管道；对建有截污设施的雨水管（渠），在改迁时应同步进行调整，保留其原有截污功能。

（6）为确保污水管顺利改迁及今后地铁运行安全，宜采取在污水管管径≥DN600 以及悬吊保护污水管的上游适当位置采取增设控制闸门、设置高位溢流管等措施。

（7）市政排水管线原为箱涵结构的，恢复阶段应按箱涵建设，且断面尺寸不得小于原有断面尺寸。

（8）对于市政道路下的检查井井盖应采用"防盗、防响、防滑、防位移、防坠落"的五防井盖，并按当地运营管理单位的标准选用。

（9）对于埋设深度过深的排水管线，应考虑进行大开挖和顶管的方案比选。

（10）对于采用人工顶管的排水管线，管道内径应不小于 800mm。

（11）采用悬吊法施工的排水管道，应在临时悬吊期间更换管材，恢复阶段再更换为永久性的排水管材。悬吊管道跨越基坑距离不易过大，一般不超过 40m。为保证基坑及悬吊管安全，悬吊管管径不宜过大，通常不超过 DN1200。特殊情况下可加大管径，具体情况应与悬吊结构设计专业进行商定。

（12）当受条件限制，改迁排水管的设计坡度不能满足规范要求时，应采取可行的防淤措施，并加强后期的管道定期清淤维护。

1）改迁方案设计

（1）局部改迁

一般情况下，排水管均有用户接入，故一般不能采取直接废除的方式进行处理。通常需改移至原管位附近。改移距离较近的管线，若不影响其他管线的永久管位，不再迁回原位，改迁时可根据改迁对地铁主体建设的影响，与主体施工工艺相结合，做出对主体施工影响最小、经济有效的改迁方案，如下例：

这是一座地铁车站中的雨水管线改迁设计，地铁主体基坑为明挖法施工，横跨基坑的 2 根 DN2400 的雨水管受管位、高程及改迁距离的多重影响，无法绕行改迁，初次改迁方案根据地铁车站施工工法只能在横跨基坑临时采用 6 根 DN1650 的钢管悬吊改迁，待永久管处的主体结构施工完毕后，将悬吊管废除，在主体预留的管线凹槽处施工永久 DN2400 管，地铁车站上方临时悬吊方案如图 5-39 所示，地铁车站永久管线恢复如图 5-40 所示。

但 6 根 DN1650 管悬挂在基坑上方，给主体结构施工带来困难的同时，也增加了基坑的危险系数，一旦管道发生漏损，将给地铁建设带来巨大的财产损失，甚至有可能发生重大人员伤亡事故。因此，管线改迁设计人员与主体设计人员沟通后，将永久改迁预留凹槽部位的主体施工工法改为了盖挖法施工，2 根 DN2400 雨水管直接一次性改迁至凹槽上方，既避免了大管的多次改迁，又能保障主体基坑安全，一次性改迁方案如图 5-41 所示。

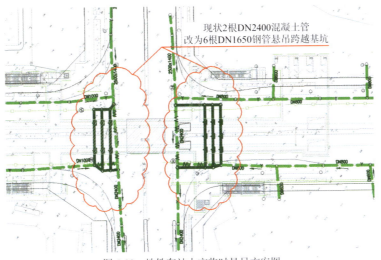

图 5-39 地铁车站上方临时悬吊方案图

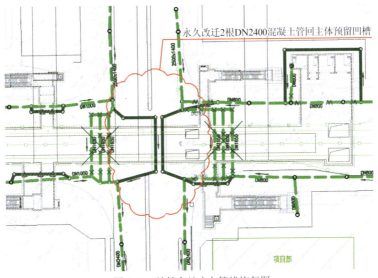

图 5-40 地铁车站永久管线恢复图

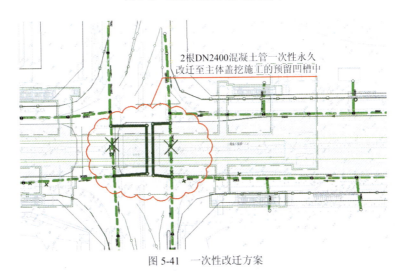

图 5-41 一次性改迁方案

（2）系统改迁

当改迁管线受现状条件影响，无法在地铁建设所处道路就近改迁时，需考虑进行系统改迁。如图 5-42 所示，站体所处位置需沿道路进行明挖法施工，周边开挖范围距离周边建筑物最小距离仅 3.5m，道路下现状管线密集,其中1根DN1500的现状污水管无改迁管位,改迁方案采用系统改迁,将该DN1500管永久改迁至旁边有管线改迁施工条件的道路下方。

进行系统改迁时,应结合该片区规划,在尽量不改变规划总体排向的前提下,结合周边管网情况,重新计算改迁系统的过流能力,并在征得规划管理部门的许可后,方可采用系统改迁方案。

因系统改迁投资较局部改迁大,影响范围广,协调工作量大,一般不建议采用。

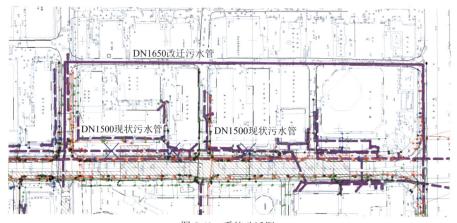

图5-42 系统改迁图

(3) 原位保护

对于位于地铁施工影响范围内,但可不改迁的现状排水管,也可采用原位包封或注浆加强保护的方式来进行处理,与给水管保护方式类似,在此不再赘述。

2) 排水管径确定

临时排水管径的确定以不低于现状为准,一般来说在原管位附近的改迁,临时改迁排水管按现状管径大小进行改迁;绕行的排水管,由于坡度变缓、距离变长、转弯节点增多以及绕行增加水阻等原因,可选择比原管径大一号的管道进行改迁。

永久排水管管径一般按照排水规划来确定,但仍需按当地暴雨强度公式进行计算,管道流域按雨水规划中的流域范围来选取,径流系数需按当地规划中的综合径流系数来选取,暴雨重现期一般地区取2~3年,中心城区取2~5年,中心城区的重要地区设计重现期取3~10年,中心城区地下通道和下沉式广场设计重现期取10~50年。

存在内涝隐患的路段应按内涝防治设计重现期选择,一般为20~100年。

(1) 排水管材选用

在给水管材的选用一节中,已对市面上多数管材大致进行了论述,在此就不再复述。排水管材的选用应考虑具有一定刚度,能承受一定外压,且耐久性好的管材。

受地铁工期影响,为方便施工,减少管线改迁时间,临时改迁阶段排水管管径不大于800mm的排水管和雨水口连接管宜采用钢筋混凝土排水管,可采用优质纯塑料类排水管;临时改迁排水管管径大于800mm的,建议采用钢筋混凝土排水管。对于采用悬吊保护的现状排水管道应更换为焊接钢管,施工完后再恢复成相应规格的钢筋混凝土排水管。

永久改迁的排水管建议采用钢筋混凝土管,橡胶圈接驳;当排水管道管外顶覆土大于6m时,应采用Ⅲ级钢筋混凝土排水管。顶管施工采用顶管专用钢筋混凝土管。排水箱涵、明渠尽量采用钢筋混凝土结构,截洪沟可采用浆砌片石排水沟。

(2) 排水附属设施

排水管线改迁时经常遇到的附属设施为雨水口、检查井、管道出水口等。

①排水检查井

排水管道应沿线设置排水检查井。排水检查井的设置间距在满足国家及地方的相关规范要求的同时,还应考虑雨水口的接入。

永久改迁的排水检查井采用钢筋混凝土结构。

排水检查井底部应设置足够强度的底座。位于机动车道下的检查井盖应采用重型井盖,并进行井圈加固处理。

②雨水口

临时交通疏解道路应设计路面雨水收集系统。道路应设计一定的横坡和纵坡,并在最低点设置雨水口,雨水口应设置在道路两边。随改迁阶段的不同,位于下一阶段交通疏解车行道上的雨水口务必进行封填。

地铁工程工地施工区围挡内部的雨水应有序收集并统一排放至市政道路雨水井,避免散排;因设置施工围挡而改变雨水收集时,应在围挡外部适当位置设置雨水口,避免围挡外部积水。

雨水口建议采用联合式双箅雨水口或多箅雨水口。

5.4 电力管线改迁工程

电力管线是指电力管沟及电力线缆,包括电力管沟(通道)、电力线缆(架空线路、电缆线路、光缆线路)、电力设备。电力管沟在形式上主要包括排管、顶管、拖拉管、电缆沟、电缆隧道及其附属设施。城市电力线缆按电压等级的不同,可分为500kV、330kV、220kV、110kV、66kV、35kV、20kV、10kV、1kV电力电缆或者架空线。一般情况下,500kV和330kV线路覆盖范围较小,影响概率较小,故地铁工程中涉及的电力管线改迁主要是220kV及以下电力线缆及相应的电力管沟和附属电力设备(包括地面的电力供电设备及设施,如配电房、开闭所、台架变压器、箱式变电站、电缆分接箱、杆塔等)。

电力网络简图如图5-43所示。

图5-43 电力网络简图

5.4.1 电力系统分析

在地铁工程电力管线改迁设计过程中,对地铁结构与现状电力管线冲突的分析尤为重要,是展开深入设计的基本要素。

1)地铁建设与电力管线冲突分析

在获得管线物探、车站主体结构等第一手资料后,首先需分析确定地铁建设与电力管线冲突类型,从而大致确定电力管线改迁范围及改迁数量。

电力系统与地铁建设的常见冲突与其他种类管线类似,详见 5.1.1 节中关于"地铁建设与管线的关系分析"叙述,在此不再赘述。需要说明的是,电力工程的敷设方式通常有以下几种:基建项目一般采用顶管、水平定向钻拖拉管顶进穿管敷设;6 回以上 110kV 及以上输电线路通常采用电缆隧道敷设;有综合管廊的道路下方,电力缆线沿地下综合管廊敷设。上述几种敷设形式中,缆线局部埋置较深,可能会侵入车站主体结构。水平定向钻拖拉管顶进穿管敷设,一般不易直观察觉,在勘察过程中容易误判,故在设计阶段除物探资料以外,需尽可能搜集更完善的线路施工基础资料,再核对电力管线与地铁的平面和竖向位置关系,核对电力管线是否需要改迁,如图 5-44 所示。

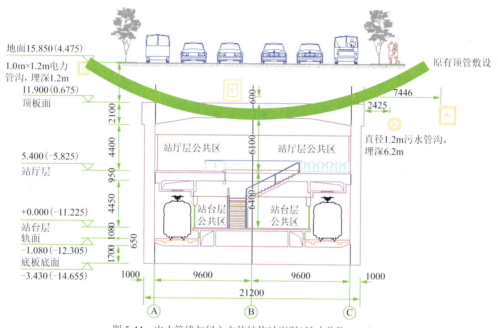

图 5-44 电力管线与侵入主体结构冲突图(尺寸单位:mm)

高架车站、区间一般与地下电力管线冲突较小,通常在桥墩及出入口基础承台位置易与电力管线冲突;此外,在城郊现存大量的 220kV、110kV 输电架空线路及 10 kV、1kV 配电架空线路,造成架空线路与拟建车站及其附属结构建(构)筑物冲突。所以在地铁工程建设过程中,车站出入口、风亭组、高架车站及高架桥梁基础直接与电力管线冲突是最显而易见的冲突形式。对于该种冲突,电力管线必须改迁,如图 5-45 所示。

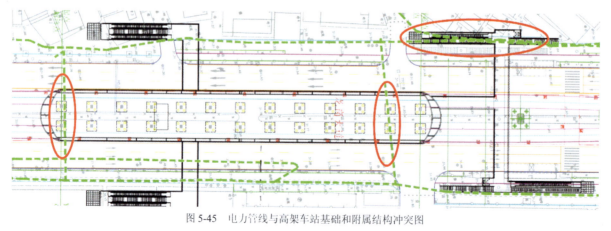

图 5-45 电力管线与高架车站基础和附属结构冲突图

在对电力管线与地铁建设的冲突形式进行分析后,确定改迁的范围及大致改迁数量,对于重要线路及大数量改迁线缆可提前与主体单位沟通,形成粗略改迁方案。

2）搜集资料及信息反馈

根据地铁建设范围搜集供电部门近期的电力线缆及电力设备信息台账资料，结合资料进行现场踏勘，根据实际情况核对管线与物探资料的准确性、一致性。

电力管线分析不仅涉及现状电力通道的分析，还涉及现状电力线缆的分析。在确定改迁范围之后、进行电力管线改迁设计方案前，还需进一步搜集改迁范围内管线勘察单位的详细勘测资料和管线权属单位的电力管线信息台账，并利用专业知识判别资料的准确性和管线物探资料与权属单位电力管线信息台账资料的一致性，以确保电力管线改迁设计输入资料的准确性，避免仅仅依据物探资料开展设计而出现电力管线数量差异、电压等级差异，以及电力管线的敷设方式差异。由于地铁工程施工周期较长，还需对地铁施工范围内在建及拟建电力管线数量和工期做到统一规划。

实测资料是电力管线改迁设计的主要依据。实测资料是指在轨道工程范围或区域改迁范围进行的地形地貌测绘及地下管线勘探形成的资料，包括地形地貌的实测资料、地面电力设施设备及其相关附属设施的实测资料和地下管线勘探的实测资料。

搜集资料的对象主要是供电企业单位，少数用户专用站的线路（如专用变电站、专用线路）为电力管线的权属单位。搜集资料的范围包括电力管线建设之初的设计、竣工等资料，以及电力线路地理接线图。特别注意的是，不要遗漏对供电部门或政府其他部门的年度投资在建项目设计资料的搜集及对在地铁工程建设周期内的规划建设项目资料的搜集。

现状资料的分析、确认，包括对搜集的电力管线资料与地下管线探测的资料进行互相核对分析、确认，以及对地下管线探测成果自身的分析、确认。电力管线分析与其他管线分析的区别在于线缆的识别，这是最重要也是风险最大的一环，线缆所在的电缆管沟中常有积水、淤泥，或是原本采用了直埋敷设，这些线缆长期运行后，无法确认线缆起止端，加之多条线缆并行或是交叉缠绕，标识脱落，无法直观判断其具体馈线号或线路名称，一旦出现任何识别差错，除了会给后期工程实施办理停电操作及停电计划的编排带来问题之外，还会对现场施工人员的人身安全造成危害。因此，线缆的识别尤为重要。电缆识别应以带电识别为主，辅以停电识别。电力 GIS 图是由供电部门在电力工程竣工后的电子化移交成果中生成的，可能会存在录入人员的录入不准确或遗漏等问题，造成 GIS 图与现场实际情况存在出入，或存在其他用户工程竣工后未在电力 GIS 上录入的情况，因此有必要向相关电力设计单位进行确认和二次收集资料，一是为了解近期是否有对现状电力管线影响的改造工程，二是为了核实 GIS 的准确性。同时还需要对管线探测成果中的电力线缆数或管块规格、线缆截面或线缆规格进行分析、确认。

另外，电力线缆探测有别于其他管线探测，电力线缆本身既是被探测管线，又是管线探测的干扰源，多条带电的电力线缆交叉纵横影响探测信号会导致管线探测的结果存在不确定性。因此有必要将探测结果与 GIS 对照核实，有偏差时，需要通过物探单位会同供电部门进一步重新探测现场，并结合搜集的管线资料做出综合分析。

电力管线改迁工程中设计人员在现状资料搜集完毕后，也需要且有必要进行现场实地踏勘，利用设计经验将所搜集的各种资料与踏勘比对，对设计范围内的地形及管线进行核实，有时还需要反复踏勘核实，有疑问时还需走访主管单位，与相关主管单位确认，为电力管线改迁设计方案制定奠定基础。

3）城市电力网络分析

对改迁范围内现状电力系统网络、电力系统运行方式及相关站点管线规划资料应进行详细分析。

城市电网是一个多电源、多用户、多功能、高密度、大负荷的网络系统。随着我国国民经济的发展，人民生活水平的提高，城市用电量不断增长，特别是大中型城市，城市用电负荷密度相应增高，居

图 5-46 电力架空线走廊实景

民用电比例逐年上升,而城市电网的建设却相对滞后。

对于城市来说,地下空间十分宝贵,给水、排水、热力、电力、通信(含交通信号、公共监控)、燃气、石油及其他物料输送等管线都需要占用地下空间,所以城市电力走廊特别紧张,扩建困难。另外,随着城市发展建设需求和景观要求的日益提高,很多地方政府对于早期建设的 10kV 电力架空线和 110kV 架空线路逐步改迁下地,进一步造成地下电缆通道资源紧张。电力架空线走廊实景如图 5-46 所示。

以某市为例,现状架空线及变电站占地面积约 126.4km²,占全市面积的 6.3%,预计远景电力设施占全市面积将达到 10%。已开发用地面积 917km²,剩余可开发面积仅 86km²,未来电力需求及电力设施用地矛盾突出。

(1)规划分析

城市电网规划年限与国民经济发展规划和城市总体规划的年限一致,一般分为近期规划(5 年)、中期规划(10～15 年)和远期规划(20～30 年)三个阶段。

近期规划着重解决城市电网当前存在的主要问题,逐步满足负荷需要,提高供电质量和可靠性。要依据近期规划编制年度计划,提出逐年改造和新建的项目。

中期规划与近期规划相衔接,预留变电站站址和通道,着重将现有城网结构有步骤地过渡到目标网络,并对大型项目进行可行性研究,做好前期工作。

远期规划主要考虑城市电网的长远发展目标以及电力市场的建立和发展,进行饱和负荷水平的预测研究,并确定电源布局和目标网架,使之满足远期预测负荷水平的需要。

地铁工程从前期设计到建设完成的周期一般为 5 年左右,而随着地铁的建设,沿线用电负荷会快速增长,所以地铁工程配套的电力改迁需满足城市电网近期电力规划的要求,并结合中期规划需求,以保证工程建设期内沿线地块的用电需求,为未来城市电网发展创造有利条件。

(2)规划综合运用

城市电力规划一般包括电力需求预测、电源规划选择、电力平衡和电力走廊(管沟)规划等内容。对于地铁配套电力改迁工程来说,电力需求预测和电力走廊(管沟)规划是重要的输入资料。

在工程建设期内的临时改迁阶段,电力管沟通道规格除满足现有使用需求外,还应结合近期电力需求预测,以满足经济性要求和工程建设期内用电需求。

建设完成后的恢复阶段,应符合当地电力走廊(管沟)规划(图 5-47),结合其他专业市政管线位置和上阶段的改迁范围,尽量保证在地铁工程范围内的电力管线一次性建成,避免"拉链式马路"。特别是对于城市主干道、繁华地段道路和规划道路,应在设计时尽量满足规划,并做好过路管线预埋工作,避免后期重复开挖、顶管及其他项目施工不便。

图 5-47 电力走廊(管沟)规划图

（3）安全运行要求

电力系统运行的基本要求为安全、可靠、优质、经济。安全和可靠是最基本也是最重要的要求。

地铁工程涉及的改迁工作主要为变电—配电范围的220kV、110kV电缆（架空）线路和配电—用户范围的20kV及以下电力电缆（架空）线路和电力设备等。

220kV、110kV电缆（架空）线路安全运行非常重要，若该段线路故障，影响范围特别大，故地铁工程施工范围内的220kV、110kV电缆（架空）线路的保护或改迁方案一定要安全可靠，避免大范围停电事故的发生；配电—用户范围的20kV及以下电力电缆（架空）线路和电力设备与居民和工业用电直接联系，且电力线路和电力设备繁杂，发生事故的概率也比较大，是各地供电管理部门运行管理的重点。

地铁工程配套的电力改迁施工本身存在一定风险，如施工过程中可能涉及地下其他管线（尤其是燃气管道），如果探查不明、不准，保护措施不到位，就会发生设备、人身事故；停电改迁时，涉及停电线路的识别和切割，一旦误切，就会造成重大人身伤亡和大面积停电事故；架空线路工程施工经常涉及人工挖孔桩、组塔、架线和大跨越、带电跨越，如不注意，就会发生深基坑坠落、高空坠落、倒塔和触电等重大事故。且施工现场环境相对恶劣，其他专业施工外力破坏电力电缆事故时有发生，须采取保护警示措施，确保电力设施安全运行。

随着现代科技发展，人们生活生产中处处离不开电，且地铁工程配套的电力改迁多在大中型城市中心，若因地铁工程施工造成停电事故，可能会造成重大经济损失和不良的社会影响，所以电力改迁方案选择和实施过程中必须做好安全风险管控工作，把安全和可靠放在首位。

另外，由于地铁工程建设期较长，电力改迁设计方案需满足其施工期内的电力设备增容、电缆管沟扩建等施工要求，并符合当地供电管理部门的要求。

4）电力管线改迁风险评估

电力管线改迁风险评估是指依据相关权属单位规范规程对拟改迁的电力管线编制《改迁风险评估报告》及办理相关改迁手续。

在对地铁工程改迁范围内的电力管线进行全面的了解后，需对电力管线改迁方案做出综合的风险评估及考量。在做风险评估时需以安全为最基本的原则并结合地铁建设实施周期，尽可能对电力管线改迁过程中存在的每一项风险及其应对措施做出相应的预判，并编制风险评估报告，报建设单位及权属单位。

电力是人民生活的最基本保障，在电力管线改迁过程中停电是不可避免的。特别是针对高压输电线路的改迁，停电周期长，影响范围广，社会阻挠因素多，对其改迁风险的评估更显得尤为重要。配电线路改迁风险评估时，需尤其注意对高可靠性线路及专用线路的风险评估。风险评估需与供电部门及相关权属进行沟通，了解供电负荷的周期性，尽量在低负荷时期改迁线路。风险评估可参照"关于加强重要电力用户供电电源及自备应急电源配置监督管理的意见"根据不同等级用户的重要性进行编制，主要有以下情形：

（1）特级重要用户是指在管理国家事务工作中特别重要，中断供电将危害国家安全的用户。

（2）一级重要用户是指中断供电可能产生下列后果之一的：

①直接引发人身伤亡的；

②造成严重环境污染的；

③发生中毒、爆炸或火灾的；

④造成重大政治影响的；

⑤造成重大经济损失的；

⑥造成较大范围社会公共秩序严重混乱的。

（3）二级重要用户是指中断供电可能产生下列后果之一的：

①造成较大环境污染的；

②造成较大政治影响的；

③造成较大范围社会公共秩序严重混乱的。

除了需以供电的安全性、可靠性来进行风险评估外，不可忽略的是也须考虑地铁建设的安全性、经济性及施工工期等众多因素。电力管线的改迁对环境影响、水土保持影响、城市景观影响均是风险评估中需考虑的内容。

5）电力管线改迁信息反馈及建议

电力管线改迁信息反馈及建议是指提取重大电力管线信息、重要控制性因素及重大风险因素反馈给各车站、区间、场段主体设计单位及其他专业前期工程设计单位。

在经过一系列的电力管线改迁分析及风险评估后，对于电力管线改迁的重大风险源、可行性及控制性因素须及时与地铁工程总体设计单位及其他各市政管线专业设计单位沟通，给出合理化建议，共同确保电网安全运行与地铁建设的协调发展。如对于改迁风险较大的电力管线，要有风险可控且易于实施的保护（改迁）方案，否则须协调其他专业采取避让或改变工法等措施，确保电网安全运行；对于改迁电缆数量特别多，分批停电时间长，施工时序难以满足地铁工程主体施工的，应配合地铁工程总体设计单位做好分段施工的设计方案，以保证停电计划和停电范围满足当地供电管理部门的要求。

5.4.2 电力改迁配套工作

1）环评报告及水土保持报告对设计方案的影响

地铁工程改迁项目中涉及电力管线电压等级一般有10kV、20kV、110kV、220kV等。其中，110kV、220kV电力线路为城市供电的主干网络。

根据国务院《建设项目环境保护管理条例》规定，为了防止建设项目产生新的污染、破坏生态环境，送（输）变电工程500kV及以上、涉及环境敏感区的330kV及以上的项目应当编制环境影响报告书，对建设项目产生的污染和对环境的影响进行全面、详细的评价；送（输）变电工程其他电压等级（不含100kV以下）的项目应当编制环境影响报告表，对建设项目产生的污染和对环境的影响进行分析或者专项评价。

按目前国家相关法律、法规要求，在建及改扩建的110kV、220kV项目均需完成项目环境保护及水土保持专项报告。110kV、220kV项目另需办理项目规划用地，按照市规划部门要求，环境保护及水土保持专项报告批复也是规划报建的前置条件。

随着城市经济发展和更新改造项目的不断增多，原有供电设施的供电能力已难以满足区域用电负荷增长及城市发展的需要，须新建更多的输电线路才能满足经济发展和用户的用电需求。而因专业知识的匮乏，直接导致居民谈电色变，对于110kV、220kV输电线路，尤其是对架空线路居民极其敏感。110kV、220kV项目的环境影响评估已成为解决居民问题、维护社会稳定的重要内容。

例如，在某市地铁一个站点的110kV双线架空线改迁工程以及某市地铁主变电所工程，工程项目推进过程中均遇到了较大的阻力。在解决问题的过程中，居民均要求提供环评报告。现所有涉及110kV、220kV的电力管线改迁工程及主变电所工程均需单独进行环境影响评估，对后续各城市地铁项目起到重要引导作用。

对于低山丘陵地带，主要为花岗岩上发育的赤红壤地质条件，由于其抗冲刷性差，在雨季常见水土流失现象。工程项目中，应充分考虑改迁方案沿线的地质情况，避免选择未进行保护的边坡区域，避免项目对易产生水土流失区域造成扰动。当线路路径选择困难时，应采取措施对影响区域进行有效的水土保持。

塔基挡墙及植被恢复如图5-48、图5-49所示。

图5-48 塔基挡墙

图5-49 塔基挡墙及植被恢复

2）电力改迁的社会稳定风险

电力管线改迁的风险主要有社会稳定风险、工程经济风险和施工安全风险。通过对电力管线改迁的社会稳定风险进行技术总结，使得项目建设单位在地铁工程建设过程中有效规避电力管线改迁引起的相关社会稳定风险。

通常地铁建设工程在前期可研阶段均会进行社会稳定风险分析，对项目进行合法化分析、合理化分析、可行性分析、可控性分析等，但这些分析基本未涉及前期工程，因此在地铁建设工程前期可研阶段社会稳定风险分析时应考虑前期工程部分，特别是地铁工程涉及整个行政区域甚至整个城市电网供电安全的电力管线改迁时应进行相应的评估及风险分析。

首先，应确保电力管线改迁项目的合法性，地铁工程上报国家发改委立项时应包含前期工程或前期工程已报地方发改委单独立项，并获得相应的立项批文。项目建设单位在项目申请阶段、编制项目前期可行性研究报告阶段需对电力管线进行改迁可行性方案评估、社会风险分析。电力管线特别是架空输电线路的改迁方案应与城市电力总体规划相协调，与城市土地利用、风景名胜、重要文物古迹、重要矿产、水源保护区、城市居民居住区相协调。因此在轨道交通工程可行性研究报告编制阶段应对沿线可能涉及改迁的电力管线改迁开展环评、水保报告的编制，并获得相关批文，以作为后期办理规划方案核查、规划用地选址意见书、用地许可、工程规划许可证等相关手续的前置条件。通常项目未取得相关启动合法性手续，将导致后期的各项行政审批手续无法落实，进而导致后续存在非法设计、施工的质疑声音。无法保证线路的合法化，可能造成相关社会矛盾。

其次，应确保电力管线改迁项目建设程序合法化。地铁建设工程为国家批复重点工程，通常工期为5年，而前期工程作为整个工程的一部分，从设计、施工到竣工，一般为半年到一年的时间。由于电力管线特别是110kV及以上电压等级的电力管线，市民对专业知识缺乏深入的了解，通常会夸大电力线路，特别是架空线路电磁辐射对人身健康的影响，对房价和景观的影响，进而发生阻止现场施工、游行示威，甚至引发社会冲突的情况。因此前期工程获得发改委立项批文以后，电力管线改迁应按合法程序委托有资质的电力设计单位完成前期工程中电力管线改迁工程的"可行性研究报告"。电力管线改迁项目规划选址、用地预审核环境影响评价应完全按照《中华人民共和国城乡规划法》《建设项目用地预审管理办法》《中华人民共和国环境影响评价法》的有关规定向各行政主管部门开展，并取得各项政府批文手续。

此外，设计单位要考虑工程选址的合理性。在开展电力线路改迁方案研究阶段不仅考虑方案本身的技术问题,在满足规范要求的同时,还应考虑线路改迁选址对周边环境的影响,对可能发生的事情做出预判。随着经济的发展,人民对生活的追求和要求越来越高,市民对电力设备起火、爆炸、电磁辐射及电力线路对人身安全威胁的保护意识在不断加强。例如,在某市地铁改迁110kV架空线过程中,就因新建电缆终端塔(图5-50)位于某小区外东侧绿化带内,而引发周边小区居民游行示威,虽然设计方案无论是从投资、技术的角度,还是从工期的角度来说均为最佳选择,但却遭到周边居民的强烈反对和阻挠,导致110kV线路改迁无法继续实施,严重影响地铁施工,造成工期滞后数月,给相关参建单位造成重大经济损失。为确保工程的顺利建设及维护社会的和谐稳定,在政府部门协调下不得已而推动本条110kV线路全线架空改电缆线路的方案。

电网安全关乎民生和社会稳定,需考虑重要电力管线改迁对整个电网供电及运行安全的影响。例如某市地铁车辆段220kV改迁工程(图5-51),该220kV线路为某市西部电力主干线路,其停电将对电网安全和用电客户造成严重影响,需对两个行政区域安排错峰限电,停电期间需对其他16回线路开展Ⅱ级特维,对8回线路开展Ⅲ-A级特维,对30回线路开展Ⅲ-B级特维。其关系到某市大部分地区的用电,关乎市民的安全生产和生活,并非只是将电力线路路径走向改变位置再接上那么简单。

图5-50　110kV新建电缆终端塔

图5-51　220kV线路现状

5.4.3　电力管线改迁设计

电力管线改迁设计应符合地方行业主管部门管理要求,遵循地方行业主管部门对电力管线改迁的设计原则。各地电力管线行业主管部门对电力设施改迁的技术原则和要求均存在差异,但总体应遵循以下原则:

(1)电力管线改迁原则上不应降低线路、设备的可靠性和安全性,不应影响电网安全运行,不应改变电网结构。

(2)保障电力用户供电连续性及可靠性,尽量避免多次改迁,减少停电对用户的影响。

(3)电力管线改迁设计方案应充分考虑轨道交通建设过程中及建成后电力管线运行安全和便于故障抢修运维,以降低电力管线抢修对轨道交通的影响。

(4)110kV及以上电力线路为纯架空线路,原则上应采用架空线改架空线方案,如必须进行电缆化改造:

①针对纯架空线路长度较短的线路,应考虑全线改为电缆线路;

②针对改造长度较长的纯架空线路,应考虑电缆化改造至一侧变电站,或至少改造为一个完整的电缆交叉互联段(针对现场无条件电缆化改造至变电站的情况)。

(5)110kV及以上线路为纯电缆线路,原则上应以电缆改电缆的形式改迁,且不能增加电缆接头,即以电缆接地系统的一个分段整体作为一个最小改迁长度单位。

（6）110kV 及以上电力线路为电缆—架空混合线路：

①若涉及位置位于架空部分，原则上应采用架空线改架空线的形式；如必须进行电缆化改造，则应将改迁点至原线路电缆终端塔一段或至变电站段改为电缆线路，原则上不应增加电缆段数。

②若主体工程涉及位置位于电缆部分，原则上应采用电缆改电缆的形式。

（7）电力管线改迁方案应系统考虑地铁工程中的主体及附属工程、交通疏解工程以及大型排水箱涵改迁工程。

（8）电力管线改迁应考虑电网发展和电网规划需求，由于地铁施工周期较长，设计电力管沟容量需满足电网发展需求。

（9）电力管线恢复应充分考虑城市的远期规划和发展，避免地铁建成运营后对轨道交通运营保护区的重复开挖。

（10）对横跨地铁车站出入口通道且对结构施工影响较小的管道，原则上应尽量采用原位支托、悬吊保护设计。

（11）电缆沟加固区段及原位悬吊保护段如有电缆中间接头应将电缆中间接头迁出保护段范围外，以保障线路在地铁施工期间运行安全和便于故障抢修运维。

（12）对于交通疏解道路下的现状电力管沟，应根据交通疏解方案、周边现状管线及用地情况、现状管沟结构形式、埋深及运行状况来确定是否需要采取加固措施或临时改迁，加固方案应征求权属单位许可，保障线路运行安全和便于运维。

（13）因地铁施工影响需要临时废除的现状电力空管沟，应在恢复阶段按现状或规划通道容量要求进行恢复。

1）常见设计理念及方案

（1）悬吊保护

悬吊保护是指对跨越基坑范围的电力管线悬于刚性结构之上的一种施工保护措施，悬吊分为原位悬吊和移位悬吊。

原位悬吊保护是指现状电力管线不改迁，对管线采取保护措施后将其悬挂在基坑上方的方法，其既能保障地铁工程基坑正常顺利施工，又能保障电力管线安全运行。

移位悬吊保护是指现状电力管线不满足地铁车站基坑、围护结构施工条件，不具备原位悬吊保护或绕行改迁条件，而采取的一种较为节约投资的改迁方式。具体方式为将需悬吊的管线先改迁至原管位附近已建成的基坑围护结构上方，进行悬吊处理。

常见情况有：现状电力管线分布零散或埋深与主体结构冲突，影响基坑施工作业面较大，可将现状电力管线改迁至已建围护结构上方统一集中跨基坑悬吊保护，如图 5-52 所示。

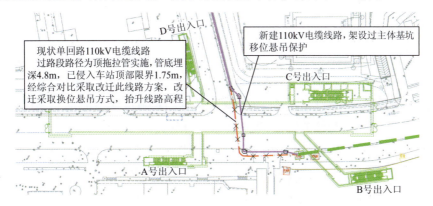

图 5-52 移位悬吊保护图

(2)原位支托

原位支托是指将现状电力管线敷设路径通过增加结构强度,支托于地铁主体基坑上方的处理方法。通常做法为将现状排管侧壁浇筑钢筋混凝土进行包封保护或在现状电缆沟侧壁进行钢筋混凝土包封保护,电缆沟底部临时插放铁板作为支托。电缆沟原位支托如图5-53所示。

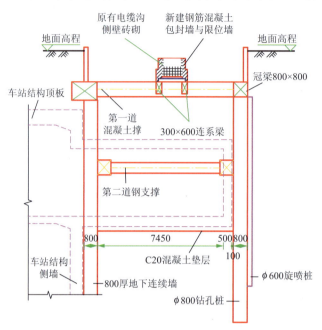

图5-53 电缆沟原位支托图(尺寸单位:mm)

(3)加固保护

加固保护是指根据地铁主体施工范围及交通疏解等条件,将位于区域内未涉及改迁的电缆管沟、电气设备基础进行加固保护处理。通常有原位加固电缆沟和原位加固电缆排管两种方式。原位加固电缆沟是指结合交通疏解机动车道路高程的降低,调整现状电缆沟净空尺寸,将电缆沟侧壁进行钢筋混凝土包封保护,将电缆沟盖板更换为加强型盖板。原位加固电缆排管是指将结合交通疏解机动车道路高程的降低,将排管进行混凝土包封保护,以满足车载要求,如图5-54、图5-55所示。

图5-54 电缆沟原位加固保护图

(4)管线迁移

电力管线迁移是指地铁主体及附属工程、交通疏解工程、大型排水管线工程等施工受制于现状电力管线,需通过对电力管线进行迁移的方式,保障工程能顺利实施。迁移方式分为临时迁移及永久迁移。迁移阶段将根据上述工程实施情况具体分析确定,迁移方案需结合现状电力管线影响范围,从可行性、经济性并结合近远期规划多方面综合考虑。

临时迁移是指受周边条件限制,为保证地铁工程的顺利实施建设,临时将管线改移至受影响区域范围外,但新建路由无法满足规划的管位、管径要求或管线迁移至用地红线范围外时,待管线受影响区域施工恢复后,管线再按规划恢复到原管位或合理工程范围内的一种改迁方式。临时迁移方案在满足工程需求及供电系统运行安全的前提下应减少其建设规模,缩减投资。

永久迁移是指结合所涉及工程的施工范围、建设时序、近远期规划等资料,以及改迁路径、建设规模,将管线一步改迁到位,减少管线的二次改迁,尽可能减少投资,保障工程顺利实施。

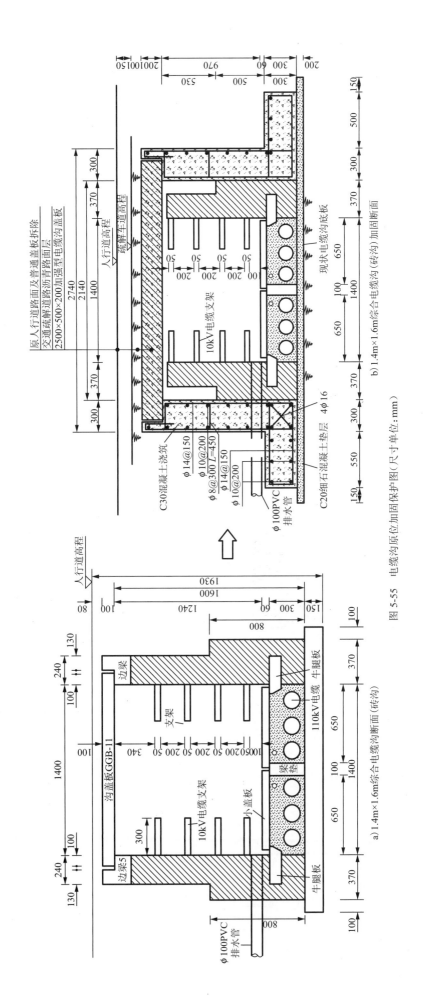

图 5-55 电缆沟原位加固保护图（尺寸单位：mm）

2）不同设计方案的技术经济对比

（1）技术经济对比表

各方案的技术经济比较详见表5-4。

各方案的技术经济比较　　　　　　　　　　　　　　　　　表5-4

类　型	悬吊保护			就地加固保护				管线迁移	
设计方案	原位	倒边	拨移	电缆沟	排管	设备隔离	支护	临时	永久
施工周期	较短	较长	较短	较短	便捷	较短	较短	长	长
安全性	低	中	低	中	较高	高	中	高	较高
技术经济	低	较低	低	中	高	低	低	低	较低

（2）电力管线改迁在轨道交通工程中的占比

电力管线改迁投资存在地方差异性，需结合当地用电负荷密度综合考虑。例如某市地铁工程，电力管线改迁投资占线路总投资的1%～2%。

3）主网案例分析

（1）某地铁线高架区间，现状110kV双回路架空线路为同塔架设横跨拟建区间，如图5-56所示，导线弧垂最低点距道路约为15m，高架区间轨面距离道路面垂直高约为12.2m，导线与轨面垂直净距约为2.8m，安全距离不满足规程要求，如图5-57所示。为保障轨道交通施工安全及电力线路安全运行，需将此线路进行改迁，根据上述条件综合考虑城市用地及停电方案，将该两回架空线路改造为电缆线路。本次改迁为永久改迁。

图5-56　某高架区间现状110kV双回路架空线

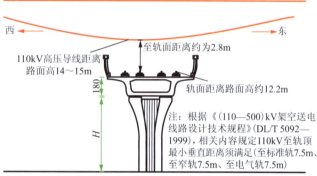

图5-57　某高架区间现状110kV双回路架空线同塔架设示意图

（2）某地铁线，现状单回路110kV电缆线路与拟建4座车站主体结构或附属结构冲突，且不具备悬吊或支托的条件。由于该线路影响范围较大，如分段、分阶段割接，则需多次停电，无法满足改迁要求且无法保证停电时间，投资较大，对线路运行易造成不稳定因素，对车站结构施工制约性较大，造成施工作业面困难等。因此结合该线路的敷设走向及影响范围，综合考虑决定对此线路采取区域道路绕行的方式，避开车站施工范围，为车站顺利施工及线路安全运营创造条件。本次改迁为永久改迁，如图5-58所示。

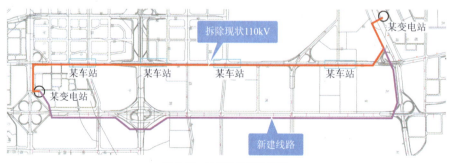

图5-58　110kV线路改迁图

4）配网案例分析

在地铁工程施工过程中，与主体施工作业面冲突的主要是城市配电网络。因为这部分线缆分布广泛、数量巨大，是城市电力网络的毛细血管，这部分的线缆改迁不仅关系到轨道交通工程的进度，也关系到城市居民的日常生活，所以设计人员在这部分工作上一定要做到精细设计、投资合理、满足规划。实例列举分析如下。

某地铁线，道路东侧人行道下1.2m×1.2m电缆沟内敷设了9回10kV电缆及通信光缆，电力管线呈东西走向，电缆分别与出入口结构、风亭相冲突。根据现状管线对车站结构施工制约因素及管线综合来分析，该车站电力管线分为临时改迁阶段及永久恢复阶段，临时改迁阶段将冲突线缆改迁至施工范围外，永久恢复阶段将临时改迁线缆结合规划资料回迁至道路红线范围新建管沟内，如图5-59所示。

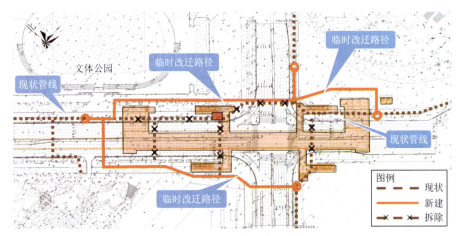

图5-59　10kV线路改迁图

5）电力改迁全过程案例

某市地铁站点位于一号路与二号路交叉口处，沿一号路东西向设置，呈东西走向。根据物探资料、电力管线权属单位资料及现场勘察得知，二号路南侧现状人行道下方为断面尺寸1.2m×1.2m砖砌电缆沟，沟内敷设有8回10kV电缆线路，与地铁站盾构吊出井及附属结构冲突，现状2回110kV电缆线路采用定向钻拖拉管形式横穿二号路；主体结构覆土3.0m，拖拉管上层管顶实测埋深6.5m，侵入车站结构；一号路东侧现状2回110kV电缆沿人行道下方断面尺寸1.4m×1.7m综合电缆沟敷设。电力管沟与地铁车站关系如图5-60所示。

（1）现状电力管线分析

①地铁建设与电力管线冲突分析

在获得管线物探、车站平断面图、围护结构等基础资料并对资料进行分析后，该地铁站有2回110kV电缆线路侵入车站结构顶板1.2m与车站主体冲突；8回10kV电缆局部与车站附属结构和围护结构相冲突。

②多渠道搜集资料，并对资料进行分析、核对

根据设计输入资料分析了解基本情况后，再进一步搜集供电部门近期的电力线缆及电力设备信息台账资料，经过资料对比以及现场踏勘的实际情况确认复核后，资料与现场情况一致、吻合。管线改迁施工范围内无其他燃气、箱涵、特殊光缆等重大控制性管线。

③城市电力系统网络分析

对该地铁车站范围涉及改迁的110kV及10kV现状电力系统网络结构、电力系统运行方式、运行

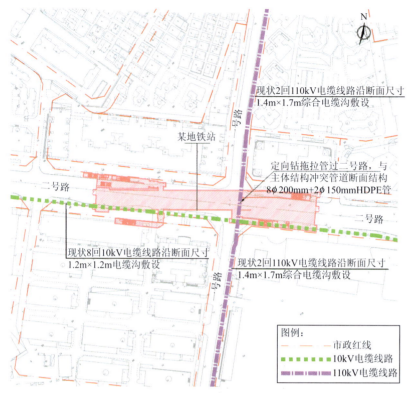

图 5-60 改迁前电力现状图

负荷及车站站点改迁范围相关管线规划资料进行了详细分析。通过对110kV拟改迁工期进行负荷分析,结合车站施工工期,尽量将110kV电缆线路停电时间安排在冬季用电低谷期。10kV线路均为环网结构,满足转供电要求。

④风险评估

依据电力设备运行要求和行业管理要求对拟改迁110kV输电线路编制《改迁风险评估报告》,并报行业管理部门评审和办理相关改迁申请。风险评估报告内容包括但不限于以下内容:

 a. 电力系统现状分析;

 b. 输电线路改迁对系统的影响分析;

 c. 输电线路改迁方案及工程设想;

 d. 输电线路改迁停电过渡方案及电网运行分析;

 e. 输电线路改迁对固定资产的影响分析;

 f. 输电线路改迁工期筹划分析;

 g. 输电线路改迁涉及的环评、水保分析;

 h. 输电线路改迁的规划和周边用地的分析。

⑤信息反馈及建议

经过一系列的分析及评估后,将相关信息反馈给主体设计单位及相关设计单位,与相关单位对改迁初步设想进行协调沟通,确保方案的可操作性。

(2)编制电力管线改迁初步设计

通过行业管理部门评审通过并取得申请许可后开展初步设计,确定新建电力管线改迁路径方案。首先与车站主体设计单位确认车站平面方案,并对现状电力管线周边场地条件进行核实确认,确定电力管线路径方案,并与其他市政管线进行综合考量,确保改迁路径的顺畅。针对现状8回10kV电缆采用一次到位改迁方案,对于横跨出入口通道位置,需与主体设计单位沟通横跨出入口管线结构形式和高程,以确保出入口通道施工期间10kV电力管线的安全运行。

针对现状2回110kV电缆改迁方案,在风险评估阶段已基本确定大致改迁方案:横跨车站基坑悬吊保护。在现状110kV电缆横跨车站基坑节点东侧首先施作两幅地连墙或围护桩,新建钢结构桁架横跨拟建车站基坑,新建110kV电缆管道沿桁架敷设,将拟需改迁的110kV电缆改迁至新建电缆通道敷设,确保110kV电缆高程与车站顶板结构和出入口通道高程不冲突,基坑开挖期间110kV电缆穿管悬吊在基坑上方,保证车站顺利施工及输电线路安全。改迁后电力平面如图5-61所示。

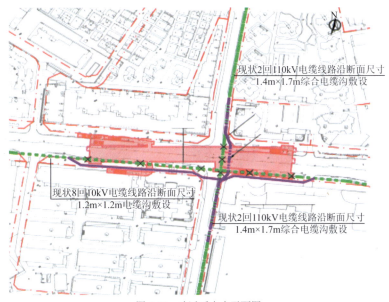

图5-61 改迁后电力平面图

6)常见的电力工程电气设备及配套土建

(1)常见电气设备及材料

①开关站:如图5-62所示,分为户内开关站、户外开关站,用于分配电能。

图5-62 开关站

②变配电站:如图5-63所示,分为室内配电站、箱式配电站及台架,是指电力系统中对电能的电压和电流进行变换、集中和分配的场所。

③柱上断路器:如图5-64所示,在配电网中主要起到断路、重合、分段的作用。

④电力电缆:如图5-65所示,用于传输和分配电能,常用于城市地下电网、发电站引出线路、工矿企业内部供电及过江海水下输电线。

⑤架空线路:如图5-66所示,架设在地面之上,用绝缘子将输电导线固定在直立于地面的杆塔上,以传输电能的输电线路。

图 5-63　变配电站　　　　　　　　　　　　图 5-64　柱上断路器

图 5-65　电力电缆

图 5-66　架空线路

⑥通信光纤：如图 5-67 所示，一般同步设置于电缆沟内或穿管敷设，架空线部分一般采用 OPGW 布设方式。

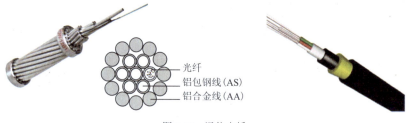

图 5-67　通信光纤

⑦电缆中间接头及终端头：如图 5-68 所示，满足线路完整连续的接点，电缆中间接头设置于线路中间部位，电缆终端头设置于电缆末端。

⑧避雷器：如图 5-69 所示，可保护电气设备免受高瞬态过电压危害并限制续流时间，也常限制续流幅值。

⑨绝缘子：如图 5-70 所示，是指安装在不同电位的导体或导体与接地构件之间的能够耐受电压和机械应力作用的绝缘器件。

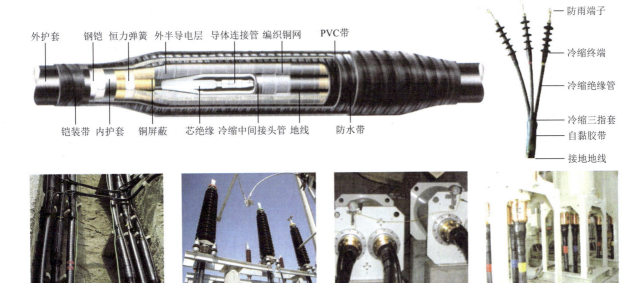

图 5-68 中间接头及终端头

图 5-69 避雷器图

图 5-70 绝缘子

⑩配网自动化通信终端：如图 5-71 所示，配网自动化系统是以馈线自动化为主的一种实时系统，系统包含配网自动化终端（DTU）、线路通信终端（FTU）等终端模块，通过通信网络将信号集合至控制系统，由配网控制系统进行"三遥"操作。

（2）常见电气设备设计选择原则

① 220kV 及以下电缆非金属外护层选用原则：隧道内及沟道内空气中敷设的电缆外护层宜采用低烟低卤（或无卤）阻燃型材料。

② 110kV 及以上电缆宜选用铜芯交联聚乙烯绝缘（XLPE）型，导体截面面积大于或等于 800mm^2 时应采用分割导体形式。110kV"三 T"接线网络，电缆截面面积不宜小于 1000mm^2。220kV 电缆截面应与规划负荷相匹配，其截面面积不宜小于 2500mm^2。

图 5-71 配网自动化通信终端

③ 10kV 电缆宜采用三芯交联聚乙烯电缆,外护套采用聚氯乙烯材质,并采用交联聚乙烯绝缘阻燃型电缆。中压电缆截面及材质选择应标准化。主干线规格:3×300mm²;支线型号规格:3×120mm²。

④ 中压电缆和低压电缆宜选用铜芯交联聚乙烯绝缘型四等芯电缆。主干线规格:4×240mm²;支线型号规格:4×120mm²。

⑤ 10kV、20kV 架空线路应采用架空绝缘导线,导线采用铝芯交联聚乙烯绝缘导线。主干线规格:185mm²;支线型号规格:120mm²。

⑥ 低压架空线路宜采用 BVV 型绝缘线。低压架空线路采用三相四线制供电方式时,中性线截面应与相线截面相同。

⑦ 10kV 线路通信光纤宜采用 24 芯管道光纤,110kV 及以上线路通信光纤宜采用 48 芯管道光纤,光纤宜穿阻燃 PE 管敷设。

⑧ 所有新制作电缆中间接头应安装阻燃防爆壳,外壳需采用复合型防火材料,燃烧性能等级达到 V0 级,须具备良好的抗水浸功能,在完成 20 次冷热水循环实验后进行 20kV 直流电压 1min 试验,不应被击穿。

⑨ 110kV 户外电缆终端宜选用座式安装终端,终端外护套宜选采用硅橡胶外护套,终端内宜采用充油绝缘介质,防污等级 E 级。

⑩ 独立建筑配电室内的油浸式变压器应选用 13 型及以上系列低损耗油浸全密封变压器。单台油浸变压器容量不宜大于 630kV·A。

⑪ 楼内配电室宜选用 11 型及以上系列低损耗干式变压器,单台容量不宜大于 1250 kV·A。

⑫ 箱式变电站宜配置单台变压器,其容量不宜超过 630 kV·A。

⑬ 环网柜原则上要求安装配网自动化装置等设备。

⑭ 低压开关柜宜选用母线区、设备区和电缆区互相隔离的抽出式开关柜,设备导体均绝缘封闭。

⑮ 低压开关柜进线、联络开关宜采用框架开关,出线开关宜采用塑壳开关。进线开关宜采用分励脱扣器,不宜设置失压脱扣功能。

(3) 常见电力工程配套土建

① 电缆沟:如图 5-72 所示,为封闭式、盖板可开启的电缆构筑物,盖板与地坪相齐或稍有偏差。

图 5-72 电缆沟

② 电缆隧道:如图 5-73 所示,容纳电缆数量较多,有供安装和巡视的通道,为全封闭型的地下构筑物,常见结构形式有圆形、矩形。

③ 综合管廊:如图 5-74 所示,建于城市地下,用于容纳两类以上城市工程管线的构筑物及附属设施。综合管廊又分为干线综合管廊及支线综合管廊。其中,干线综合管廊用于容纳城市主干工程管线,是采用独立分仓方式建设的综合管廊;支线综合管廊用于容纳城市配给工程管线,是采用单仓或双仓方式建设的综合管廊。

④ 保护管:如图 5-75 所示,根据规划电缆根数一次建成多孔管道的地下构筑物,常见于电缆排管。

图 5-73　电缆隧道

图 5-74　综合管廊

图 5-75　保护管

⑤电缆直埋敷设：如图 5-76 所示，把电缆敷设至开挖好的壕沟或预制槽盒中，沿线在电缆上下铺设一定厚度的细砂或土，然后盖上保护板或槽盒盖，最后回填夯实至与地面齐平。

图 5-76　电缆直埋敷设

⑥杆塔：如图 5-77 所示，分为电杆和铁塔两大类。

⑦架空线杆塔基础：如图 5-78 所示，分为塔基础和杆基础两类。塔基础主要分为承台基础、阶梯基础、斜柱基础、锚杆基础、沉井基础等类型，杆基础主要分为掏挖基础、套筒基础、底拉卡盘基础等类型。

图 5-77 电杆和铁塔

图 5-78 架空线杆塔基础

（4）配套土建设计原则

①主网电缆沟应采用钢筋混凝土结构，双回路综合沟或四回路专用沟内空尺寸应按 1.4m×1.7m 设计，双回路专用沟应按 1.4m×1.0m 设计，单回路专用沟应按 0.8m×1.0m 设计。

②配网电缆沟应根据线缆数量，参考国家电网、南方电网进行设计。

③管材种类主要有四类：有机高分子材料电缆保护管，如碳素波纹管、PVC 管、MPP 管、HDPE 管等；金属材料类电缆保护管，如热浸塑管、涂塑钢管、镀锌钢管等；树脂基纤维增强复合材料类电缆保护管，如玻璃钢管、BWFRP 管等；水泥基纤维增强复合材料类电缆保护管，如低摩擦纤维水泥管、维纶水泥管等。

④110kV 及以上电缆线路与架空线路的连接首选终端场方式，220kV 线路必须采用落地式电缆终端设计，且应建造围蔽建筑或围栏。

⑤主网杆塔城区常规结构布置形式：110kV 和 220kV 塔头采用垂直伞形布置，220kV 同塔四回路垂直排列。

⑥杆塔处于人员活动密集区时，应安装防攀爬设施。钢管杆及钢管（组合）塔可采取防坠落等安全措施；必要时在横担下平面处的塔身设置脚踏板（具有防滑功能）和扶手，沿钢管主材设置保险挂环。塔高超过 45m 时需加装休息平台，全高 70m 以上的塔可设置直爬梯。

5.5 通信管线改迁工程

5.5.1 通信系统分析

通信系统由通信设备、通信管线和通信终端三部分组成。其中，通信管线包括通信管道、通信线缆及配套设备等。通信管道主要包含管沟及人（手）孔等；通信线缆分为通信光缆和通信电缆两部分。通信光缆按纤芯大小规格主要包括 576 芯、432 芯、288 芯、144 芯、96 芯、72 芯、48 芯、24 芯、12 芯、

6 芯等。按线对大小，通信电缆规格主要包括 2400 对、2000 对、1600 对、1200 对、800 对、400 对、100 对、50 对等。通信线缆常用的敷设方式有架空敷设、沿墙敷设和管道敷设。通信配套设备主要包括光、电缆配线架，光、电缆交接箱等。通信基站主要包括室外宏基站和屋面微基站。目前通信线缆以通信光缆为主。

1）地铁建设与通信管线冲突分析

通信系统与地铁建设的常见冲突与其他种类管线类似，详见 5.1.1 节 "3）地铁建设与管线的关系分析"，在此不再赘述。

2）搜集资料及信息反馈

在确定了改迁范围和改迁数量之后，还需进一步搜集改迁范围内管线权属单位的通信管线信息系统（GIS 系统）资料，并判别现场勘察资料、管线物探资料与权属单位通信管线信息系统（GIS 系统）资料的一致性，以确保通信管线改迁设计输入资料的准确性，避免出现工程量的较大差异。由于地铁工程施工周期较长，还需对地铁工程施工范围内拟建通信管线数量和工期做到统一计划。

勘察资料是通信管线改迁设计的主要依据。勘察资料是指在轨道主体工程地形和管线物探资料外，现场实地进行的通信专项勘察采集、整理后勘察资料。资料包括地铁工程施工、交通疏解、其他管线施工对现状地面通信管线和通信设备的影响范围、产权归属、工程数量、规格型号和路由走向等。

搜集资料的对象是通信管线权属单位。通信管线的权属单位主要有中国电信、中国移动、中国联通、有线电视等。所搜集的资料包括地铁工程沿线路段的通信管线建设设计、竣工资料，运营商滚动规划和年度投资在建项目资料以及在地铁工程建设周期内的建设计划项目资料。

资料的分析包括对现场勘察整理和搜集的资料与管线物探进行分析、核对，确保管线物探资料的准确性和一致性。如发现物探资料有误或物探资料缺失时，须及时反馈并要求主体勘察单位进行补勘，并及时完善物探资料。

3）城市通信网络分析

通信网络是城市高效、优质运转的重要基础，随着科技的进步，人们对通信网络的要求越来越高，不仅需要信号好、通话质量高，而且还要网速快等。为此，需对通信网络持续建设和不断优化。城市通信网络按照通信功能分为业务网、传送网、支撑网三部分；按照网络等级分为骨干网、中继网、本地接入网。其中，传送网是为各类业务网提供业务信息传送手段和提供传输通道。构成传送网的主要技术要素有传输介质（光缆、电缆、同轴电缆等）、传输设备等。而与地铁工程前期工程更为密切相关的是传送网中的通信光、电缆等传输介质，配套通信管道和通信光、电缆交接箱等配套设备。

由于给水、排水、热力、通信、电力、燃气、石油及其他物料输送管线都需要占用地下空间，导致城市通信管道资源紧张，扩建困难。所以，对城市地下空间需要提前规划，合理布局。

（1）通信管道网络分析

通信管道可分为进出管道、主干管道、分支管道和用户管道。目前常用的管材主要有塑料管、水泥管、钢管，而塑料管又分为双壁波纹管、栅格管、梅花管、硅芯管等。人（手）孔、通道是组成通信管道的配套设施。人（手）孔按容量大小分为大号、中号、小号三类，按用途分为直通、三通、四通和特殊角度的人孔。手孔的规格、型号较多。通道一般建设在线缆数量较多的位置。

早期的城市通信管道建设,均由国内各大运营商依据自身网络发展和演进,进行基础配套建设。管网的建设规模与建设周期均由各大运营商根据业务发展的需求和滚动规划而制定,所以早期道路上密布各家运营商的自有管网,包括自有管道和配套的人(手)井。后来,各大运营商为响应国家节能减排号召,节约资源,通常采用共享、共建管道建设模式,以及由政府组建独立的管道运营公司规划、统一建设、统一维护,由各家运营商根据业务发展需求进行购买。值得注意的是,由于各家运营商网络架构不同,末梢通信节点的建设规模和方案不同,分支管道的建设需求和规模也不同,所以在地铁建设中对分支管道的改迁需视不同运营商而对方案进行适当调整,以满足运营商正常运营和维护需要。

(2)通信线缆网络分析

随着通信技术的发展,通信有线接入网主要采用光纤作为主要的传输媒介。而国内各大运营商"光网城市"的建设主要采用无源光网络技术。光纤接入网可以划分为光纤到路边(FTTC)、光纤到大楼(FTTB)、光纤到户(FTTH)、光纤到办公室(FTTO)。

为了满足光网城市的建设需求,传统的接入网也相应地进行演进和发展,引入了综合业务区的概念,分区设立综合业务接入节点。围绕综合业务接入节点,建设光分配网络(ODN)网络。ODN网络一般按主干层、配线层和引入层三层架构规划和建设,遵循"分层、分区、适度超前"的原则,在满足全业务经营的形势下,同时也满足公众、政企客户等业务的综合承载需求。ODN网络主干层,根据地理环境和业务需求,以环形独占及共有纤芯建设模式为主,树形递减结构为辅;而配线层主要以树形递减结构为主。ODN主干层以288芯、144芯等大芯数光缆为主,并配套建设288芯或576芯光缆交接箱;配线层以96芯及以上光缆为主,配套建设144芯或288芯光缆交接箱。分层、分区示意图如图5-79、图5-80所示。

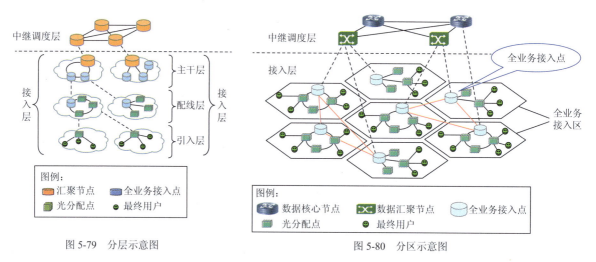

图5-79　分层示意图　　　　　　图5-80　分区示意图

地铁建设中通信线缆的改迁,除了涉及传统的通信中继光缆,更多地涉及接入网层面的光缆,包括为公众(FTTH)覆盖配套建设的ODN光缆网,以及基站接入光缆、政企客户光缆。这些光缆数量大、芯数多,改迁工作量大,需要仔细核实,避免遗漏。

4)通信网络规划分析

通信网络发展滚动规划一般为3年滚动规划。滚动规划按照通信专业划分为有线接入专业、无线专业、基础设施专业等。

有线接入专业规划:结合业务发展的现状以及对未来3年的业务发展预测,评估现有有线网络的接入能力,制定未来网络发展的目标,未来有线接入网的ODN网络建设方案、规模,以满足业务发展的需求。

无线专业规划：主要分析现有无线网络的覆盖情况、站点的资源情况，为满足未来无线覆盖需求，制定 4G 或者 5G 基站的补盲或新建站点建设规模，包括室内分布系统的建设规模及建设方案，制定相应的基站光缆承载方案。

基础设施专业规划：主要分析现有通信管道资源现状、管网资源瓶颈和问题，为其他专业提供基础配套管道建设，制定建设方案和规模。

地铁工程的建设周期一般为 5 年左右。所以，地铁工程配套的通信改迁需充分考虑各大运营商通信网络发展滚动规划，本着节约资源、避免重复开挖建设的原则，结合各大运营商的有线接入专业、无线专业以及基础管道设施中期规划需求，制定合理、经济的管线改迁方案，以保证工程建设期内沿线地块的各大运营商的通信业务需求。

5）通信系统管线安全运营要求

通信设施作为国家基础设施，为国家政治、经济、文化等各方面提供公共通信服务。通信设施的安全既涉及电信企业的利益，也涉及国家安全和社会公共安全。

地铁工程涉及的通信管线改迁主要以通信管道、通信光缆、通信设备以及通信基站四部分为主，所以通信设施改迁后，需要满足设施安全的相关规定。例如《通信管道与通道工程设计规范》（GB 50373—2006）、《通信线路工程设计规范》（GB 51158—2015）、《通信线路工程验收规范》（GB 51171—2016）等规范，对通信管道及通道、通信线路与其他设施之间的距离做出了强制性规定。

应制定经济、合理、安全可靠的通信管线改迁设计方案，使之符合地铁工程工程总体建设要求，同时保障改迁工作的安全，制定合理施工周期，缩短改迁时间，降低通信网络中断事故率，减小对社会的不良影响。

6）风险评估

在对地铁工程改迁范围内的通信管线进行全面分析后，需对通信管线改迁做出综合风险评估及考量。考虑到通信管线改迁，与深基坑开挖和燃气、水、电等危险管线的改迁均有关联，因此需要充分做好现场勘察工作，制订安全控制措施，做好安全防护工作。通过对管线改迁的风险评估，对风险进行分级，找出具有高风险的危险源，进行针对性的重点控制，保障改迁工程的安全性。

7）信息反馈及建议

经过一系列的通信管线分析及评估后，对于通信管线改迁的重大风险源、可行性及控制性因素须及时与地铁工程总体设计单位及其他各市政管线专业设计单位沟通，给出合理化建议。

设计单位需对现场管线探测资料进行进一步核实，并加强与各权属单位的沟通，使得现场通信管线、通信设施等原始数据作为设计输入资料准确无误。改迁设计方案符合地铁工程工程建设总体要求，做到安全、可行、合理、经济。

通信改迁方案初步确定后应及时反馈给前期设计单位和主体设计单位，加强与主体工程专业、交通疏解专业、电力、燃气、给排水专业等设计单位的沟通协调，确保最终的通信管线改迁方案与其他专业的改迁方案相协调。同时应配合地铁工程总体设计单位，制定通信管线的改迁工期，保障地铁工程的顺利实施。

5.5.2 通信改迁设计

为避免因地铁主体工程、交通疏解工程和其他专业管线改迁工程施工造成通信中断事故,影响正常通信,在符合地方行业主管部门管理和技术要求的前提下,通信管线改迁工程设计,总体上应遵循以下原则:

(1)按原标准还建的原则。在保证通信安全的前提下,对通信管线及其设施按等质等量的原则进行设计。

(2)影响最小的原则。在具备条件的前提下,尽可能采用保护方式,如需改迁尽量采用一次性改迁。

(3)权属清晰的原则。通信管线改迁工程设计应按原有权属单位及原有管道规模还建,以满足运营商的运营、维护要求。

(4)张弛有度的原则。临时通信管线满足本次改迁要求,数量和长度不做过多冗余。临时管道按同沟共井建设,管孔容量按满足现状缆线割接后再预留30%的原则考虑,通信杆路下地按原则不低于4孔通信管道的原则考虑,以满足通信的发展需要。

(5)符合规划的原则。永久管线改迁应结合规划要求并考虑可实施性。

1)设计要点

(1)迁移工程阶段,新建的临时通信管道按同沟共建建设,并提供给所有通信线缆权属单位使用。恢复工程阶段,通信管道应按原状恢复,确保管群和人(手)孔独立,便于运营和维护。

(2)为节约通信管孔资源,重要的通信光缆,如长途光缆、中继光缆、军用光缆等采用子管保护,其他光缆不考虑子管。

(3)在综合考虑安全、工期、费用的前提下,对重要通信线缆(如军用光缆、长途光缆、重要的中继光缆以及党政专用光缆)的改迁设计,可考虑利用现有路由绕行改迁并一次到位,不再回迁。

(4)同一条通信线缆,跨越相邻两个及以上站点时,施工图设计应尽量采用一次性同时割接,减少接头量并减小割接对通信网络的影响。

(5)制定线缆改迁方案时尽可能按在原有接头上割接来设计,距机房200m范围内,可延长到机房成端,减少接头。

(6)通信线缆的接头应合理分配,不应集中在现状同一人孔中,可往后推延若干个人孔。为解决缆线接头对现有人孔空间的影响,在条件允许情况下,可考虑建设专用的接头人孔。设计时须与其他管线专业做好管线综合工作。

2)常见设计方案

(1)悬吊保护

现状通信管线原则上尽量不改迁,悬吊保护就是一种解决方案。悬吊保护是指将通信管线悬于刚性结构之上的一种施工保护措施,悬吊分为原位悬吊和移位悬吊。

原位悬吊保护是指地铁工程施工期间将现状通信管线架设于车站或区间基坑的方式,是既能保障地铁工程基坑正常顺利施工,又能保障通信管线安全运行的一种保护措施,如图5-81所示。

移位悬吊保护是指现状通信管线不满足地铁工程线路车站基坑、围护结构施工条件,而采取的一种保护措施,如图5-82所示。当现状通信管线与主体结构冲突,影响基坑施工时,将现状通信管线改迁至已建好的围护结构上方悬吊保护。

图 5-81 原位悬吊保护图

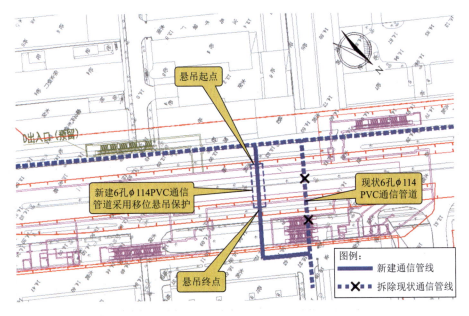

图 5-82 移位悬吊保护图

通信管线悬吊保护需提前将悬吊位置提交给主体设计单位，通信管线的悬吊设计方案由主体设计单位负责，保护设计方案由通信管线设计单位负责。

（2）加固保护

由于现状通信管线位于主体施工围挡范围及交通疏解道路上，不影响主体工程施工，只需对通信管线进行加固保护处理，以确保通信管线安全。通常的加固方式是：通信管道进行混凝土包封，通信人孔更换上覆，更换车行道井盖或建筑钢筋结构人孔。通信管道在一般地段采用混凝土三面包封加固，在地铁围挡内重型荷载区或交通疏解车行道下可采用钢筋混凝土加固。通信人孔在一般地段将上覆拆除，降低人孔壁高度，重新制作上覆，保证上覆完成后与道路平行。同时将井盖更换为车行道下重型井盖。特殊地段在地铁围挡内重型荷载区或交通疏解车行道下可修建钢筋混凝土结构人孔，确保通信管线的安全。通信管道的加固保护如图 5-83 所示。

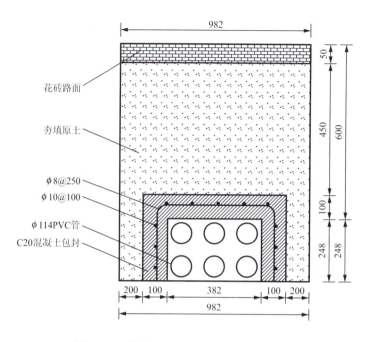

图 5-83 通信管道加固保护图(尺寸单位:mm)

(3)管线改迁

通信管线改迁是指受地铁主体及附属工程、交通疏解工程以及水、电、燃气管线改迁工程等施工影响,需对现状通信管线进行改迁,从而确保地铁工程主体工程和前期工程其他专业能顺利实施。通信管线迁移分为临时改迁和永久改迁。

临时改迁是指受周边条件限制及根据地铁工程基坑施工时序,不能同时满足主体及附属工程、交通疏解工程等建设时序的处理方法。主体临时改迁方案在满足地铁工程主体工程、前期工程其他专业需求,以及在保证通信网络畅通和安全的前提下,应减少其改迁规模,节约投资;待地铁工程主体工程和前期工程其他专业完成后,按原标准恢复至管线改迁前状态。如图 5-84、图 5-85 所示。

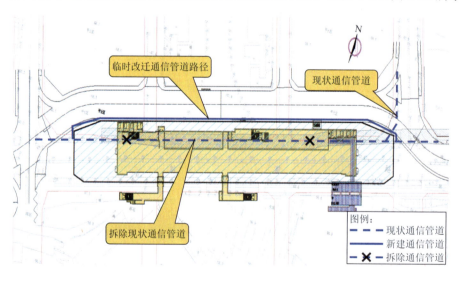

图 5-84 通信管线临时改迁阶段图

永久改迁是指涉及地铁工程的施工范围、建设时序、近远期规划等资料,在具备改迁路由和实施条件下将管线改迁一步到位,减少管线的二次改迁,从而降低对地铁工程主体工程、前期工程其他专业的施工影响,节约投资,保障工程顺利实施。如图 5-86 所示。

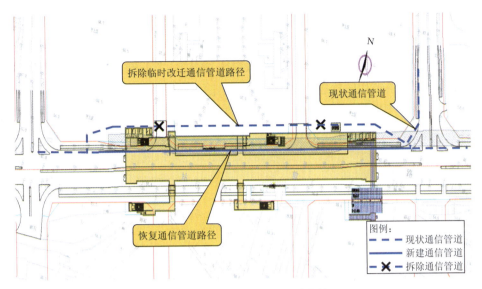

图 5-85　通信管线恢复改迁阶段图

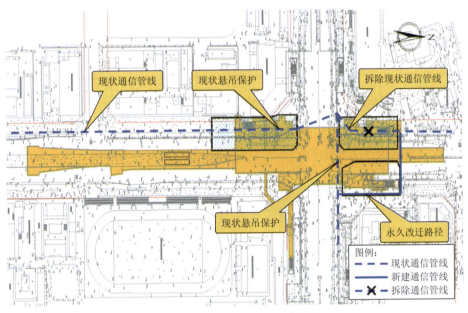

图 5-86　通信管线永久改迁阶段图

3）特殊设计方案

（1）军用通信线缆的改迁

军用通信线缆承担国防通信保障任务，线缆安全等级非常高，一般独立敷设在国防通信管道内，也有部分敷设在市政通信管道内。由于军用缆线敷设的路由位于市政道路上，与地铁工程建设冲突，需进行军用通信线缆改迁。为减少对军用通信网络的影响，同时不降低军用通信线缆传输质量，不宜对军用通信线缆进行多次割接和多段割接。因此，设计应考虑对涉及改迁的军用通信线缆选择其他线路，绕开地铁施工范围，一次性改迁到位。这样，既对军用通信网络和地铁工程的施工影响最小，又可缩短军用通信缆线改迁工程施工工期，且节约投资。绕行设计方案如图 5-87 所示。

（2）重要通信线缆的改迁

地铁工程施工时常常会涉及一些特殊通信线缆的改迁，由于其传输的数据重要、安全等级高，改迁时间长，影响地铁工程施工。以证券交易所通信线缆为例，该通信线缆负责证券交易数据传送，一刻都不能中断。考虑到此类通信线缆的特殊性，设计应考虑在改迁施工前新建一条通信线缆作为备用线缆，割接前先将通信业务跳接至新建的通信线缆上，割接后2条通信线缆同时存在，确保该通信线缆路由一主一备，从而保证传送数据的安全。设计方案如图5-88所示。

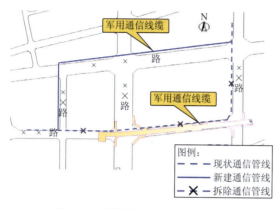

图5-87 军用通信线缆改迁图

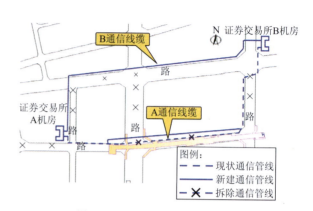

图5-88 重要通信线缆改迁图

（3）跨越2个站点以上线缆的改迁

在需要改迁的通信线缆中有部分线缆是直接沿着2个及以上地铁站范围敷设的，按正常改迁方案，每个站独立改迁一次，通信缆线至少增加2个接头，大大影响了通信传输质量，同时也不利于通信线缆施工。为降低对通信传输质量的影响，凡跨越2个及以上地铁站范围的通信缆线设计应考虑同步改迁，即一条通信线缆改迁一次，只做2个接头。这里需要特别注意的是，要协调好相关站点的通信管道同步施工，为通信线缆改迁提供条件。具体设计方案如图5-89所示。

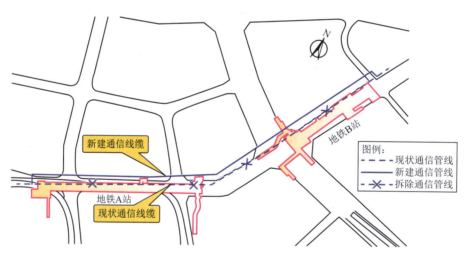

图5-89 跨越2个站点以上通信线缆的改迁图

（4）专用通信线缆接头人孔设计

通信线缆改迁由于现场数量众多，造成割接后两端的通信线缆接头在通信人孔内无法放置，通常考虑按照人孔大小放置一定数量接头后，通信缆线接头顺延至地铁范围外若干人孔内。这样不仅降低了通信管道利用率，还延长了通信线缆施工工期且增加了投资。为解决上述问题，设计人员应考虑在就近割接的现状人孔旁设计新建一个专门用于摆放接头的人孔。接头数量按人孔大小设置，大号人孔放置32个，中号人孔放置24个，小号人孔放置16个。专用通信线缆接头人孔位置的选定需与其他管线专业做好管线综合工作。设计方案如图5-90所示。

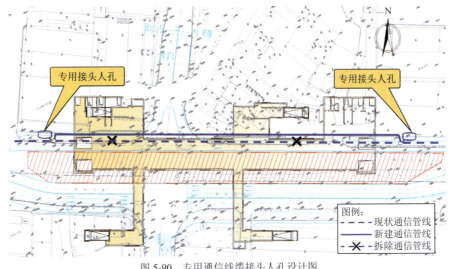

图 5-90 专用通信线缆接头人孔设计图

4）技术分析和经济对比

各种通信改迁设计方案的技术经济对比详见表 5-5。

通信改迁设计各种方案的技术经济对比表　　　表 5-5

类型	悬吊保护		加固保护		管线改迁	
设计方案	原位	移位	通信管道	人（手）孔	临时	永久
施工周期	短	短	较短	较短	长	长
安全性	低	低	中	中	高	高
经济性	低	低	中	中	低	较低

5）案例分析

某地铁站现状北侧 20 孔通信管道与主体工程的出入口直接冲突，现状通信管道内有通信线缆 55 条。为保障地铁工程顺利施工及通信管线安全畅通，此处通信管线需进行改迁。本站改迁方案为一次永久改迁，在第一阶段主体施工前，在北侧新建 20 孔管道，将通信线缆全部割接装入新建管道内，如图 5-91 所示。

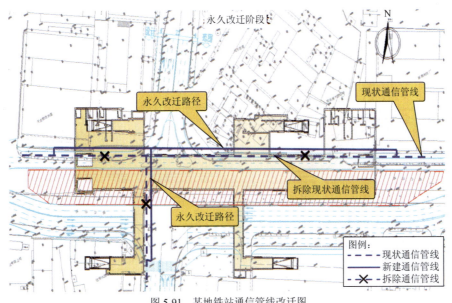

图 5-91 某地铁站通信管线改迁图

6）常见通信管材

（1）通信管道部分

①通信管材

通信管材应选用 $\phi 114\text{mm}\times 3.5\text{mm}\times 6000\text{mm}$ 实壁塑料管（PVC-U），车行道过路埋深小于 80cm 时外套 $\phi 125\text{mm}\times 3.5\text{mm}\times 6000\text{mm}$ 镀锌钢管，道路顶管施工时采用 PE 管，如图 5-92 所示。

a）塑料管（PVC-U）　　b）高密度聚乙烯塑料管（PE 管）　　c）镀锌钢管

图 5-92　常用通信管材

②新型通信管材

特殊情况下可采用新型 PVC-U 塑料扣管材料，扣管由两个 C 型管组成，选用 $\phi 120\text{mm}\times 3.5\text{mm}\times 6000\text{mm}$ PVC 管。扣管的作用是对破损管道进行修复，施工时直接外套在破损管道上。如图 5-93 所示。

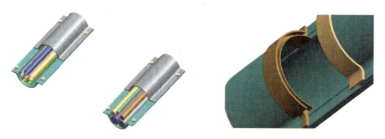

图 5-93　新型通信管材

扣管的作用为：

a. 保护原有通信管孔。外径小于 120mm 通信管均可以放在扣管内，起到保护原有通信管道的作用，如图 5-94 所示，主要应用于管道整体搬迁、平移的施工位置；对于仅需要挪动 1～2m 的通信管道；可采用通信缆线不割接方式，将整个管道平移 1～2m，然后采用扣管保护原有管孔。

b. 连接通信管孔。通信管孔破损后，采用扣管对通信管孔进行连接，保证原有管道的正常使用。如图 5-95 所示。

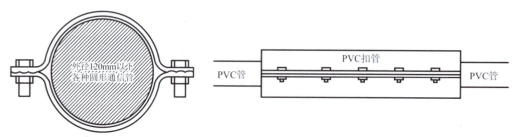

图 5-94　保护原有通信管孔的扣管　　　　图 5-95　连接通信管孔的扣管

c. 保护通信线缆。保护通信线缆主要用于人孔拆除、管孔破损、管道拆除，但通信缆线不改迁的情况。通信人井拆除、管孔破损后，人孔内通信线缆通过采用扣管保护，埋设于地下，以达到保护通信线缆的目的。对于有些通信线缆的临时改迁,也可采用破除管道、移动缆通信线的方式进行迁移保护,减少通信线缆的改迁。

③人(手)孔选用原则

6孔以下选用手孔(不含6孔),6~24孔(不含24孔)选用小号人孔,24~48孔(不含48孔)选用中号人孔,48孔以上选用大号人孔。

通信人(手)孔原则上采用砖砌。地下土质有流砂等特殊情况的人(手)孔,可采用混凝土结构;地铁围挡内重型荷载区和交通疏解道路下可采用钢筋混凝土结构。人(手)孔外部和内部如图5-96、图5-97所示。

图5-96 人孔外部和内部图

图5-97 手孔外部和内部图

(2)通信光缆部分

目前,通信网络传输信号的缆线已基本实现光缆全覆盖,以下将重点介绍通信线缆中的通信光缆,如图5-98所示。

①缆芯

缆芯内无铜线,光纤采用中心束管式或层绞式,缆芯内(束管)应全部填充合适的油膏,油膏应保证 -40℃(24h)时不固化,+70℃(24h)时不滴流。

②护层

图5-98 通信光缆

管道与架空光缆采用同一程式规格,即钢或铝—聚乙烯黏结护层。

③光纤识别和光缆端别标志

光缆内束管和光纤线序、端别应有不褪色、不迁移的色谱,并提供识别标志。其颜色选自表5-6规定的各种颜色,在不影响识别的情况下允许使用本色;松套管内光纤的序号按表5-6颜色序号排列。

光纤色谱识别表 表5-6

序号	1	2	3	4	5	6	7	8	9	10	11	12
颜色	蓝	橙	绿	棕	灰	白	红	黑	黄	紫	粉红	青绿

④光缆温度变化要求

在-40～+60℃温度范围内，1310nm和1550nm上测得所有光纤无衰减变化。

⑤绝缘电阻

光缆浸水24h后，外护套的绝缘电阻（护套内的最外一层金属护层与水之间）不小于2000MΩ•km，测试电压为直流500V。

⑥盘长要求

光缆盘长2000～3000m。

⑦光缆使用寿命

在常规条件下，光缆使用寿命不低于25年。

⑧光缆接头盒

如图5-99所示，应符合下列要求：

a. 接头盒应能重复开启且不影响其性能。

b. 接头盒应能满足架空型、管道型等各种结构光缆直通和分歧接续的使用要求。

c. 接头盒应具有良好的密封、绝缘、机械和温度特性。

d. 接头盒安装完毕后，应充入40kPa气压，在1000N轴向拉力或3000N/10cm侧向均匀压力条件下，不漏气、无变形和龟裂。接头盒内盘留光纤的曲率半径对光缆不产生附加衰减（测试1310nm和1550nm两个波长）。

e. 接头盒具有使光缆中金属构件（金属护层和加强芯）的电气连接、接地或断开的功能。

f. 接头盒固定安装方便，配备专用吊架。

g. 性能参数：光纤余长存放半径≥42mm，余长存放长度≥1m，使用温度范围为-28～+60℃，光缆接头盒主要指标应符合表5-7的要求。

图5-99　光缆接头盒图

光缆接头盒主要指标表　　　　表5-7

项目	密封性能	绝缘电阻	耐压强度
光缆接头盒	光缆接头盒内充气压力为100kPa±5kPa，浸泡在常温水容器中稳定观察15min，应无气体逸出或稳定观察24h气压表指数无变化	光缆接头盒沉入1.5m深的水中浸泡24h后，光缆接头盒两端金属构件之间、金属构件与地之间绝缘电阻应≥20000MΩ	光缆接头盒沉入1.5m深的水中浸泡24h后，光缆接头盒两端金属构件之间、金属构件与地之间在15kV直流电下1min不击穿、无飞弧现象

图5-100　光缆交接箱图

⑨光缆交接箱

如图5-100所示，应符合下列要求：

a. 光缆交接箱的型号、规格应符合设计要求。

b. 光缆交接箱密封条黏结应平整牢固，门锁开启灵活可靠；箱门开启角度不小于120°；经涂覆的金属构件其表面涂层附着力牢固，无起皮、掉漆等缺陷。

c. 光缆交接箱高压防护接地装置与光缆中金属加强芯及金属挡潮层及铠装层相连，地线的截面面积应大于6mm²。

d. 光缆交接箱高压防护接地装置与箱体金工件之间绝缘电阻不应小

于 $2\times10^4 M\Omega$,试验电压为直流 500V;耐电压水平不小于 3000V(直流电)1min 不击穿、无飞弧现象。

5.6 燃气管线改迁工程

5.6.1 燃气系统

燃气系统是指从长输管线到城市门站、高(次高)压管网、高(次高)中压调压站,再到城市中压管管网,最后到达用户的全部设施构成的系统。燃气管线改迁主要涉及燃气系统中的高中压燃气管道及其附属设施。目前国内城镇燃气气源主要以天然气为主。本节内容主要涉及以天然气为气源的燃气系统。燃气输配系统如图 5-101 所示。

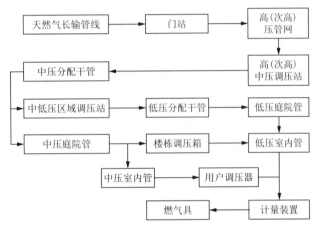

图 5-101 燃气输配系统示意图

燃气输配管道按管道设计压力的不同,可分为高压、次高压、中压及低压燃气管道,见表 5-8。

城镇燃气管道设计压力(表压)分级 表 5-8

名 称		设计压力(MPa)
高压燃气管道	A	$2.5 < p \leq 4.0$
	B	$1.6 < p \leq 2.5$
次高压燃气管道	A	$0.8 < p \leq 1.6$
	B	$0.4 < p \leq 0.8$
中压燃气管道	A	$0.2 < p \leq 0.4$
	B	$0.01 \leq p \leq 0.2$
低压燃气管道		$p < 0.01$

随着城市的发展,原属于城市周边的地区有可能发展为城区,新建地铁线路沿线范围内可能存在高压、次高压燃气甚至长输管道。而长输管道、高压及次高压管道承担着输气干管的任务,一旦改迁,影响面广且协调难度大。因此,在地铁线路研究阶段,就应对沿线施工范围及附近的高压、次高压等重大燃气管道及设施进行调查,对地铁线路与上述重大管线有冲突的地段采取有效解决方案,以便后续工作顺利进行。

1)现状燃气系统分析

在进行设计前,设计人员应实地踏勘,了解线路及周边的地形地貌、现状管线等情况,走访相关管线权属单位及职能部门,搜集沿线相关资料、了解各现状管线的供气情况。对勘察测量资料、搜集的资料及现场踏勘的实际情况等进行分析比较,对有疑虑的地方采取实地踏勘、复测、走访权属单位等手段进一步核实,使图纸上反映的现状管线尽可能详尽、准确,为下一步具体设计提供可靠依据。

图 5-102 为怀疑有误的现状管道测量资料图,从图中可以看出,在道路同一侧人行道下近距离平行敷设了 DN325 及 DN159 两根现状燃气管,不符合常规,疑有一根为废弃管道。经与燃气公司相关单位核实,两根管道为不同时序施工的管道,均正常供气,测量资料无误。

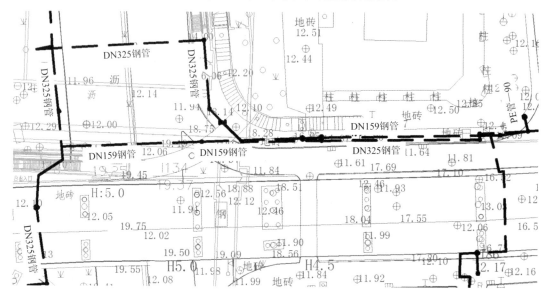

图 5-102　怀疑有误的现状管道测量资料图 1

图 5-103 为另一处怀疑有误的现状管道测量资料图,图中路口西北象限处 DN273 钢管与两端连接的 DN219 管径不同,不符合常理。经与燃气公司相关单位核实,该 DN273 管径有误,实际管径为 DN219。

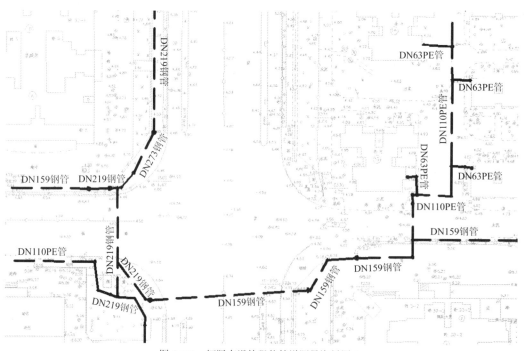

图 5-103　怀疑有误的现状管道测量资料图 2

2）燃气规划分析

（1）燃气规划的目的和意义

我国城市规划按规划层次可分为城市总体规划、分区规划、详细规划以及各类专项规划、布局规划等。市政燃气工程给城市提供生产和生活用气，直接关系到城市中各行各业的生产和生活。燃气规划是按照前瞻性的理念来进行设计的，目的是为了燃气工程的可持续性发展和能源的合理利用。因此，城市市政燃气规划有着重要的意义，不仅关系到我们的城市人居环境，更影响着我国社会可持续发展的进程。

（2）燃气规划综合应用

燃气规划中一般包括气源选择、压力级制选择、用气量预测、门站、调压站等场站位置选择以及燃气输配管网的布设等方面。与轨道前期工程中的燃气管线改迁有关的一般为燃气输配管网布设。燃气输配管网布设主要用到的信息有道路下的燃气管管径大小、管道数量、管道路径等。

燃气管线临时改迁只需保证不影响现状正常供气即可，故临时改迁管管径仅需维持现状管径大小。永久改迁的燃气管应根据改迁的实际情况来确定管道是否按照规划实施：

①永久改迁管线只是局部短距离改迁，如仅绕行风亭风井、出入口等建（构）筑物，改迁距离小，长度短，并很快与现状管线接驳的，在运营管理单位无特殊要求的情况下，可按现状管管径进行永久性改迁。

②永久改迁管线距离较长，或跨越交通繁忙的主干路口时，应尽量满足规划要求，按规划管径进行改迁。

5.6.2 燃气管线改迁工程设计

燃气管线改迁工程设计一般遵循以下原则：

（1）不降低用户的用气安全性。

（2）在改迁过程中应不影响现状管道的正常运行，否则需要考虑调整设计管位或布置临时替代管道。新改造干管应充分考虑周边地块现状支管的改接，不应出现遗漏和错接，保证不会因工程的实施对周边地块的正常生产、生活带来不便。

（3）对于交通疏解临时道路下的现状管道，根据管材及埋深确定是否需要采取加固措施。所有现状阀门井盖（座）一律按机动车车道要求更换为重型井盖。

（4）废除现状燃气管的起点、终点处应设盲板或管帽封堵；所有新设燃气管在未经得燃气管理部门的同意前，不得随意与其他现状管线接驳。

1）改迁方案设计

进行燃气管道改迁方案设计时应充分考虑片区现状管网情况、受影响燃气管道的供气状态、周边用户用气情况，结合地铁主体工程的施工工法、施工时序、交通疏解方案、周边用地情况等，制定合理改迁方案，并使方案切实可行。

（1）直接封堵

直接封堵，顾名思义，就是将受影响的现状燃气管道直接废除，两端封堵，待地铁施工完成后再按原管道功能进行恢复。很显然，直接封堵不须另找管位新建临时管道，减少了管道工程量，简化了施工工艺，节约了施工工期。在与权属单位充分沟通且不影响周边用户的前提下，可优先采用该方式。直接封堵方案平面示意图如图5-104所示。

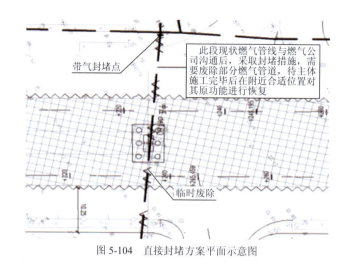

图 5-104 直接封堵方案平面示意图

(2) 局部改迁

一般情况下,现状燃气管绝大部分都接有用户,在地铁施工期间必须保证它们的连续贯通。在地铁主体施工前,应将影响地铁主体施工的现状管改迁至影响区域外。考虑到施工组织、征地等因素,通常将现状管改迁至原管道所处道路范围,这是管线改迁中最常用的一种改迁方式。

如图 5-105 所示,现状燃气管与地铁高架段桥墩有冲突,将有冲突的管就近改迁至道路车行道下方。

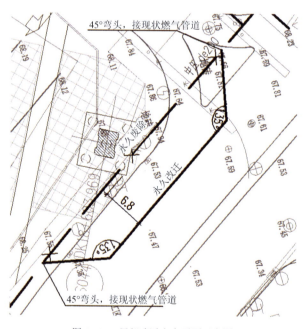

图 5-105 局部改迁方案平面示意图

(3) 系统改迁

部分地段受现状条件限制,原管位所在道路无法新建燃气管道,为了不影响周边用户正常用气,可以考虑从施工范围以外的周边管网上引入气源。

如图 5-106 所示,地铁主体采用开挖施工,图中东侧南北向的现状燃气管被截断且由于用地限制该段燃气管无法按原管网系统保持贯通。经调查勘探,周边区域现状燃气管网有条件为该片区用户提供可靠气源,为不影响片区内用户正常用气,从地铁施工范围外南北两侧的市政路上新建两段燃气管,引入气源。

图 5-106 系统改迁方案平面示意图

（4）原位保护

有些情况下，燃气管道并未处于地铁施工开挖范围，但由于交通疏解或地铁本身的施工工艺等原因，使管道上方的荷载大幅增加，对管道安全产生影响。在这种情况下，可对管道采取适当保护措施，避免或减少管道上方增加的荷载对管道安全的影响。燃气管道常用的保护措施有盖板涵保护及盖板保护。

①盖板涵保护

盖板涵保护是采用钢筋混凝土盖板及混凝土砌块侧墙，以"Π"字形结构形式，对单根现状管加以保护的常用技术措施，如图 5-107 所示。

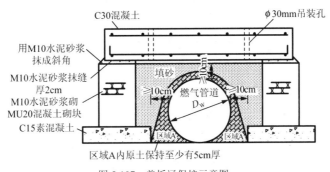

图 5-107 盖板涵保护示意图

②盖板保护

当现状管两侧有其他管线或构筑物，没有空间采用盖板涵的形式进行保护时，可采用钢筋混凝土盖板进行保护，如图 5-108 所示。钢筋混凝土盖板以"一"字形结构形式，可对多根现状管同时进行保护。

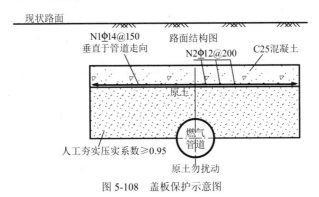

图 5-108 盖板保护示意图

(5）悬吊保护

当现状燃气管道处于地铁开挖范围内而改迁难度大，或者带气碰口、风险高时，经各相关部门认同，可在地铁施工期间对现状燃气管进行悬吊保护，待地铁施工完成后再进行回填恢复。

由于悬吊保护施工难度大、风险高，必须采取安全可靠的措施，确保施工期间管道运营安全和周边人员生命、财产安全，具体措施如下：

①施工前应根据管线物探资料，现场开挖探沟，进一步确认需悬吊管线及其周边现状管线的平面位置及竖向位置。

②降低燃气管附近活动程度，严格按照相关法规施工。

③管道裸露后受热胀冷缩的影响有变形、开裂的风险，站体土石方开挖震动对管道也有影响。须设置天然气泄漏检测装置及沉降变形检测装置，同时制定应急方案。

④施工现场严禁一切产生明火的活动，并根据相关防火、防震、防雷、防风、防洪、防触电等安全规定对现场进行布置，并设置合适的地面保护设施及清晰的管道走向标识。

⑤施工前中后期应对管道防腐层进行保护及检测，若有破坏，则应采取补救措施。

⑥吊机作业时原则上所有吊件禁止跨越管道上方。

⑦加强管理人员及现场工人教育及巡线频率。

燃气管道悬吊保护施工方案如图 5-109 所示。

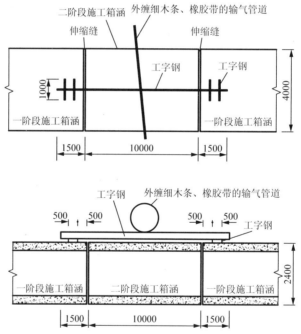

图 5-109　燃气管道悬吊保护施工方案示意图（尺寸单位：mm）

2）燃气管径确定

燃气管线临时改迁只需保证不影响现状正常供气即可，故临时改迁管管径仅需维持现状管径大小即可。永久改迁的燃气管应根据改迁的实际情况来确定管道是否按照规划实施：

（1）永久改迁管线只是局部短距离改迁，如仅绕行风亭风井、出入口等建（构）筑物，改迁距离小、长度短，并很快与现状管线接驳的，在运营管理单位无特殊要求的情况下，可按现状管管径进行永久改迁。

（2）永久改迁管线距离较长，或跨越交通繁忙的主干路口时，应尽量满足规划要求，进行改迁。

3）燃气管材选用

（1）管材种类

城镇燃气管道常用的管材主要有钢管、聚乙烯管、钢骨架聚乙烯塑料复合管、机械接驳球墨铸铁管。

①钢管

钢管按其制造方法的不同，可分为无缝钢管和焊接钢管。

无缝钢管没有焊缝，在性能上较焊接钢管有很大优势，价格相对较高。规格一般为DN15～DN600。

焊接钢管按焊缝形状的不同，可分为螺旋缝钢管和直缝钢管。螺旋缝双面埋弧焊钢管的焊缝受力情况良好，可用带钢生产大直径管道，但由于焊缝长度长，使产生焊接缺陷的可能性增加。直缝钢管与螺旋缝钢管相比，具有焊缝短、质量好、热影响区小、焊后残余应力小、管道尺寸较精确、易实现在线检测、原材料可进行100%无损检测等优点。直缝钢管又分为直缝高频电阻焊钢管（ERW）和直缝双面埋弧焊钢管（LSAW）。直缝双面埋弧焊钢管价格高于螺旋缝双面埋弧焊钢管，而价格最低的是直缝高频电阻焊钢管。

钢管的优点是力学性能好，抗拉强度高，延伸率大，抗冲击性能好，可采用焊接连接，气密性良好；缺点是易腐蚀、需防腐、使用寿命较短、投资大。

次高压及以上压力的燃气管应采用钢管。

②聚乙烯管

聚乙烯管具有良好的可焊性、热稳定性、柔韧性与严密性，易施工，耐土壤腐蚀，内壁当量绝对粗糙度仅为钢管的1/10，使用寿命长。它的缺点主要是耐温性差（-20～40℃）、抗紫外线能力差、在重荷载下易损坏、接驳质量难以采用无损检测手段检验、大管径管材价格较高。

近年来，聚乙烯管以其突出的优势被广泛用于中、低压燃气输配系统的地下管道中。

③钢骨架聚乙烯塑料复合管

钢骨架聚乙烯塑料复合管与聚乙烯管相比，由于加设骨架而提高了强度，使壁厚减薄或耐压程度提高，但在管道上开孔接管困难，且价格较高。

④机械接驳球墨铸铁管

机械接驳球墨铸铁管与钢管相比，主要优点是耐腐蚀、使用寿命长；缺点是质硬而脆，接驳处密封性难以保障，在管道上开孔接管困难。

（2）管材的选用

管材的选用应综合考虑城市燃气管道权属单位的意见、管材的技术经济指标、所处城市的气候、地质等因素，经综合比较后确认。

管材的基本选用原则：

①燃气管道管材选用应遵循相关国家规范及地方性技术规程。

②次高压及以上压力的燃气管道应采用钢管。

③中低压燃气管道的管材可综合考虑现状管管材、改迁管道长度、施工方便程度、管道使用条件等因素后确认。

4）燃气管线附属设施

燃气管线改迁中常见的附属设施有阀门、凝液缸、警示设施等。若无特殊需求，一般按照"占一还一"的原则设置，保证改迁后原系统功能不受影响。

（1）阀门

为减少施工停气对用户的影响以及方便新老管接驳，新改迁的燃气管在不减少现状阀门的前提下,还应结合现状阀门布置情况增设必要的控制阀门。位于机动车道下的阀门井井筒及井盖应使用或更换为能承受机动车荷载的重型井筒和井盖。

(2)凝液缸

随着城镇燃气品质的提升,越来越多的城镇燃气中不含水分,凝液缸也失去了最初设置时的作用。在这种情况下,在进行燃气管改迁设计时,可考虑将凝液缸直接废除或者结合实际情况改设为阀门。

(3)警示设施

在施工过程中,标志桩、里程桩、转角桩、警示牌等永久性标志遭到破坏时应及时按原状恢复。

5.7 管线综合

5.7.1 管线综合必要性

对于有限的地铁工程地下管线改迁空间,各专业设计之间很难顾及周全,不可避免地会出现不同专业占用同一管位、采用同一高程、交叉相撞的情况。而地铁工程涉及专业众多,施工现场设备多,多个施工专业队伍集中在拥挤的现场,按照各自的施工图纸进行施工,常常出现哪家单位有条件,哪家单位方便施工,那家就先施工;往往施工难度大,埋设深度深的管线反而后施工,浪费材料和延误工期。建设单位和监理单位因为缺乏管线综合图纸,没有地下管线的整体概念,没有统筹安排,只能按专业图纸施工,施工中必然会发生冲突,并且易造成返工。这样一来,对各专业管线进行综合考虑、综合布局管理就显得尤其重要,其成为地铁工程管线改迁中必不可少的一项内容。

管线改迁工程的管线综合应充分利用地上、地下空间,将地铁主体工程、给水工程、污水工程、雨水工程、电力工程、燃气工程、电信工程等专业互相协调,把各种管线在平面位置上、竖向交叉上的矛盾处理在施工之前,使各种管线排列有序,相互协调,方便施工,缩短工期,节约投资。

5.7.2 管线综合组成

管线敷设分为架空敷设和地下敷设两种形式,城市管线通常采取地下敷设的形式。架空管线通常为电力、电信线缆。架空敷设管线数量少,一般在本专业内就考虑了与周边建筑的关系,且与其余类型管线发生交叉相撞的情况极少发生,故地铁前期工程的管线综合重点在地下管线的综合。

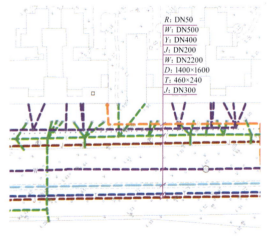

图 5-110 现状管线综合平面图

改迁工程的管线综合图需包含改迁前的现状管线综合平面图、各改迁阶段(对应交通疏解或地铁分期建设阶段)管线综合平面图。

现状管线综合平面图中应包含现状管道类型、现状管道规格、现状管道位置等信息,如图5-110所示。

改迁阶段管线综合平面图除了应包含管道类型、管道规格、管道位置等信息外,还应表示该阶段改迁管道与平面位置交叉的其余所有管道(现状管、设计管)

的高程信息,如图 5-111 所示。

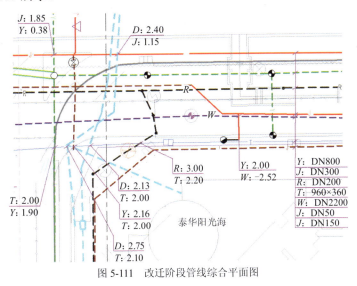

图 5-111 改迁阶段管线综合平面图

5.7.3 管线综合原则

根据《城市工程管线综合规划规范》(GB 50289—2016)的规定,结合地铁工程的具体特点,进行管线综合时,应力求短捷,少转变,少交叉,尽量和道路平行或垂直敷设,减少管线在道路交叉口处交叉。当与工程管线竖向位置发生矛盾时,宜按下列原则处理:

(1)压力管线宜避让重力流管线;
(2)易弯曲管线宜避让不易弯曲管线;
(3)分支管线宜避让主干管线;
(4)小管径管线宜避让大管径管线;
(5)临时管线宜避让永久管线;
(6)进行管线综合设计,在横断面上综合考虑所有市政管道的管位布置,各管线间设计水平间距及垂直间距应尽量满足相关国家及地方规范要求,特殊情况无法满足规范要求的,需采取相应的保护措施;
(7)便于施工的管线避让施工难度高的管线;
(8)新建管道避让现状永久管道;
(9)工程量小的管道避让工程量大的管道。

地下管线综合应注意各类管线的覆土深度。严寒或寒冷地区的给水、排水、再生水、直埋电力及湿燃气等管线应根据土壤冰冻深度来确定管线覆土深度。管线的最小覆土深度应符合表 5-9 的规定。当受条件限制不能满足要求时,可采取安全措施,减少其最小覆土深度。

管线的最小覆土深度(单位:m)　　　　表 5-9

管线名称		给水管线	排水管线	再生水管线	电力管线		通信管线		直埋热力管线	燃气管线	管沟
					直埋	保护管	直埋及塑料、混凝土保护管	钢保护管			
最小覆土深度	非机动车道(含人行道)	0.60	0.60	0.60	0.70	0.50	0.60	0.50	0.70	0.60	—
	机动车道	0.70	0.70	0.70	1.00	0.50	0.90	0.60	1.00	0.90	0.50

管线之间及其与建(构)筑物之间的最小水平净距应符合《城市工程管线综合规划规范》(GB 50289—2016)的规定(表 5-10)。当受道路宽度、断面以及现状工程管线位置等因素限制难以满足要求时,应根据实际情况采取安全措施,减少其最小水平净距。

表 5-10

管线之间及其与建(构)筑物之间的最小水平净距(单位:m)

序号	管线及建(构)筑物名称		1 建(构)筑物	2 给水管线直径 d		3 污水、雨水管线	4 再生水管线	5 燃气管线						6 直埋热力管线	7 电力管线		8 通信管线		9 管沟	10 乔木	11 灌木	12 地上杆柱			13 道路侧石边缘	14 有机电车钢轨	15 铁路钢轨(或坡脚)
				d≤200mm	d>200mm			低压	中压		次高压				直埋	保护管	直埋	管道、通道				通信照明及<10kV	高压铁塔基础边				
									B	A	B	A											≤35kV	>35kV			
1	建(构)筑物		—	1.0	3.0	2.5	1.0	0.7	1.0	1.5	5.0	13.5	3.0	0.6	1.0	1.5	0.5	—	—	—	—	—	—	—	—
2	给水管线直径 d	d≤200mm	1.0	—		1.0	0.5		0.5		1.0		1.5	0.5		1.0	1.5	1.5	1.5	1.0	0.5	3.0	—	1.5	2.0	5.0
		d>200mm	3.0		—																						
3	污水、雨水管线		2.5	1.0	1.5	—	0.5	1.0	1.2	1.5	2.0	1.5	1.5	0.5	1.0	1.5	1.5	1.5	1.0	0.5	1.5	3.0	1.5	2.0	5.0
4	再生水管线		1.0	0.5		0.5	—		0.5				1.0	0.5		1.0	1.0	1.5	1.0	0.5	1.0	1.5	1.5	2.0	5.0
5	燃气管线	低压 p<0.01MPa	0.7					DN≤300mm 0.4																			
		中压 B 0.01MPa<p≤0.2MPa	1.0	0.5		1.0	0.5	0.5					1.0	0.5	1.0	—	1.0	1.0	0.75	1.0	1.0	1.5	2.0	1.5	2.0	5.0
		A 0.2MPa<p≤0.4MPa	1.5					DN>300mm 0.5																			
		次高压 B 0.4MPa<p≤0.8MPa	5.0	1.0		1.5	1.0						1.5	1.0	1.5	2.0	4.0	1.2	1.0	1.0	1.0	2.5				
		A 0.8MPa<p≤1.6MPa	13.5			2.0	1.5						2.0													
6	直埋热力管线		3.0	1.5		1.5	1.0	1.0	1.0	1.5	2.0	—	2.0	1.0	1.0	1.5	1.5	1.0	0.5	1.0	(3.0 >330kV 5.0)	1.5	2.0	5.0
7	电力管线	直埋	0.6	0.5		0.5	0.5	1.0	0.5	1.0	1.0	1.5	2.0	0.25	0.1	<35kV 0.5 ≥35kV 2.0	1.0	1.0	0.7	0.5	2.0	3.0	1.5	2.0	—
		保护管	1.0											0.1	0.1										
8	通信管线	直埋	1.0	1.0		1.0	1.0	1.0	0.5	1.0	1.5	2.0	1.0	0.5		<35kV 0.5 ≥35kV 2.0	—	1.5	0.7	1.0	0.5	2.0	—	1.5	2.0	—
		管道、通道	1.5	1.5		1.5	1.5						1.5	1.0			1.5	1.0			1.0			1.5	2.0	
9	管沟		0.5	0.5		0.5	0.5		0.5				1.0	0.5	0.5	1.0	—			0.5	1.0		1.5	2.0	2.0
10	乔木		—	1.5		1.5	1.5		0.75				1.5	1.0	1.0	1.5	1.5			1.5	—		1.5	2.0	5.0
11	灌木		—	1.0		1.0	1.0		1.0				1.0	0.5	0.5	1.0	1.0			—			0.5	—	—
12	地上杆柱	通信照明及<10kV	—											0.5	0.5	0.5	1.0						0.5	2.0	2.0
		高压塔基础边 ≤35kV	—	3.0		1.5	3.0		1.0				3.0	2.0	2.5	2.5	3.0						0.5	2.0	5.0
		>35kV	—									5.0													
13	道路侧石边缘		—	1.5		1.5	1.5		1.5				1.5	1.5	2.0	1.5	1.5	0.5	—	0.5	—		—	—	—
14	有机电车钢轨		—	2.0		2.0	2.0		2.0				2.0	2.0	2.0	2.0	2.0	—	—	—			—	—	—
15	铁路钢轨(或坡脚)		—	5.0		5.0	5.0		5.0				5.0	10.0 (非电气化 3.0)		2.0	3.0	0.5	—	0.5			—	—	—

工程管线交叉时的最小垂直净距,应符合《城市工程管线综合规划规范》(GB 50289—2016)中的规定(表 5-11)。当受现状工程管线等因素限制难以满足要求时,应根据实际情况采取安全措施,减少其最小垂直净距。

管线交叉时的最小垂直净距(单位:m)　　　　　表 5-11

序号	管线名称		给水管线	污水、雨水管线	热力管线	燃气管线	通信管线		电力管线		再生水管线
							直埋	保护管及通道	直埋	保护管	
1	给水管线		0.15								
2	污水、雨水管线		0.40	0.15							
3	热力管线		0.15	0.15	0.15						
4	燃气管线		0.15	0.15	0.15	0.15					
5	通信管线	直埋	0.50	0.50	0.25	0.50	0.25	0.25			
		保护管、通道	0.15	0.15	0.25	0.15	0.25	0.25			
6	电力管线	直埋	0.50*	0.50*	0.50*	0.50*	0.50*	0.50*	0.50*	0.25	
		保护管	0.25	0.25	0.25	0.25	0.25	0.25	0.25	0.25	
7	再生水管线		0.50	0.40	0.15	0.15	0.15	0.15	0.50	0.25	0.15
8	管沟		0.15	0.15	0.15	0.15	0.25	0.25	0.50	0.25	0.15
9	涵洞(基底)		0.15	0.15	0.15	0.15	0.25	0.25	0.50	0.25	0.15
10	电车(轨底)		1.00	1.00	1.00	1.00	1.00	1.00	1.00	1.00	1.00
11	铁路(轨底)		1.00	1.20	1.20	1.20	1.50	1.50	1.00	1.00	1.00

注:1.* 表示用隔板分隔时不得小于 0.25m。
　2.燃气管线采用聚乙烯管材时,燃气管线与热力管线的最小垂直净距应按现行行业标准《聚乙烯燃气管道工程技术规程》(CJJ 63—2016)执行。
　3.铁路为速度大于或等于 200km/h 客运专线时,铁路(轨底)与其他管线最小垂直净距为 1.5m。

5.7.4　管线综合设计

地铁线路大部分穿越城市建成区,前期工程涉及的管线类型多,可供改迁的地下空间狭小,因此,管位拥挤是管线改迁工程中难以逾越的问题。既要保证各管线之间的安全净距,又要尽可能占用较少的地下空间,合理布置管线横断面就显得尤为重要。

在布置各管线的横断面时,可结合规范中对各种管线之间安全间距的不同要求,巧妙安排各专业的相邻管线,使管线横断面既满足规范要求,又能尽量减小横断面尺寸。如下例:

如图 5-112、图 5-113 所示,根据规范中管线净距要求进行给水管、燃气管、电缆三种管线布设,管线所处的位置不同,所需的最小断面尺寸也不同。

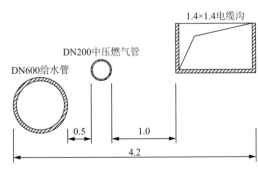
图 5-112　优化前管道横断面布置示意图(尺寸单位:m)

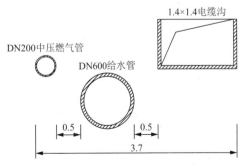
图 5-113　优化后管道横断面布置示意图(尺寸单位:m)

由图 5-112、图 5-113 可见,将给水管布置在燃气管与电缆沟之间,比将燃气管布置在给水管和电缆沟之间节省了 0.5m 的空间。

当然,在合理布设横断面之后,仍然存在空间有限、管线净距无法满足规范要求的情况,此时就需要采取适当的保护措施,对管道进行保护。常用的管道保护措施有套管保护、隔墙保护、填砂保护。

(1)套管保护

局部小范围内管线之间安全距离不能满足规范要求时,可对重要的小管径管道采用套钢套管进行保护,套管两端伸出的长度不应小于规范中管线之间相邻管线的安全净距要求。

(2)隔墙保护

管线之间安全距离不能满足规范要求且距离较长,采用套管不方便时,可在两种管线之间砌筑砖墙,以保护重要管线。

(3)填砂保护

当管线之间的垂直净距少于 0.3m 时,管道中间可采用填砂的方式进行保护。填砂面积不小于 $3d \times 3d$(d 为管道直径),填砂厚度为从下面管道顶至上面管道顶的距离。

第 6 章 给水排水管线改迁工程施工

6.1 概 述

市政给水系统通常由水处理、输配水管网、用户组成,市政排水系统则通常由用户、收集管网、水处理组成。此处的"用户"主要为室内给水排水系统,也就是通常所说的建筑给水排水系统。一般情况下,市政给水排水管网规划与建设早于地铁建设,且大部分埋于地表下,新规划的地铁线路与给水排水管网存在交叉冲突之处。地铁建设时,在不影响周边居民正常生活的前提下需对存在冲突的给水排水管道及设施进行改迁或保护。改迁是指将现状给水排水管线废除后,重新建设新管线路由,分为临时改迁和永久改迁两种;而保护是指采用原位悬吊法或原位保护法,在不中断给水排水管道的正常使用功能的前提下,满足地铁主体工程施工对平面与空间的要求。根据地铁工程的特点,市政给水排水管线改迁一般发生于给水排水系统组成中的输配水管网及收集管网,一般包括给水排水管(渠)道的改迁及各类附属设施的改迁。给水排水管线改迁工程涉及管线直径较大,通常采用的管材以铸铁管、钢管、钢筋混凝土管为主,也采用各类塑料管。

6.2 工 程 特 点

(1)施工空间相对狭小

地铁建设一般位于城市建成区,受道路、周边建筑以及地下管涵等因素的影响,施工场地极为受限,管线改迁工程需在本就受限的施工场地中为地铁主体建设腾挪空间,不同专业的管线将互为前置条件,受施工工期影响,各类管线改迁也存在同期进行、交叉施工的可能性,这样使得本就有限的施工场地显得更为狭小。相对于其他专业管线,给水排水管道直径较大,其改迁施工相对占用空间、投入的设备物资均较大。因此,面对现场相对狭小的施工空间,需在施工前做好包括施工计划,以便有效进行设备、管材的存放,以及渣土存放、转运等场地规划等工作。某地铁前期污水管道改迁场地如图6-1所示。

(2)管网处于运行状态

由于改迁的给水排水管道均是现状正在运行的管道,给水改迁作业将不可避免地涉及停水作业,对周边居民正常生活造成影响,因此要求改迁的管道碰口在极短时间内完成施工。排水管由于具有局域排污防涝功能,为避免雨、污水无法及时排放,排水管改迁后同样须在极短时间

图 6-1 某地铁前期污水管道改迁场地

内恢复管道正常排放功能,同时应充分备选排水路径以及排水设施作为应急使用。

(3)排水管高程的控制要求严格

在排水管线改迁工程中,一般仅改迁一个排水系统中的某一段管道,而市政排水管道基本为重力流管,该段管道原有的高程系统将会被改变。受上下游现状管线高程影响,及场地内各种约束条件影响,使得对管道的高程控制变得困难。为避免管路积淤、堵塞、甚至倒流,将严格控制排水管道的高程施工,在设计单位充分结合现场条件计算管道高程的前提条件下,施工的准确度也是直接决定高程是否能满足排水要求的关键因素,因此施工单位应配备满足高程控制条件的设备及技术人员。

6.3 工程分类

给排水管线改迁工程施工分类如图6-2所示。

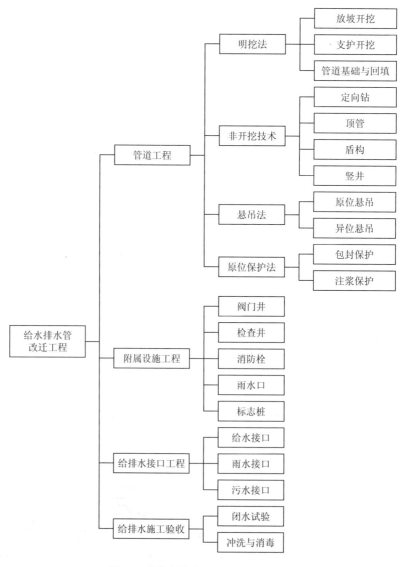

图6-2 给排水管线改迁工程施工分类图

6.4 管道工程

6.4.1 明挖法

明挖法主要分为放坡开挖和支护开挖,具有成本低、施工便捷、风险相对可控等特点,是地铁前期给水排水管道改迁较常用的施工方法。由于该方法需沿管线开挖,在确定采用该方法后地铁前期征地时需考虑足够场地,以满足施工条件。

1)放坡开挖

放坡开挖施工适用于可利用场地较大,地质条件较好,并经过验算能保证边坡稳定的条件下采用。放坡开挖应遵循"先深后浅、先下后上"的原则。深度在 5m 以内管沟最陡边坡坡度见表 6-1。

深度在 5m 以内管沟最陡边坡坡度　　　　表 6-1

土壤类别	最陡边坡坡度		
	坡顶无荷载	坡顶有静荷载	坡顶有动荷载
中密的砂土	1:1.00	1:1.25	1:1.5
中密的碎石类土（填充物为砂土）	1:0.75	1:1.00	1:1.25
硬塑的粉土	1:0.67	1:0.75	1:1.00
中密的碎石类土（填充物为黏性土）	1:0.5	1:0.67	1:0.75
硬塑的粉质黏土、黏土	1:0.33	1:0.50	1:0.67
老黄土	1:0.10	1:0.25	1:0.33
软土（经井点降水）	1:1.00	—	—
硬质岩	1:0	1:0	1:0

注:1. 静荷载是指堆土或料堆等,动荷载是指有机械挖土、吊管机和推土机作业。
　　2. 静荷载或动荷载应距挖方边缘 0.8m 以外堆土或材料高度不宜超过 1.5m。

(1)施工流程

放坡开挖管道改迁施工流程如图 6-3 所示。

(2)技术要点

①施工准备

a. 工程交底:对施工图、设计文件进行认真研读,充分了解设计意图和要求,并进行现场踏勘,重点核查环境保护、公用管线、交通配合、地区排水等措施,结合工程实际情况,在图纸会审时提出意见。

b. 认真分析地质勘探报告中的工程水文地质资料,摸清原有给水排水系统,了解现场可利用的水源、电源、道路、堆放、临时设施搭建场地及施工通道等情况,核对各种地下管线及地上杆线情况。

②测量放线

对建设单位或设计单位提供的道路控制桩进行复核并做

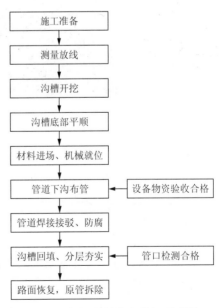

图 6-3　放坡开挖管道改迁施工流程图

好保护桩,根据道路中心桩测设管道中心控制桩,并妥善保护。根据提供的水准点,宜每间隔100m放设供施工用的临时水准点,并做好保护措施,临时水准点必须闭合,闭合差限值为$20\sqrt{L}$。测量放样前所有测量仪器必须经过计量测试所校核,所有测量要做好原始记录,并保存完整。

③施工方法

a. 开挖作业带

开挖作业带应根据现场实际占地条件确定,如图6-4所示,并且预留渣土存放区域,如现场无条件存放,可即挖即装车运出场地。

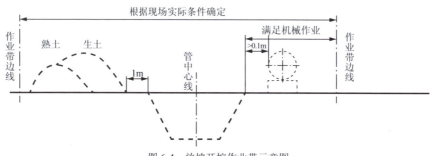

图6-4 放坡开挖作业带示意图

b. 沟槽开挖

沟槽底部宽度为$B = D + 2b$。其中,D为管道结构宽度;b为工作面宽度。沟槽开挖严禁超挖,管基下要求为原状土。施工时注意场地排水和地下水降水工作,对于超挖部分采用砂回填至设计高程。

在采用机械进行挖土时,为防止超挖或扰动槽底土层,机械挖土控制在距槽底高程20cm处,预留底层土,再用人工挖土、修整槽底、边挖边修。如发现超挖,必须进行处理,严禁用土回填。人工清底,将清除出来的松散土、淤泥、大块石等集中后,起吊机械将其吊出沟槽外,施工人员不准站在臂杆回转半径以内。

随时注意槽内水的排放,在修整槽底的同时应做好明水的排放工作,在槽的两侧窨井处应设集水坑以便排水。

图6-5 成型管沟

沟槽的一侧可堆放回填土所需的土方,堆土高度不宜超过1.50m,距沟槽不得小于2.0m。有机具(如吊车)停放时,每节管道长度(两窨井之间)范围内至少留3.50m宽度的出入口,方便出入。施工机具设备停放的位置必须平稳,大、中型施工机具距沟槽边的距离应综合考虑设备的自重、沟槽的深度、沟槽支撑的形式和土质情况,不得小于0.8m。

如沟槽较窄时,开挖时应在每节管口焊接位置预留作业井,以满足人员焊接作业的空间要求。成型管沟如图6-5所示。

c. 管道验收

管沟开挖完毕,通过采用经纬仪或者塔尺等测量工具在自检合格后,应向监理提交管沟验收申请。管沟验收应由测量人员进行复测,直线段每30m测一点,特殊地段每5m测一点,纵向变坡点及水平转交点每处应至少测三点。

d. 管道下沟

垫层压实后方可开始管道下沟焊接。

材料运至现场放置在所排井位段的一侧,根据现场的实际情况,对给水排水管选用人机配合下管的方式。

成品管道运至施工现场后,应按照产品标准对每节管道进行检验,不符合标准的不得使用,并做好标志,及时处理。运至沟槽边待用的管节应垂直槽边放置并垫稳。卸管时应有专人指挥,操作人员集中注意力,听从指挥。

布管时应清除基础表面污泥、杂物、积水,复核好样板(龙门板)的中心位置和高程。管节在沟槽内移动时,操作人员应密切配合,防止碰撞。

布管时,应以管内底高程为准。在窨井处排管时,应控制好窨井的内净尺寸。

e. 管道接驳

钢管接驳采用焊接,一般采用手工电弧焊;球墨铸铁管均采用柔性接口,一般为承插接口;PPR管道接驳采用热熔器连接;钢筋混凝土管一般采用柔性接口,母头钢承口与公头橡胶密封插接;球墨铸铁管与钢管接驳采用法兰连接或者承插连接。

(3)注意事项

①该方法同时适用于给水管道、排水管道的改迁施工。

②放坡前应验算边坡的整体稳定性。

③根据土层性质、开挖深度、荷载等,通过计算确定坡体坡度、放坡平台宽度。

④无隔水帷幕放坡开挖基坑采取降水措施的,降水系统宜设置在单级放坡基坑的坡顶。

⑤坡体表面可根据管沟开挖深度、管沟暴露时间、土质条件等情况采取护坡措施,护坡可采取水泥砂浆、挂网砂浆、混凝土、钢筋混凝土等方式,也可采用压坡法。

⑥边坡位于浜填土区域,应在采用土体加固等措施后方可进行放坡开挖。

⑦放坡开挖基坑的坡顶及放坡平台的施工荷载应符合设计要求。

⑧开挖过程中如遇流砂、地下管道、电缆、危险物品及不能识别的物品,则应立即停止工作,待查清情况并采取措施后,方可继续开挖。

⑨根据土质情况适当加大管沟坡比;因作业带宽度限制不能加大坡比时,应采取沟边打桩、使用防塌板支撑等防塌方、滑坡措施。

⑩人工开挖管沟时,应自上而下进行,不准掏洞;两人在管沟内操作间距应保持在3m以上;上下分层翻土时,上下人员水平距离不少于2m,下边人员往上翻土时,应注意观察。在坡度较陡的地方作业要佩戴安全带。

⑪挖出的土方应堆在管沟无焊接管一侧,且距沟边1m以外,高度不超过1.5m。

⑫如沿已焊接管线开挖时,管沟边沿与已焊接管线的水平距离应不少于1.5m,含水率较大地段,距离不小于2m,同时要采取挡土支护、放坡等必要的防塌措施。

⑬雨后开挖管沟时必须检查管沟的边坡,当发现沟壁有裂缝时,应采取支撑加固措施,确认安全可靠后方可施工。

⑭在靠近道路、建筑物及构筑物开挖管沟时,施工点要设置明显标记,夜间应设照明,并设立必要的夜视警示标志。

⑮在已焊好的管线附近开挖管沟时,管沟与管线的平行距离不应小于1.5m。

⑯管沟附近有凸出物或其他易脱落滚动的物品时,要采取相应的安全措施。

⑰所有人员不准在管沟内休息。

2)支护开挖

本工法适用于埋深较浅的支护结构,以及黏性土、砂土、淤泥等软弱地层,对土体有较好的支撑效果,有利于临近地铁前期其他基坑工程施工。支护开挖重点在于支护结构的施工,一般地铁前期给水排水管道施工基坑支护采用的方法有钢板桩支护、旋喷桩支护、微型桩支护、旋挖钻孔灌注桩支护等。

（1）钢板桩支护

①施工流程

钢板桩支护开挖管道改迁施工流程如图6-6所示。

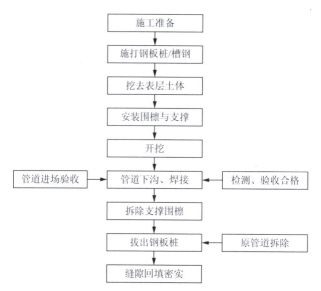

图6-6 钢板桩支护开挖管道改迁施工流程图

②技术要点

a. 钢板桩的检验、吊装、堆放

钢板桩的检验：对钢板桩，一般有材质检验和外观检验，以便对不符合要求的钢板桩进行矫正，减少打桩过程中的困难。

外观检验：包括表面缺陷、长度、宽度、厚度、高度、端头矩形比、平直度和锁口形状等内容。

钢板桩吊运：装卸板桩宜采用两点吊。吊运时，每次起吊的板桩根数不宜过多，注意保护锁口免受损伤。吊运方式有成捆起吊和单根起吊。成捆起吊通常采用钢索捆扎，而单根吊运常采用专用的吊具。

图6-7 成型钢板桩支护

b. 钢板桩施打

钢板桩采用专用打桩机，施打前一定要熟悉地下管线、构筑物的情况，认真放出准确的支护桩中线。打桩前，对钢板桩逐根检查，剔除连接锁口锈蚀、变形严重的普通板桩，不合格者待修整后才可使用。打桩前，在钢板桩的锁口内涂油脂，以便于打入拔出。在插打过程中随时测量监控每块桩的斜度，不得超过1%。当偏斜过大、不能用拉齐方法调正时，拔起重打。成型钢板桩支护如图6-7所示。

c. 基坑开挖和支护

开挖采用小型挖掘进行取土，采取分层开挖的方式施工。当开挖至预定深度后安装钢板桩支撑。

第一层开挖深度为1m，开挖时控制深度偏差不超过20cm。开挖完成后，沿支撑安装的水平方向，一般每间隔3m焊接一个支撑的"牛腿"。然后，安装第一道支撑，继续开挖取土。

第二层开挖深度至3m时，在深度2.5m位置安装第二道支撑，安装方法同第一道支撑，继续开挖至基坑底部，然后人工清理、找平。

d. 管道下沟焊接

管道下沟焊接前应进行管材外观质量的检查，经外观质量检查，不合格者不得使用。

待管道的管底高程和管基质量检查合格后，所用管材、管道配件及其材料经抽样检查（按根或件数的10%）合格后，方可进行铺设。下管前，先清除管坑内杂物，加固基坑的支撑，排除基坑内的积水，然后在平基上弹放管道中线，复核平基面高程。

根据管径大小和现场情况，采用人力下管和吊车下管相结合的方式。下管时应将管道排好，然后对线校正，严格控制中线和高程，自下游向上游进行下管，并用中心线法或边线法控制管道的中线和高程。管道稳定后，再次复核流水位的高程，当管道的纵坡符合设计要求后，方可进行下一工序的施工。

e. 基坑回填和支撑拆除

支撑拆除按照自下向上的顺序进行逐层拆除，当回填的渣土距离支撑20cm时，可拆除支撑。

③注意事项

a. 该方法同时适应用给水、排水管道改迁施工。

b. 钢板桩放线施工，桩头就位必须正确、垂直、沉桩过程中，随时检测，发现问题，及时处理。沉桩容许偏差：平面位置纵向100mm，横向 -50～0mm；垂直度不超过5‰。

c. 沉桩施前必须平整清除地下、地面及高空障碍物，需保留的地下管线应挖露出来，加以保护。

d. 基坑开挖后钢板桩垂直平顺，无严重扭曲、倾斜和劈裂现象，锁口连接严密。

e. 打桩前，在钢板桩的锁口内涂油脂，以方便打入拔出。组桩及单桩的锁口内，涂以黄油混合物油膏（质量配合比为黄油：沥青：干锯末：干黏土 =2:2:2:1），以减少插打时的摩阻力，并加强防渗性能。

f. 在插打过程中随时测量监控每块桩的斜度不超过2%，当偏斜过大不能用拉齐方法调正时，拔起重打。

g. 振桩前，振动锤的桩夹应夹紧钢桩上端，并使振动锤与钢板桩重心在同一直线上。

h. 振动锤夹紧钢桩吊起，使钢板桩垂直就位或钢板桩锁口插入相邻桩锁口内，待桩稳定、位置正确并垂直后，再振动下沉。钢板桩每下沉1～2mm，停振检测桩的垂直度，发现偏差，及时纠正。

i. 沉桩中钢桩下沉速度突然减小，应停止沉桩，并钢桩向上拔起0.6～1.0m，然后重新快速下沉，如仍不能下沉，则应采取其他措施。

（2）高压旋喷桩支护

①施工流程

高压旋喷桩支护施工流程如图6-8所示。

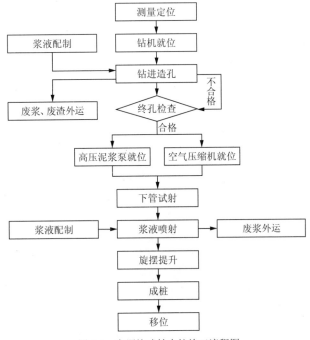

图6-8 高压旋喷桩支护施工流程图

②技术要点

a. 放样

先采用液压锤破除路面混凝土,再依据设计图纸,准确放出旋喷桩孔位。

b. 就位、钻孔

根据现场放线移动钻机,使钻杆头对准孔位中心。同时为保证钻机达到设计要求的垂直度,钻机就位后必须作水平校正,使其钻杆轴线垂直对准钻孔中心位置,保证钻孔的垂直度不超过1%。在校直纠偏检查中,利用垂球(高度不得低于2m)进行检查,若发现偏斜,则在机座下加垫薄木块进行调整。钻进成孔,孔径为125mm,严格按已定桩位进行成孔,平面位置偏差不得大于50mm,采用原土造浆护壁。

c. 插管试喷

引孔钻好后,插入旋喷管进行试喷,确定施工技术参数。其中,注浆材料采用P.O42.5R水泥,浆液水灰比一般为1.0～1.1。

d. 高压旋喷注浆

a)施工前预先准备排浆沟及泥浆池,施工中应将废弃的浆液导入或排入泥浆池,沉淀凝结后集中外运处理。旋喷前检查高压设备和管路系统,其压力和流量必须满足设计要求。注浆管及喷嘴内不得有任何杂物,注浆管接头的密封圈必须良好。

b)做好每个孔位的记录,记录实际孔位、孔深和每个孔内的地下障碍物、注浆量等资料。当注浆管贯入土中、喷嘴达到设计高程时,即可按确定的施工参数喷射液浆。

c)喷射时应先达到预定的喷射压力,量正常后再逐渐提升注浆管,由下而上旋喷注浆。每次旋喷时,均应先喷浆后旋转和提升,以防浆管扭断。

d)配制水泥浆时,水灰比要求按设计规定,不得随意更改,在喷浆过程中应防止水泥浆沉淀,导致浓度降低。每次投料后拌和时间不得少于3min,待压浆前将浆液倒入集料斗中。水泥浆应随拌随用。

e)高压喷射注浆过程中出现骤然下降、上升或大量冒浆等异常情况时,应查明产生的原因并及时采取措施。一旦出现中断供浆、供气的现象,立即将喷管下沉至停供点以下0.3m,待复供后再行提升。当提升至设计桩顶下1.0m深度时,放慢提升速度,至设计高程。喷射作业结束后,用冒出的浆液回灌到孔内,直至不下沉为止。高压旋喷桩施工技术标准见表6-2。

高压旋喷桩施工技术标准　　　　表6-2

序　号	项目名称钻孔孔位允许偏差	技术标准	检查方法
1	钻孔垂直度允许偏差	≤1.5%	实测或经纬仪开挖钻杆
2	钻孔位置允许偏差	50mm	尺量
3	钻孔深度允许偏差	±200mm	尺量
4	桩体直径允许偏差	≤50mm	开挖后尺量
5	桩身中心允许偏差	≤0.2D	开挖桩顶下500mm处尺量,D为设计桩径
6	水泥浆液初凝时间	不超过20h	
7	混凝土强度	Q_u(28d)≥1.2MPa	试压检测
8	水灰比	1:1.1	试压检测

e. 废弃浆液处理

喷射注浆施工中,将产生一定量的废弃浆液。为确保场地整洁和顺利施工,在施工前拟在场地内设置泥浆池,泥浆在施工中抽排汇入泥浆池中,待泥浆固结后再外运处理。

f. 冲洗机具

当高压喷射注浆完毕,应迅速拔出注浆管,彻底清洗注浆管和注浆泵,防止因浆液凝固而堵塞。

g. 机具移位

移动机具至下一个孔位,旋喷时,要做好压力、流量和冒浆量的量测工作,钻杆的旋喷和提升必须连续不断。当拆卸钻杆继续旋喷时,要注意保持钻杆有0.5m的搭接长度,不得使喷射固结体脱节。

③注意事项

a. 该方法同时适用于给水管道、排水管道的改迁施工。

b. 旋喷间隔2～3孔跳孔施工。

c. 制作浆液时,水灰比要按设计严格控制,不得随意改变。在旋喷过程中,应防止泥浆沉淀,浓度降低。不得使用受潮或过期的水泥。浆液搅拌完毕后送至吸浆桶时,应有筛网进行过滤,过滤筛孔以小于喷嘴直径1/2为宜。

d. 旋喷过程中,冒浆量小于注浆量的20%为正常现象,若超过20%或完全不冒浆,则应查明原因,调整旋喷参数或改变喷嘴直径。

e. 钻杆旋转和提升必须连续不中断,拆卸接长钻杆或继续旋喷时要保持钻杆有10～20cm的搭接长度,避免出现断桩。

f. 在旋喷过程中,如因机械出现故障中断旋喷,应重新钻至桩底设计高程后,重新旋喷。

g. 喷到桩高后应迅速拔出浆管,用清水冲洗管路,防止凝固堵塞。相邻两桩施工间隔时间应不小于48h,间距应不小于4～6m。

h. 旋喷深度、直径、抗压强度和透水性应符合设计要求。其中,设计要求泵压力控制在25MPa,喷射量90～100L/min,旋转速度控制在10r/min,旋喷提升速度0.10～0.15m/min,喷嘴孔径2.0～2.5mm。单桩水泥用量约280kg/m,灌浆材料采用P.O42.5R水泥,浆液水灰比为1.0～1.1,水玻璃掺量为4.5%。

i. 施工过程中应对附近地面、地下管线的高程进行监测,当高程的变化值大于±10mm时,应暂停施工,根据实际情况调整压力参数后,再行施工。

j. 质量检验:旋喷桩施工完成28d后,通过钻芯取样,检查工程的施工质量。

(3)微型桩支护

①施工流程

微型桩施工流程如图6-9所示。

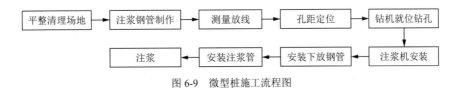

图6-9 微型桩施工流程图

②技术要点

a. 平整清理场地

根据设计要求放出基坑边线及定出桩位,安装钻机进行成孔作业;将成孔产生的泥浆收集到泥浆池中,待施工完毕后将泥浆外运至施工区域外,检查并保护成桩。

b. 注浆钢管制作焊接

根据设计图纸要求的深度进行下料。

c. 测量放线

根据设计要求的间距、排距及设计提供的高程进行测量放线。

d. 孔距定位

根据设计的孔洞直径、间距、排距,使用钢筋头打入地下进行定位。

e. 微型桩定位

根据微型桩定位，在成孔位置上进行汽车载运螺旋钻准确定位，支撑腿下夯实后垫方木，确保其稳定。

f. 成孔

a）钻机安放平稳，确保在钻进过程中不产生位移和沉陷。人工开挖小型简易泥浆池，选用膨润土配制优质泥浆。将钻杆抬至钻机旁，启动泥浆泵、钻机，缓慢钻进，泥浆泵把泥浆输进钻杆内腔后，经钻头的出浆口射出至孔底，冷却钻头的同时带动沉渣不断地沿孔内环状空间上升到孔口溢出，流进沉淀池返回泥浆池净化，循环使用。

b）每钻进2m，接一次钻杆；每钻进3～5m，检查一次泥浆性能指标和成孔质量。填写好钻孔记录，并在地层变化处取样，以便调整泥浆指标。遇地质情况与设计发生差异时及时报请设计及监理单位，研究处理措施后继续施工。

c）因故停机时，应保证孔内具有规定的水位和所需的泥浆相对密度及黏度，且将钻头提出孔外，以防塌孔或掉钻头。

g. 就位钻孔

将螺旋钻机安放在指定位置，安放水平，防止倾斜；将钻杆抬至钻机旁，启动钻机，慢慢钻进；每进深1～2m接一次钻杆，直至达到设计有效深度。钢管接长时，上下两段钢管之间采用套管连接。

h. 清孔

湿作业时采用泥浆泵进行循环水清孔，干作业时无须清孔。

i. 安装注浆机

在现场指定位置固定注浆机，电源由指定的配电箱接入。

j. 下放钢管

及时在孔内安装预先制作好的钢管，钢管上套PVC管露出地面，以便于接入注浆管。

k. 安装注浆管

下放钢管完毕后，及时注浆。注浆管由注浆机接到孔内的钢管上。接口要密封连接，注浆管采用橡胶管输送。

l. 注浆

注浆机需装设压力表，注浆压力按设计执行，注浆后暂不拔管，直至水泥浆从管外流出为止，随后拔出注浆管，密封钢管端部，加压数分钟，待水泥浆再次从钢管流出为止。由于一次注浆难以达到充盈系数及注浆压力要求，需要进行多次间歇注浆，一般为3～5次，直至管口翻浆为止。

③注意事项

a. 该方法同时适用于给水管道、排水管道的改迁施工。

b. 成孔前，为保证桩的垂直度，采用水平尺前后、左右调整好钻机的水平度。为控制桩位偏差，成孔前，先用仪器精确定出桩位，每个桩位上插上钢筋头，开钻时，钻头中心对准钢筋头上方方可开钻。

c. 钻孔过程中不断检测桩中心及直径，并随时观察土质变化，对照地质报告，偏差较大时，应与勘察、设计单位联系，采取处理措施。

d. 喷射作业时工人必须佩戴胶手套、防尘口罩、眼镜等防护用品。

e. 施工时应确保单桩有效长度。

f. 注浆管路应畅通，不得有堵塞现象，避免浆液突然喷出伤人。注浆管路不使用时要及时压注清水冲洗干净。

g. 严格控制浆液配合比。

④旋挖钻孔灌注桩支护

a. 施工流程

旋挖钻孔灌注桩施工流程如图6-10所示。

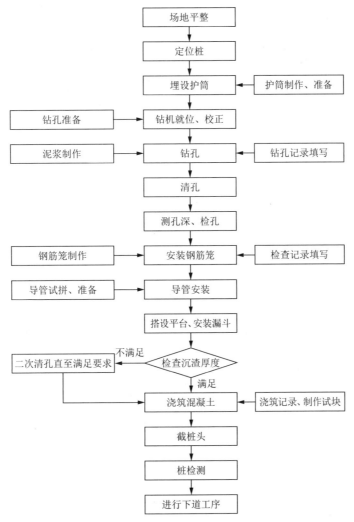

图6-10 旋挖钻孔灌注桩施工流程图

b. 技术要点

a）定位桩

先根据规划局提供的坐标点,采用全站仪对坐标定位控制点进行引测,同时复核前期施工的设点位置是否正确。复核无误后,利用计算机辅助计算出各区控制点的坐标,采用全站仪分别测放出建筑物的总体控制线。设4个控制点,点的位置必须能够通视,形成闭合矩形,起到复核和检查的作用,并采用极坐标法验证复核。

根据孔桩圆心坐标,测放出每一个孔桩中心点,并用卷尺和线按孔桩的直径放出孔桩桩位,用白灰撒出桩外径边线,孔桩中心用短钢筋打入土中进行标识。

依据提供的水准点将高程引测到相邻轴线控制网点上,并将孔桩控制高程放到孔口部位,便于高程控制。

桩位放样:施工前应平整场地,清除杂物,换除表层耕植软土,保证钻机底座填土密实,以免产生不均匀沉陷;在施工范围内不妨碍桩基施工的场地挖好泥浆池和沉淀池,用钢管围护并安装安全网,设警示标志,同时做好作业场地排水工作,在施工范围内挖设好临时排水沟,确保施工场地不积水。

泥浆制备：泥浆采用优质黏土与水拌和而成，并掺入一定比例的膨润土，制备的泥浆满足：含砂量≤4%，胶体率≥96%，泥浆相对密度≥1.2。钻孔施工时随着孔深的增加向孔内及时、连续补浆，维持护筒内应有的水头，防止孔壁坍塌。桩孔混凝土灌注时，孔内溢出的泥浆引流至泥浆池内，用于下一根桩基钻孔护壁。

b）埋设护筒

钻孔前设置坚固、不漏水的钢护筒，直径一般大于设计桩径20cm，顶面高出施工平台约30cm。挖埋护筒时坑底应整平，然后通过定位的控制桩放样，把孔位中心位置标于坑底，再把护筒吊放进坑内，找出护筒的圆心位置，用十字线定在护筒顶部或底部，然后移动护筒使护筒中心与钻孔中心位置重合，同时用水平尺或锤球检查，使护筒竖直。此后即在护筒周围对称、均匀地回填黏土，并分层夯实，夯填时要防止护筒偏斜。

护筒顶面中心与设计桩位偏差不得大于5cm，倾斜度不得大于1%。为便于泥浆循环，在护筒顶端留有高30cm、宽20cm的出浆口。

c）钻机成孔

钻机就位前应对钻机各项准备工作进行检查，钻机安装后的底座和顶端应平稳，就位核对好中心后，连接泥浆循环系统，开动泥浆泵使泥浆循环2~3min，然后开始钻孔，在护筒底处应低压慢速钻进，钻至护筒底下1.0m左右后开始正常钻进。

钻进过程中钻机不能产生位移或沉陷，否则应及时处理。在钻孔排渣、提钻除土或因故停钻时，应保持孔内具有规定的水位和要求的泥浆相对密度及黏度。处理孔内事故或因故停钻时，必须将钻头提出孔外。钻孔进行前，司钻人员必须先熟悉地质状况，钻进过程中应定时测试泥浆指标，从而确定所处地层，调整钻进参数。

旋挖钻机一般采用筒式钻头，施工时在孔内将钻头下降到预定深度后，转钻头并加压，旋起的土挤入钻筒内，泥土挤满钻筒后，反转钻头，钻头底部封闭并提出孔外，然后自动开启钻头底部开关，倒出弃土成孔，在钻进过程中或将钻头提出钻孔外后，向孔内注浆，泥浆液面不得低于护筒底部。

d）清孔

钻孔达到要求深度后，用检孔器进行检孔。孔径、孔垂直度、孔深检查合格后，立即填写终孔检查证，经驻地监理工程师认可后，方可进行孔底清理，否则应重新扫孔。

清孔采用换浆法，钻孔达到设计高程后，停止进尺，将钻头提出，然后注入净化泥浆置换孔内含渣的泥浆，清孔时孔内水位需保持在地下水位以上1.5~2.0m。严禁用增加深度的方法代替清孔。当从孔内取出泥浆（孔底、孔中、孔口）测试的平均值与注入的净化泥浆相近，测量孔底沉渣厚度符合技术规范要求及设计要求时，即停止清孔作业，放入经监理工程师检查合格后的钢筋笼。

清孔结束后，孔底沉渣厚度不得大于100mm。采用沉渣厚度检测仪检测孔底沉渣厚度，该检测仪沉至桩底时，单向板受到沉渣的阻力停止下沉，探针在配重棒的作用下继续向下运动，直至遇到坚硬岩层，通过探针上的刻度尺可读出沉渣厚度的大小，如测出清孔的沉渣厚度不符合要求，可立即安排再次清孔，直至测出的沉渣厚度符合要求。

成孔验收：孔深应分两次验收，即开挖到持力层土时会同监理、建设、设计单位验收土层厚度，成孔后验收全孔深度，并办理验收手续。成孔后，要立即下放钢筋笼，浇筑混凝土，不得留置过长。

e）制作与吊放钢筋笼

按设计规格要求进料，钢材进场须有质保书，并经复验合格后方可使用。

钢筋笼长度应按设计长度（或设计变更长度）确定，一般笼身长度允许误差为+100mm，主筋间距允许误差为±10mm，钢筋笼直径允许误差为±10mm。

因大部分桩长较长,超过钢筋制作长度,纵筋为通长筋,纵向钢筋直径为14～25mm。为使钢筋笼吊装时不发生变形、脱落,纵向钢筋均采用气压焊连接,箍筋采用螺旋箍,焊接长度不小于10d（d为钢筋直径）,加强箍采用焊接,并与纵筋焊牢;同一平面内接头不得超过总根数的50%。

钢筋笼在孔外制作,然后用吊机吊装入孔。

f) 浇筑混凝土

浇筑混凝土前,应严格检查混凝土拌和系统和起吊机械设备的工作情况,以保证混凝土浇筑能连续进行。首批混凝土量必须满足导管的初次埋置深度和填充导管底部间隙的需要,以平衡水压,确保导管内不进水。

混凝土需保持连续浇筑,当导管埋深达3m左右时开始提升导管,并取出第一节导管,直至完成此根灌注桩的浇筑。

c. 注意事项

该方法同时适用于给水管道、排水管道的改迁施工。

首批混凝土的浇筑量必须满足导管埋入深度不小于1.5m的要求,并保持混凝土继续下灌,直到埋入3m左右,再开始提升导管。在整个浇筑过程中,导管均衡提升,保持轴线竖直、位置居中,防止挂卡钢筋笼。

导管埋入混凝土深度控制在不小于3m且不大于6m,并做好导管提升记录,杜绝导管拔空的质量事故发生。

浇筑开始后,必须保持连续工作,防止混凝土在浇筑过程中堵塞导管。

混凝土浇筑到桩顶高程时,应再超灌0.5D（D为桩端直径,下同）左右,此部分在施工上部结构时予以凿除。

旋挖钻孔终孔时,应进行桩端持力层检验,检验桩底下3D或5m深度范围内有无空洞、破碎带、软弱夹层等不良地质条件。

桩基完成后,工程桩应进行单桩承载力和桩身完整性抽样检测,保证施工质量。

提管时应注意导管上重下轻,需采取可靠措施防止翻倒伤人。

当浇筑时间已久,孔内首批混凝土已初凝,导管内又堵塞时,应将导管拔出,重新安设钻机,利用较小钻头将钢筋笼以内的混凝土钻挖吸出,用冲抓锤将钢筋骨架逐一拔出。然后以黏土掺砂砾填塞井孔,待沉实后重新钻孔成桩。

发生坍孔后,应查明原因,采取相应措施,如保持或加大水头、移开重物、排除振动等,防止继续坍孔,然后用吸泥机吸出坍入孔中泥土。如不继续坍孔,则可恢复正常浇筑;如坍孔仍不停止,坍塌部位较深,则宜将导管拔出,将混凝土钻开抓出,同时将钢筋抓出,只求保存孔位,再以黏土掺砂砾回填,待回填土沉实后重新钻孔成桩。

若埋管事故已发生,最初可用链滑车、千斤顶试拔。如拔不出,则凡属并非因混凝土初凝流动性损失过大的情况,均可插入直径小的护筒至已浇筑混凝土中,用吸泥机吸出混凝土表面泥渣;派潜水工下至混凝土表面,在水下将导管齐混凝土面切断;拔出小护筒,重新下导管灌注。此桩浇筑完成后,上下断层间应予以补强。

3）管道基础与恢复回填

地铁前期管道改迁施工中的管道基础与恢复回填一般用于明挖法改迁施工,非开挖施工不涉及。管道基础宜建在原状土上,当原状土地基松软或被扰动时,按设计要求进行地基处理。施工中应采取相应的技术措施,避免因管道主体结构与附属构筑物之间产生过大差异沉降,而导致结构开裂、变形、破坏。

给水、排水管道基础、回填均按现行《给水排水管道工程施工及验收规范》(GB 50268—2008)进行施工。

(1)给水管道基础

一般地段管槽开挖后,平整基底,原土夯实,采用150mm厚砂垫层基础。管底为岩石石块时,管沟超挖200mm后,平整基底,敷设200mm厚砂垫层。填方地段,根据密实度按现行《埋地塑料给水管道工程技术规程》(CJJ 101—2016)和《给水排水管道工程施工及验收规范》(GB 50268—2008)执行。软弱地基段做换填处理,给水管砂垫层须注水夯实。

①砂基础施工前,复核高程且槽底无积水和软泥,更不能有废旧构筑物、硬石、木头、垃圾等杂物。如有上述杂物,则应将其清除出沟槽后,铺0.1m厚的砂且平整夯实(球墨铸铁管道一般不需要施作砂石基础)。

②当沟底遇到岩石、卵石、硬质土、软的膨胀土、不规则碎石及浸泡土质或不稳定土质而不宜作沟底基础时,应全部清除并挖至好的土层,用砂砾土回填夯实至管道基础底部,密实度不可小于90%,再按管道基础施作。当软土或不稳定土层层深大于0.5m时,抛片石至0.5m,然后用砂砾土回填夯实至管道基础底部,密实度不可小于90%,再按管道基础施作。

图6-11 给水管道基础

③平基厚度应满足设计及施工规范的要求,允许偏差±15mm。

④管底必须与平基紧密接触。

⑤承插式连接管道在接口部位地基必须挖出凹槽。凹槽尺寸由管径大小决定,凹槽在铺设时随铺随挖,在接口完成后即用砂回填密实。

给水管道基础如图6-11所示。

(2)排水管道基础

①雨水管道按设计采用10cm碎石垫层加120°混凝土基础。如遇软土,则管道基础用钢筋混凝土基础。污水管道采用10cm砂垫层,沟槽内填砂至管顶以上50cm。

②开槽后应测放中心线,人工修整,按设计要求放线施工。

③混凝土垫层与管座应密实,管底面必须与混凝土垫层及管座紧密接触。混凝土垫层与管座施工中不得泡水,槽底不得有软泥。

④粗砂垫层与管底面必须紧密接触。粗砂垫层施工中不得泡水,槽底不得有软土。

⑤管道敷设在原状土地基或经开槽后处理回填密实的地层上,管道基础采用砂砾垫层基础。沟槽底净宽度,按管外径两侧各加0.55m工作面计算宽度。开挖沟槽,严格控制基底高程,基底设计高程以上0.2~0.3m的原状土,在铺管前人工清理至设计高程。管道安装完毕后进行闭水试验及压力试验,经检验合格后方可使用。

⑥基础应在坚固的地基上修筑。无原状土作后背墙时,应采取措施保证基础在受力情况下,不致破坏管道接口。采用砌筑基础时,原状土与基础之间应采用砂浆填塞。

⑦基础施工前,应将基础部位的管节、管件表面清理干净。

⑧基础宜采用混凝土浇筑,其强度等级不应低于C15。采用砌筑结构时,水泥砂浆强度不应低于M7.5。

⑨管节安装过程中的临时固定支架,应在基础的砌筑砂浆或混凝土达到规定强度后方可拆除。

⑩管道及管件基础施工完毕,并达到强度要求后方可进行水压试验。

⑪埋地管道位于市政机动车道路、社区内机动车道路、社区内非机动车道路、人行道时,管顶150mm以下回填砂,管顶150mm以上回填石粉渣。埋地管道位于绿化带以下时,管顶100mm以下

回填砂,管顶 100mm 以上回填素土。回填时应分层回填,每层回填厚度不得超过 200mm,且应分层检查密实度。

排水管道基础如图 6-12 所示。

(3)给水管道回填

①管道安装完毕及验收合格后应及时进行沟槽回填,可减少晾槽时间,同时可防止地下水水位上涨或雨水淹泡可能引发的漂管事故。

图 6-12　排水管道基础

②管道回填时采用中砂回填管道的两肋,一次回填高度为 0.1~0.15m,捣实后再用中砂回填第二层。

③回填材料的最大粒径不得大于 25mm。回填材料应在最优含水率的情况下分层夯实,分层厚度 0.1~0.2m。

④若考虑道路为当年施工,当管道位于车行道以下时,回填中砂至管顶以上 0.3m,随后按道路要求进行回填。

给水管道改迁回填如图 6-13 所示。

(4)排水管道回填

管道经隐蔽验收合格后即可进行回填。槽底如有积水,则应先排除积水,人工虚铺每层厚不超过 20cm,管道两侧应同时对称回填,回填土不得直接扔在管道上,高差不得超过 30cm。管腔及管顶以上 50cm 范围回填素土。回填其他部位时,应均匀入槽,不得集中推入。沟槽内不得回填大于 10cm 的石块、砖块等杂物,不得回填淤泥、腐殖土及有机物质。管顶 60cm 以内采用人工夯实,管顶 60cm 以上至路槽采用机械夯实。雨天禁止回填土,冬天不得回填冻土。沟槽回填土密实度按轻型压实标准执行,具体为管腔内不小于 90%,管顶 50cm 以内不小于 87%,道路路面以下 1.5m 按道路标准。如图 6-14 所示。

图 6-13　给水管道改迁回填

图 6-14　排水管道改迁回填

6.4.2　非开挖技术

非开挖技术主要有水平定向钻、顶管、盾构,常用于穿越道路、人行道、绿化带、河道等。在地铁前期给水排水管道改迁施工中,非开挖技术作为明挖法施工的补充,由于不需开挖管道沿线线路,减小占地施工面积,且不破坏地表原状,在交通较复杂及地下管线障碍物较复杂的条件下得到推广应用。

1)水平定向钻施工

本工艺适用于地铁前期给水排水管道改造范围长,且穿越公路、地下通道、河道等不宜开挖及土质较软的钢管或 PE 管施工,管径一般为 300～1500mm,水平定向钻如图 6-15 所示。

图 6-15　水平定向钻

(1)施工流程

水平定向钻施工流程如图 6-16 所示。

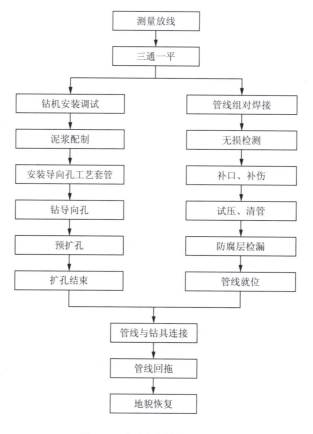

图 6-16　水平定向钻施工流程图

(2)技术要点

①水平定向钻施工场地布置

在管道的起点设置一个工作坑,在管道的终点设置一个接收坑,并在管道发送一端布置泥浆制作系统及管道发送系统,如图 6-17 所示。

②测量放线

a. 根据施工图要求的入土点、出土点坐标放出钻机安装位置线,入土点、出土点位置放线时左右偏差不超过 20cm,沿管轴线方向误差不超过 40cm,并做出明显标记。

b. 从出土点到回拖管线路必须保持直线。

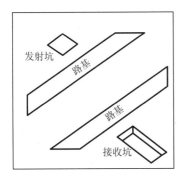 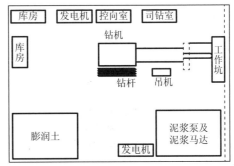

图 6-17 水平定向钻施工布置图

③工作坑开挖

开坑前要认真调查了解地上地下障碍物,以便开坑时采取妥善加固保护措施。工作坑或接收坑开挖的深度,依据管道高程、所用扩孔钻机尺寸,以及混凝土垫层的厚度计算确定,施工时用水准仪测量控制。

④钻机就位

由拖车头牵引钻机进入工作场,根据穿越中心线及入土角,调整钻机就位,钻机就位后,控向室相应就位。

钻孔机安装在工作坑旁边,管道轴线可根据设计图纸及现场条件进行桩位放线确定,钻杆中心与管道轴线应一致。确定拉管机方位后,固定好钻孔机。此时根据现场测得的井位深度以及钻孔机位置确定钻杆造斜度,入土角不超过 150°。

钻机安装好后,试钻运转并检测运转后的机座轴线及坡度是否有变化,借以检查钻机安装的稳固性和固定可靠程度。钻机的安装质量和稳固性的好坏是成孔质量好坏的关键,因此必须多次检测及调整,直至符合要求后进入下道工序。

⑤泥浆系统

泥浆系统主要由回收循环罐、储浆配浆罐、砂泵、泥浆除砂清洁器、泥浆除泥器、卧式沉降离心机、搅拌器、射流剪切混浆等装置组成,为钻机设备提供满足要求的泥浆。

将泥浆设备按工作流程和使用说明书依次摆放在一起,并连接其管路、走道、护栏、电源线等。

进行设备全面检查,防止运输过程出现问题,检查完成后逐个进行单机试运行。用清水进行泥浆系统整体联合试运行,并调试直至正常。

⑥泥浆配置

a. 搭设膨润土棚。棚内地面要高出地面 0.2m,并铺上防湿塑料布。

b. 膨润土用量主要根据管径、穿越长度及地质情况确定,并准备足够的余量,作业人员对上述情况详细了解和分析。

c. 先对配置泥浆的用水进行选择和化验,采用无污染的清水,并化验水的 pH 值,以便确定添加剂的用量。对于黏土、粉质黏土的普通土质,在水质合格的情况下直接用一级钻井膨润土,只有当地质及水质不良时才使用添加剂。合格的泥浆标准:密度 1.02~1.05g/cm³,含砂量不大于 1%,pH 值 =7~10,失水率小于 15%。

d. 泥浆在循环过程中因失水、携带钻屑而变稠,需随时过滤及稀释。为此要对泥浆黏度用马式漏斗进行测定,一般每 2h 测一次。遇有复杂地质和异常情况,随时测定。地质较好的位置,减少测定次数,并记录好测定结果。

e. 泥浆的处理:首先通过泥浆回收循环系统装置对泥浆池中的泥浆进行回收处理,达到节约泥浆材料、降低穿越成本、减少废弃泥浆量的目的。施工完成后,对无法回收的泥浆用重力沉降法进行沉淀,晒干水分并将剩余的泥浆用泥浆罐车运到指定地点进行深埋处理。

⑦导向孔钻进

a. 导向孔钻进时钻具头部只安装略大于钻杆外径尺寸 4cm 的矛式钻头,对正既定孔位,检测对中误差达到规范要求后,即可开动钻机钻进导向孔。钻进时人力扳拉推进持力均匀,匀速前进。并根据给进阻力的大小,判定地层内是否有硬物或土层的变化,以确定注水机给水压力和给水量。钻进时,当地层含水较大地层为砂层或粉质砂黏土,不注水钻进;当地层较硬或无地下水时,提高注水压力。注水主要是起润滑和冷却钻具,减少钻进阻力的作用。

b. 当遇有硬质障碍物时,应缓慢持力给进;当不能钻穿通过时,应记录钻具长度,确定障碍物的具体位置。如地面条件允许,可从地面下挖探洞人工下去处理;地面条件不允许时,整体偏移钻孔轴线。一般单个硬物通过持续的压力注水钻进和搅磨即可通过,此时给进力应均匀,不可强推进,防止钻孔偏移。障碍物的位置在钻进过程中应详细记录。

c. 每个钻进班组做台班记录,详细记录钻进长度、轴线偏差、机座校核、土质软硬、障碍物、作业人员等情况。钻进按上坡方向进行,以利于排水和最后出土,并有利于保证钻孔质量。

钻进先导孔工艺如图 6-18 所示。

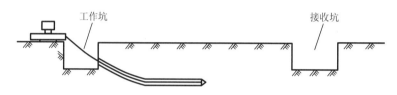

图 6-18 钻进先导孔工艺示意图

d. 导向钻进是非开挖定向钻进铺管的关键环节。导向钻按设计的深度、高程,随时监控,适时调整。钻进中轻压、慢转,注意控制钻头温度,切不可使探头过热。

⑧扩孔

导向孔钻进至接收坑,经测量检验,偏差在允许范围内时,卸下矛式钻头换装鱼尾式或三叉式扩孔钻头,开动回拉钻机扩孔。扩孔时人工给进均匀,匀速回拉。同时注水机连续注适量水,通过钻具搅拌孔内泥土造泥浆,用以保护成孔孔壁,保持围岩稳定,同时起到润滑作用。根据现场地质情况,采用刮刀式扩孔器。扩孔器尺寸为铺设管径的 1.2～1.5 倍,如图 6-19 所示,其既能保持泥浆流动畅通,又能保证管线安全、顺利地拖入孔中。

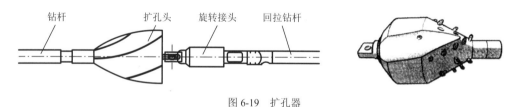

图 6-19 扩孔器

扩孔过程中,地层土质较软时宜快速给进回扩,地层土质较硬时匀速缓慢进行。回扩钻孔工艺如图 6-20 所示。

图 6-20 回扩钻孔工艺示意图

施工过程中,注意地下水水位的变化,钻进施工时是否正常,注意土质变化及拉管机的压力,出现异常及时采取措施。

在每级扩孔过程中,为防止扩孔跑偏轨迹,采用回拖扩孔。扩孔时,为保证管道可以顺利回拖,使钻孔直径达到管径的 1.3 倍以上,并用泥浆护壁,防止钻孔坍塌,保证土体不损坏管壁。

⑨清孔

a. 在回扩钻孔时,在钻头尾部配装拉链(杆),钻孔回扩到达工作坑时,卸下扩孔钻头,在拉链(杆)一端换装拉泥盘,进行拉泥成孔工作。此项工序主要是拉运出扩孔搅碎的孔内土,形成光滑圆顺的安管通道。拉泥时,首次拉泥采用环形盘,反复来回拖拉后,如阻力减轻,则在拉泥盘上加装横挡,再次入孔拉泥,逐次加封横挡,直至拉泥盘全封闭,并能轻松顺利拉出为止。

b. 当地层土质较硬、以黏质土为主时,先采用环形盘较窄的拉泥盘拖拉,使拽拉阻力变小,拉泥盘顺利拉出后,再换上环形盘较宽的拉泥盘拖拉钻孔。拉泥盘环形盘的大小及加装横挡封闭的选择,根据地层土质确定;最终成形的孔道内壁光滑圆顺。

拖孔器拉泥清孔工艺如图 6-21 所示。

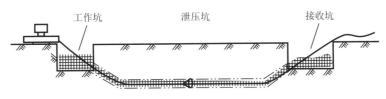

图 6-21　拖孔器拉泥清孔工艺示意图

⑩回拖拉管

a.PE 管焊缝和管道强度检验合格后,即可进入拉管施工。首先用现场制作的"PE 管封套"将管头密封,然后在管头后端接上回扩头,管后接上分动器进行接管,将管子回接到工作坑后,卸下回扩头、分动器,取出剩余钻杆,堵上封堵头。

b. 施工时,拉管机操作人员根据设备数据均匀平稳地牵引管道,切不可生拉硬拽。

管道拖拉安装工艺如图 6-22 所示。

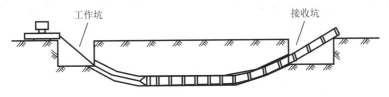

图 6-22　管道拖拉安装工艺示意图

(3)注意事项

①由于需对管材拖拉,该方法适用于具有较好连接性的给水及排水管道,因其轨迹特殊性,常用于压力管道,在采取必要措施后,可用于混凝土套管及单一坡度的重力流管道施工。

②钻机必须先进行试运转,确定各部分运转正常后方可钻进。

③第一根钻杆入土钻进时,应采取轻压慢转的方式,稳定钻进导入位置和保证入土角,且入土段和出土段应为直线钻进,其直线长度宜控制在 20m 左右。

④钻孔时应匀速钻进,并严格控制钻进给进力和钻进方向。

⑤每进一根钻杆应进行钻进距离、深度、侧向位移等的导向探测,曲线段和有相邻管线段应加密探测。

⑥保持钻头正确姿态,发生偏差应及时纠正,且采用小角度逐步纠偏。钻孔的轨迹偏差不得大于终孔直径,超出误差允许范围宜退回进行纠偏。

⑦绘制钻孔轨迹平面、剖面图。

⑧从出土点向入土点回扩,扩孔器与钻杆连接应牢固。

⑨根据管径、管道曲率半径、地层条件、扩孔器类型等确定一次或分次扩孔方式;分次扩孔时每次回扩的级差宜控制在100～150mm,终孔孔径宜控制在回拖管节外径的1.2～1.5倍。

⑩严格控制回拉力、转速、泥浆流量等技术参数,确保成孔稳定和线形要求,无坍孔、缩孔等现象。

⑪扩孔孔径达到终孔要求后应及时进行回拖管道施工。

⑫从出土点向入土点回拖。

⑬回拖管段的质量、拖拉装置安装及其与管段连接等经检验合格后,方可进行拖管。

⑭严格控制钻机回拖力、扭矩、泥浆流量、回拖速率等技术参数,严禁硬拉硬拖。

⑮回拖过程中应有发送装置,避免管段与地面直接接触和减小摩擦力。发送装置可采用水力发送沟、滚筒管架发送道等形式,并确保进入地层前的管段曲率半径在允许范围内。

2)顶管法

该工艺适用于地铁前期给水排水管道改造范围较长,穿越公路、地下通道、河道等不宜开挖、长度不超过400m的钢管或者不超过800m的钢筋混凝土管施工,管道内径一般为400～3500mm,适用于风化岩、砂层、砾石、黏土等多种地层。顶管机一般分为土压平衡式、泥水平衡式、人工顶管式顶管机,在地下水丰富时采用泥水平衡式顶管机。本节主要介绍泥水平衡式顶管(图6-23)工艺。

图6-23 泥水平衡式顶管机

(1)施工流程

泥水平衡式顶管施工流程如图6-24所示。

(2)技术要点

①始发顶进

顶管施工应根据工程具体情况采用下列技术措施:一次顶进距离大于100m时,应采用中继间技术;在砂砾层或卵石层顶管时,应采取管节外表面熔蜡措施、触变泥浆技术等减少顶进阻力和稳定周围土体;长距离顶管应采用激光定向等测量控制技术。

计算施工顶力时,应综合考虑管节材质、顶进工作井后背墙结构的允许最大荷载、顶进设备能力、施工技术措施等因素。施工最大顶力应大于顶进阻力,但不得超过管材或工作井后背墙的允许顶力。施工最大顶力有可能超过允许顶力时,应采取减少顶进阻力、增设中继间等施工技术措施。

顶管进、出工作井时应根据工程地质和水文地质条件、埋设深度、周围环境和顶进方法,选择技术经济合理的技术措施。

洞口周围土体含地下水时,若条件允许,则可采取降水措施,或采取注浆等措施加固土体,以封堵地下水。在拆除封门时,顶管机外壁与工作井洞圈之间应设置洞口止水装置,防止顶进施工时泥水渗入工作井。顶管始发与顶进如图6-25所示。

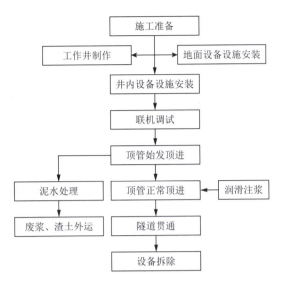

图 6-24 泥水平衡式顶管施工流程图

图 6-25 顶管始发与顶进

②正常段顶进施工

应根据土质条件、周围环境控制要求、顶进方法、各项顶进参数和监控数据、顶管机工作性能等，确定顶进、开挖、出土的作业顺序，调整顶进参数。

掘进过程中应严格量测监控，实施信息化施工，确保开挖掘进工作面的土体稳定和土（泥水）压力平衡，并控制顶进速度、挖土和出土量，减少土体扰动和地层变形。

采用敞口式（手工掘进）顶管机在允许超挖的稳定土层中正常顶进时，管下部 135°范围内不得超挖，管顶以上超挖量不得大于 15mm。

管道顶进过程中，应遵循"勤测量、勤纠偏、微纠偏"的原则，控制顶管机前进方向和姿态，并应根据测量结果分析偏差产生的原因和发展趋势，确定纠偏的措施。

开始顶进阶段，应严格控制顶进的速度和方向。进入接收工作井前应提前进行顶管机位置和姿态测量，并根据进口位置提前进行调整。在软土层中顶进混凝土管时，为防止管节飘移，宜将前 3～5 节管体与顶管机连成一体。在钢筋混凝土管接口处应保证橡胶圈正确就位。钢管接口焊接完成后，应进行防腐层补口施工，焊接及防腐层检验合格后方可顶进。应严格控制管道线形，对于柔性接口管道，其相邻管间转角不得大于该管材的允许转角。

③顶管测量与纠偏

施工过程中应对管道水平轴线和高程、顶管机姿态等进行测量，并及时对测量控制基准点进行复核，发生偏差时应及时纠正。

顶进施工测量前应对井内的测量控制基准点进行复核，发生工作井位移、沉降、变形时应及时对基准点进行复核。

管道水平轴线和高程测量应符合下列规定：出顶进工作井进入土层，每顶进 300mm，测量不应少于一次。正常顶进时，每顶进 1000mm，测量不应少于一次。进入接收工作井前 30m 应增加测量，每顶进 300mm，测量不应少于一次。全段顶完后，应在每个管节接口处测量其水平轴线和高程。有错口时，应测出相对高差。纠偏量较大，或频繁纠偏时应增加测量次数。距离较长的顶管，宜采用计算机辅助的导线法（自动测量导向系统）进行测量。在管道内增设中间测站进行常规人工测量时，宜采用少设测站的长导线法，每次测量均应对中间测站进行复核。

顶管过程中应绘制顶管机水平与高程轨迹图、顶力变化曲线图和管节编号图，随时掌握顶进方向和趋势，在顶进中及时纠偏，并采用小角度纠偏方式。纠偏时开挖面土体应保持稳定。采用挖土纠偏方式时，超挖量应符合地层变形控制和施工设计要求。刀盘式顶管机应有纠正顶管机旋转措施。顶管激光定向测量如图 6-26 所示。

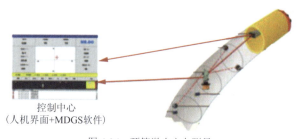

图 6-26　顶管激光定向测量

④中继间施工

采用中继间顶进时，其设计顶力、设置数量和位置应符合施工方案，设计顶力严禁超过管材允许顶力。第一个中继间的设计顶力，应保证其允许最大顶力能克服前方管道的外壁摩擦阻力及顶管机的迎面阻力之和。而后续中继间设计顶力应克服两个中继间之间的管道外壁摩擦阻力。确定中继间位置时，应留有足够的顶力安全系数，第一个中继间位置应根据计算确定并提前安装，同时考虑正面阻力反弹，防止地面沉降。中继间密封装置宜采用径向可调形式，密封配合面的加工精度和密封材料的质量应满足要求。超深、超长距离顶管工程，中继间应具有可更换密封止水圈的功能。中继间施工如图 6-27 所示。

图 6-27　中继间施工

中继间壳体应有足够的刚度。其千斤顶的数量应根据该段施工长度的顶力计算确定，并沿周长均匀分布安装。其伸缩行程应满足施工和中继间结构受力的要求。中继间外壳在伸缩时，滑动部分应具有止水性能和耐磨性能，且滑动时无阻滞。中继间安装前应检查各部件，确认正常后方可安装。安装完毕应通过试运转检验后方可使用。中继间的启动和拆除应由前向后依次进行。拆除中继间时，应具有对接接头的措施。中继间的外壳若不拆除，应在安装前进行防腐处理。

⑤润滑注浆

注浆工艺方案应包括泥浆配合比、注浆量及压力的确定，制备和输送泥浆的设备选择及其安装，注浆工艺、注浆系统的确定及注浆孔的布置。确保顶进时管外壁和土体之间的间隙能形成稳定、连续的泥浆套。泥浆材料的选择、组成和技术指标要求，应经现场试验确定。顶管机尾部同步注浆宜选用黏度较高、失水量小、稳定性好的材料。补浆的材料宜黏滞性小、流动性好。

润滑注浆减阻是顶管顶进的关键措施之一。

a. 注浆原则

顶管顶进润滑注浆遵循"先注后顶、随注随顶、及时补浆"原则。

b. 注浆量与注浆压力控制

注浆压力应根据浆液注入位置的地层水土压力确定。通常注浆压力应大于水土压力 0.01～0.02MPa。注浆时应保持填充状态，而不是处于劈裂状态，如图 6-28 所示。

c. 注浆系统选择

一般情况下可选择全自动化润滑注浆系统，如图 6-29 所示。该系统能够实现全自动化控制，施工中可根据地质条件、曲线顶进等实际情况，设定注浆位置、注浆时间间隔、注浆流量、注浆压力等参数，实现连续、高效注浆，达到良好的润滑减阻效果。

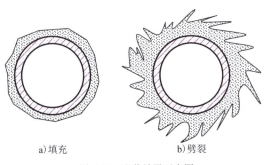

图 6-28 注浆效果示意图

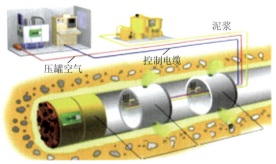

图 6-29 全自动化润滑注浆系统

浆液由制浆机拌制，随即储存到储浆罐中，然后利用注浆泵通过膨润土管路从地面输送至隧道内各注浆站，注浆站将浆液分配到各注浆管内，相应地通过管节的 3 个注浆孔注入地层。注浆站阀门由压缩空气控制开启，并通过控制电缆与控制台建立通信，实现远程控制。

d. 注浆质量控制

为了使注浆产生良好的效果，保证注浆质量，从施工开始到注浆结束，对注浆过程的每个环节都需要严格控制。注浆质量控制要点见表 6-3。

注浆质量控制要点 表 6-3

项　目	控　制　要　点
浆液质量控制	①每次注浆前都要认真检查泥浆罐中浆液的黏度，保证黏度符合要求； ②浆液要搅拌充分，配置后要陈放 24h 后方可使用，保证充分水化； ③泥浆罐上方应设置防雨棚，防止雨水掺入泥浆后影响性能
注浆压力的调整与控制	注浆压力不宜过高，避免因压力过高而产生冒浆或地层压裂，不能在管壁与地层之间形成浆套
观察注浆泵的工作情况	注浆过程中应仔细观察注浆泵的工作情况，发现注浆泵工作异常或注浆泵发生阻塞时要及时处理，使其尽快恢复正常注浆
形成环状浆液	膨润土泥浆通过管节内壁的压浆孔入口进入管节承口与插口端的环形间隙中，泥浆在充满环形间隙后，向土体中扩散，这样点状浆液出口变成了环状浆液出口，形成有效的泥浆护套，以提高压浆质量，取得良好的减阻效果

⑥泥浆循环系统保证措施

泥浆循环系统通过 PLC 系统控制，一般由操作室内的中央控制室集中控制，可通过调节进排泥浆泵转速控制循环泥浆的流量、进出口的压力以及地层的压力。

⑦泥水处理系统

一般情况下采用三级泥水处理系统对泥浆进行处理。泥水处理系统主要由一套泥水分离设备和一台压滤机组成。泥水分离设备将排出的泥浆渣土混合物经过初筛将粒径≥5mm 的固相颗粒筛滤出,将大量的泥块通过振动筛进行首次分离,分离出来的泥块、碎石直接落到渣料堆放场堆放;粒径≤5mm 的固液混合物进入泥浆沉淀槽内,再由渣浆泵将该混合物泵入漩流器,由旋流器将粒径≥45μm 的固相混合物进行分离,因分离出来的固相混合物含水率较大,经过振动筛将含水率进一步降低,形成可堆放渣料后,落到渣料堆放场堆放;经旋流器分离器分离后的泥浆,再经过二级旋流器处理,将泥中粒径≥25μm 以上的固相混合物清除,最后经压滤机将泥浆中的颗粒物质进一步分离,分离出的泥浆呈清水状,重新进入泥浆箱进行再利用,以达到环保效果。

⑧泥浆质量控制

一般情况下可采用以下泥浆配合比:

水 +(4～6)% 膨润土 +5% 纯碱(土用量)+(0.1～0.2)%CMC

这种泥浆性能指标为:密度 $1.05～1.2g/cm^3$,黏度 30～60s(马氏黏度),30min 失水量小于 15mL。顶进过程中,各种添加剂的数量必须根据泥水检测的性能指标做相应调整。正常顶进施工,每 2h 检测一次,必要时增加检测频率。

⑨泥浆试验、检测与调整

泥浆试验、检测和泥浆调整一般要定期进行,但其频率、测定项目、控制值等应根据工程顶进情况、地质变化、泥浆受到侵害的程度,经综合判断后对其进行处理,并根据地质资料监视出渣变化情况,提前做好泥浆性能指标调整与变换工作。泥浆参数测量仪器及处理措施见表 6-4。

泥浆参数测量仪器及处理措施 表 6-4

项　　目	试验检测仪器	处　理　措　施
泥浆相对密度	泥浆比重仪	相对密度偏高时加清水或积极清除混入泥浆体系中的多余固相,偏低时加膨润土和分散剂
黏度	马氏漏斗	黏度高时加水或积极清除混入泥浆体系中的多余固相,低时加膨润土、分散剂和 CMC(其他替代品)
含砂量	含砂仪	含砂量高时加强循环净化处理或调整返回泥浆的用量,用分离机进行处理后补充有效成分恢复泥浆性能
pH 值	pH 值试纸	pH 值过高时进行酸碱中和适当处理

(3)注意事项

①该方法常用于采用钢管或玻璃钢管的给水管及采用钢管或钢筋混凝土管的排水管施工,同时必须保证承接口具有一定的密封性能。

②在顶进过程中,控制液压千斤顶的顶进推力,避免管节变形。

③保证轨道适宜,使安装的管节中心与隧道周线重合。

④严格控制顶管机姿态和纠偏,避免偏差过大和纠偏过急,造成管节之间端面因应力集中而损坏。

⑤在顶进过程中,随时监测地面沉降情况,并及时与顶管操作人员联系。

⑥在掘进过程中,必须随时检查泥水平衡系统各项参数,并根据实际情况进行调整。

⑦使用泥水平衡系统保持开挖面稳定,即保持掘进切削量与排泥量相对平衡,防止出现超挖、欠挖的现象。

3)盾构法

在地铁前期给水排水管改迁中,盾构法并非常用工法,仅在地质复杂及跨度大的情况下采用。其同样适用于管道改造范围较长,穿越公路、地下通道、河道的钢筋混凝土管施工,管道内径一般为

2400～4500mm，理论施工距离超过2km，适用于各种地层。盾构机有土压平衡式和泥水平衡式等类型，在地下水丰富时常采用泥水平衡式盾构机。本节主要介绍泥水平衡式盾构机施工工艺。其与顶管法的主要区别在于推进系统位于隧道内，并且需要在隧道内安装管片，而不是在竖井内安装管片。盾构始发及管片拼装施工如图6-30所示。

图6-30 盾构始发及管片拼装施工

盾构施工时应根据设计要求和工程具体情况确定盾构类型、施工工艺，布设管片生产设施及地下、地面生产辅助设施，做好施工准备工作。

（1）施工流程

盾构施工流程如图6-31所示。

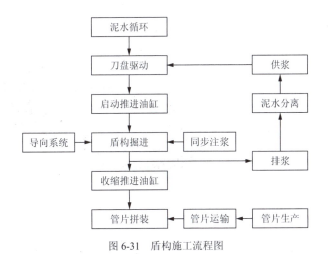

图6-31 盾构施工流程图

为避免土体失稳造成的施工风险，在盾构机刀盘进入预留洞门前凿除竖井壁厚2/3，剩余混凝土利用刀盘破除，同时利用刀盘破除钻孔咬合桩的素混凝土止水帷幕墙。

（2）技术要点

①盾构始发

盾构始发是指盾构设备从竖井装置安装至进入地层一段距离试掘进的阶段。由于洞口处土体卸载，刀盘切削对土体扰动较大，因此盾构始发为盾构施工的关键阶段之一。

a. 始发基座

始发基座采用钢结构形式，主要承受盾构机的重量并减少掘进时的摩擦阻力。因此始发基座必须具有足够的刚度、强度和表面平滑度。始发基座主要采用厚钢板加工而成，其中基座横梁部分采用槽钢对焊，在盾构机组装时，在始发基座轨道上涂黄油，以减小盾构机向前掘进的摩擦阻力，如图6-32所示。

图 6-32 盾构始发轨道图

b. 反力架

为在盾构机拼装和始发时给掘进装置（撑靴和推进油缸）提供支撑反力，需在井壁设置反力架。反力架采用型钢结构，具有足够的刚度和强度，反力架支撑预埋件采用膨胀螺栓打入井壁内。推进油缸支座安装在反力架前面，直接顶在反力架上，当推进千斤顶推动负环使盾构机向前掘进一行程后（一行程为 1.0m），缩回千斤顶，吊装下一负环管片放在基座上并用螺栓与上一负环管片连接，再用推进千斤顶推进，使盾构向前掘进。

c. 洞门密封装置的安装

为了防止盾构始发掘进时泥浆及地下水从盾壳和洞门的间隙处流失，以及在盾尾通过洞门后背填注浆浆液的流失，在盾构始发时安装洞门密封装置，密封装置由帘布橡胶板、钢环、销轴式压板、垫片和螺栓等组成，如图 6-33 所示。

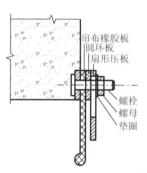

图 6-33 盾构密封装置图

② 盾构掘进施工

盾构始发前 50m 作为掘进试验段。通过试验段的掘进可以熟练进行掘进参数的控制，测试地表隆陷、地中位移、管片受力等。由于盾构机没有出洞后周围岩土侧压力的摩擦作用，且盾构油缸的推力和掌子面通过刀盘的反力都很小，所以，在试掘进时应使刀盘慢速旋转，且要正、反向交替旋转，使盾构姿态平稳。出洞后，盾构机刀盘切削穿越洞门加固区，这时，泥水压力设定值应略小于理论值且掘进速度不宜过快。当盾尾进入洞门后，及时检查橡胶密封的位置是否将洞门封堵严实，以防洞口漏水漏浆，从而减少地层的压力损失。在掘进过程中，应根据地表的监测信息对泥水压力设定值以及掘进速度等施工参数及时进行调整。

③ 管片拼装工艺

管片拼装是盾构法施工的一个重要工序，整个工序由盾构司机、管片输送操作工和拼装工三个工种配合完成，拼装作业流程如图 6-34 所示。

④ 防水及注浆工艺

为防止隧道内部渗漏，确保工程竣工后能安全运营，便于维修和管

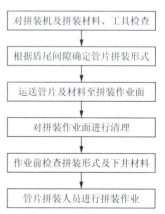

图 6-34 拼装作业流程图

理,应严格按设计及有关规范要求进行施工,对涉及防水问题的材料、机具、工艺进行严格控制和把关。除对洞身管片自防水和管片接缝防水进行重点处理外,还应对隧道底部和出洞门、螺栓孔和吊装孔(注浆孔)、管片与地层空隙等局部位置进行特殊处理,以确保建成的隧道不渗、不漏。

(3)注意事项

①该方法由于采用钢筋混凝土材质,因此可应用在排水系统上,若用于给水管道,在隧道成型后,可在隧道内进行给水管道铺设。

②盾构破洞门时,由于盾构前方的阻力变小,管片之间的接缝与正常段相比难以达到非常紧密的状态,此时除了紧固螺栓外,还可以采用附加张拉措施。

③盾构始发工作开始时,监理单位要督促施工单位严格按批准的始发方案进行施工,做到整个工作处于受控状态。

④洞门凿除后,盾构机应加速靠上洞门。刀盘切入土体时必须保持运转状态。

⑤在加固区掘进时应注意千斤顶油缸压力,在考虑反力架最大承受力范围内设定最高油压,推进加固区时,千斤顶油压应逐步加压,防止推进压力突变造成反力架受损。推进区域油压尽量保持均衡,盾构在基座上不可做大幅度姿态调整,盾构俯仰角、左右千斤顶行程差尽量保持稳定。始发中随时检查反力架使用情况。

⑥管片拼装时,涂抹润滑剂。

⑦密封条用具有足够黏结力的黏结剂固定在管片上,特别是封顶块插入时,防止密封条移动、断裂。

⑧掘进加固土体时,对刀盘扭矩进行重点监控,扭矩上升应缓和上升,并不得超过最大限制值,防止盾构侧翻。掘进时适当加水,防止刀盘卡死。

⑨根据盾构姿态调整趋势,提前调整好管片趋势,使各方向的盾尾间隙都能得到保证,且管片线形与隧道线形平行,防止出现管片将盾尾卡死的现象。

4)竖井

给水排水管线改迁中如涉及顶管及盾构,一般采用竖井作为始发及接收结构。竖井主要为顶管(顶进工作井)、盾构(始发工作井)推进后坐力等施工提供支撑条件,在顶管及盾构施工完成后,竖井一般可作为检查井使用,一般有沉井法及逆作法两种施工方法。

(1)沉井法

沉井可根据具体规格尺寸分为一次或多次下沉,本节中以沉井下沉两次为例。

①施工流程(图6-35)

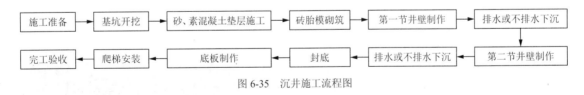

图6-35 沉井施工流程图

②技术要点

a.基坑制作

根据现场情况开挖砂垫层置换基坑,对基坑内进行清淤整平,再铺设砂垫层。

b.垫层铺设

砂垫层采取分层洒水铺设,每层铺设一般不超过300mm,用平板振动器进行分层碾压夯实。质量检测采用环刀法进行干重度测定,以不小于15.5kN/m³为合格。

砂垫层施工结束后,沿井壁中线浇筑C20素混凝土垫层。

c. 测量放线

首先采用全站仪测出竖井的中心位置,以中心点为基准,以素混凝土垫层的内、外边线为控制线分别进行画线,并随时核对尺寸,以保证放线位置的准确性。

放线结束后,沿内外边线采用胶合板和木桩进行立模,浇筑区域设置高程平面控制点,以便于参照和测量,然后浇筑商品混凝土垫层,当混凝土垫层保养一段时间后,即可在混凝土面上砌筑砖模。

图6-36 沉井砂垫层、素垫层、刃脚

垫层混凝土采取混凝土输送泵车进行布料,基坑内由人工配合指挥放料。入仓的混凝土由人工用锹进行平仓,采用平板振动器或插入式振动器进行振捣密实。振捣过程中,应注意避免碰撞高程控制点。沉井砂垫层、素垫层、刃脚如图6-36所示。

d. 沉井井壁制作

钢筋制作与安装:钢筋连接方式为焊接或机械连接,钢筋保护层厚度底板下层为4cm,竖井外壁为3cm,其余均为4cm。钢筋按图纸要求在工地现场下料加工成形,竖向钢筋采用电渣压力焊连接,水平向钢筋、钢构件间采用搭接焊连接。底板部分凹槽内的钢筋需要在井壁制作时进行预留,预留长度需确保沉井钢筋底板制作时满足焊接要求。其余井壁插筋、锚固筋严格按照设计要求执行,确保其锚固、搭接长度。

沉井刃脚底模:刃脚处内侧斜面模板采用砖胎模,砖模用标准砖、M5.0水泥砂浆砌筑。砖模砌成连续结构,其斜面需要用砂浆找平。

井壁模板:采用建筑钢模板,模板安装前均匀涂刷隔离剂,隔离剂不可污染钢筋及混凝土接茬处,模板固定采用ϕ14对拉螺栓两端加3型扣件加固于内外模板的外侧横、立杆上,使其上下左右连成整体。固定模板横向采用ϕ25钢筋,竖向采用ϕ48钢管作围护和加固,间距为每隔0.4m布置一道,使模板整体牢固,确保浇筑不产生变形和位移。

竖井其他部位如凸台、凹槽、刃脚内面部位,由于插筋较多,因此均采用木模板进行加固浇筑。

模板施工的技术措施:根据设计图纸做好测量放线工作,准确标定测量数据。如高程、中心轴线、预埋件的位置。模板在安装全过程中应随时进行检查,严格控制垂直度、中心线、高程及各部分尺寸。模板接缝必须紧密。浇筑混凝土时要注意观察模板受荷后的情况,发现位移、鼓胀、下沉、漏浆、支撑振动、地基下陷等现象,应及时采取有效措施予以处理。

脚手架搭设:脚手架一般采用无缝钢管,随沉井的升高而升高。内部脚手架沿内井壁布置,纵横向均1.6m一道,层高1.8m,井外沿外井壁四周搭设1.0m宽双排脚手架并连成整体,层高1.8m,所有脚手立管下部垫200mm×200mm×50mm木块,并按规程要求设置斜撑和剪刀撑。为安全起见,脚手架临空处搭设简易栏杆,挂安全网,上铺竹笆片,使用过程中严禁集中堆放物资,造成架体受力不均。所有脚手架均须与模板脱离,防止浇筑时沉井发生沉降造成脚手架与井壁模板剐蹭而出现棚架倒塌事故,浇筑完成后方可重新连接拉杆。沉井脚手架、模板工程如图6-37所示。

图6-37 沉井脚手架、模板工程

e. 混凝土浇筑

混凝土浇筑采用商品混凝土,浇筑采用分层平铺法施工,下料前先在浇筑仓内铺20mm厚、M30

砂浆,然后再用混凝土泵输送至各下料点,各处摊铺厚度控制在30～50cm,当下料高度超过2.0m时,采用串筒进行下料。混凝土浇筑过程中,混凝土面应保持同步均匀上升,并密切观测沉降。若发生不均匀沉降,应及时停止浇筑,并采取加固措施,严防井壁产生裂缝。入仓混凝土采用插入式振动器振捣,不得漏振和过振,对刃脚等钢筋密集处,可采取模板预留孔等措施确保振捣密实。

每节沉井混凝土浇至预定高程时,沿井壁中心轴线将止水钢板按设计要求安装固定,如图6-38所示,在未达到70%设计强度前避免碰撞或松动。接高前,用风镐凿除接缝表面的浮浆和松动碎石,并用压力水冲洗干净,在浇筑面无积水的情况下,摊铺3～5cm厚同强度等级的砂浆后再进行接高混凝土浇筑。

沉井的侧壁模板在混凝土达到拆模强度后方可拆除。拆模时应采用专用工具进行,防止对混凝土表面产生损伤,影响井壁整体外观质量和防水标准。模板拆除后协同监理对现浇结构的外观进行检查,查看是否存在蜂窝、麻面、漏筋等外观缺陷,按规范要求及时对浇筑缺陷部位进行处理。

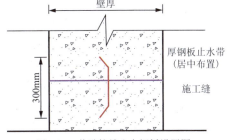

图6-38 井壁接缝止水钢板设置图

f. 沉井下沉

沉井下沉根据实际地质情况,采取排水或不排水,或两者结合的方式进行沉井下沉施工。井壁部分混凝土达到设计强度的70%时方可进行下沉作业。

a)准备工作

杂物清理:制作时散落于井内的混凝土渣、脚手管、模板、钢筋、铁丝等所有杂物、垃圾应彻底清除。

防渗处理:沉井井壁上的对拉螺栓在拆除模板,凿除螺栓定位片外侧定位块后,割除多余的对拉螺栓,并用防水砂浆将出露的孔洞填实。

接触面凿毛:为保证封底素混凝土与井体有较好的连接,下沉前应对所有接触部位用风镐凿毛。

混凝土垫层拆除:混凝土垫层拆除前应根据沉井重心位置及沉井结构、沉井沉降等因素对素混凝土垫层、砖模进行分组编号,编制混凝土垫层拆除流程图,施工时严格按图操作,力求分段、对称、依次、同步,以利于沉井稳定,同时加强观测,密切注意下沉是否均匀。井内素混凝土垫层用风镐破碎,装入开底渣筐,利用汽车吊吊出井外,手推车运至弃渣场地。

拆除顺序:首先将井壁外侧素垫层拆除,其次将井内砖胎模拆除,最后将井内素混凝土垫层拆除。

b)测控系统及测量

测控系统按设计要求在下沉前准备就绪,沿竖井轴线及轴线垂直线设立下沉标尺和位移参照垂线,用水准仪控制高程,用经纬仪或全站仪测控沉井位移,下沉准备工作全部就绪后,应测出全部初始数据并加以记录。

c)取土方法

沉井下沉取土采用小型挖掘机和长臂挖掘机。当沉井第一次下沉和排水下沉时,采用小型挖机取土;当沉井第二次下沉和不排水下沉时,采用长臂挖掘机取土,如图6-39所示。

g. 沉井封底

沉井下沉达到设计高程(预留一定的终沉高度,一般为20cm左右,视施工具体情况而定),经8h沉降观测,当累计下沉量不大于10mm后即应组织封底工作。根据终沉的下沉方法采用相应的封底方法。排水法下沉竖井封底按照常规方法进行,当终沉采用不排水法下沉时,则需要采用导管法浇筑水下封底混凝土,下面仅说明不排水沉井封底施工。

沉井停止取土趋于稳定后,刃脚部位渣土有高于踏面的,需要继续清理。清理过程中,需要继续补水加高水位,达到平衡,竖井不再下沉。

封底浇筑应连续进行,浇筑过程中要加强测量,导管提升要顺直,不能左右摇动,并且要确保导管埋深(一般在 1.0m 左右),每次提升不宜过大,一般 0.2m,导管提升只能在下料时进行,避免导管返水,当混凝土面接近高程时,应逐步减少导管埋深,同时加大混凝土一次下料量,以减小混凝土表面坡度。施工过程中,应维持井内水位高于井外水位 1.0～2.0m,如图 6-40 所示。

图 6-39　长臂挖掘机配合小挖掘机取土

图 6-40　沉井封底

③注意事项

a. 竖井是主要用于非开挖技术两端管道连接施工的作业井,由于沉井整体浇筑,具有较高的强度及整体性,因此可在非开挖施工完成后直接作为永久井使用。

b. 钢筋工程。施工钢筋放样前,操作人员必须熟悉图纸,精心放样,特别是对结构关键部位要放大样、精确放样,计算好主次梁钢筋排列高度和相应的箍筋尺寸,使绑扎成形后位置正确、受力良好,钢筋在绑扎前必须将施工顺序、操作方法和要求向操作人员详细交底。施工过程中对钢筋规格、数量、位置随时进行复核检查。要特别注意一些较复杂部位的钢筋位置、数量及规格,梁节点严禁漏放环箍。钢筋绑扎完成后,必须重点检查竖向钢筋的位置是否正确以及悬臂结构的撑脚是否牢固可靠。钢筋的保护层厚度依设计图纸规定施工。同一截面内钢筋的接头数量应符合规范要求。钢筋的绑扎搭接及锚固除需符合规范要求外,还需满足抗震设计规范要求。钢筋绑扎时,如遇预留洞、预埋件、管道位置,须割断妨碍的钢筋,之后要按图纸要求增设加强筋,必要时会同有关人员协商解决,严禁任意拆、移、割。浇捣混凝土时要派专人看管,随时随地对钢筋进行纠偏。

c. 模板工程。必须针对模板支承、排列、施工顺序、拆装方法向班组人员作详细交底。对运到现场的模板及配件应按规定、数量逐次清点及检查,不符合质量要求的不得使用。模板制作必须正确控制轴线位置及截面尺寸、不得扭曲、拱裂,模板拼缝要紧密。浇捣混凝土前对模板的支撑、螺栓、柱箍、扣件等紧固件派专人进行检查,发现问题,及时整改。

d. 混凝土工程。混凝土浇捣前,施工现场应先做好各项工作,机械设备、照明设备等应事先检查,保证完好符合要求,模板内的垃圾和杂物要清理干净。振动器的操作要做到"快插慢拔",快插是为了避免先将混凝土面混凝土振实而与下面混凝土发生分层、离析现象,慢拔是为了使混凝土能填满振动棒抽出时所造成的空洞,并消除混凝土内气泡。混凝土分层浇捣时,在振捣上层时,应插入下层 5cm 左右,以消除两层之间的接缝,同时要在下层混凝土初凝前对上层混凝土进行振捣,并加强对泵送流态混凝土的振捣。振动器插点要均匀排列,采用交错式的次序移位,以免造成混乱而发生漏振,每次移位位置的间距不大于 50cm。不准用振动棒随意振动钢筋、模板及预埋件,以防钢筋、模板变形、预埋件脱落。

e. 沉井下沉取土。其目的为通过控制井内取土,使沉井下沉速率控制在合适的范围,从而保证下沉偏差符合设计和规范要求。严格控制高差,千万不能产生较大的偏差。沉速以慢、稳为主;及时排除机械故障。取土时,由专人指挥,以免局部超挖,造成塌方,致使井偏斜。保障备用部件和配件,及时排除故障,确保正常施工。沉井地质复杂,尽可能使沉井靠自重挤土下沉。当沉井下沉2m左右,已初步形成导向(轨迹),可适当加快沉速。进入终沉阶段时应减慢下沉速度,加强沉井观测,以纠偏为主,严格控制取土深度和速度,减小球冠底部深度,必要时可停机观察。

f. 下沉助沉。当沉井下沉深度较大时,井壁与土层间的摩阻力很大,沉井下沉系数较小,特别是在后期启动下沉时,需增加辅助措施,以减小摩阻力。通常可通过空气幕来减小井壁摩阻力。

泥浆减阻助沉:沉井制作时在平面十字方向刃脚以上3～5m位置布置一套触变泥浆压注系统,在下沉过程中采用泥浆套减阻助沉。在每次下沉结束、接高以后,由于静摩阻力较大,沉井下沉难以启动时,需要采取减阻措施,向压浆管内压入膨润土浆至井壁四周,以降低井壁外侧四周的摩擦力,使沉井顺利启动开始下沉,同时也可辅助调节下沉偏差。

g. 沉井下沉的观测。沉井井筒垂线倾斜度的观测:观测在井筒内壁预先设定的4个垂球的锥尖,是否分别在相对应位置上的标盘中心;当井筒发生偏斜时,垂球锥尖就偏离标盘中心点,垂球吊线就偏离井筒内壁上的垂线。根据垂球偏离标盘中心及偏离井筒内壁的垂线的方位和大小进行纠偏,一般在沉井每次下沉前后各观测一次。

沉井刃脚踏面高程及下沉量的现场实用观测法:利用在沉井外地面上轴线位置处预先设置的水平标尺,分别测出下沉前、后刃脚踏面的高程,刃脚踏面下沉前的高程减去下沉后的高程,即为总下沉量。同时两个相对点高差读数之正、负差,也表示沉井井筒倾斜的方向及倾斜程度。一般上述观测在每次下沉前、后各进行一次。

井筒倾斜度的测量:一般用水准仪或激光水平仪观测在井外壁事先设置的4个对称点的高程,然后计算出踏面的高程,用对称点的高程差计算出井筒倾斜角。

h. 沉井防倾斜及纠正。沉井发生倾斜有多种原因:沉井四周土质软硬不均;没有均匀挖土,使沉井内高差悬殊;刃脚一侧被障碍物拦住;沉井外面有弃土或堆物,井上附加荷载分布不均造成对井壁的偏压。在沉井下沉各阶段,应加强观测,预防井壁倾斜,并在发生倾斜时立即采取措施予以纠正。

沉井制作前:制作基坑回填砂垫层,沿井壁底脚处浇筑C20混凝土垫层,宽度为1.2m,厚度为10cm。下沉前应采取分区、依次、对称、同步拆除素混凝土垫层的方法进行操作。

沉井下沉期间:初期应慢速下沉,严格控制偏差,做到勤测量、勤纠偏,以形成稳定的下沉轨迹为主。

封底:封底前需对井壁、刃脚进行清洗。封底混凝土养护一段时间,抽干沉井内积水后进行钢筋混凝土底板施工。

倾斜纠正:及时在出现倾斜的一侧井外用砂或砾石回填。在刃脚高的一侧加强取土,低的一侧少取土或不取土,待正位后再均匀分层取土。通过调整取土的高差,及调整沉井刃脚处保留土体的宽度进行纠偏;采用向下沉较慢一侧的沉井井筒外部沿外壁四周注浆,以减少土的抗力;泥浆还起润滑作用,减少沉井外壁与土之间的摩擦阻力,促使沉井较高的一侧迅速下沉。在井筒较高的一侧增加荷载(一般采用铁块、砂石袋加压),或用振动机振动,促使井筒较高侧较快下沉。将井外弃土或堆物清除;调整井上附加荷载的位置,使荷载均匀。

(2)逆作法

①施工流程

明挖逆作施工流程如图6-41所示。

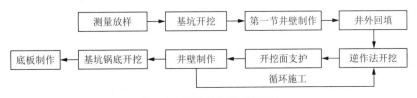

图6-41 明挖逆作施工流程图

②技术要点

a. 测量放样

根据设计交桩坐标和现场测控点位置,布设现场施工测量控制网,并完成竖井中心坐标的放样,然后再依据该中心点放出井壁位置和基坑开挖的边线。在基坑中心的纵横向轴线延长线上设立控制桩,便于随时检查基坑开挖的成形情况。

b. 基坑开挖

根据地质条件、工期要求、场地条件及总体安排,采用小型挖掘机进行基坑开挖,弃土外运主要采用自卸车。

明沟排水措施:在开挖边线外围设截水沟,防止外围地表水倒灌入基坑;开挖至第一节设计底高程后,在基坑底四周挖设排水明沟、设集水井,用水泵外排。

基坑开挖流程:竖向分层施工,基坑纵向由内侧向外侧进行,分2~3层开挖,开挖一层,边坡整理一层,再向下开挖。

开挖准备工作:对开挖中可能遇到的渗水现象,应提前进行技术讨论,制订应急措施,并进行相关的物资储备。施工前人员和设备及时到位,并勘察确定机械设备走行路线。

开挖方法:基坑分层开挖。由挖掘机挖土,将土挖出基坑,运至堆土区。当接近底板设计开挖位置时,预留200mm左右保护层,采用人工清理整平。

基底清理及垫层施工:挖掘机开挖至基底高程以上200mm时停止,余下由人工清理。挖设排水沟,布设排水系统,保证基底的干燥,人工清理余土并平整后及时组织垫层施工。

基坑开挖技术措施:开挖施工中确保排水系统的正常运转。机械开挖的同时辅以人工配合,最后一层土方以人工开挖为主,防止超挖。开挖施工过程中,加强观察和监控工作,发现安全隐患时及时控制,并调整开挖程序。

c. 井壁施工

脚手架搭设:脚手架一般使用无缝钢管,搭设高度按照井壁浇筑高度进行控制。内部脚手架纵横向均1.6m一道,层高1.8m。第一节井外沿井壁四周搭设0.8m宽双排脚手并连成整体,层高1.8m,并按规程要求设置斜撑和剪刀撑。为安全起见,脚手架临空处搭设简易栏杆,挂安全网,上铺竹笆片。

模板安装:在采用钢模板的情况下,模板固定采用对拉螺栓,为满足抗渗要求,在螺栓中间焊止水铁片,所有模板表面涂隔离剂。固定模板采用钢管作围护和加固,横向采用螺纹钢筋环向焊接成环状加固环,使模板整体固定牢靠,确保浇筑时不产生变形和走动。模板立好后,应检查其位置、高程和垂直度。

钢筋加工与绑扎:井壁钢筋按设计图纸要求,在工地现场下料加工成形,井壁钢筋可采用搭接焊,焊条应与钢材强度相适应,在搭接长度范围内,受力钢筋接头截面面积按规范要求控制。

混凝土浇筑:在模板架立加固结束后,由混凝土工配合指挥混凝土泵车的送料臂,采用分层平铺法施工,下料前半小时铺3~5cm同强度等级的砂浆。用混凝土泵输送至各下料点,各处摊铺厚度控制在30~50cm,当下料高度超过2.0m时,采用串筒进行下料。混凝土浇筑过程中,混凝土面应保持同步均匀上升。入仓混凝土采用插入式振动器振捣,不得漏振和过振,对钢筋密集处,可采取模板预留孔等措施确保振捣密实。混凝土浇筑结束后根据环境气温按规范要求进行养护。

d. 逆作开挖

开挖施工:逆作法开挖采取分段开挖方式,每段开挖深度为1m。逆作法开挖采用长臂挖掘机+人工开挖修整的方式,并采用自卸车运至弃土区。逆作井施工如图6-42所示。

施工缝:沿上下井壁接触面中心线将止水条(或止水钢板)按设计要求安装固定,并避免碰撞或移位,使其脱离控制位置。

拆模:在常温下,混凝土强度不小于 2.5MPa 后可拆除竖井的侧壁模板。拆模时应采用专用工具进行,防止对混凝土表面产生损伤,影响井壁的整体外观质量。

封底施工:封底采用 C20 混凝土。待井壁制作完成后,进行封底作业。挖掘机对封底进行开挖并修正,平整基坑,然后浇筑泵送混凝土,完成封底。

e. 竖井内检查井

对于给水排水管道中采用顶管或盾构施工的竖井,可在隧道贯通后通过浇筑隔墙及井室,使其成为检查井或闸门井,如图 6-43 所示。

图 6-42　逆作井施工

图 6-43　竖井内浇筑检查井

③注意事项

a. 由于逆作法竖井分次浇筑,整体力学参数较弱,一般不作为永久井使用,需在竖井内另外进行检查井或阀门井施工。

b. 施工中要对孔口和孔桩周边设置防护栏杆,桩身混凝土浇筑需预留盖板高度;为防止施工人员误踩桩孔,施工完毕或停止作业后要用工具式盖板盖住桩孔。

c. 混凝土应严格执行配合比要求,试块按规定进行养护并按期送试验室试验。

d. 施工过程由主管施工员对主要轴线、位置、高程、尺寸等进行复核校对,经复核校对无误后,方可进行下一工序的施工。

e. 施工过程中,及时做好隐蔽工程验收工作,并记录和整理有关资料。

f. 钢筋严格按施工图纸和相关规范要求抽料并复核,安装时保护层厚度符合设计要求,接头位置以及同一截面的接头数量应符合规范要求。

g. 桩身浇筑时严格控制混凝土坍落度。

6.4.3　悬吊法

1) 原位悬吊法

原位悬吊法是指在原位置采用一定的结构将给水管或排水管悬吊的方法。受管材使用年限制约,在地铁前期给水排水管道改迁中,由于管材在经历外力作用时间过长后,悬吊部位的强度不可预知,故不建议采用该方法;对位于地铁施工影响范围内,且无法改迁,经检测现状管材可满足悬吊要求,且不影响下方地铁主体施工的现状给水排水管道,可不改迁,而采用原位悬吊保护的方式。由于原位悬吊法的特殊性,一般由主体施工单位实施。

(1) 施工流程

管线原位悬吊法施工流程如图 6-44 所示。

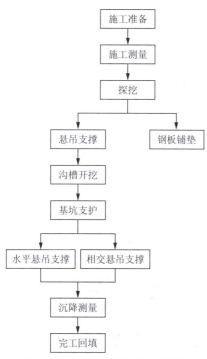

图6-44 管线原位悬吊法施工流程图

（2）技术要点

管路和沟槽平行：在管路和沟槽平行时，在沟槽的上方放置槽钢，槽钢下方用枕木与槽钢绑扎固定（位于槽钢两端），在槽钢的上方放置一根槽钢，与被保护管路保持水平。槽钢用8号钢丝紧绕被保护管线，在被保护管路底部铺垫钢板，管路两侧均放置木楔，使管路和钢丝绳避免直接接触，保护管路表面不受到损伤。

管路和沟槽相交：在管路和沟槽相交时，在沟槽上方与被保护管线水平放置的槽钢，两侧用枕木与槽钢绑扎固定，槽钢和被保护管线用钢丝紧绕，管道的下方铺垫钢板，两侧铺设木楔，使管路和钢丝绳避免直接接触，保护管路表面不受到损伤。

在已开挖的裸露管路中，由测量人员负责定期进行管路位移与沉降监测，分析监测数据，严格控制管路的位移和沉降，当超出可控范围时，及时进行保护。针对可能出现的位移和沉降，及时采取调整悬吊的位置、钢丝绳的拉力、管道下方的垫木等措施，保护管道安全，如图6-45所示。

（3）注意事项

①该方法适用于钢管或球墨铸铁管，不适用于钢筋混凝土管。

②施工前调查所有有关基坑开挖影响范围内的管线，查明管线规格、位置和走向等基本资料。根据查明的管线资料，针对管线资料和控制要求，对基坑中不需拆迁和改迁的管线，采取保护措施。

③管线保护的设计方案及技术措施需要得到监理和建设单位的认可，使用时与管线的主管部门共同商讨，并达成一致的意见，严格按照设计方案施工。

④支吊结构必须坐落在坚实稳定的支墩上，在施工期间需保证支撑、悬吊的材料具有足够的强度和刚度，结构设计合理，确保管线在悬吊期间的位移和变形控制在允许的控制范围内。

图6-45 原位悬吊法保护

⑤在保护完成后管线下方回填密实，并有密实检测记录。

⑥管线原状土开挖前完成管线悬吊保护，检查合格后进行人工开挖下部土方。

2）异位悬吊法

对于横跨基坑的给水管，可采用换管悬吊（即异位悬吊）的方式进行改迁。悬吊管可在主体施工完毕，在管道外壁进行二次防腐后，直接埋设。一般选用贝雷梁悬吊保护方案，该方法具有结构简单、运输方便、架设快捷、载重大、互换性好、适应性强的特点，其构件轻巧、拆装方便、适应性强，用简单的工具和人力就能迅速建成，可满足工程紧迫性的要求。

（1）施工流程

异位悬吊法（贝雷梁）保护及施工流程分别如图4-46、图6-47所示。

图6-46 异位悬吊法（贝雷梁）保护

图 6-47　异位悬吊法(贝雷梁)保护施工流程图

(2)技术要点

①人工沿管道纵向开挖管线上的覆土,管线暴露后,对位于基坑以上的管线,先将支墩和吊点位置的土方开挖至管底下,浇筑支墩混凝土结构及安装承托构件。

②当支墩混凝土强度达到70%以上时,调整好吊杆,使管线各部分均匀受力后,才能开挖管线下其余部分的土方。

③对漏水或有损坏的管线,首先按照要求进行加强或修理,处理完成并经权属单位检查合格后,再进行悬吊保护。在管线的悬吊保护过程中,开槽穿插下底,使悬吊点施加少量预紧力。

④分段跳槽开挖管线下部的土方,分节悬吊,使悬吊点充分承受管线的重量。逐渐把管线的重量转移到贝雷架上,避免承重结构的突然加载。

⑤贝雷梁的拼装在堆放场地内进行。先将场地平整,在贝雷梁拼装节点处垫放10cm×10cm方木,方木间距与贝雷梁各节点间距一致,每个节点处并排放置两根方木,并尽量保持两根方木水平。

⑥将需要拼装的桁架、加强弦杆、横梁、斜撑等通过吊车吊放在方木上,对销孔进行逐个对位,孔位对准后安装钢销固定孔位,照此方法将单片贝雷梁拼装完成,对拼装成片的贝雷梁的轴线及水平进行复核,拼装误差满足要求后即可运往现场进行安装。

⑦将冠梁附近的杂物清理干净,预埋螺栓上的保护套剔除,以利于贝雷梁的安装。

⑧由测量人员采用全站仪进行每榀贝雷梁的纵横轴线的测设,采用水准仪进行高程测设。

⑨混凝土基础强度达到以后,在其上放样出每片贝雷梁的轴线位置,依据放线轴线准确进行架设。单片贝雷梁架设完毕后,即可安装端构架的固定钢板,固定整片贝雷梁的位置,贝雷梁下部的连接系槽钢及横连套管螺栓可在贝雷梁纵向安装一定长度后安装。

⑩在初步架设好贝雷梁后,进行细部定位,将贝雷梁用螺栓连接固定在围护桩混凝土基础上。

(3)注意事项

①该方法适用于钢管或球墨铸铁管,不适用于钢筋混凝土管。

②为保证贝雷梁安装的位置准确,要求在混凝土基础施工时,锚入螺栓位置预埋要准确,埋置深度和数量要符合设计要求。

③贝雷梁安装前,要完成混凝土基础施工,并要求混凝土强度达到设计要求。

④贝雷梁施工前进行构件的准备工作。准备工作主要有贝雷梁构件的运输、堆放、检查、弹线等。构件在运输中要避免碰撞损坏。

⑤贝雷梁进场后要对其进行检查和验收,要核对构件的型号、尺寸和外观质量。

⑥构件的布置要提前设计,根据起重机械的布置方式和吊装参数进行构件的布置。

⑦贝雷梁构件应排放在起重机械的起重半径回转范围内,避免二次搬运。在现场条件不允许时,部分构件可集中堆放在基坑附近,吊装时再转运到起吊地点。

⑧较重的构件尽量布置在靠近起重机械的地方,轻型构件可布置在外侧。

⑨构件堆放的位置应与其要安装的位置协调一致,尽量减少起重机的移动。

⑩不同的构件要分类堆放,避免混类叠压。堆放场地要经过地面硬化,并有排水设施,垫木要合理设置。

6.4.4 原位保护法

1）包封保护法

一般在管道覆土厚度较小、顶管承受荷载且可不改迁时采用包封保护的方法，如图6-48所示。

图6-48 包封保护法施工

（1）施工流程

包封保护法施工流程如图6-49所示。

图6-49 包封保护法施工流程图

（2）技术要点

①管沟开挖

管沟开挖采用机械开挖，开挖深度不得小于管道埋深深度。管道开挖时，应注意对现有保护管道的保护，在现有管道两侧1m范围内严禁操作挖掘机，必须使用人工开挖。基坑挖完后进行验槽，做好记录，监理工程师检测合格后方可进行下一工序的施工。

②管道垫层

管沟开挖完毕经检验合格后，进行方沟垫层及管道基础夯填。管道基础材料用挖掘机倒运到管道基础位置，人工分层夯填。

③混凝土浇筑

施工人员严格按照设计尺寸浇筑混凝土。浇筑前全面检查模板的位置、高度、宽度和顺直度。管道间隙必须用净中砂填实，包封混凝土采用商品混凝土，浇筑时必须密实。

④管槽回填

经监理工程验收合格后，进行管槽回填，填筑至原路基面高程，每层厚度不超过30cm。如遇垂直净距不能满足时，可在其土层厚度中采取适当的保护措施，净距可适当缩减。排水管线与其他管线或排水明沟交叉时，为保证交叉垂直净距，可采取局部降低措施。

（3）注意事项

①沟槽应采用人工开挖，开挖前先挖探沟，查明地下线路及地下结构物。

②沟槽清理干净后方可浇筑混凝土基础。

③搅拌、浇筑、振捣同时进行，浇筑采用小推车运料向沟槽内倾倒的方式，振捣时应掌握好速度，严禁出现离析现象。随振捣由人工在其后进行抹面，搅拌、浇筑、振捣、抹面四道工序一气呵成，直至基础浇筑完成。

④管线验收合格后及时进行回填，回填土采用蛙式夯压实分层回填，每层压实厚度一般为

15～30cm,管顶以上50cm内不准上机械。

2）注浆保护法

为减小对土体扰动,一般采用压密注浆的方法加固地层,进而保护给水排水管道。

（1）施工流程

注浆保护施工流程如图6-50所示。

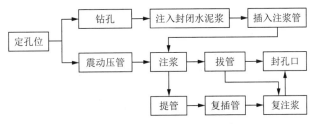

图6-50 注浆保护法施工流程图

（2）技术要点

①三通一平

包括施工场内清理保护工作在施工单位进场施工前完成。

②定位放样

压密注浆施工单位,根据建设单位提供的建筑物轴线测量放孔,施工单位进行复核验收。

③沉管

压浆管分段长度设为1.50m,管口与压浆泵采用高压胶管连接。

用振动沉管器在预先埋设好孔位中,将带活络堵头的压浆管振动至设计高程。若遇地下障碍物,应立即停止施工,会同建设、设计和监理单位确定处理措施后方可继续施工。

④制备浆液

按照设计浆液配合比,制备浆液待用,水泥浆水灰比按设计执行。

⑤压浆

首先在压浆管上装好球阀,球阀呈工作状态。然后将注浆管预拔500mm,再开启浆压泵进行吸收、输浆。通过高压管将浆液压入注浆管内,此时应配合调节注浆压力、流量,以便浆液顺利压入土体内。在每一压浆段内灌入一定预估的浆量后,应停止压浆,关闭球阀。接着对其他注浆点进行压浆。待其浆液稳定(一般20min)后,再把注浆管提起50cm。继续压浆,稳定后,拔管至设计高程。

压浆时应注意是否冒浆,一旦发现冒浆,应立即停止压浆,待稳定且水泥浆初凝后方可再次压浆。

⑥拔管

每一单孔灌浆后,应将注浆管先提起50cm,稍待片刻后再压浆。拔管前,应在注浆的同时关闭注浆管上球管阀,然后拔出注浆管。

（3）注意事项

①工程定位放先应严格遵循图纸尺寸,并经过有关单位复核后方可施工。

②注浆管间距,应根据图纸设计要求,严格控制。

③预埋注浆管应符合要求,应保持管道不要堵塞。

④沉管深度、注浆量、注浆压力、范围、浆液配合比应根据图纸和设计要求派专人负责控制,并如实、准确地做好记录。

⑤注浆开始前应充分做好准备工作,包括机械器具、仪表、管路、注浆材料的检验。

⑥注浆一经开始即应连续进行,避免中断。

⑦注浆时采用帷幕法施工,即先压外围,再压内排。
⑧注浆施工应间隔跳打,以免造成串浆,起管时应交叉起管高度,以保证压浆的均匀扩散和挤压。
⑨注浆材料应符合设计要求和有关规定。
⑩注浆用水可用自来水、河水及其他清洁水,不得采用工业废水。
⑪每次拔管高度应控制在50cm左右,深部取最大值,浅部取最小值。
⑫沉管时的垂直度偏差为1%。
⑬为使注浆浆液均匀、稳定,搅拌时应快速搅拌,进入储浆桶时,还应不断慢速搅拌。

6.5 附属设施工程

附属设施工程主要涉及给水排水管道工程中的各类阀门井、检查井、消火栓、雨水口、标志桩等。

6.5.1 阀门井

(1)施工流程

阀门井施工流程如图6-51所示。

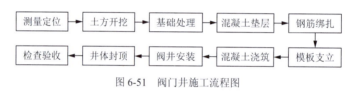

图6-51 阀门井施工流程图

(2)技术要点

①测量定位

按照设计图纸进行测量定位,轴线位置、基点高程、平面尺寸等都要做出明显的标记。

②土方开挖

基坑采用机械开挖、人工清底,按设计图纸对基坑进行轴线、高程、几何尺寸验收,合格后方可进行下道工序。

③基础处理

如基础地质情况不符合设计要求的地基条件,则应按照设计或监理工程师的指示进行处理,做好基坑降水,使施工在基面保持干燥的状态下进行。

④混凝土垫层

混凝土垫层表面应平整,高程偏差±10mm。待混凝土垫层达到要求强度后,在其表面弹出构筑物的轴线、边线、预留洞等。

⑤钢筋绑扎

a.根据图纸核对钢筋的型号、规格、尺寸,确认无误后再进行绑扎。

b.绑扎应牢固,必要点可采用点焊,绑扎中应控制混凝土墙体垂直度。

c.绑扎完毕自检合格后,监理验收合格后再进行下道工序,并做好隐蔽工程检查记录。

d.钢筋工程的加工制作、连接与安装等应符合现行《混凝土结构工程施工规范》(GB 50666—2011)的规定。

⑥模板支立

a. 在钢筋工程验收完后再行支模。支模前应将须支模范围内杂物全部清除干净,模板间的缝隙用胶带条及海绵条填塞严密。

b. 模板的拆除时间控制在能保证混凝土表面及棱角不因拆模而损坏,一般为72h之后。模板拆除时,用力勿过急过大。

c. 模板工程的制作与安装、拆除与维护应符合现行《混凝土结构工程施工规范》(GB 50666—2011)的规定。

⑦混凝土浇筑

a. 混凝土拌和站在阀井施工现场设置。

b. 在钢筋工程、模板工程均完成后,进行混凝土开仓前的隐蔽工程检查验收,验收合格后进行混凝土浇筑。混凝土浇筑、振捣、养护等应符合现行《混凝土结构工程施工规范》(GB 50666—2011)的规定。

⑧阀井安装

a. 阀门吊装

阀门吊装前,应进行试吊,以便发现问题及时解决。所使用的吊车性能可靠,吊装阀门应轻吊轻放。到达安装位置后,打开包装箱,利用管道安装吊车将阀门吊装到位。吊车站位应根据施工现场的地形和吊物重量合理选择,吊车旋转半径和起吊重量具备一定的安全系数,以保证吊车在吊装过程中运行平稳。进行阀门吊装时,使用经纬仪和水准仪将阀门调正调平,使阀门的阀杆垂直度、阀门的高程及水平度符合吊装要求,检查项目见表6-5。

阀门吊装就位检查项目 表6-5

序 号	项 目	允许偏差(mm)	检 查 方 法
1	坐标位移	≤10	用尺量
2	高程	±10	用水准仪测量
3	水平度纵向	≤3	用水平框尺检查
4	水平度横向	≤3	用水平框尺检查

b. 蝶阀安装

阀门在安装前应进行外观检查,阀体、零件应无裂缝、重皮、砂眼、锈蚀及凹陷等缺陷。安装前应清除阀体内部和相连的管道端部的垃圾、杂物,并清洗干净。

蝶阀为水平卧式安装,安装时阀板应停在关闭但不关紧的位置上,或根据供应商要求,介质流动方向应与阀体所示箭头方向一致;应按制造厂的安装说明书进行安装;质量大的蝶阀,应设置牢固的基础,避免强力、受力不均匀连接。

蝶阀安装后,应进行阀门的开、闭测试。阀门开启时应到位,阀门关闭时,应无渗漏现象。

c. 伸缩接头安装

伸缩接头由限位螺栓紧固,其安装有利于蝶阀后期的维护,安装时必须对角均匀地扭紧压盖螺母,力度不宜过大,保持压盖于管壁匀称,若出现压盖歪斜,则达不到伸缩和限位的作用,应纠正后重新安装。

d. 法兰连接

蝶阀、空气阀、单偏心半球阀的连接均为法兰连接。

连接时,将法兰密封面清理干净,橡胶垫片放置平正,调整两法兰面,使之平行、对正,并与管线垂直。法兰面与管轴线的垂直度偏差不大于外径的1.5/100,且不大于2mm。螺孔中心允许偏差应为孔径的5%。螺栓、螺母均应点上机油,螺栓均应分2~3次对称均匀拧紧,螺栓应露出螺母外至少2丝扣,但露出长度不应大于螺栓直径的1/2,螺母在法兰的同一面上。

e. 套管安装

装套管:先将套管按设计位置装到未浇筑混凝土的钢筋上,要求必须牢固,确保浇筑混凝土时不会移动。

装钢管、焊法兰:用吊车将钢管吊起,对准套管的孔穿入。如果穿入不合适,则可以用手拉葫芦协助。穿入套管后,可以焊相对的两个法兰。将伸缩接头向内推进一点,将其吊起,放入检查井内,找准位置,加上橡胶垫,穿入螺栓,将其逐渐拧紧。

套管的密封:套管的密封按图纸要求进行,注意不要使其漏水。

f. 泄水球阀安装

泄水球阀为水平卧式安装,安装时球冠应停在关闭但不关紧的位置上,或根据供应商要求,介质流动方向应与阀体所示箭头方向一致。

g. 闸阀安装

闸阀为立式安装,安装时阀板应停在关闭但不关紧的位置上,或根据供应商要求,介质流动方向应与阀体所示箭头方向一致。应按制造厂的安装说明书进行安装,并设置牢固的基础,避免强力、受力不均匀连接。安装后应进行阀门的开、闭测试。阀门开启时,应到位;阀门关闭时,应无渗漏现象。阀门的启闭操作可在地面上操作,阀门连接为法兰连接。

h. 空气阀安装

空气阀安装前应将设备解体卸拆擦洗,清除阀体内的杂质,活动部件根据设备要求加注合格的润滑油脂,对阀门的开启和闭合状态进行检查,以确定部件可在正常的工况下运行。

在阀井的一头安装套管的地方留出一定的空间,穿入铸铁三通,装上套管,浇筑二期混凝土,将短管装入井内,盖上盲法兰,装上排气阀,装上支架,固定好。

i. 井体封顶施工

一般在阀门及其井内构造物等安装完成之后再进行井体封顶施工。混凝土预制板在预制场地预制,用平板车运输至现场,人工配合吊车进行安装。安装时要拼装严密、摆正,不能留有空隙,搭接尺寸要符合规范规定和设计要求。阀井墙体及井室顶板勾缝抹面按照设计要求及监理工程师的指示施工。

j. 阀井土方回填

阀井土方回填工程与管沟回填同时进行。在回填施工中,在阀井墙体周围2m以内均由人工进行回填,人工夯实,不得采用任何机械设备进行回填。

(3)注意事项

①干线阀门及支线阀门在安装前要按规范要求进行相应的检查和试验,只有通过检查、试验合格的阀门、管件方能使用;

②阀门安装前,按设计要求对阀门底座进行防腐绝缘处理;

③阀门与管道焊接时,阀门处于全闭状态;

④焊接完成后,要打开阀门,使之处于全开位置;

⑤阀门必须配有制造厂家的产品合格证书、产品说明书及装箱单;

⑥核对阀门的规格、型号、材质是否与设计一致;

⑦检查阀门启闭是否灵活、止水橡胶带是否牢固,关闭是否严密;

⑧应采用色印法检查阀板密封面,接合面应连续。

6.5.2 检查井

1）施工流程

检查井施工流程如图 6-52 所示。

图 6-52 检查井施工流程图

2）技术要点

（1）井室砌筑

①永久改迁的排水检查井采用钢筋混凝土结构。

②检查井底部应设足够强度的底座。位于机动车道下的检查井盖应采用重型井盖，并进行井圈加固处理。

③检查井的砖砌体必须保证灰浆饱满、灰缝平直，不得有通缝，壁面处理前必须清除表面污物、浮灰等。流槽与井壁同时砌筑，流槽高度为污水井与管内顶平。

（2）流槽砌筑

井内流槽应平顺，不得有建筑垃圾等杂物。井内壁在流槽上（$D/2+200$）mm（D 为管径）处采用 20mm 厚、1∶2.5 水泥砂浆抹面，用 1∶2 防水水泥砂浆勾缝。遇地下水时，井外墙用 20mm 厚、1∶2 防水水泥砂浆抹面至地下水位以上 500mm。砂浆采用商品预拌砂浆，拌和时间不得少于 3min，砂浆应随拌随用，一般在 3h 内用完，当气温超过 30℃时，砂浆应在 2h 内用完，严禁使用隔夜砂浆。

（3）井盖安装

铸铁井盖及座圈安装时用 1∶2 水泥砂浆坐浆，并抹三角灰，井盖顶面与路面平。铸铁井盖及座圈必须完整无损，安装平稳，位置正确。

检查井砌筑及施工结束后的检查口如图 6-53 所示。

图 6-53 检查井砌筑及施工结束后的检查口

3）注意事项

（1）管道穿过井壁的施工注意事项

混凝土类管道、金属类无压管道，其管外壁与砌筑井壁洞圈之间为刚性连接时水泥砂浆应坐浆饱满、密实。施工金属类压力管道时，井壁洞圈应预设套管，管道外壁与套管的间隙应四周均匀一致，其间隙宜采用柔性或半柔性材料填嵌密实。化学建材管道宜采用中介层法与井壁洞圈连接。对于现浇混凝土结构井室，井壁洞圈应振捣密实。排水管道接入检查井时，管口外缘与井内壁平齐。接入管径大于 300mm 时，对于砌筑结构井室应砌砖圈加固。

（2）砌筑结构的井室施工注意事项

砌筑前砌块应充分湿润。砌筑砂浆配合比符合设计要求，现场拌制应拌和均匀、随用随拌。排水管道检查井内的流槽，宜与井壁同时进行砌筑。砌块应垂直砌筑，需收口砌筑时，应按设计要求的位置设置钢筋混凝土梁进行收口。圆井采用砌块逐层砌筑收口，四面收口时每层收进不应大于 30mm，偏心收口时每层收进不应大于 50mm。砌块砌筑时，铺浆应饱满，灰浆与砌块四周黏结紧密，不得漏浆,上下砌块应错缝砌筑。砌筑时应同时安装踏步,踏步安装后在砌筑砂浆未达到规定抗压强度前不得踩踏。内外井壁应采用水泥砂浆勾缝。有抹面要求时,抹面应分层压实。

(3)预制装配式结构的井室施工注意事项

预制构件及其配件经检验符合设计和安装要求。预制构件装配位置和尺寸正确,安装牢固。采用水泥砂浆接缝时,企口坐浆与竖缝灌浆应饱满,装配后的接缝砂浆凝结硬化期间应加强养护,并不得受外力碰撞或震动。设有橡胶密封圈时,胶圈应安装稳固,止水严密可靠。底板与井室、井室与盖板之间的拼缝,水泥砂浆应填塞严密,抹角光滑平整。

(4)现浇钢筋混凝土结构的井室施工注意事项

浇筑时应同时安装踏步,踏步安装后在混凝土未达到规定抗压强度前不得踩踏。有支、连管接入的井室,应在井室施工的同时安装预留支、连管,预留管的管径、方向、高程应符合设计要求,管与井壁衔接处应严密。排水检查井的预留管管口宜采用低强度砂浆砌筑封口抹平,井室施工达到设计高程后,应及时浇筑或安装井圈,井圈应以水泥砂浆坐浆并安放平稳。

(5)井室内部处理注意事项

预留孔、预埋件应符合设计和管道施工工艺要求。排水检查井的流槽表面应平顺、圆滑、光洁,并与上下游管道底部接顺。透气井及排水落水井、跌水井的工艺尺寸应按设计要求进行施工。不开槽法施工的管道,工作井作为管道井室使用时,其洞口处理及井内布置应符合设计要求。给水排水井盖选用的型号、材质应符合设计要求,设计未要求时,宜采用复合材料井盖。道路上的井室必须使用重型井盖,装配稳固。

6.5.3 消火栓

1)施工流程

消火栓施工流程如图6-54所示。

图6-54 消火栓施工流程图

2)技术要点

(1)消火栓干管、立管、支管施工

①消火栓管道必须采用与管件相适应的管件。管径小于或等于100mm的镀锌钢管应采用螺纹连接,套丝扣时破坏的镀锌层表面及外露螺纹部分硬座防腐处理管径大于100mm的镀锌钢管应采用法兰或卡套式专用管件连接、镀锌钢管与法兰的焊接处应二次镀锌。

②消火栓管道安装与阀门安装同时进行,在安装管道时,一定要按图纸控制阀门、支管的位置和坡度。

③阀门安装前做耐压和严密性试验,对于安装在主干管上起切断作用的闭路阀门,逐个做严密性试验。

(2)消火栓安装

①栓口应朝外,并不应按在门轴侧。

②栓口中心距地面1.1m,允许偏差±20mm。

③阀门中心距箱侧面140mm,距箱后表面为100mm,允许偏差±5mm;消火栓箱体安装的垂直度允许偏差为3mm。

④安装消火栓水龙带,水龙带与水枪和快速接头绑扎好后,应根据箱内构造将水龙带挂放在箱内

的挂钉、托盘或支架上。

(3)冲洗调试

管道安装完毕后进行0.8MPa水压试验,10min内压力下降不超过0.02MPa为合格。

3)注意事项

(1)施工人员按预留预埋图进行预留预埋,预留时不得随意损伤建筑钢筋,与土建结构矛盾处,或地坪内错、漏、堵塞或设计增加的埋管,必须提前补埋。

(2)由于施工现场存在的交叉作业多,对施工用电、现场交通及场地的使用,应在土建工程人员的统一安排下协调解决,以达到相互创造条件的目的。

(3)管道支架安装过程中,角钢支架要用钢锯割断,保证断面整齐。

6.5.4 雨水口

地铁施工区围挡内部的雨水应有序收集并统一排放至市政道路雨水井,避免散排。因设置施工围挡而改变雨水收集时,应在围挡外部适当位置设置雨水口,避免围挡外部积水。

1)施工流程

雨水口施工流程如图6-55所示。

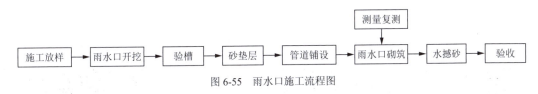

图6-55 雨水口施工流程图

2)技术要点

(1)雨水口土方开挖

雨水口、支管施工必须在路床验收合格后进行施工,须按设计图中的边线高程设线挖槽,控制位置、方向和高程。再按道路设计边线及支管位置,定出雨水口中心线桩,使雨水口长边与道路边(弯道部分除外)重合。按雨水口中心线桩,沟槽开挖要留有30cm的肥槽,如雨水口位置有误差,则以支管为准,平行于路边修正位置,并挖至设计深度,采用0.5m³挖掘机进行开挖。开挖雨水口支管沟槽时,槽底进行夯实,坡向检查井。

(2)砂垫层

管基采用砂基础,砂垫层厚100mm,宽300mm。当管道开槽槽底高程位于现状土层时,开槽时不得扰动原状土。

(3)管道连接与安装

管道应分段施工,管材应沿管线敷设方向排列在沟槽边。连接安装间隔时间较长及每次工程收工时,管口部位应进行封闭保护。管道应分段在槽边进行连接后,以弹性敷管法移入沟槽。管道移入沟槽时,不得损伤管材,表面不得有明显刮痕,应采用非金属绳索下管。

(4)雨水口砌筑

雨水口砌筑须在支管管道铺设完毕后进行施工,先浇筑底板混凝土,一般采用混凝土铺筑10cm厚,待达到设计要求后再砌筑井墙。井墙采用水泥砂浆砌筑红砖,砌筑时按井墙位置挂线,先砌井墙一层，随砌随刮平缝，每砌高30cm应将墙外肥槽及时回填夯实，防止沉降。砌筑井墙，灰浆饱满，随砌随勾缝。井墙砌至雨水支管处应满卧砂浆，砖砌已包满支管时应将关口周围用砂浆抹严拌平，不能有缝隙，管顶砌半圆砖块，管口应与井墙齐平。雨水井内保持清洁，砌筑时随砌随清理，井底用水泥砂浆抹出雨水管口泛水坡。砌筑完成后及时加盖，保证安全。支管与井墙必须斜交时，允许管口入墙2cm，另一侧凸出2cm，超过此一侧限时须考虑调整雨水口位置。井口应与路面施工配合同时升高，井圈标志点一侧朝向立道牙。雨水篦及托座均为铸铁件，铸铁件应平整，棱角外形整齐，不允许有砂眼、疤痕等缺陷。

3）注意事项

（1）基础施工注意事项

开挖雨水口槽及雨水管支管槽，每侧宜留出300～500mm的施工宽度。槽底应夯实并及时浇筑混凝土基础。采用预制雨水口时，基础顶面宜铺设20～30mm厚的砂垫层。

（2）雨水口砌筑注意事项

①雨水口应采用联合式双箅或多箅雨水口。管端面在雨水口内的露出长度，不得大于20mm，管端面应完整无破损。砌筑时，灰浆应饱满，随砌、随勾缝，抹面应压实。雨水口底部应用水泥砂浆抹出雨水口泛水坡。砌筑完成后雨水口内应保持清洁，及时加盖，保证安全。预制雨水口安装应牢固，位置平正。

②位于道路下的雨水口、雨水支、连管应根据设计要求浇筑混凝土基础。坐落于道路基层内的雨水支连管应做C25混凝土全包封，且包封混凝土达到75%设计强度前，不得开放交通，井框、井箅应完整无损，安装平稳、牢固。

恢复的路面及雨水口如图6-56所示。

图6-56　恢复的路面及雨水口

6.5.5　标志桩

1）施工流程

标志桩施工流程如图6-57所示。

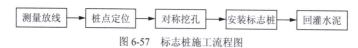

图6-57　标志桩施工流程图

2）技术要点

（1）根据标志桩的尺寸挖孔。

(2)将两段钢筋插入标石下方对称插孔中,呈对称十字交叉。

(3)放入标石,灌入水泥与地面平行。

(4)标志桩在设置时,有两种情况:一种是上方可以安装,采取在管道的正上方安装;另一种是当管道正上方没有安装条件,但必须安装时,可设置在相对距离较近的路边绿化带内,但要在标志桩上设置管道走向简图,指明管道具体位置。标志桩的安装间距以便于观察为原则。

3)注意事项

(1)考虑便于观察,标志桩应放于明显位置。

(2)对外提示信息是设置标志桩的根本目的,所以标志桩信息必须包括管道权属单位名称、警示用语、联系电话等。

(3)标志桩的颜色选取首先要清晰明了,方便观察;其次要选取突出行业的标志桩,与其他行业的标志桩有所区别,标识内容应清晰。

6.6 给水排水管连接工程

6.6.1 给水接口

1)停水开口

(1)施工流程

停水连接施工流程如图6-58所示。

图6-58 停水连接施工流程图

(2)技术要点

①根据设计图纸桩号确定停水范围,配合相关单位将有关阀门关闭,同时关闭相关支管阀门。

②管道阀门关闭后,根据碰口管道管径在接口钢管管顶割开孔洞,将潜水泵放入,确保排尽管内自来水。

③自来水排尽后,焊工从DN1000管顶孔洞进入,用气割将DN1000与DN1400相连处的钢管割开,将DN1000与原有DN1400管道连通。

④待完成管道碰口对接工作后,请相关单位配合将有关阀门打开,以便于对新安装的管道进行冲洗。

⑤冲洗进水口选择在最高点,排水口选择在最低点,用管道引至市政排水管网排放,并且排水通畅。安装放水管时,与被冲洗管的连接应严密、牢固,管上装有阀门、排气口和放水龙头。

⑥冲洗时间应在用水量较小、水压偏高的夜间进行,做好现场准备工作,如照明设施、集水坑的设置,集水坑的大小最少能满足2倍管径水源的大小。事先通知有关单位,第一次冲洗应用清洁水冲洗至出水口水样浊度小于3NTU为止,冲水流速应大于1.0m/s,冲洗应连续进行,直至放水口的水经水质中心检测合格。

⑦关闭所有支线闸,开启排气阀、出水口闸门,打开来水闸门,冲洗管内淤泥及其他污染物,在管道出水处,由水质中心检测,直到出水水样检测合格,完成管道冲洗。

(3)注意事项

①停水必须取得管道运营单位同意。

②冲洗工作尽量安排在夜间进行。在冲洗过程中与水质部门及时联系,请水质部门对冲洗的水质进行监控检测,直至出水口达标后结束冲洗工作,打开阀门,使给水管道正常供水。

2)不停水开口

不停水开口技术是在主管不断水的情况下为其开口,以连接支管的一项新碰口工艺。此技术具有操作方便快捷、不影响水质、节约用水等优点。

(1)施工流程

不停水开口连接施工流程如图6-59所示。

图6-59 不停水开口连接施工流程图

(2)技术要点

①管卡安装

自备阀门与主管连接,开口班自备材料并加工口径比主管管径大一号的管卡,在管卡上开口(口径等于开口支管口径)做短管连接,短管的另一端安装法兰盘。内外打磨并进行防腐处理(防腐材料为802)。

将主钢管的开口位置清理干净,胶圈位置打磨平整、光滑,达到施工工艺要求。

②阀门安装

由于电动开口机刀具穿过闸阀开口,故当闸阀开启到最高位置时,阀瓣应离开密封铜套内径以防与刀具碰撞,将选好的闸阀法兰端面垫上3~5mm厚橡胶密封垫与管卡法兰连接,要求闸阀内孔应与管卡内孔同轴(闸阀的法兰与管卡的法兰周边相等),并拧紧螺栓,并将闸阀开启到最高位置。

③主机安装

新安装主机前闸阀瓣应开启至最高位置,主机上的主轴套也应提升到最高位置,小心地将刀具插入连接盘或阀门的空腔,避免碰撞将刀具损坏。

主机与连接盘各自独立,根据开孔要求选用相应的连接盘与主机连接。紧固后,在主轴端面法兰上安装金刚石薄壁钻及中心钻,将花键摇手(随机附件)插入齿轮箱软轴接头花键套孔内摇动手把,检查薄壁钻及中心钻外径及端面是否跳动,若跳动,则应将主轴端面法兰盘擦干净重新安装,待刀具安装正常后将主机与闸阀相连接。

主机与闸阀连接好后,在连接盘上安装排屑阀,并接好软管,在有自来水的地方向连接盘和闸阀内腔灌水,并做水压试验,要求在0.5~0.6MPa压力下保持3min,管卡密封面及闸阀端不应渗漏。

④电机与软轴安装

电动开孔机,采用软轴传动,使主机与电机分离。施工时将电机置于坑道上方,接通电源、按下按钮,观察电机旋转方向与电机上指示箭头方向是否一致,方向一致方可连接软轴,严禁反方向旋转,以免造成软轴扭断。待电机转向正确后,切断电源,将软轴电机接头内结合子对好键槽位置插入电机轴端,取下结合子上的钢丝挡圈,将结合子上的紧固螺栓拧紧,放入钢丝挡圈后将电机接头与电机连接。

软轴的另一端与主机安装时应使软轴头部花键轴插入减速箱花键套子内,拧紧接头螺母可松开手柄旋转减速箱,使减速箱与软轴形成直线,收紧手柄,整机安装完毕。

⑤开口

在上述工作完成无误后,合上电源,按下按钮启动电机缓慢摇动手轮,当刀具在趋近主管道没有切削声音时,表明安装位置正确,可以保证开孔作业的正常进行。

当中心钻接触到主管道后,应缓慢进给。因为主管道表面是弧面,钻头不易定心,开始进给要慢,钻到中间位置时应经常退刀排屑,以免切削将中心钻堵死。快钻通时进给力会变小,此时排屑阀有少量水向外排除,应放慢进给速度以免扎到将中心钻损坏,使磨削套料无法进行。当金刚石工程薄壁钻接触到主管道时,可测量主轴套在机体上平面与减速箱底面之间的距离。各种规格的主管道钻进深度根据管径、壁厚确定,带中心钻的应加上中心钻。当主管道钻通时,钻下来的料块在主管道水的压力下推向工程薄壁钻内腔,此时可听到冲击声,如进刀时无阻力、无切削声,则应立即关闭电动机,并逆时针摇动手轮,将刀具退到顶点位置,关闭闸阀。当排屑阀不排水时,应关闭闸阀,切断电源卸下软轴,拆下主机,开孔作业结束。

(3)注意事项

①由于软轴连接在主机与电机之间,在进给过程运动中,软轴随主轴套一起运动。安装软轴时应考虑挠度,使其留有一定的余量,即软轴在电机与主机之间不能拉紧。

②由于钢丝软轴传动效率与弯曲半径有关,弯曲半径越小,弯曲段越大,效率越低,电动开孔机弯曲半径应不小于 750mm,否则效率损失大,软管发热,降低磨削效率,严重时软轴易疲劳折断。

③在主管道侧面开孔时不可使用中心钻,而直接用金刚石工程薄壁钻磨削套料,利用试压时留在闸阀内腔水冷却,同样适用水泥管及金属管。安装金刚石工程薄壁钻时,应垫上取代中心钻法兰的垫圈进行安装(垫圈随机附件)。

④逆时针摇动手轮使主轴退到顶点,缓慢关闭闸阀,检查阀瓣是否与刀具干涉,若干涉,则检查主轴套是否退至顶点位置,阀门是否符合标准要求。阀瓣与刀具干涉时,不能进行不停水开孔作业。

⑤若检查无干涉现象,将闸阀开启至最大位置,顺时针摇动手柄,使刀具能顺利穿过闸阀及上管卡孔,若手感有阻滞,则是因为安装位置不正确,主机上的安装盘与闸阀(或闸阀与上管卡孔)与孔不同轴造成,应重新调整安装位置。若刀具能顺利穿过闸阀,则上管卡后,应逆时针摇动手轮,让刀具退回到顶点位置。

6.6.2 排水接口

1)断流封堵接驳

(1)施工流程

新旧排水管连接施工流程如图 6-60 所示。

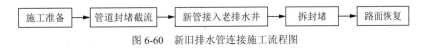

图 6-60 新旧排水管连接施工流程图

(2)技术要点

①管道施工段两头封堵

作业前,提前 1~2d 打开工作面及其上、下游的窨井盖,进行通风,并经硫化氢测试仪等气体检测仪检测后方可下井。下井作业人员委托专业的施工队伍下井进行封堵作业,作业人员必须佩戴压缩空气的隔离式防护装具,佩带安全绳,并在井口安排至少 2 名安全监护人员,作业人员下井后,井口需继续排风。

封堵原有管道头子的原则：应充分利用下游能利用的泵站抽吸以降低管内水位，如上游能利用抽水机降低管内水压力，则更为可靠。

封堵管道头子的部位选择，首先要考虑拆除管道头子的便捷性和安全性，无论是封堵上游管道头子还是下游管道头子，均要结合实际调查结果，根据不同情况区别对待。

一般新旧雨污水管接管属于在上游新建管道，接通下游管道，需封堵原管的下水头子，为了更加可靠，可再加封原管的上水头子，如图6-61所示。如在原窨井内封堵原管的下水头子，则在封堵时，下游泵站必须抽水降低原管内水位，在封堵时密切配合，如下游无泵站，则趁落潮期间待管内水位自然降低时封堵。

图6-61 接驳示意图

封堵头子后必须达到不渗漏、不倒塌，拆除时方便的目标，目前常用的方法有：

a. 干封：操作较简单，小口径管道$\phi 400$以下有定型的橡皮夹板塞头，为双面铁板夹橡皮板、橡皮圈，中间由出水管孔加扁担形夹紧螺栓所组成，安装时掌握塞头四周与管壁接触，保持垂直旋紧螺栓，水量较大时可先留管孔口出水，然后再旋紧孔口压盖螺栓。管径在$\phi 600$以上可用砖块及1:3水泥砂浆封砌，1:2水泥砂浆粉刷，砖砌不得通缝，砂浆必须密实挤紧，特别是上圆部分要用楔形砖片，并将其敲紧挤实，砖墙封砌厚度由不同管径及封砌后承受水压力大小决定。封堵管道头子砖墙厚度参考表见表6-6。

封堵管道头子砖墙厚度参考表 表6-6

管径(mm)	砖墙厚度(上游水位低于2.5m)
$\phi 600$以上	下半部(管径)一砖墙，上半部(管径)半砖墙
$\phi 800 \sim 1000$	下半部(管径)一砖墙，下半部(管径)半砖墙＋一砖立柱
$\phi 1200 \sim 1500$	全管用一砖墙
$\phi 1500$以上	下半部(管径)一砖半墙，上半部(管径)半砖墙＋一砖半立柱

注：如上游水位高于＋2.5m以上时，应按表列各增加半砖厚度。

b. 封堵头子：当水位不高，流速不大时也可用砖墙封堵，但不能用水泥砂浆砌筑，一般用无杂质的黄黏土拌高强度等级普通水泥（水泥：黏土为1:2～1:3），搅拌均匀，软硬适度，不含僵块，随用随拌，封砌时先清除管口污泥杂质，用烂泥水泥打底，砖块按顺序踏实3～4皮后，在中心位置设出水管孔，根据管径，较大的管径（$\phi 1200$以上）可预埋$\phi 230$或$\phi 300$混凝土短管，当管径不大时，也可埋入$\phi 75 \sim 150$铁管，当水量很大时可安放2个或2个以上出水管，但与砖块都需挤紧，排列不同缝，待水泥黏结牢固后，再用橡皮塞或木头塞，塞住预留出水管孔。

②新管接入老排水井

在管道两头封堵的管段间施工，佩戴防毒用具下井封堵后，用简易生物检测法，且经硫化氢测试仪测试合格，施工人员方可在井上作业。施工期间每隔半小时用硫化氢测试仪检测，并随时观察小动物是否正常，以判断作业环境有无有毒气体等情况，有异常情况时须采取必要的应急措施。

在老污水检查井需要接入新管道时，采用大开挖挖除老井（老井开挖至新管管底），然后用强排风方法排除老井内有毒气体，禁止施工人员下到井内施工作业，管道接好后直接砌筑检查井至井顶。在施工中万一发生安全事故,禁止任何人不佩戴任何防护用具盲目施救。

③拆除封堵头子

拆除封堵头子前应做好抽水超越与泵站的调水协调准备工作。拆除的杂物应全部清除出井,以防出现杂物堵住井口,而导致排水不畅。

以上封堵头子的部位和拆除封堵头子的时间都要做出详细的原始记录,记好记点、窨井编号、封塞方法、上游或下游的部位,附平面图说明及封拆的日期等,在系统工程施工时,切记不得遗漏,以免工程完毕后,发现局部不通水。

(3)注意事项

①封拆头子须填写"下窨井工作申请单",落实监护人员和抢救措施,经过有关部门审查和批准后实施。

②拆封头时必须遵循"先下游、后上游"的原则,严禁同时拆除两个封头。

③如流量较大而非涡流时,可在其上游1~2节窨井内采取降压措施,一般在窨井内插入木板,用麻袋灌泥吊放入窨井内阻流,降低其流速后再用上法封砌砖墙。

④小口径沟管带水封堵,不能下井操作时,往往用刨成平头圆锥形木塞头,用竹竿勾住沉入下游上端头子即可,拆除时钩出木塞头,或单纯用麻袋包泥也能堵封小口径沟管。

⑤水中封塞头子,原管经常满流,管径大,无法降低水位时,必须由潜水员下井封堵头子。

⑥带水封堵头子。根据雨污水管分流制或合流制的性质,充分利用有利条件:落潮时间,即水位下降到尚未涨潮的一段空隙时间;泵站配合抽水,预降水位时间;晴天无降水量增加时间;午后、夜间用水量低谷时间;附近地区排水量大的厂商休息时间;采取临时岔道引开水流后的时间。

2)导流接驳

(1)施工流程

新旧排水管连接施工流程如图6-62所示。

图6-62 新旧排水管连接施工流程图

(2)技术要点

①施工准备

主要为资源投入的准备,包括设备物资及人力资源。

②测量放线

根据已有污水检查井,使用白灰放出开挖管沟路线,并布设控制桩,便于布管时控制管底高程。

③导流管铺设

一般采用钢管,管道的铺设根据工况条件选择,可采用明挖法或非开挖技术。

④端头处理

板墙与污水井、污水管与临时污水井之间的3m距离采用开挖法制作导流明渠。水渠采用砖砌结构,砖墙厚度400mm,内侧水泥砂浆抹面,水渠底部浇筑200mm厚混凝土,中间埋管搭接至两端水渠混凝土面上,四周缝隙采用砂浆封堵。水渠规格为内宽1.5m,深度至污水井底部,水渠与污水井连接外部使用砂浆抹面封堵,待整体施工结束后采用预制盖板封堵,如图6-63所示。

⑤井壁凿除及管道开孔

首先利用上下游流量控制,将污水主管中污水位降至水渠底部混凝土以下;其次在夜间用水量较小时段,采用风镐凿除原有污水检查井,潜水员清理掉落在井内的混凝土块,确保水路畅通。

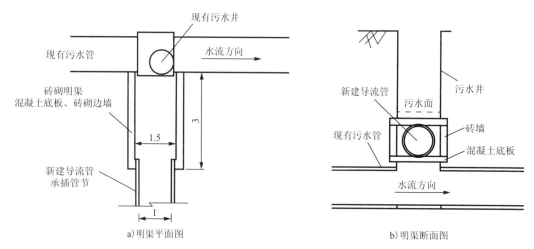

图 6-63 接驳管与砖砌水渠处理(尺寸单位:m)

新建临时污水井需要在原有管道上方开孔,以保证可通过污水流量。凿除时可投入两个施工班组,实现两侧同步施工,缩短施工周期;最后将污水井侧的导流渠覆盖混凝土盖板。管道施工结束后采用机械填土至管顶位置,每层回填土厚度不超过 200mm。

6.7 给水排水工程验收

6.7.1 闭水试验

管道施工完成,闭水试验合格,砌筑检查井,将管道连接。试验管段按井距分隔,带井试验,在浇筑管座 2d 后开始闭水。

1)施工流程

闭水试验流程如图 6-64 所示。

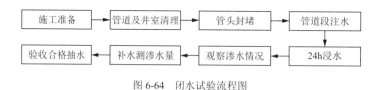

图 6-64 闭水试验流程图

2)技术要点

(1)管道安装及检查井全部完成后即可进行闭水试验。

(2)管道闭水按同一类型管径分段进行,闭水长度原则上考虑两井(包括检查井在内)作为一个试验段,如实际现场施工条件允许,可采用多井段联合作为一个试验段,如果进行多个试验段联合闭水时,保证上游的水位高于管顶内壁 2m,当下游井筒高度不够时,及时对该处的井筒进行加高。

(3)在一个井段管道内衬及检查井修复完毕后,即进行该段管道的闭水试验,闭水试验前先对管道及检查井进行清理,用宽 0.24m 的砖墙在管道上下游两端进行封堵,待砖墙堵头强度达到设计强度后即可进行管道注水。

（4）待水位灌至设计水头高度后，让管道和检查井浸水 24h，确保管壁和井壁有足够的湿润度，以免造成闭水试验时井壁和管壁的大量吸水。

（5）管道和检查井浸水 24h 后，此时水位会明显低于原设计水头，故重新将水位补至设计要求水头位置，再用记号笔在井筒水位线处做好标记，此时即可开始进行正式的闭水试验。

（6）观察水位的下降情况，如果发现水位有下降迹象，及时用量杯将水补入，水位必须与标记线齐平，一般试验为每 30min 一次，连续试验 3 次，分别计算每次的渗水量，查看是否符合设计渗水量的要求，如果 3 次平均的渗水量小于或等于设计渗水量，证明该段管道闭水合格。

（7）修复管道闭水试验合格后，投入运行。

闭水试验示意如图 6-65 所示。

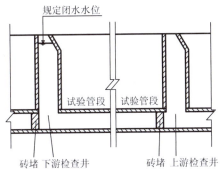

图 6-65 闭水试验示意图

3）注意事项

（1）当试验段上游设计水头不超过管顶内壁时，试验水头以试验段上游管顶内壁加 2m 计。

（2）当试验段上游设计水头超过管顶内壁时，试验水头以试验段上游设计水头加 2m 计。

（3）当计算出的试验水头小于 10m，但已超过上游检查井井口时，试验水头应以上游检查井井口高度为准。

（4）闭水试验的水位，应为试验段上游管道内顶以上 2m，如上游管道内顶水位由于井室限制小于 2m，但不得小于 0.5m，则其允许渗水量可按下式计算：

$$\text{水位小于2m的允许渗水量} = \sqrt{H/2} \times \text{允许渗水量}$$

式中，H 为上游管内顶至试验水位的高度。

（5）闭水试验应在管道与检查井灌满水 24h 后再进行。

（6）对渗水量的测量时间不小于 30min。

6.7.2 给水管道冲洗与消毒

一般管道第一次冲洗称为冲浊，第二次冲洗称为消毒。有效氯离子含量一般为 25~50mg/L，各地有所不同，20mg/L 为规定的最低值。

在管道安装完毕，并具备冲洗条件后，向地方相关部门申请冲洗消毒，获得批准后，方可进行冲洗消毒工作，一般冲洗流速为 1.2m/s。

1）施工流程

冲洗与消毒流程如图 6-66 所示。

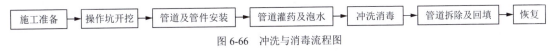

图 6-66 冲洗与消毒流程图

2）技术要点

（1）第一次冲洗

一般整段新建管道均需冲洗，若改迁的管道较长，可以分段冲洗，并且记录好相关数据。

(2)加药

预先配置好漂白液,一般采用 DN50 小型清水泵送药,通过新建管道上的支管投药至消毒管道内,投药量根据公式 $W=0.1257 \times D^2 \times L$ 计算;并且投药过程一直持续至管道末端排水口排出水质带有药味为止(预计加药时间为 5h),让漂白液在管内充分浸泡 24h 后,再进行第二次冲洗。

(3)第二次冲洗

管道浸泡漂白液 24h 后,进行第二次冲洗,阀门启闭情况与第一次冲洗相同。让水流对管道进行充分冲洗,直至排水管排出水质为目测无固体悬浮物、透明、无药味为止。冲洗完毕后,分别在管道冲洗灌药口 DN100 阀门处与末端排水管处各取两瓶水样,送水质化验中心检测,水质化验合格后,给水管方可交付使用。

3)注意事项

(1)考虑冲洗管道水流量较大,可能导致周围管网水压急剧降低,给市民用水带来不便,宜将冲洗消毒工作安排在 0:00 以后,并在早上 6:00 前结束。

(2)临时排水管一般需要接至市政道路中央的雨水检查井内。冲洗时,为保证过往行车和行人安全,应在占用道路上设置各种交通指示牌、警示灯、围挡等。

(3)冲洗时,排水口流速较大,为避免临时排水管受水反冲力弹开,危及施工人员及过往行人安全,在开关阀门过程中,需控制流速,并用角钢固定临时管,尤其是出水口处。

(4)由于出水口水量大,为了保证满足排水需要,需充分考虑排水渠道,保证排水畅通。

第7章 电力管线改迁工程施工

7.1 概述

城市电力线缆按电压等级分主要包括500kV、330kV、220kV、110kV、66kV、35kV、20kV、10kV、1kV电力电缆或架空线。电力管线改迁是指地铁主体及附属工程、交通疏解工程、大型排水管线工程等施工受制于现状电力管线,通过对电力管线进行改迁的方式保障地铁及相关工程能顺利实施。一般情况下500kV和330kV线路覆盖范围较小,影响概率较小;为满足地铁主体工程施工对平面与空间的要求,对地铁工程中涉及的电力管线,主要是220kV及以下电力线缆及相应的电力管沟和附属电力设备(包括地面的电力供电设备及设施,如台架变压器、箱式变电站、电缆分接箱、杆塔等)进行改迁。

7.2 工程特点

(1)点多面广,分阶段实施,时间跨度长

地铁沿线各工点均可能碰到电力管线,改迁范围广。管线改迁分为若干阶段,包括主体工程施工阶段、附属工程施工阶段、管线恢复阶段等,部分影响主体施工又受改迁断面影响的需采用临时改迁,待后期施工断面足够后再进行正式改迁,管线改迁工作基本上贯穿地铁工程建设的全过程。

(2)地形环境复杂,限制条件多样

地铁在城区建设时,其周边建筑物密集,管线设施众多,道路狭窄,可供管线改迁的空间狭小。线路延伸至城市周边新开发区域时,往往地形、地质情况不稳定。施工跨域大,不同工点的情况各异。

(3)管线保护要求高,风险大

因为既有管线缺乏专业机构统筹管理,既有管线敷设不规范,且许多管线资料因年久缺失、物探困难,且各工点周边建筑物密集,需改迁的管线多,在一段狭窄的区域需要布置下所有改迁的管线,施工时又受规范管线间距要求限制,所以管线改迁方案的准确性及安全性非常重要。

(4)停电申请手续复杂

由于改迁施工的大部分管线处于运行状态,电力线路改迁的停电时间受季节、用电高峰期、用电时段等因素限制,关系到运行线路用户的正常工作和生活需要,特别是一些重大线路更涉及区域性的生产作业,停电计划需要多方审批,成为制约施工进度的瓶颈。

(5)协调工作量大

管线改迁牵涉面广、制约因素多,电力管线改迁范围内与众多单位或其他专业管线交叉跨越,互相影响,相较于新建项目,其复杂性更高,且地铁工程作为重大市政项目,电力管线改迁作为其配套工程,工程进度、安全和文明施工等方面的管理广受关注,要求更高。

7.3 工程分类

电力管线改迁工程按实施的专业类别分为主网线路管线改迁与配网改迁。

电力管线指电力管沟及电力线缆,包括电力管沟(通道)、电力线缆(架空线路、电缆线路)、电力设备等几个部分。电力管沟在形式上主要包括排管、顶管、拖拉管、电缆沟、电缆隧道及其附属设施。城市电力线缆按电压等级划分时主要包括500kV、330kV、220kV、110kV、66kV、35kV、20kV、10kV、1kV电力电缆或架空线。其中110kV及以上电压等级为主网电力管线,35kV及以下电压等级为配网电力管线。电力管线改迁工程的施工分类如图7-1所示。

图7-1 电力管线改迁工程分类图

7.4 110kV及以上主网改迁工程

7.4.1 架空线路

1)基础工程

(1)人工挖孔桩基础施工流程

人工挖孔桩基础施工流程如图 7-2 所示。

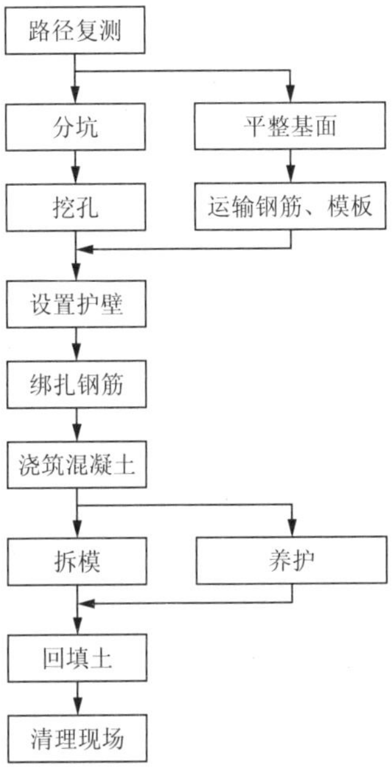

(2)人工挖孔桩基础技术要点

施工前进行路径复测的任务是核对设计单位提供的杆塔明细表、平(断)面图与现场是否相符,设计标桩是否丢失或移动,为基础施工做好准备,也为基础工程质量检查创造条件。

路径复测的主要项目有直线杆塔中心桩复测、转角杆塔中心桩复测、挡距和高程的复测、核实被交叉跨越的位置和高程是否与杆塔平(断)面图所标注的相符、核实有危险影响的断面点(包括风偏)是否符合设计规程要求和丢桩补测。

施工前应有塔位详细的岩土工程勘测报告,并制订可靠的安全施工措施。

施工前应做好场地平整,采取有效的排水措施并安排好运土通道及设备等。

根据设计图纸规定进行分坑,建立桩位测量点。

图 7-2 人工挖孔桩基础施工流程图

基坑采取人工挖孔成形,根据设计图纸要求,挖孔时必须同时设置护壁,一般护壁混凝土的厚度为 100~150mm,每节高度为 1000mm,混凝土强度等级与桩身相同。第一节护壁应高出地面 150~200mm,上下节搭接不小于 50mm,如图 7-3 所示。

桩孔开挖一段,即浇筑一节护壁,拆模后再继续掘进,最终形成桩孔,护板必须在浇筑质量符合设计要求后方可拆除。挖孔桩示意图如图 7-4 所示。

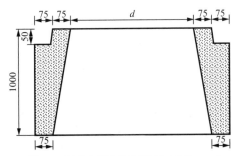

图 7-3 混凝土护壁示意图(尺寸单位:mm)

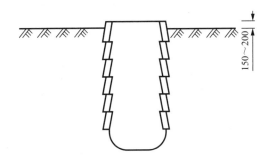

图 7-4 挖孔桩示意图(尺寸单位:mm)

遇有流塑状淤泥、流砂或孔壁坍塌时,应停止挖孔,待设计给出具体可行方案或进行有效处理后才能继续掘进。

清理基坑的任务是修理坑壁并清除坑底未挖掘的部分,基坑清理应由上至下进行。

清理基坑时,应用与主柱直径等长的专用测量工具测量主柱基坑直径,以保证基坑尺寸符合设计图纸要求,且应保留基坑中心桩,以基坑中心桩为基准,测量基坑中心桩至四周坑边尺寸应相等。

桩身混凝土应一次连续浇筑完成。每根桩应做一组试块,以检测混凝土的强度。

混凝土自高处倾落的自由高度,一般不超过2m;如超过2m,为避免混凝土产生离析现象,必须设置串筒或溜槽。

加强混凝土的振捣是确保挖孔桩基础混凝土质量的关键环节。挖孔桩基础应使用插入式振动器振捣,以提高其强度和密实性。振动器使用过程中,应注意振捣棒与坑底、坑壁保持一定距离,以防泥土带入混凝土中。

浇筑完毕后应复测基础的根开、对角、高差、偏移等数据,并及时做好记录。同时,还应做好混凝土的养护工作。

(3)钻(冲)孔灌注桩基础施工流程

钻(冲)孔灌注桩基础施工流程如图7-5所示。

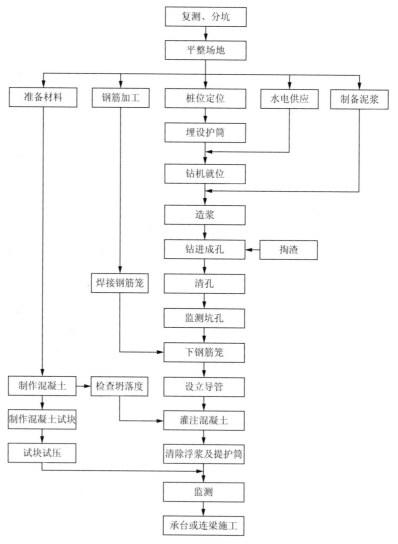

图7-5 钻(冲)孔灌注桩基础施工流程图

(4)钻(冲)孔灌注桩基础技术要点

①施工准备

按设计图纸进行复测,分坑测量,测定桩位点及设置桩基轴线和高程控制桩。

根据设计的钢筋笼长度及分段,设置钢筋笼加工棚,还应设置备用电源、水泥储放棚、砂石堆放场及出渣场。

应设置一个3倍单桩方量的泥浆池和一个2倍单桩方量的泥浆沉淀池。

②护筒埋设

护筒一般采用4～8mm钢板制作,用旋转钻机时其直径应比钻头直径大100mm。

护筒位置应埋设正确,护筒与坑壁之间应用黏土填实。护筒中心与桩位中心偏差应符合设计及相关规范标准要求,单桩基础护筒偏差应满足验收规范中整基基础尺寸允许偏差的规定。

③制浆

制浆的性能和技术指标一般由泥浆密度、黏度、含砂率、胶体率四项指标来确定。调制钻孔泥浆时,根据钻孔方法、地质情况及桩本身条件等选用不同泥浆性能指标值。

④钻孔

为使钻进成孔正直,防止扩大孔径,应使钻头旋转平稳,力求钻杆垂直无偏晃地钻进,即钻杆尽量在受拉状态下工作。

在松软土层中钻进,应根据泥浆补给情况控制钻进速度,在硬土层中的钻进速度以钻机不发生跳动为准。

当一节钻杆钻完时,应先停止转盘转动,然后吊起钻头至孔底200～300mm,并继续使用反循环系统将孔底沉渣排净,再接钻杆继续钻进。钻杆连接应拧紧牢靠,防止螺栓、螺母、拧卸工具等掉入坑内。

⑤清孔

在一般地质条件下,旋转钻机清孔应优先采用反循环系统。只有在粉砂层和淤泥地质条件下,才可使用正循环系统清孔。

清孔后须将钻杆稍稍提起使其空转,并启动泥浆循环系统,将孔内沉渣排出。

⑥钢筋笼的制作和吊装

钢筋笼应按设计长度和吊装机械的吊高,分段分节成形。

钢筋笼在吊装前应进行强度验算,防止钢筋笼变形。吊装钢筋笼进入孔内,应避免碰撞护筒和孔壁,吊装安放时应使钢筋笼轴线与桩孔轴线重合。

钢筋笼吊装完毕,且待隐蔽工程验收合格后方可浇筑水下混凝土。

⑦水下混凝土浇筑

水下混凝土的配合比必须按照试验给出的配合比,严格控制砂、石、水泥的用量,且混凝土必须具备良好的和易性。

使用的隔水栓或隔水球应有良好的隔水性能,做到水能顺利排出。

导管接头宜用法兰或双螺纹方扣快速接头。导管提升时,不得挂住钢筋笼,为此可设置防护三角形加劲板或锥形法兰护罩。

混凝土初灌量是浇筑水下混凝土的关键,其成功的标志是浇筑混凝土后导管内没有泥浆水。

混凝土浇筑过程中,每拆除一节导管,计算一次桩径。应设专人测量导管埋深及管内外混凝土面的高差,填写水下混凝土浇筑记录。

⑧承台(连梁)施工

承台(连梁)施工应在桩基础检测和验收合格后进行。

桩顶疏松混凝土全部凿去(混凝土强度等级达到设计强度的70%以上方可破桩头),如桩顶低于设计高程,则须用同强度等级混凝土接长并达到一定强度,将埋入承台的桩顶部分凿毛,用水和钢刷冲洗干净。

绑扎承台(连梁)钢筋前,应清除槽底虚土、杂物,浇筑100mm厚的C10混凝土垫层(或按设计要求浇筑),然后绑扎承台钢筋、支撑模板。

模板必须有足够的强度、刚度和稳定性,不得产生变形;模板面应平整光滑、拼缝严密、不漏浆,支撑牢固。

安装地脚螺栓要垂直、尺寸准确、固定牢靠,螺栓凸出混凝土立柱面高度应符合设计图纸的要求。

2)接地工程

(1)施工流程

接地工程的施工流程如图7-6所示。

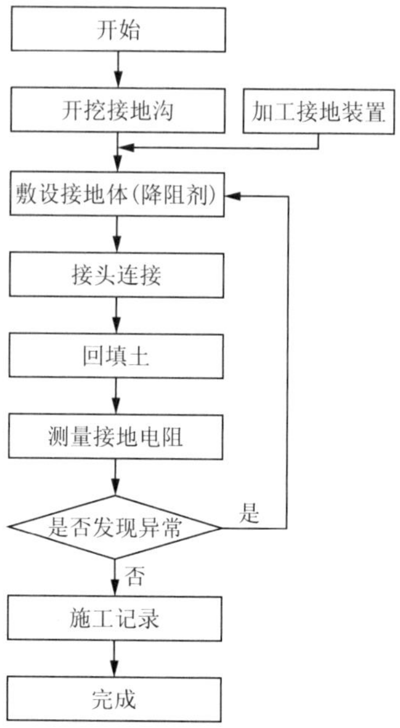

(2)技术要点

接地沟开挖前,应根据图纸要求及现场地形条件在杆塔位放样画出接地沟开挖线,放样的接地沟长度不得少于设计长度,接地沟一般按0.4m宽开挖。

放样的接地沟遇有障碍物时,允许绕道避开,但不得改变接地形式及接地沟长。

图7-6 接地工程施工流程图

开挖接地沟时,应避开地下管道及电缆等设施。

在丘陵、山地、高山开挖接地沟时,不应顺坡上下布置,而应尽可能沿等高线布置,防止雨水冲刷暴露接地体。

敷设接地体时如遇水塘、岩石、陡坡等情况,则可适当移动埋设位置,在山地应尽量沿等高线敷设,如避不开陡坡,则可在爬坡处用水泥砌石后再封水泥,防止雨水冲刷后露出地网钢筋。

对大根开的基础,其所配置的接地装置中的环形接地网尺寸应根据基础根开大小不同而适当增大,以保证环形接地网能圈住基础根开,但总的接地体长度应保持不变。

接地体连接应可靠,连接前应清除其表面的铁锈、污物等,焊接焊缝应无气孔、砂眼、咬边、裂纹等缺陷。接地圆钢的搭接长度按设计要求,并双面焊接,焊接的质量应符合有关的规范要求,焊接的人员应持证上岗。焊接接头的位置必须有明显的标示,便于开挖检查。

接地引下线与铁塔间连接紧密,引流板应紧贴主材表面,并顺畅美观。

接地沟回填应选取未掺有石块及其他杂物的土,并且必须分层夯实。当接地槽开挖出的土壤不够回填时,应另找土回填,但不得在接地槽边取土,工程移交时回填土不应低于地面。

实测工频电阻值不符合设计要求时,应上报设计代表处理。施工完毕之后,必须在施工记录中绘制出接地装置实际敷设简图,并标明相应位置及尺寸。

3)杆塔组立工程

(1)施工流程

杆塔组立工程施工流程如图7-7所示。

(2)技术要点

①现场布置

根据铁塔结构及组立现场,做好场地平整,清除影响立塔的障碍物。

施工现场必须设置安全警示牌和施工标志牌,并插彩旗,悬挂安全标语,同时设置安全有效的作业围闭。

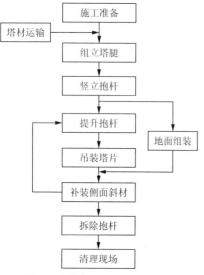

图7-7 杆塔组立工程施工流程图

拉线、绞磨必须使用地锚，严禁使用角铁桩锚固。

地锚坑必须开挖马道。马道对地面夹角应尽量与受力方向一致，一般不应大于40°。马道宽度不能太宽，以0.1～0.3m为宜，如图7-8所示。

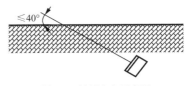

图7-8 地锚夹角示意图

②地面组装

铁塔地面组装前必须清点运往桩位的构件及螺栓、垫圈等数量是否齐全，质量是否符合要求。

清点构件的数量，核实实物与材料清单、组装图是否相符，并做好缺料、余料的填表登记。清点构件时，应逐段按编号顺序排好。

构件应镀锌完好，如因运输造成局部镀锌层磨损时，应涂上厂家提供的防锈涂料，进行防锈处理。涂刷前，应先将磨损处清洗干净并保持干燥。

严格按设计图纸组装，注意角铁里、外的区分。

根据地形及设备条件，确定地面的组装方法及铁塔组立方法，确定构件的布置方向。

根据抱杆可能的提升高度、抱杆的允许承载能力等，合理确定吊装构件的分片及应带附铁（辅助材）。

地面组装的塔片，由于地形的限制而需要重叠放置的，必须注意先吊装的塔片后组装，后吊装的先组装，塔片之间应支垫平衡，防止变形。

如果发现塔体的部分构件容易变形，则应用圆木进行补强。

每段塔片两主材之间的各辅助材应尽可能装齐，连接螺栓要拧紧。

两塔片之间的各种辅助材尽可能连带在主材上。附铁在两片之间的分配要均衡。附铁与主材的连接螺栓不要拧得太紧，用螺母垫平即可。活动的附铁活动端应向下与主材用麻绳绑扎在一起。

③内拉线悬浮抱杆分解组立技术措施

a. 现场布置

内拉线抱杆单吊组塔现场布置示意如图7-9所示。

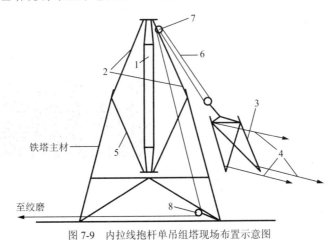

图7-9 内拉线抱杆单吊组塔现场布置示意图

1-抱杆；2-拉线；3-被吊构件；4-控制绳；5-承托绳；6-起吊绳；7-起吊滑车组；8-地滑车

内拉线抱杆双吊组塔现场布置示意如图7-10所示。

b. 抱杆的布置

内拉线抱杆由朝天滑车、朝地滑车及抱杆本身组成。在抱杆两端的适当位置上，设有连接拉线系统和承托系统的固定装置。

朝天滑车连接于抱杆顶端，其主要作用是穿过起吊绳来提升铁塔构件，并将起吊重力沿轴向传递给抱杆。单吊法用单轮朝天滑车，双吊法用双轮朝天滑车。

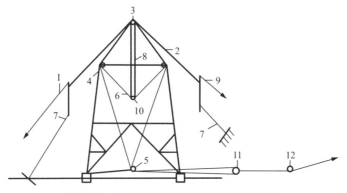

图 7-10　内拉线抱杆双吊组塔现场布置示意图

1-被吊塔片；2-起吊钢绳；3-起吊滑车组；4-腰滑车；5-地滑车；6-承托绳；7-攀根绳；8-抱杆；9-控制绳；10-朝地滑车；11-平衡滑车；12-绞磨

朝天滑车与抱杆的连接，一般采用套接方式。要求朝天滑车能在抱杆顶端沿抱杆轴线水平方向转动，以保证起吊绳在任何方向都能顺利通过。

朝地滑车连接于抱杆下端，其作用在于提升抱杆。

抱杆宜分段连接于抱杆下端，当用法兰连接时，应使用内法兰，以便在提升抱杆时，能顺利通过腰环。如果为外法兰接头，提升抱杆过程中，腰环应随时能解开，以便接头通过。

抱杆在塔上位置如图 7-11、图 7-12 所示。为方便构件安装就位，抱杆可以稍向吊件侧倾斜，其倾角不得大于 5°。

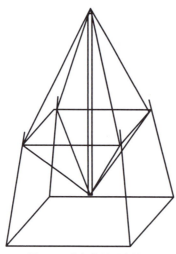

图 7-11　抱杆位置示意图

图 7-12　抱杆实拍图

c. 抱杆上拉线的布置

抱杆上拉线由 4 根钢丝绳及相应卡具组成。钢丝绳的一端用卡具分别固定于已组塔段四根主材的上端。

上拉线与塔身的连接点，宜优先选在分段接头处的水平材附近，或颈部节点的连接板附近。

d. 承托系统的布置

承托系统（亦称下拉线）由承托钢绳、平衡滑车、卡具和手扳葫芦等组成。

承托系统示意如图 7-13 所示。

下拉线由两根钢绳穿越各自的平衡滑车，其端头直接缠绕在已组

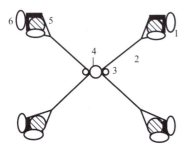

图 7-13　承托系统示意图

1-塔段主材；2-承托钢绳；3-平衡滑车；4-抱杆；5-垫木；6-麻袋

塔段主材的上端，用 U 形环固定。也可以通过专用夹具固定于铁塔主材上。

为了保持抱杆根部处于铁塔结构中心，应尽可能使承托系统的两分肢拉线及手扳葫芦为等长状态。

两平衡滑车根据吊物位置可以前后或左右布置。当被吊构件在塔的左右侧起吊时，平衡滑车应布置在抱杆的左、右方向；前、后侧起吊时，平衡滑车应布置在抱杆的前、后方向，即前、后布置方式。采取这样的布置方式，在起吊过程中可使抱杆的下拉线受力均匀，还可防止抱杆在提升过程中其底部沿平衡滑车滑动。

e. 起吊绳的布置

单吊组塔时，起吊绳是由被吊构件经朝天滑车、腰滑车、地（或底）滑车引到牵引设备间的钢丝绳。双吊组塔时，起吊绳在通过地滑车之后还应通过平衡滑车。

单吊组塔时，起吊绳必须与牵引绳分开，牵引磨绳不能直接与塔材连接。双吊组塔时，起吊绳与牵引绳通过平衡滑车相连接。起吊绳的规格，应按每次最大受力工况来选取。

f. 牵引设备的布置

绞磨应尽可能顺线路或横线路方向设置。

牵引设备尽可能设在平坦地带，牵引机操作手应能观测到起吊构件的操作。

g. 攀根绳和控制绳的布置

绑扎在被吊塔片下端的绳为攀根绳。当被吊塔片质量超过 500kg 时，攀根绳必须选用钢绳，其作用是控制被吊塔片不与已组塔段相碰。

绑扎在被吊塔片上端的绳习惯称为控制大绳，其作用是调整被吊构件的位置及协助塔上操作人员就位时对孔找正。在正常起吊构件的过程中，控制大绳不受力，处于备用状态。

攀根绳一般只有一根，用 V 形钢绳套与被吊塔片相连接。攀根绳必须连在 V 形套的顶点处。

控制大绳一般用 2 根，分别绑于被吊塔片两侧主材上端。当塔片较宽，为协助塔片就位，也可以用 4 根，2 根绑在主材上端，另外 2 根绑在主材下端。

h. 地滑车（或底滑车）和腰滑车

腰滑车是为了减少抱杆所受轴向压力以及避免牵引绳与塔段或抱杆相碰所设置的一种转向装置。每根牵引绳都应有自己的腰滑车，不可共用。

一般情况下，腰滑车应布置在已组塔段上端接头处（起吊构件对侧）的主材上。固定腰滑车的钢绳套越短越好，以增大牵引绳与抱杆轴线间的夹角，从而减少抱杆所受的水平力。地滑车是将通过内部腰滑车的牵引绳引向塔外，直至绞磨。若为双吊组塔时，两条起吊绳引至塔外后应穿过平衡滑车后与牵引绳相连接。

i. 腰环

内拉线抱杆提升过程中，采用上下两副腰环以稳定抱杆，使抱杆始终保持竖直状态。采用单腰环时，抱杆顶部应设临时拉线控制。腰环与抱杆接触处应设置滚轮，以利于抱杆顺利提升。上腰环应布置在已组塔身的最上端，下腰环应布置在相应抱杆根部最终提升的位置。腰环一般用棕绳固定在已组塔段主材上。

j. 塔腿组立

使用地脚螺栓式基础的铁塔，应首先将铁塔腿组立好，以便固定抱杆，再进行塔片吊装作业。

k. 竖立抱杆

将运到现场的各段抱杆按顺序组合起来并进行调整，使其成为一个完整而正直的整体，连接螺栓应拧紧。

将提升抱杆用的腰环套在抱杆上。

将朝天滑车、朝地滑车、承托系统平衡滑车等装在抱杆上,把各部连接螺栓及止动螺栓拧紧,再将起吊钢绳穿入朝天滑车。

最后将抱杆临时拉线(上拉线)与抱杆头部连接。

l. 构件的绑扎

构件的绑扎主要包括吊点钢绳与构件的绑扎,对需要进行补强的构件进行补强绑扎,攀根绳和控制大绳在构件上的绑扎。

m. 构件的吊装

构件吊装前应做好以下准备工作:

对于分段接头处无水平材的已组塔段,应安装临时水平材;已组塔段的各种辅材必须安装齐全;已组塔段的连接螺栓应拧紧。

对于待吊塔片的大斜材接至下一段的主材上的连接方式应采取补强措施:吊塔片之前,应在主材下端绑两根木杠接长主材,防止大斜材着地受弯变形,塔片完全离地后再拆除木杠。

构件起吊过程中的操作要点:构件开始起吊,攀根绳应收紧,控制绳完全放松。起吊过程中,在保证构件不碰触已组塔段的原则下,尽量松出攀根绳以减少各部索具受力;构件开始起吊,构件着地的一端,应设专人看护,以防塔材受力变形。

n. 地线支架的吊装

地线支架的吊装,应根据抱杆的高度及塔形选择不同的吊装方法:一是整体垂直吊装,二是整体水平吊装,三是分片水平吊装。

整体垂直吊装:在不提升抱杆的情况下仍能满足直接吊装支架要求时,可利用抱杆垂直起吊整段地线支架,直至就位完成。

整体水平吊装:地线支架较轻,抱杆高度不能满足垂直起吊地线支架,但可以满足平放在已装横担上的高度要求时,可采取整体水平起吊。吊装时,使支架平放于横担的上平面上,装好里侧连接板间的一个螺栓,以此螺栓为回转轴,由塔上作业人员抬起,直至外侧连接板上的螺栓装好为止。

分片水平吊装:地线支架较重时,可以分前后两个侧面水平吊装。先吊装一个侧面至横担上平面上,对准方位,塔上人员将其扶起,安装支架与横担间的连接螺栓并拧紧。两个侧面就位后,由下至上安装辅助斜材,直至装齐并拧紧全部螺栓。

o. 铁塔横担的吊装

导线横担较重,不能随塔身同段吊装,通常利用已安装好的地线支架分片吊装。

将横担分成前后两片在地面组装,转角外侧的跳线横担应同时组装,并随挂两片之间的水平材。横担较轻时,可将横担(指一相导线用)在地面整体组装后起吊。

p. 拆除抱杆

铁塔吊装完成后,即可开始拆除抱杆,可利用塔头顶端作支持点拆除抱杆,支持点应选在铁塔主材的节点处,该节点处的螺栓应全部拧紧。

4)架线工程

(1)施工流程

架线施工流程如图 7-14 所示。

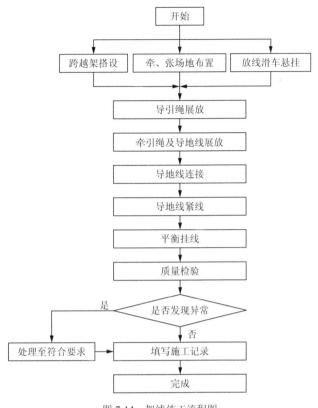

图 7-14 架线施工流程图

(2)技术要点

①施工准备

a. 技术资料:设计图纸、施工规范、安全措施、施工方案。

b. 人员组织:技术负责人、施工负责人、安全质量负责人和操作人员。

c. 机具的准备:按施工要求准备机具并对其性能及状态进行检查和维护。

d. 施工材料准备:导地线、绝缘子、压接管、金具螺栓等。

②施工操作

a. 跨越架搭设

搭设跨越架使用材料应注意:

跨越架使用毛竹时,小头有效直径不小于 75mm,搭设时立柱间距离一般为 1.5m 左右,横杆上下距离一般在 1.0m 左右;立柱及支撑杆应埋入土内不少于 0.5m;一般跨越架上部不用封顶,比较重要的跨越需要封顶时一般采用斜向或交叉封。

不停电搭设跨越架,一般用于 10～35kV 的带电线路,搭设时线路应退出重合闸,并邀请被跨越线路运行部门人员现场监护,且应在天气良好的情况下进行。跨越架应用坚实而干燥的竹或杉木杆搭设,并在远离被跨越线路侧设临时拉线,以控制杆不向带电侧倾倒。搭设电力线跨越架的架杆应保持干燥,防止感应电压伤人,竖于地面的架杆埋深不小于 0.5m,跨越架结构要牢固。

搭设带电跨越架时,靠近电力线以上部分严禁使用铁丝绑扎。跨越架两边顶端应起羊角保护,带电跨越架必须在两头各挂一块"有电危险,严禁攀登"的警示牌。

b. 牵张场地布置

张力场、牵引场宜布置在地势平坦、交通方便的直线塔之间。

大牵引机、大张力机一般布置在线路中心线上,其方向应正对邻塔导线悬挂点,使绳(或线)在

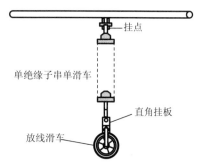

图7-15 悬垂滑车悬挂示意图

机上的进出方向垂直于大牵引机的卷扬轮和大张力机的张力轮中心轴。对于地形受限制的地方,可采用转角引出的方式布置牵张场地,转向场地的布置应另编写特殊施工方案且应符合安全使用要求。

c. 放线滑车悬挂

一般情况下,直线塔上悬垂放线滑车悬挂一般与悬垂绝缘串一起吊装。

悬垂滑车悬挂示意如图7-15所示。

d. 导引绳展放

导引绳展放一般采用人力分段展放,在条件较差或者地方关系复杂的地段,采用动力伞或飞艇等进行展放。

导引绳分段展放完毕后,将各段连接升空,利用小牵张系统牵引更大规格的牵引绳。用动力伞或飞艇展放的导引绳,利用小牵张系统逐级牵引更换直至牵引绳。地线可直接用钢丝导引绳进行牵引。

e. 牵引绳及导地线展放

展放牵引绳及地线均采用小牵引机及小张力机。小牵张系统构成示意如图7-16所示。

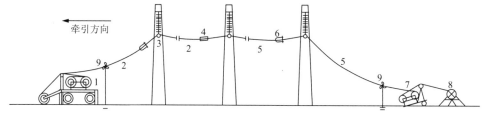

图7-16 小牵张系统构成示意图

1-小牵引机;2-导引绳;3-架线滑车;4-旋转连接器;5-牵引绳;6-抗弯连接器;7-小张力机;8-牵引绳盘架;9-接地滑车

f. 导地线紧线

紧线顺序:先紧地线,后紧导线。对单回路线路导线,先紧中相线,后紧边相线;对双回路或多回路导线,按先紧左、右上相,再紧左、右中相,最后紧左、右下相的顺序紧线。紧线系统布置示意如图7-17所示。

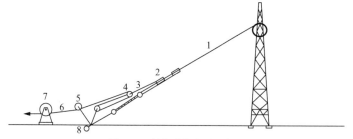

图7-17 紧线系统布置示意图

1-导线;2-卡线器;3-总牵引钢丝绳;4-起重滑车;5-地滑车;6-绞磨钢丝绳;7-机动绞磨(30kN);8-地锚

分裂导线紧线时,各子导线牵引系统应做到基本同步收紧,同步松弛。当松弛度调整符合设计规定及验收规范要求时,进行画印,设置过轮临锚。过轮临锚布置示意如图7-18所示。

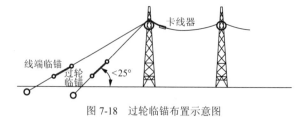

图7-18 过轮临锚布置示意图

在本紧线段与上紧线段的衔接档内,进行导(地)线直线压接,拆除导(地)线的线端临锚,使导地线由地面升至空中等项作业,简称为松锚升空。松锚升空的布置示意如图7-19所示。

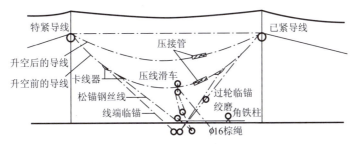

图7-19 松锚升空布置示意图

g. 平衡挂线

平衡挂线也称不带张力挂线。挂线所需过牵引量用空中临锚收足,连接金具到达挂线位置时,空中临锚仍然承受锚固的导线张力(即过牵引张力)。挂线工具只承受拉紧耐张绝缘子串及所带导线的张力,如果空中临锚收紧量不足影响挂线时,应补充收足,不能以挂线工具强行拉线。平衡挂线布置示意及实景如图7-20、图7-21所示。

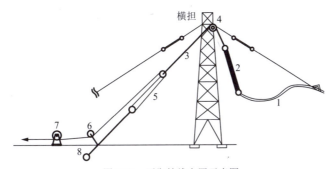

图7-20 平衡挂线布置示意图

1-导线;2-耐张绝缘子串;3-总牵引钢丝绳;4-起重滑车;5-绞磨钢丝绳;6-地滑车;7-机动绞磨;8-地锚

图7-21 多角度实拍挂线图

5)附件安装工程

(1)施工流程

附件安装施工流程如图7-22所示。

图7-22 附件安装施工流程图

(2)技术要点

①施工准备

技术资料:设计图纸、施工规范、安全措施。

人员组织:技术负责人、安装负责人、安全质量负责人和操作人员。

机具准备:按施工要求准备机具并对其性能及状态进行检查和维护。

施工材料准备:螺栓等。

②直线杆塔附件安装

直线杆塔导线悬垂绝缘子串,在放线前已吊装并连接于横担上。因此,附件安装仅是安装绝缘子串下端与导线相连接的金具、悬垂线夹等,如图7-23所示。

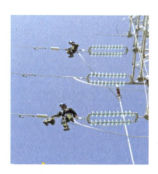

图7-23 附件安装实拍照片

③间隔棒安装

耐张塔和直线塔线夹安装完成后,才能进行间隔棒安装。间隔棒安装距离采用测绳直接在导线上丈量。

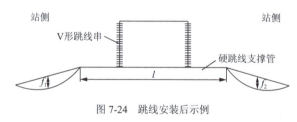

图7-24 跳线安装后示例

④跳线安装

跳线安装后示例如图7-24所示。

跳线安装后应呈自然下垂的圆弧形状,不得有扭曲、硬弯等缺陷。跳线端的压板连接螺栓应拧紧,螺栓的扭矩值应符合要求。

6)线路摇测绝缘核相

(1)线路摇测绝缘核相施工步骤

①施工准备工作:组织相关工作人员学习本次工程的施工方案和有关施工规范,明确工作任务以及标准要求。

②待接到巡检值班人员的许可工作命令后,工作负责人方能许可工作人员进入施工现场。

③在施工现场四周装设护栏并悬挂标示牌。

④工作人员对线路进行验电,验明确无电压后开始施工。

⑤试验本侧工作人员进行摇测线路绝缘及核对相序,对侧工作人员进行配合操作。

⑥把摇测的数值进行记录并分析。

⑦施工结束后清理施工现场,终结变电第一种工作票。

(2)线路摇测绝缘核相技术要点

在接到工作许可命令后,在监护人员的监护下,使用经检验合格的、同电压等级的验电笔对线路试验本侧进行验电。验明线路侧确无电压后,对线路本侧A、B、C三相进行逐相核对,并逐相进行摇测绝缘电阻值。间隔侧工作人员在对侧人员指挥下,配合对侧工作人员对A、B、C相进行逐相接地,配合好测试人员工作。

在试验本侧摇测线路绝缘核对相序,对侧站配合操作。先通知对侧站工作人员使用接地线对A相线路临时接地,待确认对侧站A相线路已接地并且工作人员撤离至安全区域后,试验本侧测试人员开始使用电阻摇表在A相线路对地进行摇测,测试结果为0时,通知对侧站工作人员把A相线路临时接地线拆除,待确认对侧站工作人员已把A相线路临时接地线拆除且工作人员撤离至安全区域后,试验本次站测试人员对A相线路再次摇测,当测试电阻结果为2MΩ以上时,表示该相线路绝缘合格。

相线路摇测完毕后,通知对侧站工作人员把临时接地线改接至B相线路上,待确认对侧站工作人员对B相线路已临时接地并已撤离至安全区域时,试验本侧测试人员开始对B相线路进行摇测,当摇测结果为0时,通知对侧站工作人员把B相线路临时接地线拆除,待确认对侧站B相线路临时接地线已拆除且工作人员已撤离至安全区域后,试验本侧测试人员对B相线路再次摇测,当摇测结果为2MΩ以上时表示该线路绝缘合格,相序为B相。

相线路摇测完毕后,通知对侧站工作人员把临时接地线改接至C相线路上,待确认对侧站工作人员对C相线路已临时接地并已撤离至安全区域时,试验端本侧测试人员开始对C相线路进行摇测,当摇测结果为0时,通知对侧站工作人员把C相线路临时接地线拆除,待确认对侧站C相线路临时接地线已拆除且工作人员已撤离至安全区域后,试验本侧测试人员对C相线路再次摇测,当摇测结果为2MΩ以上时表示该线路绝缘合格,相序为C相。

摇测完毕后,线路绝缘合格,A、B、C相相序正确。

7.4.2 电缆线路

1)电缆沟施工

(1)施工流程

电缆施工流程如图7-25所示。

(2)技术要点

①电缆沟沟槽开挖

a. 施工准备

土方开挖前,应摸清地下管线等障碍物及出户管位置,用醒目标志标识;同时应根据施工方案的要求,将施工区域内的地上、地下障碍物清除和处理完毕。

制定开挖方案,确定合理的开挖方式、施工顺序和边坡防护措施,选择适当的施工机械。核定建筑物的标准轴线桩、标准水平桩,用白灰洒出开挖线,必须经过检验合格,并办完预检手续。

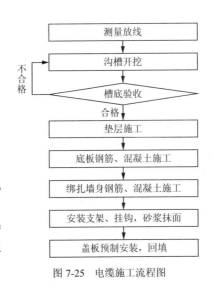

图7-25 电缆施工流程图

b. 施工机具

自卸汽车、挖掘机、蛙式或柴油打夯机、手推车、铁锹、手锤、钢尺、坡度尺、小线等。

c. 工艺流程

确定各种管线走向→确定开挖的顺序和坡度→沿灰线切出槽边轮廓线→沟槽开挖→修整槽边,清底→验槽,地基承载力检测→合格后进行下步工序/不合格时应进行基底换填。

d. 注意事项

开挖过程中,严格控制开挖尺寸,基坑底部的开挖宽度要考虑工作面的增加宽度。施工时尽力避免基底超挖,个别超挖的地方经设计单位给出方案后,做回填处理。

尽量减少对地基土的扰动,当基础不能及时施工时,可预留200～300mm土层不挖,待基础施工时再挖。

开挖基坑时,有场地条件的,一次留足回填需要的好土,多余土方运到弃土处,以减少二次搬运。

土方开挖时,要注意保护标准定位桩、轴线桩、标准高程桩。为防止邻近建筑物的下沉,应预先采取防护措施,并在施工过程中进行沉降和位移观测。

e. 临边防护

基坑开挖完成后,及时搭建安全防护设施临边防护。所挖土方可用做回填的,在工地周围空地存放,现场存土采用密目防护网遮盖并洒水防止扬尘。

f. 成品保护

对定位标准桩、轴线引桩、标准水准点等,挖运土时不得碰撞,并应经常测量和校核其平面位置、水平高程和边坡坡度是否符合设计要求。定位标准桩和标准水准点也应定期复测检查是否正确。

② 电缆沟模板施工

a. 底板模板

电力沟道底板混凝土施工时,两侧模板均采用竹胶板,外侧模板用钢管斜撑同槽壁固定,墙体内、外侧模板用对拉螺栓固定,用对拉花篮螺栓与地锚连接,调整模板直顺度。

模板拼装完成后按顺序编号,便于周转使用。

模板接缝处采用3mm厚海绵胶条密封,防止浇筑混凝土时漏浆。

b. 墙体模板

电力沟墙身模板采用竹胶板加工拼装而成,通过对拉螺栓及利用脚手架支固墙身模板。

竹胶板模板加工流程如图7-26所示。

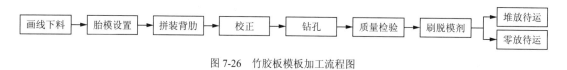

图7-26 竹胶板模板加工流程图

安装模板时,应考虑浇筑混凝土的工作特点,模板结构应与所采取的钢筋安装方法及混凝土的浇筑方法相适应。在必要的地方可设置活板或临时窗口,以便于及时清除模板内杂物,方便混凝土的浇筑捣固。电缆沟模板及支撑示意如图7-27所示。

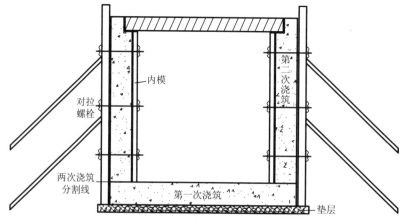

图7-27 电缆沟模板及支撑示意图

采用对拉螺栓固定侧模板立面示意如图7-28所示。

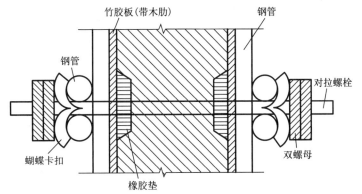

图 7-28 对拉螺栓加固模板示意图

对拉螺栓长度 ≥墙厚+（竹胶板厚度+木肋厚度+钢管直径+蝴蝶卡扣厚度+双螺母厚度）×2。采用双螺母固定在拉杆上。

③钢筋工程施工

a. 钢筋加工场地

在场地平整后，浇筑 15cm 厚 C15 混凝土硬化，在钢筋加工区和钢筋存放区设置钢筋加工棚。

b. 钢筋加工

各种牌号、规格的钢筋分批验收、分别堆放，不得混杂，且立牌以便识别。钢筋在运输、储存过程中，避免锈蚀和污染。钢筋堆置在钢筋棚内，当露天堆放时，应垫高并加以遮盖。钢筋需具有出厂质量证明书，使用前按规定频率进行抽检，其力学性能符合国家标准的规定才能使用，不合格的钢筋材料应清理出场。

钢筋必须调直，调直后表面伤痕及锈蚀不应使钢筋截面积减小；钢筋无裂纹、断伤和刻痕；钢筋表面洁净、无油污等。

c. 钢筋安装

为了加强钢筋的稳定性，在绑扎安装侧墙立筋时在钢筋两侧搭设一排临时支架来固定钢筋和便于工人绑扎作业。按照设计的位置排列钢筋，经检查无误后再进行绑扎。

为了保证钢筋的保护层厚度，在钢筋与模板间放置水泥砂浆垫块，放置垫块时位置要错开，不能贯通断面全长。在现场安装绑扎钢筋网、钢筋骨架或单根钢筋。

受拉区内圆钢筋绑扎接头的末端应做弯钩，螺纹钢筋的绑扎接头末端可不做弯钩。

绑扎接头在同一截面内的接头截面积，受拉区不得超过钢筋总截面积的 25%，受压区不得超过 50%，凡两个绑扎接头的间距在钢筋直径的 30 倍以内及 50cm 以内的则视为同一截面。

d. 电缆沟混凝土浇筑

电缆沟混凝土浇筑分两步进行，第一步浇筑底板，第二步浇筑墙体。混凝土全部采用商品混凝土，汽车泵浇筑。

垫层采用方木作为边模，振捣时用平板振动器振捣，振捣要密实，一般振到混凝土不再下沉、无显著气泡上升、顶面平坦一致，并开始浮现水泥浆为止。垫层混凝土施工时要埋设预埋钢筋，以便于支固底板模板。

浇筑墙身混凝土前要保证模板支固的稳定性，并对其支固方案进行再验算，确保支撑安全。浇筑混凝土前必须将模板内的污物洗、吹干净，且表面不得有积水。

浇筑混凝土时，派专人经常观察模板、支架、钢筋、预埋件和预留孔洞的情况，当发现有变形、走动或堵塞的情况时，应立即停止灌注，并应在混凝土凝结前修整完好。振捣密实的标志是混凝土停止下沉，不再冒出气泡，表面呈现平坦、泛浆。

e. 电缆沟内壁抹灰

施工前砂浆配合比应由实验室提供，搅拌采用砂浆搅拌机搅拌。搅拌时间不少于 2min，砂浆应随拌随用，拌制的砂浆应在 2h 内用完。

电缆沟内壁为混凝土面，抹灰施工前必须采取必要措施对表面进行毛化处理，可采用素水泥浆进行甩毛处理，或者涂刷界面剂，以增强结合力，防止抹灰层空鼓开裂。

抹灰施工必须分两层进行，底层施工时先用木抹子打底，厚度不大于 8mm，待底层灰稍干燥形成强度后即可进行面层抹灰，抹灰采用靠尺等找垂直，面层抹灰用铁抹子压实收光。

抹灰施工后应及时养护，视温度及天气情况可洒少量清水养护，气温高于 35℃时采取覆盖措施，防止抹灰层开裂。

f. 电缆支架安装

电缆沟抹灰作业基层无空鼓、开裂现象，经监理验收合格后进行电缆支架安装工作。

施工流程：施工准备→定位弹线→钻孔清孔→注植筋胶泥→支架安装→检查调整。

a）施工准备：材料及机具有植筋胶泥（成品）、细线、铁定、墨斗、小型钻机、吹风机、小软管、注胶枪等。

b）定位前熟悉施工图纸，根据图纸尺寸、间距、高度放样，用墨斗弹出水平线，然后按照 1m 间距分割，弹出竖直线，交点即为支架位置。

c）钻孔：启动电钻机在标注的位置钻孔，钻头直径应大于支架端头 4～6mm，孔深不小于 12cm，钻孔过程中如与电缆沟结构钢筋冲突，可将钻孔左右偏移 2cm，避开钢筋位置重新钻孔。

d）清孔：采用小型吹风机，端头接入小软管进行。清孔前先插入软管，启动吹风机反复吹洗钻孔 3～6 遍，确保孔内无粉尘、杂物，以免影响植筋效果。

e）注植筋胶泥，安装支架：灌注植筋胶泥，采用专用注胶枪插孔注射。注胶前先将成品胶桶安装在胶枪托架上，然后将注胶嘴插入孔内，缓缓扣动扳手将植筋胶注入孔内，最后将支架端头插入孔内，正反方向旋转，挤出孔内气泡，同时让胶泥与孔壁、支架更好地融合。

f）安装好电缆支架后，应拉线检查，要求支架安装后横平竖直、外形美观。调直后根据胶泥固化时间要求，1.5h 内严禁触动支架，确保植筋胶泥强度稳定增长。

支架安装可连续作业，安装完毕后注意成品保护，必要时可加盖板封顶。

g. 盖板安装

盖板需待混凝土达到 100% 强度之后才能安装，安装前先将电缆沟企口角钢和盖板角钢框周边清理干净，然后用立氏德胶水将 3mm×30mm 的橡胶条黏附于盖板角钢框底面上，之后再沿沟纵向从一端向另一端安装盖板，余下最后一块或者转角处的空隙根据现场量取实际尺寸，并以此加工异形盖板（也可支模现浇）。

2）电缆埋管工程

（1）施工流程

沟槽开挖→人工清底→地基检测→浇筑垫层→绑扎钢筋网片→MPP（以改性聚丙烯为主要原材料）埋管敷设→模板安装加固→验收，浇筑混凝土→养护。

（2）技术要点

①埋管沟槽开挖

a. 施工准备

土方开挖前，应摸清地下管线等障碍物及出户管位置，用醒目标志标识；同时应根据施工方案的要求，将施工区域内的地上、地下障碍物清除和处理完毕。

夜间施工时,应合理安排工序,防止错挖或超挖。施工场地应根据需要安装照明设施,在危险地段应设置明显标志。

b. 施工机具

自卸汽车、挖掘机、打夯机、手推车、铁锹、手锤、钢尺、坡度尺、小线等。

c. 作业流程

确定各种管线走向→确定开挖的顺序和坡度→沿灰线切出槽边轮廓线→沟槽开挖→修整槽边,清底→验槽,地基承载力检测→合格后进行下步工序/不合格时应进行基底换填。

a）坡度的确定

使用时间较长的临时性挖土方边坡坡度,应根据工程地质和边坡高度,结合当地同类土体的稳定坡度值确定。

b）机械开挖

沟槽开挖统一采用挖掘机挖掘、人工配合清理槽底的方式进行。

首先按设计沟槽中心线放样,然后根据基础外廓尺寸,综合考虑施工要求、沟槽深度及土质情况,用白灰线洒出开挖边线。沟槽开挖高程要严格控制,随挖随测量,接近设计槽底20cm时改由人工挖掘并进行修坡,如图7-29所示。

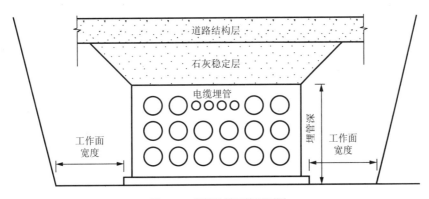

图7-29 埋管沟槽开挖断面图

②埋管施工

埋管敷设前,先复核结构中心线,用墨斗弹出结构边线,用红油漆标记。垫层上钢筋采用钢筋网片,为保证钢筋保护层厚度,钢筋网片下采用水泥砂浆垫块支撑。

③埋管热熔焊接及工艺

工法原理:使用具有抗高温、耐外压、电气绝缘性能优良、光滑、摩擦阻力小、耐低温冲击性能好的MPP管,管口经铣刀切削平整,加热板加热管道端口后热熔对接焊,挤压对接达到要求长度,再通过管枕定位安装,形成管束,最后浇筑混凝土。

管道热熔焊接工艺为:焊接准备→管材对正→铣削管材→合拢焊接→检查焊缝。

④模板安装

根据测量放线,放出模板定位安装边线,然后安装模板。

模板安装必须垂直,模板与模板之间的缝隙必须控制在2mm以内,基底不平整部位在关好模板后用砂浆封堵,防止浇筑混凝土时漏浆,模板与模板之间不能有错台。模板每次安装前必须清除板面混凝土块,涂抹脱模剂。模板在搬运过程中必须轻拿轻放,防止变形。

⑤埋管混凝土浇筑

浇筑前应将模板内的垃圾、泥土等杂物及钢筋上的油污清除干净,并检查钢筋的水泥垫块是否垫好,如果使用木模板则应浇水使模板湿润。

a. 混凝土垫层施工

垫层采用方木作为边模,振捣时用平板振动器振捣,垫层混凝土施工时要预埋钢筋,以便于支固底板模板。

b. 埋管混凝土浇筑

浇筑混凝土采用泵送商品混凝土,浇筑过程中应随时查看模板及支撑的稳定情况,采取措施防止埋管上浮。混凝土用振捣棒振捣至设计高程,完毕后用刮杆刮平。在混凝土初凝前用铁抹子抹平收光,防止混凝土因失水沉落而出现收缩裂缝。

3)非开挖导向穿管施工

受电力穿管管径大小影响,应用于电力线缆的非开挖技术主要为水平定向钻。定向钻施工技术在6.4节已有详细叙述,在此就不再赘述。

4)隧道施工

(1)隧道暗挖施工技术要点

电力隧道输电等级一般为220kV、110kV,电力隧道初期开挖支护采用超前小导管、工字钢支撑挂钢筋网并喷射混凝土。

①施工测量放线

隧洞工程测量工作十分关键。开工前,首先复测设计中线,并布设导线网联系隧洞进出口,严密平差,达到设计精度,对进出口高程进行联测闭合,采用统一高程。

洞外采用导线控制测量,洞口设置三个平面控制点,将控制点设在能相互通视、稳固不动且便于引测进洞、能与开挖后的洞口通视之处。

②超前支护

超前支护采用$\phi50$锚杆,用顶进钻机打进土体,钢管前端做成尖形,钢管上钻注浆孔,孔径10mm,孔间距20cm,尾部留置60m不钻孔作上浆段,孔口沿开挖轮廓在拱顶180°范围内分为两排布置,外插角为10°~25°,纵向间距100cm,且纵向相邻两排超前小导管水平搭接长度为1.0m。

超前小导管埋设完毕后进行压力注浆,根据实际地质情况调整注浆压力,即使在特殊情况下注浆压力也不能小于0.2MPa,应保证周围岩土体吸浆量,注浆完毕2h且待水泥砂浆凝固形成较稳定的加固圈后,才可进行隧洞开挖。超前小导管施工流程如图7-30所示。

③隧洞开挖及初期支护

电力隧洞开挖与支护遵循的原则是管超前、短进尺、强支护、勤量测、多循环。隧洞施工过程中全面贯彻新奥法施工原则,充分利用围岩的自承能力和开挖面的约束作用,采用锚杆及喷射混凝土为主要施工支护手段,及时对围岩进行加固,约束围岩的松弛和变形,并通过对围岩与支护的量测、监控来指导施工。其施工程序以新奥法为例,如图7-31所示。

隧洞开挖以人工开挖为主,由于隧道覆盖层较薄且稳定性较差,所以采用超短台阶法开挖。下部开挖结束后及时进行支护,尽早成环,并随时进行观察、测量,发现异常立即进行抑拱封闭。隧道工程施工流程如图7-32所示。

a. 洞身开挖

洞身开挖采用分断面开挖法施工。采用超短台阶法开挖,上台阶超前0.5~1m,以使断面尽早闭合,保持合理开挖循环进尺和圆顺的开挖轮廓线,减少对周围土体结构的扰动,避免应力集中。

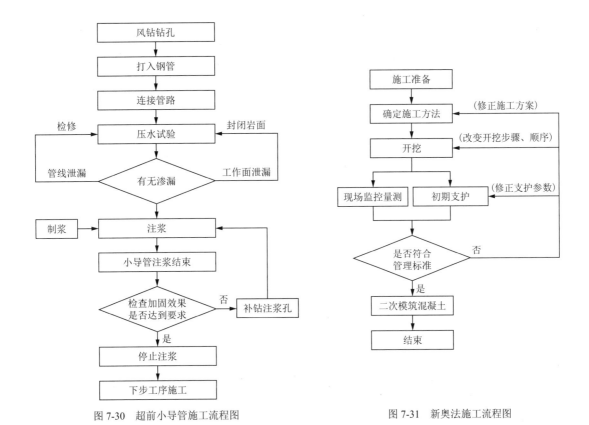

图 7-30 超前小导管施工流程图　　图 7-31 新奥法施工流程图

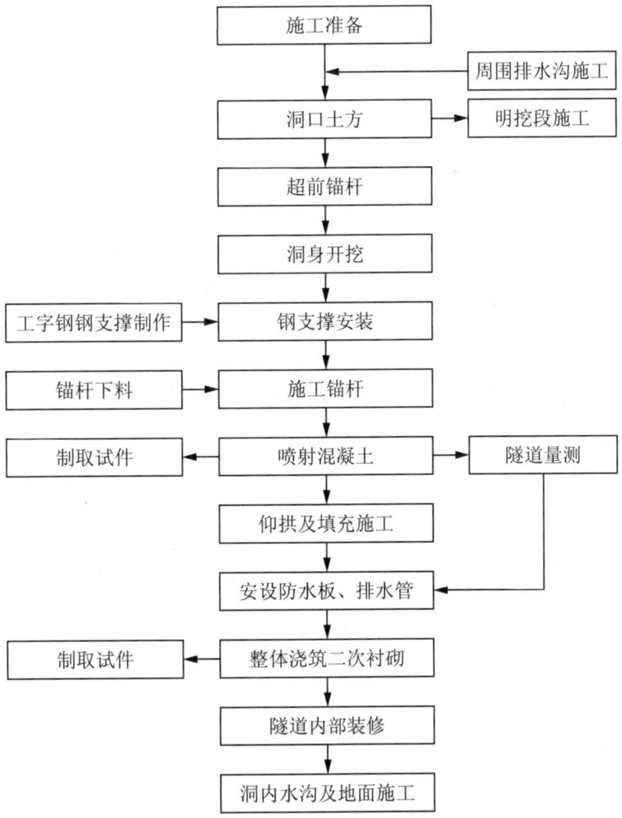

图 7-32 隧道工程施工流程图

b. 锚杆施工

锚杆的钻孔应根据围岩状况和设计要求，布置孔眼。锚杆按梅花形布置，布设时应尽量垂直岩面。锚杆材质、数量、长度及间距根据不同围岩分别施作,且符合设计要求。在锚杆注浆前用高压风将孔清理干净,然后进行注浆。注浆时,以水引路,将砂浆充满注浆器和管路,并用高压将水泥砂浆由导管压入钻孔中。

c. 钢拱架施工

钢拱架施工主要由钢拱架加工、钢拱架架设、钢拱架喷混凝土等工序组成。

d. 喷射混凝土施工

喷射混凝土按先拱部再边墙部,分块由上向下进行。喷射混凝土采用干喷工艺,以保证喷射混凝土的质量。

喷头操作在喷射混凝土作业中是一个重要环节。混凝土的厚度匀质性、密实程度以及回弹量的减少等,都与正确熟练的喷头操作技术分不开。

e. 仰拱施工

混凝土仰拱超前于衬砌及时施作,确保支护和衬砌结构的稳定性。仰拱采用整体浇筑移动式栈桥进行施工,以解决仰拱施工与掘进出渣之间相互干扰的矛盾,并保证仰拱混凝土强度不受影响。仰拱施工紧跟隧底下部开挖面进行,待喷锚支护全断面施作完成后,灌注仰拱混凝土,仰拱混凝土采用简易拱架,浮放模板浇筑,填充在仰拱混凝土终凝后开始施工。

仰拱移动栈桥施工示意如图7-33所示。

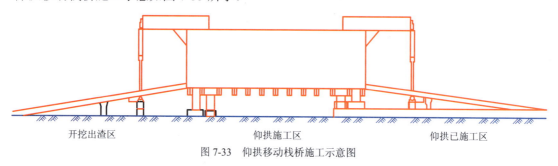

图 7-33　仰拱移动栈桥施工示意图

f. 防排水施工

为了保证衬砌混凝土不渗不漏,达到防水标准,采用"防、排、截、堵"结合、因地制宜、综合治理的原则。

g. 现有地下管线的保护

电力隧道暗挖段结构上方各种市政管线,尤其是上水管、雨水管及污水管等绝大多数管线存在渗漏现象,渗漏管线周边土体长期被水浸泡软化,而且由于翻修道路、管线施工等不同程度地造成土体扰动,形成空洞、松散、富水等地质异常区,上述地质异常区对地下结构施工安全造成很大威胁,施工风险极大。为此,在施工前采用地质雷达对施工范围内异常区进行普查。对土层稳定性差、暗挖时无法形成塌落拱、易发生坍塌的地质,在工作坑内施作暗挖进洞超前小导管,及时承担上覆土荷载,增大围岩强度,强化松弛带已形成的拱结构,形成拱形薄壳层,从而阻断沉降作用,减少差异沉降和强化土层参数,起到增大地层自稳能力的作用。

h. 开挖中预防塌方

地层加固是安全开挖的重要保证,必须根据地层变化情况,采取不同的加固方式,并及时调整参数。

i. 衬砌施工

二次衬砌为C30钢筋混凝土或混凝土,混凝土内掺加HEA抗裂型防水剂。二次衬砌按先墙后拱法施工程序分次浇筑。二次衬砌采用自制衬砌台车配合混凝土输送泵完成,每个工作面配备一台6m衬砌台车,混凝土搅拌站集中供应,混凝土输送车运入洞内,利用混凝土输送泵,通过导管压入已定位模板台车内。

j. 二次衬砌衬背注浆

二次衬砌衬背注浆在隧洞二次衬砌完成,并待混凝土的强度达到 70% 以上时进行。回填灌浆采用填压式灌浆法。

(2)隧道明挖施工技术要点

沟槽开挖采用以机械开挖为主,人工开挖为辅的方式。遇管线的地方用人工开挖,人工进行修边捡底的方法进行操作。

①喷锚支护施工

a. 造孔

锚杆孔的孔轴方向满足施工图纸的要求。施工图纸未作规定时,其系统锚杆的孔轴方向应垂直于开挖面光面;局部加固锚杆的孔轴方向应与可能滑动面的倾向相反。

钻孔完成后用高压风、水联合清洗,将孔内松散岩粉粒和积水清除干净;如果不需要立即插入锚杆,孔口应加盖或堵塞予以适当保护,在锚杆安装前应对钻孔进行检查以确定是否需要重新清洗。

b. 锚杆的安装及注浆

先注浆后插锚杆施工时:

a)在钻孔内注满浆后立即插杆,锚杆插送方向要与孔向一致,插送过程中要适当旋转(人工扭送或管钳扭转)。

b)锚杆插送速度要缓、均,有"弹压感"时要旋转后再插送,尽量避免敲击安插。

c)封闭灌注的锚杆,孔内管路要通畅,孔口堵塞要牢靠。从注浆管注浆直到孔口冒浆为止。

d)注浆完毕后,在浆液终凝前不得敲击、碰撞或施加任何其他荷载。

②混凝土工程施工

a. 混凝土供货验收

混凝土供货速度,应满足现场全部混凝土浇筑的要求,需满足车泵同时施工和连续施工的要求。

在混凝土施工过程中,现场安排一名试验员查验每车小票,查看混凝土强度等级、浇筑部位填写是否正确。要求记录每车混凝土的出站时间、进场时间、开始浇筑时间、浇筑完毕时间。以便分析混凝土罐车路上运输时间、罐车在现场等待时间、浇筑时间、每罐混凝土总耗用时间、发车间歇时间、前车混凝土最长裸露时间等,并测量卸料时的坍落度及入模温度是否符合施工要求。混凝土搅拌质量及工作性能不符合现场要求的,应由搅拌站进行处理。

b. 混凝土运输

商品混凝土供货采用汽车式运输搅拌车。

c. 混凝土泵送

d. 混凝土浇筑施工

混凝土浇筑:混凝土在振捣过程中宜将振动棒上下略微抽动,使上下混凝土振动均匀,插入下层深度为 50mm。每次振捣时间以 20～30s 为宜(混凝土表面不再出现气泡、泛出灰浆、不下沉为准)。振捣时,要尽量避免碰撞钢筋、管道预埋件等。振捣棒插点采用行列式的次序移动,振捣棒每次移动距离为 400mm。

混凝土二次振捣:振捣时间应在混凝土初凝前 1～4h 进行较佳,尤其是在混凝土初凝前 1h 进行效果最理想。但由于混凝土的凝结时间要受到水泥品种、配合比、坍落度、气温、施工方法以及外加剂等因素的影响,所以具体的时间还要根据施工的实际情况来确定。

e. 质量通病防治

即保证插筋位置正确,防止钢筋移位,侧墙混凝土防烂根,混凝土表面防裂。

f. 混凝土养护

混凝土在浇筑完毕后的 6～7h 覆盖并洒水保湿养护,养护覆盖采用一层薄膜加一层保温材料的方式,现场另备一层塑料薄膜和一层保温材料以作备用。

在混凝土养护期间,严禁随意掀开覆盖材料。如因后续工作需要,必须揭开覆盖材料时,只宜局部进行,并且在工作完成后及时覆盖。

③模板工程施工

a. 模板及其支撑系统

墙模板固定采用符合设计规范规定的钢带止水片对拉螺栓;支撑采用钢管扣件式脚手架体系;每开间按规范设剪力撑,以加强支架的整体刚度。

b. 墙体与顶板模板施工

c. 模板的拆除

a）结构混凝土强度到达到 100% 时方可拆除模板支架。

b）拆除前的准备工作:全面检查支架的扣件、支撑体系是否安全。清除支架上杂物及地面障碍物。在拆除过程中,凡已松开连接的配件应及时拆除运走,避免误扶和误靠已松脱连接的杆件。在拆除中应做好协调、配合工作,禁止单人进行作业。

c）模板拆除时应注意顺序,一般是后支的先拆,先支的后拆,先拆除非承重部分,后拆除承重部分。拆除模板支架时,一个框架段两厢同时从跨中对称向两边均匀放松模板支架立柱,拆除时操作人员应站在安全处,以免发生安全事故,待该片（段）模板全部拆除后,方准运出堆放。拆模时不得用铁钎撬开模板,注意保护模板边角和混凝土边角,拆下的模板要及时清理。清理残渣时,严禁用铁铲、钢刷之类的工具清理,可用模板清洁剂,使其自然脱落或用木铲刮除残留混凝土。各种构配件应及时检查、整修与保养,并按品种、规格堆码存放。

④钢筋工程施工

钢筋检验:钢筋进场,要按批进行检查和验收。检查内容包括外观检查和力学性能试验。从每批钢筋中抽取 5% 进行外观检查。钢筋表面不得有裂纹、结疤和折叠。

墙体竖向梯子筋示意图如图 7-34 所示。

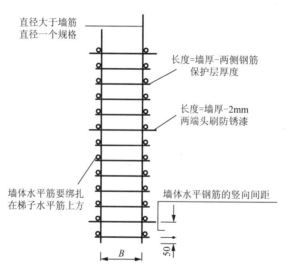

图 7-34 墙体竖向梯子筋示意图（尺寸单位:mm）

注:B= 墙厚-两侧钢筋保护层厚度-两侧水平筋直径

墙体水平梯子筋图如图 7-35 所示。

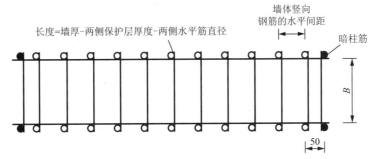

图 7-35 墙体水平梯子筋(尺寸单位:mm)

注:B=墙厚－两侧保护层厚度－两侧水平、竖向筋直径

钢筋加工工艺流程:钢筋除锈→钢筋调直→钢筋切断→钢筋加工成形→码放。

钢筋安装工艺流程:

a. 底板钢筋安装工艺流程

弹出钢筋位置线→钢筋运至工作面→安装底板下钢筋→放垫块→支设底板上铁马凳→安装底板上铁墙插筋→调整钢筋→安放侧向保护层垫块→隐检。

b. 墙体钢筋安装工艺流程

修整预留筋→连接竖向筋→绑水平钢筋→绑拉筋→检查验收。

c. 顶板钢筋安装工艺流程

支架搭设完毕并通过验收→清理模板→放钢筋位置线→绑板下钢筋→绑板上钢筋→检查验收。

5)电缆敷设工程

(1)施工流程

电缆通道的检查→施工准备→电缆检查→电缆敷设→电缆整理→电缆固定→电缆头制作→电缆保护接地箱安装→接地电缆接线→电缆试验→搭接电缆头。

(2)技术要点

敷设电力电缆,准备工作量大,包括托辊的制作与布置、电缆的检查与就位、电缆盘支架的准备、控制与信号系统的设置、现场的清理与检查以及隐蔽工程配合建设单位中间验收。

①托辊的制作与布置

在牵引电缆的过程中,为了不使电缆直接在地面上拖拉摩擦,除采用人力扛抬电缆外,可借助托辊的支撑作用进行电缆敷设,这样既省力又方便。使用时可视电缆线路路径的具体情况而定。平直段可采用 B 型托辊、在弯曲或者较为复杂的路径上按实际情况可采用加长的 A 型或 B 型托辊,以便在前后牵引行动不一致时,后面多牵引的一段电缆搁置在托辊上,而不致因脱辊而损伤电缆。

②电缆的检查与就位

在施工前应对电缆进行以下检查:检查电缆的型号、规格和长度是否符合设计要求;检查电缆盘的侧板和同板有无被砸坏或者扎破;拆开同板检查电缆外护层有无破损现象。施工前将电缆由中心材料站运送到电缆敷设现场。

③电缆盘支架和制动装置的准备

由于 110kV 及以上电压等级的电缆很重,要求电缆盘支架坚固、重量轻、有足够的稳定性。

受场地影响,吊车操作不便时,可选用千斤顶支架,千斤顶支架具有操作灵活、实用性强的特点;电缆盘轴将选用实心圆钢组成,并根据电缆盘的总重量和宽度选用轴的直径,同时进行强度和刚度的校核。

在敷设电缆的过程中,由于种种原因,暂停牵引的情况时常发生。正在转动的电缆盘,由于其惯性较大,如不能及时制动,则盘上多施放的一段电缆,容易扭曲而受损伤。因此,电缆必须安装制动装置。

④敷设机具的准备

敷设机具包括输送机、电动滑车、电缆牵引机、直线滑车、转弯滑车、电缆放线架、张力表、牵引头、牵引网套、防捻器、钢丝绳等辅助工器具若干。在进行施工之前，将之备齐并进行检修、配套、保养，然后运至现场就位。

⑤控制与信号系统的设置

电动牵引机械的启动和停止需要通过一定的控制元件来实现，采用电动牵引机和履带式输送机配合牵引时，要达到同步运行且保持线速度一致的目的，必须设计合理的自动控制系统。

为了确保电缆的顺利敷设，应在电缆盘、卷扬机及其他关键部位设置遥控开关、电铃、电话，并派专人操作与监护；制定统一的指挥信号和行动规则，信号要简单、明确，控制要迅速、可靠。在电缆敷设前应将控制与信号系统安装调试好，并向所有参加敷设电缆的人员交代清楚。

精确丈量电缆沟的长度、工井位置及转弯处的裕度，以确定电缆的实际敷设长度。

核实电缆沟弯曲半径、过路埋管的质量要求等，电缆沟、过路埋管等设施未经建设单位验收合格不得进行电缆敷设工序。

为了防止杂物划破电缆外套，所有过路管必须用橄榄球铁笼拉通，并用棉布拖干净管内杂物，对电缆沟进行全面清理，以防沟内的石头、硬块等坚硬凸出物对电缆外护套造成损伤，清理工作完成后可按图纸要求的厚度垫入细河沙。

电缆被盗或被损坏，将会影响到整个工程的工期、进度并造成极大的经济损失，所以电缆及工具一到现场必须做好防盗、防火、防淹、防损坏等工作。

⑥电缆牵引前的检查

a. 对于预埋管道，在施放电缆前，应用管道穿送工具穿通检查，尤其是预埋已久的管道更应进行该项检查。

b. 导轮就位：直线上的导轮应摆放一条直线，两导轮之间的距离为2～3m，弯曲线上的导轮距离约为0.5m，在埋管两端设置转弯滑车，并将滑车固定，以使电缆顺利通过埋管。每个导轮均应可靠固定，保持转动圆滑、操作有效。

c. 牵引电缆用的钢丝绳，安全系数宜取5～6，且不能有扭折。

d. 牵引绳与电缆头的连接：牵引绳应通过能消扭的活节与电缆头连接，如图7-36所示，严防电缆扭曲。

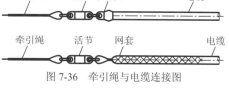

图7-36 牵引绳与电缆连接图

排管电缆敷设与隧道内电缆敷设分别如图7-37和图7-38所示。

图7-37 排管电缆敷设

图7-38 隧道内电缆敷设

6）电缆头安装

（1）施工流程

电缆头安装施工流程如图7-39所示。

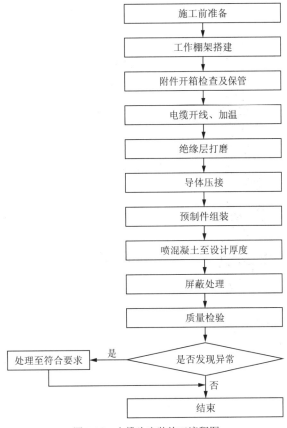

图 7-39 电缆头安装施工流程图

（2）技术要点

①安装准备

技术资料：施工图纸、安装工艺、技术措施。

人员组织：技术负责人、安装负责人、安全质量负责人和操作人员。

机具准备：按施工要求准备机具并对其性能及状态进行检查和维护。

施工材料准备：附件、耗材等。

②安装作业

由于 110kV 及以上电缆的终端头、接头的生产厂家较多，每个厂家的制作、安装工艺方法不同，在具体施工中应根据施工图纸、厂家安装制作手册进行终端头、接头制作。电缆终端安装示例如图 7-40 所示。

③瓷套式终端头安装

按装箱单清点零部件是否足数、完好，核对产品规格是否正确。

确定基准面和电缆末端，测量套管实际高度，临时固定电缆，在基准面向上量取设计尺寸为电缆末端，并切除多余电缆。

按尺寸剥去电缆外护层和金属护套，并刮去外护层末端的一段石墨涂层。

在电缆上包绕加热带，调节加温器对电缆作 80℃、3h 的加热以消除机械应力。

按尺寸剥除绝缘屏蔽包带。

按尺寸剥出导体、削铅笔头，并露出 4～5mm 导体屏蔽，用砂纸打磨导体表面。

将接线柱套入电缆线芯，并选用相应的压模进行压接，压接后用砂纸打磨压痕。

按尺寸作绝缘屏蔽层末端标记，用玻璃或专用刨刀刮削绝缘屏蔽层，其末端应有 30mm 长的过渡斜面。

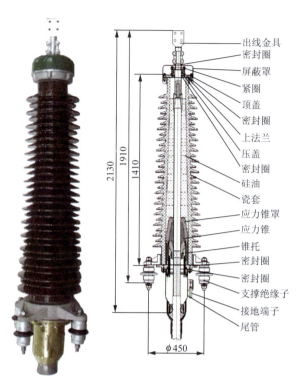

图 7-40 电缆终端安装图(尺寸单位:mm)

依次用 120、240、320、600 号砂带打磨绝缘表面,测量记录正交方向的主绝缘外径,并应与应力锥内径相配合。

在接线柱压接段和电缆铅笔头位置依次用半导电带、绝缘带、PVC 胶带包绕。

在绝缘屏蔽层末端按尺寸包绕半导电带、铅带、铜网带,并用 PVC 胶带覆盖。

依次套入热缩管、尾管、密封圈、锥托,并放置于施工位置以下。

清洁应力锥和电缆外表,并涂上硅油,按尺寸套入应力锥于标记位置。

清洁应力锥罩,装入密封圈,套入套管内并固定。

将支撑绝缘子固定在电缆终端头支架上。

吊装套管,将其固定在支撑绝缘子上。

终端头顶部金具预装配,装入顶盖、压盖、紧圈等,按尺寸调整电缆。

装配锥托,拧紧螺栓,收紧弹簧至要求尺寸。

拆除顶部预装的零部件,将加热去潮的硅油注入套管内,至要求尺寸。

安装顶盖、压盖、屏蔽罩,并套入相应的密封圈。

装配尾管,并用铜编织带焊接金属护套和尾管。

在尾管焊接范围包绕绝缘带、防水带、PVC 胶带等。

清洁收尾工作。

④预制式中间接头安装

按装箱单清点零部件是否足数、完好,核对产品规格是否正确。

将电缆放置于接头井最终接头位置,在中线位置切断电缆。

按尺寸剥去电缆外护层和金属护套,并刮去外护层末端的一段石墨涂层。

在电缆上包绕加热带,调节加温器对电缆作 80℃、3h 的加热以消除机械应力。

按尺寸剥除绝缘屏蔽包带。

按尺寸剥出导体,用砂纸打磨导体表面。

按尺寸作绝缘屏蔽层末端标记,用玻璃或专用刨刀刮削绝缘屏蔽层,其末端应有30mm长的过渡斜面。

依次用120、240、320、600号砂带打磨绝缘表面,测量记录正交方向的主绝缘外径,并应与预制件内径相配合。

依次套入热缩管、铜保护壳、密封圈、绝缘环等,并放置在施工位置以外。

用专用工具将预制件或安装主体套入电缆一侧,并临时固定和保护。

将连接管套入两侧电缆线芯,并选用相应的压模进行压接,压接后用砂纸打磨压痕。

在连接管处安装均压套,并做固定和引线连接。

清洁电缆外表,并涂上硅油,按尺寸套入预制件或安装主体于标记位置。

在预制件两侧绕包半导电带、绝缘带,并做屏蔽层处理。

安装铜保护壳和绝缘环,并连接固定,两侧用铜编织带连接金属护套和铜壳。

铜壳两侧焊接范围依次用防水带、环氧泥、绝缘带、PVC胶带包绕密封。

将去潮的混合物注入铜保护壳内,直到注满为止,并对注入口做密封处理。

安装接地线或交叉互联线。

安装环氧外保护壳,固定并做两侧末端的密封保护,注入绝缘混合物,对注入口做密封处理。

清洁收尾工作。

7)电缆耐压试验

(1)试验流程

电缆耐压试验流程如图7-41所示。

(2)技术要点

在电力电缆已敷设完成、电缆头制作完毕的条件下,将电力电缆外接设备隔离开来并接地。外接设备有电力变压器、断路器、电抗器、避雷器等。

将试验设备调试并准备就位,试验场地四周装设围栏,悬挂"止步,高压危险!"标示牌。

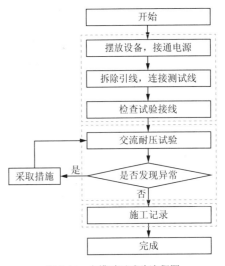

图7-41 电缆耐压试验流程图

按规定试验方法布置试验接线,将试验引线接上被试电缆某相,其余两相接地。电缆交流耐压试验接线如图7-42所示,测量该相电缆的绝缘电阻。

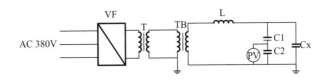

图7-42 电缆交流耐压试验接线图

VF-变频电源;T-调压器;TB-中间变压器;L-高压电抗器;C1、C2-分压器高、低压电容器;PV-测量电压表;Cx-被试电缆

检查试验回路所有接线,检查测量仪表,准备开始试验。

合上试验电源,开始试验,将试验回路调至谐振。

将输出电压逐渐升至试验电压,保持试验电压60min,然后快速降压至零,断开试验电源,高压端挂接地线。

依次进行其他两相的试验至试验完成,试验过程各参数显示均需符合规范标准要求。

7.5 35kV及以下配网改迁工程

7.5.1 电缆线路

1）台架变工作平台

当台架变位于有市政要求的地域时,应符合市政要求设置工作平台,如图7-43所示。当市政没有要求时,应设置混凝土工作平台。混凝土工作平台具体要求如下。

工作平台长4m宽3m,高出地面100mm,四周阳角做成R=25mm圆角,排水坡度0.3%

图7-43 台架变工作平台效果图

（1）土建部分

施工工艺及技术要点如下:

①台架周边做混凝土工作平台,平台尺寸应满足现行规范要求,无要求时面积按4m×3m,厚度按200mm施作,混凝土面高出地面100mm。

②平台混凝土面应设符合现行规范要求的找水坡度,向两侧找坡。

③台架基础回填土应分层夯实,密实度不小于现行规范要求。

④四周模板固定要牢固,模板要有足够的刚度,安装完成后必须复测边线的误差。

⑤混凝土浇筑要求一次完成,浇筑时应用振动器密实,表面采用原浆压光,不得抹砂浆。

⑥雨季施工时,土方开挖后应及时浇筑混凝土,避免雨水浸泡地基土。

（2）电气部分

施工工艺及技术要点如下:

①双杆式配电变压器台架宜采用10号及以上槽钢,槽钢厚度不应小于10mm,并经热镀锌处理,其强度应满足负载变压器的要求。

②低压配电箱装设于变压器台架下面的基础上时,配电箱基础应比配电箱略小(10~20mm),以防攀爬。

③变压器的外观应无锈蚀及机械损伤,油枕油位正常,油箱无渗漏现象、无受潮,瓷套光滑无裂纹、缺损。

④电杆表面光滑平整,钢筋无偏心现象,内外壁厚度均匀,无露筋、跑浆现象。无纵向裂缝,横向裂纹不超过0.1mm,长度不超过1/3周长。预应力杆不能有纵、横向裂缝。杆身弯曲不超过杆长1/1000;钢圈连接的混凝土电杆,钢板圈焊口处内壁的混凝土端面与焊口处距离不得小于10mm。

⑤避雷器的瓷件（复合外套）无裂纹、破损,瓷铁黏合牢固。

⑥高压跌落式熔断器的各部分零件完整,转轴光滑灵活,铸件无裂纹、砂眼、锈蚀等缺陷,瓷件良好,熔丝管无吸潮膨胀或弯曲现象。

⑦钢圈连接的混凝土电杆焊接应符合规范要求,电杆组立后金属部分涂防锈漆做防腐蚀处理。

⑧变压器安装后,套管表面应光洁,不应有裂纹、破损等现象;套管压线螺栓等部件应齐全,且安装牢固;油枕油位正常,外壳干净。

⑨导线压接后不应使管口附近导线有隆起和松股,管表面应光滑,无裂纹。金具压接后,均应导

棱,去毛刺。

⑩导线连接可靠,搭接面清洁、平整、无氧化层,涂有电力复合脂,符合规范要求。

⑪两端遇有铜铝连接时,应设有过渡措施。

⑫铜接线端子搭接面必须进行搪锡处理。

⑬避雷器引线的连接不应使端子受到超过准许的外加应力。

⑭裸露带电部分宜进行绝缘处理。

⑮户外一次接线应采用热镀锌螺栓连接,所用螺栓应有平垫圈和弹簧垫片,螺栓紧固后,螺栓宜露出 2～3 扣。

⑯导线应相色标识正确清晰。

⑰接地体焊接完毕冷却后,应除去焊渣后涂上防腐油漆。

⑱变压器台架应悬挂标志、警告牌,具体参照南方电网标准执行。变压器台架安装示例如图 7-44 所示。

⑲台架接地引下线应紧靠杆身,每隔 1.5m 左右与杆塔固定一次。

台架配电变压器监测计量终端安装示例如图 7-45 所示。

图 7-44 变压器台架安装示例

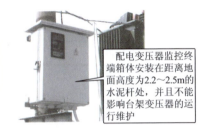

图 7-45 台架配电变压器监测计量终端安装示例

2）箱式变电站、电缆分接箱基础及防撞栏

（1）土建部分

施工工艺及技术要点如下：

①箱式变电站、电缆分接箱式变电站

箱式变电站基础及电缆分接箱基础均采用清水混凝土基础（图 7-46、图 7-47）,不得抹灰。基础高出地面高度应符合现行规范要求,通风孔根据厂家要求设置,通风口封镀锌钢丝网,钢丝网孔不大于 5mm。

图 7-46 电缆分接箱基础效果图

图 7-47 箱式变电站基础效果图

预埋件采用 10 号镀锌槽钢,槽钢开口向下,槽面高出混凝土面 3～5mm。

电缆井设 $\phi 200$ PVC 管集水井,集水井内填充中粗砂,PVC 管在底板混凝土浇筑前预埋,避免开凿混凝土底板。

混凝土基础浇筑前要先预埋好电缆管,不得后凿。

混凝土浇筑前必须先对基础轴线、基底高程、预埋件安装定位及地质情况等进行检查,并办理隐蔽工程验收手续。

基槽开挖应清除地基土上垃圾、泥土等杂物,雨季施工时应做好防水及排水措施,不得有积水。

混凝土浇筑前要先对模板洒水湿润,混凝土浇筑应分层进行。

振动器应快插慢拔,插点应均匀,按顺序逐点移动,不得遗漏,做到振动密实,移动间隔不大于振捣棒作用半径的1.5倍。振动上层时应插入下层5cm,消除两层间的接缝。

混凝土浇筑时,应注意模板及预埋件是否有走动,当发现有移动及变形时,应立即停止浇筑,对模板及预埋件进行修正及加固后才能继续浇筑。

混凝土浇筑完成后应在12h内加覆盖和洒水,洒水次数应能保证混凝土处于湿润状态,一般不少于7d。

②防撞栏

安装在人口稠密、交通繁忙、设备易受外力破坏的区域时,四周设置防撞围栏,栏杆高度1.8m,如图7-48所示。

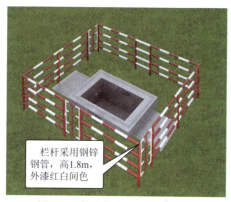

图7-48 箱式变电站防撞栏效果图

围栏在箱式变电站、电缆分接箱前和两侧均设门,门向外开启。围栏距箱式变电站、电缆分接箱外轮廓距离按实际情况设置,场地允许时,栏杆与设备距离可为1.5m。

围栏防撞材料采用镀锌钢管,立柱、门扇及横杆采用镀锌钢管,立柱支墩采用混凝土浇筑固定。

围栏钢管须刷成红白相间颜色。

立柱顶面须采用钢板封口。

围栏要可靠接地,采用$\phi 16$镀锌圆钢焊接。

钢材必须采用热镀锌处理,钢管切口应在工厂先进行放样切割。

立杆基础定位必须准确,如有偏差,应及时修正,确保安装时围栏钢管间准确拼接。

立柱基础施工时,需采用有效措施,使立柱保持垂直,在基础混凝土浇筑时不能晃动。

围栏现场焊接后,应将焊缝清理干净,并打磨顺滑,进行防锈处理。

(2)电气部分

①箱式变电站

施工工艺及技术要点如下:

a. 箱体调校平稳后,与基础槽钢焊接牢固,或用地脚螺拧紧牢固定。

b. 变压器高低压接线应用热镀锌螺栓连接,所用的螺栓应有平垫圈和弹簧垫片,螺栓紧固后,螺栓宜露出2～3扣。

c. 电缆终端与母排连接可靠,搭接面清洁、平整、无氧化层,涂有电力复合脂,符合规范要求。

d. 裸露带电部分应进行绝缘处理。

e. 高、低压电缆沟进出口应进行防火、防小动物封堵。

f. 接地安装。箱式变电站的箱体应设专用接地导体,该接地导体上应设有与接地网相连的固定连接端子,其数量不少于3个,其中高压间隔至少有1个,低压间隔至少有1个,变压器室至少有1个,并应有明显的接地标志,接地端子用铜质螺栓直径不小于12mm。接地网接地电阻不应大于4Ω。

g. 箱式变基础应根据设备厂家提供的安装图纸并结合设计图纸进行施工。基础应高于室外地坪,通风口防护网完好,周围排水通畅。

h. 箱式变电站就位后,应对箱内电气设备进行开箱检查,应外观完好、性能可靠,整体密封性良好、无渗漏,各部件齐全完好,箱式变所有的门可正常开启。

i. 箱体调校平稳后,与基础槽钢焊接牢固并做好防腐措施。采用地脚螺栓固定的应螺母齐全,拧紧牢固。

j. 高低压电缆进出口应进行防火、防小动物封堵。

k. 电缆终端部件符合设计要求,电缆终端与母排连接可靠,搭接面清洁、平整,无氧化层,涂有电力复合脂,符合规范要求。

图 7-49 为欧式箱式变电站安装示例。

② 电缆分接箱

施工工艺及技术要点如下:

图 7-49　欧式箱式变电站安装示例

a. 箱体安装:

带开关可扩展型电缆分接箱的各电缆分支回路在独立柜体内,柜体之间的总母线采用母线连接器连接。

带开关不可扩展型电缆分接箱的总母线和若干负荷开关连接在同一 SF6 气箱内,总母线不预留扩展接口。

不带开关电缆分接箱的电缆分支回路,在分接箱内采用 T 形或 L 形电缆头直接连接。

b. 接地:

电缆分接箱的接地系统应符合相关规范的要求,外壳、开关设备外壳等可能触及的金属部件均应可靠接地。

规定或需要触及的各回路中所有部件都应可靠接地。

电缆分接箱的箱体应设专用接地导体,该接地导体上应设有与接地网相连的固定连接端子,其数量不少于两个,并应有明显的接地标志。

电缆分接箱基础应根据设备厂家提供的安装图纸并结合设计图纸进行施工,基础应高于室外地坪,周围排水通畅。

箱体就位后,应对箱内电气设备进行开箱检查,应外观完好、性能可靠,整体密封性良好,各部件齐全完好,所有的门可正常开启。

箱体调校平稳后,与基础槽钢焊接牢固并做好防腐措施。采用地脚螺栓固定的应螺母齐全,拧紧牢固。

电缆应安装牢固,垂直向下,排列整齐美观。

电缆进出口应进行防火、防小动物封堵。

电缆终端部件符合设计要求,电缆终端与母排连接可靠,搭接面清洁、平整、无氧化层,涂有电力复合脂,符合规范要求。

故障指示器安装紧固,防止滑动而造成脱落。

电缆应相色标识正确清晰。

图 7-50　电缆分接箱安装工程实例

应对箱内机械部件进行调试,使柜门开闭灵活、操作机构动作可靠、机械防护装置动作可靠。

应对箱内电气部件进行调试,电动机构、开关气压、熔断器通断、带电显示正确。

箱体外壳及支架应通过两点与接地网可靠连接,接地装置电阻不应大于 4Ω。

电缆分接箱应悬挂标志、警告牌。

图 7-50 为电缆分接箱安装工程实例。

3）电缆构筑物工程

电缆壕沟严禁平行设置于管道的正上方或下方,严禁布置热力管道,严禁有易燃气体或易燃液体的管道穿越。

电缆路径的上下左右转向部位,均应满足电缆允许弯曲半径的现行规范要求。

（1）电缆直埋

①直埋电缆壕沟的施工工艺及技术要点

a. 电缆壕沟的开挖深度不得小于 0.9m,穿越农田或在车行道下时不应小于 1.2m。

b. 电缆壕沟开挖后,沟底应平整（图 7-51）,深浅一致。沟底有一层良好的土层,防止石块或异物凸起。沟壁要有防止坍塌的措施。

c. 电缆应敷设于壕沟里,并应沿电缆全长的上、下紧邻侧铺厚度不小于 100mm 厚的细砂。沿电缆全长应覆盖宽度不小于电缆两侧各 50mm 的保护板,保护板宜采用钢筋混凝土,厚度不小于 60mm。

d. 直埋敷设的电缆与铁路、公路或街道交叉时,应穿保护管,保护范围应超出路基、街道路面两边以及排水沟边 0.5m 以上。

e. 回填土不能含有腐蚀性物质,不能有木块、碎布等有机物,以防诱发白蚁。回填软土或砂子中不应有石块或其他硬质杂物。

f. 沿电缆路径的路面一般直线每隔 10～15m 以及电缆分支、转弯、接头、进入建筑物等处应设置醒目的电缆标志。敷设在泥质地带的电缆线路,应竖立电缆标志桩。在郊区等空旷区域的直线线行可每隔 20m 安装电缆标志。

②电缆槽盒的施工工艺及技术要点

a. 浮面槽盒开挖施工中不得超挖,如发生超挖,应用石粉回填夯实至设计深度。

b. 电缆槽盒沟底应平整,并铺不小于 100mm 厚的石粉垫层。对土质松软的地段,沟底还必须垫混凝土块,防止电缆槽盒侧倾。

c. 安装槽盒时,槽盒之间必须紧靠,接口平顺,安装平直（图 7-52）。槽盒的接缝用 C15 混凝土砌合,混凝土必须充满接缝。沟槽的特殊接驳处由砖沟保护,如经过通道有行车可能时,必须采取补强措施或采用排管敷设。

图 7-51 电缆壕沟开挖　　　　　　图 7-52 电缆槽盒施工

d. 当电缆槽盒出现高差时,需进行放坡处理,坡度不宜大于 15°。

e. 电缆敷设在槽盒中,其上下左右应充满细砂。

f. 铺设预制盖板时,板缝紧密、平直（图 7-53）,完全正放在槽盒的上方。

g. 土方回填宜采用人工回填,并分层夯实,每层厚度不大于 300mm。回填土不能含有腐蚀性物质,不能有木块、碎布等有机物,以防诱发白蚁。严禁机械直接推填,以防止损坏槽盒结构。

h. 沿电缆路径的路面一般直线每隔 10～15m 以及电缆分支、转弯、接头、进入建筑物等处应设置醒目的电缆标志。敷设在泥质地带的电缆线路,应竖立电缆标志桩。在郊区等空旷区域的直线线行可每隔20m安装电缆标志。

i. 确定高程基点和沟边线的基线,使用平水仪测定引入基沟内,确保沟段走向的水平平面。

j. 沟体开挖出土方应及时外运,不得随意堆放。

k. 土方开挖的深度、宽度尺寸应符合设计要求。

图7-53 电缆槽盒盖板施工

l. 沟体开挖时,密切注意地下管线、构筑物分布情况,发现问题,应立即停止开挖,并通知设计及监理人员,处理解决后再继续施工。

m. 安装槽盒时,应用水平尺控制槽盒的水平度。

（2）电缆管道

①电缆排管施工工艺及技术要点

a. 电缆排管严禁平行设置于管道的正上方或下方,严禁布置热力管道,严禁有易燃气体或易燃液体的管道穿越。

b. 沟体的开挖深度,应按设计要求执行。开挖施工中不得超挖,如发生超挖,应用石粉回填夯实至设计深度。

c. 沟体开挖后,应按现场土质的坚实情况进行必要的沟底夯实及沟底平整。

d. 在沟底捣制C15混凝土板基础,板厚不得小于100mm。捣制混凝土板基础要平直,浇灌过程中用平板振动器振捣;完成面应坚实、平整,不应有沉陷。

e. 电缆管应符合下列要求:

电缆管材内径不应小于电缆外径的1.5倍。

电缆保护管不应有穿孔、裂缝和显著的凹凸不平,内壁应光滑,无毛刺和尖锐棱角。

金属电缆管不应有严重锈蚀,无防腐措施的金属电缆管应在其外表涂防腐漆,镀锌管锌层剥落处也应涂防腐漆。

塑料电缆管应有满足电缆线路敷设条件所需保护性能的品质证明文件。

f. 电缆管的连接应符合下列要求:

金属电缆管严禁对口熔焊连接,宜采用套管焊接或插接的方式,连接时应两管口对准、连接牢固,密封良好,套接的短套管或带螺纹的管接头的长度,不应小于电缆管外径的2.2倍。

金属导管必须接地可靠。

硬质塑料管在套接或插接时,其插入深度宜为管子内径的1.1～1.8倍。在插接面上应涂以胶合剂粘牢密封,采用套接时套管两端应采取防水垫密封圈。

电缆管弯制后,不应有裂缝和显著的凹瘪现象,其弯扁程度不宜大于管子外径的10%;电缆管的弯曲半径不应小于所穿入电缆的最小允许弯曲半径。

在通过不均匀沉降的回填土地段或地震活动频发地区,管路纵向连接应采用可挠式管接头。

g. 敷设排管时,应符合下列规定:

管孔数宜预留适当备用。

铺设电缆管必须保持平直,并列敷设的电缆管管口应排列整齐,每隔2m采用管枕对电缆管进行卡位和固定（图7-54）。如需避让障碍物时,可做成圆弧状排管,但圆弧半径不得小于12m;如使用硬质管,则在两管镶接处的折角不得大于2.5°。

行人路段埋管深度不宜小于0.5m,行车路段埋管深度不宜小于1m,与铁路交叉处距路基不宜小于1.0m,距排水沟底不宜小于0.3m。

并列管相互间宜留有不小于20mm的空隙(图7-55)。

图7-54 电缆排管

图7-55 电缆并排管间距

管路应置于经整平夯实的土层且能保持连续平直的垫块上。

管路纵向连接处的弯曲度,应符合牵引电缆时不致损伤的要求。

管孔端口应采取防止损伤电缆的处理措施。

施工中为防止水泥及砂石漏入管中,覆土前电缆管端口必须用管盖封好。

回填土不能含有腐蚀性物质,不能有木块、碎布等有机物,以防诱发白蚁。

回填时,管底、管间、管面要分层充填,保证回填土的密实度。

沿电缆路径的路面一般直线每隔10～15m以及电缆分支、转弯、接头、进入建筑物等处应设置醒目的电缆标志。敷设在泥质地带的电缆线路,应竖立电缆标志桩。在郊区等空旷区域的直线线行可每隔20m安装电缆标志。

②顶管施工工艺及技术要点

a. 顶管施工前,必须取得顶管路径沿线地下管网资料。

b. 导管应采用可热熔焊接的管材。导管的焊接必须满足抗压抗拉要求。

图7-56 导向钻机摆放现场

c. 入钻点与出钻点的选取:入钻点宜设在行人车稀少且有足够空间摆放设备处;出钻点则宜设置在能够摆放管材,方便拖管的另一端。图7-56为导向钻机摆放现场。

d. 每3m的导向管在地面下的下降深度控制不宜超过1.2～1.5m。导向钻孔轨迹与既有地下管线的最小安全距离应符合现行规范要求。

e. 在导向孔施工完成后,进行扩孔施工。扩孔的直径一般为所要敷设管道的外包络直径的1.2～1.5倍。当扩孔的直径较大时,需要用不同直径的扩孔钻头从小到大逐级将导向孔扩大至设计终孔直径。在扩孔的同时要不断向孔内注入化学泥浆。

f. 顶管路径的路面一般每隔15m直线距离应设置醒目的电缆标志。

g. 非开挖PE管连接质量应符合相关技术标准,应采用导向仪随钻测控深度、顶角等基本参数。

h. 复测导向钻孔起讫点的平面位置和高程是否符合设计要求。

i. 导向钻孔轨迹测量应采用导向仪随钻测控深度、顶角、方位角、工具面向角等基本参数。

j. 实际导向钻孔轨迹应符合设计轨迹要求,偏差应在设计允许范围内(图7-57)。

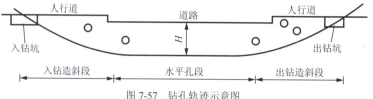
图7-57 钻孔轨迹示意图

③基沟施工工艺及技术要点

a. 确定高程基点和沟边线的基线,使用平水仪测定引入基沟内,确保沟段走向的水平平面。

b. 沟体开挖出的土方应及时外运,不得随意堆放。

c. 土方开挖的深度、宽度尺寸应符合设计要求。

d. 沟体开挖时,密切注意地下管线、构筑物分布情况,发现问题,应立即停止开挖,并通知设计及监理人员,处理解决后再继续施工。

(3)电缆沟、工作井

电缆沟、工作施工分别如图 7-58、图 7-59 所示。

图 7-58 电缆沟施工

图 7-59 工作井施工

①砖砌电缆沟施工工艺及技术要点

a. 电缆沟严禁平行设置于管道的正上方或下方,严禁布置热力管道,严禁有易燃气体或易燃液体的管道穿越。

b. 电缆路径上下左右转向部位的允许弯曲半径应符合现行规范要求。

c. 沟体的开挖深度,应按设计要求执行。开挖施工中不得超挖,如发生超挖,应用石粉回填夯实至设计深度。

d. 沟体开挖后,应按现场土质的坚实情况进行必要的沟底夯实及沟底平整。

e. 当电缆沟出现高差时,需进行放坡处理,坡度不宜大于 15°。

f. 电缆沟低于地下水位、电缆沟,或与工业水管沟并行邻近时,宜加强电缆构筑物防水处理。

g. 电缆沟与工业水管沟交叉时,电缆沟宜位于工业水管沟的上方。

h. 砖砌电缆沟设 C20 混凝土压顶,压角采用L75×6 角钢。要求工作井盖板顶面高程应与行车路面高程一致。

i. 电缆支架宜选用复合材料支架,电缆支架的强度,应满足电缆及其附件荷重和安装维护的受力要求,且应符合下列规定:

有可能短暂上人时,计入 900N 的附加集中荷载。

机械化施工时,计入纵向拉力、横向推力和滑轮重量等影响。

在户外时,计入可能有覆冰、雪和大风的附加荷载。

电缆沟支架纵向间距 800mm 处安装,电缆支架的安装应当平直。各支架的同层横档应在同一水平面上,其高低偏差不应大于 5mm。在有坡度的电缆沟内的电缆支架,应有与电缆沟或建筑物相同的坡度。

沉底的电缆沟宜每隔 20m 设置检查井,每隔 60m 设置一个工作井,每隔 200m 设置电缆中间头井。浮面电缆沟与转角井、三通井、四通井等连接处,宜按 20% 坡度将电缆沟底部进行纵向放坡。

回填土按 200mm 厚分层夯实,夯实遍数根据土质压实系数及所用机具确定。回填土不能含有腐蚀性物质,不能有木块、碎布等有机物,以防诱发白蚁。

电缆走廊在人行道上设置电缆标志牌;在绿化带或泥土路段设置电缆标志桩。电缆标志牌宜间隔10m设置。标志桩宜间隔20m设置。所有工作井口均需设置电缆标志牌。

②工作井施工工艺及技术要点

a. 工作井的开挖深度,应按设计要求执行。开挖施工中不得超挖,如发生超挖,则应用石粉回填夯实至设计深度。

b. 开挖后,应按现场土质的坚实情况进行必要的井坑夯实及平整。

c. 排管行人井及电缆沟井的井壁为砖砌结构,排管行车井壁及封闭式工作井为现浇混凝土结构。

d. 在井坑底板捣制C15混凝土板基础,行人井垫层厚度为200mm,行车井垫层厚度为100mm。捣制混凝土板基础要平直,浇筑过程中用平板振动器振捣。

e. 井坑底板设置自然集水口一个,排水坡不小于0.5%。集水口采用ϕ200PVC管,管内充满细砂。

f. 砖砌工作井沟壁砖砌灰缝必须饱满,砂浆强度达到设计强度的70%后才允许砂浆抹面。内壁及沟底用1:2防水水泥砂浆(掺5%水泥质量的防水剂)批荡抹面15mm厚,宜分两层抹面并压光。

g. 现浇混凝土采用清水混凝土工艺施工,混凝土强度达到设计强度的70%后才允许回填土。

h. 单层排管直线段宜50m设置一个工作井,每200m设置一个敞开式中间头井。多层排管直线段宜每80m设置一个工作井,工作井采用半敞开式结构。

i. 每座封闭式工作井的顶板应设置直径不小于700mm人孔2个。

j. 每座工作井内的两侧除需预埋供安装立柱支架等铁件外,在顶板和底板以及于排管接口部位,还需预埋供吊装电缆用的吊环以及供电缆敷设施工所需的拉环。

k. 安装在工作井内的金属构件皆应用镀锌扁钢与接地装置连接。每座工作井应设接地装置,接地电阻不应大于100Ω。

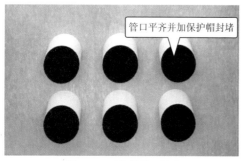

图7-60 工作井井口处理

l. 工作井两端的排管孔口应封堵(图7-60)。

m. 在10%以上的斜坡排管中,应在高程较高一端的工作井内设置防止电缆因热伸缩而滑落的构件。

n. 砖砌工作井设C20混凝土压顶,压角采用L50×5钢。要求工作井盖板顶面高程与行车路面高程一致。

o. 回填土按200mm厚分层夯实,夯实遍数根据土质压实系数及所用机具确定。回填土不能含有腐蚀性物质,不能有木块、碎布等有机物,以防诱发白蚁。

③盖板施工工艺及技术要点

a. 盖板及其材质构成,应满足承受荷载和适合环境耐久的要求。

b. 盖板采用预制钢筋混凝土盖板,采用双层双向配筋,用型钢焊接包边钢框,电缆沟的沉底不采用包边钢框。

c. 盖板采用细石混凝土浇筑,混凝土最大粒径小于板厚的一半。要求盖板平整、美观。

d. 盖板表面印有电缆标志。

e. 确定高程基点和沟边线的基线,使用水平仪测定引入基沟内,确保沟段走向的水平平面。

f. 沟体开挖出的土方应及时外运,不得随意堆放。

g. 土方开挖的深度、宽度尺寸应符合设计要求做好排水、降水措施,按照放坡要求开挖。

h. 沟体开挖时,密切注意地下管线、构筑物分布情况,发现问题,应立即停止开挖,并通知设计及监理人员,处理解决后再继续施工。

i. 沟、坑结构轴线、高程符合要求,基底平整密实、无积水,排水坡度正确。

j. 模板必须有足够的刚度、强度和稳定性。

k. 钢筋制作安装符合规范要求,按图施工。

l. 混凝土浇筑厚度必须满足设计要求,同时,坡度必须满足设计及规范要求,防止积水。

m. 混凝土施工必须采用机械振捣。

n. 砌体工程应砂浆饱满,上下错缝,不得出现通缝现象。

o. 抹灰施工必须黏结牢固,无脱层、空鼓现象。

p. 电缆沟压顶及沟盖板平整顺直,铺设稳固无响动。

q. 拆模时间应根据当时气温及混凝土强度情况而定,不宜过早或过迟拆模,注意成品保护及浇水养护。

r. 承载能力符合设计要求。

s. 无明显的变形、损伤、污染、锈蚀。

t. 焊缝高度、长度符合规范,焊缝均匀,无咬边、夹渣、气孔。

(4)电缆桥架

电缆桥架施工工艺及技术要点如下。

a. 桥架应符合下列规定:

表面应光滑无毛刺。

应适应使用环境的耐久稳固。

应满足所需的承载能力。

应符合工程防火要求。

b. 桥架的加工应符合下列要求:

钢材应平直,无明显扭曲。下料误差应在 5mm 范围内,切口应无卷边、毛刺。

支架焊接应牢固,无显著变形。

金属桥架应有防腐处理,在强腐蚀环境,宜采用热浸锌等耐久性较高的防腐处理,轻腐蚀环境或非重要性回路的电缆桥架,可采用涂漆处理。

c. 电缆桥架形式的选择,应符合下列规定:

电缆桥架组成的梯架、托盘,可选用满足工程条件阻燃性的玻璃钢制。

需屏蔽外部的电气干扰时,应选用无孔金属托盘加实体盖板。

在有易燃粉尘的场所,宜选用梯架,最上一层桥架应设置实体盖板。

高温、腐蚀性液体或油的溅落等需防护的场所,宜选用托盘,最上一层桥架应设置实体盖板。

需因地制宜组装时,可选用组装式托盘。

除上述情况外,宜选用梯架。技术经济综合较优时,可选用铝合金制电缆桥架。

d. 电缆桥架的组成结构,应满足强度、刚度及稳定性要求,且应符合下列规定:

桥架的承载能力,不得低于使桥架最初产生永久变形时的最大荷载除以安全系数为 1.5 的数值。

梯架、托盘在允许均布荷载作用下的相对挠度值,钢制不宜大于 1/200,铝合金制不宜大于 1/300。

钢制托臂在允许荷载下的偏斜与臂长比值,不宜大于 1/100。

振动场所的桥架系统,包括接地部位的螺栓连接处,应安装弹簧垫圈。

当直线段钢制电缆桥架超过 30m、铝合金或玻璃钢制电缆桥架超过 15m 时,应留有不少于 20mm 的伸缩缝,其连接宜采用伸缩连接板;电缆桥架跨越建筑物伸缩缝处应设置不少于 20mm 的伸缩缝。

电缆桥架在每个支吊架上的固定应牢固,安装牢固,横平竖直。桥架连接板的螺栓应紧固,螺母应位于桥架的外侧。

铝合金桥架在钢制支吊架上固定时,应有防电化腐蚀的措施。

e. 电缆桥架转弯处的弯曲半径,应满足电缆允许弯曲半径要求。

f. 电缆桥架敷设在易燃易爆气体管道和热力管道的下方。与其他管道的最小净距应符合现行规范要求。

g. 电缆桥架水平安装的支架间距为 1.5～2m,垂直安装的支架间距不大于 2m。电缆桥架最上层至楼板的距离不宜小于 350mm。双层电缆桥架之间的净距不宜小于 h+100mm（h 为桥架高度）。

h. 在竖井安装室的桥架,其垂直偏差不应大于其长度的 0.2%,支架横撑的水平误差不应大于其宽度的 0.2%,竖井对角线的偏差不应大于其对角线长度的 0.2%。

i. 金属制桥架系统,包括金属电缆桥架及其支架和引入或引出的金属电缆导管,应设置可靠的电气连接并接地。采用玻璃钢桥架时,应沿桥架全长另外敷设专用接地线。

j. 电缆桥架的外表面明显位置,直线段每隔 10～15m 以及分支、转弯等处应设置用油漆喷涂醒目的电缆标志。

k. 金属电缆桥架及其支架全长应不少于两处与接地干线相连接。

l. 钢制电缆桥架间连接板的两端跨接铜芯接地线,接地线最小允许截面积不小于 $25m^2$。

m. 支架与预埋件焊接固定时,焊缝饱满;膨胀螺栓固定时,选用螺栓适配,连接紧固,防松零件齐全。

n. 电缆桥架多层安装时,为了散热、维护及防止干扰的需要,桥架层应留有一定距离。

o. 弱电电缆与电力电缆间不小于 0.5m,如有屏蔽盖板可减少到 0.3m,电力电缆间不小于 0.3m。

p. 电缆桥架直线段和弯通的侧边均有螺栓连接孔。当桥架的直线段之间、直线段与弯通之间需要连接时,可用直线连接板进行连接。有的桥架直线段之间的连接还在侧边内侧使用内衬板。

q. 连接两段不同宽度或高度的托盘、梯架可配置变宽连接板或变高板。

r. 托盘、梯架分支、引上、引下处宜有适当的弯通。因受空间条件限制不便装设弯通或有特殊要求时,可使用铰链连接板和连续铰接板。

s. 梯架(托盘)连接板的螺栓应紧固,螺母应位于梯架(托盘)的外侧。

图 7-61 为托臂安装式桥架,图 7-62 为吊架安装式桥架。

图 7-61 托臂安装式桥架

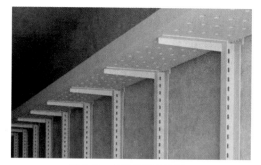

图 7-62 吊架安装式桥架

4）电缆敷设

（1）电缆直埋敷设

电缆直埋敷设施工工艺及技术要点：

①直埋敷设于非冻土地区时,电缆埋置深度应符合下列规定：

a. 电缆外皮至地下构筑物基础,不得小于 0.3m。

b. 电缆外皮至地面深度,不得小于 0.7m;当位于车行道或耕地下时,应适当加深,且不宜小于 1m。

②直埋敷设的电缆,严禁位于地下管道的正上方或下方。电缆与电缆或管道、道路、构筑物等相互间容许最小距离,应符合现行规范要求。

③直埋敷设的电缆引入构筑物,在贯穿墙孔处应设置保护管,且对管口实施阻水堵塞。

④机械敷设电缆的速度不宜超过 15m/min,在较复杂路径上敷设时,其速度应适当放慢。

⑤电缆在任何敷设方式及其全部路径条件的上下左右改变部位,都应满足电缆允许弯曲半径要求。电缆的允许弯曲半径,应符合电缆绝缘及其构造特性要求。

⑥电缆沟底应平整,并铺上 100mm 软土或砂。电缆敷设完后,上面应盖一层 150mm 软土或砂,盖上保护盖板。也可把电缆放入预制钢筋混凝土槽盒内填满砂,然后盖上槽盒盖。

⑦电缆之间,电缆与其他管道、道路、建筑之间,要求不得将电缆平行敷设于其他管道的正上方或下方,最小允许净距需符合要求。

⑧在电缆路径的土壤中,如发现有化学腐蚀、电解腐蚀、白蚁危害等,应采取相应的保护措施。

⑨人工敷设电缆:电缆的人工拉引一般是人力和滚轮相结合的方法。这种方法需要施工人员较多,特别注意的是人力分布要均匀合理,负荷适当,并要统一指挥。电缆敷设时,在电缆盘两侧须有协助推盘及负责刹盘滚动的人员。

⑩电缆敷设的一般工艺要求:

a. 为避免电缆拖伤,可把电缆放在滚轮上,敷设电缆的速度要均匀。电缆盘就位时,可用起重机或人工将电缆盘放置到指定位置(图 7-63),电缆在装卸的过程中,设专人负责统一指挥,指挥人员发出的指挥信号必须清晰、准确。

b. 采用吊车装卸时,装卸电缆盘孔中应有盘轴,起吊钢丝绳套在轴的两端,不应直接穿在盘孔中起吊。人工移动电缆盘前,应检查线盘是否牢固,电缆两端应固定,线圈不应松弛,电缆盘只允许短距离滚动,滚动时滚动方向必须与线盘上箭头指示方向一致。

图 7-63　电缆盘就位

c. 根据电缆长度和截面,选用的牵引绳长度比电缆长 30～50m。牵引绳连接必须牢固,其连接点应选用防捻器。布放电缆滑轮,直线部分应每隔 2.5～3m 设置直线滑轮,确保电缆不与地面摩擦,所有滑轮必须形成直线。弯曲部分采用转弯滑轮,并控制电缆弯曲半径和侧压力。

d. 电力电缆在终端头与接头附近宜留有备用长度。

e. 电力电缆在切断后,应将端头立即防潮密封,以免水分侵入电缆内部。

f. 若电缆沟内并列敷设多条电缆,其中间接头位置应错开。其净距不应小于 0.5m。

g. 电缆敷设后,应及时排列整齐,避免交叉重叠,并在电缆终端、中间接头、电缆拐弯、管口等位置装设标志牌,标志牌上应注明电缆编号、电缆型号、规格与起讫地点。

h. 敷设完毕后,应及时清除杂物,盖好盖板。必要时,还要将盖板缝隙密封。对施工完的隧道、电缆沟、竖井、电房出入口、管口进行密封。

(2)电缆排管敷设

电缆排管敷设施工工艺及技术要点:

①保护管的选择,应满足使用条件所需的机械强度和耐久性,交流单相电缆以单根穿管时,不得使用未分隔磁路的钢管。

②电缆外皮至地面深度,不得小于 0.7m;当位于车行道或耕地下时,应适当加深,且不宜小于 1m。电缆施放完毕后,应按要求将工作井内电缆放置在支架位置上,并在管口两端、井口、终端等位置绑扎标示牌(图 7-64),并进行封堵。

③对设计图纸规定的管孔进行疏通检查（图7-65），清除管道内漏浆形成的水泥结块或其他残留物，并检查管道连接处是否平滑，以确保电缆传入排管时不遭受刮伤。必要时应用管道内窥镜探测检查。

图7-64 标示牌

图7-65 疏通检查

④试牵引。经过检查后的管道，可用一段3m长且与本工程电缆规格相同的电缆作模拟牵引，观察电缆表面的磨损是否属于许可范围。

⑤电缆进入排管前，可在其表面涂上与其护层不起化学作用的润滑物。管道口应套以光滑的喇叭管（图7-66），井坑口应装有适当的滑轮组，以确保电缆敷设牵引时的弯曲半径，减小牵引时的摩擦阻力。

非开挖电缆管道安装完工如图7-67所示。

图7-66 喇叭管

图7-67 非开挖电缆管道安装完工

（3）电缆沟敷设

电缆沟敷设如图7-68所示，其施工工艺及技术要点如下。

图7-68 电缆沟敷设

①电缆的排列应符合下列要求：

a. 电力电缆和控制电缆不应配置在同一层支架上。

b. 并列敷设的电力电缆，其相互间的净距应符合设计要求。

c. 交流单芯电力电缆，应布置在同侧支架上。当按紧贴的正三角形排列时，应每隔一定的距离用绑带扎牢，以免其松散。

d. 同一重要回路的工作与备用电缆需实行耐火分隔时，宜适当配置在不同层次的支架上。

②同一层支架上电缆排列配置方式，应符合下列规定：

a. 除交流系统用单芯电力电缆的同一回路可采取品字形（三叶形）配置外，对重要的同一回路多根电力电缆，不宜叠置。

b. 除交流系统用单芯电缆情况外，电力电缆相互间宜有1倍电缆外径的空隙。

③电缆固定用部件的选择,应符合下列规定:

a. 除交流单相电力电缆情况外,可采用经防腐处理的扁钢制夹具或尼龙扎带、镀塑金属扎带。强腐蚀环境,应采用尼龙扎带或镀塑金属扎带。

b. 交流单相电力电缆的刚性固定,宜采用铝合金等不构成磁性闭合回路的夹具;其他固定方式,可用尼龙扎带、绳索。

c. 不得用铁丝直接捆扎电缆。

④并列敷设的多条电缆,其接头的位置宜相互错开。

⑤电缆进入电缆沟、隧道、竖井、建筑物、盘(柜)以及穿入管子时,出入口应封闭,管口应密封。

⑥电缆敷设时,电缆应从盘的上端引出,不应使电缆在支架上及地面摩擦拖拉。电缆上不得有铠装压扁、电缆绞拧、护层折裂等未消除的机械损伤。

⑦机械敷设电缆时的最大牵引强度宜符合现行规范规定要求。

⑧电缆施放完毕后,需及时整理,除需按要求排列、固定外,还应做到横平竖直,排列整齐,避免交叉重叠。并及时在电缆终端、中间接头、电缆拐弯等地方装设标示牌,沟内每隔15m应装设标示牌。

⑨电缆沟敷设电缆可用人力或机械牵引,见直埋电缆牵引方式。

⑩敷设前,要用抽风机进行排气。

⑪电缆在支架敷设时,电力电缆间距为35mm,但不小于电缆外径尺寸;不同等级电力电缆间应控制电缆间的最小净距为100mm。

⑫电缆敷设完后,在电缆沟支条排列时按设计要求排列,金属支架应加塑料衬垫。如设计没有要求时应遵循电缆从下向上,从内到外的顺序排列原则。

(4)电缆桥架敷设

电缆桥架敷设如图7-69所示,其施工工艺及技术要点如下。

①电缆在托盘、梯架内横断面的填充率:电力电缆不大于40%。

②下列不同电压不同用途的电缆不宜敷设在同一层桥架上,如受条件限制安装在同一层桥架上时,应用隔板隔离。

图7-69 电缆桥架敷设

③电缆排列及固定应该满足以下要求:

a. 电缆沿桥架敷设时,电缆应单层敷设,排列整齐,间距均匀,不应有交叉现象,拐弯处应以最大截面电缆允许弯曲半径为准。

b. 水平敷设,应设置在电缆线路首、末端和转弯处以及接头的两侧,且宜在直线段每隔不少于100m处。

c. 垂直敷设,应设置在上、下端和中间适当数量位置处。

d. 斜坡敷设,应遵照规范要求因地制宜。

e. 当电缆间需保持一定间隙时,宜设置在每隔约10m处。

f. 交流单芯电力电缆,还应满足按短路电动力确定所需予以固定的间距。

④电缆敷设在穿越不同防火区的电缆桥架处,按设计要求位置,有防火阻断措施。

电缆敷设时,电缆应从盘的上端引出,不应使电缆在支架上及地面摩擦拖拉。电缆上不得有铠装压扁、电缆绞拧、护层折裂等未消除的机械损伤。

⑤机械敷设电缆时的最大牵引强度宜符合现行规范的规定。

⑥机械敷设电缆的速度不宜超过15m/min，110kV及以上电缆或在较复杂路径上敷设时，其速度应适当放慢。

⑦电缆在任何敷设方式及其全部路径条件的上下左右改变部位，都应满足电缆允许弯曲半径要求。电缆的允许弯曲半径，应符合电缆绝缘及其构造特性要求。

⑧电缆敷设完毕后，沿电缆桥架敷设的电缆在其两端、拐弯处、交叉处应挂标示牌，直线段应适当增设标示牌。

a. 桥架水平敷设时，应将电缆单层敷设，排列整齐。不得有交叉，拐弯处应以电缆允许弯曲半径为准。

b. 垂直敷设前，选好位置，架好电缆盘，电缆的向下弯曲部位用滑轮支撑电缆，在电缆轴附近和部分楼层应设制动和防滑措施；敷设时，同截面电缆应先敷设低层，再敷设高层。

c. 如需自下而上敷设，低层小截面电缆可用滑轮绳索人力牵引敷设；高层大截面电缆宜用机械牵引敷设。

d. 对于敷设于垂直桥架内的电缆，每敷设一根应固定一根，全塑型电缆的固定点为1m，其他电缆固定点为1.5m。

5）电缆附件

（1）电缆终端

①电缆终端施工工艺

a. 形式、规格应与电缆类型（如电压等级、芯数、截面、护层等）和环境要求一致。

b. 结构应简单、紧凑，便于安装。

c. 所用材料、部件应符合技术要求。

d. 主要性能应符合现行国家标准的要求。

e. 采用的绝缘材料应与电缆本体绝缘具有相容性。两种材料的硬度、膨胀系数、抗张强度和断裂伸长率等物理性能指标应接近。

f. 电缆线芯连接金具应采用符合标准的连接管和接线端子，其内径应与电缆线芯紧密配合，间隙不应过大；截面宜为线芯截面的1.2～1.5倍。采用压接时，压接钳和模具应符合规格要求。

g. 电缆终端应采用加强绝缘、密封防潮、机械保护等措施，并应有改善电缆屏蔽端部电场集中的有效措施，且确保外绝缘相间和对地距离。

h. 金属层必须直接接地。交流系统中三芯电缆金属层，应在电缆线路两终端实施接地。

i. 电缆终端上应有明显的相色标志，且应与系统的相位一致。

②施工技术要点

a. 施工准备

施工前应仔细阅读产品安装说明书，检查施工工具是否齐备，验收、核对接头材料以及配件是否完整。施工现场做好充分的准备工作与安全措施，做到施工现场文明施工。检查电缆线芯是否受潮或进水，如发现电缆内部受潮进水，应停止安装，待干燥处理后方可继续安装。

b. 护套层及铠装层的开剥

根据现场设备及场地情况，合理裁截电缆，擦净并校直安装部位的电缆。然后按照安装图纸要求开剥电缆外护套，不得损伤其他内部结构。

如有电缆铠装层，先将大恒力弹簧安装在电缆铠装层的开剥位置处，防止铠装钢带松脱。用锯子沿恒力弹簧一侧环锯金属铠装层，深度为铠装厚度的2/3，拗开并处理尖口。要求不得锯穿钢带铠装，不得损伤内护套层、铜屏蔽带（图7-70）及其他内部结构。

开剥内护套时,刀口沿衬垫填充物的位置划开,不得损伤铜屏蔽带及其他内部结构。

c. 安装铠装接地线及铜屏蔽接地线

安装铠装接地线前需先用砂纸对铠装进行局部打磨,为保证良好的接触,使用恒力弹簧固定铠装接地线前先拉松接地线端部,并做一次反折操作,再用绝缘胶带将该恒力弹簧和衬垫层包覆住。

同样使用恒力弹簧安装固定铜屏蔽接地线,再绕包绝缘胶带将第二个恒力弹簧也包覆住。钢铠接地线与铜屏蔽接地线之间应错开一个角度,如图 7-71 所示。

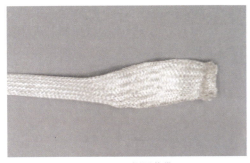
图 7-70　铜屏蔽带

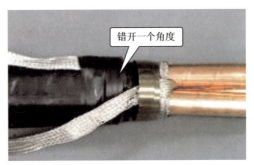
图 7-71　安装接地线

d. 安装分支管及绝缘套管

先稍微收缩分支管"手指"部分的芯绳,使分支管能完全套入电缆根部,再逆时针抽取芯绳,先收缩颈部,然后按同样的方法分别收缩三芯的"手指",如图 7-72 所示。

然后分别套入绝缘直管,与分支管"手指"部分至少搭接 15mm,逆时针抽取芯绳使其收缩,依次完成三相的安装,如图 7-73 所示。

图 7-72　安装分支管

图 7-73　安装绝缘套管

e. 端部至直管长度校验

校验电缆端部至绝缘直管端口的长度是否满足终端安装要求,如果小于要求长度,则需要截短绝缘直管,如果满足要求,则进行后面步骤的操作。截短绝缘直管时,必须先环切,再轴向切除,且不得伤及铜屏蔽层及其他内部结构。

f. 铜屏蔽带的开剥

用 PVC 胶带在铜屏蔽带的开剥位置处做临时固定并定位,沿 PVC 胶带边沿将铜带撕断,如有铜屏蔽丝屏蔽则沿恒力弹簧向后翻转。不得伤及外半导电屏蔽层和绝缘层,铜屏蔽断口要均匀整齐,不得有尖角及快口,更不允许让铜屏蔽带尖角刺入外半导电层。

g. 外半导电层及绝缘层的开剥

外半导电层处理时先环切再纵切,切入深度为半导电层厚度的 2/3,将半导电层分别从端部剥除,如果难以剥离时可以先略微加热再行剥除或使用玻璃片刮除。环切及纵切外半导电层时下刀不可过深,避免伤及电缆主绝缘。要求开剥后的外半导电层断口处整齐平滑,不能有尖角或毛刺。切除顶部绝缘时,不可伤及电缆导体。

h. 绕包半导电胶带

半重叠绕包半导电胶带,从铜屏蔽带上 5mm 处开始,绕包至 5mm 主绝缘上再返回绕包到起始处。半导电胶带绕包时需充分拉伸,避免重叠的层间留有气隙。绕包到主绝缘上的半导电带端口应整齐圆滑,如图 7-74 所示。

i. 压接锉光接线端子

按附件施工工艺要求,选择圆形围压、六角形围压或点压方法进行压接,如图 7-75 所示。压接前核对接线端子与电缆导体的尺寸是否匹配,选用适配截面的接线端子,根据截面选择合适吨位的压接钳和模具。压接达到一定压力或合模后,保持压力 10～15s,再松开模具,压接后接线端子不能有明显的弯曲。压接完成后,如接线端子和导体上有尖角、毛边和棱角等,必须用锉刀锉去并用砂纸打磨光滑,并清洁干净。打磨接线端子时,将电缆主绝缘层用报纸或布遮住,以防金属屑落在主绝缘上。接管压接顺序为从上往下。

图 7-74　绕包半导电胶带

图 7-75　安装接线端子

j. 主绝缘表面打磨及清洁处理

对电缆主绝缘表面进行打磨,先使用 120 号砂纸作粗打磨,再用 240 号砂纸作精细打磨,打磨处理后,电缆主绝缘表面不能留有刀痕或半导电颗粒。电缆主绝缘表面清洁处理应使用无水溶剂,清洁片不能来回擦且不能重复使用,擦过半导电屏蔽层及导体的清洁片绝对不能擦洗主绝缘。在进行下一步骤前,主绝缘表面必须保持干燥,如有必要,用干净的不起毛布进行擦拭。

k. 涂抹硅脂

在半导电胶带绕包端部与主绝缘交界位置涂抹硅脂,然后将其余剂料均匀涂抹在主绝缘表面上。

l. 安装冷缩终端

安装冷缩终端前,先用绝缘防水胶带填平接线端子与电缆主绝缘之间的空隙。清洁冷缩终端主体内部,根据安装要求确定收缩起始定位标记,对准定位标记,逆时针向后抽取芯绳使终端收缩,收缩过程中不可往前推,防止造成卷边。

m. 绕包硅橡胶带或安装端部密封管

从终端管开始,半重叠绕包硅橡胶带至接线端子上,再返回绕包一层。绕包硅橡胶带时无须用力拉伸,自然绕包即可。

如果端部密封是用冷缩管来实现的,则分别逆时针拉出芯绳,使密封管收缩于预定位置。

n. 质量验收

及时做好现场质量检查、报表填写工作,加强过程监控工作与质量抽检工作。接头施工属于隐蔽工程,验收应在施工过程中进行。包括对接头准备工作、绝缘处理、导体连接、冷缩接头安装、接地及密封处理、施工标识等项目的验收。

最终附件验收一般包括资料和现场实物检查两个方面。

资料包括接头安装记录及质量评定记录、制造厂提供的产品合格证、试验证明及安装图纸等技术文件。

现场实物检查包括外观检查、接头固定、接头水平偏差等。

(2)电缆中间接头

电缆中间接头施工工艺及技术要点如下。

①电缆接头施工工艺

a. 形式、规格应与电缆类型(如电压等级、芯数、截面等)和环境要求一致。

b. 结构应简单、紧凑,便于安装。

c. 所用材料、部件应符合技术要求。

d. 主要性能应符合现行国家标准的要求。

e. 电缆接头须连接牢固,并且不受机械拉力。

f. 采用的绝缘材料应与电缆本体绝缘具有相容性。两种材料的硬度、膨胀系数、抗张强度和断裂伸长率等物理性能指标应接近。

g. 电缆接头应采用加强绝缘、密封防潮、机械保护等措施,并应有改善电缆屏蔽端部电场集中的有效措施,且确保外绝缘相间和对地距离。

h. 电力电缆金属层必须直接接地。交流系统中三芯电缆的金属层,应在电缆线路中间接头实施接地。三芯电缆接头两侧电缆的金属屏蔽层(或金属层)、铠装层应分别连接良好,不得中断,跨接线的截面不应小于现行规范的规定。

i. 直埋电缆接头的金属外壳及电缆的金属护层应做防腐处理。

j. 电缆接头应有防潮措施。

②施工技术要点

a. 施工准备

施工前应仔细阅读产品安装图纸和说明书,检查施工工具是否齐备,验收、核对接头材料以及配件是否完整。施工现场做好充分的准备工作与安全措施,做到文明施工。检查电缆护套层、线芯层是否受潮或进水,如发现电缆内部受潮进水,应停止安装,干燥处理后方可继续安装。

b. 护套层及铠装层的开剥

根据安装现场设备及场地情况,合理裁截两边电缆,电缆至少留有2m的裕度。擦净并校直安装部位的电缆。

按照安装图纸尺寸要求开剥电缆外护套,不得损伤其他内部结构。

开剥电缆铠装层,先将大恒力弹簧安装在电缆铠装层的开剥位置处,防止铠装钢带松脱。用手工锯沿恒力弹簧一侧环锯金属铠装层,深度为铠装厚度的2/3,拗开并处理尖口。要求不得锯穿钢带铠装,不得损伤内护套层、金属屏蔽层及其他内部结构。

开剥内护套,刀口沿衬垫填充物的位置划开,不得沿铜屏蔽层下刀,不得损伤铜屏蔽层及其他内部结构。

c. 金属屏蔽层的开剥

将小恒力弹簧安装在铜屏蔽层的切断位置处作临时固定并定位,沿恒力弹簧边用刀压出印痕,但不得切断铜带。将铜带沿印痕均匀撕断,不得伤及外半导电屏蔽层和绝缘层。铜屏蔽断口要平滑整齐,为均匀的圆周,不得有尖角及缺口,更不允许让铜带尖角刺入外半导电层。

d. 外半导电层及绝缘层的开剥

开剥外半导电层时,先按照图纸尺寸环形切割,再纵向切割,切入深度为半导电层厚度的2/3,将半导电层从端部开始剥除,难以剥离时可以先略微加热再行剥除。如果电缆的外半导电层为不可剥离结构,则使用玻璃片刮除外半导电层,或使用专用剥削刀具。环切及纵切外半导电层时下刀不可过深,避免伤及电缆主绝缘。要求开剥后的外半导电层断口(屏蔽口)处平滑整齐,为均匀的圆周,不得有尖角、缺口及毛刺。

如有划伤主绝缘层，在主绝缘表面留有刀痕，或是主绝缘表面残留黑色半导电颗粒，须用绝缘砂布打磨干净，先用 120 号粗砂布再用 240 号细砂布，最后用砂布背面抛光主绝缘表面，直至主绝缘避免彻底光滑。过半导电层或导体层的砂布再打磨主绝缘，以避免导电颗粒污染主绝缘表面。

切除顶部绝缘时，不得伤及电缆线芯导体，在绝缘台阶处做宽度为 2mm，角度为 45°的导角，导角须光滑平整，无棱角及毛刺。

e. 套入中间接头主体及铜网套，导体连接

将中间接头主体套入开剥长度较长的一端（抽拉芯绳的一端先套入），将铜网套套入开剥长度较短的一端。

压接前应核对连接管与电缆导体的尺寸是否匹配，选用适配截面的接线管，根据截面选择合适吨位的压接钳和模具。压接达到一定压力或合模后，保持压力 10～15s，再松开模具，压接后接管不能有明显的弯曲，如图 7-76 所示。压接完成后，如接管和导体上有尖角、毛边和棱角等，则必须用锉刀锉平并用砂布打磨光滑，并清洁干净。打磨接管时，将电缆主绝缘层用报纸或布遮住，以防金属屑落在主绝缘上。

接管压接完毕后要有足够的机械抗拉强度。

接管压接顺序为从中间向两边，对称压接，不得压接接管的中间。

f. 主绝缘表面清洁处理

电缆主绝缘表面清洁处理应使用所配的专用清洁片，不得来回擦拭，不得重复使用，擦过半导电屏蔽层及导体的清洁片绝对不能擦洗主绝缘。在进行下一步骤前，主绝缘表面必须保持干燥，如有必要，用干净的不起毛布进行擦拭。

g. 涂抹 P-55 绝缘混合剂

在半导电屏蔽层与主绝缘层交界位置涂抹绝缘混合剂，以填补端口处高出的台阶，然后将其余剂料均匀涂抹在主绝缘表面及接管上。该绝缘混合剂须长期保持膏状，不得凝固。

h. 安装冷缩接头

安装冷缩接头前，先清洁中间接头内部。根据图纸尺寸要求确定收缩起始定位标记，对准定位标记，逆时针向后均匀抽取芯绳，使接头收缩。收缩过程中不可向前推，防止造成卷边。图 7-77 为安装冷缩接头主体。

图 7-76 压接连接管

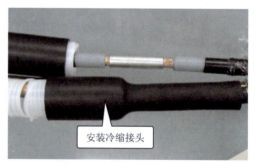

图 7-77 安装冷缩接头主体

i. 中心点校验

为保证中间接头收缩完毕后，是处于中间接管的中间位置，接头安装完成后，测量接头中点标记与校验点之间的距离，如果该距离与事先设定的校验点长度相等，则中间接头已经正确安装定位。如果不相等，则安装位置有偏移，此时须在 5min 内移动接头，直到满足中心定位的要求。由于冷缩接头为整体预制式结构，且安装后无法直接看到其定位是否位于中间位置，所以必须进行中心点校验。

j. 铜网套安装

铜编织网套两边分别用小恒力弹簧固定,使两段电缆的铜屏蔽层可靠连通。用剪刀将铜网套的两端多出部分修剪齐整,并在恒力弹簧外绕包 PVC 胶带或其他胶带。

k. 铠装接地线安装

铠装接地线连接、防水及机械强度修复铜屏蔽带(图 7-78)与钢铠层须分开接地。在三相铜屏蔽带通过铜网套恢复连接后,再在铜屏蔽层外面半重叠绕包一层防水胶带,然后再恢复钢铠连接。钢铠接地线连接时,先将接地编织线端部拉松,并在恒力弹簧上反折一次,保证固定良好,如图 7-79 所示。

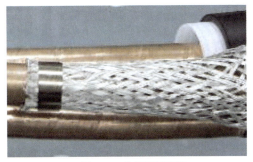
图 7-78 修复铜屏蔽带

图 7-79 安装铠装编织接地线

钢铠接地完成后,再在外面半重叠绕包防水胶带以及装甲带,恢复防水性能及机械强度。防水胶带的使用应严格按照安装说明的要求,须将胶带的宽度拉伸至原宽度的 3/4。使用装甲带时应佩戴橡胶手套,不能同时打开多包装甲带,而应逐包打开安装。安装完毕,不得移动电缆和中间接头,须静置 30min,使装甲带彻底凝固。

l. 质量验收

及时做好现场质量检查、报表填写工作,加强过程监控工作与质量抽检工作。接头施工属于隐蔽工程,验收应在施工过程中进行。包括对接头准备工作、绝缘处理、导体连接、冷缩接头安装(图 7-80)、接地及密封处理、施工标识等项目的验收。

最终附件验收一般包括资料和现场实物检查两个方面。

图 7-80 冷缩型中间接头

资料包括接头安装记录及质量评定记录、制造厂提供的产品合格证、试验证明及安装图纸等技术文件。

6)电缆阻火分隔

(1)电缆孔洞防火封堵

电缆进出口孔洞封堵立面、侧面、平面图分别如图 7-81 ～ 图 7-83 所示。

电缆孔洞防火封堵施工工艺及技术要点:

①阻火封堵的设置,可采用防火堵料、填料或阻火包、耐火隔板等。

②阻火封堵的构成方式均应满足按等效工程条件下标准试验的耐火极限不低于 1h 的要求。当阻火封堵分隔的构成方式不为该材料标准试验的试件装配特征涵盖时,应进行专门的测试论证或采取补加措施;阻火分隔厚度不足时,可沿封堵侧紧靠的约 1m 区段电缆上施加防火涂料或包带。

③电缆进入柜、屏、台、箱等孔洞宜采用有机和无机防火堵料相互结合充填,有机堵料宜在电缆周围充填并适当预留,洞口两侧的非耐燃或难燃型电缆宜采用自黏性防火包带或刷防火涂料。

④凡穿越楼板的电缆孔、洞都应采用无(有)机防火堵料,洞口用12mm防火板覆盖,用膨胀螺栓固定,在出线处用有机堵料做线脚成几何图形。防火隔板或阻火包进行封堵,其封堵厚度不应小于100mm,宜与楼板厚度齐平。

⑤在电气盘柜孔位置处理的防火封堵处理。

⑥先根据需封堵孔洞的大小估算出防火涂层板的使用量,依据电缆数量开适当大小的孔。在孔洞底部铺设厚度为10mm的防火板,在孔隙口及电缆周围采用防火密封胶封堵。

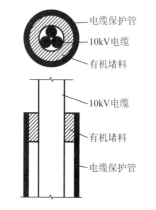

图7-81 电缆进出口孔洞封堵立面图

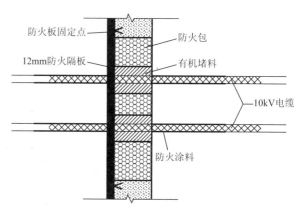

图7-82 电缆进出口孔洞封堵侧面图

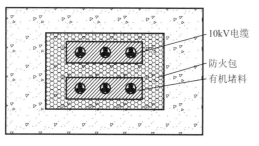

图7-83 电缆进出口孔洞封堵平面图

a. 固定防火涂层板、防火板与楼板之间采用防火密封胶封边,防火板与电缆之间采用防火密封胶封堵,密封胶厚度突出防火板面不小于10mm,边缘以铝合金边框包裹。封堵完成后,应在开孔两侧的防火板表面涂刷防火涂料,干涂层厚度达到1mm。

b. 在封堵层两侧电缆上涂刷防火涂料,长度为300mm,以防沿电缆引起延燃。

c. 防火板不能封隔到的盘柜底部空隙处,以防火密封胶(有机堵料)严密封实,密封胶厚度凸出防火板面不小于10mm,并呈几何图形,面层平整。

d. 在预留的保护柜孔洞底部铺设厚度为10mm的防火板,在孔隙口用有机堵料进行密实封堵,用防火包填充或无机堵料浇筑,塞满孔洞。

⑦在电缆保护管口处理阻火封堵时,电缆管口应采用有机堵料严密封堵,管径小于50mm的堵料嵌入的深度不小于50mm,露出管口厚度不小于10mm,管口的堵料应做成圆弧形。

⑧防火包带和涂料应符合下列要求:

a. 防火包带或涂料的安装位置一般在防火墙两端和电力电缆接头两侧的2~3m长区段。

b. 施工前清楚电缆表面灰尘、油污。涂刷前,将涂料搅拌均匀,涂料不宜太稠。

c. 水平敷设的电缆沿电缆走向进行均匀涂刷,垂直敷设的电缆宜自上而下涂刷,涂刷的次数、厚度及间隔时间应符合产品的要求。

d. 用于耐火防护的材料产品,应按等效工程使用条件的燃烧试验满足耐火极限不低于1h的要求,且耐火温度不宜低于1000℃。

⑨防火阻燃材料应符合下列要求:

a. 有关检测机构的检测报告、合格证、出厂质量检验表。

b. 有机堵料不氧化、不冒油,软硬适度具有一定的柔韧性。

c. 无机堵料无结块、无杂质。

d. 防火隔板平整、厚薄均匀。

e. 防火包遇水或受潮后不板结。

f. 防火涂料无结块、能搅拌均匀。

g. 阻火网网孔尺寸大小均匀,经纬线粗细均匀,附着防火复合膨胀料厚度一致。网弯曲时不变形、不脱落,并易于曲面固定。

⑩施工要点:

a. 施工前,清理现场除去油垢,灰尘和杂物;

b. 在电缆穿过竖井、墙壁、楼板或进入电气盘、柜的孔洞处,用防火堵料密实封堵;

c. 封堵应严密可靠且无明显的裂缝和可见的孔隙,堵体表面平整,孔洞较大者应加耐火衬板后再进行封堵;

d. 电缆竖井封堵应保证必要的强度;

e. 管口封堵严密堵料凸起 2～5mm;

f. 有机堵料封堵不应有漏光、漏风、龟裂、脱落、硬化现象;

g. 无机堵料封堵不应有粉化、开裂等缺陷。

盘柜防火封堵示例如图 7-84 所示,孔洞防火封堵示例如图 7-85 所示。

图 7-84　盘柜防火封堵示例

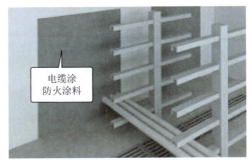

图 7-85　孔洞防火封堵示例

(2)电缆沟阻火墙

①阻火墙的安装方式

阻火墙两侧采用 12mm 及以上厚度的防火隔板封隔、中间采用无机堵料、防火包或耐火砖堆砌,其厚度根据产品的性能而定(一般不小于 250mm)。阻火墙内部的电缆周围必须采用不得小于 20mm 的有机堵料进行包裹。防火墙顶部用有机堵料填平整,并加盖防火隔板;底部必须留有两个排水孔洞,排水孔洞处可利用砖块砌筑。阻火墙两侧的电缆周围利用有机堵料进行密实的分隔包裹,其两侧厚度大于阻火墙表层 20mm,防火板外侧电缆用防火涂料涂刷,涂刷长度不小于 1m。电缆周围的有机堵料宽度不得小于防火板,外侧电缆周围和防火板缝隙处采用有机堵料密实封堵做成几何图形,堵料厚度突出防火板面不小于 10mm,面层平整。

②阻火墙的构成和材料要求

a. 阻火墙的构成方式,均应满足按等效工程条件下标准试验的耐火极限不低于 1h 的要求。

b. 阻火墙的构成,宜采用阻火包、矿棉块等软质材料或防火封堵、耐火隔板等便于增添或更换电缆时不致损伤其他电缆的方式,且可能经受积水浸泡或鼠害作用下具有稳固性。

c. 施工前清楚电缆表面灰尘、油污。涂刷前,将涂料搅拌均匀,涂料不宜太稠。

d. 水平敷设的电缆沿电缆走向进行均匀涂刷,垂直敷设的电缆宜自上而下涂刷,涂刷的次数、厚度及间隔时间应符合产品的要求。

e. 用于耐火防护的材料产品,应按等效工程使用条件的燃烧试验满足耐火极限不低于 1h 的要求,且耐火温度不宜低于 1000℃。

电缆沟阻火墙立面、侧面图如图 7-86、图 7-87 所示。

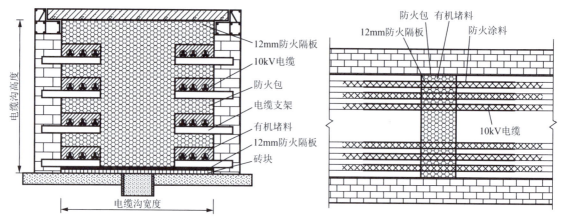

图 7-86 电缆沟阻火墙立面图　　　　图 7-87 电缆沟阻火墙侧面图

③施工要点

a. 在重要的电缆沟和隧道中,按设计要求分段或用软质耐火材料设置阻火墙。

b. 防火墙叠放,墙基应清除积水、填平水坑,然后分层错缝叠放。

c. 阻火墙上的防火门应严密,孔洞应封堵。

d. 阻火墙两侧电缆应施加防火包带或涂料。

e. 阻火包的堆砌应密实牢固,外观整齐,不应透光。

f. 相邻两层防火包的接缝应错开,防火包叠放的总尺寸与封堵口的尺寸吻合。

电缆沟防火封堵示例如图 7-88 ～图 7-90 所示。

图 7-88　电缆沟防火封堵示例 1　　　图 7-89　电缆沟防火封堵示例 2　　　图 7-90　电缆沟防火封堵示例 3

7.5.2 架空线路

1)杆塔基础工程

(1)水泥杆基础

水泥杆基础施工工艺及技术要点如下。

①基坑定位

a. 直线杆顺线路方向位移不超过设计挡距的 3%。直线杆横线路方向位移不超过 50mm。

b. 转角杆、分支杆的横线路、顺线路方向的位移均不超过 50mm。

②基坑

a. 当设计施工基面为零时,杆塔基坑深以设计中心桩处自然地面高程为基准。拉线基坑深以拉线基础中心的地面高程为基准。

b. 电杆基坑深度的允许偏差为 +100、-50mm。同基基坑在允许偏差范围内与最深一坑持平。

c. 双杆基坑,根开的中心偏差不应超过 ±30mm,两杆坑深度一致。

电杆基坑开挖如图 7-91 所示。

③底盘安装

要求其圆槽面与电杆轴线垂直,找正后填土夯实至底盘表面。

④卡盘安装

要求安装前先将其下部回填土夯实,卡盘上平面距地面不小于 500mm,卡盘与电杆连接紧密。

⑤基坑回填土要求

a. 回填时先排出坑内积水;

b. 回填土土块须打碎,基坑每回填 500mm 夯实一次;

c. 松软土质的基坑,回填土时增加夯实次数或采取加固措施;

d. 回填土后的电杆基坑设置防沉土层,土层上部面积不小于坑口面积,培土高度超出地面 300～500mm;

e. 当采用抱杆立杆留有滑坡时,滑坡(马道)回填土夯实,并留有防沉土层。

基坑回填后效果如图 7-92 所示。

图 7-91　电杆基坑开挖

图 7-92　基坑回填后效果

（2）现浇基础

现浇基础施工工艺及技术要点如下。

①基坑开挖及回填要求

a. 在开挖施工中,对渗水速度较快或较大较深的泥水、流砂坑,采用机动水泵抽水。

b. 当坑深超过 1.5m 时,须用挡土板支挡坑壁。

c. 基础坑深的允许偏差为 +100mm、-50mm,坑底应平整。铁塔现浇基础坑,其超深部分应采用铺石灌浆处理。

d. 基坑回填时先排出坑内积水再分层填实。

②地脚螺栓安装

安装前要核准铁塔基础根开,安装前除去浮锈,并将螺纹部分加以保护。

③模板装拆要求

a. 浇筑混凝土的模板表面应平整且接缝严密,不应漏浆。

b. 混凝土浇筑前,模板表面应涂脱模剂。

c. 混凝土浇筑前,模板内的杂物应清理干净。

④钢筋制作、连接及安装要求

a. HPB235级钢盘末端应做180°弯钩,其弯弧内直径不应小于钢筋直径的2.5倍,箍筋不小于受力钢筋直径。弯钩的弯后平直部分长度主筋不应小于钢筋直径的3倍,箍筋不小于直径的5倍。

b. 钢筋调直宜采用机械方法,也可采用冷拉方法。当采用冷拉方法调直钢筋时,HPB235级的钢筋的冷拉率不宜大于4%,HRB335级、HRB400级和RRB400级钢筋的冷拉率不宜大于1%。

c. 钢筋的接头宜设置在受力较小处。同一纵向受力钢筋不宜设置两个或两个以上接头。接头末端至钢筋弯起点的距离不应小于钢筋直径的10倍。

d. 当受力钢筋采用机械连接接头或焊接接头时,设置在同一构件内的接头宜相互错开。采用接头搭接方式时,应双面焊缝,焊接长度为5d(d为钢筋直径,下同)。采用单面焊接时,其长度不小于10d。

⑤基础混凝土浇筑要求

a. 基础混凝土中严禁掺入氯盐。

b. 不同品种的水泥不应在同一个基础中混合使用,水泥应使用同一厂家同一批次产品且每基塔的混凝土配比要一致。

c. 转角、终端塔设计要求采取预偏措施时,其基础的顶面按该预偏值,抹成斜平面。

⑥现场浇筑基础混凝土的养护要求

a. 在浇筑后12h内开始浇水养护,当天气炎热、干燥有风时,在3h内进行浇水养护,养护时在基础模板外加遮盖物,浇水次数以能保持混凝土表面始终湿润为准。

b. 混凝土浇水养护期,对普通硅酸盐和矿渣硅酸盐水泥拌制的混凝土不得少于5昼夜。

c. 日平均气温低于5℃时不得浇水养护。

样板图片如图7-93～图7-98所示。

图7-93 铁塔基础模板安装1

图7-94 铁塔基础模板安装2

图7-95 铁塔基础模板安装3

图7-96 铁塔地脚螺栓安装

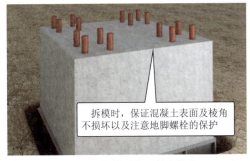

图 7-97　拆模后的混凝土基础

图 7-98　混凝土基础养护

2）杆塔组立工程

（1）钢管杆、铁塔组立

钢管杆、铁塔组立施工工艺及技术要点如下。

①组装

a. 管材、铁塔构件及工器具等要定置摆放，地面组装用的螺栓、垫片等应按规格、材质分别堆放好。

b. 螺杆必须加垫圈时，每端不宜超过两个垫圈。

c. 组装完成后，螺栓与构件平面、构件之间不应有空隙。

d. 对组装困难的构件应查明原因，不得强行组装。

e. 组装后的构件，按图纸要求进行检查，注意杆、塔构件是否有遗漏，螺栓连接是否牢固可靠。

②吊装

a. 核对起重机起吊性能是否满足起吊钢管杆、铁塔的重量及高度要求，严禁超载起吊。

b. 起吊过程中，起吊速度应均匀，缓提缓放，并随时注意吊装情况。

c. 吊装时，上下段连接后，严禁用旋转起吊臂的方法进行移位找正，必须使用控制绳进行调整。

d. 在电力线路附近吊装时，起重机必须接地良好。与带电体的最小安全距离必须符合安全规程的规定。

e. 吊件离地约 0.8m 时应暂停起吊并进行检查，确认正常后方可正式起吊。

f. 起重机在作业中出现不正常的情况时，应采取措施放下杆件，停止运转后进行检修，严禁在运转中进行调整和检修。

g. 指挥人员看不清工作地点、操作人员看不清指挥信号时，不得进行起吊。

h. 整体吊装完成后应按标准复测钢管杆、铁塔的倾斜度是否符合安装规范要求，并消缺补料。

i. 组装完成后及时清理现场，做到工完料尽场地清。

样板图片如图 7-99～图 7-102 所示。

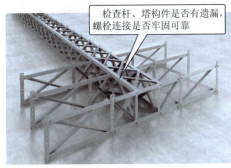

图 7-99　铁塔组装

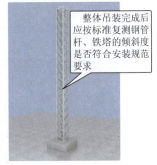

图 7-100　组立后的铁塔 1

图 7-101　组立后的铁塔 2

图 7-102　组立后的钢管杆

（2）混凝土杆组立

混凝土杆组立施工工艺及技术要点如下。

①抱杆立杆

a. 抱杆高度一般取电杆重心高度加 2～3m 或根据吊点跨度和上下长度、滑车组两滑轮碰头跨度适当增加裕度来考虑；

b. 抱杆受力拉线距杆坑中心距离可取电杆高度的 1.2～1.5 倍；

c. 抱杆的根开应根据电杆质量与抱杆高度来确定，一般实践经验在 2～3m 范围内；

d. 当土质较差时，抱杆脚需绑扎横道木、底部加铺垫木，以防止抱杆在起吊受力过程中下沉或滑位；

e. 抱杆立杆过程中要求缓慢均匀牵引，电杆起吊过程中不能碰压抱杆；

f. 电杆距地 0.5m 左右时，应暂停起吊，全面检查受力拉线情况及地锚是否牢固；

g. 电杆竖立起坑时，特别应注意抱杆拉线受力情况，并须缓慢放松牵引绳，切忌突然松放而冲击抱杆；

h. 统一指挥、统一信号。

②起重机立杆

a. 吊装电杆绑点高度比杆重心高 1～2m 处（或选取重心以上，钢丝线不易滑动的位置）；

b. 在起吊过程中不得出现电杆与吊臂相碰的现象；

c. 电杆起吊至离地 0.5～1m 时，应停止起吊检查吊车支承点的受力情况和电杆的弯曲度及焊接口情况；

d. 起吊过程中应在正面、侧面设指挥各 1 人，正面指挥为全面负责，如发现有异必须立即命令停止起吊。

样板图片如图 7-103、图 7-104 所示。

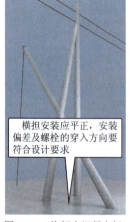
图 7-103　抱杆立混凝土杆

图 7-104　组立的混凝土杆

3）架线工程

（1）横担、金具及绝缘子安装

施工工艺及技术要点如下。

①螺杆与铁构件：

a. 螺杆应与铁构件面垂直，螺头平面与构件间不应有间隙。

b. 螺栓紧好后，螺丝扣露出的长度，单螺母不少于2个螺距，双螺母可与螺母相平。

c. 螺栓每端垫圈不应超过2个。

②检查碗头、球头与弹簧销子之间的间隙，在安装好弹簧销子的情况下球头不得自碗头中脱出，验收前清除瓷（玻璃）表面的泥垢。

a. 金具上所用的闭口销的直径必须与孔径配合，且弹力适度。严禁用线材或其他材料代替闭口销、开口销。悬式绝缘子上的销子一律向下穿。

b. 绝缘子串在顺线方向和垂直线路方向均转动灵活。

c. 金具的镀锌层有局部碰损、剥落或缺锌，除锈后补刷防锈漆。

③全瓷式瓷横担绝缘子的固定处加软垫。

样板图片如图7-105～图7-107所示。

图7-105 横担安装

图7-106 瓷横担绝缘

图7-107 耐张绝缘子连接金具安装

（2）跨越设施搭设

施工工艺及技术要点如下。

①铁路、高速公路的跨越采取搭设竹木跨越架或者脚手架织网封顶的方式。

②河道跨越采用船只拖放导引绳或迪尼玛绳的方式进行跨越施工。

③跨越果树林木可选择采用毛竹或木质跨越架、索道封网等跨越设施。

④跨越电力、通信线路可选择采用钢质跨越架、竹或木质跨越架、索道封网等跨越设施。

⑤各种跨越措施应明确架体的结构要求，标明架体搭设高度、宽度、长度、封顶措施、与被跨越物的安全距离以及稳固架体的拉线、桩锚措施等。跨越架与被跨越物的最小安全距离应符合现行规范的规定。

⑥搭设架体时，毛竹或木质架体立杆应垂直埋入坑内，杆坑底部应夯实，埋深≥0.5m且大头朝下，回填土后夯实。遇松土或地面无法挖坑时，立杆应绑扫地杆。跨越架的横杆应与立杆成直角搭设。

⑦毛竹跨越架的立杆、大横杆、剪刀撑和支杆有效部分的小头直径≥75mm。小横杆有效部分的小头直径≥90mm，60～90mm的可双杆合并或单杆加密使用；木质跨越架所使用的立杆有效部分的小头直径≥70mm，横杆有效部分的小头直径≥80mm，60～80mm的可双杆合并或单杆加密使用。

⑧木、竹跨越架的立杆、大横杆应错开搭接，搭接长度≥1.5m，绑扎时小头应压在大头上，绑扣≥3道。立杆、大横杆、小横杆相交时，应先绑2根，再绑第3根，不得一扣绑3根。跨越架每个节点均应可靠连接，逐层加固，由下向上依次进行。不得上下同时进行或先搭框架后装斜撑或支撑、拉

线。搭设材料要有专人传递,不得任意抛掷。

⑨跨越架两端及每隔 6～7 根立杆应设剪刀撑、支杆或拉线。

样板图片如图 7-108～图 7-111 所示。

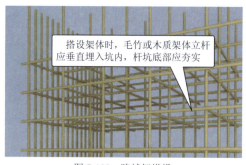

图 7-108　跨越架搭设

图 7-109　公路跨越架

图 7-110　果树林木跨越架

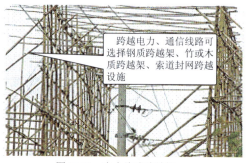

图 7-111　电力线路跨越架

（3）放线

施工工艺及技术要点如下。

①导线修补

a. 导线在展放过程中,对已展放的导线须进行外观检查,不得有磨伤、断股、扭曲、金钩、断头等现象。

b. 导线在同一处损伤,同时符合下列情况时,将损伤处棱角与毛刺用 0 号砂纸磨光,可不作补修:

a）单股损伤深度小于直径的 1/2。

b）钢芯铝绞线、钢芯铝合金绞线损伤截面积小于导电部分截面积的 5%,且强度损失小于 4%。

c）单金属绞线损伤截面积小于 4%。

c. 导线在同一处损伤的程度已经超过 4%,但因损伤导致强度损失不超过总拉断力的 5%,且截面积损伤又不超过总导电部分截面积的 7% 时,可以用缠绕补修处理,并符合现行规范的规定。

d. 导线在同一处损伤的强度损失已超过总拉断力的 5% 但不足 17%,且截面积损伤也不超过导电部分总截面积的 25% 时,需进行补修,并符合下列规定:

a）损伤处的铝（铝合金）股线应先恢复其原绞制状态;

b）补修管的中心应位于损伤最严重处,需补修导线的范围应于管内各 20mm 处。

e. 导线在同一处损伤有下列情况者,将损伤部分全部割去,重新以直线接续管连接:

a）钢芯铝绞线的钢芯断一股;

b）导线出现灯笼的直径超过导线直径的 1.5 倍而又无法修复;

c）金钩、破股已形成无法修复的永久变形。

②导线施工

a. 放线架已架设,线轴平衡稳定,转动灵活,制动可靠,由专人看护。

b. 在每根电杆上,应悬挂铝制滑轮,把导线放在轮槽内,以利于滑动和避免损伤。

c. 导引绳展放时,先将导引绳运至放线段指定位置,用人力沿线路侧展放并通过放线滑车与导线连接。

d. 导线展放时,从放线架线轴上方将线头牵出,与导引绳连接按线径大小分别选用连接方法,连接口应缠绕胶布,然后顺线方向牵引展放。

e. 放线过程中除每个滑车应设专人监护,防止导线与导引绳连接口和滑车有卡勃现象外,对路口、河塘、裸露岩石及跨越架和繁华路段等重要跨越处均应派人监护。

f. 导线在展放过程中应匀速展放,如发生磨伤、断股情况应立即停止,处理后才可继续展放。

g. 导线切割前断口两端先行绑扎好,避免切割后导线散股。

样板图片如图 7-112 ～图 7-114 所示。

图 7-112　放线架布置

图 7-113　导线架设

图 7-114　滑车悬挂及导线展放

（4）导线连接

施工工艺及技术要点如下。

①割线要点

a. 割线前,应根据事前测得的压接管长度在导线割线位置上做出准确的印记,在印记后约 20mm 处用扎线把导线线股扎紧。

b. 按压接工艺要求进行割线（图 7-115）,割线后导线的断口应整齐,割线过程不得伤及不需割线的部位。

②导线压接要点

a. 导线接续管在使用前应用汽油清洗干净；导线压接部分的线股也须松开进行清洗,清洗长度大于管长的 1.5 倍。

b. 清洗压接管及导线后,进行穿管操作,穿管后铝管将要覆盖部分的铝股均匀涂上电力脂,用钢丝刷擦刷使铝股表面全部刷到。

c. 连接钢芯铝绞线时,压接管内两导线之间应加垫片（图 7-116）。

图 7-115　割线

图 7-116　两导线之间加垫片

d. 接续管的压接从中心点开始压第一模,压接第一模后应检查压接管的对边距离(图7-117),尺寸符合规范要求后分别向管口端继续后面的压接工作。

e. 采用双连接管压模时,两管之间的距离不小于15mm,由管内端向外端交错进行。

f. 液压操作时,相邻两压模应有部分重叠,后一模重叠前一模应大于5mm。

g. 压接时压接钳应放在平坦的地方,导线应平直穿过液压钳体并与地平面平行。

h. 压接后导线端头露出长度,不应少于20mm,导线端头绑线应保留。

i. 当绝缘导线需要连接时,采用专用压接管压接,压接后必须包上绝缘保护套。

导线连接管压接成品如图7-118所示。

图7-117 连接管边距测量

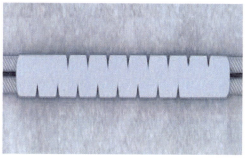

图7-118 导线连接管压接成品

(5)紧线及附件连接

施工工艺及技术要点如下。

①紧线要点

a. 检查施工段的临时拉线,紧线过程中根据的实际受力情况,调整临时拉线。

b. 紧线前应首先收紧余线,在紧线端夹上卡线器(图7-119)。

c. 紧线时,一边牵引导线一边观测弧垂,待导线弧垂将要接近规定要求时,指挥人员通知牵引设备的操作人员缓慢牵引收紧导线,暂停牵引,观测弧垂,如图7-120所示。

图7-119 卡线器紧线

图7-120 导线牵引

d. 紧线顺序:

单回路三角形布线应先紧中相,后紧两边,两边相紧线时,第一相导线不能过紧,以免横担拉斜,待第二相紧好后再逐相调节,这样在两边相紧后使导线水平弧垂趋于一致。

单回路一列式布线应先紧顶相,后紧中、下相。

e. 双回路一列式布线应两回路交替紧线。

f. 导线牵引紧线时,应严密监视各杆是否有倾斜现象,如发现倾斜应及时调整,如图7-121所示。

②弧垂观测要点

a. 弧垂观测挡选择:

紧线段在5挡及以下时靠近中间选择一挡。

紧线段在 6 ～ 12 挡时靠近两端各选择一挡。

b. 弧垂观测方法宜采用等长法。

c. 弧垂观测时的实测温度应能代表架空导线的温度。

③附件连接

a. 紧线后,必须在耐张杆用调节工具将导线与耐张线夹及绝缘子连接,导线所需过牵引量,用调节工具调整,如图 7-122 所示。

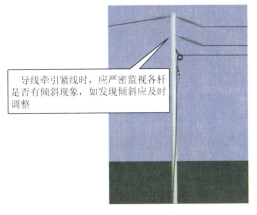

图 7-121　导线紧线

图 7-122　导线、耐张线夹与绝缘子连接

b. 附件连接的作业程序是：

a）导线在耐张杆、塔上高空临锚；

b）紧线器和耐张线夹及绝缘子串连接；

c）用紧线器使导线的弧垂达到要求；

d）将线头穿入耐张线夹。

c. 回松调节工具使绝缘子串、导线及连接金具受力。

d. 安装其他附件。

e. 悬垂线夹和防震锤的安装位置应符合设计规定的位置。

f. 附件安装完成后,应复查绝缘子数量、外表质量、碗口朝向、R 销或 W 销安装情况、金具螺栓穿向、销钉开口等是否符合设计及规范要求。

导线固定如图 7-123 所示,引流线、引下线安装如图 7-124 所示。

图 7-123　导线固定

图 7-124　引流线、引下线安装

4）接地工程

接地系统的施工工艺及技术要点如下。

①线路接地范围

10kV 线路钢管杆、铁塔均设接地装置,居民区、交叉跨越及变电站出线段的钢筋混凝土杆以及装在线路杆塔上的电力设备均应接地。

②接地电阻

杆塔保护接地的接地电阻不大于 30Ω,杆塔上断路器、负荷开关和避雷器等电气设备的保护接地电阻不大于 10Ω。

③接地装置的敷设

水平接地体顶面埋设深度不小于 0.6m(图 7-125)。

垂直接地体的间距不小于 5m。

在与公路、铁路或管道等交叉及其他可能使接地线遭受损伤处,均应用管子或角钢等加以保护。

④接地装置的连接

接地装置连接前,清除连接部位的铁锈及其附着物。

接地体的连接采用搭接焊时,符合下列规定:

a. 扁钢的搭接长度为其宽度的 2 倍,四面施焊。

b. 圆钢的搭接长度为其直径的 6 倍,双面施焊。

c. 圆钢与扁钢连接时,其搭接长度为圆钢直径的 6 倍(图 7-126)。

图 7-125　接地沟

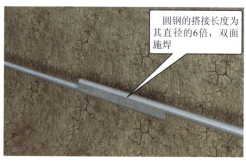
图 7-126　水平接地体焊接

d. 扁钢与钢管、扁钢与角钢焊接时,除在其接触部位两侧进行焊接外,另外进行由钢带弯成的弧形(或直角形)与钢管(或角钢)焊接。

⑤施工技术要点

a. 接地体、接地线采用热浸镀锌钢材。

b. 地下焊接点采用防腐油漆防止焊点腐蚀。地上焊接点采取防锈漆防止焊点锈蚀并采用耐候饰面漆涂饰。

c. 采用垂直接地体时,垂直打入,并与土壤保持良好接触。

d. 水平敷设的接地体要平直,无明显弯曲。地沟底面平整,不应有石块或其他影响接地体与土壤紧密接触的杂物。

e. 倾斜地形沿等高线敷设。

f. 接地体敷设完后的土沟回填土内不应夹杂有石块和建筑垃圾等,在回填土时应分层夯实。在回填后的沟面应设有防沉层,其高度为 100～300mm。

g. 接地引出线地面以上部分沿杆塔同角度倾斜向上并保持正立面垂直(图 7-127),接线掌(端子)与杆塔接地端采用螺栓紧密连接,接地线与杆塔接地端连接处不得被包封。

h. 地面以上接地线应使用耐候漆涂刷 15～100mm 等宽的黄绿相间的条纹。

i. 杆塔上设备接地引下线应紧靠杆身,每隔 1.5m 左右与杆塔固定一次(图 7-128)。

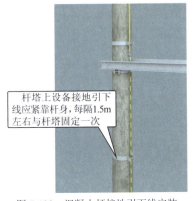

图 7-127　铁塔接地线安装　　图 7-128　混凝土杆接地引下线安装

5）架空线路电气设备

（1）隔离开关

施工工艺及技术要点如下。

①支架安装

a. 支架应采用热镀锌材料制作。一般支架加工好后再热镀锌，如需现场进行材料加工，必须进行防腐处理。

b. 支架安装牢固、平整。

c. 设备底座安装高度不宜小于 3.5m。

②设备本体安装及调整

a. 借助铁滑轮及绳索（必要时使用起重设备）将户外隔离开关安装在支架上，并用热镀锌螺栓固定牢固。

b. 静触头安装在电源侧，动触头安装在负荷侧。

c. 三极隔离开关应水平安装，刀口向上（图 7-129）。单极隔离开关水平向下安装（图 7-130）或与垂直方向成 30°～45°角向下安装（图 7-131）。

图 7-129　户外三极隔离开关安装　　图 7-130　户外单极隔离开关水平向下安装　　图 7-131　户外单极隔离开关垂直安装

③一次接线及附件安装

导线在施工前应先用尺准确测量各跨安装点的实际长度，根据施工需要进行切割。

导线压接后不应使管口附近导线有隆起和松股，管表面应光滑，无裂纹。金具压接后，均应倒棱，去毛刺。

接线端子与引线的连接应采用线夹，接触面清洁无氧化膜，并涂以中性导电脂。

户外一次接线应采用热镀锌螺栓连接，所用螺栓应有平垫圈和弹簧垫片，螺栓紧固后，螺栓宜露出 2～3 扣。

裸露带电部分宜进行绝缘处理。

（2）负荷开关和断路器

施工工艺及技术要点如下。

①安装应牢固可靠。

②导线电气连接应接触紧密，不同金属导线连接，应有过渡措施。

③瓷件表面光洁，无裂缝、破损等现象，无漏油现象，气压不低于规定值。

④操作灵活，分、合位置指示正确可靠。

⑤外壳接地可靠，接地电阻值不大于10Ω。

⑥支架安装：

支架应采用热镀锌材料制作。一般支架加工好后再热镀锌，如需现场进行材料加工，则必须进行防腐处理。

设备底座安装高度不宜小于3.5m。

⑦设备本体（与附件）安装及接线：

a. 借助铁滑轮及绳索（必要时使用起重设备）将户外断路器或负荷开关安装在支架上，并用热镀锌螺栓固定牢固。装卸要求如下：

禁止用操作手柄或瓷套管搬动开关。

户外断路器或负荷开关就位移动时，应缓慢移动，不得发生碰撞及不应有的严重冲击和震荡，以免损坏绝缘构件。

b. 导线在施工前应先用尺准确测量各跨安装点的实际长度，根据施工需要进行切割。导线压接后不应使管口附近导线有隆起和松股，管表面应光滑，无裂纹。金具压接后，均应倒棱，去毛刺。

c. 接线端子与引线的连接应采用线夹，接触面清洁无氧化膜，并涂以中性导电脂。

d. 户外一次接线应采用热镀锌螺栓连接，所用螺栓应有平垫圈和弹簧垫片，螺栓紧固后，螺栓宜露出2～3扣。

e. 同杆上装设2台及以上负荷开关或断路器时，每台应各自标识（图7-132）。

图7-133为户外真空负荷开关，图7-134为塔上断路器。

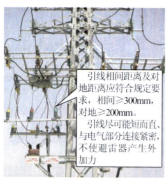

图7-132 同杆上装设多台负荷开关或断路器应各自标识

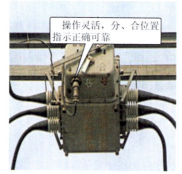

图7-133 户外真空负荷开关

图7-134 塔上断路器

（3）避雷器

施工工艺及技术要点如下。

支架安装应采用热镀锌材料，如需对热镀锌材料进行加工，必须进行防腐处理。

①设备本体安装：

a. 并列安装的避雷器三相中心应在同一直线上，铭牌位于易观察的同一侧；

b. 避雷器应安装垂直，其垂直度应符合制造厂的规定。

②一次接线及附件安装：

a. 引线在施工前应先用尺实际测量各跨安装点的准确长度,根据施工需要进行切割。

b. 导线压接后不应使管口附近导线有隆起和松股,管表面应光滑,无裂纹。金具压接后,均应倒棱,去毛刺。

c. 接线端子与引线的连接应采用线夹,接触面清洁无氧化膜,并涂以中性导电脂。

d. 避雷器的接地引下线与主接地网独立连接,接地应牢固可靠。

e. 户外一次接线均采用热镀锌螺栓连接,所用螺栓应有平垫圈和弹簧垫片,螺栓紧固后,螺栓宜露出 2～3 扣。

f. 裸露带电部分宜进行绝缘处理。

图 7-135 为资质避雷器安装。

图 7-135 瓷质避雷器安装

(4)线路故障指示器

施工技术要点如下:

①在安装工具(或起落架)底部接驳绝缘杆(或操作杆);

②将故障指示器置于安装工具腔内,按下旁支架上的弹簧装置,并用套钩套住;

③将弹簧装置的压簧及拉钩等按照制造厂家说明书要求设定好;

④手握绝缘杆(或操作杆)将指示器卡线开口对准架空线用力上推,夹住线路;

⑤下拉绝缘杆使安装工具脱离指示器,完成安装。

图 7-136 为线路故障指示器安装,图 7-137 为已安装的线路故障指示器。

图 7-136 线路故障指示器安装　　图 7-137 已安装的线路故障指示器

第 8 章 通信管线改迁工程施工

8.1 概述

地铁建设前期工程项目通信管线改迁工程指因地铁工程主体建设引起的在用通信网络改迁，其涉及相关权属单位众多，除典型的三大运营商之外，还存在着各类其他权属通信管线：如政府部门中的党政专用局、信息管线中心、电子政务网专有网络；公安系统的治安监控、交通监控网络；军（警）用机要通信网络；各类相关企业的专用通信管线和光缆等。因此，前期通信管线改迁工程涉及的专业虽然较为单一，但由于涉及的单位和部门众多、权属和归类情况错综复杂等原因，工程统筹和协调难度大。并且，在用通信网络割接工作流程时间较为漫长，通常可能因其改迁工程的工期延误成为制约前期工程相关专业，并最终影响地铁主体工程项目建设进度的一个问题。

8.2 工程特点

（1）施工环境复杂，受其他专业影响大。

由于地铁工程通常跨区域、多工点，多专业交叉施工，因此施工作业面狭窄，场地环境较常规通信管线工程施工更为复杂，对施工、管理人员的技术、经验要求更高。同时，由于通信管线改迁在前期工程整体工序中实施顺序相对靠后，施工时，经常出现因专业间交叉工作面变化而引起的现场签证或施工图更新等情况。

（2）管线权属复杂，施工准备工作繁多。

地铁通信管线改迁工程涉及的权属单位较多，还存在管线权属分离的情况，尤其在繁华区域现状通信管线权属关系极其复杂，设计文件通常难以充分反映现场实际情况。因此，工程实施前需要耗费大量的人力物力对通信管线的现状逐一摸排，确保权属明晰，路由状况清晰；且对于各权属单位的施工技术标准不统一，管理要求不一致。因此，工程实施前，与各权属单位的沟通、技术和管理交底工作十分重要。

（3）通信线缆割接工作时效性强

按照《通信线路工程设计规范》（YD 5102—2010）及其他有关国家和行业标准和规程规范要求，割接时间一般为夜间凌晨；要求中断时间短，操作要求较高，要能够快速恢复通信。割接流程中的批复时间也因权属性质的不同存在较大的差异；某些重要的用户的通信不允许中断。因此，在割接前需要做好人、机、料的准备工作，严格按照报批的割接方案实施；对于通信不能中断的重要用户，要严格按照设计方案实施，确保万无一失。

8.3 工程分类

通信管线改迁工程分类如图 8-1 所示。

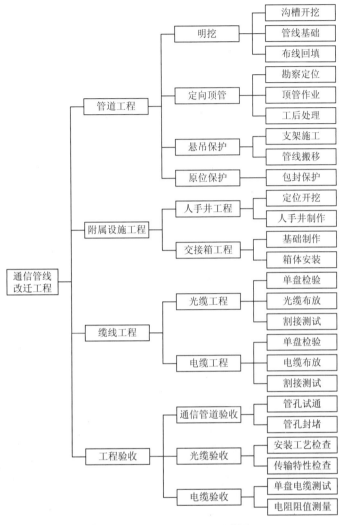

图 8-1 通信管线改迁工程分类图

8.4 管道工程

8.4.1 明挖法

1) **施工流程**（图 8-2）

图 8-2 明挖法施工流程图

2)技术要点

(1)施工准备

①线路及管道工程应设立临时设施,临时设施包括项目部办公场地、宿舍、食堂设施、安全设施等等。

②根据施工合同和建设单位的要求,进行必要的材料厂验,及时采购主要材料及辅助材料、劳保用品等,建立台账。材料和设备进场检验工作应有建设单位随工人员和监理人员在场,并由随工人员和监理人员确认,将检验记录备案。

③人员及机具、车辆、仪表应根据工程需要,做好配置工作;个别为了安全考虑,须设置专门存放机具设备的地方,应安排专人负责。

(2)测量定位

①通信管道应满足光(电)缆的布放和使用要求,施工时应按照设计文件及规划部门已批准的位置(坐标、高程)进行路由复测;应按照设计图纸对现场进行勘查,核查设计图纸是否与现场实际情况相符。

②路由复测完成后,利用测量仪器按照设计图纸上标注的位置划出开挖范围,管道中心线,人(手)孔中心的位置误差不应超过规范要求。如遇特殊情况,变化较大时,应报规划部门重新批准。

(3)沟槽开挖

①当管道施工现场的环境、材料、器具检查工作完成,符合管道破土施工条件后,要先进行沟坑的定位放线工作,确保管道沟坑的位置准确。监理人员应检查现场是否按设计文件及城市规划部门批准的位置、坐标和高程要求进行施工。一般情况下,按测量线及定位桩开挖,管道、人(手)孔与中心线的偏差不得大于 10mm。

沟槽开挖如图 8-3 所示。

图 8-3 沟槽开挖照片

②管道开挖遇到地下已有其他平行或垂直距离接近时,应按设计规范的规定核对其相互间的最小净距是否符合标准。如发现不符合标准或危及其他设施安全时,应向建设单位及时提出,在未取得建设单位和权属单位同意时,不得继续施工。

③通信管道沟槽的开挖,应注意沟深、沟宽、沟直、沟平;沟深应以设计高程为基准,正常情况下,人行道要求管道埋深0.8m以上,车行道要求1m以上,相应埋深是指管顶与路面的高差。若原地面高于公路面,以公路面为标准;原地面低于公路面的情况,以原地面为标准。遇到特殊路段,应严格按设计图纸进行施工;遇不稳定土壤、挖深超过2m或低于地下水位时,应进行必要的支护。

(4)管道基础

①管沟的宽度应根据布放管数的不同而相应调整,但应保证铺设PVC管后,管道组群左右两侧距沟边的距离:管道基础深度小于63cm时,应分别大于或等于15cm;管道基础深度超过63cm时,应分别大于或等于30cm。

管道基础如图8-4～图8-6所示。

②通信管道现场堆土:开凿的路面及挖出的石块应与泥土分别堆放;堆土不应紧靠碎砖或土坯墙,并应留有行人通道;土堆的坡脚边应符合市政、市容等部门的要求。

图8-4 管道基础1

③管沟开挖完成后,应在PVC管敷设前对沟底进行抄平整理,保证沟底平整,无碎石、断砖、垃圾等杂物。根据设计文件的具体要求,一般情况下需在沟底铺垫细砂或细土。特殊路段(如淤泥、软土)路面按设计要求可做混凝土基础,需满足外形偏差不大于2cm,厚度偏差不大于1cm;基础宽度应比管道组群宽度每侧各加宽5cm;通信管道混凝土基础厚度宜为8～10cm。

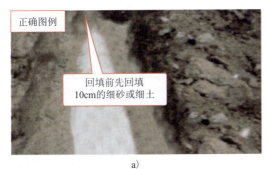
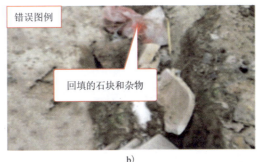

图8-5 管道基础2

图8-6 管道基础3

④在整个开挖过程中,要求监理人员进行巡视检查。对已完成开挖段的沟深、沟宽按比例进行抽测记录。

⑤如遇到特殊施工路段,管道路由只能采取弯曲线路的情况,应确保管沟弯曲半径大于36m,在弯曲处尽量平缓过渡。

(5)管道布放

工程中所用管材的材质、规格、程式和断面的组合必须符合设计要求。

①塑料管排列要求:管群排列组合应符合设计要求。布放塑料管的根数为2时,应呈"一"字形排放;3根时,应呈"品"字形排放;当根数大于3时,应采用分层叠放方式。

②塑料管固定:应符合设计要求,同沟布放多根塑料管时,应每隔10m左右捆绑一次;使用金属定位架时,应每隔2m设一定位架。

③塑料管防护:塑料管在布放前,应先将两端管口严密封堵,防止水、泥土及其他杂物进入管内;塑料管在沟内应平整、顺直;在石质沟底铺设塑料管时,应在其上、下各铺10cm厚的碎土或沙土。

④塑料管接续处理:应符合设计要求,塑料管道的接口断面应平直、无毛刺,并应采用配套的密封

接头件接续。无论是套箍式或插口式,均应安放防水胶圈,插入到位,塑管的承接部分要涂 PVC 黏合剂,涂抹长度为承接口的 2/3,接续部位相邻两管间错开应不小于 30cm。

管道布放如图 8-7 所示,管材接续图 8-8 所示。

图 8-7 管道布放

图 8-8 管材接续

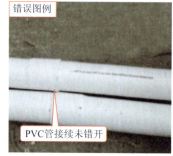

（6）管沟回填

①管道铺设完成后,进行管沟回填土施工。对于该工序的要求,回填前必须先清除沟内的遗留杂物,如积水或淤泥。

②管道两侧应同时进行回填土施工,每回填 15cm 厚,应用木夯排夯两遍。回填高度超过管道顶部 30cm 以上,每回填土 30cm,应用木夯排夯三遍或蛙式打夯机夯实两遍,直至回填完成。

管沟回填施工如图 8-9、图 8-10 所示。

图 8-9 回填土施工

图 8-10 人工打夯

（7）标识制作

管道标识主要用于美化管路、靓丽视觉。同时,管道标识应简单易懂,提高工作效率,避免误操作,大大降低安全事故的发生率。对于有特殊要求的通信管道还应装设永久标牌等。

8.4.2 定向顶管

受通信线缆穿管管径大小影响,应用于电力线缆的非开挖技术主要为水平定向钻。定向钻施工技术在此不再赘述,具体可参见 6.4.2 节。

8.4.3 悬吊保护

1）施工流程（图 8-11）

图 8-11 悬吊保护施工流程图

2)技术要点

（1）施工准备

应组织现场勘查,根据现场的查勘内容和设计文件编制专项方案。方案报建设单位（监理单位）及权属单位审核通过后方可实施。方案应涉及管线的详细资料及施工过程对管线的保护措施等,各项材料及机具应保证其能正常使用。

（2）支架施工

①贝雷梁安装

桩顶托梁安装完毕后,在下横梁上测量放样定出贝雷梁位置。为吊装方便,在已经搭设好的便桥上预拼装两组双排贝雷桁片,每组长3.00m,用汽车吊分组起吊安装就位。当两组贝雷桁架全部就位后,用14mm厚U形钢板卡将贝雷梁焊接固定在桩顶托梁上,各组贝雷梁之间用型钢焊接的支撑架连接成整体。

②工字钢横向分配梁安装

贝雷梁安装完毕,按间距1.5m铺设12号工字钢作为横向分配梁,用特制的骑马U型螺栓与贝雷梁上弦杆锁紧,确保连接稳固。

③桥面铺装

12号工字钢横向分配梁安装完成后,桥面铺设3mm钢板。铺装完成后,将钢板按照1.5m间距逐根焊接在工字钢横向分配梁上。焊接要牢固,防止钢板滑动导致管线破坏。

④便桥的维修及保养

a. 在便桥桥头悬挂禁止通行警示牌以及黄色安全标志牌,在便桥两侧护栏上每隔5m设置夜间照明灯,防止施工时机械碰撞;

b. 安排专职人员定期检查贝雷桁架纵梁连接处的销子、螺栓等松动情况,对螺栓、螺母、销子出现松动的部位及时安装紧固;

c. 对便桥面板发生翘曲或损坏的部位,应及时修复或更换。

（3）管线搬移

①与通信管线的权属单位建立逐点对接工作机制,确定联系人,保障双方之间沟通顺畅、联系及时、配合密切。

②在施工区域内标出管线具体位置,对所在位置地面沉降和管线沉降实施动态监测,信息化施工。

③施工准备期间要对主体开挖部分周边的地下管线进行认真详细的调查,确切掌握通信管线的准确要素（埋深、走向、管径、管材）。在悬吊过程中,开槽穿插下底梁,使悬吊点施加少量预紧力。分段跳槽开挖管线下部的土体,逐渐把管线的重量转移到工字钢上,避免承重结构的突然加载。

④在基坑的钻孔灌注桩施工时,要避开管线,先挖槽暴露出管线的准确位置,做混凝土护壁伸到管线下,再开始钻孔作业。工字钢拼装、钢架桥安装过程中加强工地安全检查,施工过程中防止发生坠落等事故。

⑤挖出地下管线并悬空时,在进行适当的包托后,用铁线吊起沟坑顶面上能承重的横梁以防沉落。

⑥管线悬吊完成后,加强保护,避免机具对管线的碰撞。加强管线和基坑变形状况的施工监测;根据反馈的信息,及时采取有效的措施,防止管线开裂损坏。

⑦结构完成后,在回填覆土过程中,在管线底部无法夯实的部位先填充级配砂石到管道底部下30cm,然后支模浇筑C15混凝土保护。拆除悬吊后,按照回填要求夯实管线两侧胸腔土。

⑧做好悬吊管线的覆盖工作,避免直接日晒雨淋,防止管线快速老化。

⑨配备专职人员负责管线的保护工作,确保管线在施工过程中万无一失。

⑩贝雷桥设置醒目安全警示灯及其他明显标志,避免施工机械碰撞贝雷桥。

(4)应急预案

①成立应急抢险领导小组。

②应急响应:

a. 发生事故或紧急情况时,项目部负责人立即按应急预案处理,保护现场,迅速逐级上报应急领导小组组长。应急小组组长接到事态信息后,须马上了解情况判断后果,决定处理方法。必要时,应采取避让、疏散、报警、救护、封闭、洗消、切断和隔离危险源等措施,防止损害扩大。

b. 发生事故后,在最短时间内寻求第三方(如119、120)援助和救护,并按法定程序报政府主管部门进行事故处理。应急小组负责在紧急情况发生时,协调处理紧急事态,组织事故善后工作。小组负责人负责召集应急和事故处理工作会议,确定对策,统一对外联络,调配所需资源,确保应急工作有序高效的开展。

8.4.4 原位保护(包封保护)

(1)对土质疏松、不稳定或积水较多地段,需在管道接口处采取混凝土包封处理,包封所用混凝土强度等级不小于C20,基础厚度宜为80～100mm;同时,在地下开挖条件受限或低洼路段,其管道埋深不能达到设计规范要求时,也应采用混凝土包封,包封长度应超出该路段首尾各15cm;所有管道途经水渠、桥梁等易焚烧垃圾的区域或公路两侧易发生塌方情况的路段,必须采取混凝土包封处理。

管孔包封如图8-12所示。

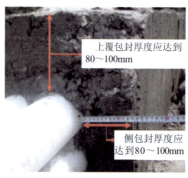

图8-12 管孔包封

(2)横跨机动车道路管道或者在施工围挡内经常有重型机械运行区域内的管道按设计要求进行钢筋混凝土包封,钢筋选型及配筋方式严格按设计规范要求执行。

管孔钢筋绑扎如图8-13所示。

图8-13 管孔钢筋绑扎

8.5 附属设施工程

8.5.1 人手井施工

1)施工流程(图 8-14)

图 8-14 人手井施工流程图

2)技术要点

(1)施工准备

①根据现场情况及设计文件,施工单位及时采购主要材料及辅助材料、劳保用品等,建立台账。材料和设备进场检验工作应有建设单位随工人员和监理人员在场,并由随工人员和监理人员确认,将检验记录备案。

②人员及机具、车辆、仪表应根据工程需要,做好配置工作;出于安全考虑,必须设置专门存放机具设备的地方,并安排专人负责。

(2)定位开挖

①人(手)孔一般设在管道的中心线上,人(手)孔间的距离应按地形(地物)或设计确定,一般不能超过 120m,当遇特殊地段而无法达到设计要求时,须让相关单位视现场实际情况做出相应的调整。

井位划线定位如图 8-15 所示。

②人(手)孔的开挖应严格按照设计图纸标定的位置进行,开挖宽度应等于人(手)孔基础尺寸＋操作宽度＋放坡宽度,开挖工作应自上而下进行。

③高低型人孔高台部分的地基原土不得扰动。遇不稳定土壤时,应全部开挖后再重新回填,并做人工处理,方能进入下道工序。

④开槽时,遇不稳定土壤、挖深低于地下水位时,应进行必要的支护。

(3)人(手)孔制作

①人(手)孔基础要求为 12cm 厚(人孔 15cm)的 C15 混凝土基础。浇筑基础混凝土前应清理孔内杂物,挖好积水坑,基础表面应向中间积水坑泛水。有特殊情况,如底面渗水、地质不稳定等,要加厚。

井底基础制作如图 8-16 所示。

图 8-15 井位划线定位

图 8-16 井底基础制作

②在进行墙体施工前,应对已浇筑的混凝土基础的中心位置、管道进口方位及基础顶部高程进行一次复查核对;待垫层养护完成后,方可进行人(手)孔墙体砌筑施工,砖墙面应平整、美观,不得出现竖向通缝。砖砌体砂浆饱满程度应不低于80%;砖缝宽度应为8～12mm,同层砖缝的厚度应保持一致。砌体横缝应为15～20mm,竖缝应为10～15mm;横缝砂浆饱满程度也应不低于80%,竖缝灌浆必须饱满严实,不得出现跑漏现象;砌体的形状、尺寸应符合设计要求。

砖砌体施工如图8-17所示。

③管道进入人(手)孔时,管顶距人(手)孔内上覆顶面的净距不得小于30cm,管底距人(手)孔底板的净距不得小于40cm;管道进入人(手)孔时,管口不应凸出人(手)孔内壁,应终止在墙体内测10cm处,且管口应严密封堵,管口四周做成喇叭口。

砖砌体井内如图8-18所示。

图8-17 砖砌体施工

图8-18 砖砌体井内

④墙体的垂直度(全部净高)允许偏差应不大于10mm,墙体顶部高程允许偏差应不大于20mm;墙体与基础应结合严密、不漏水,结合部的内、外侧应使用1:2.5水泥砂浆抹八字角;墙体基础的内、外八字角抹灰,应严密、贴实、不空鼓,表面光滑,无飞刺、断裂等现象。砌筑墙体的水泥砂浆强度等级应符合设计规定。内、外墙批荡厚度为12～15mm。

墙体施工如图8-19所示。

⑤井盖类型根据使用部位进行选用。如城市道路应采用承载力为36kN的A级重型井盖、小区道路采用承载力为21kN的B级普通型井盖,其他情况则采用承载力为17kN的C级轻型井盖。井圈与井盖的压边宽度不得小于50mm,人(手)孔井圈顶部高程应符合设计规定,允许正偏差不大于20mm。严格按照设计规范和建设单位要求进行安装。

上覆盖施工如图8-20所示。

图8-19 墙体施工

图8-20 上覆盖施工

(4)人(手)孔铁件安装

铁件安装明细:积水罐、拉力环、托架、托板、穿钉。

积水罐应安装在人(手)孔中心垂直线上,偏差不大于1cm;拉力环的安装位置应符合设计规定,一般情况下应与管道底保持20cm以上的间距,露出墙面部分应为8～10cm,安装必须牢固。

井内附件安装如图 8-21 所示。

（5）完工处理

①缆线接头井

为便于后期维护工作的顺利进行,特按设计规范制作缆线接头井。一般以特大号人井为基础,设置双盖,两处喇叭口,规定为缆线的进、出口,井壁画线编号,按图纸设计要求在规定区域内安放缆线接头。

井底施工完后如图 8-22 所示。

图 8-21　井内附件安装

②挖土回填

人（手）孔砌筑抹灰完成后,待外批自然风干稳固后,方进行人（手）孔外侧回填土施工。靠近人（手）孔壁四周的回填土中,不应有直径大于 10cm 的砾石、碎砖等坚硬物。人（手）孔坑每回填土 30cm,用木夯排夯两遍。人（手）孔坑的回填土高度不能高于人（手）孔井圈的高度。

回填施工如图 8-23 所示。

图 8-22　井底施工完后

图 8-23　回填施工

③施工后续处理

在管道铺设及人（手）孔砌筑完成后,将针对管道工程的施工进行后续处理。

a. 封堵管孔

将所有人（手）孔内的管孔用堵头封堵严密,以防止杂物进入管孔而影响光缆子管敷设。

b. 标桩的制作及种植

一般情况下,标桩的制作采用白色 PVC 管加灌混凝土的方式,要求 PVC 管规格统一,外径为 110mm,内径为 98mm,高度为 1.5m；在制作过程中要求用 C25 的混凝土灌注填充,严禁空心或充砂。

c. 管道试通及管道段长计量

管道工程验收之前,施工单位应对所有新建管道进行试通检验,整个过程监理人员须全程旁站监督,并做好现场的试通记录。

d. 布放子管

管道工程随工验收后,在缆线割接前应按照设计要求布放塑料子管；子管规格和型号应满足工程需要。

a）子管材质均采用半硬聚烯塑料子管产品；在外径为 110mm 的 PVC 管内敷设 6 根 PE 子管,在外径为 160mm 的 PE 管内敷设 12 根 PE 子管,以保证管道资源的充分利用；

b）子管不能跨井敷设,在管道中应该整根布放,中间不得有接头；

c）子管两端需各用铁丝绑扎；

d）对于未穿放光缆的备用子管应在管端安装管堵；

e) 子管布放完毕后,在手孔内留长 15～20cm;

f) 在子管出喇叭口处,必须按要求安装防盗管塞。

④特殊路段的处理

a. 特殊地段管沟挖掘规范:

a) 通信管道施工中,遇到不稳定土壤或有腐蚀性的土壤时,施工单位应及时提出,待有关单位提出处理意见后方可施工;

b) 挖掘沟(坑)如发现埋葬物,特别是文物、古墓等,必须立即停止施工,并负责保护现场,与有关部门联系。在未得到妥善解决之前,施工单位严禁在该地段内继续工作。

b. 在进行管道施工过程中,若遇到过桥、跨越水沟的地段,需套用钢管保护;钢管接续宜采用管箍法:两根钢管应分别旋入管箍长度的 1/3 以上,两端管口应锉成坡边;使用有缝管时,应将管缝置于上方,钢管在接续前,应将管口磨圆或锉成坡边,保证光滑无棱,严禁不等径的钢管接续。

钢管施工如图 8-24 所示。

图 8-24 钢管施工

c. 管道途经水泥路面时,开挖前,必须用切割机切好需开挖的区域后,再用破路机进行破碎,最后使用风镐机配合开挖;而水泥路面的修复应待回填土下沉至稳定状态后,才能进行混凝土浇筑,同时应确保新旧路面交接处平齐无缝,其强度应达到或超过先前路面的标准。

d. 针对花砖路面,翻覆时应先清扫砖缝沙土,要求手工操作、整齐堆放,并做好对原有花砖的保护。花砖路面恢复过程中,需垫砂平整基础,用木方小心均匀挤对,对于受损砖块必须更换,并使花砖与先前图案保持一致。

e. 绿化带开挖时,应注意对绿化带原有植被的成形保护,并摊开平放在阴凉遮阳处;恢复时,须将原有草皮或其他植被小心摆放,还原后进行浇水养护 1～2 次,避免恢复植被无法存活。

8.5.2 交接箱工程

1)施工流程(图 8-25)

图 8-25 交接箱施工流程图

2)技术要点

(1)施工准备

①根据现场情况及设计文件,施工单位应及时采购主要材料及辅助材料、劳保用品等,建立台账。材料和设备进场检验工作应有建设单位随工人员和监理人员在场,并由随工人员和监理人员确认,将

检验记录备案。

②人员及机具、车辆、仪表应根据工程需要,做好配置工作;出于安全考虑,必须设置专门存放机具设备的地方,并安排专人负责。

(2)引上管预埋

通信主管道施工完后,应按照设计图纸要求埋设通信电缆配线引上管道,用于后续电缆交接箱施工需要。

(3)基础制作

交接箱的基础是直接与地基接触的,地基的好坏直接影响到基础的质量,所以在浇筑前必须按规定夯实、抄平,然后校核基础形状、方向,支起模板,进行浇筑。基础一般为现场浇筑混凝土。

(4)箱体安装

①交接箱装配应零件齐全,接头排应无损坏,端子牢固。编扎好的成端电缆应在箱内固定,并进行对号测试和绝缘测试,漆面应完好。

②电缆箱内跳线布放合理、整齐,无接头且不影响模块支架开启。交接箱箱号、电缆编号、线序的漆写应符合设计要求。

落地式交接箱安装如图 8-26 所示。

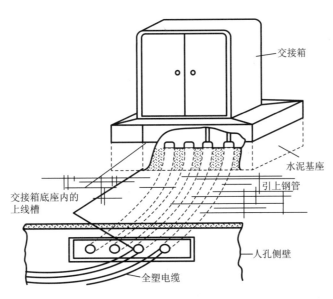

图 8-26 落地式交接箱安装

(5)成端安装

①安装方法

a. 一般成端线把外护层开剥长 = 箱内列高 +50cm。

b. 线把编扎部分用宽 20mm 的 PVC 透明薄膜带以重叠 1/2 绕扎。

c. 线把绑扎按色谱以一个基本单位 25 对线为一组线,从大号到小号依次绑扎,每束的出线间距应与每个 25 对模块板中心位置相对应。每组线束出线成一条直线。

d. 成端电缆固定应牢固、美观,横平竖直,不扭曲。电缆弯曲的曲率半径应符合要求。成端电缆芯线与直立式插入旋转模块的芯线端子连接时,先将芯线折弯 15～20mm,再将折弯部分全部插入接续元件孔内,用合适规格平口旋凿插入接续元件端部,顺时针旋转 90°。下部多余部分芯线切断,接续完成。斜立式插入旋转模块的芯线连接与直立式插入旋转模块相同,只需将待接芯线直接插入元件孔内就行。

图8-27 箱内跳线

②交接设备电缆屏蔽层的连接

落地式交接箱成端电缆屏蔽层连接导线应可靠地接至箱内接地端子上。

③跳线基本要求

如图8-27所示,跳线一律在模块左端引出,布放时必须经穿线环,做到横平竖直,松紧适度;跳线无接头、打结、缠绕及损伤;跳线不得损伤导线及绝缘层。模块间跳线不得交叉、缠绕;交接箱内跳线须用专用工具压接,以免造成接续不良或损坏模块端子。重要客户、基站、专线的跳线要有明显标识。拆移机或维护需更改线路时,原有跳线必须拆除,并及时做好相应资料的动态更新。

8.6 缆线工程

8.6.1 光缆工程

1)施工流程(图8-28)

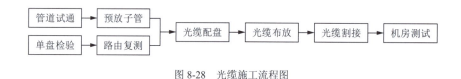

图8-28 光缆施工流程图

2)技术要点

(1)管道试通

①管孔摸底

a. 按设计规定的管道路由的占用管孔,检验是否空闲以及进、出口的状态。

b. 按光缆配盘图核对接头位置所处地貌和接头安装位置,并观察(检查)是否合理。

②管孔试通方法

制作穿管孔用竹片,一般竹片数量为连接后的总长度不少于200m。目前多数用低压聚乙烯塑料穿管(孔)器代替竹片。

③制作管孔清洗工具

对于新管路以及淤泥较多的陈旧管道,采用传统的管孔清洗工具比较有效。管孔也可用直径合适的圆木试通,由于目前管孔内绝大多数用塑料子管布放光缆,因此圆木的直径按布放的塑料子管直径考虑。

注意在工具制作时,各相关物件应牢固,以避免中途脱落或折断,给洗管工作带来麻烦。

(2)预放子管

目前用得较多的是在一个$\phi110$的管孔中预布放5根塑料子管的分隔方法。

①塑料子管的质量检查

对于城市中 110mm 的（90mm）标准管孔，可容纳 3/4in[1] 塑料子管 5 根（3 根），2in 塑料子管 2 根（1 根）或 1in 塑料子管 5 根（3 根）。3/4in 子管用于布放直径为不大于 15mm 的光缆。1in 子管适合于直径小于 20mm 的光缆。

②子管内预放牵引绳索

在子管内布放光缆，必须在放缆前在子管内预放一根牵引绳索。预放的方式主要有：

a. 竹片穿引法；

b. 用空压机将尼龙线吹入子管内，用 $\phi 6$ 弹簧钢作穿引针进行预放牵引绳索。

③塑料子管的敷设方法

a. 用 $\phi 6$ 弹簧钢作穿引针，首先穿入管孔内，将弹簧钢的一端固定在塑料管顶端的钢筋架上（钢筋为自制，夹住 3 根或 4 根子管），另一端由人工或普通电缆拖车或绞线盘拖拽；

b. 将 3 根或 4 根子管用铁线捆扎牢固，然后通过转环用牵引钢绞绳或铁线，由人工或拖车拖拽；

c. 敷设塑料子管，应避免扭曲，其方法是：在子管前边加了转环，最好每隔 2～5m，用聚丙烯扎带将 3 或 4 根子管绑扎在一起。

注：条件允许时，应将各根子管颜色加以区分。

(3) 单盘检验

①光缆单盘检验的概念及目的

a. 对运到现场的光缆及连接器材的规格、程式、数量进行核对、清点、外观检查和光电主要特性的测量；

b. 确认光缆、器材的数量、质量是否达到设计文件或合同规定的有关要求。

②光缆单盘检验的内容及方法

a. 单盘数据的收集（盘面数据记入工程竣工资料）：

a) 光缆长度的复测（注意纤长与缆长的区别）；

b) 光缆单盘损耗测量（三种方法的取定）；

c) 光缆护层的绝缘检查；

d) 其他器材的检查。

b. 单盘检验适合在现场进行，检验后不宜长运输。

c. 检验后的光缆、器材应做记录，并在缆盘上标明盘号、外端端别、长度、程式（指埋式、管道、架空、水下等）以及使用段落（配盘后补上）。

③光缆单盘检验的内容

光纤的光损耗，是指光信号沿光纤波导传输过程中光功率的衰减。不同波长的衰减是不同的。单位长度上的损耗量称损耗常数，单位为 dB/km。单盘检验，主要是测量出其损耗常数。

损耗的现场测量方法，有断测量法、后向测量法、插入测量法。

塑料子管及其他保护管的检查标准，见表 8-1。

塑料子管及其他保护管的检查标准　　　　表 8-1

抗压强度（kg/cm^2）	抗拉强度（kg/cm^2）	断裂伸长率（%）	子管收盘内径
≥4	≥80	≥200	≥子管外径的 24 倍

---

[1] in ≈ 0.0254m。

无人站安装器材的检查,包括无人中继器箱和尾巴光缆的检查。

光缆连接器及终端架(盘)的检查,包括光纤连接器的检查、终端架(盘)的检查以及连接器配合的检查。

④检查步骤

检查资料→外观检查→核对端别→光纤检查→技术指标测试→电特性检查→防水性能检查→恢复包装。

(4)路由复测

①路由复测小组的组成

路由复测小组由施工单位组织,复测工作应在配盘前进行。

②路由复测的一般过程

定线→测距→画线→绘图→登记。

(5)光缆配盘

①光缆配盘要求合理准确。光缆配盘要在路由复测和单盘检验后,敷设之前进行;

②配盘时应考虑光缆接头点尽量安排在地势平坦、稳固和无水地带;

③光缆端别应按顺序配置,一般不得倒置;

④光缆配盘时,有特殊防护要求的光缆,应先确定其位置,然后从特殊光缆接头点向两端配光缆。

(6)光缆布放

①为了保证光缆敷设的安全和成功,光缆敷设时,应遵守下列规定:

a. 光缆的弯曲半径应不小于光缆外径的15倍,施工过程中应不小于20倍。

b. 布放光缆的牵引力不应超过光缆最大允许张力的80%,瞬间最大牵引力不得超过光缆的最大允许张力。主要牵引力应作用在光缆的加强芯上。

c. 有A、B端要求的光缆要按设计要求的方向布放。

d. 为了防止在牵引过程中扭转损伤光缆,光缆牵引端头与牵引索之间应加入转环。光缆的牵引端头可以预制,也可以现场制作。

e. 布放光缆时,光缆必须由缆盘上方放出并保持松弛的弧形。光缆布放过程中应无扭转,严禁出现打背扣、浪涌等现象。

f. 机械牵引敷设时,牵引机速度调节范围应为0~20m/min,且为无级调速,牵引张力也可以调节,且当牵引力超过规定值时,应能自动报警并停止牵引。

g. 人工牵引敷设时,速度要均匀,一般控制在10m/min左右为宜;且牵引长度不宜过长,必要时,可以分几次牵引。

h. 为了确保光缆敷设质量和安全,施工过程中必须严密组织并有专人指挥。备有良好联络手段。严禁未经训练的人员上岗和无联络工具的情况下作业。

图8-29 光缆布放

光缆布放如图8-29所示。

②管道光缆的敷设

a. 路由摸底调查,估算牵引张力;制订光缆敷设计划。

b. 拉入钢丝绳,一般用铁线或尼龙绳。

c. 光缆及牵引设备的安装,包括光缆盘放置及引入口安装、光缆引出口处的安装、拐弯处减力装置的安装、管孔高差导引器的安装、中间牵引时的准备工作。

d. 光缆牵引：

a）光缆端头制作并接至钢丝绳。

b）按牵引张力、速度要求开启终端牵引机。

c）光缆引至辅助牵引机位置后，将光缆安装好，辅助机以终端牵引机同样的速度运转。

d）留足接续及测试用的长度；若需将更多的光缆引出人孔，必须注意引出人孔处内导轮及人孔口壁摩擦点的侧压力，要避免光缆受压变形。

注：敷设时必须保持通信畅通，以备急用。

③人孔内光缆的安装

a. 直通人孔内光缆的固定和保护

光缆牵引完毕后，由人工将每个人孔中的余缆沿人孔壁放至规定的托架上，一般尽量置于上层。为了光缆今后的安全，一般采用蛇皮软管或 PE 软管保护，并用扎线绑扎固定。

b. 接续用余留光缆在人孔中的固定

人孔内供接续用光缆余留长度一般不少于 8m，由于接续工作往往要过几天或更长的时间，因此余留光缆应妥善地盘留于人孔内。具体要求如下：

a）光缆端头做好密封处理：为防止光缆端头进水，应采用端头热可缩帽做热缩处理。

b）余缆盘留固定：余留光缆应接弯曲的要求，盘圈后挂在人孔壁上或系在人孔内盖上，注意端头不要浸泡于水中。

人孔内光缆安装如图 8-30 所示。

（7）光缆割接

光缆割接应按照审批通过的割接方案及相关标准和规程严格执行，出现问题立即上报有关单位。

①接续的要求

a. 光缆接续前，应核对光缆的程式、端别无误；光缆应保持良好状态；光纤传输特性良好，护层对地绝缘合格（若不合格，则应找出原因并做必要的处理）。

图 8-30　人孔内光缆安装

b. 接头护套内光纤序号应做永久性标记；当两个方向的光缆从接头护套同一侧进入时，应对光缆端别做统一的永久性标记。

c. 光缆接续的方法和工序标准，应符合施工规程和不同接续护套的工艺要求。

d. 光缆接续，应创造良好的工作环境，一般应在车辆或接头帐篷内作业，以防止灰尘影响；在雨雪天施工应避免露天作业；当环境温度低于零度时，应采取升温措施，以确保光纤的柔软性和熔接设备的正常工作，以及施工人员的正常操作。

e. 光缆接头余留和接头护套内光纤的余留应留足，光缆余留一般不少于 4m，接头护套内最终余长应不少于 60cm。

f. 光缆接续注意连续作业，对于当日无条件结束连接的光缆接头，应采取措施，防止受潮和确保安全；光纤接头的连接损耗，应低于内控指标，每条光纤通道的平均连接损耗，应达到设计文件的规定值。

②光缆接续

a. 光缆开剥，开剥长度一般为 130cm 左右，要求切口平整无毛刺，开剥时避免损伤套管及光纤。

光缆结构如图 8-31 所示。

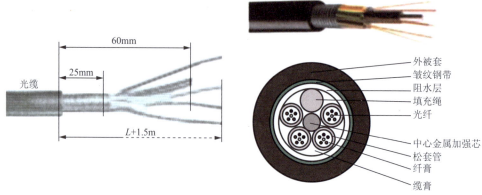

图 8-31 光纤结构图

b. 光缆固定，用钢箍固定光缆皮，加强芯在支架上固定并弯曲朝上；加强芯固定稳妥、牢固，紧固件无松动。

c. 光纤束管开剥及固定，开剥时不得损伤光纤。

d. 光纤接续及盘放，熔接机开机、检查，掌握"平""稳""快"三字剥纤法；正确放置光纤和正确操作熔接机，并按纤序进行熔接。

光缆接续如图 8-32、图 8-33 所示。

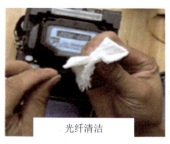
光纤清洁

光纤切割

光纤熔接

图 8-32 光缆接续

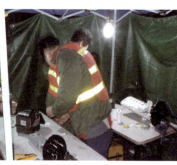

图 8-33 光缆接续

e. 盘纤，光纤热缩套管按纤序依次固定在专用凹槽中，余纤不得小于 60cm；盘纤常用平板式盘绕法，光纤盘好后应平顺，无扭绞现象，无明显受力点和碰伤隐患；盘纤过程中，不得断纤。

f. 封盒，清洁接头盒密封胶圈及边槽，入缆处加自粘胶带，空槽口安装堵头；扣上上盖，安装垫圈，旋紧螺钉；封盒后接头盒应无缝隙，紧固件无松动。

g. 工后检查，确保符合通信行业标准《通信线路工程验收规范》（YD 5121—2010）的要求。

h. 收拾擦拭工具用具，清理施工现场。施工后的杂物、垃圾要区分可回收与不可回收，分类处理。危险废弃物必须带回公司，统一交由专业环境保护部门处理。

光纤熔接机操作流程如图 8-34 所示。

③特殊缆线接续

对于特殊通信光缆（例如长途通信光缆）的割接工作必须按照《长途通信光缆塑料管道工程施工监理暂行规定》（YD 5189—2010）严格实施；施工过程应按照规章制度层层把控，责任到人，各项措施落实到位，确保割接质量。

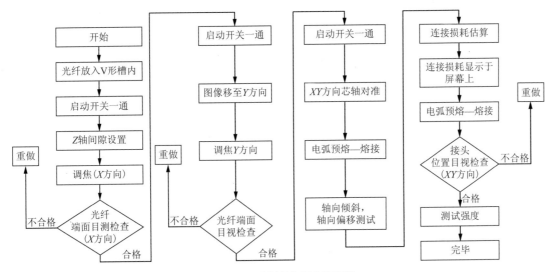

图 8-34 光纤熔接机操作流程图

④光缆割接注意事项

a. 光缆割接作业风险高,作业前务必通过短信警示,并加强现场监督力度。

b. 割接前,割接方案必须维护部门书面审核批准。实施割接前务必核对割接光缆的纤芯、路由等资料。

c. 夜间割接,务必增加灯光照度,慎防割错。

d. 割接后与值班机房确认通信情况,核实资料后才能退场。

(8)机房测试

①光缆线路的测试项目包括光特性测试和电特性测试。光缆传输性能的优劣主要是通过光纤的损耗来体现的。

②光缆线路的接头损耗、总损耗符合设计要求。光纤后向散射信号曲线全程应无异常现象,损耗符合要求。一般采用 OTDR(光时域反射仪)进行测试,主要测试内容有光缆接续损耗测试记录、中继段光纤衰减统计表和光纤后向散射信号曲线表。

8.6.2 电缆工程

1)施工流程(图 8-35)

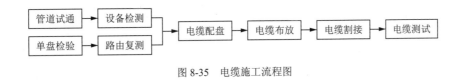

图 8-35 电缆施工流程图

2)技术要点

(1)管道试通

①管孔摸底

a. 按设计规定的管道路由的占用管孔,检验是否空闲以及进、出口的状态。

b. 按光缆配盘图核对接头位置所处地貌和接头安装位置,并观察(检查)是否合理。

②管孔试通方法

制作穿管孔用竹片,一般竹片数量为连接后的总长度不少于 200m。目前多数用低压聚乙烯塑料穿管(孔)器代替竹片。

③制作管孔清洗工具

对于新管路以及淤泥较多的陈旧管道,采用传统的管孔清洗工具比较有效。管孔也可用直径合适的圆木试通,由于目前管孔内绝大多数用塑料子管布放光缆,因此圆木的直径按布放的塑料子管直径考虑。

注意在工具制作时,各相关物件应牢固以避免中途脱落或折断给洗管工作带来麻烦。

(2)设备检测

①测试设备的精度应按相应的鉴定规程和校准方法进行定期检查和校准。如剥线器、卡接工具等。

②设备应有专人负责保管,定期维护,建立台账,并做好相关记录。

(3)单盘检验

①电缆单盘检验的概念及目的

a. 电缆在敷设之前,必须进行单盘检验。

b. 检验工作:对运到现场的光缆及连接器材的规格、程式、数量进行核对、清点、外观检查和光电主要特性的测量。确认光缆、器材的数量、质量达到设计文件或合同规定的有关要求。

②电缆单盘检验的内容及方法

在电缆敷设和接续前,首先要对单盘电缆进行检验;要求电缆外护套应完整无损;盘长、盘号应与出厂产品质量合格证一致。另外,检验的项目主要还有不良线对检验、电缆外皮密封性能检验、绝缘电阻检验、耐压检验等。

a. 不良线对检验

a) 混线:两根芯线相碰触,但接触电阻不一定为 0。本对线相碰称为自混,不同线对间芯线相碰称为他混。

b) 断线:单根芯线或一对芯线断开。

c) 地气:芯线与电缆屏蔽层相碰触。

d) 绝缘不良:芯线与芯线、芯线与屏蔽层之间因受潮或进水而使绝缘电阻降低。

e) 反接:本对芯线的 a、b 线在电缆中间或接头中间错接。

f) 差接(鸳鸯线):本对芯线的 a 或 b 线错与另一对芯线的 a 或 b 线相接。

g) 交接(跳对):本对线在电缆中间或接头中错接到另一对芯线上,产生错号。

b. 电缆气闭性能检查

充电 2h 检查气压下降情况。

c. 绝缘电阻测试

用 500V 绝缘电阻表进行绝缘电阻测试,要求严格时应用 500V 高阻计。

测试步骤如下:

a) 检查兆欧表;

b) 接线;

c) 以 120r/min 摇动手摇发电机,指针稳定后,即可读出绝缘电阻值;

d) 放电后拆线。

③其他器材检验

堵塞剂、气压传感器应有入网证,堵塞剂应在有限期内。热缩套管、组合式接头套管、钢管、钢绞线、挂钩、铁件等表面应均匀完整、光洁,不应有脱皮、剥落、开裂和针孔现象。

④交接设备检验

立式交接箱配线架或墙挂式交接配线架要求骨架组合应牢固,选用的金属材料无锈蚀变形,涂漆完整光亮、无气泡,每列的模块背装架结合牢固端正,每列上端有标志牌,跳线环齐全牢固。

交接箱体有防雨、防尘措施,涂漆完整光亮、无气泡。门锁开关灵活,门上有排气孔;箱内骨架与箱体之间、骨架与背装架之间组装牢固、端正,每列有标志牌,跳线环齐全牢固。

交接间配线架、交接箱的接线模块在温度20℃±5℃,在相对湿度60%～80%时,接线端子对外壳和接线端子间的绝缘电阻应不小于1000MΩ(DC500V高阻计测试)。

⑤分线设备检验

分线设备外观应整洁,防腐处理完整、无损伤;分线设备的配套零件齐全有效。在相对湿度60%～80%时,接线端子对外壳和接线端子间的绝缘电阻应不小于1000MΩ(DC500V高阻计测试)。

⑥充气设备检验

各种充气设备的规格、型号、数量应符合设计要求,电动机、空气压缩机、高压储气罐、低压储气罐、分子筛、干燥设备、电磁阀以及各种管路材料、接头等设备性能应符合设计要求或出厂标准。充气设备零配件完好无损,资料齐全。

(4)路由复测

①路由复测小组的组成

路由复测小组由施工单位组织,复测工作应在配盘前进行。

②路由复测的一般过程

定线→测距→画线→绘图→登记→电缆配盘。

(5)电缆配盘

电缆配盘是指按一定的要求将每盘电缆进行编组、配盘,把长度不等和电性能不同的电缆安排在预计段落内,使接头的位置安全并便于安装和维护,也可以保证传输质量和合理的经济效益。

①电缆配盘要求合理准确,电缆配盘要在路由复测和单盘检验后,敷设之前进行;

②配盘时应考虑电缆接头点尽量安排在地势平坦、稳固和无水地带;

③同一地段应布放同一类型的电缆,并根据自然地势等情况,在必要的地段按设计配置不同结构的电缆;

④电缆配盘前,应仔细测量管道长度,根据实际测试长度进行配盘,合理计算电缆的迂回长度、电缆接头的重叠长度和接续的操作长度。

(6)电缆布放

①管道资料核实。

a. 按设计规定的管道路由和占用管孔,检查管孔是否空闲以及进/出口的状态;

b. 按电缆配盘图核对电缆接头所处位置、地貌和接头安装位置,并检查是否合理;

c. 管孔必须对应使用。

②人孔上面的安全措施及人孔内有害气体的检查与通风。

③清刷管道和人孔抽水。

④电缆布放前应检查电缆盘号、端别、电缆长度、对数及程式等,准确无误后再敷设。

⑤布放电缆应按照设计要求的A、B端敷设电缆,敷设电缆时的牵引力应小于电缆允许拉力的

80%,曲率半径必须大于电缆直径的 15 倍;敷设时应以液状石蜡等作为润滑剂,严禁使用有机油脂;电缆接头留长应按设计要求预留;电缆接头必须交错放置。

⑥交接箱装配应零件齐全,接头排应无损坏,端子牢固,编扎好的成端电缆应在箱内固定,并进行对号测试和绝缘测试,漆面应完好;交接箱内跳线布放合理、整齐,无接头且不影响模块支架开启,交接箱箱号、电缆编号、线序的漆写(印)应符合设计要求。

电缆布放如图 8-36 所示。

(7)电缆割接

电缆割接应按照审批通过的割接方案及相关标准和规程严格执行,出现问题立即上报有关单位;接续前,应保证气闭良好,并应核对电缆程式、对数,检查端别,如有不符合规定应及时返修,合格后方可进行电缆接续。

图 8-36 电缆布放

①电缆接续方式

a. 充气的电缆可采用无填充的接线子(模块);

b. 不充气的 200 对以上电缆应采用有填充的模块;

c. 填充型的,不充气的 200 对以下空气型电缆采用有填充的扣子接线子;

d. 扣式接线子、模块型号及适用线径,见表 8-2。

扣式接线子、模块型号及适用线径 表 8-2

接线子名称	3M 型号	国产型号	适用线径(mm)
扣式二线接线子	UY	HJKT1	0.4～0.7
扣式三线接线子	UR	HJKT3	0.4～0.9
不中断复接接线子	UB	HJKT4	0.4～0.7
直接模块	4000D	HJM1	0.32～0.65
防水型直接模块	4000DWP	—	0.32～0.65
复接模块	4005D	HJM2	0.32～0.65

②电缆固定与开剥

电缆结构如图 8-37 所示。

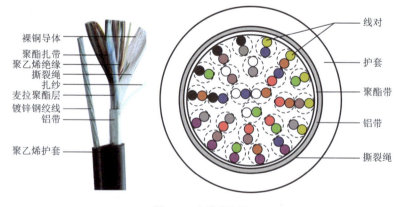

图 8-37 电缆结构图

a. 固定与开剥

a)拗正电缆,按照规定位置将电缆拗平拗正;

b)电缆接头距电杆表面,至少要有 60cm 距离;

c）管道电缆需在托上固定；

d）电缆开口长度，见表8-3；

电缆开口长度　　　　　　　　　　表8-3

材料及排列	开口长度(mm)	材料及排列	开口长度(mm)
二排模块接续	480	接线子接续	（采用热缩管时）内衬管长度-100
三排模块接续	700		

e）电缆对数3000对时，模块需排列成三排，以适应热缩套管的容量；

f）剖缆工作亦可利用电缆包带外的撕裂线或以尼龙线代替剖刀进行；

g）剖缆后要以两端的超单位色带为准将缆芯扭正、对准，以便接续。

b. 电缆开剥注意事项

a）用电工刀剖缆时要注意持刀角度及敲击力度，防止伤及电缆包带；

b）电缆切口部分在剥除包带时，在切口外应保留2cm包带以保护芯线；

c）连接屏蔽线后，需用胶带包扎，防止护层切口处的铝护层缺口伤及芯线；

d）剖开以无纺布为包带的电缆层，应立即用胶带紧扎电缆切口，防止潮气侵入，并检查包带是否沾有水迹。

③编排线序

a. 严格按照色谱，基本单位，超单位色带的规定顺序编排线序；

b. 超单位色带，面向局侧以逆时针方向排列为序，面向用户侧以顺时针方向排列为序；

c. 中心单位或第一层领导单位为小线序，外层单位为大线序。

④接续前测试

a. 以500V高阻计或量程为2000MΩ，电压为500V的兆欧表测试芯线的绝缘电阻。测试方法是：将全部芯线与屏蔽层连接后接"地"，抽出一根芯线来接"线"，测试时逐根调换，标准为600MΩ/km。

b. 进行断线、混线测试，判断出厂电缆故障是否减少及检验电缆布放质量。

c. 对故障线的性质，线序要做好记录，如故障线借用电缆备用线调换时，必须注意不得采用指定装气压遥测传感器的电缆第一、第二对备用专线。如故障线数量大于可用备用线数量，则应更换电缆。

⑤芯线接续

a. 扣式接线子的直接

a）检查接线子的型号及完好程度，接线子盖和主体分离的不得使用；

b）取出相应线对，相互扭绞2～3花，并将扭绞后的芯线部分拉直，平行留长50mm后剪断；

c）左手持接线子，使底部朝上，右手将A线或B线穿入接线子孔内，芯线必须插到底；

d）以专用压接钳进行压接（不准用其他工具代替），然后用手轻拉一下接好的芯线，以芯线拉不出接线子为好；

e）将接好的线对按规定方向倒入接头；

f）根据电缆对数、接线子排数，电缆芯线留长应不小于接续长度的1.5倍；

g）剥开电缆护套后，按色谱挑出第一个超单位线束，将其他超单位线束折回电缆两侧，临时用包带捆扎，以便操作，将第一个超单位线束编好线序。

b. 扣式接线子的复接

a）将被复接的分支电缆芯线束环头后，在另端电缆切口处固定；

b）取出相应线对（三对），互相扭绞 2～3 花，将扭绞后的芯线部分拉直，平行留长时期 50mm 后剪断，操作过程与扣式接线子相同。

c. 扣式接线子的不中断复接

a）根据复接要求开启接头，将复接芯线束环头固定于电缆切口的另侧；

图 8-38　电缆接线

b）拣出直通的复接线对分清 A、B 线，使芯线插入口对下正复接线线端，然后将被复接线对嵌入线槽后，再将复接线对穿入接线子插口，并以专用压接钳夹紧。

电缆接线如图 8-38 所示。

d. 屏蔽线的连接

a）在电缆切口上方切开宽 10mm，长途电 15mm 的口子，刮去屏蔽层上的塑料薄膜后，将屏蔽线端套在已开好切口上。

b）用钳子将屏蔽线端部夹住电缆外护层。

c）屏蔽线连接完后，在端部用 PVC 胶带包扎头，另一端按以上步骤同样处理。

d）接续中对电缆制造缺陷的处理：

对色带短缺的处理：若只缺一个单位色带，并不影响接续，若短缺色带在两个及以上单位时，则需至另端进行测试，区分不同单位，以保证接续无误。

对芯线节距容易开的处理：电缆剖开后，应立即用废芯线将超单位芯线束的尾端扎紧，在接续过程中要经常收紧扎线，以防止节距散开。若节距已散开分不清原对数，则需至电缆另端试线。

对芯线露铜的处理：对影响接续的。芯线露铜，应在邻近电缆切口处将露铜芯线先接长之后再正式接续。

e. 接续时的防潮

a）架空、挂墙接续的防潮：

工间休息或夜晚停工时，需将接头先以聚酯薄膜包扎两层后，再以 4in 橡皮布包扎两层，最后以大塑料布罩住整个接头及两端电缆部分。

应避免在雨天、雾天进行芯线接续工作，如已进行芯线接续工作，包扎时应在接头内临时放置硅胶去潮。

b）人孔接续的防潮：

抽去人孔内积水，清洁人孔及人孔内杂物，堵塞管孔，防止管道内积水流入人孔。

以塑料布罩住接头上方，防止人孔顶板滴水，并在电缆切口以橡皮包布制成临时阻水带，防止水沿电缆流入接头。

模块、接线子应打开一些，使用一些，再使用时再打开；模块更应使用一块，打开一块，防止受潮及刀片损坏。

受潮的模块，接线子不得使用。

潮汛、雷雨期间要准备好人孔圈。

套管在封合前应以电吹风或硅胶等驱潮。

f. 芯线改接

a）采用接线子接续的改接：

采用接线子接续的芯线改接方法与铅包电缆同。

b）采用模块接续的改接：

核对新电缆的色带、色谱。

核对老电缆的色带、色谱,并进行必要的测试。

以25对为一次改接单元,打开模盖或模基,以改入线对调换改出线对。其余步骤按模块接续操作步骤进行测试。另全塑电缆的备用线对,应采用扣式接线子接续,且a、b线不可混接。

基本单位色谱与线序的对应关系如表8-4所示。

基本单位色谱与线序的对应关系　　　　表8-4

线序	1	2	3	4	5	6	7	8	9	10	11	12	13
a线	白	白	白	白	白	红	红	红	红	红	黑	黑	黑
b线	蓝	橘	绿	棕	灰	蓝	橘	绿	棕	灰	蓝	橘	绿
线序	14	15	16	17	18	19	20	21	22	23	24	25	
a线	黑	黑	黄	黄	黄	黄	黄	紫	紫	紫	紫	紫	
b线	棕	灰	蓝	橘	绿	棕	灰	蓝	橘	绿	棕	灰	

(8)电缆测试

①需立即封合的接头应在完成接续后进行测试。

②配线支缆接续完成后均需临时包扎,不得封合。待整条支缆的接续工作全部完成,进行支缆全程测试后,再进行封合及与引上电缆的合拢工作。

③与成端合拢前,应对整条电缆进行测试。

④与成端合拢后应对电缆全程进行测试。

⑤芯线对号测试时,必须借用芯线与屏蔽层作回路,以测试屏蔽层是否接通。

⑥接头的封合:

a. 在电缆接续部位,安装金属内衬套管,并把纵剖拼缝用铝箔条,或PVC胶带黏结固定。

b. 电缆芯线接续完毕后,在电缆两端切口处,安装专用屏蔽连接。

c. 对已接续芯线进行包扎。

d. 在电缆接续部位,安装金属内衬套管,并把纵剖拼缝用铝箔条或PVC胶带粘接固定。

e. 把内衬套管的两端全部用PVC胶带进行缠包。

f. 用清洁剂清洁内衬套管的两端电缆外护层,长度为200mm。

g. 架空和墙壁电缆接头固定:要求接头位置稍高于电缆,形成接头两端自然下垂,使雨水往两端流,接头的夹条必须安放在套管下方;100对以上的电缆接头时,包管内必须放防潮剂(通常为硅胶)。电缆包管须用红扎线三点式固定成8字形进行掉扎并挂牌标明去向。

电缆的吊扎如图8-39所示。

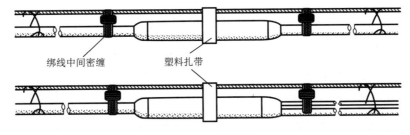

图8-39 电缆的吊扎

h. 套管封焊加热对照热缩套管封焊说明规范要求操作,要均匀变色点封焊变两头出油即可,热缩完毕原地冷却后才能搬动。热缩后要求外形美观,无烤焦等不良状况。

i. 200对以上(含200对)电缆接头里须备有工程信息卡,标注项目编号、项目名称、施工单位、施工时间、电缆信息。

通信电缆在人孔内的布放如图 8-40 所示。

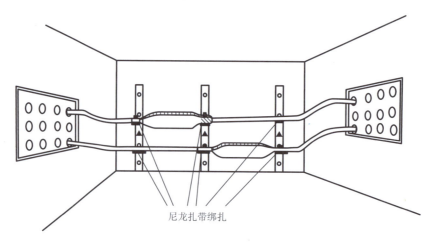

图 8-40　通信电缆在人孔内的布放

⑦制作电缆气门：

a. 新设市话电缆的局内气闭，一般做在成端上面 1m 以上。

b. 包管拉练向下，气门朝上。

c. 充气系统设备安装必须达到安全可靠，装设牢固性能稳定，外观整洁。

d. 套管封焊加热对照气门热缩套管封焊说明规范要求操作，套管加热要均匀两头出油即可，热缩完毕原地冷却后才能搬动。热缩后要求外形美观，无烤焦等不良状况。

e. 封装完毕须做气压测试。

f. 为确保安全，应严格按照安全标准操作规程进行施工。

电缆接头封合如图 8-41 所示。

图 8-41　电缆接头封合

⑧工后检查：

确保符合《市内通信全塑电缆线路工程施工及验收技术规范》（YD 2001—1992）的要求。

⑨收拾擦拭工具用具，清理施工现场。

施工后的杂物、垃圾要区分可回收与不可回收，分类处理。危险废弃物必须带回公司，统一交由专业环境保护部门处理。另外，如果权属单位有规定要求回收的废旧电缆应按规定要求办理。

⑩人（手）孔下作业注意事项：

a. 下井必须用竹梯，尽量避免触碰和踩踏现有线缆，对现有线缆用保护材料进行包裹保护。

b. 施工人员必须熟练识别光缆类别。管井内有长途光缆时，拆缆作业风险为 A 级。

c. 剪断电缆前，必须 2 人核实确认为旧缆，不得随意剪缆，监理或维护人员必须在场监督。

d. 收缆过程时，做好对同路由光电缆做好保护措施，不得强拉、强压、强折。

8.7 工程验收

工程验收是通信工程建设中的重要一环,对施工的质量进行全面检查和考核。

通信建设工程验收的主要条件是:

(1)生产、辅助生产、生活用建筑已按设计要求建成;

(2)设备按要求安装完毕,并经规定时间的试运转,各项技术性能指标符合设计规范要求;

(3)经工程质量监督机构检验合格,并有工程质量评定意见;

(4)技术文件、工程技术档案和技术资料齐全、完整;

(5)维护用主要仪表、工具、车辆和维护备件已按设计要求基本配齐;

(6)生产、维护、管理人员的数量和素质能适应投产初期的需要。

从技术角度,通信管线改迁工程管道、光缆和电缆初步验收检查内容如下。

8.7.1 通信管道验收

通信管道初步验收检查内容:

(1)核对竣工图管道走向、人(手)孔位置、高程、各管道的断面和段长以及弯管道的具体位置和弯曲半径要求。

(2)检查已签证的隐蔽工程验收项目,如发生异常,应进行抽检复查。

(3)管孔试通。直线管道管孔试通应采用长 90cm、直径为管孔内径 95% 的拉棒进行试通;各段管道全部试通合格,管道工程才能称为合格。

(4)管孔封堵。塑料管道进入人(手)孔的管孔应安装管堵头。

(5)人(手)孔内的各种装置应齐全、合格,并应符合工程设计要求。例如口圈、盖子、积水罐支架和托板、拉力环等。

8.7.2 通信光缆验收

通信光缆初步验收检查内容:

(1)通信光缆线路工程初步验收应在施工完毕并经工程监理单位预检合格后进行。建设单位在收到监理单位《工程初验申请报告》后一周内组织召开工程初步验收会议。初步验收工作一般可分档案、安装及传输特性等分别对工程质量进行全面检查和评议。初步验收时一般不再对隐蔽工程进行复查。

(2)通信光缆线路的安装工艺、传输特性应按表 8-5 的项目内容进行检查和抽测。安装工艺和测试数据应符合设计及相关规范标准,测试数据还应与施工单位提供的竣工测试记录相符。

安装工艺、传输特性检查表   表 8-5

项 目	内 容	检查方式
安装工艺	①路由走向及敷设位置; ②光缆安装质量、接头盒预留光缆安装	按 10% 的比例抽查
传输特性	①光纤平均接头损耗及接头最大损耗值; ②中继段光纤线路曲线波形特性检查; ③光缆线路损耗(dB/km); ④偏振模色散系数	按 10% 的比例抽测

续上表

项 目	内 容	检 查 方 式
光缆护层完整性	在接头监测线引上测量金属护层对地绝缘电阻	按 15% 的比例抽测
接地电阻	①地线位置； ②对地线组进行测量	地线按 15% 的比例抽测

8.7.3 通信电缆验收

电缆初步验收检查内容：

（1）电缆线路工程初步验收应在施工完毕并经工程监理单位预检合格后进行。建设单位在收到监理单位《工程初验申请报告》后一周内组织召开工程初步验收会议。

（2）电缆线路施工结束后应进行测试，电缆测试包括单盘电缆测试和电缆竣工测试。单盘电缆测试的要求已在前面有所叙述。电缆竣工测试内容有环路电阻、工作电容、屏蔽层电阻、绝缘电阻、接地电阻、近端窜音衰耗。所测量的各种阻值均应符合规定要求。

第 9 章 燃气管线改迁工程施工

9.1 概 述

随着城市发展,地铁主体结构与既有市政燃气管线在平面位置和高程上可能存在冲突,因而在地铁主体结构施工过程中需将市政燃气管线进行临时改迁或原位保护。市政燃气管道一般分为输气干管、配气干管、配气支管。由于长输管道、高压及次高压管道承担着输气干管的任务,一旦改迁,影响面广且协调难度大,因此地铁建设一般尽量避免与重大燃气管线冲突。地铁前期改迁主要指非重大燃气管线的改迁,其设计压力与管径相对较小。改迁是指将现状燃气管线废除后,重新建设新管线路由,分为临时改迁和永久改迁两种;而保护是指采用原位悬吊法或原位保护法,在不中断燃气管道的正常使用的前提下,满足地铁主体工程施工对平面与空间的要求。作为能源性市政管道之一的天然气管道,由于管道中的气体具有易燃、易爆、危险性大等特性,在地铁前期管线改迁工程中,对其施工流程和技术要点的高质量把控,是确保工程进度、质量和安全的重要条件之一。

9.2 工 程 特 点

1)燃气的易燃、易爆性

燃气具有易燃、易爆的特性,因此,燃气管线施工过程中需严格按照设计及规范要求控制管线埋设深度及与相邻构筑物的相对安全间距。如果在施工过程中管理控制不规范,则极易对后期运营造成火灾、爆炸和中毒事件,对市民的生命和财产安全构成严重威胁。所以,地铁施工过程中,需视情况对现状管线采取安全评估、定期巡查等安全措施。

2)施工空间狭小

城市地铁建设一般位于城市建成区,各种现状建筑、现状管线分布密集,在有限的区域要新建各种改迁后的管线,管位的紧张程度不言而喻。一般情况下,各专业管线按先深后浅的顺序进场施工,燃气管线最后施工,这样可最大限度地利用有限空间,尽量避免、防止其他专业管线施工过程中对成品燃气管道的破坏。

3)带气作业的危险性

一般情况下,需要改迁的燃气管线均处于供气状态,为尽量避免对周边用户的正常生活造成影响,新建燃气管与现状管碰口一般采用带气碰口。这样,对施工的安全性提出了较高的要求,只有通过技术和管理手段,确保周边人员、建(构)筑物和(运行)管网的安全。

4)工期紧张

地铁前期工程的实施是为了给主体工程留出施工空间,前期工程的工期直接影响后续主体工程的实施。因此,在施工前需要根据设计图纸,对各专业管线施工工序进行统筹安排,以便众多管线能同时交叉施工,又互相不受影响,减少施工工期,对后续主体工程施工提供场地条件。

地铁燃气管线改迁工程施工现场如图9-1所示。

图9-1 地铁燃气管线改迁工程施工现场

9.3 工 程 分 类

燃气管线改迁工程施工分类如图9-2所示。

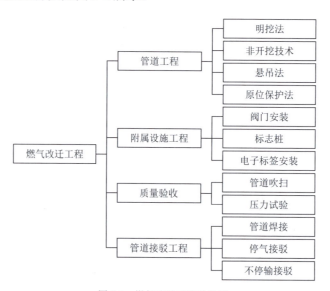

图9-2 燃气改迁工程分类图

9.4 管 道 施 工

燃气管施工主要为改迁做准备,一般情况下,先进行管道的施工,再进行接驳,随后废除原管道。

9.4.1 明挖法

因燃气管线一般埋深较浅,明挖法是地铁前期燃气改迁最常用的方法,主要采用放坡开挖。

1）施工流程

燃气改迁工程明挖法施工流程如图9-3所示。

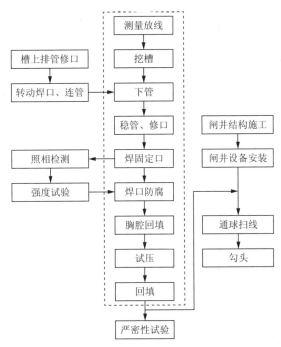

图9-3 燃气改迁工程明挖法施工流程图

2）技术要点

（1）施工前准备

①土方开挖前要熟悉图纸，做好技术交底，并应根据施工方案，将施工区域内的地上、地下障碍物清除。

②做好排水准备，备好水泵、胶管等，在施工区域内，要挖临时性排水沟，夜间施工时，应合理安排工序，防止错挖或超挖。施工场地应根据需要安装照明设施，在危险地段应设置明显标志。

（2）测量放线

所有测量仪器在启用前必须校验或者在检验有效期内，以确保工程中使用的测量仪器的误差控制在允许范围内，减少整个施工过程中的系统误差。闭合导线的测量精度要依据国家标准《工程测量规范》（GB 50026—2007）中一级导线的有关要求进行，即边长不大于300m；测角中误差在8″以内；两个测回数相对闭合差达到1/1500。建立导线加密控制的标准是：既要满足精度要求又要分布均匀、使用方便。加密控制导线测完后，要对测量成果进行整体平差，在满足精度要求的基础上，报监理审批后，方可在施工中投入使用。

（3）挖槽

管线开槽一般采用机械挖槽，人工清槽底与修槽。根据土质及周围构筑物的实际情况采用不同的放坡形式。在周边管线较复杂、作业空间受限的条件下，也可采用人工开挖的方法。

①由于地铁专业管线多且复杂，机械开挖土方前，应先探明开挖范围内地下构筑物的具体位置并确认是否允许在附近开挖。施工时，技术负责人、安全员对工人、机械司机进行交底，交底内容包括挖槽断面、施工技术、安全要求等，并派专人指挥；应指定专人与司机配合，测量人员到位盯槽，按设计图纸随时检查开槽高程、宽度和测量定位的中心线，保证开槽合格，防止超挖。

②测量人员根据管线走向、埋深放出沟槽上口线，并在现状管线两侧各1m处洒石灰线，施工中

石灰线范围内采用人工作业,不得使用机械。为防止超挖槽底保留10cm泥土采用人工清槽。

③开槽过程中,道路破除的石方及渣土全部外弃,土质较好的土堆放在沟槽一侧,如场地受限,则在现场附近暂存。

④沟槽开挖后,要求槽底平直、边坡整齐,沟内无塌方、积水。在施工图中标明的或经电磁物探发现的障碍处,挖槽时先做坑探,了解障碍处的具体位置及高程。

⑤堆土位置距槽上口边线1.5m以外,高度不超过2m,留出运输材料工作面。在未堆土的槽边1m处沿沟槽走向设置1.2m高的红白漆护栏。

⑥根据土质情况和开挖深度确定放坡系数,根据管径确定槽底宽,计算出开口宽度。管道沟槽底部宽度为 $B =$ 管径 $+0.3$m;沟槽开挖实测见表9-1。

沟槽开挖实测项目　　　　　　　　　　　　　　　表9-1

检 查 项 目	允许偏差(mm)	检查方法和频率
槽底高程	±15	水准仪,两井之间3点
槽底中线每侧宽度	不小于设计值	米尺,两井之间每侧3点
沟槽边坡	不陡于设计值	地度尺,两井之间每侧3点

⑦沟槽形成后,施工员先自检,不符合设计标准处应及时修整,合格后报监理工程师验收,并办理签认手续。

⑧设计管线局部距离周边公司的围墙较近,为保证围墙及沟槽的安全,此段沟槽采用连续式水平支撑的支护方法保证稳定性。

⑨当采用人工开挖时,开挖槽、坑、沟深度超过1.5m,必须根据土质和深度情况按安全技术交底放坡或加可靠支撑;遇边坡不稳、有坍塌危险征兆时,必须立即撤离现场并及时报告施工负责人,采取安全可靠排险措施后,方可继续挖土。槽、坑、沟必须设置人员上下坡道或安全梯。严禁攀登固壁支撑,或直接从沟、坑边壁上挖洞攀登爬上或跳下。间歇时,不得在槽、坑坡脚下休息。

⑩沟槽开挖完毕后,用优质原土将沟底及沟边不平整处进行填补铲平,沟内不得有石头、钢筋等容易对燃气管道造成破坏的物体。

燃气管线明挖法挖槽工程实例如图9-4、图9-5所示。

图9-4　人工开挖管沟工程实例

图9-5　机械开挖工程实例

(4）管道基础

①管道开挖后平整基底，原土夯实，采用100mm厚砂垫层基础。

②砂基础施工前，要复核槽底高程且要求槽底不能有积水和软泥，更不能有废旧构筑物、硬石、木头、垃圾等杂物。如槽底有上述杂物要将其清除出沟槽以外，清除干净后铺厚度为100mm的干河砂，且平整夯实。

③当槽底土壤为松散软土或人工回填土时，开挖深度比设计高程高出5cm厚的土层，待敷管前夯实到设计高程。对无地下水且采用人工开挖的段落，槽底预留5～10cm厚，对机械施工或有地下水的段落，槽底预留厚度不小于15cm。待安装管道前，应再派人清至设计高程，并对槽底进行修平整理。

④管沟基础密实度测量。管沟基础除了未扰动的原硬土层外，其余均做密实度测量，局部超挖部分应回填夯实。当沟底无地下水时，超挖0.15m以内，可用原土回填；超挖0.15m以上，可用石灰土处理；当沟底有地下水或沟底土层含水量较大时，可用级配砂石或天然沙回填；超挖部分回填后做夯实处理，其密实度不低于原地基天然土的密实度。

⑤对于被扰动和经回填夯实处理后的管道基础，做沟基础密实度检测，其密度不低于原地基天然土的密实度。

(5）下管

①管道的堆放

进入现场的管材必须逐件进行外观检验，破损和不合格产品严禁使用。管材整齐堆放，尽量单根布放，管端应有保护封帽，堆放场地需平整，无硬质杂物，不积水；管道下方垫一层方木，方木上垫2cm厚草袋或编织袋，如需要多根堆放，则堆放高度不超过1.0m。

②管道吊装

运输吊装时，采用起重机，使用宽度大于50mm的专用吊装带吊放管道，吊带吊点最大间距不大于8m，严禁用铁棍撬动管子或用钢丝绳直接捆绑外壳。起吊时，应稳起、稳放，运输中采用方木支垫，保证管道不被砸、摔、滚、撞。

下管吊装时，视情况可以采用机械吊装（起重机）或人工吊装（倒链）。管道可单根吊入沟内安装，也可将多根组焊后吊入沟内安装。本工程尽量采用槽上多根组焊方式，以减少槽下固定口的焊接量，加快施工速度。当组焊管段较长时，可采用若干组倒链吊装架同时起吊下管，吊点的位置按平衡条件选定。严禁将管道直接推入沟内。

(6）管道回填

①管道回填必须符合施工技术规范要求，按规定轻、重型要求进行回填，沟槽内不得有积水、淤泥及其他杂物，所用填料严禁采用砖头、混凝土块、树根、垃圾和腐殖土。

②沟槽的回填，先填实管底、胸腔、管道之间及管顶以上50cm范围，采用人工回填。每层回填虚土10cm左右。管顶50cm以上采用蛙夯回填，回填厚度为20cm，每层夯实不少于4遍。

③燃气管线按照设计位置在管顶以上50cm埋设警示带。

④回填施工前做好回填土的准备工作，以确保回填进度和回填质量。回填过程中，应经常检查回填土的含水率，控制在最佳含水率±2%以内，回填土中无大块砖、石、淤泥、腐殖土、树根、草袋等杂物。

⑤回填土前测含水率，过湿和过干的土均必须进行处理（灰土处理或洒水），回填过程中应注意控制回填土的含水率，以确保沟槽回填的密实度满足施工规范要求。

⑥回填土应分层夯实，每层厚度0.2～0.3m，管道两侧面及管顶以上0.5m内的回填土用人工夯实，当回填土超过管顶0.5m时，用小型机械夯实，并分层做管顶密实度试验，达到回填土夯实密实度试验要求。管道隐蔽方式如图9-6所示。

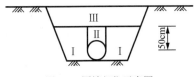

图9-6 回填部位示意图

回填密实度要求详见表9-2。

不同回填部位密实度要求　　　　表 9-2

回填部位(图 9-6)	密实度要求(%)	备 注
Ⅰ	回填密实度≥95	管道两侧同时回填，高差不得大于200mm
Ⅱ	回填密实度≥90	
Ⅲ	回填密实度≥95，耕地≥90	

⑦回填土时应注意保护电子标识器，回填土成分还应同时符合道路管理部门对不同路段的相应要求。

⑧以管沟开挖方式敷设的管道应设保护板进行保护。保护板为厚度不小于 2.5mm 的卷状聚乙烯板，保护板敷设在管道正上方约 300mm 处，板上印有警示标识的一面向上敷设。保护板回填工程实例如图 9-7 所示。

图 9-7　保护板回填工程实例

3) 注意事项

①沟槽施工过程中，应密切注意沟槽边坡的稳定，如果发现边坡有不稳定的迹象时，应立即撤出作业人员，并及时采取相应措施。

②开挖有地下水位的基坑（槽），应根据当地工程地质资料，采取措施降低地下水位。一般要降至低于开挖面 0.5m，然后才能开挖。

③管线穿越主要路口时，采用导段快速施工的方法施工。将管道安装导段长度提前连接好，沟槽开挖后，马上下管并回填。不能导段施工的路口，搭设承载 15t 的钢便桥，保证车辆通行。

④夜间施工时，应有足够的照明设施；在危险地段应设置明显标志，并要合理安排开挖顺序，防止错挖或超挖。

⑤在机械施工无法作业的部位和修整边坡度和清理均应配备人工进行。

⑥开挖管沟时，应确定合理的开挖顺序、路线及开挖深度，然后分段分层平均下挖，人工配合修整沟槽、清底。

⑦在现有管道上开槽时，注意不得破坏现有管道。

⑧在开挖过程中，若对原基础造成扰动，需要对基底进行处理。处理方式为：扰动深度≤15cm，回填粗砂；扰动深度＞15cm，下部回填级配砂石，上部回填 5～10cm 粗砂。沟槽见底后，邀请监理单位验槽，现场确认，必要时做钎探试验，验槽合格后方可进行下步施工。

9.4.2 非开挖技术

地铁前期燃气管改迁非开挖技术特指经常采用的水平定向钻施工。该工艺利用岩土钻掘设备及技术手段，通过导向、定向钻进方式在地表极小部分开挖的情况下（一般指入口和出口小面积开挖），敷设管线的施工新技术，定向钻管道埋设深度一般在地下 3～8m。其优点是不阻碍交通，不破坏绿地、植被，不影响商店、医院、学校和居民的正常生活和工作秩序，解决了传统开挖施工干扰居民生活的难题，具有较高的社会经济效益；缺点是由于定向钻钻入地下深度较深，管道后期运营维护的难度较大。非开挖技术常用于穿越公路、铁路、河流等不宜开挖且土质较软的钢管或 PE 管施工。

定向钻施工技术在 6.4 节已有详细叙述，在此不再赘述。

9.4.3 悬吊法

燃气管的悬吊法特指原位悬吊。

1）施工流程

原位悬吊法施工流程如图9-8所示。

图9-8 悬吊施工流程图

2）技术要点

（1）确定管线位置

①在围护桩施工前，开挖探沟，确定管线位置，并设置管线标识牌。

②冠梁挡墙施工完成后，土方开挖前，采用人工将燃气管线挖出并确定燃气管线的接口位置，在附近设置醒目标示牌，然后用细砂再将燃气管线掩埋。

（2）前期防护

可采用竹胶板制作成的方形体对燃气管线进行临时保护，长宽不可小于管道直径+200mm。

（3）基础施工

基础施工应结合现场实际情况，根据设计方案实施，一般情况下可采用贝雷梁、工字钢基础或采用钢筋混凝土结构条形基础。

贝雷梁安装注意事项：

①贝雷梁施工安装时注意对管线的保护，严禁施工机械接触管线。在两端基础上进行测量放样，定位出贝雷梁准确位置。使用起重机对贝雷梁进行架设，贝雷梁两片分为一组，起重机首先安装一组贝雷片，准确就位后先牢固捆绑在基础上，然后焊接限位器，再安装另一组贝雷片，同时与安装好的一组贝雷梁用贝雷片剪刀撑进行连接。依此类推，完成整个贝雷梁的安装。

②在贝雷梁安装过程中，要安排起重机专人指挥，并且对燃气管线采用临时防护罩进行防护，防护罩使用HRB400C22钢筋焊接，外侧满铺钢丝网，其作用是防止吊装坠物，损伤管线，并且在防护罩外设置警示标志牌。

（4）悬吊管线

①贝雷梁架设完成后，在管线下侧使用U型螺栓对管线进行悬吊，U型螺栓间距50cm，U型螺栓采用ϕ22圆钢钢筋弯制。在U型螺栓与管线间垫橡胶垫片，将管线悬吊在贝雷梁上（图9-9）土方挖除时按U型螺栓吊环间隔分成的块，隔一挖一（图9-10），防止因U型螺栓没有拉紧管线而对管线造成损伤。U型螺栓上端采用双螺母固定，确保安全。

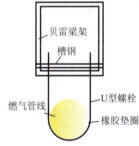

图9-9 管线悬吊剖面图

图9-10 悬吊土方挖除示意图

②在管线接头位置，使用长50cm，厚1cm的弧形钢板选吊，在此处U型螺栓间距采用20cm，管线悬吊完成后，采用防火棉将整个管线包裹起来，并每20cm用扎带固定扎紧。

③在基坑开挖过程中,加强对管线的保护,在管线下方及水平方向两侧各 2m 范围内,采用人工开挖,严禁使用机械进行开挖。

(5)管线回填

①当回填到管线下 50cm 时,在管线下方间隔 3m 砌筑高 50cm、宽 24cm 的支墩。支墩与管线间用沥青油麻支垫,然后在管线下回填细砂,并用水灌实。

②拆除悬吊结构后,管线两侧按照回填的要求夯实。

③贝雷梁拆除:

a. 贝雷梁拆除工作的重点在安全,所有现场施工人员首先必须从思想上树立安全意识,遵守安全操作规程。

b. 起吊由专人指挥,定期对起重索具进行检查,起吊前应检查吊物所割除的焊缝是否割完,吊物时,吊臂与被起吊物下严禁站人。

c. 悬吊结构 U 型螺栓及钢丝绳拆除时隔一拆一,防止因下方支垫不牢固对管线造成损伤。管线回填完成后,拆除贝雷梁。

贝雷梁安装工程实例如图 9-11 所示。

图 9-11　贝雷梁安装工程实例

图 9-12　燃气管道临时防护工程实例

燃气管道临时防护工程实例如图 9-12 所示。

3)注意事项

(1)施工前必须调查所有有关基坑开挖影响范围内的管线,查明管线规格、位置和走向等基本资料。根据查明的管线资料和控制要求,对基坑中不需要拆迁和改迁的管线,采取保护措施。

(2)在贝雷梁两端设置围护栏杆并悬挂"严禁翻越、禁止通行"的警示牌以及黄色安全标志牌,在贝雷梁两侧安装 LED 警示灯,防止施工时机械碰撞。

(3)每天 24h 对悬吊结构及管线进行巡查、防护,并安排专职人员定期检查贝雷桁架纵梁连接处的销子、螺栓等松动情况,对螺栓、螺母、销子出现松动的部位及时紧固。

(4)施工时安排专人指挥施工机械施工,防止施工过程中施工机械及重物触碰悬吊结构及管线,机械指挥人员、管线防护人员及机械司机通过对讲机进行沟通。

(5)支吊结构必须坐落在坚实稳定的支墩上,在施工期间需保证支撑、悬吊的材料具有足够的强度和刚度,结构设计合理,确保管线在悬吊期间的位移和变形控制在允许范围内。

9.4.4　管道保护法

管道保护法主要有原位包封保护及套管保护法。

1) 原位包封保护

(1) 沟槽验收合格后,根据设计施工图在管道两侧采用水泥砂浆砌成混凝土砌块作为底座。再砌墙体,距离燃气管距离为10cm,沟槽内采用细砂回填密实,盖板采用预制盖板,盖板间缝隙宽2cm,用1:2水泥砂浆填实。适用于现状及新建燃气管道在管顶覆土不满足设计及规范要求时采用管沟保护。

(2) 墙体结构要求及做法要根据现场燃气管道上方路面情况,人行道及绿化路面一般采用砖砌,如图9-13所示;车行道路面宜采用钢筋混凝土墙体,如图9-14所示。

图 9-13 砖砌管沟保护施工现场

图 9-14 钢筋混凝土管沟保护施工现场

(3) 既有燃气管道保护

既有燃气管道保护指在地铁施工范围内原有的带气管道由于施工导致管道安全间距或管道上方覆土不符合设计及相关规范要求,存在安全隐患,则需要对管道进行保护。

在明确燃气管道走向后,沿燃气管两侧采用人工开挖沟槽,开挖过程严禁使用机械开挖,为保护带气管道的使用寿命及预防外在因素对管道的破坏,燃气管道不允许长时间暴露于空气中,故每段开挖面长度宜为10m,现状燃气管道四周及管道下方覆土不开挖,两侧开挖深度为现状燃气管道下方10cm处,施工完毕后再进行下一段开挖,保护工艺适用于钢制、聚乙烯两种不同材质的燃气管道。

2) 套管保护

当新建燃气管道埋设深度达不到设计及规范要求、在施工过程中与地下其他构筑物、专业管线的安全间距不符合相关规范要求时,在取得设计单位同意的情况下可采取套管保护措施。常见的套管材质有钢制管道、钢筋混凝土管道、PE100聚乙烯燃气管道。根据设计要求选择不同材质的管道进行保护,钢制套管及钢筋混凝土套管适用于埋设在机动车道或有重型车辆行驶的道路下方,PE100聚乙烯燃气套管适用于埋设在非机动车道下。所用套管管径需大于管道两个级别。

9.5 附属设施工程

9.5.1 阀门安装(埋地 PE 接口钢制闸板阀)

1)施工流程

阀门安装施工流程如图 9-15 所示。

图 9-15 阀门安装施工流程图

2)技术要点

(1)施工准备

①确认管切断时是否直角,未成直角时应重新切断。

②使用刮管刀对球阀管与主管道连接部位表面污垢、杂质进行刮除,一般长度为 100~200mm;厚度为 0.2mm。刮管表面必须均匀、干净。

(2)对口

把球阀安放在埋设位置后,专业管工进行对口,完成对口后将插在主管上的套筒与阀门管连接,套入深度与标记的长度相符。

(3)套筒连接

采用全自动电熔焊接机进行焊接,焊接完毕后约 30min 冷却,冷却过程中不允许任何重物对其施压。

(4)放散管道安装

①放散管与钢塑接头的连接,施工时应先进行转换接头钢管端焊接,焊缝采用氩弧焊打底,待焊口冷却后方可进行聚乙烯管电熔连接;其焊缝应进行表面检验,其质量不得低于现行国家标准,不得有不允许的缺陷存在,对发现的缺陷应及时消除,消除后重新进行检验直至合格。

②钢质放散管外表面手动机械除锈,达 Sa2.5 级后刷防腐底漆两道,与钢塑接头钢管端焊缝包进口牛油胶布与 PVC 放散阀外表面刷防腐底漆与沥青漆各一道。

(5)井室砌筑

井室的砌筑目前大多采用钢筋混凝土底板和砖墙结构的砌筑方法。井室应按规定的强度要求和规格尺寸砌筑,要牢固稳定,有一定的操作维护空间和良好的防水性。

阀门安装工程实例如图 9-16 所示。

图 9-16 阀门安装工程实例

3)注意事项

(1)阀门两侧安装放散阀,其安装距离不小于 1.5m,可根据现场情况适当调整,但最大距离不应超过 10m;各操作井应沿管线轴向安放。当两阀门间距小于 400m 时,可只设一个放散阀。

(2)井室基础应牢实,垫层应符合设计要求。

(3)井室砌筑要保证灰浆饱满、水泥砂浆的强度等级、试块强度均应符合设计要求。防水做法应严格按施工工艺进行。

(4)井体与管口交接处应加套管,不得直接压在管道上,空隙用油麻沥青砂填密。

(5)井框、井盖必须完整无损,安装平衡,位置正确,井盖高程与路面高程相比的允许偏差为 5mm。

9.5.2 标志桩安装

1)施工流程

在燃气管道施工完成后,进行标志桩的安装。根据管道实际敷设方位埋设于管道正上方路面,其作用是用于警示地下管线的标识产品,能够清楚地标明管线的铺设方向。标志桩图形分为起终点、直通、三通、45°拐点、90°拐点。根据管道实际敷设方位及竣工测量定位后提供的准确位置埋设在燃气管道硬化路面正上方。由于地铁建设专业多,大部分燃气管道施工完毕后,路面未能立即恢复硬化,可根据现场实际情况埋设燃气醒目高桩,管道沿线可设置路面标识。

2)技术要点

(1)混凝土和沥青路面宜使用铸铁标识,绿化带和未形成完整路面的宜使用混凝土方砖标识或醒目高桩。

(2)路面标识应设置在燃气管道的正上方,能正确、明显的指示管道的走向和地下设施。

(3)路面上已有能标明燃气管道位置的阀门井、凝水缸等部件,可将该部件视为路面标识。路面标识上应标注"燃气"字样,可选择标注"管道标志""三通"及其他说明燃气设施的字样或符号和"不得移动、覆盖"等警示语。

(4)铸铁标识和混凝土方砖标识埋入后应与路面平齐。混凝土方砖表示标识埋入后,应采用红漆将字体描红。

(5)燃气管道穿跨越公路、铁路、河流时,在埋地管道与公路、铁路、河流、地下构筑物的交叉点两侧须设置标志。标志可包括标志桩、路面标识或电子标识器。

标志桩工程实例如图 9-17 所示。

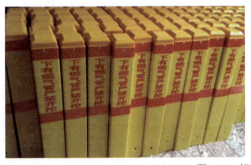

图 9-17 标志桩工程实例

3)注意事项

(1)标志桩材质应坚固、耐用。

（2）设置位置为管道转弯处、三通、管道末端等，直线管段路面标识的设置间隔不宜大于20m。

（3）铸铁标识和混凝土方砖标识的强度和结构应与道路荷载登记配套，考虑汽车的荷载，使用后不松动、不脱落；标识的字体应端正、清晰。

9.5.3 电子标签及保护板安装

1）电子标签埋设

（1）为保证埋地PE燃气管道的示踪效果，在管道的节点如三通、弯管、末端等处均应设置电子标签。当两节点间距不足10m时，可只在埋深较浅的节点处设置电子标签。

（2）为保证信号效果，电子标签敷设时应保持水平，严禁倾斜安装，标签印有标识的一面向上敷设，用胶布将标签固定在PE管的正上方。

（3）埋设深度不大于1.5m时采用浅标签；埋设深度大于1.5m时应采用深标签。

2）保护板安装

（1）管沟开挖方法敷设的埋地聚乙烯（PE）燃气管道应设塑料保护板进行保护，保护板敷设在管道正上方约300mm处，为厚度不小于2.5mm的卷状塑料板，板上印有警示标识的一面向上敷设。

（2）保护板宽度应大于被保护管道直径，当保护板宽度不足时，可采用搭接的方式进行保护，搭接宽度应不小于板宽的1/3，保护板搭接采用打孔捆扎的方式进行固定。

（3）管道改变敷设方向、三通分支时，保护板应对应改变方向，卷状保护板可剪断后转向，并用塑料捆扎带将保护板有效连接；板状保护板采用塑料接驳栓直接进行转向或三通接驳。

（4）聚乙烯（PE）燃气管道穿越铁路、公路及河流处，及埋深不符合规范要求时，应设水泥套管、保护沟或板状塑料板保护。保护板为厚度不小于12mm的塑料板，设置在管道正上方约300mm处，板上印有警示标识的一面向上敷设，钢制高压埋地燃气管道，应采用板状塑料保护板进行保护。

9.6 质量验收

9.6.1 管道吹扫

（1）管道试压、吹扫分段要求。

（2）每段试压时间视施工情况进行调整；施工完毕一段，试压一段，交工验收一段。

（3）气密性试验达到试验压力，在压力、温度稳定后开始计时，经过24h后，测出压力表上的压力降，经过温度修正后与允许压力降比较。

（4）试验压力及操作要求应符合图纸和《城镇燃气输配工程施工及验收规范》（CJJ 33—2005）的规定。

（5）空气吹扫利用大型空压机（9m³/min）进行不间断的吹扫。吹扫压力不超过管道的设计压力0.3MPa，流速不小于20m/s。

（6）空气吹扫过程中，当目测排气无烟尘时，应在排气口设置白布障或涂白漆的木制靶板检验，

5min 内靶板上无铁锈、尘土、水分及其他杂物应为合格。

海绵球吹扫工程实例如图 9-18 所示。

图 9-18　海绵球吹扫工程实例

9.6.2　强度试验和气密性试验

（1）埋地燃气管道强度试验压力为 0.45MPa，试验介质为压缩空气，试验时间为 1h。

（2）气密性试验压力为 0.345MPa，试验介质为压缩空气，试验保证压力时间为 24h。在试验之前，把强度试验压力通过放散阀把压力调至试验压力，保持一段时间，管内外达到常温，压力稳定后，记时间、温度，观察压力表读数，稳压 24h 压力降不超过规定计算结果方为合格。

9.7　管道接驳工程

9.7.1　管道焊接

1）PE 管热熔焊接

（1）施工流程

PE 管热熔焊接施工流程如图 9-19 所示。

图 9-19　PE 管热熔焊接施工流程图

（2）技术要点

①准备工作

a. 施工图的准备

施工是按照设计图纸来进行的。当施工单位收到有效的施工图后，施工单位应到施工现场，具体了解情况，对不能照图施工的部分要与设计单位交底、协商，确定是否能采取特殊的施工工艺或作局部设计变更。同时，还应根据图纸进行材料、设备的采购，对施工进度安排。

b. 人员培训

人员培训执行《焊工控制程序》（QR-CX/A-25—2013）的规定。

c. 施工机具的准备

根据施工工艺的要求,准备相应的施工机具,即全自动热熔焊机、30kW 柴油发电机、焊缝外观检验尺。

d. 管材、管件的验收

a)检查产品有无出厂合格证、出厂检验报告。燃气用聚乙烯管应为黄色和黑色,当为黑色时管口必须有醒目的黄色色条,同时管材上应有连续的、间距不超过 2m 的永久性标志,写明用途、原材料牌号、标准尺寸比、规格尺寸、标准代号和顺序号、生产厂名或商标、生产日期。

b)对外观进行检查:检查管材内外表面是否清洁光滑,是否有沟槽、划伤、凹陷、杂质和颜色不均匀等。

c)管的长度检查:管的长度应均匀一致,误差不超过 ±20 mm。逐一检查管口端面是否与管材的轴线垂直,是否存在有气孔。凡长短不同的管材,在未查明原因前应不予验收。

d)椭圆度检查:取 3 个试样的试验结果的算术平均数作为该管材的椭圆度,其值大于 5% 为不合格。

e)管材直径和壁厚的检查:管材直径的检查用圆周尺进行,测其两端的直径,任意一处不合格则为不合格品。壁厚的检查用千分尺来进行,测圆周的上下四点,任意一处不合格则为不合格品。

e. 管材、管件运输与保管

在聚乙烯产品的运输和保管中应按下述方法进行:应用非金属绳捆扎和吊装。不得抛摔和受剧烈撞击,也不得拖拽。不得暴晒,雨淋,也不得与油类、酸碱、盐、活性剂等化学物质接触。管材、管件应存放在通风良好,温度不超过 40℃、不低于 -5℃ 的库房内,在施工现场临时堆放时,应有遮盖物。在运输和存放过程中,小管可以插在大管中。运输和存放时应水平放置在平整的地面和车库内,当地面不平时,应设置平整的支撑物,其支撑物的间距以 1～1.5m 为宜,管子堆放高度不宜超过 1.5 m。产品从生产到使用之间的存放期不应超过 1 年,发料时要坚持"先进先出"的原则。

② 热熔焊接

a. 施工流程

热熔焊接施工流程如图 9-20 所示。

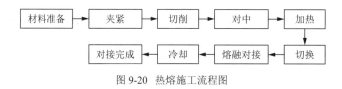

图 9-20 热熔施工流程图

b. 技术要点

a)材料准备

将焊机各部件的电源接通。必须使用 220V、50Hz 的交流电,电压变化在 ±10% 以内,电源应有接地线;同时应保证加热板表面清洁、没有划伤。

将泵站与机架用液压导线接通。连接前应检查并清理接头处的污物,以避免污物进入液压系统,进而损坏液压器件;液压导线接好后,应锁定接头部分,以防止高压工作时接头被打开的危险。按选定的工作模式输入焊接数据:直径、壁厚或 SDR 值、加热板的温度设定。

b)夹紧

将管道或管件置于平坦位置,放于对接机上,留足 10～20mm 的切削余量;根据所焊制的管材、管件选择合适的卡瓦夹具,夹紧管材,为切削做好准备。

c)切削

切削所焊管段、管件端面杂质和氧化层,保证两对接端面平整、光洁、无杂质。将机架打开,放入铣刀,旋转锁紧旋钮,将铣刀固定在机架上。启动泵站时,应将方向控制手柄置于中位时进行,严禁在高压下启动。

启动铣刀,闭合夹具,对管子管件的端面进行切削。当形成连续的切削时,降压,打开夹具,关闭铣刀。此过程一定要按照先降压,再打开夹具,最后关闭铣刀的顺序进行。

取下铣刀,闭合夹具,检查管子两端的间隙(间隙量不得大于0.3mm)。从机架上取下铣刀时,应避免铣刀与端面碰撞,如已发生需要重新铣削;铣削好的端面不要用手摸或被油污等污染。

d)对中

检查管道的同轴度(其最大错边量为管壁厚的10%)。当两端面的间隙与错边量不能满足要求时,应对待焊件重新夹持,铣削,合格后方可进行下一步操作。

e)加热

检查加热板的温度是否为210~230℃,以两端面熔融长度为1~2mm为宜。加热板的红指示灯应表现为亮或闪烁。从加热板上的红指示灯第一次亮起后,再等待10min使用,以使整个加热板的温度均匀。

测试系统的拖动压力 P_0 并记录。每个焊口的拖动压力都需测定;当拖动压力过大时,可采用垫短管等方法解决。将温度适宜的加热板置于机架上,闭合夹具,并设定系统压力 P_1,$P_1=P_0+$ 接缝压力。待管子(管件)间的凸起均匀,且高度达到要求时,将压力降至近似拖动压力,同时按下吸热计时按钮,开始记录吸热时间。$P_2=P_0+$ 吸热压力(吸热压力几乎为零)。

f)切换

将加热板拿开,迅速让两热熔端面相黏结并加压,为保证熔融对接质量,切换周期越短越好。达到吸热时间后,迅速打开机具,取下加热板。取加热板时,应避免与熔融的端面发生碰撞;若已发生,应在已熔化的端面彻底冷却后,重新开始整个熔接过程。

g)熔融对接

焊接的关键,对接过程应始终处于熔融压力下进行,卷边宽度以1~2mm为宜。

h)冷却

保持对接压力不变,让接口缓慢冷却,冷却时间长短以手摸卷边生硬,感觉不到热为准。迅速闭合夹具,并在规定的时间内,迅速将压力调节到 P_3,同时按下计时器,记录冷却时间。夹具闭合后升压时应均匀升压,不应太快或太慢,应在规定的时间完成;以免形成假焊、虚焊,此压力要保持到焊口完全冷却。

i)对接完成

达到冷却时间后,将压力降为零,打开夹具,取下焊好的管道(管件),移开对接机,重新准备下一接口连接。卸管前一定要将系统压力降为零;若需移动焊机,应拆下液压导线,并及时做好接头处的防尘工作。

③焊缝外观质量检查

a. 检查工具:焊缝尺。

b. 检查项目:翻边平滑、均匀、对称;环的宽度为 $0.35s$~$0.45s$(s 为PE管壁厚,下同),环的高度为 $0.2s$~$0.25s$,环的厚度为 $0.1s$~$0.2s$,错口量 $<0.1s$。

c. 合格判定标准:外观检查符合以上要求后,按焊口的10%翻边切边检查,端面质密均匀无孔洞,可判定所有焊缝合格。

④外观及10%焊口翻边切削检验

蜂鸣器响,冷却时间到,松开固定装置,检查对接焊口外观成型质量,一般为翻边对称性检验(100%),接头对正性检验(>10%),翻边切除检验(>10%)。

电熔焊机如图9-21所示。

图 9-21 电熔焊机

2）钢管焊接

（1）施工流程

钢管焊接施工流程如图 9-22 所示。

图 9-22 钢管焊接施工流程图

（2）技术要点

① 焊前准备

a. 机具准备

直流弧焊机、焊条烘干箱、焊条保温筒、角向磨光机、钢丝刷、敲渣锤、扁铲、手锤、钢印号、气割设备及工具，焊机上须装设电流表、电压表；烘干箱应有温度及时间调节装置，达到计量读数准确，调节灵活、可靠。工程中所用的焊接设备应能满足工艺要求，焊机应调节灵敏、参数指示正确，当发现异常时应及时报告有关人员进行维修或更换，焊机不得带病作业。

b. 人员准备

焊工必须持有相关部门颁发的压力容器焊接方式、类别和级别的焊工资格及上岗证书，资格证书在有效期内并有一定的焊接生产实践的人员担任。

焊接技术人员应负责焊接工艺评定，编制焊接工艺规程和焊接技术措施，进行焊接技术和安全交底，指导焊接作业，参与焊接质量管理，处理焊接技术问题，整理焊接技术资料。

焊接检查人员应由相当于中专及以上焊接理论知识水平，并有一定的焊接经验的人员担任。焊接检查人员应对现场焊接作业进行全面检查和控制，负责确定焊缝检测部位，评定焊接质量，签发检查文件，参与焊接技术措施的审定。

焊接材料管理人员应具备相关焊接材料的基本知识，并应负责焊接材料的入库验收、保管、烘干、发放、回收等工作。

c. 坡口准备

坡口采用坡口焊，坡口形式均为 V 形坡口，坡口角度 55°～60°，钝边厚度 0～3mm，间隙 0～3mm。

焊件组对及焊接前，应将焊接面上、坡口及其内外侧表面 20mm 范围内的杂质、污物、毛刺等清理干净，并不得有裂纹、夹层、加工损伤、熔渣等缺陷。

d. 组对准备

管子或管件对接焊缝组对时，内壁错边量不应超过接头母材厚度的 10%，且不应大于 2mm。不等厚对接焊件组对时，薄件端面应位于厚件端面之内。

当内壁错边量大于第 d 条规定或外壁错边量大于 2mm 时,应按图 9-23 进行加工修整。

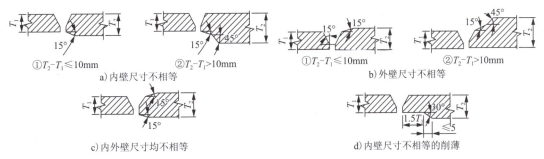

图 9-23　不等厚对接焊件坡口加工示意图

注：T_1 为不等厚焊件接头的薄件母材厚度；T_2 为不等厚焊件接头的厚件母材厚度；用于管件时,如受长度条件限制,图 a)①、图 b)① 和图 c)中的 15°角可改用 30°角

②定位点焊

对口完成,检查合格后对接口进行点焊,点焊由焊工进行,其他工种不得自行点焊,点焊工艺及焊接材料与正式施焊一致。当管径大于等于 1.6m 时,点焊长度为 100mm 左右；当管径小于 1.6m 时,点焊长度为 80mm 左右。点焊应分布均匀,长度不宜大于 400mm。点焊后要检查各点质量,对于不符合要求的应立即进行清除,并重新点焊。

③施焊

a. 电弧焊采用两人对应施焊,分层焊接。电弧焊的单层厚度不大于所用焊条直径加 2mm；单焊道摆动宽度不大于所用焊条直径的 5 倍；施焊中应特别注意接头和收弧质量,收弧时应将熔池填满,接头应错开,每道焊缝接头错开量应大于 30mm。

b. 施焊过程中,每焊完一层后,应将药皮和飞溅物清理干净,并仔细检查有无缺陷,如有缺陷,必须把缺陷清除后,才能进行下一层的焊接。多层多道焊的接头和收弧应错开,错开量为 30～50mm。

④自检

a. 焊缝焊完后应清除熔渣和氧化层。焊缝外观成形良好,不应有电弧擦伤；焊道与焊道、焊道与母材之间应平滑过渡；焊渣和飞溅物应清除干净,检查数量为全部检查。

b. 管道对接焊缝的角变形允许偏差为 3mm。

c. 母材厚度为 6～13mm 时,焊缝余高和根部凸出≤1.5mm；母材厚度为 13～25mm 时,焊缝余高和根部凸出≤3.0mm。

d. 焊后错边量不应大于 1/5 壁厚,局部不得大于 2mm,错边量应均匀分布在管子的整个圆周上,根焊道焊接后,不得校正错边量。

e. 电弧焊焊缝表面应完整,焊缝尺寸应符合设计图纸与焊接工艺的要求,焊缝加强面宽度应超出坡口边缘 2～3mm。

f. 焊缝外观检查出的不合格缺陷必须重焊。

⑤无损检验

外观检验合格后,根据设计要求,对焊缝的内部质量进行 100% 无损超声检测,焊接后的焊缝质量等级为 I 级,对每条焊缝按规定的检验数量进行局部监测,且不得少于 150mm 的焊缝长度,抽样或局部检验时,应对每一位焊工所焊的焊缝按规定的比例抽查。

钢管焊接工程实例如图 9-24 所示。

图 9-24　钢管焊接施工

9.7.2 停输接驳

1）施工流程

停输接驳施工流程如图 9-25 所示。

图 9-25 停输接驳流程图

2）技术要点

（1）施工前准备

①根据施工现场管网情况，制定停输范围及施工方案，经各相关部门审核同意后并向停气用户发放停气通知。

②停输接驳施工宜在居民天然气使用量最小的时间段内进行。

（2）操作坑开挖

①操作坑开挖前，必须对周边沟井进行可燃气体浓度检测并记录，同时由抢修队对土方队施工人员进行安全技术交底。在开挖过程中，抢修队需派人员进行现场监督，严格控制操作坑的质量。作业坑按照碰口作业操作要求人工放坡开挖，碰口作业坑回填干河砂高于管道顶 0.1m 再回填石粉渣，碰口点及封堵点为人行道，路面原状恢复。

②封堵工作坑与碰口工作坑应分段开挖，其间应设置隔离墙。

③在地下水位较高及软土地区，工作坑底部应浇捣钢筋混凝土基础，厚度≥20cm；在其他地质情况下，也应进行夯实处理，满足封堵设备承重和施工要求。

④工作坑深度≥2m 时应采取放坡处理或板桩支撑，并搭设工作平台。

9.7.3 不停输接驳

不停输接驳指使用专用设备在不影响天然气输送的情况下对带压运行管道进行开孔、封堵施工等作业技术，该技术主要应用在管线不停止输送介质、不降低压力，保证管线正常运行的情况下，对管线进行以下作业。不停输作业对管道碰口作业提供了最为安全可靠的技术保证，而且只有少量的天然气被放空，既节约了资源，又保证作业过程的环保性。

1）施工流程

不停输接驳施工流程如图 9-26 所示。

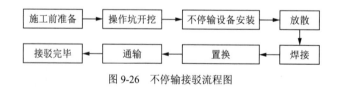

图 9-26 不停输接驳流程图

2）技术要点

（1）施工前准备

①碰口施工队在接到施工任务书后进行现场踏勘，同时对新建管道进行 24h 气密性试验，将现场

实际信息及时通知项目工程师。

②不停输施工应编制不停输施工施工组织设计、应急预案和风险控制措施,按工程所在地方施工许可的审批程序,经合(独)资公司、监理单位及相关政府部门批准后方可实施不停输作业。

③现场各方确定方案中关闭阀门位置、现场压力监控点、放散点位置,方案实施时作业人员不能随意更改。

④停输前的用户告知及指定放散点的位置。

⑤施工机具、车辆、材料准备和检查。

施工机具、材料配备见表9-3、表9-4。

施工机具配备表　　　　　　　　　　　　　　表9-3

序号	名称	单位	数量	备注
1	施工车辆	辆	2	出发前检查并确保车况良好
2	发电机	台	1	
3	电焊机	台	1	
4	PE电焊机	台	1	
5	磨光机	台	1	
6	防爆工具	套	2	
7	氧气、乙炔设备	套	1	
8	探测仪	台	1	
9	防爆风机	台	1	
10	消防器材	套	若干	灭火器、警示牌、警示带、闪灯等

施工材料配备表　　　　　　　　　　　　　　表9-4

序号	规格型号	设备、配件名称	单位	数量	备注
1	开孔机	HT200	台	1	配摇摆1件、斜键1件
2	封堵器	EXP200A	套	1	摇把1件
3	下堵器	XD200	套	1	
4	封堵刀	TCEX200	把	1	配齐刀具扳手
5	下堵连箱	XDCH200	套	1	
6	膨胀筒	EXPC200	个	1	
7	管件	PFEX200	套	1	盲板若干件
8	夹板阀	SV200	个	1	
9	封堵连箱	THE200	套	1	
10	断管连箱	TCHEX200	套	1	

⑥施工安全警戒区设置和安全装备的配备

a. 施工作业时,应按照有关国家、行业燃气设施维护抢修安全技术规程并结合相关城市的燃气管理办法或燃气管理条例等设置安全警戒区。

b. 在安全警戒区明显位置设置安全警戒标识及交通指示牌等标志,应有专人24h负责安全警戒,杜绝闲杂人等进入安全警戒区。

c. 开孔作业和封堵作业过程应在施工现场配备消防车辆以及足够的灭火器材和防毒面具。

d. 施工现场配置的应急照明和鼓风机等设施均应选用防爆型设备。

e. 结合本工程的施工特点制订施工计划和措施,经公司管网运行负责人审核批准后实施。

f. 所有项目施工人员必须按规定穿戴和使用劳动防护用品。施工人员首先应掌握本岗位安全操作规程,熟悉相关岗位安全作业措施。

g. 封堵工、电工、焊工、起重工、操作手等特殊工种应经专业培训,并取得特殊工种操作证才能上岗作业。

(2) 操作坑开挖

①操作坑开挖前,必须对周边沟井进行可燃气体浓度检测并记录,同时由抢修队对土方队施工人员进行安全技术交底。在开挖过程中,抢修队需派员现场监督,严格控制操作坑的质量。作业坑按照碰口作业操作要求人工放坡开挖,碰口作业坑回填干河砂高于管道顶0.1m再回填石粉渣,碰口点及封堵点为人行道,路面原状恢复。

②封堵工作坑与碰口工作坑应分段开挖,其间应设置隔离墙。

③在地下水位较高及软土地区,工作坑底部应浇捣钢筋混凝土基础,厚度≥20cm;在其他地质情况下,也应进行夯实处理,满足封堵设备承重和施工要求。

④工作坑应采取有效支护措施,深度≥2m时应采取放坡处理或板桩支撑,并搭设工作平台。

(3) 不停输设备安装

①三通管件安装

a. 三通管件在焊接前应先将塞堵拆下,并将限位卡环完全伸出和退回,检查管件限位卡环的运行情况,同时记录下完全伸出和缩回需要旋转的圈数。该数据在置入塞堵时使用。

b. 管道流速要求:三通管件焊接时,气体流速应≤10m/s。

c. 管道的实测壁厚应大于管道焊接的安全壁厚,且有效壁厚应>5mm,否则应降压后进行核算,壁厚满足要求方可进行安装施工。

②夹板阀安装

a. 在夹板阀阀盘及内旁通关闭的状态下吊装阀门。

b. 保证夹板阀内孔在安装后与管件的同轴度。

c. 测量夹板阀内径,确保开孔刀和封堵头能通过夹板阀进入管件内。

d. 使用夹板阀,如手动操作,则记录夹板阀完全开启及关闭需要旋转的圈数;如是液压阀门,则检查位置指示器以确认阀盘已经全部开启及关闭。

③开孔

a. 在进行开孔前对整个系统(包括管件、夹板阀、开孔结合器、开孔机等)进行压力试验,试验压力为管道最高运行压力,保压1h,以无压力降为合格。试验介质为氮气。

b. 整体试压完成后,关闭夹板阀,打开开孔接合器上的放散阀,观察夹板阀压力表,对夹板阀密闭性进行检查,以3min内无压力降为合格。

c. 通过测杆转速测量确定开孔刀的实际转速,以确定开机刀的转速是否正常。

d. 开孔过程中由操作人员全程在平台上负责尺寸控制,操作人员应佩戴安全带。

④工艺平衡孔开孔

a. 主封堵孔与安全囊孔间应设置工艺平衡孔。

b. 工艺平衡孔开孔前管件与开孔机整体连接后应进行试压,试验压力为管道最高运行压力,确认严密后进行开孔作业。试压技术要求与9.6.2节"强度试验和气密性试验"相同。

c. 开孔时,宜先开旁通孔,然后开封堵孔、下囊孔及工艺平衡孔。

⑤旁通管安装

a. 旁通管的敷设、安装、压力试验等质量检验标准按合(独)资公司或监理的要求进行。

b. 旁通管应按照原管道设计规定进行强度试验及严密性试验,试验介质宜采用空气。

⑥封堵及效果判别

a. 进行天然气放散后,关闭放散管,观察压力表,压力无明显升高即可。如压力升高明显,则应提起封堵重新进行封堵。

b. 囊式封堵作为辅助措施一般下两个安全囊。

c. 下囊时,应先下靠近封堵头一侧的封堵囊,然后对施工管道进行氮气置换,经气体检测仪连续3次测量管道内天然气含量和氧含量,天然气含量均小于1%、氧含量均小于2%后,再下靠近施工管道一侧的封堵囊,然后可进行断管作业。

d. 气囊中应充氮气,囊内压力应保持稳定,由专人进行实时监测。

⑦放散管的设置和安装

放散管应设置在接驳作业坑下风向处,且与接驳工作坑距离应≥10m,放散口应高出地面3.5m以上,顶部应设置降噪装置。如人口密集区域,宜采用点燃放散。

（4）焊接

①焊接作业前,对操作坑内进行天然气浓度和一氧化碳等有害气体检测,经质安员确定检测的浓度在安全范围及消防、安全设施齐全的情况下,作业人员方能下坑进行焊接作业。

②作业过程中,用防爆鼓风机对操作坑进行持续吹扫,每隔15min对操作坑进行一次天然气浓度及一氧化碳等有害气体检测。

③锯开动火点,将新建的中压管道与原有的中压管道进行焊接,检查焊口质量合格后可进行下一环节。

（5）置换

①将氮气瓶安装氮气减压阀,将中压胶管与地下管线始端阀门后的放散阀连接,并开启该放散阀。

②开启氮气,向系统内充氮气,调整氮气出口压力不超过0.3MPa。

③观察系统末端放散阀处压力表读数变化,压力升高可确定系统畅通。

④当系统末端放散点压力达到0.1MPa时,开启末端放散阀门排放系统内的空气。

⑤计算系统体积,当氮气充入量为系统体积的1.5倍时关闭末端放散阀,氮气置换完毕。

⑥保持系统压力0.1MPa,并稳压1h,以压力不降为合格;合格后,开启末端放散阀排放氮气,当系统内氮气压力为微正压时（30～50Pa）,关闭末端放散阀门,拆除始端氮气系统,用丝堵将放散阀封堵。

（6）通气

①开启系统始端阀门进行燃气置换,阀门开度应控制为1/3。

②间歇开启系统末端放散阀进行放散,放散时应注意放散点及周边的安全,随时用可燃气体探测仪监测燃气浓度,当放散点3m直径范围内的燃气浓度达到报警浓度时（爆炸下限的20%）,关闭放散阀门,待放散点气体浓度下降后再开启放散阀继续放散。

③用取样袋随时在末端放散点取样,并在远离放散点的安全处进行试燃检查。

④试燃检查应按"先点火,后开气"的顺序操作。观察火焰呈蓝色时,初步判断置换完全。然后,将火焰完全熄灭,采取安全措施在放散点处使用天然气体积浓度检测仪对管内天然气浓度值进行确认,当连续3次检测到浓度值大于85%VOL时,确认置换浓度合格。

⑤当周边有条件直接燃烧时,可考虑直接放散燃烧。

⑥拆除所有末端放散管与压力表,用丝堵将放散阀封堵,用肥皂水检查放散阀应无泄漏。

⑦将系统阀门全部开启,用肥皂水和可燃气体检测仪检测阀井,无泄漏后填写有关记录,通气作业完毕。

碰口接驳工程实例如图 9-27 所示。

图 9-27　碰口接驳工程实例

第4篇
地铁前期工程项目管理

第10章 招投标与合同管理
第11章 设计管理
第12章 项目管理
第13章 工程质量管理
第14章 安全管理

第10章 招投标与合同管理

10.1 概 述

招投标管理是为了规范建设工程项目的设备和材料供应商采购以及土建工程、机电安装工程和施工、设计、监理、咨询等单位的选择,节约项目建设投资,保证工程建设质量,在招投标过程中体现公平、公开、公正的原则,使项目建设管理依法合规。

合同管理是指对工程项目合同的签订、履行、变更和解除进行监督检查,对合同履行过程中发生的争议或纠纷进行处理,以确保合同依法订立和全面履行。合同管理贯穿于地铁工程项目合同签订、履行、终止直至归档的全过程。

前期工程一般由线路的设计总包单位自行设计或通过合规方式选择专业设计单位;设备、材料一般均为乙购,采购方式由施工单位自行选择,建设单位只对设备、材料的质量进行控制;监理一般由主体标段的监理负责,但必须符合相关专业资质要求,燃气、110kV及以上电压等级的专业监理一般另行招标委托;负责预算编制和造价审核等的咨询单位可以与土建和站后工程一并招标选择。

10.2 招投标管理

10.2.1 建设模式

鉴于前期工程的特点,目前,前期工程采用以下三种建设模式:

(1)由地铁建设单位委托项目权属单位实施,这种模式的优势在于权属单位对现场情况熟悉,割接、碰口环节方便、快捷,验收移交一步到位。但这种模式要求权属单位具有相应的施工资质,否则会存在二次招标或委托。这种模式需要根据项目的投资规模,严格按照建设项目招投标法规的规定组织实施。

(2)由建设单位以线路为单元,招标选择前期工程各专业施工单位,这种建设模式符合相关招投标法规的要求,但由于施工单位与项目权属单位之间、前期工程各专业之间关联度较高,建设单位需要承担大量的协调工作。

(3)在获得项目权属单位同意的前提下,将前期工程项目打包放入主体工程标段中一并招标,如果主体工程施工单位具备相应的专业施工资质,该专业可由主体工程施工单位实施,否则,则由主体工程施工单位在合同内进行专业分包。这种建设模式符合相关招投标法规的规定,由主体工程施工单位在合同范围内直接管理前期工程,可提高管理效能,但对主体工程施工单位的实力和经验要求较高。

目前,前期工程主要还是通过招标的方式选择施工单位,是以一条线路范围的各专业为标段进行招标还是将前期工程打包放入主体工程标段中进行招标,只是招标方式的差别而已。招标的目的就是通过在工程建设中引入竞争机制,按照招投标相关政策和法规,择优选择实力强、信誉好、具有相关工程资质和工程经验的施工单位。

10.2.2 基本原则

1)公开原则

公开原则,要求招标活动必须具有高度的透明度,招标程序、投标人的资格条件、评标与定标方法、中标结果等信息都要公开,使得投标人能够及时获得相关信息,从而平等地参与投标竞争。

2)公平原则

公平原则,要求招标人给予所有投标人平等的机会。招标人不得在招标文件中含有倾向部分潜在投标人的内容,不得以不合理的条件限制或排斥潜在投标人。

3)公正原则

公正原则,要求招投标活动必须按照规定的具体程序和法定时限进行,做到程序公正,以保障招投标各方的合法权益。评定标标准具有唯一性,对所有投标人实行统一标准,以确保标准公正。在招标文件中明确废标和否决投标的情形,评定标委员会必须按照招标文件中事先公布的评定标标准和方法进行评审,推荐中标候选人。

4)诚实信用原则

诚实信用原则,是民事活动的基本原则之一,要求招投标双方以善意的主观心理和诚实守信的态度来行使权利、履行义务,不能故意隐瞒真相、弄虚作假,遵循公平合理、平等互利的法律原则,从而保证招投标活动的顺利实现。

10.2.3 招投标管理项目分类

工程建设项目分为以下两类:
Ⅰ类项目:估价在法规规定必须招标的限额以上的项目。
Ⅱ类项目:估价在法规规定必须招标的限额以下的项目。

10.2.4 招投标管理组织机构和职责

1)建设单位招标主管部门职责

(1)对Ⅰ类项目,负责招投标过程中相关文件的编制、提案和备案(非招标项目的提案及备案除外)。

（2）对Ⅱ类项目,负责招投标过程中相关文件的审核。
（3）组织Ⅰ类项目招投标流程的执行,配合Ⅱ类项目招标流程的执行。
（4）牵头组织投标文件商务部分的澄清、审核,负责Ⅰ类项目澄清和合同谈判报告的提案。
（5）招标主管部门对招投标活动进行归口管理,并负责与政府招标主管部门对接。
（6）对Ⅰ、Ⅱ类项目,负责商务部分或价格组成的制定及审核。

2) 建设单位项目主管部门职责

（1）对Ⅰ类项目,负责招投标过程中相关文件的审核;负责招标文件中技术部分的编制,负责非招标项目的提案、报批及备案。
（2）对Ⅱ类项目,负责招投标过程中相关文件的编制及提案和备案。
（3）对所主管项目,配合Ⅰ类项目招投标流程的执行,组织Ⅱ类项目招投标流程的执行。
（4）牵头组织投标文件技术部分的澄清、审核,负责Ⅱ类项目澄清和合同谈判报告的提案。
（5）配合相关投诉的处理工作(如有需要)。

3) 建设单位法律部门职责

参与项目的资格审查、定标监督等工作。

4) 建设单位监察审计部门职责

（1）对招投标活动进行监督、检查;
（2）对招投标的重要环节进行现场监督;
（3）负责招投标过程中的投诉处理。

10.2.5 招标的基本程序

1) 招标流程

（1）招标策划的内容

由项目工程主管部门根据前期工程招标项目的特点和自身需要,安排招标工作目标和计划,分解招标工作任务,编制招标策划,确定招标项目概况、工程范围、招标方式、标段划分、合同类型、资格标准（资质、业绩等）、潜在投标人、项目估算、评定标办法、招标进度等主要内容。一般由线路工程主管部门负责前期工程招标策划的编制和提案。

（2）招标计划的编制

根据招标策划,建设单位招标主管部门根据项目主管部门提供的前期工程筹划及主体工程计划,编制、修订年度招标计划,并负责季度招标计划的编制及提案,按审批程序和权限报批并获得批准。

（3）招标文件

①招标文件的基本内容

a. 招标公告；

b. 投标须知；

c. 评标与定标办法；

d. 合同文件格式；

e. 标准、规范和技术要求；

f. 建设单位技术要求;

g. 图纸;

h. 投标文件格式;

i. 中标通知书;

j. 担保书格式。

②招标文件的编制

招标文件依据有关招投标的法律、法规、规章和规范性文件的规定,并根据前期工程的项目特点和需要进行编制。招标文件的内容要清楚反映工程的规模、性质以及商务和技术要求,根据前期工程各专业的不同需求及项目的具体情况,确定对投标人资格审查的标准、投标报价限价、评定标标准、标段和拟签订合同协议书的主要条款等实质性内容。招标主管部门负责前期工程项目招标文件(含补遗答疑文件)的编制组织及提案,按招标文件审批层级进行批准执行。

受制于地铁前期工程设计稳定性差和初步设计报批时限等因素,前期工程招标时所依据的初步设计图、招标设计图的设计深度无法满足工程量清单编制要求,采用概算下浮计价模式招标是解决这一问题的有效方式之一,投标限价采用投标报价概算下浮的报价方式。招标人根据经批准的概算、造价指标、市建设部门发布的上一年度同类招标工程中标价相对于招标控制价的下浮率或者通过市场询价等方式设置最高报价限价。

a. 准备招标图纸。项目主管部门根据批准的标段策划,安排前期工程设计出图;招标图纸、签章应齐全、合法。

b. 编制投标须知和建设单位要求。项目主管部门编制招标工程情况介绍,包括工程概况、工程规模、工期及质量要求、工程特点、技术要求、施工重点和难点等内容,是投标、评标的重要参考。编制投标须知,在招标文件中要明确规定具体而详细的标准、规范和技术要求。

c. 编制合同商务部分。招标主管部门根据前期工程不同专业的特点编制合同商务部分,有投标报价限价、合同协议书、投标承诺函、中标通知书、担保书格式等。合同协议书涵盖合同当事双方责任、适用的法律法规、合同价格及承包方式、计量与支付、工程变更及现场签证、争议处理等方面的内容。组织编制评标与定标方法、投标文件格式等。招标文件中规定的评定标标准和方法不得改变,且明确规定评定标时所有的评审要素,以及如何量化或者据此进行评估。

d. 汇总整合招标文件。招标主管部门汇总其他部门编写的内容,按照招标文件范本整合形成招标文件。在编制过程中充分利用和发挥招标文件范本的作用,按规定参照执行范本编制招标文件,以规范和保证前期工程招标文件的质量。

(4)招标公告

招标主管部门对依法必须进行招标的前期工程项目发布招标公告。招标公告应载明工程情况简介(包括项目名称、建设规模、工程地点、工期要求等),对投标人资质和项目经理资格的要求,拟采用的评定标方法、招标日程安排等内容。

(5)招标文件的澄清与补遗

招标人对已发出的招标文件进行必要的澄清或补遗的(如对招标文件的重大改变、遗漏、表述不清或对复杂事项进行的补充说明和回答投标人提出的问题),将形成澄清补遗文件,在招标文件的规定时限前,可在相关建设工程交易服务网上向所有投标人公示。该澄清补遗文件作为招标文件的组成部分,按招标文件审批层级进行批准执行。

(6)资格审查

采用资格后审的方式确定合格投标人。资格审查由招标人组成的资格后审委员会负责。资格后审委员会由招标主管部门、项目主管部门和法律事务部门人员组成,监察审计部门对审查过程全程监督。

在招标项目截标后,资格后审委员会根据招标公告或招标文件规定的投标资格条件详细审查投标人资格审查文件,全部投标的资格审查材料审查完毕后,资格后审委员会出具资格审查报告,由资格后审委员会及监督人员签字确认后,移交评标委员会处理,并按规定对资格审查业绩材料进行公示。资格审查合格的投标人进入后续程序。

(7) 开标

招标人在资格后审结束后,在招标文件指定的地点举行开标会议,并邀请所有投标人代表参加。未参加开标会的投标人,视为其认可开标程序和结果。

开标会议由招标人主持。招标人宣布资格审查结果,资格后审不合格的投标人的投标文件将不再进入下一步开标程序。由投标人监督检查资格审查合格投标人的投标文件的密封和标记情况,也可以由招标人委托的公证机构进行检查并公证。经确认无误后,由招标人当众拆封,同时现场导入电子投标文件,宣读投标人名称、投标价格以及投标文件中的其他主要内容。审查确定为招标文件中不予受理情形的投标文件,不予送交评标委员会评审。开标过程应进行记录,以存档备查。

(8) 评标与定标

通常是根据项目的特点,选择一种评标方法,由评标委员会按照招标文件及有关规定独立评标。评标完成后,评标委员会向招标人提出书面评标报告,根据招标文件要求推荐中标候选人或者提出明确的评标结论。

目前,建设工程招投标具有改革风向标的举措是实行"评定分离,定性评审,逐轮票决",其本质是落实招标人负责制,赋予招标人自主定标权。在评标时,对资格审查文件、技术标和商务标等要素进行定性评审,评审结论只分为"合格"与"不合格"。招标文件可以设资信标,但资信要素不评审。招标人可以采用"价格竞争定标法""票决定标法""票决抽签定标法"或"集体议事法"在评标委员会推荐的合格投标人中择优确定中标人。

① 评标

a. 评标委员会和评标准备。招标项目的评标工作由招标人依法组建的评标委员会按照招标文件约定的评标方法进行评标。评标委员会应在建设行政主管部门认可的专家库中抽取产生。招标人将向评标委员会提供评标需要的相关表格及电子文件、经备案的招标文件(包括补遗文件、答疑会纪要等)、工程概况和评标重点书面介绍、主要施工图纸和地勘报告等工程技术资料,供评标使用。

b. 初步评审。招标项目在开标后即组织评标委员会进行评标。评标分为初步评审和详细评审两个阶段。初步评审是评标委员会对投标文件进行形式、资格、响应性评审,经评审认定投标文件没有重大偏离,实质上响应招标文件要求的,进入详细评审。有招标文件规定的无效标情形之一的,经评审委员会评审认定后作为无效标处理。

c. 详细评审。前期工程的评标办法采用定性评审法。评标委员会根据招标文件规定的评标方法和标准,对通过初步评审的投标人的商务标和技术标进行系统的评审和比较,形成综合评审意见,内容主要包括:对各投标文件是否合格提出意见,指出各投标文件中存在的缺陷和问题,签订合同前应注意和澄清的事项。将综合评审意见整理成评标报告后,提交给招标人,所有合格投标人均为中标候选人。投标文件存在重大偏差的,由评标委员会负责判定是否作废标处理。

d. 投标文件的澄清、说明或答辩。评标委员会在评审投标文件过程中,对投标文件含义不明确或存在细微偏差的内容,可以要求投标人做出澄清、说明或答辩,但不得超出投标文件的范围或改变投标文件的投标报价和其他实质性内容。

② 定标

a. 定标的原则和程序。由评标委员会根据招标文件中的评审内容和评审指引,对各投标人的投标文件进行定性评审,对通过符合性审查的合格投标文件提出评审意见,并由招标人组建的定标委员会参考评标委员会的评审意见,在评标委员会推荐的所有无排序的中标候选人中,对投标人的技术方案、商务报价和资信三方面进行比选,通过定标程序确定最终的中标候选人。前期工程定标程序一般采用由定标委员会以逐轮票决方式确定中标人。

定标程序流程,如图 10-1 所示。

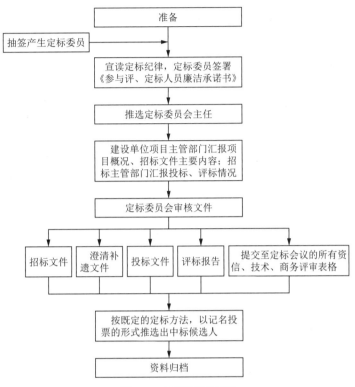

图 10-1 定标程序流程图

b. 定标委员会职责。定标委员会由招标人在定标前组建。在定标当日,由经批准的定标委员会组建方案,以不少于 1∶3 的比例从建设单位定标专家库中随机抽取产生(给排水、电力、通信、燃气等前期工程定标委员会由建设单位、管线权属单位共同组建,权属单位定标委员会人数不超过定标委员会总人数的 1/2)。定标委员会主任由定标委员会推选,与定标委员会的其他成员享有同等权利,并对招标工程定标结果负责。招标人同时组建由 3 人以上的监督组,对定标全过程进行监督。定标委员会依据招标文件、评定标方法、投标文件、评标报告等,采用逐轮票决方式确定一名中标人为中标候选人,并编写定标报告。定标报告应包括定标委员会的产生过程、定标程序及定标结果等内容。并在招标投标监管部门备案同时公示定标结果。

(9)中标通知书

在投标有效期内,招标人将获得批准的中标结果在建设工程交易服务中心公示。公示内容包括中标人的资格审查资料、主要投标承诺等。在规定的公示期内无异议的,招标人将在招标文件规定的时间内向中标人发出中标通知书,同时将中标结果以书面形式通知所有未中标的投标人。

(10)投标文件澄清及合同谈判

在批准招标文件的同时批准成立投标文件审核澄清及合同谈判小组,小组成员由招标管理部门、项目管理部门和财务部门的专业人员组成。

在发出中标通知书后,澄清谈判小组负责组织投标文件的澄清及合同的谈判工作,并编制投标文件澄清及合同谈判报告,报告经澄清谈判小组成员签署后作为附件纳入合同文件。审核澄清及合同谈判结果不应改变投标文件的实质内容。若谈判过程中出现对原招标文件及投标文件响应有重大修改的(如重大技术调整、施工方案的改变、工作范围或工期改变、合同条款改变等),由澄清谈判小组起草投标文件澄清及合同谈判报告并提案,按各类招标文件审批层级进行批准执行。若不存在重大修改,则完成澄清及合同谈判报告,直接进入合同签订、审批程序。

投标文件审核工作流程及标准见表 10-1。

投标文件审核工作流程及标准　　　　　　表 10-1

工作流程	工作内容	工作标准	工作时限	工作成果
组建投标文件审核澄清及合同谈判小组	①本项工作应在招标项目完成定标后立即开始。 ②项目管理部门根据公司批准的方案组建投标文件审核澄清及合同谈判小组;编制工作计划方案,拟订分工和审核澄清原则。 ③招标管理部门准备相关资料	小组应以主办部门、主管部门的领导和专业负责人为主体,包含财务部门、项目运营使用部门有关人员组成;所派人员应熟悉招标项目内容,且在审核、澄清及谈判期间应固定,不宜中途撤换或临时由他人代替。 编制的计划方案应切实可行,分工明确	1个工作日内	建成投标文件审核澄清及合同谈判小组;完成审核澄清计划和分工
投标文件审核及澄清	①定标结束后主办部门负责接收投标文件和评定标资料。 ②组织小组成员按分工完成审核。 ③组织小组成员详细了解招标主要事项和相关内容,了解评定标和中标候选人情况。 ④商务审查: 审核投标文件的合法性:授权、签字盖章及不可偏离项目的响应情况; 审核投标文件商务部分有无声明对招标文件不充分响应的保留事项; 审核报价是否与招标文件要求一致(含报价是否全面、合理,是否存在超出要求的风险,是否有重复、错误、遗漏等情况),必要时可要求投标人进行澄清说明; 按照招标文件规定的评标方法和标准,根据审核情况,得出结论。根据该投标文件的商务部分判断能否接受其投标。 ⑤技术审查: 审核投标技术方案的合理性和可实施性。包括技术方案是否针对招标项目编制,技术方案有无不能接受的技术规范偏离,必要时可要求投标人进行澄清说明。 按照招标文件规定的评标方法和标准,根据审核情况,得出结论。根据该投标文件的技术部分判断能否接受其投标。 ⑥汇总、讨论确定投标文件须澄清的问题清单,交中标候选人进行澄清、补充资料和承诺。 ⑦小组审议澄清回复:是否接受答复、是否有须进一步澄清的问题、投标文件是否满足招标文件要求。 ⑧如果需要,可安排一次当面澄清会议	投标文件审核应一次完成,一般安排一次书面澄清,必要时可再增加一次当面澄清。 投标文件审核问题清单应简洁,问题和澄清要求不应超出招标文件。 审核结论应明确。若能接受,则应说明合同谈判须注意的关键事项;若不能接受,则应列出具体证据事项,提出解决措施	10～15个工作日内	完成审核
编写审核报告	召集全体审核小组人员,会议讨论商务部分和技术部分的审核结果,编写评标审核报告	参加审核的人员应在评标审核报告上签字,有保留意见应同时签署。各部门对各自业务方面的审核负责。 审核报告最后结论应是"可以接受,推荐为中标候选人",或"不能接受,建议申请复审或重新招标"	1个工作日	投标文件审核澄清报告

（11）合同的授予

①合同协议书的签订。招标人与中标人在招标文件规定的时限内,根据招标文件和中标人的投标文件签订施工协议书。招标人与中标人签订的施工协议书必须遵守招标文件的施工协议书条款,并且不得更改内容。中标人如不按规定与招标人签订合同,则招标人将有充分的理由废除中标,并没收其投标保证金或投标保函,给招标人造成的损失超过投标担保数额的,对超过部分予以赔偿同时承担相应法律责任。中标人应当按照合同约定履行义务,完成中标工程施工,不得将中标工程转让（转包）给他人施工。

②工程担保。在签订工程施工协议书的同时,中标人应按规定的时间、规定的金额向招标人提交履约担保。承包商履约担保参照使用招标文件提供的保函格式,必须采用经建设单位认可的银行出具的不可撤销保函。

③投诉的处理。招标实行"分段限时投诉制度",即在每个招标投标阶段,投标人均应对所存异议及时投诉。凡超出被投诉阶段的投诉时限的,任何投诉将不予受理。投诉处理由建设单位监察审计部门负责,技术部分的投诉由项目主管部门负责处理并回复,商务部分的投诉由招标主管部门负责处理。投诉处理原则上应采用书面方式予以回复,同时抄送政府建设行政主管部门备案。

2）投标流程

（1）投标决策

所谓投标决策,包括三个方面内容,一是针对项目招标决定投标或不投标;二是倘若去投标,是投什么性质的标;三是投标中如何运用"以长制短、以优胜劣"的策略和技巧。投标决策的正确与否,关系到能否中标和中标后的效益,关系到投标单位的发展前景和员工的经济利益。

投标决策可以分为两个阶段,就是投标的前期决策和投标的后期决策。

①投标的前期决策

投标的前期决策主要是投标人对是否参加投标进行研究,并做出是否投标的决策。如果项目采取的是资格预审,决策必须在投标人参加投标资格预审前完成。通常情况下,下列招标项目应放弃投标：

a. 本施工单位主管和兼管能力之外的项目。

b. 工程规模、技术要求超过本施工单位技术等级的项目。

c. 本施工单位生产任务饱满,无力承担的项目,招标工程的盈利水平较低或风险较大的项目。

d. 本施工单位企业技术等级、信誉、施工水平明显不如竞争对手的项目。

②投标的后期决策

经过前期决策,如果决定投标,则进入投标的后期决策阶段,即从申报投标资格预审资料至投标报价（封送投标书）期间完成的决策研究阶段。主要研究倘若去投标,是投什么性质的标,以及在投标中采取的策略问题。

a. 投风险标。投标人明知工程难度大、风险大,且技术、设备、资金上都有未解决的问题,但由于本单位任务不足,或因为工程盈利丰厚,或为开拓市场而决定参加投标,同时设法解决存在的问题,就是投风险标。投风险标必须审慎决策。

b. 投保险标。投标人对拟投标项目可能出现的问题可以预见,从技术、设备、资金等方面都能得到解决的投标,称为投保险标。如果施工单位实力较弱,经不起失误的打击,则往往选择投保险标。

c. 投盈利标。投标人如果认为招标工程既是本单位的强项,又是竞争对手的弱项,或建设单位意向明确,或本单位虽任务饱满,但利润丰厚,才考虑让本单位超负荷运转,此种情况下的投标,称投盈利标。

d.投保本标。当施工单位无后继工程,或已经出现部分窝工时,必须争取中标,但招标的工程项目本单位又无优势可言,竞争对手又多,此时,就该投保本标,或者投盈利标。

(2)工程投标的一般程序

已经取得投标资格并愿意投标的投标人,可以按照下列工程程序进行投标:

①投标人根据招标公告或投标邀请书,跟踪招标信息,向招标人提出报名申请,并提交有关资料;

②接受招标人资格审查(如果是资格预审);

③购买招标文件,交押金领取相关的技术资料;

④参加现场踏勘(如果招标人组织),并提出质疑(如有);

⑤参加标前准备会;

⑥编制投标文件,投标文件一定要对招标文件的要求和条件进行实质性响应;

⑦递交投标文件;

⑧参加开标会议;

⑨接收中标通知书并与招标人签订合同(若中标),或接收中标结果通知书(若未中标)。

(3)投标人工作内容

①招标文件分析

招标文件是投标的主要依据,因此应仔细地进行研究和分析。研究招标文件,重点应放在投标人须知、评标办法、合同条款、工程量清单、图纸以及技术标准和要求上,最好有专人或小组研究技术规范和图纸,弄清其特殊要求。

②标前调查、现场踏勘及标前答疑会

这是投标前极其重要的准备工作。作为投标人一定要对项目和周边环境做详细的调查和了解,对招标文件存在的问题提出质疑,招标人会通过答疑会澄清,以确保投标人准确地把握项目,进行投标文件的编制。

③复核工程量

投标人须认真校核招标文件中的工程量清单,因为它直接影响投标报价及中标机会。如发现工程量有重大出入或漏项的,应及时找招标人核对,要求招标人认可,并索要书面证明,这对于固定总价合同尤为重要。

④编制施工组织设计

施工组织设计对于投标报价的影响很大。在投标过程中,招标人应根据招标文件和对现场的勘察情况,采用文字并图表的形式来编制全面的施工组织设计。施工组织设计的内容,一般包括施工方案及技术措施、质量保证措施、施工进度计划、施工安全措施、文明施工措施、施工机械、材料、设备和劳动力计划,以及施工总平面图、项目管理机构等。施工组织设计编制的原则是在保证工期和工程质量的前提下,使成本最低、利润最大。

⑤制订投标策略

现阶段我国编制投标报价的方法主要有定额计价法和清单计价法两种,且处于两种方法并存,并逐步向清单计价法过渡的时期。

投标报价是建设工程投标内容中的重要部分,是整个建设工程投标活动的核心环节,报价的高低还直接影响投标单位能否中标和中标后的盈利情况。当投标人确定要对某一具体工程投标后,就需运用一定的投标策略,以增加中标机会,获得更多盈利。常见的投标策略有以下几种:

a.靠提高经营管理水平取胜。主要靠做好施工组织设计,采用合理施工技术,选择可靠分包单位,有效降低工程成本而获得较高利润。

b. 靠改进设计和缩短工期取胜。主要靠仔细研究原设计图纸,提出能降低造价的修改设计建议,以提高对发包人的吸引力。

c. 低利政策。这种策略主要适用于承包任务不足时,以及进入新的市场时。

d. 加强索赔管理。虽然报价低,却着眼于施工索赔,还能赚到高额利润。

e. 着眼于发展。为争取将来的优势,宁愿目前少盈利。

⑥报价技巧

投标策略一经确定,就要具体反映到报价上,投标策略与报价技巧必须相辅相成。

a. 根据不同的项目特点采用不同的报价。

b. 不平衡报价法。是指在总价基本不变的前提下,调整内部各子项的报价,既不影响总报价,又可以尽早收回垫资并获取较好的经济效益。

c. 扩大标价法。除了按正常已知条件编制标价外,对工程中风险分析得出的估计损失,采用扩大标价,以减少风险。

d. 逐步升级法。将投标看成协商的开始,利用最低标价来吸引招标人,从而取得与招标人商谈的机会,再逐步进行费用最多部分的报价。

e. 突然袭击法。这是迷惑对手的方法,在整个报价过程中,仍按一般情况报价,等快到投标截止日时,再进行突然降价(或加价),使竞争对手措手不及。

f. 合理低价法。为了占领市场或打开局面,采取的一种不惜代价只求中标的策略。

g. 多方案报价法。发现工程条款不清楚或要求过于苛刻、工程范围不明确时要充分考虑风险。

h. 增加建议方案法。在招标文件允许投标人可以修改原设计方案的前提下,投标人组织有经验的技术人员,提出更为合理的方案来吸引招标人,从而提高中标的可能性。

10.3 合 同 管 理

10.3.1 基本特征

(1)由于前期工程设计方案稳定性差,合同总价一般将标段初步设计图(或招标设计图)的概算,按中标单位的下浮率计算后作为合同暂定价。最终以施工设计图为基础、以竣工图为依据进行工程结算。

(2)由于受各种非施工单位因素的影响,以及工程自身所具有的阶段性特征,前期工程面临较大的不确定性,合同约定的总工期一般与主体工程工期一致,在各阶段的施工图纸基本稳定并具备相应的施工条件时,施工单位应严格执行与建设单位、监理单位确定的施工计划,可在合同中约定相应的奖罚条款。

(3)针对前期工程的阶段性、不连续性导致工效低的特点,以施工单位能获得合理利润为前提,确保实现工程项目的安全、质量和进度目标。可以以部分概算下浮率作为对施工单位在安全、质量和进度方面的奖励。按奖罚对等的原则,在合同中设置相应的处罚条款。

(4)对于个人或集体权属的小产权性质前期工程,可以签订三方补偿协议(合同),丙方一般为乙方指定的施工方。此类补偿协议(合同)实质上与建设单位通过招标选择施工单位并签订的施工合同基本原则是一致的,只是施工单位的产生方式不同。

10.3.2 基本原则

1）平等原则

合同当事人的法律地位平等，在合同关系中相互之间享有民事权利和承担民事义务的资格是平等的，任何一方不得将自己的意志强加给另一方。

2）自愿原则

在不违反法律、行政法规、社会公德的情况下，合同当事人依法享有自愿签订合同的权利，任何单位和个人不得非法干预。合同构成自由，合同的内容、形式、范围在不违反法律的情况下由双方自愿商定。在合同履行过程中当事人可以通过协商修改、变更、补充合同内容，也可以协商解除合同。

3）公平原则

合同当事人应当遵循公平原则确定各方的权利和义务。合同当事人在合同的订立和履行中应当正当行使合同权利和履行合同义务。当事人的利益应当均衡，一方在享有权利的同时也要承担相应的义务。

4）诚实信用原则

合同当事人行使权利、履行义务应当遵循诚实信用原则，具体体现在合同签订、履行以及终止的全过程。

5）权利滥用禁止和公序良俗原则

合同当事人订立、履行合同时应当遵守法律、行政法规，在法律法规的约束下行使自己的权利，是对合同自愿原则的必要限制。

10.3.3 合同管理体制

建设单位作为合同主体之一，其各职能部门按照与合同业务关系的密切程度，划分为合同主管、主办、协办和法律审查四类。合约管理部门为建设单位各类经济合同的主管部门，负责制定合同管理制度、规范合同文本、监督检查合同履行、提供相关服务；需要签订合同的业务归属部门为合同主办部门，负责组织各经济合同的谈判及具体履行；合同涉及的业务关联部门为合同的协办部门，协助合同主办部门履行合同；法律事务部门为各类经济合同的法律审查部门，负责对合同或协议的合法性进行审查并提供法律意见。

10.3.4 各部门职责

1）主管职责

主管部门负责制定合同管理制度，组织编制各类合同条件和合同示范文本，参与合同策划、合同谈判及合同履行工作；监督、指导公司范围内的合同管理工作；参与合同纠纷的处理；负责建立和维护合同管理系统相关数据，逐步扩展公司合同管理信息化的业务范围和使用范围。

2）主办职责

主办部门牵头组织合同策划,编制合同范围、内容、实施计划（工期要求）、技术要求（标准）、验收条件等,牵头组织合同谈判和审核草拟的合同文本,负责合同内容的具体履行。

3）协办职责

协办部门,在其职能范围内协助合同主办部门处理合同设立、签订、合同履行、合同验收等事项。

4）法律审查职责

法律事务部门负责合同签订过程的全面法律审查,牵头组织合同纠纷处理,保证合同签订及合同争议处理的合法性;在发生合同纠纷后的诉讼或仲裁过程中,负责对外的法律事务处理,主张和维护建设单位的合同权益。

10.3.5 合同管理流程

1）合同审批

项目主管部门根据合同谈判结果或谈判报告的批复情况拟订合同正式文稿,办理合同报批手续。填制合同签订审批单和合同对方资料,审查对方提交的资料,附上合同澄清谈判报告,经合约、财务等部门会签同意后报建设单位,按层级对合同进行审批。

合同谈判工作流程及标准见表10-2。

合同谈判工作流程及标准　　　　　　　　表10-2

工作流程	工作内容	工作标准	工作时限	工作成果
编制合同谈判计划方案	①合同谈判小组编制合同谈判计划方案,拟订合同草稿、谈判事项和策略。应考虑评标报告和评标审核报告中有关谈判的注意事项。 ②重大合同谈判计划、方案应报分管领导或公司领导或会议批准	编制的合同谈判计划方案应切实可行,明确关键谈判事项、可能出现的障碍及应对策略	1个工作日	合同谈判计划方案
合同谈判	①合同谈判小组按照确定的合同谈判计划方案,与合同对方进行谈判,双方就合同相关事项进行协商并确定,双方谈判代表草签谈判文稿。 ②先进行合同技术部分及采购清单的谈判,谈判应确定技术文本和采购清单。合同商务谈判应根据确定的技术方案和采购清单,讨论修订商务条款,最终的合同价格清单	①合同谈判内容必须符合国家的法律法规和有关政策以及公司合同管理制度的相关规定,以维护公司合法权益和提高经济效益为宗旨,贯彻平等互利、协商一致的谈判原则。 ②项目实施管理部门对合同技术部分的合理性、合法性、完整性负责。合约管理部门对合同商务部分的合理性、合法性、完整性负责,并对合同技术部分的合法性、完整性负连带责任。 ③合约谈判不应超出招标文件及投标文件的实质性范畴,如合同谈判中对主要技术方案、分供方等存在重大修改,应先按程序报批准后纳入合同	5个工作日	草签合同

续上表

工作流程	工作内容	工作标准	工作时限	工作成果
编制合同谈判报告	①合同谈判小组编写合同谈判报告。②整理合同谈判达成的协议等文件,双方谈判代表在上面签字认可	合同谈判报告应简明并如实反映合同谈判的过程、内容以及谈判达成的协议事项	1个工作日	合同谈判报告
编制合成合同文本	准备好合同小签稿、相关会议纪要等文件,填写合同签字审批单,按规定程序报批	前期相关程序应完成,相关支持文件完整齐全	2个工作日	合同文稿 合同签字审批单 合同签订支持文件
审查合同内容	①项目主管部门对合同中的实施范围和内容、工期要求、质量、安全标准及要求、验收、试验的标准及要求,实施方案、资源配置、监理范围、实施风险防范、现场签证处理等内容进行审核把关。②设计管理部门对合同中的设计标准、设计文件的深度和广度、设计的合理性等内容进行审查把关。③财务管理部门对合同中付款的安全性、履约担保的真实性等内容进行审查把关。④合约管理部门对合同中的条款(如工程造价、计量支付、合同变更处理、结算条款、违约条款、争议处理等)、履约担保格式和内容等进行审查把关。⑤法律事务部门对合同的合法性、违约赔偿条款可操作性、争端的解决、法律风险、合同补救措施等内容进行审查把关。⑥有关部门在本阶段发现合同中某些条款会严重影响到合同的正常履行时,可提出审查修改意见,对不能达成一致修改意见的,可书面提出保留意见	项目实施管理部门、财务管理部门、合约管理部门、法律事务部门应对合约相关条款进行严格把关,根据各部门的业务特点对合同条款进行审定,并提出审查修改意见。各部门分别对各自审核部分内容的合同执行风险负责	各2个工作日	签字
印制正式合同文本	印制合同文本,须印两份正本,采用普通胶装形式。应在每份正本内放置中标通知、投标函、报价函、投标书附录等资料的原件	印制出正式合同文本	2个工作日	印制出正式合同文本
存档及分发	合约管理部门将已完善手续的合同及有关文件完整转交档案室存档,并发放给合同相关单位,根据需要办理备案手续(政府建设、审计等行政管理部门)	每个标段(项目)招、投标文件、澄清、补遗材料、会签、审批、修改意见、合同谈判报告及合同文本(1正2副)均应及时存档	1个工作日	存档、分发记录

在相关部门会签审查过程中,应对合同相关条款进行严格把关,根据各部门的业务特点对合同条款进行审定,并提出修改意见。其中,项目主管部门应对合同中的实施范围和内容、工期要求、质量、安全标准及要求、验收、试验的标准及要求,实施方案、资源配置、监理范围、实施风险防范、现场签证处理等内容进行审核把关;财务管理部门应对合同中付款的安全性、履约担保的真实性等内容进行审查把关;合约管理部门应对合同中的条款(如工程造价、计量支付、合同变更处理、结算条款、违约条款、争议处理等)、履约担保格式和内容等进行审查把关。各部门分别对合同中各自审核部分内容的执行风险负责。项目主管部门对合同的合理性、合法性、完整性负责。

2)合同订立

(1)合同协议书的组成内容

①工程名称和承包范围;

②合同文件的组成；
③工程造价及承包方式；
④工期与质量要求；
⑤代表与机构；
⑥双方责任；
⑦工程变更与现场签证；
⑧工程验收要求；
⑨工程计量与支付；
⑩奖励与违约；
⑪争议处理；
⑫附件。

(2) 合同文件的组成及优先解释顺序

构成合同的文件将被认为是互为说明的，组成合同的文件及其优先解释顺序如下：
①施工协议书及补充协议；
②中标通知书；
③施工投标承诺函；
④澄清补充文件（如果有）；
⑤招标文件；
⑥投标文件；
⑦施工图纸；
⑧已填写的资料表和构成合同部分的其他文件。

3) 合同履行

合同生效后，项目主管部门应指定责任人代表建设单位依据合同约定履行合同义务，避免因未及时履行义务而造成费用、工期及其他索赔。项目主管部门应按照合同约定及时催促合同对方严格履约，包括编制施工组织设计和进度计划、落实项目管理机构和人员、设备、资金等，使合同始终处于受控状态。

合同履行过程中合同各方商定的执行细节、各类工程洽商及会议纪要等经合同各方确认后发至合同有关方，包括建设单位有关部门、监理单位等。涉及合同价格、支付条件、工期及其他重要内容，项目主管部门应当组织合约、财务及其他相关部门研究后答复、批准。以上答复、批准超出部门职能或授权范围的应先报请建设单位答复、批准。

出现工程变更、合同变更可能造成合同价格或工期变化时，项目主管部门应及时通知合约管理部门参加洽商、论证。合同对方出现履约困难，难以兑现履约计划、合同承诺时，项目主管部门应及时发出预警通知，同时抄送合同主管部门和法律事务部门。当合同对方有违约情况发生时，项目主管部门应会同合约管理部门及时发出违约通知，必要时提出索赔或发出兑付履约保函的通知。

4) 工程计价与支付

已完成合格工程量计量的数据，是工程计价与支付的依据。合同需要支付时，由项目主管部门负责审查施工合同约定的工作履行情况，标明合同约定的各项义务与履行结果对照，提供相关的证明支持材料，项目主管部门、合同主管部门和财务部门共同参与审查、审核支付工作。在合同履行中对工程造价实行动态管理，及时掌握资金的发生情况，认真做好量价核算，完成每笔计量与支付工作，做到不超付、不冒领，合理分配建设资金。

5）工程验收

工程具备竣工验收条件后，由合同对方负责联系项目主管部门组织工程竣工验收。竣工验收合格，合同对方按照建设单位的要求办理工程移交手续；竣工验收不合格，项目主管部门应发出整改通知，限期无条件整改，直至验收合格。由此产生的费用由合同对方自行承担，工期不予顺延。如因工程质量问题影响建设单位地铁整体工程的进度，合同对方应赔偿因此给建设单位造成的损失并承担一切责任。

各工点阶段性完工后，合同对方应向建设单位提供完整的竣工资料及竣工验收报告。工程全部完成，具备竣工验收条件，合同对方按国家及当地政府工程竣工验收有关规定，向建设单位和权属单位分别提供完整的竣工验收资料及竣工验收报告。

6）工程结算

合同验收完毕，项目主管部门应及时组织合同结算的编制申报工作。合同结算应当以合同及验收报告为基础，合同履行过程中的奖励及罚款、违约及赔偿等应纳入合同结算。

合同对方须在工程竣工验收合格并经建设单位或权属单位接收后在规定期限内按合同的规定编制并申报结算，结算经监理和建设单位审核后报送当地政府投资项目审计部门审计，以其审计结果为工程最终结算价。

7）合同审计

合同主管部门负责就政府投资建设地铁前期工程合同竣工结算与当地政府审计部门对口协调，在合同内专设条款明确约定最终合同结算金额以审计审查结果为准。

审计报告提出需要建设单位安排整改的，由合同主管或财务部门牵头，项目主管部门配合提出整改计划、措施或方案。整改措施及整改工作由整改事由的直接责任部门落实。

8）合同争议处理

合同履行期间，如有争议，合同双方应先通过协商解决；协商不成，可按合同协议书约定，直接向建设单位所在地人民法院提起诉讼或向仲裁机构申请仲裁。

9）合同履约评价

为提高前期工程参建单位的履约意识、规范履约行为、维护合同的严肃性，合同履行完毕或终止之后，项目主管部门应组织合同主管部门及其他业务关联部门，对合同对方履行全过程进行总结评价。履约评价主要依据如下：

（1）合同文件及补充协议；
（2）建设单位按照颁布的考核办法组织的各类季度考核（或阶段考核）结果；
（3）政府部门、建设单位、监理单位有关的通报、文件以及工程结算审计报告；
（4）工程各阶段验收情况；
（5）其他相关工程成果或资料；
（6）国家、地方或行业法规规范、标准、文件等。

对于合同履约不好、影响建设进度、质量安全、不能兑现投标承诺的、经常发生合同纠纷的前期工程合同，合同主管部门可以组织项目主管部门及相关部门对合同对方进行阶段性的履约评价，并负责将履约评价结果向建设行政主管部门备案。

履约评价坚持客观、公平、公正、实事求是的原则。履约评价结果可作为建设单位在选择参建单位时的参考。

10.4 招标及合同管理创新

10.4.1 招标管理创新

随着大规模建设管理任务的到来,科学先进、不断创新、贴近市场的招标管理,直接关系到新建线路按期、保质、经济的完成。适应市场环境,改进招标模式,是合理降低工程成本,提高招标效率,保证工程质量的关键。由于时间紧,任务重,如何在工期目标与招标的时间及质量之间取得平衡变得尤为突出,需采取有效措施,合理节省招标时间来保证工期的目标。

招标管理的主要创新内容有:

(1)探索在土建工程采用整条线或大标段模式招标的前提下,将前期工程纳入土建标段的可行性;探索监理等项目打包招标或预选招标的可行性。

(2)认真总结目前建设单位在材料采购供应方面存在的问题,解放思想,研究制订适应大规模建设的材料采购供应模式。

(3)为从源头确保"廉控"与公平公正定标,建立适应"评定分离"的定委专家库并不断扩容。

(4)推行对各参建单位的履约评价制度,将各单位履约评价的成果直接应用于新线项目的招标、定标工作。

10.4.2 合同管理创新

1)探索合同管理模式创新,加强信息化手段

建立更加完善的合同管理信息系统,包括招标采购信息、合约管理信息、履约评价信息、结算信息等,通过电子化、网络化等管理手段提高管理效率,降低管理成本。

2)强化投资控制,全面实行工程变更预控管理

(1)采取各种方法全面强化投资控制管理,确保地铁建设成本在全过程建设中都能有效地得到控制,保证地铁建设资金安全、可控;

(2)全面推行工程变更预控管理,简化变更审批流程,严格实施立项、变更申报、批复的变更管理程序;

(3)强化工程项目全过程审计,及时发现、纠正项目实施过程中出现的程序性偏差。

10.4.3 评定分离招标方式

1)总体原则

(1)先立规矩后做事

定标工作涉及巨大经济利益,如果定标没有规则,招标人容易成为利益主体攻击对象;如果规则不是事先制定,而是在定标过程中临时确定,无论该规则是否公平、公正,当利益相关方质疑时,看似合理却可能无法令人信服。为此,招标人采用票决方式进行定标的,应事先确定相应的定标工作规则,并严格按照规则办事,不临时动议,不临时改变既定规则。

(2)树立正确价值观

建设工程招投标是一种市场调节资源配置的活动。招标人通过招投标选择一个履约能力较强、商务价格合理的中标人,是当今建设工程招投标市场的主流价值观。

(3)确保内控机制相对稳定

招标人事先确定定标工作规则作为内控机制应保持相对连续性、稳定性,除了不断完善、调整外,价值观不宜突变,避免规则沦为一事一议。

2)操作细则

(1)引导投标人进行合理有序竞价

①投标人的报价策略

如果投标人知道招标人在定标时不考虑价格因素,则多数投标人会贴近投标报价上限进行报价,以追求利益最大化。当抛开投标报价进行纯粹择优时,优质企业在市场上可能较多,定标委员投票支持哪家企业都有其合理性。长此以往,可能存在较大廉政风险和廉政压力。反之,如果投标时只有报价较为合理、优惠才有可能中标,则投标人才会考虑实际成本进行合理有序竞价。

②引导合理有序竞价的精髓

以投标价格作为入门第一道槛,在价格入围之后,淡化价格要素,以择优作为定标重要因素(否则就会引发恶性低价竞争)。在这种机制下,投标人既要考虑自身成本,不能恶性低价竞争,又要考虑其他投标人策略,并报出相对优惠价格,争取价格入围。入围价格切线原则上在招标文件中明确,也可不明示,但是不明示的入围价格切线一定要在截标之前确定并不再改变,否则会有相当大的廉政风险和廉政压力。

(2)如何进行择优

①择优要素

根据市场情况,不宜将投标文件写得好不好、评标专家给予评价高不高作为择优唯一依据。招标人在择优时还可重点考察企业实力、企业信誉、拟派团队管理能力与水平,这些因素直接关系到中标人中标后能否良好履约。各项考核动作要针对所有投标人统一进行,不宜针对部分投标人进行考核,以体现公平原则。

②一般情况下择优的相对标准

在同等条件下,择优的相对标准有以下几个方面:

a. 资质高的企业优于资质低的企业;

b. 营业额大的企业优于营业额小的企业;

c. 知名度高的企业优于知名度低的企业;

d. 工程业绩技术复杂、难度大的企业优于工程业绩技术简单、难度较小的企业;

e. 履约评价好的企业优于履约评价差的企业;

f. 无不良行为记录的企业优于有不良行为记录的企业,不良行为记录较轻的企业优于不良行为记录较重的企业;

g. 获得国家级荣誉多的企业优于获得荣誉少的企业;

h. 行业排名靠前的企业优于行业排名落后较多的企业。

定标委员在投票时应优先进行"比优",无法比优的情况下可进行"比劣"。招标人也可在定标前明确相关在择优要素的优先顺序。

③通过调整入围价格切线寻找择优与竞价的平衡。

通过已招标项目投标人的报价及中标企业的信誉情况,评估择优与竞价是否平衡。如果竞价较为激烈、择优略显不足,则适当抬高入围价格的切线,反之则可适当降低入围价格的切线。

3)操作流程

(1)定标委员会的组建

定标委员会成员应在建设单位专家库中按不小于 3 倍的比例抽签产生。若建设单位专家库不能满足项目需求,由项目主管部门提出,经批准后,可组建临时专家库或邀请外部专家,临时专家库人数不得少于拟抽取人数的 3 倍。定标委员会的成员中,来自同一部门的成员不得多于定标委员会的总数的 1/3。定标委员会成员与投标人存在利害关系的,应主动回避。

(2)定标监督组

定标监督组的组成应在定标预备会上确定。定标监督组可以从建设单位董事会、监事会、财务总监、监察审计部门、法律部门等监督部门中产生,也可以邀请外部专家或政府监督部门的领导参加。

(3)定标委员会的人数

定标委员会成员数量应为 7 人以上单数。确有需要的,财政性资金投资工程的招标人可以从本系统上下级主管部门或者系统外相关部门工作人员中确定成员;非财政性国有资金投资工程的招标人可以从其母公司、子公司人员中确定成员。

招标人的法定代表人或者主要负责人可以从本单位直接指定部分定标委员会成员,但总数不得超过定标委员会成员总数的 1/3。

(4)定标方法

评定分离的招标项目,原则上采用价格竞争法、票决定标、票决抽签及集体议事法四种定标方法或四种方法的组合。若因项目的实际情况确需要采用其他定标办法的,需报招标委员会批准。

①价格竞争法

低价优先,但不保证最低价中标的原则。

②票决定标法

由定标委员会成员采用记名投票的方式,对所有进入定标环节的投标人进行投票,投票数为本轮应推荐的投标人数。按招标文件中规定的定标方法进行逐轮投票,直至选取出 1 家或多家中标人。

③票决抽签程序

按照逐轮票决的程序,确定进入抽签程序的投标单位。进入抽签程序的投标单位数量至少为 3 名。若需产生多家中标单位,进入抽签程序的投标单位数量至少为需产生的中标单位数量加 2。抽签由定标委员会授权定标工作人员进行,抽签顺序和中标号码的约定,原则上通过现场随机抽号确定。

4)注意事项

(1)招标人保留所有必要的定标工作相关资料,以便追溯时查询;

(2)定标资料中可以列摆事实,不宜加以评论、转化分级;

(3)定标会上定标委员不宜发表任何有关投标人正面或负面的评论;

(4)招标人定标监督小组按照事先制定的规则对定标委员的投票行为进行监督,评估是否符合内控机制及价值取向,确保定标委员公平、公正用权,否则对相关人员进行诚勉谈话或处分。

第11章 设计管理

11.1 概 述

设计管理,是建设单位为实现建设功能和技术经济合理性,从合同、计划、质量、投资等方面,对设计行为进行的管理。地铁前期工程包括绿化迁移、交通疏解和管线改迁工程(含给排水、电力、通信、燃气及照明专业),可为主体工程的施工提供场地条件,待主体工程施工完毕后按规划恢复绿化、交通、管线等相关市政功能。前期工程的设计依据源于主体工程提供的车站、区间、附属结构及施工场地的外轮廓。在上述关于主体工程的规模与位置确定前,前期工程的设计将一直处于动态的跟随性变化之中,但前期工程却必须先于与之相关的主体工程开工,且前期工程的各专业在平面与空间位置上相互关联,其设计工作必然受到出图时间和场地条件的双重影响,导致前期工程的设计质量和进度满足现场施工的需要变得困难,相较地铁土建工程和站后工程的设计管理而言,前期工程有较明显的特殊性和重要性。

11.2 管理原则及目标

11.2.1 管理原则

(1)必须遵守国家现行有关法律、法规,符合国家、地方、行业标准,必须严格执行国家颁布的强制性标准。

(2)遵循地铁建设、交通、管线、绿化等多方面平衡综合考虑原则;工程建设期间,保证交通、管线的临时使用功能,恢复阶段需符合远期城市规划。

(3)遵循技术成熟、安全可靠、技术先进、经济实用的原则,贯彻节能环保、科学发展的方针。

11.2.2 管理目标

(1)通过对地铁前期工程设计管理的全面管控,确保前期工程设计管理的统一规范性,为前期工程管理提质增效提供保障,确保主体工程顺利进行。对施工影响区域交通、管线按规划统一实施管理。

(2)科学有序地开展设计管理工作,坚持先勘察、后设计、再施工的原则;严格执行基本建设程序;控制各阶段合理的工期和造价目标。

(3)通过加强设计工作全过程安全质量的风险管理,保证安全设施的资金预算的合理性,并确保安全设施同步规划、同步设计、同步建设和同步投入使用。

11.3 管理架构与各方职责

前期工程设计管理架构如图11-1所示。

1)政府主管部门

(1)轨道交通牵头部门:负责组织推动轨道交通及相关工程的建设工作,统筹协调建设过程中的工期筹划、进度、安全、质量、文明施工、征地拆迁、管线迁移、交通疏解等工作。

(2)发改部门:负责制定及统筹轨道交通建设规划及分期实施目标,负责项目立项及概算审批。

(3)住建部门:安检、质监介入,兼燃气管道主管部门。

(4)规划国土部门:负责制定城市总体规划及专项规划,负责建设项目规划、用地审批,核实工程项目是否符合规划。

(5)交通运输部门:负责交通道路占道、挖掘审批,对交通疏解、管线迁移方案审核。

(6)公安交管部门:负责交通道路占道审批,对交通疏解各设计阶段方案进行审核。

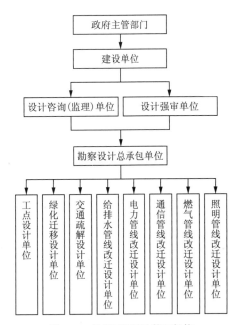

图11-1 前期工程设计管理架构

(7)城管部门:负责绿化迁移审批,指定迁移目的地;并负责管养,对交通疏解各设计阶段绿化迁移方案进行审核。

(8)水务管理部门:负责排水设施迁移审批,对给排水管线设计各阶段方案进行审核。

(9)管线权属单位:供电公司、燃气公司、水务集团、通信公司等部门,对权属管线迁移设计成果出具审核意见。

2)建设单位

地铁建设单位,涉及主要管理部门包含合同投资管理部门、规划管理部门、设计管理部门、工程管理部门、安全质量管理部门等。

(1)依据设计合同和相关设计管理办法,对设计咨询(监理)单位、设计总包总体单位、前期工程的设计单位进行合同、计划及质量等方面的管理;

(2)根据建设工期目标,组织设计总包总体单位、前期工程各专业设计单位按期开展可研专题、初步设计、施工图设计、施工配合、工程验收及结算工作;

(3)根据设计合同及分包合同,会同设计咨询(监理)单位、设计总体总包单位,对前期工程设计单位进行设计考核;

(4)开展工程建设各阶段各项报批报建工作,依法合规推进工程建设;

(5)组织设计单位参与外部协调沟通,研究落实外部边界条件;

(6)组织各阶段方案审查(含强审),形成审查意见,并督促设计单位研究落实;

(7)督促设计单位在工程款支付前,梳理出相关站点区间的施工优化、规模缩减或调增的站点造价变化的详细数据,对支付工程款暂定价有较大变化的要及时修正并签订补充协议,防止因工程款无法支付或超付导致的工程管理风险;

(8)协调监理与设计单位,为各专业设计单位绘制施工蓝图提供详尽的现场记录,防止施工内容重复入图,避免施工现场签证记录与图纸绘制内容重复。

3)设计强审单位

建设主管部门认定的施工图审查机构,按照有关法律、法规,对施工图涉及公共利益、公众安全和工程建设强制性标准的内容进行审查。

4)设计咨询(监理)单位

(1)受委托代建设单位行使各线路范围内的勘察设计管理工作,并对前期工程各专业施工图设计分包单位进行考核;

(2)负责审查设计总包总体单位、前期工程各专业施工图设计单位提交的施工图设计文件,并在各阶段向建设单位提交有深度的设计审查意见。

5)勘察设计总承包单位

根据建设单位签订的各线总包总体合同完成相关勘察设计工作,并对前期工程各专业设计分包单位依照签订的分包合同进行管理、考核,审查前期工程各专业设计单位提交的设计文件,对全线的总体性、统一性、技术性、安全性、经济合理性、技术接口的正确性总负责。

(1)制定各阶段合同、计划、质量、接口、信息、投资等总包管理文件并组织分包单位落实;

(2)制定详细可行的分包单位奖励处罚考核制度并实施;

(3)建立总体技术文件,例如技术要求、设计文件组成及深度、各类通用图等;

(4)统筹配合参与报批报建工作,协助建设单位参与外部协调;

(5)负责向前期工程单位提供勘察资料,地铁主体线站位、施工工法、施工工期等设计边界条件;

(6)综合平衡土建工程与前期工程、前期工程各专业之间的关系,确定技术经济合理及风险可控的总体技术方案;

(7)统筹全阶段的工程筹划,并综合平衡确定前期工程筹划;

(8)组织开展前期工程设计单位设计方案审查;

(9)落实设计更新,按规定程序向建设单位提交设计更新文件(含电子版),并提出设计更新对其他工程、专业接口的影响;

(10)负责现场施工配合服务,参加设计交底,提供书面交底文件,派驻现场设计代表;

(11)牵头解决合同范围内工程现场实时出现的问题,为现场提供设计技术支持;

(12)按规定时限提交设计成果,根据现场施工实际需求,出具方案成果和施工图成果;

(13)建立与更新设计更新台账,出具书面设计更新估算。

6)主体工点设计单位

为地铁各车站、区间、站场设计单位。

(1)根据总体单位要求落实工点的建筑、结构、机电、系统等地铁类的专业设计;

(2)服从总包单位计划、质量等统一管理;

(3)为交通疏解、管线改迁、绿化迁移等前期工程设计单位提供地铁设计输入条件。

7）绿化迁移、交通疏解、管线改迁设计单位

（1）对所承担的前期工程专业设计全面负责；

（2）接受建设单位、设计咨询（监理）、总包总体单位的管理、协调及考核；

（3）参加建设单位、设计咨询（监理）、设计总包总体单位或施工监理组织的有关例会、专题会及设计更新等会议；

（4）落实各层级的审查意见；

（5）复核现场管线（特别是电力、通信管线）位置、种类、数量及权属，与各管线权属部门保持良好关系，做好沟通桥梁；

（6）协助完成报批报建工作，提供设计更新的依据及有关支持性材料；

（7）对现场调整技术方案进行判断：后续是进行设计更新还是现场签证；

（8）参与现场签证工作。

11.4 设计阶段及主要任务

1）设计招标

建设单位对工程进行勘察设计招标及委托，确定设计强审单位、设计咨询（监理）单位、勘察设计总承包单位。勘察设计总承包单位对主体工点及前期工程进行招标及委托。

2）工可方案

（1）为配合地铁项目工程可行性研究报告，确定工程规模及投资，需对重大交通疏解、管线改迁、绿化迁移方案进行配套研究，制定项目可行方案；

（2）获取工程项目可行性研究报告批复。

3）总体设计

（1）配合地铁项目总体设计，对车站、区间、场站等进行配套的交通疏解、管线改迁、绿化迁移方案设计，报各职能部门审查方案及影响范围。同期开展岩土初勘、测量、管线调查、绿化初核等勘察工作，并形成初步报告。

（2）项目选址意见书报批。

4）初步设计（含修编）

（1）开展岩土详勘、控制网测量、地形测量、管线调查（含电力、通信管线专项调查）、绿化迁移现场清点等勘察工作，并形成成果报告；

（2）以总体设计为基本依据，根据工点设计匹配，进一步深化方案设计，形成初步设计文件及概算；

（3）根据工点建筑、结构、施工工法，确定交通疏解、管线改迁、绿化迁移方案；

（4）征求各相关职能、管线权属部门意见；

（5）初步设计政府暨专家审查，形成意见；

（6）获取初步设计方案及概算批复；
（7）用地许可办理。

5）招标设计

根据招标策划，深化初步设计，形成招标配套文件。

6）施工图设计

（1）根据工程筹划，按工点分阶段进行施工图设计；
（2）完成通用图、标准图编制；
（3）完成工程建设许可与施工许可办理。

7）施工配合

（1）工程施工期间，设置施工配合负责人，参加工程例会，提供现场设计服务，及时解决施工中出现的勘察设计问题；
（2）处理设计变更，并形成变更台账。

11.5 设计管理流程

设计管理流程如图11-2所示。

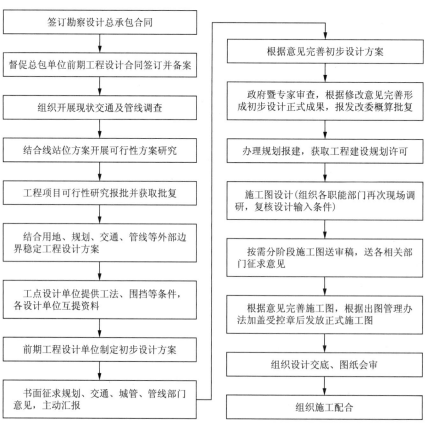

图11-2 设计管理流程图

11.6 设计管理主要措施

1)人员管理

(1)因为涉及的总体接口管理大部分与结构专业有关,所以一般由结构副总体负责与前期工程设计单位进行技术沟通并负责管理工作;

(2)前期工程设计单位项目负责人需要对地铁的建设流程、工序、投资控制等知识全面了解,并需具有较强的沟通协调能力;

(3)地铁建设周期较长,设计团队人员需要固定,方可全阶段、全局服务;

(4)设计代表需做好施工配合工作,确保小问题当天解决,大问题3日内解决。

2)计划管理

(1)根据工期,制订工程可行性研究、初步设计、施工图设计节点;

(2)每年度制订公司一级计划,后期根据工作进展情况制订施工图出图二级计划;

(3)按车站、区间、场段各设计工点制作工点任务表,列出任务内容、责任人及时间要求,纳入考核;

(4)设计巡检季度;

(5)定期组织勘察设计例会,对设计问题全方位梳理。

3)质量管理

(1)全面核实现场交通、管线调查,确保基础资料客观准确;

(2)综合平衡各专业问题,确定设计输入条件,加强与交警部门、管线权属单位的沟通,稳定边界;

(3)加强各层级对方案审查,落实校核、审定、专业会签、总体会签等管理制度;

(4)对施工图受控文件加强程序管理,对审查意见不落实且后续程序不齐全的,不予加盖受控章,不发放图纸;

(5)对方案的技术经济合理性需综合考虑;

(6)对各阶段设计成果落实文件深度要求;

(7)严格落实公司颁布的前期工程设计指引文件规定;

(8)根据道路路网、管线规划,进行前期工程恢复阶段设计。

4)接口、信息管理

(1)总包单位负责工程内、外部的技术接口管理与协调,包括土建工程与前期工程、前期工程专业之间,本项目与其他项目之间的接口;

(2)落实各单位信息联络人,建立信息互通平台,及时共享,并动态设计;

(3)及时检查因个别专业设计调整而引起其他专业的变化,确保工程一致性,例如交通疏解道路调整会引起管线加固保护等;

(4)前期工程的特点是局部变化多,施工配合人员需及时反馈变化情况,信息传递准确及时。

5)施工配合

(1)施工配合对前期工程设计落地至关重要。地下管线的隐蔽性质,会增加方案的不确定性,及时有效的施工配合对工程的有序推进事半功倍。

(2)制订施工配合管理计划、考核办法及工作流程。
(3)全面落实设计交底工作,参加施工组织评审。

6)外部协调

(1)制定外部协调任务清单,按计划开展外部协调工作;
(2)沟通及根据各职能部门、局、委、办意见,固定专人对接;
(3)编制专项专题报告,并及时沟通汇报。

7)报批报建

(1)制定各阶段各专业报批报建计划表格,颁布后纳入设计考核;
(2)固定报建组成员,成员需具备相当的组织、沟通、交际能力,及时跟进审批单位意见信息,并保持良好沟通联络。

8)设计变更

(1)根据变更管理办法,发起设计变更,明确责任方,并建立变更台账;
(2)及时梳理初步设计修编情况,根据流程报批审核纳入概算。

11.7 设计审查要点及流程

11.7.1 设计审查要点

1)交通疏解

(1)影响区域交通的道路、人行、公交现状分析;功能定位、区域交通分析及规划发展趋势。
(2)地铁施工概况及占道影响:地铁施工概况描述,占道情况,交通疏解重难点,对策及方案。
(3)交通疏解具体方案主要设计原则、技术标准、临时及恢复标准(路基、路面、罩面、路缘石、人行道、交通设施、交通监控)是否合理。
(4)设计方案中是否降低(升级)标准,满足规划及规范。
(5)钢便桥设计是否合理。
(6)区域交通设计是否合理。
(7)主体、管线、绿化、拆迁之间的相互影响及接口。
(8)职能部门(规划、交委、交警)特殊要求响应。
(9)工程投资是否经济合理。

2)管线改迁

(1)影响区域现状管线分析,现状管线及权属调查及管线在网络上定位、功能,并审查与规划匹配程度;
(2)地铁施工影响分析及地铁施工概况描述;对管线的影响情况;

(3)管线改迁的重难点描述,对策及方案;
(4)管线改迁设计方案主要设计原则,技术标准是否合理(分专业);
(5)设计是否降低(升级)标准,满足规划及规范;
(6)管线悬吊保护设计是否合理;
(7)主体、交通、绿化、拆迁之间的相互影响及接口;
(8)职能部门特殊要求响应;
(9)工程投资是否合理;
(10)燃气、电力、通信等重大管线是否进行专业调查、核实并经权属单位确认。

3)绿化迁移

(1)绿化迁移范围应综合地铁主体、交通疏解、管线迁移施工需求;
(2)绿化迁移应按照不同胸径规格统计迁移乔木,并区分绿化归属;
(3)城管主管部门要求响应。

11.7.2 设计审查流程

1)总体设计、初步设计审查

总体设计、初步设计流程如图 11-3 所示。

2)施工图设计审查

施工图设计审查流程如图 11-4 所示。

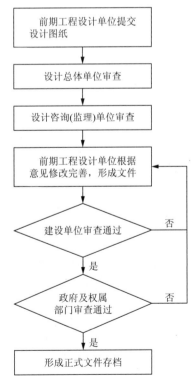

图 11-3 总体设计、初步设计审查流程图

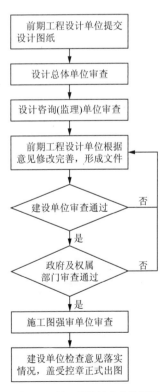

图 11-4 施工图设计审查流程图

11.8 设计单位内控管理

前期工程设计单位合同来源于地铁勘察设计总承包单位的分包,受勘察设计总承包单位统一管理。前期工程涉及专业众多,权属部门不一,一般勘察设计总承包单位会指定某一前期工程设计单位对绿化、交通、管线等专业的技术标准、质量、接口等方面统一管理,常称该单位为前期工程总体单位。

前期工程总体单位承担地铁前期工程项目的总体技术协调,落实建设单位和总承包单位对项目的技术要求,统一有关技术标准和接口,组织开展重大技术方案和技术标准综合论证,研究解决设计中的综合性技术问题;协调设计和配合施工过程中存在的技术问题;协助主体项目总体负责质量控制及质量保证体系的管理;协助主体项目总体实施对工点单位进行质量考核;组织开展前期工程项目技术总结;保证前期工程设计文件的总体性、完整性、统一性、科学性和经济合理性。

鉴于地铁前期工程设计是一项复杂的系统工程,需要紧密配合项目主体设计单位进行设计调整,前期工程总体技术管理实行分层分专业管理的方式,以满足质量控制和工期要求以及建设单位和总承包单位对工程的各项具体要求。

11.8.1 设计单位内控管理模式

按三级管理责任制模式设置,第一级为前期工程总体组,第二级为各工点单位技术组,第三级为各工点单位项目组。

(1)组长、副组长:由前期工程总体担任组长、由前期工程副总体担任副组长。

(2)总体技术组成员:由各专业副总体担任,根据专业分工配置。

(3)人员分工:前期总体组负责前期工程项目的管理,其人员和分工将根据项目及人员情况进行配置。一般情况下,前期工程设计管理架构如图11-5所示。

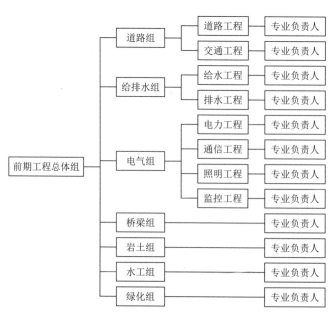

图11-5 前期工程设计管理架构图

11.8.2 设计单位内控管理组织

1）前期工程总体组组长（由前期工程总体担任）

前期工程总体是项目前期工程设计的技术负责人，对项目前期总体设计负责，既是项目的主要总体设计者，又是该项目设计的组织者，对设计文件的总体性、完整性、统一性和总体上的技术经济合理性负责。其主要职责是：

（1）认真贯彻执行国家、部门、地方有关地铁前期工程建设的技术方针、政策、规范和鉴定（审查）意见等，检查督促在项目中的落实情况。

（2）组织开展项目的设计工作，主持研究并协商解决设计中遇到的技术问题和专业间的矛盾，对综合性问题提出解决方案。主持编写任务书和总体设计原则；主持召集项目的技术会议；主持重大设计方案的研究；组织编制质量计划。

（3）组织编写各阶段设计总说明书，审查各专业设计说明书、总体设计图纸和方案优化及投资限额检算分配工作。

2）前期工程总体组副组长（由前期工程副总体担任）

其主要职责是：

（1）沟通协调总体院与前期工程之间的一些技术性和事务性对接工作，传达建议单位或总体院对项目的专门指示和特别要求，沟通各专业设计情况，统一相关技术标准和接口。

（2）组织设计项目组开展设计工作。

组织制定下发各个设计阶段的深度要求文件、前期工程出图技表，组织制订和修订各项技术管理规章制度，参与总体院对前期工程各设计工点单位的相关考核工作。

（3）组织管理前期工程工点单位的技术统一和进度管理工作。

作为前期工程的总体单位，负责相关工点单位的技术统一和进度管理工作。负责技术文件的标准统一、深度统一、时间节点统一。

3）各专业组组长（由专业副总体担任）

专业副总体在前期工程总体领导下，分管项目分工专业及系统的生产和技术管理工作，对分管内容负责。其主要职责是：

（1）认真贯彻执行国家、部门、地方有关地铁前期工程建设的技术方针、政策、规范和鉴定（审查）意见等，检查督促在项目中的落实情况。

（2）组织开展项目的设计工作，主持研究并协商解决设计中遇到的技术问题和专业间的矛盾，对综合性问题提出解决方案。主持编写任务书和总体设计原则；主持召集项目的技术会议；主持重大设计方案的研究；组织编制质量计划，协助前期工程总体完成工作。

（3）审查各专业设计说明书、总体设计图纸和方案优化及投资限额检算分配工作。

（4）完成前期工程总体交办的其他各项工作。

4）专业负责人

负责本专业工点单位设计文件及接口的审查工作，参与综合性重大问题的研究、决策。其主要职责是：

（1）了解、掌握国家、部门、地区关于地铁前期工程方面的方针、政策、标准、规范。提供领导决策的依据。

（2）协助前期工程总体、副总体协调技术管理工作，保质按期完成设计文件的审查。

（3）参加技术工作会议，负责会议记录及整理，对重大设计方案提出建议供前期工程总体（副总体）决策。

（4）完成前期工程总体、副总体交办的其他各项任务。

11.8.3 管理要点

1）技术管理

（1）技术管理规则及技术审查制度的制定与管理。

前期工程《设计技术要求》《文件组成与内容》《技术接口文件》《文件编制及其他统一规定》等是设计的依据，应督促各设计单位遵照执行。

（2）协助建设单位及总体单位组织合同规定的技术审查会，做好技术准备。设计审查会前要检查设计工点单位的技术准备情况，对准备的技术资料内容是否齐全、设计深度是否达到要求、设计成果能否进行审查等进行确认。

（3）按照技术管理规则及技术审查制度规定的审查办法、审查要点，做好总体技术审查工作，必要时邀请有关专家进行技术咨询，吸纳专家意见形成前期工程总体意见，认真填写"前期工程总体审查意见表"，前期工程总体确认后签发或回复。

（4）设计阶段设计更改管理办法的制定与管理。

按照《文件编制及其他统一规定》对设计文件进行逐级审查，图纸的签署必须是上报的有资格的人员，不得由其他人签署，若人员有变化应上报总体组。凡更改已审定的设计内容时，都要报请总体组同意。

（5）设计考核办法的制定与管理。

2）质量管理

（1）严格按 ISO 9001 质量体系要求，加强设计质量的过程控制，提高出图质量。

（2）各工点设计单位应以高度的责任感抓好设计质量，认真按合同要求，履行质量责任，做好设计质量信息的收集、反馈和管理工作。工点设计单位应配合前期工程总体组，对设计质量进行抽查。

（3）加强质量检查与考核，对发生设计质量事故的单位配合主体院严肃处理。

3）进度管理

（1）设计进度计划的制定与管理。

按照总承包合同的工程设计进度计划及总体设计单位进度表，进行进度管理。根据建设单位制定的年度计划进度的要求，拟定具体的设计进度计划并报总体单位批准。根据批准的进度计划向设计工点单位下达生产计划安排，包括设计过程中各阶段审查会的计划安排、二级技术作业表。

（2）检查工点设计单位进度计划的执行及完成情况。

各设计工点单位根据下达的生产计划安排，制定本单位的详细技术作业表，并于生产计划下达 3 日内报送前期工程总体组。工点设计单位必须严格按进度计划进行设计工作，要有保证完成计划的措施，对措施不力、延迟提供成果资料时间并影响设计进度的单位报总体单位通报批评，造成严重后果的将按照合同及有关规定处理。

(3)配合总体设计单位召开工点设计单位生产例会。

检查设计工作完成情况、布置设计工作、协调设计工作中出现的问题。各设计单位在设计过程中若遇到问题,应以设计联系单方式及时向总承包单位或前期总体设计单位反映,及时解决问题,以保证按"技术作业表"正常开展工作。配合总体设计单位不定期到各设计工点单位检查设计进度,发现问题及时解决。

4)投资管理

按照总体设计单位各个阶段的出图计划完成各个阶段的投资,前期总体设计单位下发相关投资定额标准,统一各个阶段的投资单价。

5)综合管理

(1)按照综合技术管理和划分责任区的要求,制定各级管理工作职责,包括前期工程总体组职责、前期工程总体职责、前期工程副总体职责及专业负责人职责等。

(2)按照加强前期工程总体组自身建设的需要,组织内部技术业务学习,主要内容包括国家有关轨道交通前期工程设计、施工技术规程、规范,国内外城市轨道交通前期工程设计、施工有关经验,国内外有关轨道交通前期工程设计的新技术、新工艺、新材料和科技动态等。

(3)按照规范化、制度化管理的要求,制定各项工作制度,包括技术例会制度、定期或不定期分析研究总体技术问题工作会议制度、内部技术责任制和决策程序、重要问题及时请示汇报制度、与计划和合同部的配合方式及内容等有关规定,内部考核奖励制度及技术文件管理办法和文件收发管理办法等。

11.8.4 设计内控质量控制程序及措施

1)总则

(1)设计质量控制是工程三大控制(质量控制、进度控制、投资控制)的中心环节,为确保工程设计质量,达到高效率、高效益、技术先进、安全可靠的设计目标,制定本措施及程序。

(2)设计质量控制,是对设计的依据和环节进行控制,是对设计的全过程进行跟踪控制。控制重点是:贯彻执行国家及地方关于轨道交通建设的方针、政策、规范和规定等,确定主要技术标准,制定设计原则,优化重大技术方案,协调内部和外部技术接口;保证设计输入(上阶段设计审查意见、各项基础资料、设计原则等)及设计输出的质量。

(3)各工点设计单位应针对本单位所承担的设计工作制订相应的质量控制措施及程序,并报设计总承包单位核备。

2)设计质量控制措施

(1)根据 ISO 9001 质量管理程序和质量保证体系及保证措施的要求,按超前策划、事前指导、过程控制和成果审查的思路进行设计质量的控制。

(2)通过事前制订计划、设定质量控制目标来规范设计管理行为和指导设计工作进程。

(3)运用价值工程理论进行方案比较、功能定位、技术经济分析等设计过程的控制,从而确保设计方案的优化和工程投资的合理。

（4）各工点设计单位设计文件完成后，报总承包单位组织会签，文件初稿完成后，报送总承包单位和设计监理（若有）单位进行审查，必要时组织召开专家论证会议，征求吸收各方面的意见和建议，确保设计文件的质量。

（5）通过制定科学严谨的技术管理制度，确保设计工作各个环节的有序、高效。

（6）针对城市轨道交通工程的特点：设计周期紧、设计工作量大、参加设计单位多、设计程序复杂、设计方案多变等，本着"宜简不宜繁、原则控制住、具体可操作"的原则，对设计过程的主要环节进行质量控制。

3）设计质量控制程序

（1）设计质量控制流程如图11-6所示。

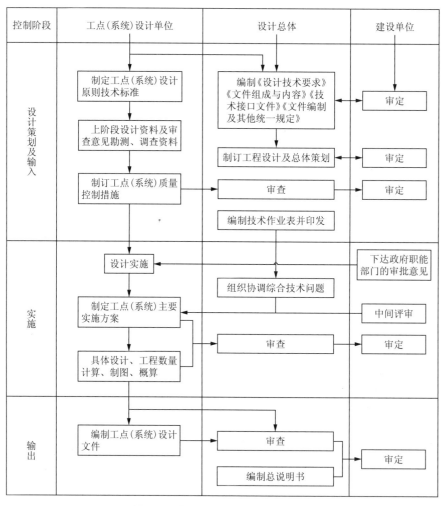

图11-6 前期工程设计质量控制流程图

（2）设计技术接口

①由总体技术组编制设计技术接口文件，明确各工点（系统）、专业之间的关系及互提资料内容。技术接口文件报总承包单位审定后实行。

②工点（系统）设计单位在各自设计工作范围内，涉及多个专业、设计单位的设计协调工作，由本工点（系统）设计单位负责协调，并对该工点设计的总体性承担设计责任。在协调过程中出现疑难问题时，报请总体技术组进行协调解决。

③管线综合设计由主导专业（如给排水专业）牵头，按其设计程序组织设计，并负责召集相关专业

协调修改,主导专业对管线综合设计的合理性、总体性负责。

④设计图纸会签,按设计图纸会签办法执行。

⑤根据总承包单位对设计进度周期的安排,由总体技术组编制"技术作业表",按设计单位程序要求印发各设计单位执行。因客观原因延误了"技术作业表",必须书面向总体技术组和计划部报告情况,经审查后,报请建设单位核准。

(3)设计输入

①设计任务书(或可代替任务书的有关批复文件)、设计合同。

②国家和地方的政策性法规、强制性技术规范、规程及相关规定。

③上阶段设计资料及审查意见、勘测调查资料、调查报告等基础资料。

④总体技术部制定印发的《设计技术要求》《文件组成与内容》《技术接口文件》《文件编制及其他统一规定》;

⑤对采购、收集的设计基础资料,应组织验证并进行标识,确保设计基础资料的可靠性和有效性;

⑥对不明确、不可靠或有矛盾的输入,应及时组织重新验证,确保正确无误后,方可使用。对未经验证的设计输入,谁使用谁负责,影响设计质量的,将追究有关技术负责人的责任。

(4)设计输出

①设计输出应满足设计输入的要求,设计输出包括设计总说明书、工点(系统)设计文件及设计图纸、资料、新技术实施文件、电子版文件等。

②设计过程资料、图纸及阶段性成果和输出均应进行复核、反复核并标识齐全。

③专业间互提资料为受控文件,必须保证资料的准确性、时效性、严肃性。互提资料各级应签署齐全,若情况特殊需要代签,应事先提交代签授权书。

(5)设计评审

设计评审是在设计的适当阶段,对其阶段性成果和输出进行评审。各评审过程均应有文字记录和结论性意见。

①开展设计前的评审

开展设计之前,由总体技术部编写《设计技术要求》《文件组成与内容》《技术接口文件》《文件编制及其他统一规定》,报请建设单位组织专家评审。根据专家意见修改后,印发相关设计单位执行。

②设计过程中的中间检查评审

建设单位组织专家对设计过程中工点(系统)主要技术方案进行中间评审,中间评审的结论性意见作为设计的依据。通过中间评审及时发现和解决设计中存在的问题。

③设计文件的评审

各工点(系统)设计文件经设计单位逐级审查确认后,送总承包设计单位及设计监理单位(若有)审查,审查意见报送建设单位,设计单位根据设计总承包单位、设计监理单位及建设单位的意见进行修改。

④评审内容

a. 符合设计合同、上阶段审查意见。

b. 符合国家和地方的政策性法规、强制性技术规范、规程及相关规定。

c. 符合已批准的规划要求。

d. 符合《设计技术要求》《文件组成与内容》《文件编制及其他统一规定》。

e. 执行经建设单位正式批复的专家审查意见及建设单位对重大技术问题确定的原则。

f. 采用的基础资料准确可靠,方案比选齐全,不遗漏有价值的比选方案。采用的计算方法、指标、系数合理,计算结果数据正确。推荐的方案论证依据充分,技术可行,经济合理,工程量计算符合精度要求,无遗漏。

g. 概算不漏项,费率、章节无差错,满足限额设计要求。

(6)设计投资检查

①初步设计阶段:各工点(系统)检查工程数量变化及其原因,工程经济专业检查单价、费率等变化原因,并汇总或编制单项概算、编制总概算;设计总体技术部组织各工点(系统)分析研究主要工程数量和造价增减的原因,总结本阶段工作情况,并形成文件。

②施工图阶段:各工点(系统)分析设计内容、工程数量及设备等变化情况及原因。设计总体技术部组织工点(系统)间的协调平衡,总量控制在批准的修正总概算范围内,确保施工图的总投资不超过修正总概算,并形成文件。

(7)设计更改

①总体设计原则、重大方案的变更

总体设计原则和重大方案如确需更改时,由设计总体技术组主持进行,经设计监理单位(若有)和建设单位审定后方可更改,并下发设计更改通知。

②工点(系统)设计过程的更改

a. 工点(系统)设计原则若需要更改时,由工点(系统)设计负责人主持进行,报总体设计单位、设计监理(若有)和建设单位批准后方可更改。

b. 工点(系统)设计过程中,提供下序资料若需要更改时,由工点(系统)设计负责人主持进行,报设计总体技术部审查同意后,填写设计更改通知及时通知下序。

11.8.5 设计总体技术审查办法及要求

地铁工程前期工程一般由道路疏解工程、道路交通工程、交通监控工程、给排水管线改迁工程、电力管线改迁工程(含 20kV 及以下、110kV 及以上两部分)、通信管线改迁工程、燃气管线改迁工程、照明管线改迁工程、岩土工程、水工结构工程、管线综合等专业文件构成,各专业交叉,是复杂的系统工程且为多设计单位参加的集群作战,为保证设计文件的总体性、完整性、统一性、经济合理性和技术先进性。

1)审查办法

(1)总说明书由总体组审查;各专业、系统专册设计文件及其他接口文件,需由各专业组审查。送审文件审查流程如图 11-7 所示。

(2)各专业负责人接到送审文件后完成文件审查,并出具审查意见表交专业总体审核,无重大问题时前期工程副总体签发审查意见表,存在重大问题时交前期工程总体审阅,必要时召集有关方面参加技术会议决策审查意见。

(3)需要进一步说明的内容。

①在审查过程中,各专业、系统分别审查,并填写"设计总体组审查意见表";

②在总体审查意见正式提出前,分管的前期工程副总体应向前期工程总体汇报审查过程中重要的环节和审查结果,某些涉及专业较多或影响重大的问题,还应由前期工程总体主持召开总体技术部专题技术会议,确定总体审查意见;

③收到总体审查意见后,工点设计单位应认真研究总体审查意见,进行修改,同时填写"设计总体组审查意见回复表",与修改后的设计文件一并报送设计总体审查单位。

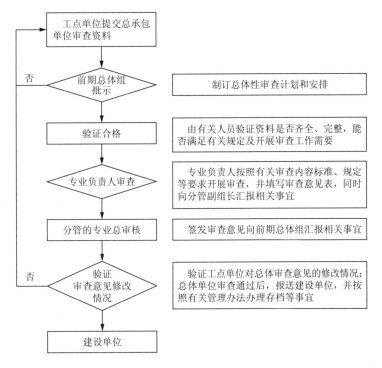

图 11-7　送审文件审查流程框图

2) 前期工程总体组技术审查的内容及深度要求

(1) 共性的审查内容

①是否按上阶段的审查意见执行,不能执行的理由是否充分,是否得到相关部门同意;

②是否执行了建设单位意见,不能执行的理由是否充分,是否得到相关部门同意;

③是否符合《设计技术要求》《文件组成与内容》《文件编制及统一规定》的要求;

④设计文件说明、图纸是否完整、齐全,符合规定深度要求;

⑤是否满足政府和有关职能部门的意见;

⑥是否符合有关规范、规程、标准和设计原则的规定;

⑦设计依据、设计范围、设计年度是否符合规定;

⑧是否执行了各项协议;

⑨是否有进一步优化方案和降低工程造价的可能性;

⑩有关外部、内部接口是否协调;

⑪是否符合概算编制办法和有关规定,是否达到本阶段的规定深度;

⑫投资规模确定是否合理(概算审查中应附工程数量表,设备、材料清单,投资对照表和数量投资分析说明)。

(2) 专业设计审查内容

①交通疏解

a. 区域交通的道路、人行、公交现状分析,功能定位、区域交通分析及规划发展趋势。

b. 地铁施工概况及占道影响:地铁施工概况描述,占道情况,交通疏解重难点,对策及方案。

c. 交通疏解具体方案主要设计原则、技术标准,临时及恢复标准(路基、路面、罩面、路缘石、人行道、交通设施、交通监控)是否合理。

d. 设计方案中是否降低(升级)标准,满足规划及规范要求。

e. 钢便桥设计是否合理。

f. 区域交通设计是否合理。

g. 主体、管线、绿化、拆迁之间的相互影响及接口。

h. 职能部门(规划、交委、交警)特殊要求响应。

i. 工程投资是否经济合理。

②管线改迁

a. 区域现状管线分析,现状管线、权属调查及管线在网络上定位、功能,审查与规划的匹配程度;

b. 地铁施工影响分析及地铁施工概况描述,对管线的影响情况;

c. 管线改迁的重难点描述,对策及方案;

d. 管线改迁设计方案主要设计原则,技术标准是否合理(分专业);

e. 设计是否降低(升级)标准,满足规划及规范要求;

f. 管线悬吊保护设计是否合理;

g. 主体、交通、绿化、拆迁之间的相互影响及接口;

h. 职能部门特殊要求响应;

i. 工程投资是否合理;

j. 燃气、电力、通信等重大管线是否进行专业调查、核实并经权属单位确认。

③绿化迁移

a. 绿化迁移范围应综合考虑主体、交通疏解、管线迁移等的施工需求。

b. 绿化迁移应按照不同胸径规格统计迁移乔木,并区分绿化归属。

c. 城管主管部门要求响应。

11.8.6 设计内控接口管理

(1)建立健全前期工程总体组和各工点、系统设计单位专业负责人设计接口管理工作责任制。总体组负责编制《技术接口文件》。各工点、系统设计单位专业负责人在设计现场应保持相对稳定,人员名单及时报总承包单位备案。人员调动要认真做好交接,确保工作的延续性。

(2)总体组要征求设计工点单位专业负责人的意见,编制比较详细且可操作的"技术作业表"中各专业出图计划,满足设计会签的时间要求。

(3)依据《互提资料管理办法》的规定和"技术作业表"的时间要求,做好上下序资料的传递。严格执行"提供、接收、检查、反馈"的工作程序,确保资料传递的及时性、准确性、完整性。接收专业负责人要认真填写"专业接口响应登记表"。

(4)前期工程各工点项目负责人负责关键技术接口的协调工作。

(5)前期工程设计工点单位各专业、系统会签图纸和送审文件送总承包单位及前期工程总体组审查时,应认真填写"专业接口响应汇总表",对上序专业技术接口的响应情况予以明确,与送审文件一并送总体单位。

(6)在前期工程设计过程中,如上下序资料或外部条件发生变化时,及时向总承包单位提出申请,总承包单位确认批准后,组织设计更改,制订相应调整计划。

(7)按照《设计文件会签管理办法》的规定,做好设计文件会签工作。严格执行专业负责人参加会签制度。总体组按照"技术作业表"的进度要求,组织会签工作,确保时间、人员的落实。相关工点负责人应参加会签工作的全程,并负责会签程序、内容的检查、监督和协调工作。

(8)建立健全前期工程设计工作协调例会制度。阶段性召开一次前期工程设计工作协调会,设计工点单位要报告计划进度及设计接口情况、存在问题、解决措施,重要设计工作协调会要下发会议纪要或记录。

(9)按照《设计巡检管理办法》的规定,配合总承包单位做好巡检工作。

(10)按照《设计质量控制程序及措施》的规定,加强前期工程设计质量控制,做好设计质量中间检查和设计文件的总体审查。

11.9 施工图设计更新流程

1)现场调整方案

(1)施工单位发现施工图与现场不符或新增工程无施工图时,应立即报告建设单位。

(2)由建设单位召集设计单位、施工单位、监理单位等,研究确定现场调整方案。

(3)初步明确是按设计更新还是按现场签证处理,是纳入工程费用还是纳入征拆费用等。

2)估算造价

(1)根据确定的现场调整方案,施工单位填报"工程施工联系单"报监理单位,并估算造价上限。

(2)监理单位接到"工程施工联系单"后完成技术方案及造价的审核、把关,监理造价工程师需签字盖章确认。

3)现场调整方案审查

各个站点(或工点)每项现场调整方案,由建设单位组织监理单位、设计单位参加的专题会议进行审查。

4)现场实施白图

(1)如确定现场调整方案按照设计更新处理,则首先由勘察设计总承包单位进行书面审查,以确保各专业接口协调一致。

(2)设计单位提交签字盖章的设计更新图,经建设单位盖章确认后,由监理单位转施工单位施工。

5)重大技术方案调整

对于现场重大的调整方案另行报建设单位审议决定。

6)图纸会审

图纸会审过程中,对于政府主管部门或管线权属单位提出的要求,设计单位予以认可的,应尽快纳入设计更新图;无法及时纳入设计更新图的,则应向建设单位提交设计工作联系单予以专门说明。

7)验工计价依据

图纸会审意见、设计单位提供的设计工作联系单、设计更新图、施工图及经过批准的现场签证可以作为期中验工计价依据。

8)定期设计更新

各站点(或工点)一个阶段施工任务完成后,建设单位应及时书面通知前期工程设计单位(抄送勘察设计总承包单位)完成施工图设计更新。

11.10 设计控制与责任处理

11.10.1 设计控制

1)施工图蓝图出图

(1)前期工程改迁阶段施工完毕后,由于施工单位退场、监理人员工作重心转移至主体施工阶段、设计单位人员变动等,容易造成前期工程改迁阶段施工图纸绘制不及时,给结算工作带来困难,为避免政府审计风险等,应加紧绘制第一阶段施工图蓝图,为前期工程结算施工图完备做好准备;

(2)建设单位应在第一阶段工作完成时,对前期工程施工图纸蓝图出图计划(改迁阶段)做出统一部署;

(3)建设单位应要求监理单位提供施工现场按照白图施工的实际情况以及完整的现场签证单、施工联系单或现场确认单交给设计单位,同时督促设计单位收到完整施工现场资料后给出具体出图时间,尽快将前期工程第一阶段施工蓝图绘制齐整,并给出具体出图时间,为施工验收资料归档管理打好基础。

2)补充协议

前期工程合同签订后,由于缺少快捷有效的前期工程合同暂定价更新机制,签订补充协议所需时间较长,对于规模核减的工点,可能出现因承包商拖延、不配合而导致补充协议签订滞后的情况。建设单位在支付工程款前,应督促设计单位梳理出相关站点区间的施工优化、规模缩减或调增的站点造价变化详细数据,对支付工程款暂定价有较大变化的及时做出修正,并签订补充协议,防止由于工程款无法支付带来的工程管理风险,同时避免发生预付款超付的情况。

3)工程内容避免重复记入施工图

(1)建设单位应牵头组织监理单位、分管前期的相关合约人员,与各专业设计院进行协调,明确各单位的施工内容属于哪个专业的施工图纸,避免施工内容重复记入不同专业的施工图;

(2)对已计入施工图纸现场签证的工作内容,在现场签证单中做出"已入图"的明显标记,防止同一时间、同一地点的施工内容在施工蓝图绘制时内容重复。

4)机械进退场费用的现场签证

(1)现场零星大型机械进退场费用一般不予现场签证,建设单位应督促监理单位协调各管线单位合理使用现场既有机械,如在施工中因特殊原因需要现场签证的,应严格按照《工程变更管理办法》四方签证确认后方可生效;

（2）对签认过程中存在的争议，由建设单位现场管理及时披露，建设单位负责收集并组织监理单位、现场管理人员和合约管理人员对争议事项进行分析研判，提出处理意见，避免后期结算费用认定困难。

11.10.2 责任处理

（1）各单位不履行设计更新职责的按照建设单位对应制度、办法进行考核；

（2）前期施工单位不履行设计更新职责的，除相关办法考核外，所实施的更新设计工程量不予计量。

11.11 设计管理改革创新

（1）加强内外交流，提高设计管理水平

加强建设单位设计管理人员内部交流，同时创造条件，走出去交流，拓展视野，共同进步。要求建设单位设计管理人员具备系统的地铁设计和施工的知识与经验，不但要了解技术，还要清楚建设管理程序。可以采用定期技术培训与建设管理经验交流相结合的方式，不断提高设计管理人员的业务能力。

（2）优化设计流程，凸显人性化设计

进一步改善设计管理流程，使建设单位代表有更多机会参与设计方案的审查工作，让设计更贴近工程现场实际。

（3）重视细节，加强设计接口的管理

地铁前期工程设计涉及的专业很多，其中各专业之间的接口是设计工作的重中之重。应督促设计单位内部各专业之间的交流，必要时，由建设单位组织设计单位共同协商解决各专业的接口问题，充分借鉴已往工程经验，优化设计方案。

（4）增加考核管理，促进出图进度

为更好地做好前期工程的设计管理工作，加快出图进度，建设单位应将施工图出图进度及施工图出图质量列入考核中，以便加强对设计单位的考核力度，及时为建设单位提供设计图纸资料，确保工程进度。

（5）分工明确、责任到人

针对地铁前期工程的设计管理，将设计管理任务进行分层次分解，设定分任务清单，工作分工到人并设定时限，该方式有助于提高解决问题的时效性且可追溯。

（6）充分发挥设计专业组作用

充分利用专业组（建筑组、结构组、信号组、供电组等）的平台，集中建设单位专业技术人员资源，充分发挥技术骨干的积极性，统一研究解决各专业重要的设计方案和技术问题。

（7）培养设计管理专业人才

推动设计人员的沟通、交流和融合，力争在建设单位内培养前期工程专业的设计管理人才。

第 12 章 项目管理

12.1 概　　述

地铁作为高效缓解城市交通压力的交通工具,往往沿城市主要道路布置在人流、交通密集的区域。在此区域,地面分布着市政绿化景观、道路交通设施以及各种城市功能性基础设施,地下则分布着密集的管线系统。对于采用明挖法施工的地铁车站、区间或竖井,一般会占用城市道路及地下空间,为了保障地铁施工期间城市道路的畅通,需要进行绿化迁移,利用市政绿化场地实施交通疏解;同时,地铁主体范围内的地下管线需要临时改迁,而与市政道路人行系统连接的地铁出入口范围等,则需要对地下管线进行永久改迁。绿化迁移和管线的临时改迁在地铁主体工程完成后将进行恢复。我们把为地铁主体明挖工程施工提供场地条件而实施的绿化迁移、交通疏解以及地下管线的改迁及恢复工程称为地铁前期工程。地铁建设施工过程中,在尽可能降低对城市运转影响的前提下,如何根据地铁主体工程的需要,采用系统方法,对市政绿化、道路和地下管线等城市基础设施在时间和空间上进行合理有效的置换,是建设单位在地铁前期工程项目管理中的主要目标。

12.2 工程特点

有别于地铁土建工程和站后工程,地铁前期工程项目管理具有的特点如下所述。

12.2.1 涉及专业多、权属单位不一

1)前期工程涉及专业

(1)绿化迁移工程;
(2)交通疏解工程(含道路与设施、路灯与信号灯、交通监控);
(3)给水排水(含雨、污水)管线改迁工程;
(4)电力管线(含10kV、110kV及以上电缆和架空线及通信光缆)改迁工程;
(5)燃气管道(含中低压、次高压和高压管道)改迁工程;
(6)通信管线(含治安监控、网络宽带及有线电视、军用国防光缆等)改迁工程;
(7)住宅小区围墙、停车场(包括相关设施)、垃圾房等设施的拆除与恢复等。

2）前期工程权属单位

(1) 部分前期工程权属单位为政府相关部门,其管理由政府部门委托专业公司承担。如市政绿化及景观设施权属单位为市城市管理局绿化管理处或各区城管局,公园绿化及景观设施权属单位为市城市管理局公园管理中心,路灯及设施权属单位为市城管局路灯管理中心,市政道路及设施权属单位为市交通运输委或其辖区局,交通信号及监控设施权属单位为市交警局或辖区交警大队,治安监控设施权属单位为市公安局或辖区公安分局。

(2) 地下管线权属单位一般为专业国有企业。如市政给排水管道及设施权属单位为市水务集团有限公司;市政燃气管道及设施权属单位为市燃气公司有限公司;市政电力管线及设施权属单位为电网公司;通信管线的权属及维护单位有移动、电信(市内及长途)、联通、铁通、有线电视等公司和党政机关及军(警)等单位或部门,通信管线的权属存在管、线权属分离的情况,仅有线缆权属的单位向管道权属单位购买或租用管道。

(3) 上述设施和管线的权属还存在属于个人或集体小产权的情况。

12.2.2 协调工作量大

(1) 由于地铁前期工程涉及的专业众多、对应的权属(管理)单位也多,权属(管理)单位既有政府行政部门,也有不同性质的企业以及集体或个人,在前期工程的实施过程中,方案审批、行政许可审批、割接碰口审批等环节需要进行大量的沟通协调工作。

(2) 要采取技术和管理措施,保证施工场地影响范围内的空气质量、交通出行和工程噪声等方面基本达到相关标准要求,尽可能降低施工对周围环境的影响,并进行充分的沟通和协调,取得周边居民的理解和支持。

(3) 改迁或恢复工程平面、施工围挡空间位置等与周边建(构)筑物存在关联或冲突关系,相关方与建设单位利益攸关,需要开展大量的协调工作,使相关各方与建设单位在充分沟通、相互妥协、利益平衡的基础上,达成共识。

(4) 在多条线路同时建设阶段,前期工程开工点多,分布面广,相关专业权属单位的计划调度指标需要建设单位牵头协调、动态管理,并实时按计划推进。在涉及权属单位的自有工程与地铁工程计划调度指标发生冲突时,常常由政府相关部门开会协调解决。

12.2.3 现场情况复杂

作为大型公共交通设施,地铁站点一般布置在人流密集区域。这些区域往往难以提供宽敞的场地用于施工,车站主体结构施工所需场地往往需通过数个阶段围闭来实现,留给前期工程的场地更是相当有限。因此,经常会出现多个专业在人车交织区域的狭小地带交叉施工。有时还需进入周边物业的红线内进行施工。地铁在城市中的区域定位决定了其站点位置处市政道路、设施以及地下管线密度较大,常常会遇到图纸尚未反映的不明管线需要避让,有时不得不因为这些不明管线而重新调整方案甚至停工,只有将这些不明管线改迁后才能继续施工;埋深较大的重力流管线改迁因高程顺接等原因,需要互相避让。这些因素使得地铁主体工程、前期工程各专业的施工边际条件互相交叉、互为约束,施工现场具有明显的复杂性特征。

12.2.4 设计方案稳定性差

导致设计图纸对现状管线的描述准确率偏低的原因主要有：

(1)由于未完成竣工资料移交等历史原因,设计单位无法从城市档案馆和权属(管理)单位获取完整的竣工图纸及相关资料;

(2)既有项目的竣工图不准确;

(3)当前物探技术无法满足对既有地下管线或构筑物进行全面准确的定位;

(4)地下管线或构筑物状态在设计出图后产生动态变化。

设计图纸与现场实际存在的差异,使得设计工程量无法覆盖实际工程量的范围,导致前期工程的设计图纸在施工过程中难以确定,如大型管道改迁可能会引起绿化迁移或交通疏解范围的变化,甚至可能导致主体工程产生变更,进一步加大现场管理的难度。

正是由于上述场地问题、管线资料准确性、方案变化的联动性以及协调难度等因素,往往导致大量的前期工程方案无法按原设计实施。如某现状管线因实际高程或平面位置与管线资料不符,导致管线改迁方案的调整;如交管部门根据疏解实施后的实际效果提出增补措施,导致疏解工程量的增加以及相应管线工程量的增加;再如部分路口管线施工由于协调难度过大,由明挖改为顶管等引起的工法改变。因此,与主体工程相比,前期工程受外界影响的不确定因素较多,设计方案的稳定性较低。因此,一般采用施工图更新和现场签证相结合的方式来应对现场的变化。

12.2.5 阶段性,不连续,工效低

与一般工程项目不同,地铁前期工程的施工过程往往是不连续的,其工程的阶段性特征十分明显。如绿化迁移工程分为绿化迁移、绿化临时恢复和永久恢复,交通疏解工程分为道路(含人行天桥和道路设施等)临时改移和永久恢复,管线改迁工程分为临时改迁及恢复、永久改迁等。按照配合主体结构施工的要求,第一阶段应满足车站明挖、区间或施工竖井需要实施的迁移和改迁;第二阶段是在上述主体结构完成后,对第一阶段实施的迁移和改迁工程进行临时或永久恢复;第三阶段是对车站出入口等附属结构位置的地下管线实施永久改迁。这种分阶段间断式施工模式,施工机械和施工人员不能连续有效的工作,工程资源无法实现优化配置,导致工程施工工效低,对施工成本和工程造价产生一定影响。

12.3 管理模式和管理原则

12.3.1 管理模式

(1)建设单位的地铁项目管理架构一般按土建和设备专业分类设置,地铁土建工程包括主体结构工程和装饰装修工程,地铁设备安装工程包含常规设备和系统设备安装工程。

(2)由于土建工程贯穿于地铁建设的全过程,土建工程管理人员在主体结构工程施工阶段全面负责项目管理工作,在进入站后工程施工阶段后,土建工程管理人员除负责装饰装修工程的项目管理外,还负责施工现场的统筹与协调。

（3）设备安装工程管理人员主要负责甲供设备的招标采购工作，包括设备技术规格书、设计联络、监造、样机和出厂验收等，并负责对乙购设备的质量以及所有设备的现场安装质量和进度控制工作（合约管理部门则负责招标的组织工作）。设备安装工程管理人员主要侧重于技术管理工作。

（4）由于前期工程率先进场，其工作目标是为主体工程创造进场条件，实施过程与主体工程关系密切，所以前期工程的项目管理一般由土建工程管理人员负责。

（5）由于土建工程管理人员一般不具备前期工程的专业能力，所以监理单位的专业资质和相关专业监理人员的配备就非常重要。建设单位的土建工程管理人员主要负责前期工程统筹和内、外部的协调工作。

（6）受各种因素影响，设计方案在施工过程中变化频繁，前期工程的施工图设计管理工作一般也由土建工程管理人员负责，其主要工作是协调权属（管理）单位、施工单位（含主体和前期工程施工单位）、周边受影响建（构）筑物业主和设计单位，以快速确定和实施设计方案。

（7）为了提高管理效能，以建设单位项目分管部门为单位，每个单位宜安排一名管理人员作为召集人（牵头人），负责前期工程一个专业的统筹、协调以及与该专业权属（管理）单位的对接，避免各专业权属（管理）单位需要与同一项目分管部门的不同线路、站点及工点的多个工程管理人员对接。

12.3.2 管理原则

1）系统原则

由于前期工程专业多，各专业的实施在时间和空间上存在交叉、重叠等关系，为实现前期工程各专业间、前期工程与主体工程间工序与工期的有效衔接和协同，需要以系统的方式对前期工程进行有效的管理。

2）动态原则

受多种不可控因素影响，前期工程的设计方案在实施过程中一直处于变化之中，使得建设单位在项目招投标、设计、计划与进度、投资等管理中，需通过主动适应和积极干预来将此变化的幅度和时间控制在一定范围。

3）和谐原则

前期工程的施工对象均为城市基础设施，施工过程要精心策划、科学组织，把对城市居民生活的影响降到最低。如绿化迁移工程要尽量避免黄土裸露；交通导改在夜间实施，以保持城市交通的安全与畅通；管线改迁工程中的管道碰口和线缆割接严格按计划执行，做到提前公告，快速实施，保证城市正常的工作和生活秩序。

4）恢复标准和范围不变的原则

在对地铁施工范围的绿化景观、道路及交通设施和地下管线进行迁移、改迁后，原则上应按原标准和范围进行恢复，但如果因技术原因或地方政府实施提升工程，需要提高设备或设施标准以及扩大实施范围，建设单位在与权属单位经过充分协商后，应按程序取得相关依据和落实资金来源的前提下实施。要避免因随意提高标准或扩大范围，导致超概算和延误计划工期的情况发生。

5）工程实施和补偿相结合的原则

大部分权属单位在对其专业的设计方案进行审查批复后，同意由地铁建设单位组织实施前期工程。但少部分权属单位，如军（警）通信管线可能需要保密；又如部分个人或集体小产权管线及设施，需要采取货币补偿由其自行组织施工，参与其补偿的款项要依据相关标准合理计算并签订一次性补偿协议。

12.4 管线及设施安全保护

在前期工程和主体工程施工期间，保证施工范围内管线及设施的安全是地铁工程建设管理的重要工作之一。其主要目的在于，一是维护城市功能性设施的正常运行，保障市民的正常生活秩序不受地铁施工的影响；二是避免因施工对管线及设施造成外力破坏而引发工程安全和公共安全事件；三是确保工程进度不受相关事件的影响而正常推进。施工期间参与管线及设施安全保护的各方责任、义务及相关工作如下所述。

12.4.1 开工前准备

（1）在工程开工前，建设单位应将城建档案部门出具的地下管线查询结果，以及地铁相关工点的施工范围、内容、工期及建设红线总平面图等资料提供给权属（管理）单位，并由专人负责与权属（管理）单位联络等具体事宜。

（2）权属（管理）单位在接到建设单位提供的有关资料后，在约定时间内核准施工范围及影响区域内是否存在管线及设施，并向建设单位提供该施工范围内相应管线及设施的图纸资料。

（3）建设单位应当向施工单位提供施工现场及毗邻区域内供水、排水、供电、供气、供热、通信、广播电视等地下管线资料，气象和水文观测资料，相邻建筑物和构筑物、地下工程的有关资料，并保证资料的真实、准确和完整。

（4）管线及设施的具体位置必须通过现场探查核实确认。施工单位依据已取得施工范围内管线及设施的图纸资料，组织权属（管理）单位（监理单位参加）共同进行断面开挖探查，以确定施工现场及影响范围管线及设施的实际位置，明确管线及设施的安全保护范围及安全控制范围，将详细情况及有关说明予以记载。权属（管理）单位在已探明的管线及设施上方设置安全警示标识，并将标识情况（警示标识布置及数量示意、说明）进行详细记载。

（5）施工单位应根据管线及设施已探明的情况及其保护和控制范围，在权属（管理）单位的指导下组织编制相应的管线及设施保护方案和应急处置措施。如编制过程中产生争议，由相关各方申请建设主管部门组织专家论证后协调解决。该保护方案和应急处置措施应经监理单位总监审核，经建设单位同意盖章认可并报权属（管理）单位备案。

（6）施工单位在开工前，应根据施工现场的实际情况和施工方案，将已制定的管道及设施保护方案和应急处置措施通过技术交底方式，落实到相应工作层面作业班组负责人和具体作业人，监理单位应参加并在交底记录上签字确认。

（7）建设单位、监理单位、施工单位（包括主体工程和前期工程施工单位）管线及设施权属（管理）

单位各方主体责任和义务,以及管线及设施安全保护工作,将通过《管线及设施安全保护协议》进行清晰的界定和约定,并于开工前签署。在地铁建设的全过程,应认真落实协议内容,确保施工范围的所有管线及设施的安全运行。

12.4.2　施工期各方职责

(1)施工单位对建设过程中施工现场管线及设施的安全负责,并负责管线及设施具体保护措施的实施及管线警示标识的保护。权属(管理)单位应落实管线的巡查工作并做好紧急应对准备工作。监理单位应对保护方案和应急处置措施的实施情况进行现场监督。

(2)相关各方将各自指派的工程项目联系人以书面形式通知其他各方。上述联系人负责整个施工期间所辖范围内的安全保护协调工作,各联系人不得以任何理由拒绝签收其他联系人签发的通知书或联系函。联系人如需变动,应书面通知其他各方并签收确认。

(3)对在控制范围和保护范围内的施工,施工单位应提前24h函告权属(管理)单位;施工作业需超出正常施工作业时间之外,或施工工期发生变更时,施工单位应提前24h将变更函告知建设单位、监理单位和权属(管理)单位联系人并签收确认。

(4)施工作业方案发生变更,需要修改管线保护方案和应急处置措施时,施工单位应将修改后的方案经监理单位和建设单位审核确认后函告权属(管理)单位,同时,要通过技术交底落实到具体作业人。权属(管理)单位应及时安排好现场巡查工作,按照规定的频度进行巡查,并根据施工作业安全要求,安排现场旁站监护。

12.4.3　施工中应遵守的规定

(1)在管线及设施的安全保护范围内,禁止下列行为:
①建造建筑物或构筑物;
②堆放物品或者排放腐蚀性液体、气体;
③进行机械开挖、爆破、起重吊装、打桩、顶进等作业。

(2)不得擅自移动、覆盖、涂改、拆除、破坏管线设施及安全警示标识,道路施工完成时必须埋设相应的标志桩。

(3)在没有采取有效的保护措施前,不得在管线及设施上方开设临时道路,不得在管线及设施上方停留、行走载货汽车、推土机等重型车辆。

(4)禁止其他严重危害管网安全运行的行为。

12.4.4　事故的处理

(1)在施工过程中遇到复杂、特殊情况,可能危及管线及设施的安全运行时,监理单位应签发停工令,要求施工单位立即停止施工。施工单位应会同建设单位、监理单位和权属(管理)单位,重新编制管道及设施保护方案和应急处置措施,经监理单位总监审核和建设单位签字认可后报权属(管理)单位备案。权属(管理)单位接到备案申请后通知监理单位签发复工令后,施工单位方可恢复施工。

(2)权属(管理)单位在巡查中发现存在管线及设施隐患时,应以书面告知函的形式通知施工单位、建设单位和监理单位,由项目联系人负责督促隐患整改。任何一方发现可能危害管线及设施安全运行的行为时,应立即制止,施工单位作业人员必须服从。制止无效时,应立即向政府相关部门报告,情况紧急时,可报警请求协助。

(3)造成管线及设施损坏时要根据不同管线的特点和损坏情况,按不同方式进行处理。

①在施工过程中造成管线及设施轻微损坏时,施工单位作业人员应立即停止施工,通知建设单位、监理单位和权属(管理)单位联系人。权属单位(管理)应立即组织修复作业并现场取证,修复费用由事故责任单位承担。

②在施工过程中造成管线及设施损坏且管线运行中断时,必须停止施工、保护现场、通知相关单位联系人,并根据运行用户服务级别上报市(区)建设主管部门。监理单位发出停工令,权属(管理)单位立即组织抢修,修复费用由事故责任单位承担。建设主管部门根据事故影响范围按照相关条例对事故责任单位进行处罚。

③在施工过程中造成管道破裂或爆炸时,必须立即停止施工、保护现场,组织影响范围内的人员疏散,救治受伤人员,报警并按事故级别上报市(区)建设主管部门;同时,立即通知建设单位、监理单位和权属(管理)单位联系人。相关单位接报后立即启动应急预案,组织开展应急抢险工作。有关部门按照相关条例规定组织事故教训调查,并对事故责任单位和责任人进行处罚。因管线及设施遭受破坏而造成的直接和间接损失由事故责任单位负责赔偿。

12.5 工程策划

主体工程在空间上与城市绿化、市政道路、地下管线及设施相互冲突,这些市政设施的基本功能在施工期间需要维持,狭窄的施工场地,使得多专业的施工难以施展,形成了多种约束和各种边界条件。前期工程的策划就是围绕主体工程应具备的开工条件,充分考虑前期工程各专业的特点、各种外部条件和不可预见因素,通过对各专业施工进行合理的顺序安排和时间分配,系统有效地解决各专业施工在时间和空间上的冲突。

(1)前期工程一般以工点(车站或区间)为单位,围绕工点主体工程策划进行安排,确保主体工程按计划获得作业面。同时,要尽量避免前期工程实施计划的落实反过来影响主体工程作业面的开展,进而影响主体工程计划节点目标的实现。

(2)从整个工程实施角度来看,前期工程是地铁系统工程的重要组成部分。在实施过程中,前期工程是主体工程的前置工程,甚至部分前期工程处在计划的关键线路上,影响着工程总体目标的实现。而前期工程的复杂性以及各专业交叉作业的特点,使得其工程策划显得尤为重要。

(3)前期工程策划前,建设单位需组织管线改迁、交通疏解设计单位就工点管线分布、周边交通组织现状进行调研,并对上述管线的改迁、交通疏解思路与设计方案对各参建单位进行交底,使参建各方充分理解设计意图。

(4)前期工程各专业施工单位按照本专业施工图纸进行现场放线,确定现场工程实施条件。上述工作完成后,建设单位(或监理单位)应组织各前期施工单位一同按区段对工程进行分解研究,确定各段工程完成的绝对时间、前置条件、后续工序,再将上述分解的作业段按照前后关系衔接起来,最终确定整个前期工程各专业的持续时间。

(5)按照前期各专业工程完成进度释放的空间,结合主体工程总体工期的安排,确定前期工程计划的关键线路以及非关键线路的自由时间。

(6)通过上述工序分析,可以直观地了解前期工程各作业段所处的状态以及实施条件,合理地对前期工程各专业进行分段把控，并将其与主体工程关联，从而纳入整个站点的系统工程并进行宏观把控。

12.6 计 划 管 理

从狭义的角度来说，计划管理就是计划的编制、执行、调整和考核的过程。前期工程的特点决定了其计划管理的重要性，这主要体现在两个方面：一是计划对前期工程的统筹和主导；二是通过对计划实施进行考核与评价，分析计划与实际进度的偏差，对偏差进行协调与管控，并在一定范围内对计划进行动态调整，使得计划进度与实际进度的偏差始终控制在可接受的范围之内，以满足主体工程进场需要的施工场地条件。

12.6.1 计划的编制

（1）前期工程计划是地铁线路工程计划的组成部分。由于前期工程的目标是满足主体工程的进场条件，其计划的编制依据，具体来说，是满足地铁明挖车站、区间、中间风井、附属结构和主变电所施工场地的需求。所以，前期工程的计划应根据上述分部工程的计划来编制。

（2）前期工程计划在工程策划的基础上编制，该计划既要满足主体工程的计划要求，还需要与前期工程其他专业的计划、设计出图、征地拆迁等前置计划进行良好的衔接。因此，需要对前期工程各专业的计划和设计、征拆计划进行统筹。

（3）方案审批、割接碰口审批、占道挖掘审批和周边关联因素的协调工作，易导致诸多不可控和不可预见因素的存在，与主体工程计划按年度编制和发布不同，前期工程计划一般按季度编制和发布。

12.6.2 计划的执行

（1）影响前期工程计划执行的因素较多，其一是直接受征地拆迁工作进度的影响，这种影响的特点是不可控和预见性低；其二是受其他专业前期工程施工进度的影响，这种影响同样具有不可控的特征；其三是设计方案不稳定，其原因包括出现不明管线、方案需要平衡相关方诉求等。

（2）为了确保前期工程按计划执行，需要保证关联工作的有效性和及时性，比如征地拆迁、设计出图、方案报审、行政手续报批等；需要对前置工程的进度进行有效的控制，比如绿化迁移一般为主体工程、交通疏解和管线改迁工程的前置工程；交通疏解为主体工程、管线改迁工程的前置工程等；不同管线的改迁工程可能互为前置工程等。

（3）由于设计方案稳定性差，故在前期工程计划执行过程中要及时做好施工图更新和现场签证工作，根据相关管理制度和办法，按程序做好施工图更新和现场签证工作，并及时落实在设计文件中，有效降低设计方案不稳定对前期工程计划执行的影响。

12.6.3 计划的调整

（1）影响前期工程的施工进度的因素较多，其施工进度滞后的可能性较大，计划调整的压力也相应较大。鉴于前期工程为主体工程提供施工场地的紧迫性,其工期应最大限度地提前,其计划调整的幅度和频率也必须严格控制。

(2)在对前期工程某个专业的计划时间节点进行调整时,应充分考虑对本专业其他计划时间节点和关联专业计划时间节点的影响,这种影响一般限于本年度范围,且不能对主体工程的重大里程碑和开通目标产生实质性改变。

(3)前期工程计划的调整一般只针对时间节点,计划的节点目标原则上不予改变或取消。由于计划的调整原则上限于本年度内,所以对年度的投资计划的影响可以控制在一个合理的范围。

12.6.4 计划的考核

(1)计划考核的作用主要体现在两个方面,一是检查计划的执行情况,获取实际进度与计划进度之间的偏差数据;二是在被考核单位之间形成激励。偏差数据作为进度控制系统的输入,即纠偏的依据;激励机制则成为工程进度控制的动力。

(2)计划的考核结果作为前期工程进度评价的量化指标,与工程的安全、质量一并作为前期工程设计、施工、监理单位履约评价的依据,也可以作为前期工程合同约定的奖励或处罚金的计算、发放或扣除依据。

(3)计划节点的设置反映的是工程在某个时段应该达到的施工目标,而不是对施工进度结果的预测。由于各工点前期工程开工的前置条件和受影响因素各不相同,部分实际进度与计划进度可能存在一定的偏差。计划考核应实事求是地反映这种偏差,将考核结果作为进度控制的决策依据。

12.7 协调管理

前期工程涉及的专业众多,对应的权属(管理)单位以及行政管理部门也多。建设单位需要组织参建单位进行方案报审、行政报批、投诉处理、项目移交等一系列工作,这些工作关系复杂、协调难度大、工作量大。

(1)前期工程设计方案需要报权属(管理)单位审核,该工作需要组织监理单位、设计单位和施工单位对其他方提出的意见进行研究,督促相关单位落实其他方的合理意见,并在无法落实其他方意见时,积极寻求解决问题的平衡点,做好沟通与解释工作。对于难以达成一致意见的问题,及时向政府部门陈述己方意见,并请求协调解决。

(2)前期工程占道施工、道路挖掘、公交线路和站点进行改移、管线割接或碰口以及相应的停水、停电和停气等需要报权属(管理)单位审批;一方面,要落实施工单位的主体责任,提前做好相关计划和衔接;另一方面,建设单位在人员组织、协调机制上应该有所作为,以加快工程进度。

(3)由于前期工程的新建管线、道路均需避让主体工程施工范围,其大部分施工场地位于市政绿地、人行道、周边物业红线等位置,建设单位需要与周边业主、绿化城管与管养部门出面对接,出具申请或告知,协商占用范围、时间以及补偿事宜等。因此,在工程取得合法手续的前提下,通过充分沟通,取得辖区政府的理解、支持,并在各参建单位的配合下,共同协调、解决相关问题。

(4)相对于主体工程的施工单位,前期工程施工单位的水平参差不齐,人员流动性大,现场文明施工和安全管理意识相对薄弱。而大部分前期工程施工场地位于市政绿地、人行道或周边物业红线范围等相对狭小的区域,管线与周边环境复杂,且受到的关注度较高。因此,施工过程中常常因为材料或土方占用人行通道、围挡与防护不规范、施工噪声、垃圾清理等问题受到投诉。对此,建设单位一方面应积极沟通,主动及时地处理投诉问题;另一方面,应采取多种管理手段,规范施工单位的行为。

(5)开工前,建设单位会组织各参建单位通过探沟(槽)对现状市政管线以及图纸上未标明的不明管线进行摸查与定位,对地下管线及设施进行交底并签订管线及设施安全保护协议,但在挖掘作业中因外力破坏地下管线及设施的问题仍有可能发生。当事件发生时,一方面,相关单位应做好及时报告、保护现场和配合抢修等工作;另一方面,建设单位应与管线权属(管理)单位建立有效的沟通协调联动机制,共同应对事件,做好危机管控。

(6)建设单位应督促并协调前期工程施工单位与主体施工单位密切配合,确保整个工程的顺利推进。如报审交管部门的交通疏解方案需根据主体各阶段施工围挡需求,设置疏解道路以及场地出入口的位置;再如,各施工单位在施工中应避免将施工泥浆注入电缆沟或地下管廊,避免重型施工机具在管线设施上面作业而造成管线设施的损坏等。

(7)各施工单位在完成各专业恢复工程后,需要向权属(管理)单位进行项目移交,包括工程实体和工程资料的移交。移交时应确保工程质量符合相关设计、合同要求,符合相关规范标准规定。可通过检测和由包括权属(管理)单位参与的工程验收,对项目的质量、范围等进行客观的评价。项目移交工作由建设单位牵头,监理单位组织,施工单位向权属(管理)单位办理相关移交手续。在前期工程交接时,建设单位需要承担大量的沟通、协调工作。

12.8 现场签证管理

相对于主体工程,前期工程存在较大的不确定性,方案的实施受到场地条件、既有管线的探测精度、地下未明构筑物以及其他外部条件等因素的影响,这些因素施工图设计无法预见,也不能反映,需要通过现场签证来反映实际工程量的增减。为有效控制工程成本,提高管理效率,必须规范现场签证的管理。

12.8.1 管理原则及要求

(1)现场签证是指承发包双方就施工中涉及合同价款之外的责任时所做的签认证明,或者合同价款内需要由施工单位实施但不能用施工图纸表达的施工事件所发生的证明。

(2)现场签证单是否由建设单位承担费用,应依据合同确定。

(3)已签署完毕的现场签证单系对事实的确认,仅作为增减合同金额的支持性材料,并不能作为给施工单位支付费用的凭证。

(4)以下情况可以采用现场签证处理:

①应由建设单位承担费用,施工图纸未包括又必须实施、采用工程变更审批程序不能做到事前审批的工程项目;

②建设单位或监理单位需要使用计日工实施的工程。

(5)现场签证要求:

①谨慎办理现场签证,对于能够按工程变更程序处理的现场问题不应走现场签证的程序。

②现场签证要坚持施工单位、监理单位、建设单位代表及建设单位合约派驻人员各方同时在场的

现签原则,不得事后传签。不是上述四方现场签证的为无效签证。

③现场签证必须是事件发生过程中、施工结束前的及时签证,不得事后补签。

④现场签证要坚持一事一签原则,不得将多个不同时间发生的事件合并签证。

⑤现场签证的表达应清晰准确,必要时应附上示意图及尺寸,以方便计算工程量。

⑥凡可签注规格、型号、尺寸的不签工程量,能签工程量的不签计日工。

⑦现场签证单一般不允许签认价格,必须签认价格的,工程量与价格应同时签证,不得单独签认价格。

⑧若现场签证与设计、勘察有关,则应通知设计、勘察人员同时参与现场核签,设计、勘察人员也应在现场签证单上签署意见。如属隐蔽及拆除工程,则必须在其覆盖及拆除前签字确认。

(6)现场签证必须严格执行国家工程建设强制性标准,确保工程的安全、质量和使用功能。

12.8.2 各单位职责与分工

1)施工单位职责

(1)发生需现场签证事件时,施工单位应及时申请现场签证并提供相关支持性材料(如建设单位或监理指令等);

(2)完整记录、整理、保管现场签证资料;

(3)建立现场签证台账。

2)监理单位职责

(1)及时受理现场签证申请,组织相关参建方同时参加现场取证,当场审核现场签证,并签署意见;

(2)审查需要建设单位承担的现场签证费用;

(3)建立现场签证台账。

3)建设单位职责

(1)项目主管部门作为现场签证的主办部门,负责现场签证资料的传递、分发、督办、跟踪、审核和归口管理;

(2)项目主管部门的建设单位代表与合约派驻人员及时参与现场签认;

(3)项目主管部门负责组织现场签证的汇总及费用申报、审查工作;

(4)合约管理部门应根据合同及造价管理规定指导、审查现场签证资料;

(5)合约管理部门负责现场签证的价格审核工作,归口处理有关现场签证事务与审计部门的对接工作;

(6)项目主管部门和合约管理部门分别建立现场签证台账;

(7)其他相关部门参加现场签证的审查、审核和论证。

12.8.3 现场签证内容

"施工现场签证单"应包括以下主要内容:

(1)签证的原因、合同依据;

(2)签证的内容及范围;
(3)签证造成的工程量的增减;
(4)签证对工期、接口的影响;
(5)必要的附图及计算资料等。

12.8.4 费用的申报及审批

(1)需由建设单位承担费用的现场签证,施工单位应于规定的时间内向建设单位提出费用申请,逾期提出的,建设单位可不予受理,现场签证费用由施工单位承担。

(2)施工单位在申报费用时应依据合同约定的计价原则、标准及程序按工程变更费用的申报审批程序报批。同时,还应定期(月度或季度)汇总签证单据,向建设单位主管部门申报。

(3)现场签证计价原则与标准应符合现行的造价管理规定和合同约定。

(4)施工单位在申报现场签证的增减价格时,应说明采用的计价依据与标准,并提供相关材料。

(5)现场签证增减价格的申报审批应统一采用工程变更费用申报审批编号原则及流水。

(6)现场签证费用申报审批流程、时限按工程变更费用审批规定执行。

12.8.5 现场签证文件及归档

(1)建设单位项目主管部门、合约管理部门及监理单位、施工单位等应及时将现场签证文件整理归档;

(2)建设单位相关部门、施工单位及监理单位应及时更新现场签证台账,定期总结现场签证工作;

(3)现场签证单原件的份数应满足相关单位的归档需要;

(4)随着信息化管理技术的应用推广,现场签证应逐步实现网上申报与审批,并建立电子档案。

12.9 施工图更新管理

施工图更新,指结合施工现场实际情况,经过项目主管部门批准的因调整设计引起的施工内容、工法、工艺、材料、范围等变化,并全部纳入施工图的行为。由于施工工期短、现场情况复杂多变的特点,施工图更新是前期工程项目管理的一项重要工作,需要高度重视并加强管理,施工图更新管理对于工程质量、进度和造价的控制具有非常重要的意义。在前期工程中,不能纳入施工图更新的工程行为应按现场签证处理。

12.9.1 各单位职责

1)建设单位职责

(1)工程项目主管部门组织相关部门对施工图更新进行审查;
(2)下达施工图更新指令;
(3)负责在更新后的施工图上加盖部门公章,下发各相关单位并做好收发记录;

(4）负责组织监理、设计等相关单位对竣工图进行审核；
(5）建立施工图更新台账。

2）设计单位职责

(1）发现施工现场与图纸不符应及时向驻地监理或建设单位代表报告；
(2）负责落实建设单位项目主管部门施工图更新指令，提交施工图更新文件；
(3）对施工单位提交的《工程洽商记录》等资料进行审核，并提出明确意见；
(4）收集和提供施工图更新的支持性材料；
(5）建立施工图更新台账。

3）监理单位职责

(1）发现施工现场与图纸不符时，应及时向建设单位代表报告；
(2）如实记录施工图更新过程中的现场实际情况；
(3）撰写并签发现场解决方案协调会会议纪要；
(4）收集和提供施工图更新的支持性材料；
(5）对施工单位提交的《工程洽商记录》等资料进行审核并提出明确意见。
(6）建立施工图更新台账。

4）施工单位职责

(1）发现施工现场与图纸不符时，应及时向监理单位报告；
(2）按要求提交《工程洽商记录》，并跟踪审批情况；
(3）收集和提供施工图更新的支持性材料；
(4）配合设计调查，向设计单位提供相关资料；
(5）建立施工图更新台账。

12.9.2 施工图更新流程

(1）发现施工图与现场不符或新增工程无施工图时，由建设单位代表负责召集设计单位、监理单位、施工单位等相关单位现场研究并确定解决方案，由施工单位根据现场实际情况协商确定的方案，在2个工作日内提交《工程洽商记录》；由监理单位在2个工作日内提交现场会议纪要并在《工程洽商记录》上签署明确审查意见；由设计单位在1个工作日内在《工程洽商记录》上签署明确意见。

(2）各个站点（或工点）发生施工图更新时，建设单位项目主管部门应及时组织设计部门、合约管理部门等相关部门和监理单位、设计单位参加的专题会议，并对该项更新进行审查，审查批准的施工图更新由设计单位负责，并在3个工作日内向项目主管部门提交正式施工图。

(3）各个站点（或工点）的阶段施工任务完成后，工程主管部门应及时书面通知设计单位在规定时间内完成施工阶段更新。未经项目主管部门批准的施工图更新，设计单位不得纳入施工图中；施工单位也不得将其纳入竣工图中。

第13章 工程质量管理

13.1 概述

建设工程作为一种特殊的产品,除具有一般产品共有的质量特性,如性能、寿命、可靠性、安全性、经济性等应满足社会需要的使用价值外,还具有特定的内涵。工程质量的特性主要表现在六个方面:即适用性、耐久性、安全性、可靠性、经济性和与环境的协调性。适用性即功能,指工程满足使用目的的各种性能,具体表现为理化性能、结构性能、使用性能和外观性能等;耐久性即寿命,指工程在规定的条件下,满足规定功能所能使用的年限,即工程竣工后的合理使用寿命周期;安全性是指工程建成后在使用过程中保证结构安全、保证人身和环境免受危害的程度;可靠性是指工程在规定的时间和规定的条件下完成规定功能的能力,如工程的防洪与抗震能力等,都属于可靠性的质量范畴;经济性是指工程从规划、勘察、设计、施工到整个产品使用寿命周期内的成本和消耗的费用,具体表现为设计成本、施工成本和使用成本三者之和;与环境的协调性是指工程与周围生态环境相协调,与所在地区经济环境相协调以及与周围已建工程相协调,以适应可持续发展的要求。工程质量管理的目标就是工程满足建设单位需求,符合国家法律、法规、技术规范标准、设计文件及合同约定的质量特性。

13.2 前期工程质量管理特点

1)权属单位参与质量管理

与地铁主体工程不同,前期工程的绿化迁移、交通疏解和管线(含给水排水、电力、通信和燃气管线)改迁工程分属不同的权属单位,建设单位与权属单位主体的错位,使得项目属性类似于一种代建行为。前期工程各专业权属单位从设计方案的审查、施工单位的选择、工程材料质量的控制、施工质量的检测到工程质量的检查和验收都应全方位、全过程参与,与建设单位一道,共同对工程质量进行管理。

2)临时、永久工程质量标准差异

前期工程分阶段实施。第一阶段,一般为主体工程实施迁移或改迁;第二阶段,在主体工程完成后,恢复原迁移的道路和改迁的管线;第三阶段,为车站出入口等附属结构实施永久改迁。第一阶段工程以及主体工程施工倒边时实施的部分工程,基本上属于临时工程阶段,如绿化迁移工程的临时复绿,交通疏解工程的临时道路和管线改迁工程的临时管线等。由于临时工程使用时间较短,相较于永久工程,技术和质量标准可相应降低,同时,在确保安全、使用功能和施工质量的前提下,部分工程材料和设施可以重复利用,以节约资源,降低工程造价。

3）前期、主体工程的质量界面

作为主体工程的前期工程,在空间上与主体工程存在某种位置交错关系。例如,主体结构工程完工后,其上部的回填工作一般由主体施工单位负责,在回填层中分布了各种管线或成为绿化恢复工程的种植地,而在回填层上部还存在机动车道或人行道。对各种管线和道路而言,回填土的土质和密实度指标都必须达到设计质量要求。若回填土沉降超过设计标准,则将直接影响管线和道路的质量,甚至可能发生质量事故。对于绿化景观植物而言,作为种植土的回填土的质量也将直接影响植物的存活率和生长质量。

13.3 绿化迁移及恢复工程质量管理

13.3.1 主要材料的质量管理

材料的质量和性能是直接影响工程质量的主要因素,对材料的质量控制是提高工程质量的重要保证。首先,由于材料质量取决于供应商的质量保证能力及产品的质量标准,因此应对供应商进行考察、评审;其次,应加强对材料质量的检查验收,严把材料质量关。各种原材料、成品、半成品和构配件,是构成工程质量的基础,如苗木质量、种植土壤质量等。

1）植物材料的质量要求

（1）基本要求

种植材料应具备根系发达、生长苗壮、枝繁叶茂、冠型完整、无病虫害、无机械损伤、无冻害等基本要求。规格及形态应符合设计要求。

（2）常用乔木类苗木主要质量要求

①具主轴的应有主干枝,主枝应分布均匀,干径(胸径)在 3cm 以上。

②行道树用乔木定干高度宜大于 3m;干径快长树不得小于 5cm,慢长树不得小于 8cm;阔叶乔木应有 3～5 枝主枝,针叶乔木主轴应有主梢。

③裸根苗木掘苗(又称起苗)的根系幅度应为其基径的 6～8 倍,应覆盖根部,防止日晒,并进行保湿处理;带土球苗木掘苗的土球直径应为其基径的 6～8 倍,土球厚度应为土球直径的 2/3 以上;土球应包装结实、不裂不散。

（3）常用灌木类苗木主要质量要求

①丛生型灌木要求灌丛丰满、主侧枝分布均匀,主枝数不少于 5 枝,应有 3 枝以上主枝的高度达到规定的标准要求。

②匍匐型灌木要求有 3 枝以上主枝长度达到规定的标准要求。

③蔓生型灌木要求分枝均匀,主条数达到 5 枝以上。

(4)常用草本植物主要质量要求

①1～2年生花卉,株高应为10～40cm,冠径应为15～35cm。分枝不应少于3～4枝,叶簇健壮、色泽明亮。

②宿根花卉,根系必须完整,无腐烂变质。

③球根花卉,根茎应苗壮、无损伤,幼芽饱满。

④水生植物,根茎发育良好,植株健壮,无病虫害。

⑤铺栽草坪用的草块及草卷应规格一致,边缘平直,杂草不得超过5%。草块土层厚度宜为3～5cm,草卷土层厚度宜为1～3cm。

2)园林种植土质量要求

(1)园林种植土及土壤质量

①园林种植土

土壤是陆地表面由矿物质、有机物质、水、空气和生物组成,具有肥力,能生长植物的未固结层。土壤是植物赖以生存的物质基础。其中理化性状好,结构疏松、通气、保水、保肥能力强,适宜于园林植物生长的土壤称为园林种植土。

②土壤质量

土壤质量是指土壤提供植物养分和生产生物物质的土壤肥力质量,容纳、吸收、净化污染物的土壤环境质量,以及维护保障人类和动植物健康的土壤健康质量的总和。我国幅员广大、土壤种类繁多,分布区域生态环境各异,土壤质量差异极大。

(2)土壤质量基本要求

①园林种植土须提供园林植物生长所需要的水、肥、气、热;

②强酸性土、强碱性土、盐土、盐碱土、重黏土、砂土等应根据种植要求进行土壤改良后方可种植;

③严禁建筑垃圾和有害物质混入种植土壤中。

13.3.2 主要工序质量控制要点

施工过程中重点控制工序质量,须全面控制施工过程,使每个分项都符合质量标准,各分项工程又是由各道工序所组成的,所以应严格检查每道工序,上道工序质量不符合要求时,绝不允许进入下道工序施工,只要每一道工序质量都符合要求,则整个工程的质量就能得到保证。施工工艺、工序的质量控制方面,规定各项作业和各道工序的操作规程、作业规范要点、工作顺序、质量要求,使施工工艺的质量控制标准化、规范化、制度化。施工技术人员应预先向操作人员进行技术交底,并要求其认真贯彻执行。施工技术人员和项目质检员应对关键环节的质量、工序、材料和环境进行验证,使项目的质量控制标准化、规范化、制度化。

1)工序质量控制

(1)做好工序质量检查。包括做好施工方格网测设、放样的复核,建筑小品钢、木预制件的安装前规格尺寸检查复核,砖石砌体的平整度、灰缝厚度检查,栽植工程中的掘苗、吊运、栽苗和养护管理检查,园路工程的基层、结合层与面层检查,假山工程的基础、主体等各项工序的检查。

(2)检查材料合格证并进行试验复验。所有进场材料都必须附有材料出厂合格证,砂浆、混凝土应按规定制作试块并按期试压,对钢材、砖、水泥及防水、防腐、绝缘、保温等材料必须按规定取样复验,对种植土应做pH值、氮磷钾含量及有害化学品含量的测定,植物材料必须做病虫害情况检查等。

(3)测量、计量器具的校正。按规定对各类测量、计量器具进行检验校正,严禁使用超过检验校正期的测量、计量器具。

(4)加强操作过程的质量检查。施工过程中,班组长、施工员、质量员要加强过程控制,对于质量异常、隐蔽工程未经验收覆盖、擅自变更设计图纸、擅自代换或使用不合格材料、无证上岗等情况或行为,应立即制止,并按规定处理。对已完分部分项工程,必须采取可靠的成品保护措施,确保在后续施工中不被破坏。

(5)质量文件档案整理。凡是与质量有关的技术文件,如水准点、坐标位置、测量放线记录、沉降变形观测记录、图纸会审记录、建筑材料、装饰材料合格证明、绿化苗木材料检疫单证、各类材料试验报告,施工记录、隐蔽工程记录、设计变更记录、竣工图等都要编目建档。以便在质量保证期发生质量问题,可进行有效追溯。

(6)做好竣工验收工作。施工项目的竣工验收一般分为两个步骤:一是由施工单位先行自检;二是正式验收,即由施工单位、设计单位、监理单位、建设单位共同验收。竣工自检与正式验收一样,都是检验工程质量是否符合国家或地方规定的竣工验收标准,是否达到合同规定的要求和标准;工程完成情况是否符合施工设计图的使用要求。对不符合要求的部位和项目,确定修补措施和标准,并指定专人负责,定期修理完毕。

2)园林工程质量保证资料

(1)绿化工程质量保证资料:栽植土壤pH值检测记录,介质、肥料、合格证、检测报告,植物材料出圃单、植物检疫证,植物材料规格、质量检验记录,植物栽植工程质量检验记录,草坪、花坛、地被栽植工程质量检验记录,绿化养护管理措施及养护情况记录。

(2)假山叠石工程质量保证资料:地基验槽记录,假山叠石主体工程质量检验记录。

(3)园林小品工程质量保证资料:地基验槽记录,钢材出厂合格证、试验报告,水泥出厂合格证及试验报告,砖出厂合格证及试验报告,砂浆试块试验报告,板材(石材)产地、证明和强度试验报告,小品构件合格证(游乐器械、园灯、园椅、垃圾箱等),混凝土试块试验报告,防水材料合格证、试验报告,焊接试验报告、焊条合格证。

人员素质的控制:定期对职工进行规程、规范、工序工艺、标准、计量、检验等基础知识的培训,开展质量意识和质量管理教育,提高项目部成员的管理水平、技术水平和操作者的操作水平,防止发生违纪、违章等行为,从而避免因人为失误造成的质量问题。

13.3.3 园林绿化养护质量控制要点

后期养护管理是园林绿化工程质量管理与控制的保证。在园林绿化施工过程中,植物种植工作完成以后,要对其进行养护管理。养护是根据不同绿化植物的生长需要,及时采取施肥、浇水、中耕、除草、修剪、防治病虫害等技术措施,以确保其能够正常生长。园林绿化养护管理工作是实现工程质量的关键。

根据植物的生物学特性了解其生长发育规律,结合本工程具体的生态条件,为确保养护工作按部有序地进行,在保证工程人员和养护机械充足有效投入的基础上,根据本工程特点及实际情况,制订以下符合实情的、科学的、常规性的养护计划。

13.4 交通疏解工程质量管理

13.4.1 主要材料的质量管理

（1）施工中禁止采用现拌混凝土、现拌砂浆和袋装水泥。应采用预拌水泥砂浆、混凝土，其中氯离子含量不得大于 0.06%。

（2）水泥：一般使用终凝时间较长（宜在 6h 以上）的普通硅酸盐水泥，水泥强度等级为 32.5R、42.5R、52.5R，宜优先选用低强度等级水泥。

（3）水：拌制和养生的水，以饮用水为宜，pH 值不得小于 4，SO_2 含量不得超过水质量的 1%，含盐量不得超过 5000mg/L。

（4）砂：应采用洁净、坚硬且平均粒径大于 0.35mm 或其细度模数在 25 以上的粗砂或中砂。砂中含泥量不得大于 3%，云母含量不宜大于 2%。

（5）碎石：碎石应质地坚硬、无风化，其抗压极限强度在 5MPa 以上，并且洁净，颗粒的最大粒径不宜超过板厚的 1/4～1/3，集料中按质量计的，片状颗粒含量不宜大于 15%，含泥量不得大于 1%，石粉含量不得大于 1%。

（6）水泥稳定碎石基层：水泥和碎石应拌和均匀；水泥稳定基层和底基层均集中厂拌，机器摊铺。

（7）钢筋：混凝土板所用的钢筋，应符合以下要求：

①钢筋或钢筋网的品种、规格，符合设计要求；

②钢筋应顺直，不得有裂缝、断伤和刻痕，表面油污和锈蚀应清除干净。

（8）沥青：沥青碎石及沥青混凝土宜采用厂拌沥青；透层的沥青材料宜用中、慢凝液体石油沥青，也可用相应稠度的沥青乳液；封层沥青材料按设计或规定选用。

13.4.2 道路工程

1）级配碎石基层

级配碎石基层摊铺前对土路基（路床）中线纵横断面高程、宽度进行复核测量，表面清洁无杂物；机械或人工铺筑采用"设计厚度×压实系数"的松铺厚度，反复测量厚度高程及横断面尺寸，使之符合设计要求。每层铺筑厚度不宜超过松铺厚度 30cm。压实系数：人工取 1.25～1.30；机械取 1.20～1.25；碾压全过程须随碾压随洒水，确保在最佳含水量的情况下碾压；碾压中如出现"软弹""翻浆"现象，则应立即停止碾压，待翻松晒干或换含水率合适的材料后再行碾压；碎（砾）石基层应连续进行施工，如不能连续铺筑时，应设人工洒水，保持湿润养护；施工完成的碎（砾）石基层上严禁车辆通行，特别要禁止履带车辆行驶。

2）水泥稳定石粉基层

水泥稳定石粉基层碾压时应检查高程、纵横坡及平整度是否符合设计和验收标准要求。同日施工的两个工作段衔接，应留 5～8m 不进行碾压，待下段拌和时，该部分要再加部分水泥，重新拌和，并与下段一起碾压。混合料碾压成型后要及时洒水,养护期不少于 7d,7d 内严禁车辆上路行驶,每天洒水数次以保持表面湿润为宜。

3）水泥混凝土路面

（1）水泥混凝土路面模板的顶面为设计面板高程,施工时必须经常校验。严格控制模板高度的误差（允许误差为 2mm）,凹凸长度的误差允许为 1mm,不符合时应及时予以调整。

（2）混凝土混合料的振动器具,应由平板振动器（2.2～2.8kW）、插入式振动器和振动梁（各 1.1kW）配套作业。厚度不大于 22cm 的混凝土板,其边角凹凸位置宜先用插入式振动器靠近振捣,然后用平板振动器纵横交错地振捣两次。当混凝土板厚度较大时,可先插入振捣,然后再用平板振捣,以免出现蜂窝现象。

（3）混凝土振实滚平后,应先清边整缝、填孔修角,然后用模板压实再用灰匙抹平。

（4）拆模板时缩缝板应在混凝土初凝后拨出,拨出时应两人协作,均衡缓缓上提。如边角有崩脱,则应立即用灰匙压实抹平。

（5）填缝前,首先将缝隙内泥沙杂物清除干净,然后浇灌填缝料。混凝土路面的胀缝和缩缝宜采用沥青玛蹄脂或乳化沥青,灌缝高度可比路面低 1cm 左右。

（6）混凝土强度必须达到设计强度的 90% 以上时,方能开放交通。

4）沥青混凝土路面

（1）沥青混合料运至摊铺地点的温度,石油沥青混合料不宜低于 130℃,煤沥青混合料不宜低于 90℃,若为改性沥青混凝土,沥青混合料运至摊铺地点的温度不宜低于 160℃。

（2）沥青混合料宜采用机械全路幅摊铺,如采用分路幅摊铺,则接缝应紧密、拉直,并宜设置样桩控制厚度。机械摊铺不到的部位,须采用人工摊铺,应用扣锹摊铺,不得扬锹远甩,同时用刮板往返刮 2～3 次达到平整。

（3）摊铺时应控制摊铺温度,石油沥青混合料不应低于 110℃,煤沥青混合料不应低于 80℃,改性沥青混合料不应低于 140℃。

（4）相邻两幅摊铺带至少搭接 10cm,并派人专用热填补纵缝空隙,使接茬处的混合料饱满,防止纵缝开裂。摊铺中供料车与摊铺机应同速前进缓缓卸料,尽量避免摊铺机运行中停机待料。

（5）沿线各式检查井及雨水口均应涂一层薄的油水混合液,并加盖薄铁皮保护,防止沥青污染附属设施。

（6）压路机不得在未碾压成型并冷却的路段上转向、调头或停车待候,振动压路机在已成型的路面上行驶时应关闭振动。

（7）雨季施工除采取防雨、排水措施外,还应对基层质量进行严格把关,在基层或多面层的下层潮湿时,不得摊铺沥青混合料,对未经压实即遭雨淋而冷却的沥青混合料,应全部清除并更换新料。

13.4.3 桥梁、人行天桥工程

（1）桥梁、人行天桥的基础轴线、边线位置及高程应精确测定,经校对无误后方可挖基。

（2）钢筋混凝土桩和预应力混凝土桩的钢筋制作要求：

①钢筋如需接长,则应采用对接焊接或机械连接；

②螺旋筋或箍筋必须箍紧纵钢筋,与纵钢筋交接处应用点焊焊接或用铁丝扎结牢固；

③预应力筋采用冷拉钢筋,如需要焊接,则应在冷拉前采用对焊焊接。

(3)混凝土桩应连续浇筑,不得中断、不得留施工缝;桩身外露部分应在水泥初凝前整平。

(4)有棱角的桩,棱角碰损深度应在5mm以内,且每10m长的边棱角上至多只有一处破损,其总长度不得大于50mm。

(5)桩身收缩裂缝宽度不得大于0.2mm。横向裂缝长度:方桩不得超过边长的1/2,管桩及多角形桩不得超过直径或对角线的1/2。纵向裂缝长度:方桩不得超过边长的2倍,管桩或多角形桩不得超过直径或对角线的2倍,预应力混凝土桩不得有裂缝。

(6)预制桩出场前应进行检验,出场时应具备出场合格检验记录。

(7)钻孔桩钻孔要求如下:

①作业应分班连续作业,经常对钻孔泥浆进行检测和试验,不合要求时,应随时改正。应经常注意地层变化,在地层变化处均应捞取渣样,判明后记入记录表中并与地质剖面图核对。

②因故停钻时,孔口应加护盖,严禁潜水钻机和钻锥留在孔内,以防埋钻。

(8)桥梁支座中心与主梁中线应重合,最大偏差应小于2mm。支座面高程应符合设计要求。

(9)安装伸缩装置前,应检查桥面板端部留空间尺寸、钢筋,注意不受损伤,若为沥青混凝土桥面铺装,宜采用后开槽工艺安装伸缩缝,以提高与桥面的顺适度。根据安装时的环境温度计算橡胶板伸缩装置的模板宽度与螺栓间距。先将准备好的加强钢筋与螺栓焊接就位,然后浇筑混凝土与养生。

(10)有防水层铺设要求的桥面,防水层应横桥向闭合铺设,底层表面应平顺、干燥、干净。沥青防水层不宜在雨天或低温下铺设。防水层通过伸缩缝或沉降缝时,应按设计规定铺设。

13.4.4 交通设施及监控工程

1)交通设施工程

(1)交通标线应醒目、整齐,具有耐磨性、耐溶剂性。标线施工必须严格按照操作规范,标线的厚度不得低于设计要求。减速线的标线做加厚处理。废除的旧标线须进行覆盖或清除。

(2)标志牌的施工须注意保护好牌面,不得有掉漆、脱膜、牌面不平。所有新建交通标志版面效果图均应送当地相关部门审核,审核通过后,方可进行施工。

(3)标志反光膜均应采用Ⅳ类膜,反光等级为超强级。

(4)电子警察、诱导屏的设置不应遮挡交通标志牌,并且不应影响交通标志牌的使用。全路段转弯处、渠化岛周围、水泥墩端头、车道指示器端头及危险处均要粘贴铝背基超强级反光膜。

(5)各类标志牌架均为钢结构,焊接时应保证焊缝有足够的长度和表面光洁平滑,同时应注意对交通标志牌(架)进行防锈和防腐处理。

(6)各类交通标线划定前应清扫干净路面,并按规范要求涂抹底漆;同时,为提高交通标线的夜间视认性,在热熔标线涂敷的同时按规范要求撒布玻璃珠。

(7)标志杆安装前,先检查杆体是否符合要求,配件是否齐全,确认后再进行下一道工序;在不影响车辆、行人通行的拼装场地进行杆体拼装;杆体与地脚螺栓连接要牢固,地脚螺栓外露部分用黄油封好。

2)交通监控工程

(1)监控工程施工开挖前应首先对地下管线进行复测,做好现状管线的保护工作。在确定设计管线能顺利接入现状管线或现状管线能顺利接入设计管线后,方可施工。

(2)设计管线与现状管线交叉时应注意现状管线的保护,如遇特殊情况,需及时告知设计单位,使问题得到合理妥善解决。

(3)改迁管道放线后,需主体承包商确认改迁管位是否满足地铁施工的要求。

(4)对于需在地铁站体结构顶板上恢复的管道及照明灯具基础,应与站体完工后的回填工序同时考虑,且站体回填土的密实度需满足管道基础的密实度要求。

(5)施工中应避免损伤现状电力、通信、照明电缆及保护管。当发现有不明电力、通信、照明电缆时,应采取保护措施,并及时与相关部门联系。

(6)交通信号亮灯前,路口交通信号配时方案需由相关政府部门审核认可。

13.5 管线改迁工程质量管理

地下管线施工属于隐蔽工程,如果施工质量低劣,将会因漏气、积水、阻塞、断裂等造成中毒、爆炸、中断供应等质量事故,因此质量管理显得十分重要。

1)全面质量管理

工程质量的提高仅仅局限于施工现场是不够的,必须从工程设计—施工组织设计—施工准备—施工实施中各个环节和各道工序入手,包括材料质量、施工人员的素质等都加以把关和预防,排除各种影响质量的因素,将质量管理贯穿于工程建设全过程,才能真正达到提高工程质量的目的。

2)质量管理主要内容

(1)施工准备工作的质量管理

①首先对施工设计中的质量要求、施工规范、操作规程逐条验证,结合施工现场条件,提出相应的技术措施。

②对于无法达到设计质量要求的部分应及早提出,要求变更设计或采取其他措施。

③一旦不合格的管件埋设到沟内,则只能等到管道全部敷设结束进入验泵时才能发现,而因此造成返工的损失极大,所以对管件的检查非常重要。对于易碎(如铸铁管子零件)、易潮(如水泥)、易老化(如橡胶圈)的物品,必须按照技术要求进行检验。

(2)施工过程中的质量管理

①必须严格地执行各项操作规程。

②将质量检验(包括施工人员自验)贯穿于整个操作过程,测试和施工交叉进行,以及早发现、及时纠正。

③质量检验方法分为固定检查、巡回检查、抽样检查。

a. 固定检查:生产人员按照工程主要质量指标对工程主要部位作固定检查,检查入管基、坡度、接口操作等。

b. 巡回检查:对工程每个操作工序都进行检查,这种方式主要是针对刚上岗操作的新工人或外包工程。

c. 抽样检查:抽工程中某一段已完成的项目,进行各项指标的综合检查。

13.5.1 给排水改迁工程

1）明挖法施工质量控制要点

（1）放坡开挖施工质量控制要点

①为防止雨水冲刷坡面，应在坡顶外侧开挖截水沟，或采用坡面保护措施。

②在地下水位高，渗透量大，特别是污水管挖得较深时，需采取人工降水措施，减少地面荷载影响。

③坡顶两侧需堆置土方或材料时，应根据土质情况，限定堆放位置和高度，一般至少距离坡边3m，堆高不得大于1.5m。

④掌握气候条件，减少沟槽底部暴露时间，缩短施工作业面。

⑤对已滑坡或塌方的土体，可放宽坡面，将坡度改缓后，挖除坍落部分；如坡脚部分塌方，应采用临时支护措施，挖除余土后，堆灌土草包或设挡板支撑；坡顶有堆物时应立即卸载；加强沟槽明排水，采用导流沟和水泵将沟槽水引出。

⑥当发生管涌时应停止继续挖土，尽快回填土或砂，待降低地下水，加固槽底下部土体后再进行挖土，必要时可以加水压底，但应解决因抽水带来的不利影响；一旦发生隆起，必然产生滑坡、支护破坏，甚至已铺设管道也会出现不同程度的损坏。此时应进行卸荷、整理和恢复支护、重建降水系统，并对槽底进行加固处理，而后再继续挖土。

⑦在邻近河道或沟渠地区开挖沟槽，除加深钢板桩入土深度外，还要进行加固处理；施打钢板桩时要保证入土深度，并垂直施打；一般用定位夹板夹住打桩，咬口紧密，达到横平竖直；横挡板的水平距离与垂直距离应满足设计要求。

⑧防止边坡塌方。根据土壤类别、土的力学性质确定适当的槽帮坡度。实施支撑的直槽槽帮坡度一般采用1∶0.05，对于较深的沟槽，宜分层开挖。挖槽土方应妥善安排堆放位置，可堆在沟槽两侧。堆土下坡脚与槽边的距离根据槽深、土质、槽边坡来确定，其距离不应小于1.0m。

⑨沟槽断面的控制。确定合理的开槽断面和槽底宽度。开槽断面由槽底宽、挖深、槽底、各层边坡坡度以及层间留台宽度等因素确定。槽底宽度，应为管道结构宽度加两侧工作宽度。开挖断面时，要考虑生产安全和工程质量，做到开槽断面合理。

⑩防止槽底泡水。雨季施工时，应在沟槽四周叠筑闭合的土埝，必要时要在埝外开挖排水沟，防止雨水流入槽内。在地下水位以下或有浅层滞水地段挖槽，应要求施工单位设排水沟、集水井，用水泵进行抽水。沟槽见底后应随即进行下一道工序，否则，槽底应留20cm土层作为保护层。

⑪防止槽底超挖。在挖槽时应跟踪并对槽底高程进行测量检验。世纪星介绍使用机械挖槽时，在设计槽底高程以上预留20cm土层，待人工清挖。如遇超挖，应采取以下措施：用碎石（或卵石）填到设计高程，或填土夯实，其密实度不低于原天然地基密实度。

⑫管道铺设操作应从下游排向上游，承口向上，切忌倒排。

⑬采取边线控制排管时，所设的边线应紧绷，防止中间下垂。

⑭采取中心线控制排管时，应在中间铁撑柱上画线，将引线扎牢，防止移动，并随时观察，防止外界扰动。

⑮每排一节管材应先用样尺与样板架观察检验，然后再用水准尺检验落水方向；在管道铺设前，必须对样板架再次测量复核，符合设计高程后才能开始排管。

⑯对所有管材，必须严格检验是否符合产品标准，凡不符合标准者不得使用，应重点检查卸管后有无损伤、裂缝，承插口和企口有无破损，管材圆度是否有偏差，发现上述问题应予剔除。

⑰凡采用刚性接口，应用水清洗干净承口和插口，并保持湿润，有毛口处应凿平，使用的砂浆应符

合设计规定,随拌随用,不得超过初凝时间,严禁砂浆加水复拌再使用。

⑱排设混凝土承插管道,承口下部2/3以上应抹足坐浆(砂浆),接口缝隙内砂浆应嵌实,并按设计标准分两次抹浆,最后收水抹光,并及时进行湿治养护。

（2）支护开挖施工质量控制要点

①钢板桩

a. 使用新钢板桩时,要有其机械性能和化学成分的出厂证明文件,并详细丈量尺寸,检验是否符合要求,头间缝隙不大于3mm,断面上的错位不大于2mm。

b. 组拼的钢板桩两端要平齐,误差应不大于3mm,钢板桩组上下一致,误差应不大于30mm,全部锁口涂防水混合材料,使锁口嵌缝严密。

c. 为保证插桩顺利合拢,要求桩身垂直,并且围堰周边的钢板数要均分。

d. 为保证桩身垂直,于第一组钢板桩设固定于围堰上的导向木,顺导向木下插,使第一组钢板桩桩身垂直,由于钢板桩桩组上下宽度不完全一致,锁口间隙也不完全一致,桩身仍有可能倾斜,施工中要加强测量工作,发现倾斜,及时调整,使每组钢板桩在顺围堰周边方向及其垂直方向的倾斜度均不大于5‰。

e. 为了使围堰周边能为钢板桩数所均分,应事先在围堰导梁上按钢板桩组的实际宽度画出各组钢板桩的位置,使宽度误差分散,并在插桩时,据此调整钢板桩的平面位置,使误差不大于±15mm,仍有困难时,将合拢口两边各几组钢板桩先不插到施工所需高程,在悬挂状态下进行调整。无法顺利合拢时,则根据合拢口的实际尺寸制造异形钢板桩,或使用连接件法、骑缝搭接法、轴线调整法、反扣补桩、大锁扣扣打等辅助措施密封合拢。

f. 在组拼钢板桩时要预先配桩,在运输、存放时,按插桩顺利堆码,插桩时按规定的顺序吊插。

g. 在进行钢板桩的插打时,当钢板桩的垂直度较好时,应一次将桩打到要求深度;当垂直度较差时,要分两次进行施打,即先将所有的桩打入约一半深度后,再打到要求的深度。

h. 钢板桩围堰在基坑开挖使用过程中,如遇钢板桩锁口漏水,则可在围堰外撒细煤渣、木屑、谷糠等细物,借漏水的吸力附于锁口内堵水,或者在围堰内用板条、棉絮等楔入锁口内嵌缝。撒煤渣等物堵漏时,要考虑漏水、掉土的方向,并尽量接近漏缝,漏缝较深时,用袋装下放到漏缝附近处徐徐倒撒,同时当围堰内开挖至各层支撑围檩处,逐层将围檩与钢板桩之间的缝隙用混凝土浇筑密实,使围檩受力均匀。

②高压旋喷桩

a. 必须根据可靠的水准点或控制桩,进行平整场地及放样,钻机应按设计桩位准确定位,并必须作水平校正,钻杆头对准桩位,精确控制桩机对中位置,允许偏差为100mm。

b. 采用垂球悬挂方法控制导向架垂直度,导向架倾斜度控制在小于1.5%的范围内。

c. 管路系统的密封必须良好,各通道和喷嘴内不得有杂物。倒入灌浆机的水泥必须经过筛网,以保证无碎纸和其他杂物,防止堵塞管道,中断罐浆,影响成桩质量。

d. 水泥浆液应严格按预定的配合比拌制。制备好的浆液不得离析,不得停置过长,超过2h的浆液应按废弃处理。

e. 当旋喷管插入预定深度时,应及时按设计配合比制备好水泥浆液,并应按以下步骤进行操作:按16～20r/min的转速原地旋转旋喷管→输入水泥浆液→待泵压升至25～28MPa→按22～25cm/min的提升速度提升旋喷管→进行由下而上的旋喷注浆作业。旋喷桩桩长不小于设计,停浆面为地面以下1.0m。

f. 根据成桩试验确定的技术参数进行施工,操作人员应记录钻进开始时间、钻进停止时间、送浆时间、停浆时间、浆液相对密度、注浆泵压力、钻杆提升速度、旋转速度等有关参数的变化。供浆必须连续,拌和必须均匀。

g. 一旦因故停浆,为防止断桩和缺浆,应使浆搅拌机下沉至停浆面以下0.5m,待恢复供浆后再喷浆提升。如因故停机超过3h,为防止浆液硬结堵管,应先拆卸输浆管路,清洗后备用。

h. 旋喷作业过程中,应经常测试水泥浆液相对密度,浆液相对密度应为1.5,当浆液相对密度与上述规定值的误差超过0.1时,应立即重新调整浆液水灰比。

i. 旋喷作业过程中拆卸注浆管节后重新进行旋喷作业的搭接长度不应小于0.3m。旋喷过程中应经常检查、调整高压泥浆泵的压力、浆液流量、钻机旋转和提升速度以及浆液的耗用量。

j. 在旋喷注浆中冒浆(内有土粒、水及浆液)量小于注浆量的20%者为正常现象,但超过20%或完全不冒浆时,应查明原因并采取相应的措施。

k. 喷射施工完毕后,应把注浆管机具设备冲洗干净,管内、机内不得残存水泥浆。

③微型桩

a. 制作钢管桩的材料应符合设计要求;

b. 钢管焊接前必须清除桩端部的浮锈等杂物,保持干燥;

c. 上下节桩焊接时应校正垂直,对口的间隙宜为2～3mm;

d. 钢管桩各节焊接全部满焊,应符合设计要求,焊渣应清除;

e. 当气温低于0℃或遇雨雪天、无可靠措施确保焊接质量时,不得进行焊接作业;

f. 成孔后应及时进行钢管安放、填石子、注浆,防止塌孔;

g. 钢管焊接对中支架,以保证钢管居中,桩身混凝土饱满;

h. 桩径允许偏差为 −20 ～ +50mm;垂直度允许偏差为1.0%;

i. 单排桩基垂直于中心线方向和群桩基础的边桩允许偏差最大值为$D/6$(D为桩径)并不大于100mm,且相邻两桩不能偏往同一方向;

j. 条形桩基沿中心线方向和群桩基础的中间桩的允许偏差最大值为$D/4$并不大于150mm;

k. 确保钻机放置平衡,避免在成孔过程中产生较大的晃动,影响成孔质量;

l. 终孔时应进行桩端持力层验收,由勘察单位、施工单位、监理单位等共同对桩端持力层的深度进行确认,并经书面签证,合格后方可继续施工。

④旋挖钻孔灌注桩

a. 施工中钻机就位应准确并尽量保持成孔垂直,垂直度小于1.0%。

b. 钻孔位置与设计位置的偏差,群桩不大于100mm,单排桩不大于50mm。

c. 在埋好护筒,立好钻架时,应使钻机钻杆、钻头中心和桩位中心三者位于统一的铅垂线上。

d. 当孔内有水时,可直接投入黏土或直接利用孔内黏土,用钻筒旋转力反复旋转冲击造浆,使孔壁坚实不坍不漏。在开孔及整个钻进过程中,应始终保持孔内水位高出周边水位高程,并低于护筒顶面50cm以防溢出。

e. 配制泥浆应选用优质黏土,优先采用膨润土,为提高其黏度和胶体率可投放适量烧碱、水泥、碳酸钠或者锯末。孔内排出或抽出的泥浆手摸无2～3mm颗粒,泥浆相对密度不大于1.1,含砂率小于2%,黏度17～20s;灌注水下混凝土前孔底沉渣厚度不大于5cm。

f. 清孔达标后应抓紧安装钢筋笼和灌注水下混凝土。

g. 所用钢筋应有出厂单位完整的合格证明,所有钢筋及焊接件应按规范要求的批次、频率作检测试验,合格后方可使用。

h. 钢筋在加工前应调直,保证钢筋中心线在同一条直线。钢筋表面的油渍、漆污、水泥浆和用锤敲击能剥落的浮皮、铁锈等均应清除干净,加工后的钢筋表面不应有削弱钢筋截面的伤痕。

i. 钢筋笼根据骨架长度分节制作,配料时应根据骨架总长度确定每节钢筋笼的制作长度,以保证钢筋笼骨架底面高程符合规范要求。

j. 钢筋笼接头应设置在钢筋承受应力较小处,并分散布置,使接头错开,主筋接头采用双面搭接焊。

k. 钢筋笼制作时,应严格按设计要求进行加工制作。焊工要持证上岗,其他操作工要选择有经验的人员,焊接时要选择合适的电流,避免电流过大造成钢筋损伤,要保证焊缝饱满。在钢筋笼上端应均匀设置吊环或固定杆。

l. 为准确检测成桩混凝土的灌注质量,桩基采用超声波法检测,在各桩基内预埋超声波探测声测管(桩径小于 1.6m 时设置 3 根,桩径大于或等于 1.6m 时设置 4 根),钢管型号为 $\phi 54 \times 1.5$,其接头及底部应密封好,底部用钢板焊接封闭,接头部位采用钳压式接口并在接口内放置橡胶圈,顶用木塞或皮套封闭防止杂物堵塞管道;声测管下端离桩底 15cm,上端露桩头 50cm。吊装钢筋笼和灌注混凝土时要注意保护声测管,防止弯折。

m. 根据设计图要求桩基内钢筋必须伸入承台内,为保证该段钢筋的质量符合要求,减少凿除桩头混凝土的工作量,应将伸入承台部分的钢筋用胶套管套住,待承台浇筑时拔除套管。

n. 钢筋笼起吊时,起吊点必须设在加强筋的位置,以避免在起吊过程中钢筋笼变形。起吊时应保持钢筋笼处于平稳状态,吊至孔口要保持钢筋笼处于垂直状态,对准孔口后,缓缓下放,应避免钢筋笼下放过程中碰撞孔壁,引起坍孔。

o. 为了保证钢筋笼有足够的保护层,钢筋笼外侧在桩身范围内每隔 2m 沿圆周等距离焊接 4 个钢筋"耳朵"对钢筋笼进行定位。

p. 骨架最上端定位,必须由测定的孔口高程来确定计算钢筋的长度。定位钢筋的长度＝平台高程－桩顶高程－1m(桩头高度)。反复核对,确认无误后再焊接定位。在钢筋笼上拉上十字线,找出钢筋笼中心,根据护桩找出桩位中心,钢筋笼定位时使钢筋笼中心与桩位中心重合。

q. 在钢筋笼沉放过程中,如发现沉放困难,则应转换方向或提升一定距离,再沉放钢筋笼,避免用力强行下沉,以防止钢筋笼变形或引起坍孔。

r. 钢筋笼入孔后应准确,牢固定位,平面位置偏差不大于 20mm,底面高程偏差不大于 ±50mm。在钢筋笼上端应均匀设置吊环或固定杆,钢筋笼外侧应对称设置控制钢筋保护层用的垫块。

s. 灌注前必须检查沉渣层厚度,如超过设计要求,则需再次进行清孔,直到沉渣层满足设计要求。

t. 灌注桩顶高程应高出设计高程不少于 50cm,以保证桩顶混凝土密实无夹层。

2)非开挖技术施工质量控制要点

(1)水平定向钻

①钻导向孔的关键在于成功导向,在钻导向孔时应按照实际的地质构造详细制定合理的泥浆配比方案,规定在不同的地质情况下选用不同的泥浆配方,充分提高泥浆的护壁能力,降低土层的摩擦系数,从而防止钻具黏、卡。

②为保证预扩孔及回拖工作的顺利进行,钻导向孔时要求每根钻杆的角度改变量最大不应超过 2°,连续 4 根钻杆的累计角度改变量应控制在 8° 以内。

③探头装入探头盒并标定、校准后,再把导向钻头连接到钻杆上,转动钻杆测试探头发射信号是否正常,回转钻进 2m 后方可开始按照设计轨迹进行穿越。

④钻进过程中,应保持导向孔与设计曲线的符合性。当导向孔发生偏离时,应及时纠偏,避免导向孔出现"S"弯。

⑤钻进过程中,应根据地下水条件制定泥浆压力控制范围,确保不坍孔、不劈裂。

⑥在满足管道回拖要求的前提下尽可能选择小的扩孔直径,确保钻进液充满整个孔洞;为防止塌方,要增加使用针对沙土的高性能的膨润土及化学泥浆,发挥其护壁、润滑等性能。

⑦施工过程中,根据钻机回扩孔压力情况,控制回扩速度,减小扩孔对地层的扰动。

⑧在拖管前检查拉孔器与钢管焊接的牢固性及密封性,检查分动器、扩孔器等部件的连接可靠性。

⑨在回拖过程中,应在允许范围内以最快的速度把管拉完。

⑩在回拖过程中,应时刻注意旋转压力、回拖压力和水泵压力,确保在设备能力范围内。

⑪钻机表面经常保持干净,随时清除泥浆、污垢、油污等杂物,保持滑轨清洁。

⑫随时注意检查钻机各部轴承部位、摩擦部位、动力头和油泵、变速器及液压油箱的温升情况各部温度不高于70℃,温升不应大于40℃。否则,应停机检查并解决发热问题。

(2)顶管法

①在松散软弱土层或富含水地层中进出洞,应在洞口安装止水圈,避免涌水涌砂。

②加固机头出洞口,若出洞处管下部为砂性土,施工时应在洞口采用门式加固,所谓门式加固,就是穿墙时为防止机头流水、流泥导致地面塌陷,或者顶进方向失去控制,对顶管道外径的两侧和顶部的一定宽度和长度的范围内进行加固,应对穿墙管前方土体采用化学浆液进行灌浆加固,以提高土体强度,使顶管在出洞时土体不会发生坍塌。

③为保证顶力均匀分布,不出现应力集中导致管节破损现象,顶管必须严格按设计要求的轴线、坡度进行,误差控制在100mm以内,管节之间不能出现空隙。

④地面及建筑物沉降控制措施:地表监控采用地表和深层观测相结合的方法。沿顶进轴线的管线保护和重要区段应进行24h跟踪监测。正常情况下,地面的观测点每天进行1~2次沉降跟踪观测,数据经处理分析后,作为及时调整掘进机参数的依据。

⑤施工前应对工程地质条件和环境情况进行周密细致的调查,制定切实可行的施工方案,并对距离管道近的建筑物和其他设施采取相应的加固保护措施。

⑥管道的顶进如果遇到不稳定流砂及淤泥层,在这类不稳定土层中,少出土、多顶进、不抽水,保持流砂及淤泥层的稳定。在顶进过程中,应该随时注意前端的土压情况,保证使前端土体不发生流砂、流泥和坍塌。

⑦顶进过程必须注入润滑泥浆,以增加土体的和易性、平衡土体的压力,并保证顶管过程的润滑性,减少地层摩阻力。

⑧后靠背、工作井井壁一旦出现永久井0.2mm、临时井1mm的裂缝,须立即停止顶进,待查明原因,控制住顶力后才能顶进;每班开始顶进时,由项目部质检员、顶管班班长检查后靠背、工作井井壁裂缝情况,采用塞尺进行测量。

⑨采用耐磨橡胶制成中继间密封件,把密封件设计成双密封圈,密封圈空隙采用油脂灌封,防止、减少砂子等杂物进入,减少磨损。

⑩在顶管机头距离道路、桥桩小于20m时,须全面检查顶管各顶进系统和机械设备,确保处于良好状态,做好穿越道路、桥桩的准备。

⑪在顶管机头距离道路、桥桩小于20m时,须反复测量管道偏差,确保管道偏差不超过20mm,并在随后穿越过程中,勤测管道偏差,每顶管班次测量2次。

⑫在顶管机头开始穿越和穿越过道路、桥桩,并距离其20m时,须有项目经理、项目负责人在顶管控制室值班,确保一次性穿越成功。

⑬在顶管机头开始穿越和穿越过道路、桥桩,并距离其20m时,须控制顶进速度,穿越时的顶进速度不大于5cm/min。

⑭管材是顶管的生命线,必须严格按设计要求控制管材质量,其主要控制点与常规预制钢筋混凝土工程结构件一致,在顶进过程中严格按设计要求控制顶力,以防出现管材破损现象。

(3)盾构法

①盾构机在隧道内施工只能进不能退,因此盾构机的质量好坏是隧道能否顺利施工的关键,施工现场应有盾构生产厂方经验丰富的组装和调试工程师配合工作。现场应加强对隐蔽组装部位以及盾构机出洞后不便观察检查的部位等的检查验收,如刀盘安装螺栓(力矩、数量)、止水密封圈、同步注浆和加泥系统的止回装置等。始发前主要对盾构进行部件、系统功能性、运转状况进行验收,应制定详细的验收方案,逐项验收,确保盾构机的组装调试质量。

②盾构掘进的速度主要受盾构设备进、出土速度的限制,若出土速度不协调,极易出现土面土体失稳和地表沉降等不良现象,因此推进应尽量均衡连续作业。

③管片运输、搬运时要防止损伤边角和防水装置。

④管片拼装要符合设计要求(通缝或错缝),管片接缝间严禁夹有杂物(如砂、土等)。

⑤管片定位应慎重,防止接头表面碰撞和挤坏止水装置,按组装顺序收缩该部位的千斤顶,不可全缩回。

⑥轴向插入的K型管片难以向下错动,而端部有微上翘的倾向时,盾尾长度要加长到管片宽度的1/3~1/2,不要损伤管片及产生密封的材料剥离。

⑦管片定位后,首先拧紧管片螺栓,再拧紧环接头的螺栓。

⑧待拼装一环管片后,利用全部的盾构千斤顶均匀压紧新拼装的管片,正式紧固。一般在盾尾后方10~15m,需按设计力矩再度复紧。

⑨拼装管片时,接触面要严密对准,拼装中的管片与已有管片的转角处不能形成点接触或线接触状态,防止在受千斤顶推力时产生缺陷和开裂。当盾构方向与管片方向不同时,盾尾会挤伤管片,此时就要立即改变盾构的方向,以杜绝挤压。

⑩楔块管片的位置变化可进行细微纠偏,但需注意不可将管片拼装成通缝。

⑪在负环管片拆除或掘进终了,管片脱离盾构机时,在二次注浆充分或固化前,一般应采用钢材将端头固定,左右管片连接成一体,防止应力释放、环缝增大或管片移动。

⑫为了保持开挖面稳定,顺利进行掘进,就必须准确地排出与掘进量相一致的切削渣土。

⑬壁后注浆材料中的流动性、强度、收缩率、水密性及胶凝时间都是选用材料的指标,应定期检查试验。

⑭注浆量一般按计算空隙量的1.2~1.5倍来注入;注浆压力在管片注浆口处一般为1.3MPa,应以注浆实际效果的反馈来指导具体施工。

⑮盾构接收基座设置。盾构接收基座用于接收进洞后的盾构机。由于盾构进洞姿态是未知的,在盾构接收(进洞)前仍需复核接收井洞门中心位置和接收基座平面、高程位置(一般以低于洞圈面为原则),确保盾构机进洞后能平稳、安全地推上基座。

(4)竖井

①基坑开挖深度及平面尺寸等应符合设计要求。

②砂垫层铺设分层进行,每层厚度30cm,用平板振动器振动密实。在振捣的同时抽水,以保证砂垫层的密实度。每层振捣密实后按规定用环刀取样测试密实度,干密度符合有关施工规范要求后再进行下一层铺设。

③砂垫层铺设时有专人管理、监督,并有专人负责抽水。

④素混凝土垫层面用水准仪抄平,误差不得大于10mm,以便于支模。

⑤底梁等承重结构应养护至混凝土强度达设计强度后方可拆模,防止混凝土出现质量问题。

⑥内外脚手架的搭设应按操作规程施工,多设斜撑和剪刀撑。外脚手架按规定设置抛撑,扣件应紧固,以保证脚手架的稳定性和牢固性。

⑦串筒悬挂应能保证混凝土的自由下落高度不大于 2m。

⑧混凝土浇筑时采用插入式振动器进行振捣,遇穿墙管等局部变化处及钢筋密集处应慢进料精心振捣。

⑨沉井分节制作。沉井接高部分施工缝处应设置止水槽,在浇筑下一节混凝土前应凿毛上一节混凝土顶面,并清除顶面杂物。混凝土浇筑前,应用压力水将施工缝冲洗干净并充分湿润,湿润时间应在 24h 以上。

⑩每次混凝土浇筑前应先平铺一层同强度等级 10～15mm 厚的水泥砂浆。

⑪混凝土浇筑时沉井内外应有木工值班,防止发生爆模事件。

⑫混凝土浇筑过程中应注意防止发生不均匀沉降。若发生不均匀沉降,则应及时采取相应措施。

⑬为防止出现冷缝,混凝土浇筑时应严格控制混凝土浇筑层差,并确保混凝土供应量。

⑭沉井下沉过程中应加强沉降情况观测,防止发生不均匀沉降。

⑮沉井第一节混凝土达到设计强度 70% 后方可进行下沉。

⑯沉井下沉前应按规定顺序凿除素混凝土垫层,垫层凿除原则为先内后外,对称进行,以保持沉井均匀下沉。

⑰沉井下沉时应取中央部分土先形成锅底,再逐步均匀向周围扩大,严禁直接掏挖刃脚下的土体。

⑱沉井下沉时应均匀出土,以保持沉井均匀下沉。锅底不宜过深,一般控制在 1～1.5m 以内。

⑲减小沉井下沉过程中的偏差,测量控制点、高程控制点等网点要经常复核,沉井下沉过程中应加强沉井沉降情况观测,防止发生不均匀沉降。

⑳当沉井下沉至距设计高程近 2m 时,应放缓沉井下沉速度,以纠偏为主,并密切注意沉井的下沉速度,防止超沉,使沉井顺利下沉至设计高程。沉井下沉至设计高程后,8h 内下沉量不超过 10mm,方可进行封底混凝土浇筑。

3)悬吊法施工质量控制要点

(1)原位悬吊

①应在悬吊结构上布设沉降观测点。施工时加强管线的监测工作,制订正确的保护措施和位移控制值,当沉降达到控制值时,应重新加固悬吊结构再进行下一步施工。

②一般情况下,给排水管道在通水稳定一定时间后,方开始进行开挖悬吊保护施工,避免开挖过程中由于流量过大引起管道变形。

③对于使用时间过长的管道采用悬吊法,必须经过检测评估管道的受力情况方可进行。

④开挖土方时,施工技术人员要在技术交底时着重说明所遇管线的基本情况,并派专人跟机指挥挖掘机,管线附近的土方采用人工开挖。

⑤分段跳槽开挖管线下部土方,分节悬吊使悬吊点承重,逐渐把管线的重量转移到悬吊杆上,避免承重结构的突然加载。

⑥在雨水管悬吊保护之前,检查管线,处理接头,再进行悬吊。对雨水管道,吊篮的吊点应尽量设置在管道承插口(接头)附近。

(2)异位悬吊

①为保证贝雷梁安装的位置准确,要求在混凝土基础施工时,预埋钢板及螺栓位置要准确,埋置深度和数量要符合设计要求。

②贝雷梁安装前,要完成该段冠梁(连续墙)的施工,并要求混凝土强度达到设计要求。

③贝雷梁施工前进行构件的准备工作,主要有贝雷梁构件的运输、堆放、检查、弹线等,构件在运输中要避免碰撞损坏。

④贝雷梁进场后要对其进行检查和验收,核对构件的型号、尺寸并检查外观质量。

⑤构件的布置要提前设计,要根据起重机械的布置方式和吊装参数进行排放。

⑥贝雷梁构件应排放在起重机的起重半径回转范围内,避免二次搬运。现场条件不允许时,部分构件可集中堆放在基坑附近,吊装时再转运到起吊地点。

⑦较重的构件应尽量排放在靠近起重机械的地方,轻型构件可布置在外侧。

⑧构件堆放的位置应与其安装的位置相协调,尽量减少起重机的移动。

⑨不同的构件要分类堆放,避免混类叠压。堆放场地要经过地面硬化,并有排水设施,垫木要合理设置。

4) 保护法施工质量控制要点

(1) 包封保护

①支模时面板对准给定的基础边线垂直竖立,内外打撑钉牢,配合浇筑进行拼装,注意处理好拼缝以防止漏浆。

②浇筑前,平基应凿毛或刷毛,并冲洗干净。

③对平基与管子接触的三角部分,要选用同强度等级混凝土中的软灰,先行填捣密实。

④浇筑混凝土时,应两侧同时进行,防止将管子挤偏。

⑤包封混凝土浇筑完毕,应立即进行抹带。抹带前管口凿毛并将管外皮洗刷干净,抹带宽度20cm,厚2cm。

⑥管带抹好后,应立即用湿纸带覆盖上,并铺以草袋或草帘。3～4h后洒水养护。

(2) 注浆保护

①质量控制依据如《建筑地基处理技术规范》(JGJ 79—2012)、《既有建筑地基基础加固技术规范》(JGJ 1/23—2000)、《地基处理手册》及相关技术规程。

②安排专职质检员检查逐孔记录,现场质量把关。

③注浆孔位偏离应控制在50mm内,注浆孔深度误差在200mm内,垂直度偏差小于1%。每延米水泥用量误差2kg,水灰比误差5%。

④施工用水可为符合要求的河水,水泥为P.O42.5级普通硅酸盐水泥,施工中尽量保持场地干燥,有益土壤与浆结合。

⑤现场加强排水措施,在注浆管顶加装闸阀以防止冒浆。

⑥地面设置监测点,主要监控地表隆起现象,一旦隆起立即停止施工,分析原因调整工艺后方可进行施工。

5) 管道基础与回填施工质量控制要点

(1) 管道基础

①管道基础浇筑,首要条件是沟槽开挖与支撑符合标准,沟槽排水良好,无积水,槽底的最后一层土应在铺设碎石或砾石垫层前挖除,避免间隔时间过长。

②采用井点降水,应经常观察水位降低程度,检查漏气现象以及井点泵机械故障等,防止井点降水失效。

③混凝土基础如因强度不足遭到破坏,则需敲拆清除,并按规定要求重新浇筑。

④如因土质不良,地下水位高,发生拱起或管涌并造成混凝土基础破坏,则必须采取人工降水措施或修复井点系统,待水位降至沟槽基底以下时,再重新浇筑混凝土。局部起拱、开裂,采取局部修补;凿毛接缝处,洗净后补浇混凝土基础,必要时采用膨胀水泥。

⑤为预防管道基础高程发生偏差,应事前校验水准仪,校验正确后才能使用;测放高程的样板,应坚持每天复测,样板架设置必须稳固,不准将样板钉在沟槽支撑的竖列板上。

⑥在管道铺设前,必须对管道基础做仔细复核,复核轴线位置、线型以及高程是否与设计高程吻合,如发现有差错,应给予纠正或返工,切忌跟随错误的管道基础进行铺设。

⑦稳管用垫块应事前按设计预制成形,安放位置准确,使用三角形垫块时,应将斜面作底部,并涂抹一层砂浆,以加强管道的稳定性。

⑧预制的管枕强度和几何尺寸应符合设计标准。

(2)管道回填

①严格控制回填土土质。回填土中不得含有碎砖、石块、混凝土碎块及大于10cm的硬土块;填土含水率以接近最佳含水率为宜。回填土前,应对所用回填土进行轻型标准击实试验,测出其最佳含水率和最大干密度;回填时槽内应无积水,不得回填淤泥、腐殖土、冻土及有机物。

②严格控制每层回填土厚度。管沟回填应分层夯实,每层厚度不大于30cm,并对每层填土的密实度按规范进行检测,合格才能继续回填;要求管道两侧同时进行填土,两侧高差不大于30cm。

③严格控制回填土密实度。管沟胸腔部位回填土密实度不小于90%;管顶50cm范围内回填土密实度应在85%~88%之间,以防压坏管材和盖板,管顶50cm以上回填土密实度要求同路基密实度一样。

④管线回填工作开始前,必须向驻地监理工程师申报管线回填土专项部位工程开工申请,阐明施工方案、技术措施及回填质保体系,获批准后方可施工。

⑤管线回填必须符合施工技术规范要求,按规定频率进行回填土的轻、重击实试验,求得该填料的最佳含水率和最大干密实度。沟槽内不得有积水、淤泥,所用填料严禁有砖头、混凝土块、树根、垃圾和腐殖质。

⑥回填必须分层夯实或碾压,沟槽窄小应扩槽,要有足够工作宽度。

⑦采用蛙式夯,虚土厚度不应大于20cm。

⑧采用压路机,虚土厚度不应超过30cm,碾压的重叠宽度不应小于20cm。

⑨在不损及管道的前提下,尽早使用压路机进行回填碾压,在所回填段落,立标示牌,标明施工负责人、质控试验人员和现场监理人员的姓名。每层回填完毕,自检合格后,层层报监理抽查验收,验收合格后,方可进行下层回填,凡是监理抽检不合格的,要返工或补压,直至达到合格标准。

6)附属构筑物施工质量控制要点

(1)检查井下部砌砖容易被忽视,施工往往先砌筑井墙,不留茬口,然后堆砌流槽。因此,井墙与堆砌的流槽之间形成互不连接的通天缝。

(2)圆形检查井收口部分的砖层,既不同心又不同径,需要六分砖块来满足错缝和每层收进尺寸一致的要求。

(3)通天缝、鱼鳞缝都是降低砖砌体整体强度的质量病害。收口部分相当于层层悬臂过长,由地面传来的瞬时冲击荷载,在检查井处是很容易出现的,会造成收口砖端头的脆断,有井盖坍塌的危险。故应强化对半成品材料的质量管理,选用质量合格的砖材。

(4)同一检查井,应尽量使用同一厂家、同批生产、同一规格的砖材。

(5)操作人员应了解组砌形式不仅需要满足外观质量要求,更重要的是要满足砌体强度和承受荷载的需要。因此,不论是砌清水墙、混凝土墙,还是砌检查井的下部墙、收口部分墙,砌体中砖缝搭接均不得少于1/4砖宽和砖长。内外皮砖均需要互相咬合,彼此搭接。截下的半头砖可做填心或楔形砖用,但必须先铺砂浆后稳砖。

(6)应安排技术水平较高、操作较熟练的人员砌筑检查井。要加强自检,尤其在砌筑圆形检查井收口部分的砖墙时,应层层测量检查每层砖收进的尺寸。

7)管道连接质量控制措施

(1)管材质量:管材、管件不得有变形,表面应无裂纹、缩孔、夹渣、折叠、重皮等缺陷,管壁不能有麻点及超过壁厚偏差的锈蚀或凹陷;管道、管件和阀门必须具有制造厂出厂合格证、性能检测证明,其性能必须符合现行国家标准。

(2)安装法兰时,法兰与管子先点焊,经检查法兰与管子同心后再焊接,法兰间保持平行。紧固螺栓时,要对称紧固,螺栓紧固后要求与法兰紧贴,不得有楔缝,不得用强紧螺栓的方法消除歪斜。

(3)管道连接时,不得用强力对口,可用加偏垫或加多层垫等方法来消除接口端面的空隙、偏斜或不同心等缺陷。

(4)管道按施工图标注的尺寸安装,无坡度要求的安装要求横平竖直,有坡度要求的,按设计及规范要求的坡度施工,各项允许偏差均要符合规范要求。

(5)阀门安装前,按施工图核对其型号、规格,并按流向确定其安装方向,按图中所注尺寸确定其安装位置;若未注明尺寸,则可视现场实际确定,以适应生产、方便操作为原则。

(6)管道安装间断时,应临时封闭管口,以免杂物进入管内,管路与设备连接后,不允许再在其上进行焊接、切割。

(7)当现场环境不能满足施焊要求,如环境温度低,风速、湿度超过要求等,均要采取保护措施,以保证焊接质量。

13.5.2 电力管线改迁工程

1)110kV及以上主网电力管线质量控制要点

(1)架空线路部分

①基础工程

a.基坑开挖时坡度应符合规范要求,当设计允许底盒采用土模时,坑底可不留操作裕度。

b.当地下水位很高或在流砂坑开挖时,检查施工单位是否采取降低水位、挡土板、投石压砂等措施完成基坑开挖工作。

c.当挖掘工作实在困难,不能达到要求坑深,施工单位要求减少坑深或改变设计时,需向设计单位提出申请。

d.检查混凝土浇筑的有关器具是否完好,检查搅拌机、称重量具、坍落度量筒、试块盒溜斗、振动器的完好程度。

e.检查模板、运到现场的钢筋、钢筋笼、地脚螺栓的规格、数量、根开等各项尺寸是否符合设计要求、是否存在锈蚀以及钢筋的焊接和布置情况是否符合要求,检查水泥是否同一强度等级、同一厂家产品。

f.基础混凝土浇筑过程中,要随时检查砂、石的质量,发现混杂物提前通知施工人员清除,要随时检查混凝土的配合比,检查坍落度,发现问题要及时通知施工人员调整,浇筑过程中要经常检查混凝土振捣情况。

g.在灌注桩终孔提钻前,须对其进行一次清孔,施工单位自测合格后,方允许提钻。孔底沉渣:用测绳检测两次,要求清孔后孔底不得有沉渣,临灌混凝土前沉渣厚度不大于50mm。

h. 检查灌注桩钢筋笼制作、钢筋材质应符合设计要求,并有合格证、质保书及复验单。

i. 灌注桩水下灌注导管应连接牢固,接口严密。灌注导管长度及下放深度以护筒上口高程为准,下口与孔底的距离应能顺利排出隔水栓,一般以300mm为宜。

j. 人工挖孔桩检查孔内必须放置应急软爬梯,保证施工机械安全可靠。

k. 挖孔桩孔口四周应放置围栏;每日开工前必须检测有毒气体;坑深超过10m,应有送风设备;坑口应设专人监护。

l. 临时用电应符合规范要求。

m. 挖孔桩第一节井护壁中心线与设计轴线偏差不得大于20mm,每节护壁厚度及上下节搭接长度应符合规范要求,每节护壁混凝土需连续浇筑成型24h后拆模。

n. 混凝土浇筑过程中监理人员应随时督促现场测量人员用经纬仪检查和测量基础各部尺寸,跟开、对角线、地脚螺栓垂直度等。

o. 基础每个腿应一次浇筑完成,如遇到特殊情况,则中间间歇时间不得超过2h。

p. 在基础混凝土浇筑及基础回填土过程中,应检查坑内是否有积水,检查基础回填是否按规范要求分层回填、夯实。

q. 试块制作的质量及数量应满足规范要求。

r. 基础浇筑完成且回填后,应检查基础成品保护措施是否到位。

s. 冬季施工时检查基础保温、养护情况。

t. 土方回填不得掺大石块、冻土块、冰雪回填,必要时按设计要求外部取土回填。

u. 回填土应分层回填、分层夯实,夯实应均布坑口全部面积,夯实密度应符合要求。

v. 基础回填后应预留不小于300mm的防沉层,并将地面整平,预留排水坡度,清除场内杂物,按要求恢复植被。

②接地工程

a. 检查接地体的材料、规格及连接方式是否符合设计要求,其表面是否进行了有效的防腐处理;检查隐蔽工程签证的真实有效性,并签字确认。

b 检查接地体的埋设深度是否符合设计要求。

c. 检查接地引下线与杆塔连接是否接触良好,敷设是否平直、美观。

d. 接地引下线与杆塔的连接是否便于断开测量接地电阻。

e. 测量接地电阻是否满足设计要求。

③杆塔组立工程

a. 抱杆、起吊工器具的性能、外观应良好无损坏,符合施工规定,钢丝绳无磨损,滑车、卸扣型号符合规定。

b. 分解组塔过程中抱杆控制应稳定,拉线受力应均匀、锚固可靠,抱杆倾角不得超允许值。

c. 起吊超长、大片塔材时应采取补强措施,合理选择吊点,防止塔材变形,吊点应垫麻袋或方木隔离,防止塔材磨损变形;起吊过程中塔材不得碰撞塔身,并严禁超重起吊。

d. 组塔过程中,下部塔身未合拢稳定,不得进行上部塔身的组装。

e. 检查角钢铁塔塔材的弯曲度、螺栓紧固率应符合标准规范的规定。

f. 铁塔螺栓强度等级、规格、型号、穿向、露扣长度应符合规定,塔材交叉部位应垫垫片。

g. 铁塔螺栓穿向、安装质量按照标准规范检查。

h. 起吊离地面0.5m左右应暂停牵引进行一次全面检查:检查塔身变形情况、起吊机具绳索各部位受力情况、抱杆受力稳定及下沉情况、四点一面无偏移,如无异常方可继续起吊。

i. 起吊过程中注意检查,保持受力平衡,防止操作中振动,防止制动绳松脱,左右拉线应适当跟上，受力适中。

j. 检查抱杆脱帽、塔脚入位情况，抱杆脱帽应拉好脱帽绳，脱帽后控制抱杆应缓慢落地。

k. 监督钢管塔立正，并打好临时拉线后，方可登塔拆除工器具。在拆除工器具过程中防止因碰撞损伤塔材。

④架线工程

a. 应清除线路通道内的障碍物，遇有交叉跨越处应采取防止磨损导线的措施。

b. 展放导线前应检查线轴轮缘和侧板有无损坏。凡有损坏者，应修补完好并将轮缘铁钉拔除干净。

c. 导线线盘盘架应按扇形布置，使导线引出方向与线轴轴心线方向垂直，并与张力机的进线架保持一定距离。

d. 放线过程中，牵张机操作应平稳，保持4根子导线张力平衡，预防导线跳槽或牵引板翻转。

e. 耐张转角塔的放线滑车应安装预偏装置，上扬塔位应设置压线滑车，避免导线跳槽。

f. 必须保证指挥通信系统正常工作，加强施工监护。

g. 卡线器安装前应核对型号，检查槽口、槽体是否圆滑，必要时进行磨光处理。卡线器在导线上安装、拆卸时，禁止在导线上滑动或转动，并在其后方的导线上套上开口胶管加以保护。

h. 过轮临锚应使每根子导线单独分离安装，避免临锚钢丝绳与导线同槽压伤导线。

i. 临锚时间不宜过长，应尽量缩短各子工序之间的间隔时间，避免导线在滑车处磨损和导线在挡距中间互相鞭击磨损。

j. 张力机的导线出口处与邻塔悬挂点的高差仰角不宜超过15°。

k. 压接操作场的地形应平整，地面应铺垫帆布，使导线与地面隔离。

l. 断线前应用细铁丝绑紧断线点两侧的导线，防止断线后导线松股。断线后不用的导线应顺线弯盘好，放在木板上，或盘绕在线盘上。断线后待压的导线应理顺，防止扭曲松股。

m. 外层导线线股有轻微擦伤，其擦伤深度不超过单股直径的1/4，且截面积损伤不超过导电部分截面积的2%时，可不补修，用0号细砂纸磨光表面棱刺。

n. 当导线损伤已超过轻微损伤，但同一处损伤的强度损失不超过总拉断力的8.5%，且损伤截面积不超过导电部分截面积的12.5%时为中度损伤。中度损伤应采用修补管补修。

o. 当导线强度损伤超过保证计算拉断力的8.5%，且截面损伤超过导电部分截面积的12.5%，损伤范围超过一个补修管允许补修的范围时，或钢芯有断股时，或金钩、破股已使钢芯或内层线股形成无法修复的永久变形时，应将损伤部分全部锯掉，用直线压接管将导线重新连接。

p. 不同金属、不同规格、不同绞制方向的导线或避雷线严禁在一个耐张段内连接。

q. 导线或避雷线采用液压连接时，必须由经过培训并考试合格的技术工人担任。操作完成并自检合格后应在连接管上打上操作人员的钢印。

r. 导线或避雷线必须使用符合设计要求的电力金具配套接续管及耐张线夹进行连接。连接后的握着强度在架线施工前应制作试件试验。试件不得少于3组，其试验握着强度对液压不得小于导线或避雷线保证计算拉断力的95%。

s. 切割导线铝股时严禁伤及钢芯。导线及避雷线的连接部分不得有线股绞制不良、断股、缺股等缺陷。连接后管口附近不得有明显的松股现象。

t. 液压连接导线时，导线连接部分外层铝股在清洗后应薄薄地涂上一层导电脂，并应用细铜丝刷清刷表面氧化膜，保留导电脂进行连接。

u. 在一个挡距内每根导线或避雷线只允许有1个接续管和3个补修管，张力放线时不应超过2个补修管，并应满足下列规定：

a) 各类管与耐张线夹间的距离不应小于 15m；

b) 接续管或补修管与悬垂线夹的距离不应小于 5m；

c) 接续管或补修管与间隔棒的距离不宜小于 0.5m；

d) 宜减少因损伤而增加的接续管。

v. 观测弧度时的实测温度应能代表导线或避雷线的温度，温度应在观测挡内测量。

w. 架线后应测量导线对被跨越物的净空距离，并换算到最大温度时的距离，换算后的净空距离必须符合设计规定。

⑤附件安装工程

a. 附件材料到货后，根据绝缘子和线路金具质量证明文件进行开箱检验。

b. 检查绝缘子外观是否完好。

c. 检查绝缘子串上的各种螺栓、穿钉及弹簧销子是否齐全，绝缘子串连接是否可靠，是否符合设计要求。

d. 检查悬垂线夹安装完成后，绝缘子串倾斜是否超差。连续上、下山坡处杆塔上的悬垂线夹的安装位置是否符合规定。

e. 检查均压屏蔽环、软跳线的安装是否符合设计要求。

f. 检查金具上所用的闭口销是否全部开口，开口角度是否符合规范规定。

g. 检查均压环、屏蔽环外观是否完好。

h. 检查均压环、屏蔽环对各部位距离是否满足设计要求。

i. 检查压环、屏蔽环、接地引线的安装是否美观、统一。

j. 检查制作跳线的导线是否符合规范要求。

k. 检查软跳线安装完成后引流是否自然、美观，刚性支撑于引流线连接是否对称、整齐美观。

l. 跳线完成后，检查跳线弧垂及跳线与塔身的最小间隙是否符合设计要求。

m. 检查防振锤及间隔棒是否完好、无锈蚀。

n. 检查防振锤及间隔棒的安装距离是否符合设计要求。

o. 检查防振锤安装完成后是否与地面垂直，间隔棒的结构面与导线是否垂直。

p. 检查各相间间隔棒安装位置是否在同一导线垂直面上。

q. 检查防振锤大小头及螺栓的穿向是否符合设计要求。

⑥线路摇测绝缘核相

a. 必须按设计要求和厂家安装说明书进行施工，禁止擅自修改说明，如有改动，必须征得有关部门同意，并做好改动说明记录。

b. 操作前要检查所需设备、材料的质量及数量是否符合安装规定。

c. 严格按照运行管理规范进行施工。

d. 严格按照电气设备交接试验标准进行试验。

e. 严格按照设计图纸要求、安装验收规范进行验收。

f. 做好施工过程中的资料收集和资料记录工作。

(2) 电缆线路部分

①电缆沟施工

a. 检查电缆沟高程（±30mm）、中心线偏差（±30mm），电力沟道槽底高程（±10mm），边坡不陡于规定坡度，每侧工作面宽度不小于施工规定（包括工作面宽度）。

b. 沟道土方不应超挖、欠挖，允许偏差 +50mm。

c. 检查垫层厚度（在个别地方不大于设计厚度的 1/10）、高程（±10mm）、宽度（±10mm）、表面应平整(±5mm)。

  d. 检查砌砖原材料应符合设计要求,施工前必须进行原材料见证取样试验。

  e. 砌筑砂浆配比应符合设计要求,施工时应进行见证取样。

  f. 施工方法应符合规范要求,灰缝整齐均匀,缝宽应符合要求上下错缝,不允许出现竖向通缝;砂浆抗压强度必须符合设计和规范要求,表面平整度 8mm,水平灰缝平直度 10mm。

  g. 检查模板平整度、表面清洁的程度。

  h. 检查模板尺寸、规格。

  i. 保证模板的垂直、水平度,两块模板之间拼接缝隙、相邻模板面的高低差≤2.0mm。

  j. 安装牢固,支撑严密。

  k. 检查钢筋原材料质量,加工应符合设计图纸要求。

  l. 钢筋绑扎应均匀、可靠,应按照图纸要求绑扎,检查钢筋的级别、种类、型号及其位置、间距、排距、搭接长度、保护层厚度、预埋件位置是否符合设计要求。受力钢筋成型长度允许偏差 +5～-10mm,箍筋尺寸允许偏差 0～-3mm,受力钢筋间距允许偏差 ±10mm,排距允许偏差 ±5mm,保护层厚度允许偏差 0～+3mm,预埋件中心线位置允许偏差 ±3mm,水平高差 0～+3mm,绑扎箍筋间距允许偏差 ±15mm。

  m. 施工缝应采用高压风进行吹扫,清除尘土和垃圾,浇水冲洗湿润;施工缝应做成凹槽并采取防水措施。

  n. 支架应垂直于底板安装,支架与侧墙垂直安装必须牢固。支架大边密贴墙面不能出现扭曲变形。变形缝两侧 30cm 范围内不能安装支架。

  o. 支架安装应画定位线,保证排列整齐、横平竖直。

  p. 支架加工焊接应符合设计图纸及规范要求。

  q. 金属支架安装必须进行防腐处理。

  r. 支架接地扁铁应安装到位,扁铁必须与支架横撑三面围焊,焊缝应饱满,扁铁搭接长度不得小于扁铁宽度的 2 倍。

  s. 混凝土浇筑的强度应满足设计要求、坍落度应满足施工要求。

  ②电缆埋管施工

  a. 控制基坑中心线、高程、平面尺寸、边坡坡度;

  b. 检查有地下水时采取的处理措施应满足相关规范要求;

  c. 检查回填土材料应满足设计要求;

  d. 检查回填的密实度应满足设计要求;

  e. 检查回填土台阶留置、分布回填的台阶留置、回填土厚度;

  f. 检查垫层下地基的情况;

  g. 检查垫层的混凝土宽度、厚度;

  h. 检查垫层表面的平整度;

  i. 检查管的规格、型号、壁厚、合格证明;

  j. 检查管的连接应牢固;

  k. 管材接头应错开布置;

  l. 检查管材铺设的间距是否满足设计要求;

  m. 检查垫块的放置是否足够。

  ③非开挖导向穿管施工

  a. 检查导向孔的平面位置;

b. 检查导向孔的高程；

c. 检查导向孔的入孔角、出土角度；

d. 土层情况、泥浆配置情况；

e. 管道连接情况（管与管之间的连接、管与拉头之间的连接）；

f. 管道埋设位置。

④隧道施工

a. 开挖质量保证措施

a) 在软弱地层中，开挖循环进尺恪守"短进尺、弱爆破、快封闭"的原则。

b) 最大限度地利用围岩本身具有的支承能力，采取对围岩扰动少的开挖方法和方式。

c) 开挖过程中严格按设计控制开挖断面，不得欠挖，最大允许超挖量拱部为15cm，边墙为10cm；当出现超挖时，严格按照设计及规范规定的材料回填密实，并做好回填注浆。

b. 超前小导管支护质量保证措施

a) 小导管安装

- 小导管间距根据围岩状况确定，采用单层小导管时，其间距为500mm；
- 前后排小导管错开布置，前后排小导管间的搭接长度为200cm；
- 小导管的外插角根据注浆胶结拱的厚度确定，宜为15°；
- 导管安装前，将工作面封闭严密，并正确测放出钻孔位置后方可施工。

b) 小导管注浆

注浆前应喷射混凝土封闭作业面。防止漏浆，喷射厚度不宜小于50mm。

注浆材料根据地质条件、注浆目的和注浆工艺全面考虑，但确保满足下列要求：

- 浆液流动性好，固结后收缩小，具有良好的黏结力和较高的早期强度；结石透水性低，抗渗性能好；当水有侵蚀作用时，采用耐侵蚀材料。
- 注浆过程中，注浆终压为0.7～10MPa，并派专人做好记录；注浆结束后检查其效果，不合格者应补注浆；注浆达到要求的强度后方可进行开挖。
- 由拱脚向拱顶逐管进行注浆。

c. 初期支护质量控制

a) 锚杆喷混凝土支护

- 锚杆的类型和布置，必须符合设计要求，锚杆钻孔保持直线，并与所在部位的岩层主要结构面或隧道轮廓线垂直；
- 锚杆安装前，除去油污锈蚀并将钻孔吹洗干净；
- 每根锚杆的锚固力不得低于设计要求，每300根抽样一组进行拉拔试验，每组不少于3根；
- 锚杆安装经检验合格后，及时喷射混凝土，并确保在4h内不得进行爆破作业。

b) 喷射混凝土

- 喷射混凝土作业分片依次进行，喷射作业自下而上，先喷钢架支撑与拱墙壁间混凝土，后喷两拱架之间混凝土；
- 混凝土喷射采取分层喷射，后一层喷射在前一层喷射混凝土终凝后进行；
- 喷射混凝土时，喷头垂直于受喷面，喷头离受喷面的距离保持在0.6～1.2m之间；
- 喷射混凝土的表面确保密实、平整，无裂缝、脱落、漏喷、漏筋、空鼓、渗漏水等现象。

d. 隧道防水质量保证措施

a) 隧道渗漏水是隧道质量隐患的主要病害之一，在隧道施工中，应贯彻"以堵为主，防、注、引、堵、截、排相结合"的综合治理原则，按照设计要求放足各种止水带、导水管等防水材料，并针对具体情况增加防水设施及材料,制定专项施工方法及工艺,成立专项攻关小组,解决隧道渗漏问题。

b)进行二次浇筑衬砌,认真组织混凝土计量、运输、灌注、振捣、养护施工,严格施工工艺,标准化、规范化操作。

e. 衬砌质量保证措施

a)混凝土衬砌必须做到内实外美,光洁明快,直线段平直,曲线段圆顺,无蜂窝、麻面、跑模、烂根;模板缝横平竖直,环节缝、施工缝处理达标。

b)采用大块整体模板进行衬砌,衬砌时对于施工缝等薄弱环节的处理要制订特殊措施,衬砌混凝土应根据需要掺加外加剂,提高混凝土的密实性、和易性、早强性等各项性能,模板采用先进的脱模剂,保证混凝土的外观质量。

c)混凝土灌注时,采取分层、水平、对称灌注,振动器不得触及钢筋和模板。

d)挡头板按设计衬砌断面用木板正规制作,支立规范牢固,与混凝土壁间缝隙嵌堵紧密;每两组衬砌间的环节缝错台不得大于3mm。

e)混凝土衬砌中途因故中断时,应及时将混凝土扒平且外高内低,成辐射状。续灌前凿除表面浮浆及松动石子,先铺一层高于原混凝土强度等级的水泥砂浆。

⑤电缆敷设施工

a. 电缆敷设前,巡视检查进场电缆型号应符合本工程设计要求,电缆外观无损伤,电缆盘数量应正确。

b. 电缆敷设前,巡视检查敷设使用机具应合格,无损坏。

c. 巡视检查管道内部应无积水,且无杂物堵塞。穿电缆时,不得损伤保护层。

d. 巡视检查排管口封堵应严实。

e. 电缆敷设时,巡视检查电缆应从盘的上端引出,不应使电缆在支架上及地面摩擦拖拉并检查电缆的最小弯曲半径符合设计要求。

f. 电缆敷设后,对电缆外观复查,电缆应无损伤;如蛇形敷设,则应检查电缆的蛇形节距和幅度符合设计要求。

g. 检查电缆的固定情况是否符合设计要求,电缆与夹具间要有衬垫保护,个别地方支架过短应加装延长支架。

h. 检查螺栓的紧固情况,卡具两边的螺栓要交叉紧固,不能过紧或过松。

i. 查看电缆转弯处是否有垫铁保护。

j. 巡视检查电缆固定在过渡支架上是否稳定,过渡支架焊接应符合设计要求。

⑥电缆头安装施工

a. 质量员对电缆头安装的全过程进行旁站检查;

b. 电缆头安装前,对电缆进行旁站检查,确认电缆无受潮、损坏;

c. 严格按照厂家接头工艺指导说明书正确施工;

d. 检查接头形式、规格应与电缆类型如电压、芯数、截面、保护层结构和环境要求一致;

e. 检查接头所用材料、部件应符合相应技术标准要求;

f. 检查电缆加热校直符合设计要求,保证加热时间;

g. 剥切电缆时不损伤线芯和保留的绝缘层;

h. 检查搪铅密封对称、密实;

i. 检查接地网、线锡焊牢固、平整无毛刺。

⑦电缆耐压试验

a. 电流输入和电压输入应在不同位置,尽量清洁接触点,使之达到更好的测量效果。

b. 高压引线应尽可能短,绝缘距离足够,试验接线准确无误且连接可靠。在试验电压下的工作电流不超出试验设备和电源的容量限制。

2）35kV 及以下配网电力管线质量控制要点

（1）电缆线路部分

①台架变工作平台

a. 核对材料、设备及附件的到位情况及数量。

b. 核对变压器技术参数,各项参数符合设计要求。检查变压器的外观应无锈蚀及机械损伤,储油柜油位正常,油箱无渗漏、受潮,瓷套光滑无裂纹、缺损。

c. 混凝土电杆及构件必须符合国家标准。电杆表面应光滑平整,钢筋无偏心现象,内外壁厚度均匀,无露筋、跑浆现象。

d. 预应力杆不能有纵向或横向裂缝。杆身弯曲不能超过杆长的 1/1000;钢板圈连接的混凝土电杆,钢板圈焊口处内壁的混凝土端面与焊口处距离不得小于 10mm。

e. 核对避雷器的技术性能、参数符合设计要求;检查避雷器的瓷件（复合外套）无裂纹、破损,瓷铁黏合牢固。

f. 核对高压跌落式熔断器的技术性能、参数和安装的熔断丝符合设计要求。检查高压跌落式熔断器的各部分零件完整;转轴光滑灵活,铸件不应有裂纹、砂眼、锈蚀;瓷件良好,熔断丝管不应有吸潮膨胀或弯曲现象。

g. 收集所有设备出厂合格证明文件及技术资料。

h. 吸湿器安装时取下隔离片,吸湿器必须与储油柜连通,硅胶干燥、不受潮。全密封（不带储油柜）变压器运行前必须打开释放阀压片。

i. 两端遇有铜、铝连接时,应设有过渡措施。

j. 铜接线端子搭接面必须进行搪锡处理。

k. 高压跌落式熔断器、避雷器的引线应安装牢固、排列整齐美观。

l. 引线相间距离及对地距离应符合规定要求。

m. 高压跌落式熔断器上引线与铜三角符的连接应采用带电夹头。

n. 避雷器引线的连接不应使端子受到超过准许的外加应力。

②箱式变电站、电缆分接箱工程

a. 核对材料、箱式变压器、电缆分接箱的到位情况及数量;核对变压器技术参数,各项参数符合设计要求。

b. 由于箱式变压器及电缆分接箱一次接线、附件等已由厂家安装完成整套出厂,所以要根据设计图纸及设备厂家的有关要求、规定,检查箱式变压器内的安装情况。

c 收集箱式变压器及电缆分接箱所有设备的出厂合格证明文件及技术资料。

d. 箱式变压器就位移动时不宜过快,应缓慢移动,不得发生碰撞,不应有严重的冲击和震荡。

e. 箱式变压器就位后,外壳干净不应有裂纹、破损等现象,各部件应齐全完好,箱式变压器所有的门可正常开启。

f. 变压器及分接箱箱体调校平稳后,与基础槽钢焊接牢固并做好防腐措施;或用地脚螺栓固定的螺母应齐全,拧紧牢固。

g. 金属外壳箱式变压器及落地式配电箱,箱体应接地或接零可靠,且有标识。

③电缆构筑物工程

a. 施工过程中严格按设计图施工,沟槽严禁超挖。如发生超挖,应首先将松动部分清除,然后妥善处理:超挖深度小于100mm时,采用原状土或石粉(或粗砂)回填压实至设计高程并夯实;超挖深度再大时,应报监理单位、设计单位、建设单位处理。

b. 电缆沟制安模板应托架牢固、模板平直、支撑合理、稳固及拆卸方便,模板宜采用18mm建筑夹板,压脚及支撑采用木方条,为保证电缆沟压顶梁顺直,压顶梁内侧模板可采用槽钢做内模。

c. 电缆沟钢筋绑扎:钢筋规格、品种、间距、搭接、焊接、保护层等应满足设计要求并经监理验收合格。

d. 电缆沟混凝土浇筑过程中用插入式振动器振捣,混凝土按有关规定取样并送有资质的检验部门试验。

e. 安装槽盒时,应用水平尺控制槽盒的水平度,槽盒每30m拉线调直,保证槽盒在同一直线上。槽盒与槽盒间必须紧靠,接口平顺。槽盒在转弯段埋置时,须符合电缆的弯曲半径。

f. 电缆敷设前槽盒内填砂约100mm厚度,敷设后再填满砂。

g. 铺设预制盖板时,板缝紧密平直。放置盖板时应防止损伤电缆。

h. 管道敷设时对于中心线、高程应严格控制,保证管道直顺,接口无错位,导管器试通合格。

i. 管道必须保持平直,管与管之间要有20mm的间距。

j. 施工中防止水泥、砂石进入管内,若有水泥、砂石进入,则应立即清理干净;电缆管管口应排列整齐并有不小于0.1%的排水坡度。施工完毕后要用管盖盖住两端管口。

k. 定向钻的入钻口、出钻口不超过规划红线。

l. 定向钻施工时和施工完成后,铺设管线的上覆土层及相邻建筑物不得沉陷、坍塌或隆起,相邻或相交管线及地下构筑物不受损坏。

m. 复测导向钻孔起讫点的平面位置和高程是否符合设计要求。

n. 导向孔轨迹测量应采用导向仪随钻测控深度、顶角、方位角、工具面向角等基本参数。

o. 实钻导向孔轨迹应符合设计轨迹要求,偏差应在设计允许范围内。

p. 配制泥浆现场检测应包括下列内容:

a)采用pH试纸检测配浆用水的pH值。

b)采用泥浆密度计或泥浆密度秤检测泥浆密度。

c)采用马氏漏斗检测泥浆黏度。

d)采用气压式失水仪检测泥浆失水量。

④电缆敷设

a. 电缆敷设前,对进场电缆型号、外观、盘数量进行检查,电缆型号应符合本工程设计要求,电缆外观应无损伤,电缆数量应正确;

b. 电缆敷设前,巡视检查敷设使用机具应合格,无损坏;

c. 电缆敷设前,巡视检查施工人员个人防护用品应完好无损,并能正确使用;

d. 查看电缆敷设时最小弯曲半径,应符合设计要求。

⑤电缆附件

a. 质量员对电缆头安装的全过程进行旁站检查;

b. 电缆头安装前,对电缆进行旁站检查,电缆应无受潮、损坏;

c. 严格按照厂家接头工艺指导说明书正确施工;

d. 检查接头形式、规格应与电缆类型如电压、芯数、截面、保护层结构和环境要求一致;

e. 检查接头所用材料、部件是否符合相应技术标准要求;

f. 检查电缆加热校直是否符合设计要求,应保证加热时间;

g. 剥切电缆时不得损伤线芯和保留的绝缘层;

h. 检查搪铅密封对称、密实；

i. 检查接地网、线锡焊牢固、平整无毛刺。

⑥电缆阻火分隔

a. 对防火隔板进行巡视检查，隔板应平整、厚薄均匀；

b. 对防火堵料、防火包进行检查，质量应合格；

c. 在封堵电缆孔洞时，应确保封堵严实可靠，不应有明显的裂缝和可见的孔隙，堵体表面平整，孔洞较大者应加耐火衬板后再进行封堵；

d. 非阻燃电缆用于明敷时，在电缆上绕包防火带；

e. 在街头两侧电缆各 2～3m 段和该范围内邻近并行敷设的其他电缆上，宜采用防火包带实施阻燃、延燃。

（2）架空线路部分

①杆塔基础

a. 基础原材料及器材质量必须符合下列规定：

a）有出厂质量检验合格证书。

b）有符合国家现行标准的各项质量检验资料。

c）对砂石等无质量检验资料的原材料，应抽样并经有检验资格的单位检验，合格后方可采用；对产品检验结果有疑义时，应重新抽样，并经有检验资格的单位检验，合格后方可采用。

b. 钢筋保护层厚度应在混凝土浇筑之前检查，可用钢尺直接量出模板内侧与钢筋外侧的距离。检查位置通常在主柱模板的上方及底部两个断面，每个断面检查 8 个点（每个直角检查 2 个点），以最小距离作为依据。

c. 同组地脚螺栓中心对主柱中心偏移的检查：用钢尺量出各边的中心点，用细铁丝分别将 M1、M3 相连，M2、M4 相连相交即为主柱中心，再用细铁丝通过对角地脚螺栓中心连接成两相交线，交点在主柱面上的投影即为同组地脚中心的偏移值。

d. 基础根开的偏差：根开的偏差即相邻两个主柱同组地脚螺栓中心之间的水平距离，如两基础等高，则可直接量取，如为不等高，则先量取其斜距，再用经纬仪测出高差，计算半根开的实测值，然后与设计值比较，计算其误差。

②杆塔组立

a. 应根据施工场地的情况和杆、塔的高度和重量与起重机具操作员协商选定起吊方案；

b. 起重机应按吊装工作半径就位，支腿承点必须牢固可靠，在土质松软的地方应加设枕木或钢板；

c. 起吊过程中应设现场指挥员，明确指挥信号，因障碍影响视线时可适当增设信号传递员，起重机具操作人员接收到任何人发出的停止信号时，均应立刻停止起吊；

d. 在邻近带电线路吊装钢管杆、铁塔时，起重机必须接地良好，与带电体的最小安全距离应符合安全规程的规定；

e. 应按起重钢丝绳的安全系数选取吊装钢丝绳套及卸扣；

f. 钢管杆、铁塔起吊绑点应加软垫保护，以免损坏构件镀锌层；

g. 钢管杆、铁塔起吊应设 2～3 根调整绳，每根绳由 1～2 人拉住控制起吊；

h. 起重机起吊钢管杆、铁塔至离地 0.5～1m 时应停止起吊，检查吊车支承点的受力情况，如起吊点不理想，则可校正钢丝绳套的起吊点位置；

i. 起吊过程中，起吊速度应均匀，缓提缓放，并随时注意吊装情况；

j. 钢管杆、铁塔吊装严禁用旋转起重臂的方法进行移位找正，而必须使用调整绳进行调整；

k. 钢管杆、铁塔起吊至基础时应用人扶持找正就位,校正倾斜度并安装基础地脚螺栓;

l. 钢管杆、铁塔如分段连接吊装,则连接螺栓应紧固,达到规范要求的扭矩;

m. 钢管杆、铁塔安装完成后如不是基础自然接地的应立即安装接地网,避免雷击损坏设备;

n. 钢管杆、铁塔组立完毕后全部螺栓应按扭力要求复紧,并及时安装防松或防卸装置;

o. 整体吊装完成后应按标准复测钢管杆、铁塔的倾斜度符合安装规范规定,并消缺补料。

③架线工程

a. 根据导地线的质量证明文件进行开箱检验,并对导地线握力试验进行见证取样。

b. 检查放线滑车的使用是否符合下列规定:

a)轮槽尺寸及使用材料应与导线或架空地线相适应。

b)导线放线滑车轮槽底部的轮径:应符合现行标准的规定,展放镀锌钢绞线架空地线时,其滑车轮槽底部的轮径与所放钢绞线直径之比不宜小于15d(d为钢筋直径)。

c)对严重上扬、下压或垂直挡距很大处的放线滑车应进行验算,必要时应采取特制的结构。

d)应采用滚动轴承滑轮,使用前应进行检查并确保转动灵活。

c. 张力放线区段的长度不宜超过20个放线滑轮的线路长度,但难以满足规定时,必须采取有效地防止导线在展放中受压损伤及接续管出口处导线损伤的特殊施工措施;在张力放线通过重要跨越地段时,宜适当缩短张力放线区段长度。

d. 张力机放线主卷筒槽底直径$D \geqslant 40d-100mm$(d为导线直径,mm)。一般情况下牵引场应顺线路布置。当受地形限制时,牵引场可通过转向滑车进行转向布置。张力场不宜转向布置,特殊情况下须转向布置时,转向滑车的位置及角度应满足张力架线的要求。

e. 架线施工措施中的导地线保护措施及损伤导线的处理结果需符合规范要求。

f. 检查跨越电力线、弱电线路、铁路、公路、索道及通航河流时的跨越施工技术措施,检查导线或架空地线在跨越挡内接头是否符合设计规定。

g. 检查张力放线直线接续管通过滑车时,是否有防止接续管弯曲的措施,当达不到要求时需加装保护套。

h. 紧线施工前,应全面检查基础混凝土强度是否达到设计要求。

i. 审查架线施工方案中弧垂观测挡的选择是否符合下列规定:

a)紧线段在5挡及以下时靠近中间选择一挡;

b)紧线段在6～12挡时靠近两端各选择一挡;

c)紧线段在12挡以上时靠近两端及中间可选3～4挡;

d)观测挡宜选挡距较大和悬挂点高差较小及接近代表挡距的线挡;

e)弧垂观测挡的数量可以根据现场条件适当增加,但不得减少;

f)抽检紧线弧垂、相间弧垂、相间子导线弧垂在挂线后其允许偏差需符合规范规定。

④接地工程

a. 接地体敷设宜和基础施工同步进行。

b. 敷设垂直、水平接地体遇倾斜地形宜等高线敷设。

c. 垂直接地体及水平接地体间平行距离应满足设计要求;垂直接地体间距不宜小于其长度的2倍,当无设计规定时不宜小于5m。

d. 接地体敷设应平直;对无法达到上述要求的特殊地形,应与设计人员协商解决。

e. 当附近有电力线路时,应了解原线路的接地体走向。

f. 避免两线路间的接地体相连。

g. 垂直接地体应垂直打入,并防止晃动;垂直接地体在打入前,应查明地下设计情况。

h. 接地体埋设长度、深度应符合设计要求；当设计无规定时，垂直接地体长度不宜小于2.5m，接地体顶面埋设深度不宜小于0.6m。

i. 有腐蚀性的土层中，应按设计要求施工；当设计无规定时，宜采用铜棒或铜排敷设。

j. 接地线与杆塔的连接应接触良好，应平服于基础及保护帽。

k. 接地线方位与铁塔接地孔位置相对应，露出地表部位应平直美观。

l. 混凝土杆接地线应紧靠杆身作绝缘保护，并每隔一定距离与杆身固定测量铁塔接地装置的接地电阻时，应将接地下引线与杆塔的连接螺栓拆开，使接地电阻仅为接地装置在土壤中的工频接地电阻。

m. 测量接地电阻应选择在晴天或气候干燥时，不得在雨天测量或雨后立即进行测量。

⑤架线线路电气设备

a. 支架应采用热镀锌材料，如需对热镀锌材料进行加工，则必须进行防腐处理。

b. 双杆式户外断路器或负荷开关支架宜采用槽钢，并经热镀锌处理，其强度应满足断路器或负荷开关荷载的要求。

c. 支架安装牢固、平整，水平面倾斜不应大于1%。

d. 三极隔离开关应水平安装，刀口向上，单极隔离开关水平向下或与垂直方向成30°～45°向下安装。

e. 合闸无扭动偏斜现象，动触头与静触头压力正常，动触头合闸锁扣灵活无卡涩现象。

f. 隔离开关处于合闸位置时，动触头的切入深度应符合产品要求，但应保证动触头距静触头底部有3～5mm空隙；隔离开关处于分闸位置时，动静触头间的拉开距离不小于200mm。

g. 三极隔离开关分合闸时应保证三相同期偏差小于3mm。

h. 三极隔离开关操动机构转动部分无卡涩现象，分合闸操作顺畅。

13.5.3 通信管线改迁工程

1）通信管道部分质量控制要点

（1）管道测量

按照设计图纸进行现场勘查，开挖前应先确定管道段长，便于后续施工顺利进行；管道段长是两个相邻人孔中心线间的距离。管道的段长应按相邻两个人孔的中心点间距而定。通信直线管道的段长不应大于200m，弯曲管道的段长不应大于150m，同一段管道不应有反向弯曲。

（2）挖掘沟(坑)

①管道挖沟应注意沟深、沟宽、沟直、沟平；挖掘通信管道沟(坑)时，如有积水，须将积水排放后方可进行挖掘工作。

②管道的沟挖成后，凡遇被水冲泡的，须重新进行地基处理，否则，严禁进行下一道工序。

（3）管道基础

①一般采用C15素混凝土基础。混凝土的厚度宜为80～100mm，宽度按管群组合计算确定。

②在基础浇筑混凝土之前，应检查核对加钢筋的段落位置是否符合设计规定，其钢筋的配置、绑扎、衬垫等是否符合规定，并应清除基础模板内的各种杂物。

③通信管道基础的混凝土应振捣密实，初凝后应覆盖草帘等并洒水养护；养护期满拆模板后，应检查基础有无蜂窝、掉边、断裂、波浪、起皮、粉化等缺陷，如有缺陷应认真修补，严重时应返工。

④通信管道工程所用的钢筋品种、规格、型号均应符合设计规定；钢筋表面洁净，清除钢筋的浮

皮、腐蚀、油渍、漆污等；钢筋按设计图纸的规定尺寸下料，并按规定的形状加工，圆钢须进行短头弯钩处理，其弯钩圆弧的直径不应小于钢筋直径的 2.5 倍；加工钢筋时应检查其质量，凡有劈裂、缺损等伤痕的残段不得使用。

（4）管道

①塑料管组群时，管孔内径大的管材应放在管群的下边和外侧，管孔内径小的管材应放在管群的上边和内侧。多个多孔管组群时，管间宜留 10~20mm 空隙，进入人孔时多孔管之间应留 50mm 空隙，单孔波纹管、实壁管之间宜留 20mm 空隙，所有空隙均应分层填实。

②塑料管的连接宜采用承插式黏结、承插弹性密封圈连接；承插式管接头的长度不应小于 200mm，塑料管标志应朝上。

③钢管接续宜采用套管焊接，接续前，应将管口磨圆或锉成坡边，保证光滑无棱、无毛刺，然后再将两根钢管分别旋入套管长度的 1/3 以上。使用有缝管时，应将管缝置于上方。

④管道布放后，应尽快连接密封。管道全程贯通。管道群按照设计要求进行固定。

⑤定向钻孔施工前，应按设计图纸勘测现场；穿放的塑料管中间不得有接头，敷设前还应将塑料管端口堵塞；定向钻孔的终孔直径是所铺管线直径的 1.2~1.5 倍，具体根据地层条件确定。当终孔直径大于 300mm 时，需进行扩孔。

（5）管道进入人（手）孔

①管道进入人（手）孔时，其管顶距人（手）孔上覆、通道盖板底不应小于 300mm，管底距人（手）孔、通道基础顶面不应小于 400mm。引上管进入人（手）孔、通道时，宜在上覆、盖板下 200~400mm 范围以内。

②管道基础进入人（手）孔时，在墙体上的搭接长度不应小于 140mm。管道进入人（手）孔时，管口不应凸出人（手）孔内壁，应终止在距墙体内侧 100mm 处，并应严密封堵，管口做成喇叭口。

（6）人（手）孔基础

①人（手）孔基础一般比人（手）孔外墙宽 10cm/侧，挖坑时人（手）孔底从外墙放宽 40cm/侧或放宽人（手）孔按设计规定处理，如系天然地基，则必须按设计规定的高程进行夯实、抄平。基础的混凝土强度等级、配筋等应符合设计规定。浇灌混凝土前，应清理模板内杂物，并按规定的位置挖好积水罐安装坑。

②设计对人（手）孔有特殊要求时，应按设计规定办理。

（7）人（手）孔墙体及上覆

①人（手）孔内部净高及水泥砂浆强度等级应符合设计规定；墙体与基础应结合紧密，不漏水，结合部内外侧应用 1:2.5 水泥砂浆抹八字，处理完毕后应严密、不空鼓，表面光滑，无毛刺、断裂等。

②穿钉的规格、位置应符合设计规定，穿钉与墙体应保持垂直且安装牢固。上下穿钉应在同一垂直线上，允许垂直偏差不应大于 5mm，间距偏差应小于 10mm。拉力环的安装位置也应符合设计规定且安装牢固；一般情况下应与对面管道底保持 200mm 以上的间距，露出墙体部分应为 80~100mm。

③人（手）孔上覆一般用 C25 混凝土浇筑，制作应符合设计规定，外形尺寸偏差不应大于 20mm；厚度允许最大负偏差不应大于 5mm，预留的位置及形状应符合设计图纸的规定；预制的上覆、盖板两板之间缝隙应尽量缩小，其拼缝必须用 1:2.5 砂浆堵抹严密，不空鼓、不浮塞，外表平光；上覆、盖板与墙体搭接的内、外侧，应用 1:2.5 的水泥砂浆抹八字角，八字抹角应严密、贴实，不空鼓。

④人（手）孔口圈顶部高程应符合设计规定，允许偏差不应大于 20mm；人（手）孔口圈应完整无损，必须按车行道、人行道等不同场合安装相应的口圈；人孔口圈与上覆之间宜砌不小于 200mm 的口腔；人孔口腔应与上覆预留洞口形成同心圆的圆筒状，口腔内外应抹面；八字抹面应严密、不空鼓，表面光滑，无毛刺。

(8)回填

①在管道或人孔按施工顺序完成施工内容后,经过24h养护、隐蔽工程检验合格后应立即回填土,并保证沿线相关路面部分的路面标准符合要求。

②回填土前,先清除沟(坑)内的遗留木料、草帘、纸袋、泥水和淤泥等杂物,清除后方可回填土,以防回填土不实,发生沉降影响管道质量。

③通信管道回填土时,在浇筑管道混凝土包封达到一定强度时,按原土建材料进行回填,防止管道被压坏或变形。通信管道的回填土具体规格如下:管道顶部30cm以内及靠近管道两侧的回填土,不得含有直径大于5cm的砾石、碎砖等坚硬物;回填土从管道两侧同时进行,防止从一边进行时管道受侧压力变形。

④靠近人孔壁四周的回填土内,不得含有直径大于10cm的砾石、碎砖等坚硬物。人孔坑的回填土,不得高出人孔口圈的高程。通信管道工程回填完毕后,应及时清理现场杂物。

2)通信电缆部分质量控制要点

(1)电缆单盘检验

不良线对检验,一般只对断、混、地进行检验。检验时一般用耳机和电池来进行。将两端芯线束全部短路,并在测试端的芯线束中接出一根;测试引线与耳机及干电池串联后,再接一根"摸线",然后在测试端把芯线从线束中逐根抽出与"摸线"触碰。如耳机听到"咯咯"声,即说明是好线,反之则是断线。混线与断线接法一样,只是另一端芯线全部腾空,当"摸线"与被测芯线接触时,耳机听到"咯咯"声,即表明有混线。地线检验时,将电缆的另一端芯线全部腾空,测试端耳机的一端与屏蔽层连接,"摸线"与芯线逐一触碰,当听到"咯咯"声时,表明有地线。

(2)电缆气闭性能检查及绝缘电阻测试

①充气2h检查气压下降情况。

②用500V绝缘电阻表进行绝缘电阻测试,步骤如下:

a. 检查兆欧表;

b. 接线;

c. 以120r/min摇动手摇发电机,指针稳定后,即可读出绝缘电阻值;

d. 放电后拆线。

(3)交界设备检验、分线设备检验、充气设备检验

①交接配线架要求骨架组合牢固,箱内骨架与箱体之间,骨架与背装架之间,组装牢固、端正,每列有标志牌,跳线环齐全牢固;箱内下端有连接电缆屏蔽层地线。

②分线设备外观应整洁,防腐处理完整、无损伤;配套零件齐全有效。

③各种充气设备的规格、型号、数量、性能应符合设计要求,零配件完好,资料齐全。

(4)电缆配盘

电缆配盘是指按一定的要求将每盘电缆进行编组、配盘,把长度不等和电性能不同的电缆安排在预计段落内,使接头的位置安全并便于安装和维护,也可以保证传输质量和合理的经济效益。

(5)电缆敷设

①管道资料核实。

②人孔通风及清刷管孔。应使用竹片或穿管器穿通,竹片或穿管器从管孔内拖出时,必须在末端绑上4.0mm铁丝一根,带入管孔作为引线;利用引线末端连接清刷管道的整套工具,清除管孔内淤泥和其他杂物,使得管孔通畅,即可敷设电缆。

③预放塑料子管。子管数量应按设计要求进行放置并封堵。

④布放电缆。敷设后的电缆应平直,无扭曲、无明显刮痕和损伤。充气型的电缆应带气敷设,敷设完后应立即进行保气处理;敷设时,将电缆盘放在准备穿入电缆管道的同侧,并使电缆能从盘的上方缓慢放出,由电缆盘至管孔口的一段电缆应弯成均匀的弧形;敷设后应在电缆托架上固定并吊牌。电缆接头留长应按设计要求预留。

(6)电缆接续

①电缆芯线的编号及对号。全色谱电缆芯线由中心层向外层顺序编号,一般规定 A 端线号面向电缆按顺时针方向进行编号,B 端线号则按反时针方向进行编号。对号的目的主要是核对和辨认一段全塑电缆的芯线序号,防止造成错接;对号时一般以靠近电话局或交接箱的一端为准,用放音对号器与另一端对号,使两端线序一致。

②电缆芯线接续前,应保证气闭良好,并应核对电缆程式、对数,检查端别,接续方法一般为扣式接线子和模块式接线子接续法。导线连接后其电阻值取决于导体材料的电阻、两接触面间的接触电阻和因污染或氧化而产生的薄膜电阻。因而芯线的接续除了要考虑增大和保持接触面间的压力外,还要做到以下两点:

a. 要除去或刺穿任何存在于导线表面上的不导电薄膜;

b. 使接触面上没有或不产生新的氧化膜,这就需要有足够牢固的气密接触面。

③全塑电缆芯线压接接续的要求

a. 在芯线接续过程中,要除去或刺穿导线表面的不导电薄膜;

b. 在接头处要有一个紧密的接触面,形成一个可靠的气密面接触状态;

c. 接续后要在芯线接头处长期保持稳定与持久的压力;

d. 芯线接头应加硅脂保护,隔离外界空气,避免再生成新的氧化膜。

④全塑电缆芯线接续的一般规定

a. 电缆芯线接续前检查合格后方可进行电缆接续。

b. 全塑电缆芯线接续必须采用压接法,不得采用扭接法。

c. 电缆芯线的直接、复接线序必须与设计要求相符,全色谱电缆的色谱、色带应保证对应接续。

d. 电缆芯线接续不应产生混线、断线、地气、串音及接触不良,接续后应保证电缆的标称对数全部合格。

e. 填充型全塑电缆的清洗应使用专用清洗剂。

f. 模块式接线子接续规定如下:

a)按设计要求的型号选用模块式接线子。

b)接续配线电缆芯线时,模块下层接局端线,上层接用户端线;接续中继电缆芯线时,模块下层接 B 端线,上层接 A 端线;接续不同线径芯线时,模块下层接细线径线,上层接粗线径线。

c)模块排列整齐,松紧适度,线束不交叉,接头呈椭圆形。

d)无接续差错,芯线绝缘电阻合格。

(7)全塑电缆的接头封合

①全塑电缆接续套管及其安装的技术要求:因电缆线路的故障大部分发生在电缆接头封合处,因此选用合适的封合材料和封合方式、正确进行全塑电缆接头封合,对设计、施工和维护工作具有极其重要的意义。

②全塑电缆接头封合的技术要求:

a. 具有较强的机械强度,接头应能承受一定的压力和拉力;

b. 具有良好的密封性,能达到气闭要求;

c. 便于施工和维护方便,操作简单;

d. 具有较长的使用寿命。

③全塑电缆接续套管的封合方法：

a. 冷接法。用于架空电缆、墙壁电缆和楼层电缆（采用带硅脂的接线子接续，防潮性能较好）等，接续套管有多用接线盒、接线筒、玻璃钢 C 形套管、装配式套管（剖管）等。前三种接续套管主要应用于架空电缆，后一种适用于填充型或充气型电缆。

b. 热接法。热接法主要有热缩套管封合法、注塑 O 形套管封合法和辅助 O 形套管包封法。

3）通信光缆部分质量控制要点

（1）光缆单盘检验

①检查光缆的外包装是否完好，缆皮是否有损伤，合格证及随盘测试记录和指示是否合格；检查光缆的规格、型号、盘长是否与发货记录相符合；开箱判别光缆的 A、B 端，并在光缆盘上做好标志，用光时域反射仪（OTDR）测试光缆的衰减常数、光纤总损耗、光纤长度。

②光缆接头盒检查：其绝缘和气闭性能应符合设计或出厂标准要求。

（2）光缆路由复测及配盘

光缆路由复测是光缆配盘的依据，配盘又是控制光缆工程质量的重要一环。

配盘原则是尽量做到整盘敷设以减少中间接头，并使接头的位置安全和便于施工维护。配盘时应考虑光缆的设计预留、自然弯曲增长等因素，长途管道光缆接头应尽可能避开交通要道口。

（3）光缆敷设

①敷设管道光缆的孔位应符合设计要求。

②应按照设计要求的 A、B 端敷设光缆。光缆敷设前应按"8"字盘放，管井边缘要做好保护，防止光缆外皮被刮破。

③敷设光缆牵引端头分简易式和网套式牵引端头两种，较常见的是简易式，适用于直径较小的管道光缆，其制作方法是将光缆 30～40cm 留下加强芯与通管器的端头连接牢固。

④由于光缆较电缆具有轻、细等特点，故在没有牵引机械的情况下，可采用人工牵引方法完成光缆的敷设。人工牵引法的要点是在良好的指挥下尽量同步牵引，开始牵引时，将人员分成两组，即缆盘组和中间人孔组（重点为转弯、高低差处和光缆引出人孔处）。光缆盘用千斤顶支承，由人工转动退下光缆。

⑤人工牵引布放长度不宜过长，常用的办法是采用"蛙跳"式布放，即牵引几个人孔后，将盘上的光缆引出，在空地上盘放"8"字形（注意不能扭曲），然后再向前敷设，如距离长还可以继续将光缆引出盘"8"字形，一直到整盘光缆布放完毕。

⑥光缆在各类管材中穿放时，管材的内径应不小于光缆外径的 1.5 倍。

⑦光缆出管孔 150mm 以内不得做弯曲处理。

⑧管道光缆根据接入需要按设计要求进行中间人孔预留。光缆余长应在人孔内盘放并固定。

⑨敷设后的管道光缆在人（手）孔内应排列、固定整齐。光缆在人（手）孔内子管外的部分应按设计要求保护。

⑩管孔及子管管孔均应按设计要求的材料进行堵塞，光缆在每个人孔内应按设计要求或建设单位的规定做好标志。

（4）光缆接续

①光缆开剥

a. 开剥前检查所接光缆是否有损坏或挤压变形情况。

b. 理顺光缆，按规定做好预留；

c. 将光缆的端头 3000mm 用棉纱擦洗干净,把光缆的端头 200~300mm 剪掉;

d. 套上合适光缆外径的热可缩套管;

e. 确认光缆的 A、B 端;

f. 做屏蔽线;

g. 清理油膏;

h. 用绝缘摇表测试光缆金属构件的对地绝缘;

i. 注意进刀深度。

②光缆在接头中固定

a. 保证光缆不会产生松动,紧固螺栓至加强芯出现弯曲现象为止;

b. 加强件的固定要注意其长度,应使固定光缆的夹板与固定加强件螺钉之间的距离与所留长度相当;

③光缆束管开剥

a. 确定束管开剥位置,注意理顺;

b. 切割束管,注意用刀;

c. 去掉束管,注意匀速;

d. 擦净油膏,注意干净;

e. 把束管放入收容盘内,两端用尼龙扎带固定,注意扎带不要拉得过紧;

f. 预盘光纤,使接续后的接头点能放在光纤保护管的固定槽内,剪去多余的光纤。

④光缆纤芯熔接

a. 保持接续的整个过程工作台和熔接机的清洁;

b. 光纤接续要按顺序一一对应接续,不得交叉错接。

⑤接续指标测试

a. 接完 2 光缆芯后,通知测试点测试,注意测试两个方向、两个窗口;

b. 测试指标合格后通知接续点将 2 芯光缆逐一进行热熔保护。

⑥光纤保护管加热

将保护管移至光缆接头的中间部位,待保护管冷却后取出保护管并确认管内无气泡。按照上述方法逐一进行后续光纤的熔接和热熔。

⑦光纤收容

a. 分步收容,注意每接一管即刻收容;

b. 光纤保护管的固定,注意安全牢固;

c. 收容后检查,注意弯曲半径、挤压、受力;

d. 盖上盘盖后,通知测试点复测。

⑧光缆接头盒的封装

光缆接头盒分为帽式与盒式两种。光缆接头盒由保护罩部分、固定组件、接头盒密封组件以及余纤收容盘四部分组成。接头盒密封主要有橡胶垫、密封胶、热缩管等密封形式,目的是防止水、潮气、有害气体等进入接头盒内部。

⑨光缆测试

测试方法分为光时域反射仪(OTDR)和光源光功率计两种。

a. 应用 OTDR 测试光缆长度和损耗曲线,实测长度与竣工资料记载长度一致。

b. 全程损耗测试,对每一纤芯进行全程放光、收光测试,全程损耗须小于最大容限(最大容限由允许的光纤损耗、接头损耗、成端损耗等合计得到),单模光纤 1310nm 放光测试的容限为:

a）光纤平均损耗小于 0.40 dB/km；

b）单芯光纤接头损耗小于 0.1dB/km，带状光纤接头损耗小于 0.2dB/km，同时允许一个带状接头内纤芯总数有 5% 的损耗在 0.5dB/km 以下；

c）成端损耗小于 0.5 dB/km。

c. 不允许断纤或错纤。

13.5.4 燃气管线改迁工程

1）土方工程

（1）开槽

①土方施工前，建设单位应组织有关单位向施工单位进行现场交桩。临时水准点、管道轴线控制桩、高程桩，经过复核后方可使用，并应经常校核。

②会同建设单位等有关单位，核对管线路由、相关地下管线以及构筑物的资料，必要时局部开挖核实。

③在地下水位较高的地区或雨季施工时，采取降低水位措施，及时清除沟内积水。

④沿车行道、人行道施工时，在管沟沿线设置安全护栏并设置明显的警示标志。在施工路段沿线，设置夜间警示灯。

⑤管道沟槽按设计规定的平面位置和高程开挖。

⑥管沟沟底宽度和工作坑尺寸：管径 50～80mm，沟底宽度 0.6m；管径 100～200mm，沟底宽度 0.7m；管径 250～350mm，沟底宽度 0.8m；管径 400～450mm，沟底宽度 1.0m；管径 500～600mm，沟底宽度 1.3m；管径 700～800mm，沟底宽度 1.6m；管径 900～1000mm，沟底宽度 1.8m。

⑦局部超挖部分回填压实。当沟底无地下水时，超挖在 0.15m 以内，用原土回填；超挖在 0.15m 以上，用石灰土处理。当沟底有地下水或含水量较大时，用级配砂石或天然砂回填至设计高程。超挖部分回填后压实，其密实度应接近原地基天然土的密实度。

⑧沟底遇有废弃构筑物、硬石、木头、垃圾等杂物时必须清除，然后铺一层厚度不小于 0.15m 的砂土或素土，并整平压实至设计高程。

⑨聚乙烯管道和钢骨架聚乙烯复合管道埋设的最小覆土厚度（地面至管顶）应符合下列规定：

a. 埋设在车行道下，不得小于 0.9m；

b. 埋设在非车行道（含人行道）下，不得小于 0.6m；

c. 埋设在机动车不可能到达的地方时，不得小于 0.5m；

d. 埋设在水田下时，不得小于 0.8m。

（2）回填

①管道主体安装检验合格后，沟槽及时回填，回填前，必须将槽底施工遗留的杂物清除干净。

②不得用冻土、垃圾、木材及软性物质回填。管道两侧及管顶以上 0.5m 内的回填土，不得含有碎石、砖块等杂物，且不得用灰土回填。距管顶 0.5m 以上的回填土中的石块不得多于 10%，直径不得大于 0.1m，且应均匀分布。

③沟槽的支撑应在管道两侧及管顶以上 0.5m 回填完毕并压实后，在保证安全的情况下进行拆除，并以细砂填实缝隙。

④沟槽回填时，先回填管底局部悬空部位，然后回填管道两侧。

⑤回填土分层压实，每层虚铺厚度 0.2～0.3m，管道两侧及管顶以上 0.5m 内的回填土必须采用

人工压实,管顶 0.5m 以上的回填土采用小型机械压实,每层虚铺厚度为 0.25～0.4m。

⑥回填土压实后,分层检查密实度,并做好回填记录。

⑦埋设燃气管道的沿线连续敷设警示带。警示带敷设前应压实敷设面,并平整地敷设在管道的正上方,距管顶的距离为 0.3～0.5m,不得敷设于路基和路面。

2)管道、设备的装卸、运输和存放

①管材、设备装卸时,严禁抛摔、拖拽和剧烈撞击;

②管材、设备运输、存放时的堆放高度、环境条件(湿度、温度、光照等)必须符合产品的要求,应避免曝晒和雨淋;

③运输时逐层堆放,捆扎、固定牢靠,避免相互碰撞;

④管道、设备入库前必须查验产品质量合格文件或质量保证文件等,并妥善保管;

⑤管道、设备存放在通风良好、防雨、防晒的库房或简易棚内;

⑥按产品储存要求分类储存,堆放整齐、牢固,便于管理;

⑦管道、设备平放在地面上,并采用软质材料支撑,离地面的距离不小于 30mm,支撑物必须牢固,直管道等长物件作连续支撑;

⑧对易滚动的物件做侧支撑,不得以墙、其他材料或设备做侧支撑体。

3)聚乙烯管敷设

①管道连接前,对连接设备按说明书进行检查,在使用过程中定期校核。

②管道连接前,核对欲连接的管材、管件规格、压力等级,不得有磕、碰、划伤,伤痕深度不超过管材壁厚的 10%。

③管道连接应在环境温度 -5～45℃范围内进行。当在环境温度低于 -5℃或风力大于 5 级的条件下施工时,应采取保温、防风等措施,并调整连接工艺。管道连接过程中,避免强烈阳光直射而影响焊接温度。

④连接完成后的接头应自然冷却,冷却过程中不得移动接头、拆卸加紧工具或对接头施加外力。

⑤管道在沟底高程和管基质量检查合格后,方可下沟。

⑥管道安装时,管沟内积水应抽净,每次收工时,敞口管端应临时封堵。

⑦不得使用金属材料直接捆扎和吊运管道。管道下沟时防止划伤、扭曲和强力拉伸。

⑧管材、管件从生产到使用之间的存放时间,黄色管道不超过 1 年,黑色管道不超过 2 年。超过上述期限时必须重新抽样检验,检验合格后方可使用。

⑨管道连接前要对管材、管件及管道附属设备按设计要求进行核对,并在施工现场进行外观检查,管材表面伤痕深度不超过管材壁厚的 10%,符合要求方准使用。

⑩聚乙烯管材、管件的连接和钢骨架聚乙烯复合管材、管件的连接,必须根据不同连接形式选用专用的连接机具,不得采用螺纹连接和黏结。连接时,严禁使用明火加热。

⑪聚乙烯管道系统连接还要符合下列规定:

a. 聚乙烯管材、管件的连接应采用热熔对接连接或电熔连接(电熔承连接、电熔鞍形连接);

b. 聚乙烯管道与金属管道或金属附件连接,采用法兰连接或钢塑转换接头连接,采用法兰连接时应设置检查井。

⑫管道热熔或电熔连接的环境温度宜在 -5～45℃范围内,当在环境温度低于 -5℃或风力大于 5 级的条件下进行热熔和电熔连接操作时,应采取保温、防风等措施,并应调整连接工艺;在炎热夏天进行热熔和电熔连接操作时,应采取遮阳措施。

⑬管道连接时,聚乙烯管材切割,采用专用割刀或切管工具,切割端面平整、光滑,无毛刺,端面垂直于管轴线;钢骨架聚乙烯复合管切割采用专用切管工具,切割后,端面应平整、垂直于管轴线,并采用聚乙烯材料封焊端面,严禁使用端面未封焊的管材。

⑭管道连接时,每次收工,管口应采取临时封堵措施。

⑮管道连接后,应按有关规定进行接头质量检查。不合格者必须返工,返工后重新进行接头质量检查。

⑯聚乙烯燃气管道利用柔性自然弯曲改变走向时,其弯曲半径不小于25倍的管材外径。

⑰聚乙烯燃气管道敷设完毕后,对外壁进行外观检查,不得有影响产品质量的划痕、磕碰等缺陷;检查合格后,方可对管沟进行回填,并做好记录。

4) 钢管敷设

(1) 钢质管道的焊接应符合下列规定:

①管子与管件的坡口应相配;

②管子与管件的坡口及其内、外表面的清理应符合现行国家标准的规定;

③等壁厚对接焊件内壁要齐平,内壁错边量不大于1mm;

④当不等壁厚对接焊件组对且其内壁错边量大于1mm或外壁错边量大于3mm时,应按现行国家标准《工业金属管道工程施工规范》(GB 50235—2010)的规定进行修整。

(2) 钢管焊接质量检验不合格的部位必须返修至合格。

(3) 可燃气体检测报警器与燃具或阀门的水平距离符合下列规定:当燃气相对密度比空气轻时,水平距离应控制在0.5~8.0m范围内,安装高度应距屋顶在0.3m之内,且不得安装于燃具的正上方。

(4) 当安装在建筑物的避雷保护范围内时,每隔25m与避雷网采用直径8mm的镀锌圆钢进行连接,焊接部位采取防腐措施,管道任何部位的接地电阻值均不得大于10Ω。

(5) 钢管的螺纹应光滑端正,无斜丝、乱丝、断丝或脱落,缺损长度不得超过螺纹数的10%。

(6) 管道螺纹接头采用聚四氟乙烯胶带作密封材料。拧紧管件时,不得将密封材料挤入管道内,拧紧后应将外露的密封材料清除干净;管件拧紧后,外露螺纹为1~3扣,钢制外露螺纹要进行防锈处理。

(7) 当铜管与球阀、燃气计量表及螺纹连接的管件连接时,采用承插式螺纹管件连接;弯头、三通采用承插式铜管件或承插式螺纹连接件。

(8) 立管安装垂直,每层偏差不应大于3mm/m且全长不大于20mm。当因上层与下层墙壁壁厚不同而无法垂于一线时,做"乙"字弯进行安装。当燃气管道垂直交叉敷设时,大管宜置于小管外侧。

5) 水平定向钻

(1) 施工前,对于施工范围内管线的管龄、口径、埋深、走向等情况做进一步的调查和确认,将调查结果报建设单位、设计单位、监理单位和相关部门确认备案。

(2) 钻机安装好后,应试运转并检测运转后的机座轴线及坡度是否有变化,借以检查钻机安装的稳固性和固定的可靠程度。钻机的安装质量和稳固性是确保成孔质量的关键,因此必须认真细致地反复进行,直至符合要求后方可进入下道工序。

(3) 为改善泥浆性能,有时要加入适量的化学处理剂。烧碱(或纯碱)可增黏、增静切力、调节pH值,投入烧碱量一般为膨润土量的2%。

(4) 当钻孔清孔达到铺管要求后,需进行回拖前准备,复查管材质量以及搬运过程中有无损伤,管材焊(连)接是否符合规定要求,检验完毕后,方能铺设。

(5)定向钻穿越时,降低推进速度,严格控制定向钻掘进方向,减少纠偏,特别是大量值纠偏。

(6)在定向钻穿越期间,加强对管外壁触变泥浆参数和工艺的管理。使管外壁形成完整的泥浆润滑套,减少顶进过程中管外壁与土体之间的扰动,从而减少地表沉降。

(7)定向钻掘进施工过程中,必须保证定向钻上方土层的稳定,以确保定向钻掘进施工的安全,从而不危及周边管线。为此,施工过程中必须采取相应的监控保护措施,并通过监测数据的反馈,及时对定向钻掘进施工参数进行调整,使施工工艺最优化,将定向钻施工过程中及定向钻完成后的地表最大变形量控制在允许的范围内。

(8)回拖管线时,先将扩孔工具和管线连接好,然后开始回拖作业,并由钻机转盘带动钻杆旋转后退,进行扩孔回拖,产品管线在回拖过程中是不旋转的,由于扩好的孔中充满泥浆,所以管线在扩好的孔中是处于悬浮状态的,管壁四周与孔洞之间由泥浆润滑,即减少了回拖的阻力。

6)悬吊法

(1)在施工区域内标出管线具体位置,对所在位置地面沉降和管线沉降实施动态监测,信息化施工。

(2)在基坑的钻孔灌注桩施工时,要避开管线,先挖槽暴露出管线的准确位置,再开始钻孔作业。

(3)管线悬吊完成后,加强保护,避免机具碰撞管线。加强管线和基坑的变形监测,根据反馈的信息,及时采取有效的措施,防止管线开裂损坏。

(4)结构完成后,在回填覆土过程中,在管线底部无法夯实的部位先施工支墩,然后用细砂回填,并用水灌实。拆除悬吊后,把管线两侧胸腔土按照回填的要求夯实。

(5)做好悬吊管线的覆盖工作,避免受到日晒雨淋,导致管线老化。

(6)配备专职人员负责管线的防护工作,确保管线在施工过程中万无一失。

(7)贝雷梁及格构柱上设置醒目的安全警示灯及其他明显标志,避免施工机械碰撞贝雷梁。

(8)施工时,施工的槽钢、U型螺栓必须经过进场复试合格,方可使用。

(9)在贝雷架上埋设沉降观测点。沉降量测主要采用精密水准仪,采取初始值,作为沉降观测的基准值,量测各测点与基准点之间的相对高程差,如果日沉降量超过2mm或累计沉降量超过10mm,则应立即启动监测预警程序,由监理单位组织预警分析会,分析原因,及时进行处治,并及时通知权属单位。

7)管道保护法

(1)采用保护法的燃气管道附近禁止机械开挖、爆破、起重吊装等作业,必须采用人工开挖,杜绝野蛮施工。

(2)禁止在燃气管道及设施上方开设临时道路,停留、行走载货汽车、推土机等重型车辆。

(3)在明确燃气管道走向后,采用人工沿燃气管道两侧开挖80cm沟槽,使燃气管道完全暴露。在管道两侧砌筑50cm厚MU10砖防护墙,墙距离燃气管道不小于10cm,采用砂砾回填,顶面采用预制钢筋混凝土盖板,板宽1m、厚20cm,并在回填土前,设置燃气管道安全警示标识。

8)附属设施工程

(1)阀门安装前,应检查填料,其压盖螺栓应留有调节余量。

(2)阀门安装前,应按设计文件核对其型号,并应按介质流向确定其安装方向。

(3)当阀门与管道用法兰或螺栓方式连接时,阀门应在关闭状态下安装;当阀门与管道以焊接方式连接时,阀门不得关闭,焊缝底层宜采用氩弧焊。

(4)水平管道上的阀门,其阀杆及传动装置应按设计规定安装,动作应灵活。

(5)安装铸铁、硅铁阀门时,不得强力连接,受力应均匀。

(6)安装高压阀门前,必须复核产品合格证和试验记录。

(7)安装安全阀时,应符合下列规定:安全阀应垂直安装;在管道投入试运行时,应及时调校安全阀;安全阀的最终调校宜在系统上进行,开启和回座压力应符合相关规定;安全阀经调校后,在工作压力下不得有泄漏;安全阀经最终调校合格后,应做铅封,并应按规定格式填写安全阀最终调试记录。

(8)在需要热处理的管道上焊接阀门,应在管段整体热处理后施焊,焊缝进行局部热处理。

(9)大型阀门安装前,应预先安装好有关的支架,不得将阀门的重量附加在设备或管道上。

(10)阀门安装高度应方便操作和检修,一般距地面1.2m为宜;当阀门中心距地面超过1.8m时,一般应集中布置并设固定平台;管线上的阀门手轮净间距不应小于100m。

(11)法兰或螺纹连接的阀门应在关闭状态下安装,焊接阀门应在打开状态下安装。焊接阀门与管道连接焊缝宜采用氩弧焊打底。

(12)安装时,吊装绳索应拴在阀体上,严禁拴在手轮、阀杆或转动机构上。

(13)阀门安装时,与阀门连接的法兰应保持平行,其偏差不应大于法兰外径的1.5‰,且不得大于2mm。严禁强力组装,安装过程中应保证受力均匀,阀门下部应根据设计要求设置承重支撑。

(14)法兰连接时,应使用同一规格的螺栓,并符合设计要求。紧固螺栓时应对称均匀用力,松紧适度,螺栓紧固后螺栓头与螺母宜齐平,不得低于螺母。

(15)在阀门井内安装阀门和补偿器时,阀门应与补偿器先组对好,然后与管道上的法兰组对,将螺栓与组对法兰紧固好后,方可进行管道与法兰的焊接。

(16)对直埋的阀门,应按设计要求做好阀体、法兰、紧固件及焊口的防腐处理。

9)质量验收

(1)管道吹扫验收

①公称直径大于或等于100mm的钢制管道,宜采用清管球进行清扫。

②吹扫范围内的管道安装工程,除补口、涂漆外,按设计图纸全部完成。

③按主管、支管、庭院管的顺序进行吹扫,吹扫出的赃物不得进入已吹扫合格的管道。

④吹扫管段内的调压器、阀门、孔板、过滤网、燃气表等设备不应参与吹扫,待吹扫合格后再安装复位。

⑤吹扫口应设在开阔地段并加固,吹扫时应设安全区域,吹扫口前严禁站人。

⑥吹扫合格设备复位后,不得再进行影响管内清洁的其他作业。

⑦吹扫气体流速不宜小于20m/s。

⑧吹扫口与地面的夹角应在30°~45°之间,吹扫口管段与被吹扫管段必须采取平缓过渡对焊,吹扫口直径应符合规定。

⑨吹扫管道的长度不宜超过500m;当管道长度超过500m时,宜分段吹扫。

⑩当管道长度在200m以上,且无其他管段或储气容器可利用时,应在适当部位安装吹扫阀,采取分段储气,轮换吹扫;当管道长度不足200m,可采用管道自身储气放散的方式吹扫,打压点与放压点应分别设在管道的两端。

(2)其他验收

①当目测排气无烟尘时,应在排气口设置白布或白漆木靶板检验,5min内靶上无铁锈、尘土等

其他杂物为合格。

②一般情况下试验压力为设计输气压力的 1.5 倍,但钢管不得低于 0.4MPa,聚乙烯管不得低于 0.4MPa,聚乙烯管(SDR17.6)不得低于 0.2MPa。

③水压试验时,当压力达到规定值后,应稳压 1h,观察压力计时间应不少于 30min,无压力降为合格。水压试验合格后,应及时将管道内的水放(抽)净,并按要求进行吹扫。

④气压试验时采用泡沫水检测焊口,当发现有漏气点时,及时标出漏洞的准确位置,待全部接口检查完毕后,将管内的介质放掉,方可进行补修,补修后重新进行强度试验。

⑤严密性试验应在强度试验合格、管线全线回填后进行。

⑥严密性试验压力根据管道设计输气压力而定,当设计输气压力 $p<5$kPa 时,试验压力为 20kPa;当设计输气压力 $p\geqslant 5$kPa 时,试验压力为设计压力的 1.5 倍,但不得低于 0.1MPa。严密性试验前应向管道内充气至试验压力,燃气管道的严密性试验稳压的持续时间一般不少于 24h,实际压力降不超过允许值为合格。

第 14 章 安全管理

14.1 概述

安全管理是企业生产管理的重要组成部分,是一门综合性的系统科学。安全管理的对象是生产中一切人、物、环境的状态管理与控制,安全管理是一种动态管理。安全管理,主要是组织实施企业安全管理规划、指导、检查和决策。安全管理的核心问题是保护生产活动中人的安全与健康,保证生产顺利进行。从工程管理的角度,安全管理可概括为,在工程项目管理中,通过计划、组织、技术等手段,依据并适应项目施工中人、物、环境因素的运动规律,使其积极方面充分发挥,而又利于控制安全事故不致发生的一切管理活动。施工现场中直接从事生产作业的人员密集,机、料集中,存在着多种危险因素。因此,施工现场属于事故多发的作业场所。控制人的不安全行为和物的不安全状态,是施工现场安全管理的重点,也是预防和避免伤害事故,保证生产处于最佳安全状态的根本环节。

14.2 前期工程安全管理特点

1)阶段性、不连续

与一般工程项目不同,地铁前期工程的施工过程往往是不连续的,其工程的阶段性特征十分明显。如绿化迁移工程分为绿化迁移、绿化临时恢复和永久恢复;交通疏解工程分为道路(含人行天桥和道路设施等)临时改移和道路永久恢复;管线改迁工程分为临时改迁及恢复以及永久改迁等。按照配合主体结构施工的要求,第一阶段是满足明挖车站、区间或施工竖井需要实施的迁移和改迁工程;第二阶段是上述主体结构完成后,对第一阶段实施的迁移和改迁工程进行临时或永久恢复;第三阶段车站出入口等附属结构位置的地下管线实施永久改迁。各专业每个阶段的工期为 3~6 个月。所以,虽然前期工程基本上贯穿于主体工程的全过程,但由于其施工不连续,工程具有"短、平、快"的特征,施工单位容易出现安全管理意识淡薄,安全管理资源投入不足的情况。

2)场地狭窄,情况复杂

作为大型公共交通设施,地铁站点一般布置在人流密集区域,以吸引客流。上述类型的区域往往难以提供宽敞的场地用于施工,车站主体结构施工所需场地往往需通过数个阶段围闭来实现,留给前期工程的场地更是相当有限。因此,经常会出现多个专业在人车交织区域的狭小地带交叉施工。有时候由于位置不够,还需进入周边物业的红线内进行施工。由于地铁在城市中的区域定位决定了其站点位置市政道路、设施以及地下管线密度较高,使得地铁主体工程和前期工程的施工边际条件互相交叉、互为约束,施工现场具有明显的复杂性特征。在这种场地狭窄、现场复杂的环境下,多专业同期施工,且与城市功能性系统在时间和空间上存在较大的冲突,给前期工程的安全管理带来了较多的问题和较大的困难。

3)多专业风险源不一

地铁前期工程主要包含绿化迁移、交通疏解和管线(包括给水排水、电力、燃气、通信等专业)改迁工程。其中绿化迁移工程包含施工安全和生态安全,施工安全包括树木移植的吊装和运输、树池的机械和人工挖掘等;生态安全包括合理使用农药、防止生态入侵以及古树名木的移植与保护等。交通疏解工程的包括临时占道施工、主要工序如路基土方工程、沥青路面工程、钢筋工程以及照明工程的施工安全等。管线改迁工程的包括沟槽挖掘、基坑支护、挡土墙工程、大型管道吊装、管道井的有毒及易燃气体、金属管线的焊接操作、顶管和盾构工法作业、不明电力管线和燃气管线的外力破坏及施工安全风险、架空线路的高空作业以及前期工程所有专业的施工临时用电安全等。上述存在于各专业的安全风险源以及施工过程中产生的安全隐患是前期工程安全控制和管理的重点。

14.3 绿化迁移及恢复工程安全管理

地铁前期绿化迁移工程,是将地铁沿线各站点、区间等施工所占用的绿地进行绿化迁移施工。为保证绿化迁移施工过程中的安全,作业前必须对现场环境(如地下管线的种类、深度、架空线的种类及净空高度)、运输线路(道路宽度、路面质量,立体交叉的净空高度)、其他空间障碍物、桥涵、承载车能力及有效的转弯半径等进行调查了解,制订安全措施后,方可施工。

14.3.1 苗木移植安全施工措施

(1)挖掘树木前,应先将树木支撑稳固。
(2)装箱树木在掏底前,箱板四周应先用支撑物固定牢靠。
(3)掏底时应从相对的两侧进行,每次掏空宽度不得超过单块底板宽度。
(4)箱体四角下部垫放的木墩,截面必须保持水平;垫放时接触地面的一头,应先放一块大于木墩截面1~2倍的厚实木板,以增大承载能力。
(5)掏底操作人员在操作时,头部和身体不得进入土台下。
(6)在进行掏底作业时,地面人员不得在土台上走动、站立或放置笨重物件。
(7)挖掘、吊装树木使用的工具、绳索、紧固机件、螺纹接头等,在使用前应由专人负责检查,不能保证安全的,不得使用。
(8)操作坑周围地面,不可随意堆放工具、材料,必须使用的工具材料应放置稳妥,防止落入坑内伤人。
(9)吊、卸、入坑栽植前要再检查钢丝绳的质量、规格、接头、卡环是否牢靠、符合安全规定。
(10)起重机械必须有专人负责指挥,并应规定统一指挥信号,非指定人员不得指挥起重机械或发布信号。

(11)装车后,木箱或土球必须用紧线器或绳索与车厢紧固结实后车辆方可运行。

(12)押运人员在车厢上要站立于树干两侧,严禁在木箱或土球底部、前面站立。

(13)押运人员在车辆运行过程中,应随时注意检查绳索和支撑物有无松动、脱落,发现问题及时采取措施认真加固。

(14)押运人员要注意排除影响通行的架空障碍物,并与驾驶员密切配合,注意安全行驶。

(15)装、卸车时,吊杆或木箱下,严禁站人。

(16)卸车放置垫木时,头部和手部不得伸入木箱与垫木之间,所用垫木长度应超过木箱。

(17)大树栽植前卸下的底板,要及时搬离现场,放置时钉尖必须向下。

(18)树木吊放入坑时,树坑中不得站人,如需重新修整树坑,则必须将木箱吊离树坑,操作人员方能下坑操作。

(19)栽植大树时,如需人力定位,则操作人员应坐在坑边进行,只允许用脚蹬木箱上口,不得把腿伸在木箱与土坑中间。

(20)栽植后拆下的木箱板,钉尖向下堆放,不准外露,以免伤人。

14.3.2 苗木修剪安全施工措施

(1)作业范围要设置安全警示牌,提醒行人、车辆不要进入作业区,作业时要注意树下安全和周围建筑物的安全,以免树枝下掉时伤人或损坏公司财物。

(2)修剪大径的长枝条需在基部裁去的,或长主干截短时不能一次截断,要分段进行。对周围有危险的枝条,要预先用绳索吊好,锯断后慢慢放下。要特别注意自身安全和周围建筑物及人员的安全。特大树枝修剪或砍伐树木,应由专人负责统一指挥。

(3)使用竹梯上树修枝,竹梯要有足够长度,依靠枝条时须先检查其牢度,竹梯置放要有安全的倾斜角度,一般与地面成60°夹角,竹梯两腿根部都要包上防滑材料;上下树要放稳梯子后再登梯,不得穿滑底鞋登梯。如竹梯不够长,需攀至更高枝条修剪时应特别注意所攀登每个枝条的牢固度,必要时佩系安全带。

(4)使用高空车作业者必须熟练掌握吊臂伸缩、升降、旋转的各种控制按钮及操作流程。枝条的重量要在吊绳的承受能力范围内,吊臂下严禁站人。

(5)使用油锯截枝必须仔细了解油锯的性能、功效、注意事项,熟练操作方法,正确安全操作。

(6)使用机械作业前,必须仔细熟读各机具使用说明书,了解各机具的性能、功效、使用方法、注意事项;熟练操作方法;正确安全操作;专人使用;机具定期保养。

(7)为安全起见,使用设备时要穿好适于室外作业的服装,并穿戴好相应的装备。绝不能让非专业技术人员操作。根据实际需要配备安全帽、安全带和有关劳动保护用品;严禁穿高跟鞋、拖鞋或赤脚作业;悬空高处作业需穿软底防滑鞋。

(8)在作业前,要先弄清现场的状况(地形、树木的性质、障碍物的位置、周围的危险度等),清除可以移动的障碍物。清理现场人员,保持操作现场无无关人员。

(9)开始作业之前,要认真检查机体各部,在确认没有连接部位松动、损伤或变形等情况后方可开始作业。特别是锯片、电线等连接部位更要认真检查,保证安全操作。

(10)对从事高处作业人员要坚持开展经常性安全宣传教育和安全技术培训,使其认识掌握高处坠落事故规律和事故危害,牢固树立安全思想和具有预防、控制事故能力。

(11)高处作业人员的身体条件要符合安全要求。不准患有高血压病、心脏病、贫血、癫痫病等不适合高处作业的人员从事高处作业;对疲劳过度、精神不振和思想情绪低落人员要停止高处作业;严禁酒后从事高处作业。

(12)不准在六级强风或大雨、雪、雾天气从事露天高处作业。另外,还必须做好高处作业过程中的安全检查,如发现人的异常行为、物的异常状态,要及时排除。

14.4 交通疏解工程安全管理

14.4.1 占道施工安全管理

交通疏解工程途经交通流量大、车速快的路段,为保证在保持通车状况下占道施工的安全,应采取以下措施:

(1)在施工区周边道路设立提示牌,对社会车辆提前温馨提示达到分流和警示驾驶人安全行驶之目的。

(2)按规定设立警告区、上游过渡区、缓冲区、作业区、下游过渡区、终止区,区域总长不得少于规定长度,区间内统一设置"前方施工""禁止超车""前方车道变窄""禁止通行""导向""限制速度""改道"等标志牌。标志牌按标准制作。缓冲区应设置路障、胶马、水马,夜间设置警示灯。

(3)作业区是施工人员作业和施工物资堆放处,施工物资必须整齐堆放,不能堆垛过高,也不能占用过往车辆行驶车道,作业区与车道间要设置胶马、水马;终止区长度不应小于50m,在终止区的末端一定要设置解除标志。

(4)若需要在夜间施工,应在上游过渡区内设置红色频闪警视信号,作业区内设置充分照明灯。

(5)参加施工的作业人员,应穿反光警示服,戴安全帽,现场派专职安全人员管理,进行巡视检查,查看有无人员违章,交通标志信号是否按规定摆放等;所有现场人员需时刻注意过往车辆动态,确保安全施工。

(6)施工全部结束,先将作业区清理干净,然后逆车流方向快速拆除所有标志。

(7)施工过程中,随时监测道路交通状态;当发现严重堵塞交通时,立即停止作业,采取有效措施,疏导交通、消除隐患、确保安全。

(8)施工现场临时用电必须按照《施工现场临时用电安全技术规范》(JGJ 46—2005)的有关规定执行;夜间施工必须配备有足够的照明,所有的用电设备、机械必须有可靠的漏电、过载保护器,其保护零线的电气连接应符合要求,对产生振动的设备,其保护零线的连接点不少于2处。

(9)设备、材料存放区域保持干净整洁,做好安全维护工作。

(10)作业中如发现有安全隐患时,必须及时解决,危及人身安全时,必须立即停止作业。

(11)安全教育和宣传。员工上岗前采取现身说法教育,宣传安全管理制度和纪律;在现场发现不安全因素的苗头后严肃处理;做好过往车辆驾驶人员的安全宣传教育;在施工口附近设置醒目的安全标语、警示标志,采取发布临时安全公告、交通导向信息方式,利用公共媒体宣传等,提醒过往的车辆、行人注意交通安全。

14.4.2 主要工序安全控制要点

1）路基土方工程

（1）人工挖土方

①开挖土方的操作人员之间，必须保持足够的安全距离：横向间距不小于2m，纵向间距不小于3m，禁止面对面进行挖掘作业。

②土方开挖必须自上而下顺序放坡进行，严禁采用挖空底脚的操作方法。

③用十字镐挖土时，禁止戴手套，以免工具脱手伤人。

④挖掘土方作业中，遇有电缆、管道、地下埋藏物或辨识不清的物品时，应立即停止作业，设专人看护并立即向施工负责人报告。严禁随意敲击、刨挖和玩弄。

⑤基坑、基槽的挖掘深度大于2m时，应在坑、槽周边设置防护栏杆，防护栏杆应符合现行《建筑施工高处作业安全技术规范》（JGJ 80—2016）第三章的有关规定。

⑥在电杆附近挖土时，对于不能取消的拉线地垄及杆身，应留出土台，土台半径为：电杆1.0～1.5m，拉线1.5～2.5m，并视土质情况确定边坡坡度。土台周围应插标杆示警。

⑦在公共场所如道路、城区、广场等处进行开挖土方作业时，应在作业区四周设置围栏和护板，设立警告标志牌，夜间设红灯示警。

（2）挖掘机作业

①运转人员工作时必须穿好工作服，女性工作人员应束发于安全帽中。

②发动机启动后，铲斗内、壁杆、履带和机棚上严禁站人。

③工作位置必须平坦稳固，工作前履带应制动，轮胎式挖掘机应顶好支腿，车身方向应与挖掘工作面延伸方向一致，操作时进铲不应过深，提斗不得过猛。

④夜间作业时，作业区域要有充足的照明。

⑤铁臂回转范围内无障碍物。

⑥严禁铲斗从运土车的驾驶室顶上越过；向运土车辆卸土时应降低铲斗高度，防止偏载或砸坏车厢；铲斗运转范围内严禁站人。

⑦挖掘机任何部位与带电线路之间应保持安全距离，严禁酒后或精神失常者操作。

2）沥青路面工程

（1）沥青操作人员均应进行体检，凡患有结膜炎、皮肤病及对沥青过敏反应者，不宜从事沥青作业；从事沥青作业人员，皮肤外露部分均须涂抹防护药膏，工地上应配备医务人员；沥青作业人员的工作服及防护用品，应集中存放，严禁穿戴回家和进入集体宿舍。

（2）沥青混合料摊铺机摊铺作业，应遵守以下规定：

①驾驶台及作业现场要视野开阔，清除一切有碍工作的障碍物；作业时，无关人员不得在驾驶台上逗留，驾驶员不得擅离岗位。

②运料车向摊铺机卸料时，应协调动作，同步进行，防止互撞。

③换挡必须在摊铺机完全停止时进行，严禁强行挂挡和在坡道上换挡或空挡滑行。

④熨平板预热时，应控制热量，防止因局部过热而变形；加热过程中，必须有专人看管。

⑤驾驶力求平稳，不得急剧转向；弯道作业时，熨平装置的端头与路缘石的间距不得小于10cm，以免发生碰撞。

⑥用柴油清洗摊铺机时，不得接近明火。

3）水泥混凝土路面工程

（1）水泥混凝土浇筑应由作业组长统一指挥，协调运输与浇筑人员的配合关系，保持安全作业，施工前应复核雨水口顶部的高，确认符合设计规定，路面不积水。

（2）浇筑混凝土时应设电工值班，负责振动器、抹平机、切缝机等机具的电气接线、拆卸和出现电气故障的紧急处理，保证用电安全。

（3）混凝土泵应置于平整、坚实的地面上，周围不得有障碍物，机身应保持水平和稳定，且轮胎挡掩牢固；作业中清洗的废水、废物应排至规定地点，不得污染环境，不得堵塞雨污水排放设施。

（4）混凝土搅拌运输车或自卸汽车、机动翻斗车运输混凝土时，车辆进入现场后应设专人指挥，指挥人员必须站在车辆安全的一侧；卸料时，车辆应挡掩牢固，作业人员必须避离卸料范围。

（5）混凝土泵应置于平整、坚实的地面上，周围不得有障碍物，机身应保持水平和稳机动车、轮式机械在社会道路、公路上行驶应遵守现行《中华人民共和国道路交通安全法》《中华人民共和国道路交通安全法实施条例》的有关规定；在施工现场道路上行驶时，应遵守现场限速等交通标识的管理规定。

（6）使用混凝土泵车，作业前应根据工程特点和环境状况铺设施工现场运输道路，并应符合下列要求：

①道路应平整、坚实，能满足运输安全要求。

②道路宽度应根据现场交通量和运输车辆或行驶机械的宽度确定：汽车运输时，宽度不小于3.5m；机动翻斗车运输时，宽度不宜小于2.5m；手推车运输时，宽度不宜小于1.5m。

③道路纵坡应根据运输车辆情况而定，手推车不宜陡于5%，机动车辆不宜陡于10%。

④道路的圆曲线半径：机动翻斗车运输时，不宜小于8m；汽车运输时，不宜小于15m；板拖车运输时，不宜小于20m。

⑤机动车道路的路面宜进行硬化处理；泵车就位地点应平坦坚实、周围无障碍物，不得将泵车停放在斜坡上。

⑥现场应根据交通量、路况和环境状况确定车辆行驶速度，并于道路明显处设置限速标志。

⑦沿沟槽铺设道路，路边与槽边的距离应依施工荷载、土质、槽深、槽壁支护情况经验算确定，且不得小于1.5m，并设防护栏杆和安全标志，夜间和阴暗时须加设警示灯。

（7）使用振动机前应检查电源电压，输电必须安装漏电开关，检查保护电源线路是否良好，电源线不得有接头；振动机移动时不能硬拉电线，更不能在钢筋和其他锐利物上拖拉，防止割破拉断电线而造成触电伤亡事故。

4）桥梁工程

（1）吊装前应检查机械索具、夹具、吊环等是否符合要求并进行试吊。

（2）起吊构件时，应找好构件重心，合理选择吊点及绑扎钢丝绳。由里向外扳起时，应先起钩稳定配合伸降臂；由外向里扳起时，应先伸臂配合起钩。任何情况下，均必须将起重机支腿伸出并支撑牢靠后，方可进行作业。

（3）构件就位时，应平稳放置，可靠固定，禁止斜靠在柱子上。

（4）吊引柱子进杯口，事先在杯口放十字轴线对中，吊点棍应反撬，临时固定柱的楔子每边需两只，松钩前应敲紧。

（5）无缆风绳校正柱子应随吊随校。但偏心较大，细长，杯口深度不足柱子长度的1/20或不足60cm时，禁止无缆风绳校正。构件在未经校正、焊牢或固定之前，不准松绳脱钩。

（6）不易放稳的构件，应用卡环，不得直接用吊钩，禁止将任何物件放在板形等构件上。

（7）大雨、大雾、大雪或六级以上阵风大风等恶劣气候，必须立即停止作业。

（8）执行有关起重吊装的"十不吊"的规定：

①信号不明不吊；

②超负荷不吊；

③构件紧固不牢不吊；

④物上有人不吊；

⑤安全装置不灵不吊；

⑥光线阴暗，看不清不吊；

⑦斜拉不吊；

⑧重物超过人头不吊；

⑨埋在地下的构件不吊；

⑩重物边缘锋利无防护措施不吊。

（9）工作地点应坚实平整，以防沉陷发生事故。

（10）构件吊装时，不可中途长时间悬吊、停滞。

（11）6级以上的大风、雷雨、浓雾等恶劣气候，不得进行起重和高处作业。

5）钢筋工程

（1）钢筋调直的安全操作

对局部弯曲或成盘的钢筋，在使用之前应加以调直。钢筋的调直普遍采用卷扬机拉直或用调直机矫直。

①使用卷扬机拉直钢筋时要选好场地，并设置标志禁止非操作人员进入。冷拉线两端要设安全挡板或挡护墙。操作之前必须认真检查机具、地锚、夹具、平衡设备等是否可靠，必须在确保安全可靠的前提下操作，操作时人员要离开钢筋2m以上。在拉直钢筋时必须控制冷拉率：Ⅰ级钢筋不得超过2%，Ⅱ、Ⅲ级钢筋不得超过1%。

②使用钢筋调直机调直钢筋，工前要认真检查机器的各重要部件是否紧固，转动部分的润滑是否良好，牢固地安装安全防护装置。操作人员要仔细观察机器的运转情况，发现传动部分不正常的情况或异常声响，或轴承温度超过60℃，要立即停车检查。工作时，无关人员不得靠近机器，料盘上钢筋收完时，要防止钢筋头飞出伤人。

（2）钢筋弯曲的安全操作

①使用弯曲机时，应选择坚实平整的地面，禁止无关人员进入工作区域，以免搬动钢筋时被碰伤。

②弯曲机使用前应检查确认芯轴、挡铁轴、转盘等无裂纹和损伤，防护罩是否坚固可靠，润滑油是否需要加注；检查电气线路，漏电保护装置和各部件是否良好；并准备好各种芯轴及工具，经试运转确认正常后方可开始工作。

③屈曲的钢筋不准用弯曲机调直。操作时将钢筋需弯的一端头插在转盘固定销子的间隙内，另一端紧靠机身的固定销子，并用手压紧。机身销子安在挡住钢筋的一侧，方可开动机器。

④更换转盘上的固定销子或弯曲销子时，应先切断电源停止转动后，再进行更换。

⑤弯曲钢筋时，严禁超过机械制造厂所规定钢筋直径、根数及机械转速。如弯曲未经冷拉或带有铁锈的钢筋时，必须戴好防护眼镜。弯曲钢筋的旋转半径内和机身不设固定销子的一侧不准站人。

⑥弯曲较长的钢筋时，应有专人配合扶持钢筋，扶持钢筋人员应听从操作人员的指挥，不得任意推拉。弯曲好的半成品，应按规格堆放整齐，弯钩不得朝上。转盘换向时，应待停稳后进行。

⑦弯曲机运转中如发现卡盘颤动,电动机温升超过规定时,均应立即切断电源停机,报告机修组,不准擅自检修。弯曲钢筋的速度应按下列规定:

a. 直径在18mm以下的普通钢筋可用快速;

b. 直径在18～24mm的钢筋可用中速;

c. 直径在25mm以上的钢筋必须用慢速。

⑧夜间作业应有足够照明,传递钢筋严防碰触电源电线;作业后应拉闸切断电源,锁好电箱。

(3)钢筋切断的安全操作

使用钢筋切断机切断钢筋时,要先将机械平稳地固定,并仔细检查刀片有误裂纹,刀片是否固紧,安全防护罩是否齐全牢固。开动切断机试运转,待试运转正常后再进料。进料要掌握时机,要在活动刀片后退时进料,不要在活动刀片前进时进料。进料时手与刀口的距离不应小于150mm。切断短钢筋时要使用套管或夹具。清除刀口附近的钢筋头和杂物,必须机器停止运转后方可进行。发现机器运转不正常或有异响、刀片歪斜等情况要立即停车检修。

(4)钢筋绑扎的安全操作

①绑扎钢筋时按规定摆放支架架起上部钢筋,不得任意减少,操作前应检查支撑是否牢固;

②绑扎主柱、墙体钢筋,不得站在水平钢筋上操作和攀登骨架上下,柱筋在4m以上时,应搭设工作台,柱、墙梁、骨架应用临时支撑拉牢,以防倾倒;

③现场绑扎悬空大梁钢筋时,不得站在模板上操作,必须要在脚手架上操作,绑扎独立柱头钢筋时,不准站在钢筋上绑扎,也不准将木料、管子、钢模板穿在钢箍内作为站人板;

④废料应及时清理,成品堆放要整齐,工作台要牢固,钢筋工作棚照明灯必须加网罩;

⑤雷雨时必须停止露天操作,预防雷击钢筋伤人;

⑥钢筋骨架不论其固定与否,人不得在上面行走,禁止通过柱子的钢箍上下。

14.5 管线改迁工程安全管理

(1)凡涉及钻探、机械挖掘、爆破的施工活动,建设单位要督促施工单位在施工前到规划国土部门查询施工范围及施工影响范围内的管线现状资料,并向管线权属单位申请提供管线现状资料。

(2)在作业前施工单位必须就地下管线设施的保护工作制定专门的施工方案,并经建设、设计、监理和地下管线权属单位确认后方可实施,实施前还应采取适当措施,向附近居民告知施工提示。施工过程中发现管线现状与查询结果不一致时,施工单位应当立即通知管线权属单位,并采取保护措施,做详细记录,在适当的时间汇总反馈相关权属单位,以利于形成真实管线档案。

(3)取得地下管线现状资料后,施工单位应对现场管线进行全面调查摸底,进行现场开挖探槽查明管线位置(埋深、走向),准确地掌握作业范围内可能影响到的各类管线情况,相关单位代表一起进行现场确认,做好相应记录和标识标牌。施工前应对所有作业人员进行安全教育,交底落实到每一个作业人员,提前做好防护措施。

(4)在施工作业现场及其毗邻区域内的地下管线没查清、保护措施没落实前,严禁进行勘察、施工及其他可能危及管线及设施安全的活动。对重要用户的管线(如证券交易、军事通信光缆,高压燃气管线等)要综合采取管线资料查询、现场物探和断面开挖样槽等方式,并适当扩大现场探测范围。

(5)各单位在进行施工作业尤其是机械作业时要严格遵守相关的作业程序和操作规程,严禁野蛮施工。

（6）施工单位要与相关管线权属单位建立快速有效的联络机制和应急预案，将责任落实到个人，一旦发生损坏管线设施的情况，必须立即通知权属单位到现场处置。并应采取有效措施确保现场不发生次生灾害。

（7）监理单位要加强对管线保护措施落实情况的监督检查，对于交叉作业或可能危及重要管线安全的施工要进行旁站；一旦发现有管线保护措施落实不到位的情况，要立即予以制止及时报告。

（8）每种管线改迁完成后，由管线施工单位、主体施工单位、监理和管线权属单位一起进行阶段验收，并签订确认表。

（9）各单位施工时应做好对重要管线的规避与保护工作，对管线恢复设计工作统筹策划，尽量一次到位，避免反复施工。

（10）应综合采取以下措施获取施工作业现场及毗邻区域内的地下管线资料：

①向市档案馆或者管线建设单位查询；

②建设单位已有的资料；

③从工程毗邻单位获取；

④委托勘察、设计单位进行地下管线探测。

14.5.1 给水排水管线改迁工程

施工主要的安全措施有：建立健全安全组织机构和安全管理规定；将安全责任目标分解落实到班组、个人；完善三级安全教育制度；确保用电安全，现场临时用电按照三级漏电保护进行设置；做好用电的接零、接地保护。深基坑施工应当密切注意基坑的变化，加强边坡监测。做好基坑临边防护，基坑顶外 2m 设置防护栏，并挂上安全警示带和安全标示牌。现场重点安全保证措施如下。

1）施工用电安全保证措施

（1）发（配）电房必须配备足够的绝缘灭火器材，灭火器材应放在方便易取的地方。灭火器材应定期检查，发现失效应立即更换。

（2）柴油发电机的排烟管必须伸出机房外，排烟管的排出口附近不得堆放易燃、易爆物品。

（3）现场电工必须严格遵守操作规程、安装规程、安全规程，维修电器设备时应尽量断开电源，验明三相无电，并在开关手柄上挂上"严禁合闸，有人工作"的标志牌方能工作；未经验明是否有电，则应按带电作业的规定进行工作；严禁电器设备带病运行。

（4）一切用电的施工机具进场后，必须统一由电工检测其绝缘电阻、检查施工机具各部分电器附件是否完好无损。绝缘电阻小于 0.5MΩ（手持电动工具和潜水泵应按手持电动工具的规定）或电器附件损坏的机具不得安装使用。

（5）一切用电设备必须按一机一闸一漏电开关控制保护的原则安装施工机具，严禁一闸或一漏电开关控制或保护多台用电设备。

（6）用电线路必须采取二级保护措施，漏电开关要求：第一级 200mA/0.2s，第二级 100mA/0.1s，手持电动工具必须安装独立漏电开关保护，漏电开关要求 30mA/0.1s。

（7）运行中漏电开关发生跳闸，必须先查明原因才能重新合闸送电，发现漏电开关失灵或损坏必须立即更换。严禁现场电工自行维修漏电开关，严禁漏电开关在撤出或失灵状态下强行运行。

（8）现场电工必须熟悉本工地的用电施工组织设计，正确安装、维修现场用电设备；电工除做好规定的定期检查工作外，平时必须对电器设备勤巡视、勤检查，发现隐患立即消除；对上级发出的安全用电整改通知书必须在规定的期限内整改完毕。

（9）漏电开关每周全面检查一次，备用发电机每个月试运行一次。

（10）做好电气设备的防雨、防霉措施，定期对待保护零线，重复接地的接地电阻进行测试，以确保施工用电的安全。

（11）配电箱底高度离地面不小于60cm，所有用电设备实行一机一闸一漏制，并设有漏电和接零保护，各种机械用电设备如：冲桩机、泥浆泵、钢筋加工棚内电气设备等用相应电缆与接近的配电箱相连，并定期检查，防止因外壳老化或其他原因而在雨天发生短路事故。编制临时用电施工组织设计，保证用电安全。

（12）潮湿管道地下施工时都采用36V的安全低压电源，高压线路严禁使用老化、废旧电缆，随时检查电路的安全可靠性，保证用电安全。

（13）电缆线线路的布置。使用街码固定敷设应安全可靠，防止下垂或坠落；电工必须严格按施工用电的有关安全规定操作。

2）基坑作业施工安全保证措施

（1）基坑内施工的人员上、下设专用的斜道或梯道，禁止攀爬模板和脚手架。

（2）夜间作业保持良好的照明，基坑周围悬挂醒目的安全警示牌和警示灯。

（3）工作井围闭护栏、挡板必须牢固可靠，经常对其检查，防止周围物体滑落或杂物坠落到工作井内伤人。

（4）起重设备由专人操作和专人指挥，统一信号，预防发生碰撞。

（5）超重机和挖掘机靠近工作井边行驶时，必须加强对地基稳定性检查，防止发生倾翻事故。起重机或挖掘机在工作井边起吊重物时，工作井下人员必须避开，严禁人员站在起吊重物正下方。

（6）在上下层立体交叉作业时，必须采取有效的安全措施，应设专人指挥，作业人员必须戴安全帽。

3）施工机械安全控制措施

（1）车辆驾驶员和各类机械操作员，必须持证上岗，严禁无证操作，对驾驶员、机械操作员定期进行安全管理规定的教育。

（2）严禁酒后驾驶车辆和操作机械，车辆严禁超载、超高、超速驾驶，禁止使用带病的车辆和机械设备，严禁机械设备超负荷运转。

（3）机械设备在施工现场应集中停放，严禁对运转中的机械设备进行检修、保养。

（4）指挥机械作业时，指挥信号必须准确，操作人员必须听从指挥，严禁蛮干作业。

（5）起重作业应严格执行现行《建筑机械使用安全技术规程》（JGJ 33—2012）和《建筑安装工人安全技术操作规程》中的有关规定和要求。

（6）使用钢丝绳的机械，必须定期进行保养，发现问题及时更换；在运行中禁止工作人员跨越钢丝绳，用钢丝绳起吊、拖拉重物时，现场人员应远离钢丝绳。

（7）设专人对机械设备、各种车辆进行定期检查、维修和保养，对查出的隐患要及时进行处理，并制订防范措施，防止发生机械伤害事故。

4）通风措施

（1）施工人员下井前必须先通风，地下管道内安装良好的通风系统，促使管道内保持有良好的新鲜空气（氧气）；

（2）要周期性对管内的气体进行检测，如遇雨天或对管内的空气质量有怀疑时应增加检测次数；

(3)进入管内先利用毒气检测仪检测有害气体。

5)周边建筑物安全保护措施

(1)对施工段周边不拆迁的建筑物,在施工过程中应注意采取必要的措施,保护不拆迁建筑物的安全。设置沉降和水平位移观测点,注意观测基坑边坡的位移、周围地面的沉降等,发现异常则及时处理,以确保安全。

(2)对施工范围内和周边建筑物等要进行施工前鉴定,必要时进行支撑或加固。施工前先摸清周围建筑物的层高、结构、地基的情况,到房管部门取得沿线房屋鉴定报告并做好记录,作为制订保护房屋结构措施的依据。

(3)施工过程中对房屋及时支撑进行检测。

(4)对确实属于危房的房屋,应联系有关房产部门进行有关技术的鉴定,同时进行住户的临时搬迁。

(5)工过程中加强测量监控工作,发现问题及时告知现场监理工程师,会同建设单位、监理单位及有关部门协商解决。

14.5.2 电力管线改迁工程

1)110kV 及以上主网电力管线安全控制要点

(1)架空线路部分

①基础工程

a. 坑口边缘 0.8m 以内不得堆放材料、工具、泥土,并视土质特性,留有安全边坡。

b. 遇流砂坑要采取降水位等措施,严格按安装规定要求留有适当坡度,并加强安全监护。

c. 土质不符合要求,不许掏挖施工。

d. 为防止掏挖基础施工时塌方,必须使用沉降式挡土模板;上、下基坑时要使用梯子,并设安全监护人。

e. 基坑开挖、支模找正或混凝土浇筑时,应将基面上浮石、松石及坑边浮石、土块及时清理干净,避免施工时掉下砸伤坑内施工人员。

f. 大坑口基础浇筑时,搭设的浇筑平台要牢固可靠;平台横梁应加撑杆,以防平台横梁垮塌伤人。

g. 下钢筋笼时要听从指挥,并在钢筋笼上绑好防溜绳,控制钢筋笼的方向,以免出现下钢筋笼时,钢筋笼倾倒,导致伤人事故的发生。

h. 下料时不许在跳板边翻车下料,跳板边缘应设挡板。

i. 下料时必须经下料漏斗溜下;下料时坑上、坑下密切配合。

②接地工程

a. 焊接时,焊机等电气设备应有良好接地;

b. 电焊机裸露的导电部分设防护罩;

c. 焊机设置防雨、防碰、防潮装置;

d. 作业现场在山林时,应禁止吸烟,不得使用明火;

e. 现场放置乙炔、氧气瓶摆放要符合安全规定;

f. 焊接施工清除易燃杂物;

g. 在高温的季节施工时,尽量避免中午作业,做好防暑降温工作;

h. 野外作业带备必要的防护用具及药品。

③杆塔组立工程

a. 严格按作业指导书要求配制,对主要施工工器具应符合技术检验标准,并附有许用荷载标志,使用前必须进行外观检查,不合格者严禁使用,并不得以小代大。

b. 加强现场监督,起吊物垂直下方严禁逗留和通行。

c. 严禁擅自更改作业方案,若更改须经原编审人员同意。

d. 合理安排工作程序,尽量避免上下交叉作业;努力做到起吊、组装依次进行,起吊物正下方无人作业。

e. 拆除受力构件必须事先采取补强措施,严格监护,必要时应编制相应的作业指导书。

f. 施工前仔细核对施工图纸的吊段参数(塔形、段别组合、段重),严格控制起吊重量。

g. 起吊前,将所有可能影响就位安装的"活铁"固定好。

h. 组塔前,应根据作业指导书的要求分拉线坑,各拉线间以拉线及对地角度要符合措施要求,技术员或安全员负责检查。

i. 钢丝绳端部用绳卡固定连接时,绳卡压板应在钢丝绳主要受力的一边,且绳卡不得正反交叉设置;绳卡间距不应小于钢丝绳直径的6倍;绳卡数量应符合规定。

j. 人字抱杆根部应水平,采取防滑、防陷安全措施。

k. 组立铁塔现场应按照施工作业指导书的要求布置,连接地钻群的双钩规格应符合要求并收紧。

l. 调整杆塔倾斜或弯曲时,应根据需要增设临时拉线;杆塔上有人时,不得调整临时拉线。

m. 应避免交叉作业,无法避免时,塔上塔下作业应统一指挥,相互协调。

n. 地面人员应避开塔上人员的垂直下方。

o. 塔材组装连铁时,应用尖头扳手找正孔,如孔距相差较大,应对照图纸核对件号,不得强行敲击螺栓;任何情况下都不得用手指找正孔。

p. 塔上、地面设安全监护人,及时提醒、监督塔上作业人员系好安全带。

q. 高处作业人员上下传递物件或移送物件时应用绳索吊送,严禁作业人员带重物上塔,作业人员在塔上移动不得失去保护。

④架线工程

a. 架线前认真检查,按要求安装好铁塔接地。

b. 放线前的通信工具要认真检查,保证电池充足电,并配备必要的备用电源。施工中要保持通信畅通,信号要明确,如有一处不通,停止放线;严禁用通信设备进行说笑、聊天。

c. 展放导引绳、牵引绳越过跨越架时应派专人监护,防止绳被卡住拉倒跨越架引发事故。

d. 严禁在跨越架上临时锚固导引绳,地线等。

e. 各种锚桩应按技术要求布设,其规格和埋深应根据土质经受力计算确定;立锚桩应有防止上拔或滚动的措施。

f. 架线工程施工位置与带电线路距离达不到安全要求时需首先申请停电,若停电困难,必须编制特殊的安全技术措施,经企业技术负责人批准,并征得运行单位同意,按规定办理退重合闸等手续,施工期间应请运行单位派人现场监督。

g. 在带电线路附近施工时,要设定警戒区,设立警示牌,并制订安全补充措施,经项目部专职工程师批准后执行。

⑤附件安装工程

a. 在挂耐张串之前将耐张瓷瓶用金属线短接,在附件安装作业前挂好保安接地线。

b. 导地线的提升点应挂在施工孔处,提升位置无施工孔时,其位置必须经验算确定,并要衬垫软物,防止过牵引。

c. 上下瓷瓶串,必须使用下线爬梯和速差自控器。

d. 弛度调整或其他工作使用链条葫芦时,应将手拉链或扳手绑扎在起重链上,并采取安全措施。

e. 安装间隔棒避免同时同相作业。

f. 跨越带电线路时,两侧杆塔的绝缘子串在附件安装前要安装好两道防护,以免发生落线。

g. 在带电线路上方的导线上安装或测量间隔棒距离时,上下传递物件或测量时必须用绝缘绳索,严禁使用带有金属丝的测绳或绳索。

h. 新建线路和带电运行线路长距离平行时,在新建线路上将产生高达上千伏的感应电压,为了防止感应电伤人,除必须在附件安装作业区间两端装设保安接地线外,还应在作业点两侧增设接地线。

i. 导地线附件安装完成后,作业人员未从导地线上全部撤离前,严禁拆除临时接地线;附件(包括跳线)待全部安装完毕后,也应保留部分接地线并做好记录,竣工验收后方可拆除。

⑥线路摇测绝缘核相

a. 测绝缘电阻时应防止带电部分与人体接触,试验后被试验设备必须放电;

b. 试验设备必须绝缘完好、精度准确,无漏电及其他安全隐患,试验接地线应使用不小于 $4mm^2$ 多股软铜线,接地棒限流电阻等完好可靠。

(2)电缆线路部分

①电缆沟施工

a. 根据土质情况,制定支护施工方案,采取有效支护措施;

b. 将沟槽挖出的土方及时转运,材料工器具摆放在离沟槽边 2m 以外的地方;

c. 施工区域必须做好警示标识,设置符合要求的围栏,晚上设置夜间警示灯,防止外人误入工作区域;

d. 工地必须设置洗车槽,未清洗干净的车辆不得离开工地;

e. 设专人监管,确保工地装载土方(泥浆)的车辆不超载;

f. 严格执行使用"一机一闸一漏电"的电源箱,使用合格电源线,设备外壳直接接地;

g. 使用手推车运送混凝土砂浆时禁止操作人员撒把;

h. 发现钢丝绳断股,必须更换;

i. 混凝土搅拌时,料斗提升后,下方不准站人;

j. 往沟槽里下料时要采用滑道,且下面不准有人;

k. 修凿毛石块时,凿打方向不得有人;

l. 拆模时,不得乱扔乱放,做到工完料清;

m. 混凝土养护时间应不小于 7d,有添加剂时应不小于 14d;

n. 养护现场进行围蔽,禁止人员进入;

o. 搬动混凝土预制盖板时,应协调一致、平稳放置。

②电缆埋管施工

a. 根据土质情况,制定支护施工方案,采取有效支护措施;

b. 将沟槽挖出的土方及时转运,材料工器具摆放在离沟槽边 2m 以外的地方;

c. 施工区域必须做好警示标识,设置符合要求的围栏,晚上设置夜间警示灯,防止外人误入工作区域;

d. 工地必须设置洗车槽,未清洗干净的车辆不得离开工地;

e. 设专人监管,确保工地装载土方(泥浆)的车辆不超载;

f. 严格执行使用"一机一闸一漏电"的电源箱,使用合格电源线,设备外壳直接接地;

g. 使用手推车运送混凝土、材料时禁止操作人员撒把;

h. 发现钢丝绳断股,必须更换;

i. 混凝土搅拌时,料斗提升后,下方不准站人;

j. 电缆管材装卸起吊点选择要合适、绑扎牢固。

③非开挖导向穿管施工

a. 施工区域必须做好安全围蔽及警示标志措施,晚上设置夜间警示灯,防止外人误入工作区域;

b. 根据土质情况,采取有效支护措施;

c. 将基坑挖出的土方及时转运,工器具、材料摆放在离坑边2m以外;

d. 确保作业人员前后间距不得小于3m;

e. 施工区域必须做好警示标识,挖掘机械工作期间禁止人员进入;

f. 设专人监管,确保工地装载土方(泥浆)的车辆不超载;

g. 钻机操作手及挖掘机操作手必须经培训合格;

h. 勘察调查现场的地下情况,对地下管线避开或采取有效的保护措施;

i. 严格执行使用"一机一闸一漏电"的电源箱,使用合格电源线,设备外壳直接接地;

j. 热熔焊接操作人员必须经培训合格。

④隧道施工

a. 洞口段施工安全控制措施

a) 在隧道工程洞口段施工前,必须根据洞口附近的地形、工程地质、水文地质、环境条件及施工条件等,预估可能发生的各种危险因素、隐患以及对环境的影响等,并制订保障洞口段施工安全的技术措施。

b) 洞口施工前,应先检查边、仰坡以上的山坡稳定情况,清除悬石、处理危石。施工期间实施不间断监测和防护。

c) 采用新奥法修建洞口段,除地质条件较好,经论证可直接开挖外,从施工和施工安全要求考虑,要在加设锚杆、钢筋网、护坡和喷射混凝土之后再开挖洞口段。

d) 当洞口位于浅埋、软弱、松散地层或堆积层时,根据地质条件和地下水情况,采用洞口超前小导管、超前管棚、超前锚杆对开挖的边、仰坡地段进行预加固,必要时采用地表注浆。

e) 洞口临近有建筑物和构筑物时,开挖爆破应采用控制爆破技术,加强对建筑物的变形观测,并对振动波速进行监测,其值应符合现行《爆破安全规程》(GB 6722—2014)的有关规定。

b. 洞身开挖爆破作业安全控制要点

a) 加强地质超前预报

▶ 隧道围岩是复杂多变的,不良地层结构会导致隧道坍塌、涌水等事故的发生,为了保证隧道安全施工,应将超前地质预测、预报纳入正常施工工序中;

▶ 通过预报,探明围岩地质情况及不良地质,确定合理的开挖方案和支护措施,保证开挖安全。

b) 开挖施工安全控制措施

▶ 开挖人员到达工作地点时,应首先检查工作面是否处于安全状态,并检查支护是否牢固,顶板和两帮是否稳定。

▶ 开钻前对使用的机具详细检查,既能充分发挥机具效率,又能保证施工安全。

▶ 隧道开挖后应及时进行初期支护。采用分部开挖时,应在初期支护喷射混凝土强度达到设计强度等级的70%及以上时进行下一部分的开挖;隧道通过膨胀性围岩时,支护应紧跟开挖,尽快封闭对围岩施加约束。分部开挖施工过程中应加强对临时支护的保护。

- 不良地质地段（断层、岩溶、浅埋富水等）隧道开挖应根据实际情况采取先预报、管超前、短进尺、控爆破、早支护、快封闭、勤量测的施工方法。

c）钻爆作业安全控制措施

- 装药与钻孔不应平行作业；
- 爆破器材加工房应设在洞口50m以外的安全地点；严禁在加工房以外的地点改制和加工爆破器材；隧道施工必须在洞内加工爆破器材时，其加工硐室的设置应符合国家现行《爆破安全规程》（GB 6722—2014）的有关规定。
- 爆破作业时，所有人员应撤至不受有害气体、振动及飞石伤害的安全地点。安全地点至爆破工作面的距离，在独头坑道内不应小于200m，当采用全断面开挖时，应根据爆破方法与装药量，计算确定安全距离。
- 在浅埋、软岩、邻近有建筑物等特殊情况地段爆破时，应采用仪器检测围岩爆破扰动范围和垂直振速，并采取措施控制爆破对围岩的扰动程度。
- 爆破后必须经过15min通风排烟后，检查人员方可进入工作面检查；在妥善处理并确认无误后，其他工作人员才可进入工作面。
- 发现盲炮时，必须由原爆破人员按规定处理。
- 当两相对开挖工作面相距40m时，两端施工应加强联系，统一指挥；当两开挖工作面间的距离剩下10～15m时，应从一端开挖贯通。

d）洞内运输安全控制措施

- 车辆限速行驶：施工作业地段的行车速度不得大于15km/h，成洞地段不得大于25km/h。
- 严禁使用汽油的机械进洞，内燃机械宜采用尾气净化装置并加强通风。
- 隧道内的运输道路应配备与施工方法、运输车辆相适应的跨越设备，并设置信号、标志予以警示；运输车辆不得对已完成施工的结构造成破坏、损伤。

c. 支护、衬砌施工安全控制措施

a）隧道支护必须紧跟开挖及时施作，同时按设计要求进行监控量测的相关作业；对位于不良地质地段的隧道，支护应及时封闭，保证施工安全。

b）软弱围岩施工中要采取多种措施提高围岩的自承能力，视围岩的岩性、层理、结构、水文情况采取不同的措施保护围岩。

c）施工期间，应对支护定期进行检查。在不良地质地段每班应设专人随时检查，当发现支护变形或损坏时，应立即修整和加固；当变形或损坏情况严重时，应先将施工人员撤离现场，再进行加固。

d）根据监控量测结果，及时调整支护参数；施工地段变形不稳定或变形过大，应及时进行补强支护。

e）洞口地段和洞内软弱地段，应加强支护或及早进行永久衬砌。

f）钢架底脚应置于牢固的基础上，否则应设钢垫板或用混凝土填充，严禁悬空；钢架应尽量密贴围岩并与锚杆焊接牢固；钢架之间应用纵向钢筋连接，提高整体纵向稳定性。

g）分部开挖法施工时，钢拱架拱脚应打设锁脚锚杆（锚管）；下半部开挖后钢架应及时落底接长，封闭成环。

h）钢架应与喷混凝土形成一体，钢架与围岩间的间隙应用喷混凝土充填密实；格栅钢架只有用喷射混凝土全部填实后才能形成受力结构。

i）深埋隧道二次衬砌施作一般情况下应在围岩和初期支护变形基本稳定后施作，隧道浅埋地段应及早施作二次衬砌；围岩及初期支护变形过大或变形不收敛，又难以及时补强时，可提前施作二次衬砌，改善施工阶段的受力状态。

j)当发现已喷锚区段的围岩有较大变形或杆体失效时,应立即在该区段增设加强锚杆,其长度应不小于原锚杆长度的1.5倍。如喷锚后发现围岩突变或围岩变形量超过设计允许值时,采用临时钢支架支护,以确保安全。

k)当发现测量数据有不正常变化或突变,洞内或地表位移值大于允许位移值,洞内或地表出现裂缝以及喷层出现异常裂缝时,均应视为危险信号,必须立即通知作业人员撤离现场,待制订处理措施后方可继续施工。

⑤电缆敷设施工

a. 施工区域必须做好安全围蔽并设置警示标识,晚上设置夜间警示灯,防止外人误入工作区域;

b. 起重作业设专人统一指挥,使用统一的指挥信号;

c. 起重机各腿支承点必须牢固可靠,土质松软的地方应加垫钢板;

d. 敷设电缆时,禁止所有人员在牵引钢丝绳内角侧逗留;

e. 电缆盘应有可靠制动措施,应先停止牵引,再进行电缆、滑轮调整;

f. 在道路旁边施工时,施工人员要穿反光衣;

g. 施工人员严禁踩踏电缆,尤其是运行中的电缆、电缆中间接头;

h. 电缆敷设完毕,砍断电缆后应及时采取密封防潮措施;

i. 炎热天气,配置太阳伞、风扇,现场配备应急药品和及时补充水分;

j. 电源箱按规定安装漏电保护开关,不得采用铜丝代替熔断丝使用;

k. 施工现场临时电源线不得乱拉乱接,必须符合要求;

l. 离地面高度超过2m时,要按规定正确使用安全带;

m. 线缆敷设进入电房、设备后及时对线缆进出口进行封堵,并检查可靠性;

n. 在敷设路径时采取白蚁防治措施;

o. 敷设电缆时,所有管口部位必须使用导入装置;

p. 严禁在电缆坑内吸烟或向电缆坑内扔烟头、火柴等火种;

q. 电缆隧道内集水井必须装配盖板(栅格)的部位,防止人员坠落。

⑥电缆头安装施工

a. 在塔上或高空平台安装电缆时,严禁往下抛扔物件,做好防高空坠落措施。

b. 施工前对安装工具进行检查、试用。

c. 使用煤气瓶动火前,应检查气管和煤气枪头完好,并配置灭火器,做好用火安全措施。

d. 切割机、手提砂轮机要用橡胶软线,必须装漏电保护和接地线,并检查外壳手柄开关及转动部分是否良好。

e. 遇有雷雨、暴雨、浓雾、6级及以上大风等恶劣天气下,不得进行高处作业。

f. 在带电线路附近作业,应有严格的安全保护措施,在带电线路设置明显的警告标志,避免人员因误碰带电线路触电。

g. 检查电源箱的漏电开关是否失灵,破损的电源线禁止使用,由电工操作电源箱。

h. 作业前做好毒气检测工作,进入电缆隧道内先进行通风,焊锡和动火施工时要保持空气流通,必要时用风机进行强迫排风。

i. 套管进入安装位置时,应缓慢插入,做好法兰对接的导向措施,防止套管碰撞;套管未完全固定,不得松开吊钩和吊索;套管插入时应注意保护好应力锥,避免应力锥受到损伤。必要时装设差速保护装置。

⑦电缆耐压试验

a. 在做电缆试验时电缆耐压试验两端必须设专人监护,并保持通信畅通;

b. 使用合格的设备,试验前对设备进行自检;

c. 设备外壳必须可靠接地;

d. 试验时人员及设备应在绝缘垫上;

e. 高压试验区域应做好隔离措施,向外悬挂警示牌;

f. 戴绝缘手套用放电棒对被试品放电;

g. 试验人员在试验开始前进行现场巡查清理,确定工作范围人员已处于安全区域;

h. 试验前再次检查接线是否正确;

i. 试验人员熟悉试验规程及试验仪器的使用方法,并按其要求操作;

j. 试验电源应有断路开关和指示灯,更改接线时或试验结束时,应首先断开试验电源、放电并将升压设备高压部分短路接地;

k. 试验合闸前必须先检查接线,通知现场人员远离高压试验区域,将调压器调至零位缓慢上升,注意设备动态;

l. 试验后的被试验设备必须放电;

m. 试验设备外壳必须可靠接地,试验接地线应符合规程规定;

n. 试验完成应对试验区域进行检查,做到"工完、料净、场清",恢复试验前状态。

2）35kV 及以下配网电力管线安全控制要点

（1）电缆线路部分

①台架变工作平台

a. 按规定使用安全、合格的登高用具和双保险安全带。

b. 用绳索传递工器具、材料;现场人员必须戴安全帽。

c. 现场按规定设置防围措施和警示标志,防止无关人员进入工作区域。

d. 起重设备应具有效检验合格证,安全装置应齐全有效。

e. 施工作业现场协调并设专人统一指挥,起重机吊臂回转半径范围内严禁站人。

f. 起重机各支承点必须牢固可靠,各支腿下加枕木,土质松软处加垫钢板。

g. 按起吊重量选取安全系数匹配的钢丝绳套,吊装 18m 以上电杆时,必须使用补强钢丝绳;杆、塔起吊点选择适当,钢丝绳绑扎点加软垫保护。

h. 抱杆、电杆、锚固点应设在同一直线上;抱杆与锚固点距离应符合要求,临锚、桩锚必须牢固可靠。

i. 严格按照设计图纸施工,有专项的施工方案。

j. 必须停电安装或按带电操作程序安装。

k. 起吊时应设 2 根或 2 根以上调整绳,起重设备的接地装置齐全、有效。

l. 变压器底部用枕木垫起,在台架固定牢靠后,才能松开吊钩。

m. 变压器中性线、外壳接地可靠,连接扭矩合格;运行前打开释放阀压片。

n. 严格执行持证上岗制度、电焊、气焊作业规程,正确使用个人安全防护用具。

o. 加强使用前及使用过程中的检查;保护零线与工作零线不得混接;开关箱漏电保护器灵敏可靠;漏电保护装置参数应匹配。

p. 选配好与变压器容量相匹配的熔断丝,并按标准安装。

②箱式变电站、电缆分接箱工程

a. 按起吊重量选取安全系数匹配的钢丝绳套;

b. 必须停电安装或按带电操作程序安装;

c. 起吊变压器时应设 2 根或 2 根以上调整绳；

d. 施工作业现场协调并设专人统一指挥；

e. 起重机应按吊装工作半径就位，回转半径内范围严禁站人；

f. 起重机各支腿支承点必须牢固可靠，在各支腿下应加枕木，土质松软的地方应加垫钢板；

g. 确保起重设备的接地装置齐全、有效；

h. 严格执行电焊作业规程；

i. 严格执行持证上岗制度；

j. 潮湿地方应使用绝缘垫；

k. 正确使用个人安全防护用具；

l. 电焊机外壳必须按规定接地。

③电缆构筑物工程

a. 根据土质情况，制定支护施工方案，采取有效支护措施；

b. 将沟槽挖出的土方及时转运，材料工器具摆放在离沟槽边 2m 以外的地方；

c. 施工区域必须做好警示标识，设置符合要求的围栏，晚上设置夜间警示灯，防止外人误入工作区域；

d. 工地必须设置洗车槽，未清洗干净车辆不得离开工地；

e. 设专人监管，确保工地装载土方（泥浆）车辆不超载；

f. 严格执行使用"一机一闸一漏电"的电源箱，使用合格电源线，设备外壳直接接地；

g. 使用手推车运送混凝土砂浆时禁止操作人员撒把；

h. 发现钢丝绳断股，必须更换；

i. 混凝土搅拌时，料斗提升后，下方不准站人；

j. 往沟槽里下料时要采用滑道，且下面不准有人；

k. 修凿毛石块时，凿打方向不得有人；

l. 拆模时，不得乱扔乱放，做到工完料清；

m. 混凝土养护时间应不小于 7d，有添加剂时应不小于 14d；

n. 养护现场进行围蔽，禁止人员进入；

o. 搬动混凝土预制盖板时，应协调一致、平稳放置。

④电缆敷设

a. 施工区域必须做好安全围蔽并设置警示标志，夜间设置警示灯，防止外人误入工作区域；

b. 起重作业设专人统一指挥，使用统一的指挥信号；

c. 起重机各腿支承点必须牢固可靠，土质松软的地方应加垫钢板；

d. 敷设电缆时，禁止所有人员在牵引钢丝绳内角侧逗留；

e. 电缆盘应有可靠制动措施，应先停止牵引，再进行电缆、滑轮调整；

f. 在道路旁边施工时，施工人员要穿反光衣；

g. 施工人员严禁踩踏电缆，尤其是运行中的电缆、电缆中间接头；

h. 电缆敷设完毕，截断电缆头部应及时采取密封防潮措施；

i. 电源箱按规定安装漏电保护开关，不得采用铜丝代替熔断丝使用；

j. 施工现场临时电源线不得乱拉乱接，必须符合要求；

k. 施工人员应按规定穿好工作服，并正确佩戴安全帽；

l. 离地面高度超过 2m 时，要按规定正确使用安全带；

m. 线缆敷设进入变电房、设备后及时对线缆进、出口进行封堵，并检查可靠性；

n. 敷设电缆时,所有管口部位必须使用导入装置;

o. 严禁在电缆坑内吸烟或向电缆坑内扔烟头、火柴等火种;

p. 电缆隧道内集水井必须装配盖板(栅格)的部位,防止人员坠落。

⑤电缆附件

a. 施工区域必须做好安全围蔽并设置警示标志,夜间设置警示灯,防止外人误入工作区域;

b. 离地面高度超过 2m 时,按规定正确使用安全带;

c. 加强使用前及使用过程中的检查,保护零线与工作零线不得混接;

d. 电源箱按规定安装漏电保护开关,不得采用铜丝代替熔断丝使用;

e. 刀闸、插座、设备外壳不得有明显破损以及设备带电金属不得外露;

f. 施工现场临时电源线不得乱拉乱接,必须符合要求;

g. 电焊机电源应加装开关才能接入使用,工作间断时切断电源;

h. 施工用电必须使用符合要求的线缆,并做好防破损措施;

i. 禁止擅自扩大工作范围,设专人监护;

j. 线缆敷设进入变电房、设备后及时对线缆进出口进行封堵,并检查其可靠性;

k. 使用专用仪器检查电缆相序,有明显相序标识;

l. 必须使用合格的燃气瓶及附属设施;使用前必须仔细检查,确认安全后方可使用;

m. 严格执行动火工作相关规定,现场配备足够、型号合适、合格的消防器材;

n. 焊机喷枪火焰不准朝向人及其他邻近设备,动火前必须对邻近电缆等设备用阻燃隔离板等进行防护;

o. 电缆隧道内应有可靠的通风设施,有足够的照明设施;

p. 隧道内所有孔洞应有围栏或防护措施;

q. 进入运行中的电缆沟、井前先做通风排浊;检验确定无有害气体后,才能入内作业。

⑥电缆阻火分隔

a. 电缆隧道内应有可靠的通风设施,必要时增加排风扇,加强通风效果;

b. 电缆隧道内应有足够的照明设施;

c. 隧道内所有孔洞应有围栏或防护措施;

d. 防火封堵作业必须戴工作手套;

e. 稀释剂必须使用密封的金属容器充装到现场使用,使用后剩余的必须马上回收并注意密封存放;

f. 现场配备数量充足、有效的消防器材。

(2)架空线路部分

①杆塔基础

a. 施工机械必须严格遵照操作规程进行操作;

b. 更换切割工具刃具时,必须拉闸切断电源;

c. 操作人员要严格执行操作规程,非作业人员禁止进入加工区;

d. 焊割后气瓶的阀门必须关闭好;

e. 氧气瓶与乙炔瓶摆放间距不能少于 8m,气瓶与动火点间距不少于 10m;

f. 氧气瓶与乙炔瓶不能混放储存、搬运,乙炔气焊作业必须安装使用防回火装置;

g. 严格执行使用"一机一闸一漏电"的电源箱,使用合格电源线,设备外壳直接接地;

h. 焊接操作人员必须持证上岗;

i. 焊接作业必须穿戴劳动保护用品;

j. 使用手推车运送混凝土时禁止操作人员撒把;

k. 混凝土搅拌时,料斗提升后,下方不准站人;

l. 拆模时,不得乱扔乱放,做到工完料清;

m. 混凝土养护时间应不小于 7d,有添加剂时应不小于 14d。

②杆塔组立

a. 施工区域必须按规范做好安全围蔽并设置警示标志,夜间应设置警示灯。

b. 组装设备材料不得顺斜坡堆放,组装时应防止塔材滑动。

c. 排杆前应平整场地或支垫坚实,加支垫或用绳索锚固塔材,用绳索或拉线锚固电杆。

d. 检查杆、塔的连接情况,按施工规范扭矩紧固螺栓,铁塔附件螺栓头要露出螺母并用铁丝绑扎牢固。

e. 起重设备应持有效检验合格证,安全警示装置应齐全有效。

f. 施工作业现场应协调统一方案并设专人统一指挥,操作员、司索工应持证上岗。

g. 严禁在起重机吊臂、重物下、回转半径范围内站人,起重机各支腿支承点必须牢固可靠。

h. 杆、塔就位后应立即紧固地脚螺栓,或加设临时拉线。

i. 上杆、塔前应检查杆、塔与地脚螺栓的紧固情况。

j. 钢管杆、铁塔吊点选择要准确或适当,钢丝绳绑扎点应加软垫保护。

k. 使用合格梯子;在梯子上工作时应跷脚,与地面夹角以 60° 为宜;应有防滑措施或派专人扶梯。

l. 必须停电作业或按带电作业程序进行施工。

m. 在邻近带电设备起吊时,应满足安全距离,并设专人监护。

n. 起重机应装设临时接地线,接地棒埋深不得少于 0.6m。

o. 杆、塔吊装就位后应立即连接接地网,防止雷击伤害。

p. 起吊电杆时应设 2 根或以上调整绳,每根绳应由 1~2 人拉紧控制。

q. 吊点应选在电杆重心高 1~2m 处或重心以上钢丝绳套不易滑动的位置。

r. 抱杆与锚固点距离应选取抱杆高度的 1.2~1.5 倍。

s. 绞磨或卷扬机布置应合理;抱杆、电杆、锚固点应设在同一直线上。

t. 打入桩锚前现场勘查地下管线情况;击锤人要站在辅助人员侧面,并不得戴手套。

u. 临时桩锚应选用双联或三联桩锚,连接必须牢固可靠。

v. 土质松软或有地下管线时应挖临锚;桩锚必须牢固可靠,并设专人看管。

w. 抱杆根开应选抱杆高度的 2/5,抱杆倾角应小于 15°。

x. 应按起吊重量及安全系数选取滑轮组,使用闭环式滑轮组。

y. 在土质松软的地方,抱杆腿部应绑扎横道木或垫枕木加固。

z. 卷筒应与牵引钢丝绳垂直,导向滑车应与卷筒垂直,滑车与卷筒的距离不应小于卷筒长度的 20 倍,受力点应使用钢质滑轮。

③架线工程

a. 支架安放要平稳、牢固,工器具应完整可靠,导、地线盘应与承重支架匹配。

b. 千斤顶的起重量应大于荷重的 2 倍,严禁带负荷突然卸压下降。

c. 牵引机具及转角滑轮的桩锚应牢固可靠,使用闭环式滑轮,并设专人看管。

d. 导引绳、牵引绳的安全系数不得小于 3。

e. 牵引机放置应平稳,锚固可靠,有防滑动措施,受力前方不得有人通过或逗留。

f. 感应电压较高地段展放,导、地线及牵引机具应挂临时接地线,接地棒埋深大于 0.6m。

g. 牵引绳或线尾排列应整齐,缠绕大于 6 圈,旋转连接器严禁直接进入牵引轮或卷筒。

h. 导、地线展放期间信号必须迅速、清晰,通信联络必须保持畅通。

i. 在没有采取足够的安全措施时,三相导、地线不得同时展放。

j. 严禁跨越展放中的导、地线或站在导、地线的垂直下方或内角侧。

k. 牵引绳与导、地线连接要可靠,连接口应缠胶布,应用旋转连接器及连接网套。

l. 严禁带张力剪断导、地线,导、地线剪切时线头应扎牢,并防止线头回弹伤人。

m. 跨越架、路口派专人看管,跨越棚架应设安全警示标志。

n. 杆(塔)使用的滑轮应与导、地线相匹配,滑轮直径比导线直径大10倍,并设专人看管,重要跨越应设双重保护,滑轮要有关门安全装置。

o. 导、地线展放期间信号必须迅速、清晰,通信联络必须保持畅通。

p. 邻近带电线路施工,导、地线及牵引绳索与带电线路要保持安全距离;有防止导线过牵引跳动或反弹与带电设备触碰的措施。

q. 夜间临锚要设安全警示标志。

④接地工程

a. 严格执行使用"一机一闸一漏电"的电源箱,使用合格电源线,设备外壳直接接地。

b. 现场施工的焊渣及焊条的剩余物必须及时清理。

c. 焊接操作人员必须持证上岗。

d. 焊接作业必须穿戴劳动保护用品。

e. 打地极前,应现场勘探查明地下管线情况,确认打入点。

f. 打锤人应站在辅助人员侧面,并不得戴手套。

g. 挖接地沟要有专人负责,同时作业人员要保持3m以上距离打接地极时要将大锤头固定牢,严防锤头脱落或将大锤甩出;严禁打锤戴手套;打锤人正前方不可有人。

h. 接地体埋设深度严格按照设计要求施工,并做好隐蔽验收。

i. 接地网敷设留甩头要符合设计要求,留甩头处做平整处理,设备与地网处不可留甩头,要在地面下连接,主要过道及施工通道的接地甩头设警示标志或围栏。

j. 测量时应操作规范,保证得出的数据符合设计要求。

⑤架线线路电气设备

a. 隔离开关、闸刀型开关应处在合闸位置才可以开始搬运;

b. 按规定使用安全、合格的登高用具;

c. 使用双保险安全带;

d. 必须戴绝缘手套来进行倒闸操作;

e. 用绳索传递工器具、材料,现场人员必须戴安全帽;

f. 使用开关固定金属受力点搬运;

g. 线缆敷设进入设备后及时对线缆进出口进行封堵,并检查其可靠性。

14.5.3 通信管线改迁工程

1)通信管道部分安全控制要点

(1)管道器具及测量

①工具和材料不得随意堆放在沟边或挖出的土坡上,以免落入地沟伤害人体;使用手锤或榔头不允许戴手套,双人操作时不可对面站立,应斜对面站立。

②在工地堆放器材,应选择不妨碍交通、行人较少、平整地面堆放;远离交通路口、消火栓;不宜堆积太高;应采取有效的防火,防盗等安全措施,以保材料安全。

③在工地现场用车辆搬运器材时,必须指定专人负责安全,在公路上行车必须遵守交通规则;用锯床、锯子、切管器、砂轮切管机切割管子,要垫平卡牢,用力不得过猛,临近切断时,用手或支架托住;砂轮切管机砂轮片均应完好,电动机接线正确,接地可靠;操作时,应站在机器的侧面。

④在有挡土板的沟坑中作业时,应随时注意挡土板的支撑是否稳固,以免碰伤人员;不得随便更动和拆除挡板和撑木。

⑤在沟深1m以上的沟坑内工作时,必须头戴安全帽,以保安全。

⑥测量仪器的放设地点,以不妨碍交通为原则;支撑三脚架时,应拧紧固定螺栓,以免仪器突然倒下摔损。

⑦在十字路口和公路上测量时,应注意行人和各种车辆,必要时应与交警联系,取得协助;穿越马路测量时,使用地链皮尺时,应注意行人和自行车,不要影响车辆通行。

⑧进行测量时,仪器由使用人员负责保护,如使用人员因故需要离开仪器时,应指定专人看守;测量仪器与工具不用时,应放置在安全的地方,以防仪器被损坏。

(2)管孔开挖

①施工前,按照正式批准的设计位置,与有关部门办好挖掘手续,并与有关的居委会、工厂、学校、机关进行联系,做好施工安全宣传工作,劝告居民教育小孩不要在沟边或沟内玩耍。

②在开始挖土时,须在两端设置标志(如红旗或红灯、绳索等),以免发生危险。

③人工挖沟时,相邻的两个施工人员之间须有2m以上距离。

④流砂、疏松土壤在沟深超过1m时,均应装置护土板;一般结实土壤,侧壁与沟底面所成夹角小于115°时,须装置护土板;挖沟与装置护土板须视具体情况配合进行;施工人员不得相距太近,以免发生意外。

⑤如果挖交叉地沟或者挖填平的老沟,而填土未沉落坚实者,在两沟互相穿通之处,必须加设牢固的支撑。

⑥挖沟时如发现在挖沟地区有坑道、枯井,应立即停止作业,并报告上级处理。

⑦在斜坡地区内挖沟时,须防止由于有松散的石块、悬垂的土层及其他可能坍塌的物体滚落而发生危险。

⑧由地沟坑内抛出土石于沟外时,应注意以下事项,以防伤人伤物:

a. 使土石不致回落于有人的沟内;

b. 不应堆积过高,要有适当的坡度;

c. 及时清运行人要道及妨碍交通之处的土石;

d. 注意周围情况不得乱扔工具、石子、土块;

e. 从沟中或土坑向上掀土,应注意沟、坑上边是否有人,沟坑深在1.5m以上者,须有专人在上面清土,清土应堆在距离沟、坑边沿60cm以外的地方;

f. 所挖出的土与石块,不得堆在沟边的消火栓井、邮政信筒,上下水道井、雨水口及各种井盖上面;

g. 挖掘土方石块,应该从上而下施工,禁止采用挖空底脚的方法;在雨季施工时应该做好排水工作;

h. 在靠近建筑物旁挖土方的时候,应该视挖掘深度,采取必要的安全措施;如采取支撑措施无济于事时,应拆除容易倒塌的房屋。

(3)管道敷设及回填

①在管道沟内或人孔坑内作业时,不准随意拆除护土板,应随时观察沟、坑壁有无异常。

②在管道沟内或人孔坑内作业时,不准从上往下或从下往上扔工具或杂物。

③严禁在管道沟或人孔坑内坐、卧休息。

④当人孔坑已经回填土的情况下,进入人孔内作业应按规定设置安全警示标志。

⑤铺设管材时,前后两人要配合得当,防止砸脚或挤手。

⑥"三线交越"作业时,必须在其他线缆与通信线缆交越之间做保护装置,防止在敷设线缆或紧线时线缆弹起,触及其他线缆;作业人员的头部禁止超过杆顶,所用的工具与材料不准接近电力线及其附属设施;施工人员必须穿绝缘鞋、戴绝缘手套及安全帽。

⑦在电力线下或附近作业时,严禁作业人员及设备与电力线接触;在高压线附近进行架线、安装拉线等作业时,离开高压线最小空距应保证:35kV以下为2.5m,35kV以上为4m。

⑧当通信线与电力线接触或电力线落在地面上时,必须立即停止一切有关作业活动,保护现场,禁止行人步入危险地带;不得用一般工具触动通信缆线或电力线,应立即报告施工项目负责人和指定专业人员排除事故;事故未排除前,不得擅自恢复作业。

2)通信光(电)缆部分安全控制要点

(1)光(电)缆单盘检验

①工作时必须选择合适的工具,正确使用,不得任意代替,且工具应保持完好无损。

②有锋利刃口的各种工具,不准插入腰带上或放置在衣服口袋内;运输或存放时,锋利刃口不可朝上朝外,以免伤人。

③下人孔作业所用梯子应完好,破裂或腐朽的不能使用;且在上下时不能携带笨重工具和材料,且梯子上不得有两人同时工作。

④凡规定要进行接地的设备(含电缆),必须进行接地,并确保接地的可靠性。

⑤光(电)缆不可平放,也不能长期存放在潮湿的地方,以免木盘腐烂。

(2)光(电)缆敷设

①进入施工现场必须佩戴安全帽,防止碰伤,确保安全;线缆装车后,应将缆盘固定在电缆座架上,并将座架与车身捆扎牢固,若车上无线缆盘座架,必须垫以三角木枕加固。

②在抽拉电缆时人员要站在电缆外侧,防止抽拉时碰伤人员;布放线缆时,不能强拉硬拽,强行穿插原有的线缆。

③严禁酒后作业;遇有恶劣天气,如雷、雨、大风(6级以上)必须立即停止露天作业,并做好防雷击措施;露天高温(35℃以上)作业,应安排人员轮流作业。

④打开人孔盖后必须立即使用机械通风,并用检测仪检测人孔内是否有有害气体,确认人孔内无有害气体方可进行作业。

⑤在人孔内作业时严禁抽烟;如感觉头晕、呼吸困难,则必须立即离开人孔,采取强制通风措施;严禁将汽油带入人孔,禁止在人孔内点燃喷灯,点燃的喷灯不准对着电缆和井壁放置;喷灯所用的油类,禁止随意代用,避免发生危险。

⑥人孔内有积水时,禁止进入人孔作业,应用水泵先排除积水,水泵排水管不得靠近人孔口,应放在人孔口的下风方向;排除积水后经检测无有害气体,方可进入人孔作业。

⑦人力搬运,起落要一致,通过沟、坑、井,要搭好通道,不得超重跨越,不准碰、触、压电源电线,用滚杠运输,要防止砸脚,并不准用手直接高速滚杠,管子滚动前方,不得有人;严禁将电缆盘从车上直接推下;装卸线缆必须有专人指挥,所有人员必须行动一致。

⑧禁止在机房内、走廊里吸烟、饮食、聊天、睡觉和大声喧哗;机房内严禁携入使用易燃、易爆、腐蚀等危险品。

⑨施工现场必须设立警示标志,在打开人井盖处,行人或车辆有可能掉进沟、杆坑,有碍行人和车辆通行等处须加设围栏和雪糕筒。

(3) 光(电)缆接续

①光(电)缆割接均涉及通信中断风险,故在作业时应严格按照审批通过后的施工方案实施。

②光(电)缆割接一般为夜间作业,如果在机动车道上应按规定设置安全警示标志,在距来车方向不少于80m的地点设置反光的施工标志或危险警示标志,防止发生交通事故。

③接续时,要穿戴相应的劳保用品,防止误伤。割接完后剩余器材应集中收集带走统一处理,严禁私自乱扔乱放。

④严禁乱拉电源线、网线,私自接入各种监控仪器、仪表。

⑤未办理《动用明火许可证》,不得私自动用明火。

⑥施工期间及设备调试维护完毕,及时清理现场;施工结束后,不得随意堆放包装箱、施工废料及垃圾等。

14.5.4 燃气管线改迁工程

1) 土方工程安全管理要点

地下燃气管道敷设中各项操作均在沟槽中完成,因此防止塌方成为地下管道工程的安全工作要点。

(1) 施工前应了解现场情况(土质、沟边建筑物等),配备充足的支撑工具、板桩。对距离沟边1.5m内的电杆、无基础的建筑物,必须采用支撑措施后方可开掘沟槽,沟槽开掘后随即用板桩支撑。

(2) 大于或等于800mm管径的沟槽应采取先打桩后开挖再支撑的施工方法。施工时将沟槽面层开挖后,沿沟槽两边将槽钢打入土层,然后再进行开挖,并逐道进行支撑。

(3) 为减轻沟边荷载,开掘沟槽的土方应尽量外运,少量堆放于沟边的余土应离开沟槽边300mm以上,防止堆土中硬块坠落沟内损伤施工人员。安全监护人员应巡回检查沟边是否存在坍方裂缝痕迹,及时采取必要措施。

(4) 当管道吊装下沟完成坡度检查后,应及时在管身部分回填土形成"腰箍"。这不仅压实了管基,而且增加了沟槽的支撑力,以阻止坍方的发生。

(5) 采用挖掘机开挖沟槽,必须事先摸清地下资料,并由专人指挥和监护,防止损坏地下管线事故产生。

2) 吊装及管件就位安全操作控制要点

(1) 吊装时应对吊件质量、吊机能力和钢丝绳强度进行验算,禁止超负荷吊装;

(2) 吊装管道下沟时,起重机的停放装置应选择平整安全部位,起重机与沟边应保持1.5m以上净距(指支脚与沟边净距);

(3) 吊装操作应由专人指挥,起吊时吊件下不准站人。吊装下沟时应由1～2人扶稳,防止吊件晃动碰撞;

(4) 在有架空电缆的地区吊装,吊机最高起吊位置的吊臂顶端与架空电缆线应保持足够的安全距离。

3）接管安全操作控制要点

（1）铸铁管道钻孔，特别是凿管操作是依靠锤击各类凿子来完成。为防止铁锤的冲击力引起铁屑飞溅而伤害人体，特别是眼睛，因此操作人员操作时必须戴好防护眼镜，操作现场周围应加防护栏架阻止他人进入以免受伤。

（2）承插式精铅接口的浇铅操作，容易发生爆铅伤人。浇铅操作人员必须戴好面罩和长帆布手套，同时注意尽量保持承插式接口间隙的干燥。

（3）施工中浮管危害性较大，必须采取有效技术措施，避免浮管产生。

①施工前对较大口径的管道荷重及管段封口时在水中的浮力仔细验算，以确定覆土深度和外加荷重。

②控制回填土层，是管道防浮的有效措施。

③外加防浮措施。

4）气密性试验安全操作控制要点

（1）管道进行气密性试验时，管内压缩空气对管端和三通管口的管盖产生较大的轴向推力，使管盖离体发生击伤事故。在管内压力相同的条件下，随着管径的增大，轴向推力成倍递增，仅仅依靠承插口填料的摩阻力难以阻挡管盖的飞离，气密性试验前在管盖处均应根据管内压力设立支撑。

（2）向管内输入压缩空气时，必须由专人观察进气压力表读数，严防管内压力过高，使轴向推力超过支撑力，造成管盖离体事故。

（3）当气密性试验合格后，应随即开启检查阀门，将管内压缩空气排放，防止拆除支撑时，管盖突然离体发生击伤事故。

（4）运用燃气工作压力检查管道气密性的方式，应采用燃气检漏仪或肥皂水涂于管外壁，观察是否出现气泡。禁止用明火查漏，特别是在暗室、地下室等的管道，因泄露燃气无法扩散，如用明火查漏引起燃烧和爆炸的可能性极大。

第5篇

地铁前期工程新技术应用

第15章　BIM技术应用
第16章　交通疏解仿真技术应用
第17章　海绵城市技术应用
第18章　快速拆架桥技术应用
第19章　预制装配式桥墩施工技术
第20章　城市综合管廊与地铁共建研究

第15章 BIM 技术应用

15.1 概 述

BIM 技术被认为是继 CAD 出现后建设工程领域又一重要的革命,是对工程物理特征和功能特性信息的数字化承载和可视化表达。相较于 20 世纪 90 年代初的"甩图板"工程,BIM 为整个建设工程带来了质的变革,不仅倡导以三维模型代替二维图纸,更强调数据与信息的整合利用。在工程项目中引入 BIM 技术,通过三维参数化设计提高设计质量;利用模型信息进行工程量精确计算,节省工程开支;在模型的基础上进行施工管理,预演施工过程,可避免工程返工,合理安排施工进度,缩减工期;将模型及数据库用到运维阶段,提升工程项目的运维管理效率。

15.2 BIM 概 念

BIM(Building Information Modeling)是"建筑信息模型"的简称,最初发源于 20 世纪 70 年代的美国,由美国佐治亚理工大学建筑与计算机学院(Georgia Tech College of Architecture and Computing)的查克伊士曼博士(Chuck Eastman,Ph.D.)提出:Building information modeling integrates all of the geometrics and capabilities, and piece behavior information into a single interrelated description of a building project over its lifecycle. It also includes process information dealing with construction schedules and fabrication processes. 这个定义强调 BIM 将一个建设项目在整个生命周期内的所有几何特性、功能要求与构件的性能信息综合到一个单一的模型中,这个单一模型的信息中还包括了施工进度、建造过程的过程控制信息(图 15-1)。

图 15-1 BIM 定义

《建筑信息模型应用统一标准》(GB/T 51212—2016)中对 BIM 的定义是:"在建设工程及设施全生命期内,对其物理和功能特性进行数字化表达,并依此设计、施工、运营的过程和结果的总称"。

BIM 是一个关于工具、过程和技术的概念,BIM 发展至今对于不同的使用方有不同的意义与价值。总的来讲,对 BIM 的认识主要集中在以下几个方面。

(1)数字模型。数字模型是 BIM 的载体,是整个 BIM 技术发展的基础。BIM 是一个设施物理和功能特性的数字表达。模型是 BIM 技术区别于二维 CAD 的首要区别。国内最早对 BIM 技术的研究也是针对建筑对象数字化的研究,工程对象不再是图纸上的点与线,而是具有完整的几何和物理特征的对象,以面向对象的方式表达工程项目的所有物体、属性及其之间的关系,使得利用软件准确识别工程对象、处理对象属性信息、关系信息成为可能,面向对象的方法为智能设计奠定基础。面向对象的设计,是 BIM 设计软件的主要特点。

(2)信息资源库。信息是 BIM 的灵魂,BIM 的应用就是一个不断产生信息、利用信息、更新信息的过程。BIM 技术为工程行业信息密集性发展提供可能,而信息的采集与应用为城市智慧化发展奠定基础。不同利益相关方通过在 BIM 中插入、提取、更新和修改信息,通过信息与模型的模拟分析,辅助决策。BIM 发展依托信息技术,信息资源是 BIM 生命力的保证。

(3)协同管理工具。以 BIM 模型与信息作为共享的资源,开展协同工作与管理。通过 BIM,可以在不同专业、不同利益相关方等之间进行信息的传递与共享;包括项目中人员的协作和沟通,项目全生命周期各阶段的无缝衔接。开发基于 BIM 的协同管理平台,优化协作模式,对整个工程建设过程开展更精细化的管理。

15.3 BIM 技术在地铁前期工程中的应用

地铁工程因地处城市繁华地段,交通流量大,高层建筑密集,周边环境复杂,与市政管线干系大等因素,具有施工工序繁杂、结构物形式多样、施工组织困难、施工风险大等特点。地铁前期工程是整个地铁建设的前置工程、基础工程,直接影响整个建设工程施工质量,建设周期长,对周边交通影响大,建设范围多为人口聚集地,交通疏解难度大,对民生影响大;建设范围内地下管线错综杂乱,资料缺失,涉及管线种类多,权属单位众多,协调工作量大。

现有的二维设计方式和离散的文件存储,造成设计表达错误多、难度大,信息不能有效共享,多方协作困难,沟通难度大,影响因素难以考虑全面,给工程项目的建设和管理带来巨大挑战。借助 BIM 技术辅助解决工程项目的前期策划、方案优化、专业间协调、施工组织与风险控制中的重难点问题,确保施工进度与质量,并有效提高项目整体效益,是 BIM 应用的主要价值点。在地铁前期工程中采用 BIM 技术,创建场地、环境、地下管线、交通设施、景观绿化等信息模型,在可视化的环境中进行方案分析与优化、信息集成与查询使用、提升方案可行性、提升沟通协调效率。利用信息化手段进行工程管理,合理布置施工场地、控制工程进度、协调工序,对工程实现精细化管理具有重要的价值。如基于 BIM 技术辅助地铁施工的管线优化,可以提高施工单位与各管线权属单位的沟通效率,进而合理优化方案、减少返工、加快进度、降低项目成本。

BIM 技术的核心是模型,本质在于信息,而应用则是以信息模型为基础的信息交互。工程项目从立项到竣工、运营都可利用 BIM 技术进行模型的创建(包括新建与更新)与信息的赋予,不同阶段、不同软件之间的信息通过某种媒介相互识别、关联、汇集,在不同的应用阶段形成相应的子信息模型。

图 15-2　BIM 技术在地铁前期工程中的应用

随着工程的不断前进,设计、采购、施工、运营各个阶段的信息模型在 BIM 环境下不断地进行交互形成一个关联体,最后形成一个资源库。BIM 技术在地铁前期工程中的应用成果可直接传递给下一个设计与施工阶段,通过 BIM 积累的结构化信息数据,可服务于地铁建设管理的全生命周期,全面提高地铁行业的生产效率以及信息集成化程度。随着 BIM 技术在地铁工程施工中的不断应用,其必将对地铁建设过程管理产生深远的影响(图 15-2)。

15.4　BIM 技术在交通疏解工程中的应用

地铁站点一般布设于城市人流量大、交通量大的节点上,建设过程对周边交通影响大、周期长,因此,一个好的施工方案和交通疏解措施是轨道施工和城市交通有序、安全进行的重要保障。在交通疏解中应用 BIM 技术,模拟和优化交通疏解方案,加强对整个疏解过程的约束和指导,将地铁施工对交通和周边环境的影响降至最低。

15.4.1　交通疏解原则以及 BIM 应用目的与价值

轨道交通往往贯穿重要的客流走廊,沿线经过商业繁华区,也是沿线居民出行客流集中,公交线路密集的区域,施工期间对居民的出行和车辆通行的影响较大。传统的交通疏解按"点、线、面"三个层次分别进行交通组织优化,而 BIM 的交通疏解运用交通疏解三维模型,形成"点、线、面、体"四个层次的 BIM 交通疏解体系,解决了传统方法交通疏解困难,难以形象表达交通疏解意图的问题。BIM 技术以三维数字技术为基础,结合建筑工程项目的信息以控制交通需求总量、保证交通供给能力、平衡路网交通量的总体原则,拟订总体疏解方案,在此基础上通过对车站临建设施进行建模,优化临建设施布置,合理选择交通疏解期数;并根据车站围护、主体、附属等结构的施工需求,优化交通疏解期数与选择具体疏解方案,BIM 技术尤其是在设计阶段的方案设计、可视化表现、土建及设备各专业协同工作、土建设计及管线综合的自动碰撞检测、施工图设计等方面发挥其优势,有利于设计变更后的系统校核、对施工深化指导等,可以大大提高地铁工程的集成化程度,显著提升设计乃至整个工程的质量和效率。利用 BIM 技术在地铁施工交通疏解工程中的应用,通过现状交通分析、导行方案模拟等工作,可有效验证交通疏解方案的可行性,有效提高施工单位与交通管理部门的沟通效率,进而合理优化交通疏解方案,减少拆迁纠纷,加快交通疏解进度,降低项目成本。

交通疏解 BIM 的应用的基本流程如图 15-3 所示。首先要进行路面情况调查、订制不同施工阶段的交通导行及对应的围

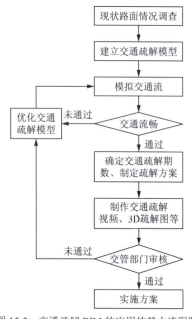

图 15-3　交通疏解 BIM 的应用的基本流程图

挡布置方案,创建车站主体围护与主体结构模型,创建工程场地模型,创建周边建筑及市政道路模型,并将车站分期施工的时间参数与交通疏解模型进行整合,验证交通量是否满足要求,尽量减少封闭道路数量和范围,并生成初步交通疏解方案。

利用模型和软件模拟分析地铁工程在施工路段分幅分段的作业方案,减少道路的占用范围与时间,降低封路与占道的影响。

利用 BIM 模型,对交通疏解临时设施如便桥的施工方案进行模型和优化,优化工序和工期,减少对现状交通的影响,最大限度减少因施工对交通造成的压力和群众出行的不便。

在交通疏解 BIM 环境中设计改道提示标志、改道导向标志等交通设施,引导车辆疏导往周边相关道路行驶。还可生成导流方案动画,进行公共宣传,做到科学合理的分流车辆,如图 15-4 所示。

利用可视化的交通数据方案与交通管理部门和周边相关单位进行协调,提高沟通效率,确定最终交通疏解方案,最终以此来进行交通疏解过程中的施工协调与市民通告。

图 15-4　交通疏解场景模拟图

15.4.2　交通疏解工程 BIM 模型的建立

交通疏解 BIM 模型首先创建疏解段现有路桥模型,根据市政道路桥梁项目周边建(构)筑物的相关图纸创建周边建(构)筑物模型,录入交通信息,根据交通疏解方案进行临时设施、围挡、标识牌等模型创建,按照工程进度调整交通疏解模型。

交通疏解 BIM 模型中的车站模型若由设计提供,则可以部分使用,做好施工建模优化,若设计没有提供,则需和其他周边建筑、市政道路的模型一起创建,此项模型的创建工作交由土建单位负责。

交通疏解 BIM 模型中不需要附带太详细的专业信息,但是位置信息需精确,需有明确的工程进度信息,故在建立模型前不但要查阅各个道路的交通流量与周边建筑的净距要求,还要对周边建筑人流量及是否有大型车辆往来等进行调查。交通疏解 BIM 模型需要在同一坐标系中进行整合,并根据施工组织中的施工时间阶段进行划分,前期将模型划分得越细致,后期遇到疏解方案变更时,利用 BIM 模型进行疏解模拟将越便利。交通疏解 BIM 模型的建模细度要求见表 15-1。

交通疏解 BIM 模型细度　　　　　　　　　　　表 15-1

专　业	模 拟 元 素	模拟元素信息
市政道路	车行道、人行道、道路标线	几何信息:尺寸大小等形状信息;平面位置、高程等定位信息
周边建筑	主体建筑、附属建筑、建筑红线	
土建场地	围挡、场地内临时道路	几何信息:尺寸大小等形状信息;平面位置、高程等定位信息; 非几何信息:建筑材料,施工组织中的施工时间阶段,施工工艺等信息
车站围护与主体结构	围护结构、主体结构柱(逆作法)	

15.4.3　交通疏解工程 BIM 应用成果

BIM 在地铁交通疏解工程中的应用成果包括三维模型、交通量模拟报告、交通疏解模拟视频以及由 BIM 模型生成的三维视图等。

15.5 BIM 技术在管线改迁工程中的应用

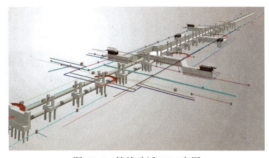

图 15-5 管线改迁 BIM 应用

地下工程施工受现状管线影响大,管线的改迁、保护、恢复工作量大,是地铁前期工程的工作重点。现有二维环境下的管线改迁设计,图纸分散,难以全面考虑施工范围内的管线影响因素。采用 BIM 技术进行管线改迁设计可对地下管线与构筑物进行综合,对管线改迁方案、管道临时改迁措施、保护措施进行模拟和优化,保证施工安全和市政管线系统在施工期间的安全运行,如图 15-5 所示。

15.5.1 管线改迁工程 BIM 应用目的与价值

在管线改迁工程中使用 BIM 技术,对现状管线、地下构筑物三维建模,在同一平台下综合创建三维模型,保证现状数据的综合性与完整性。为管线改迁工程设计提供完整、综合的资料,提高方案质量。对管线保护方案进行模拟,并对现场施工人员进行可视化交底。再配合地铁建设进度,进行管线改迁设计与优化,可实现管线改迁方案与地铁主体工程及交通疏解工程的密切配合,最优化改迁方案,避免不必要的重复改迁。

管线改迁 BIM 技术下的管迁方案的优势:

(1)BIM 技术管迁可以实现管线的立体化,可直观显示各个管线的管径大小等,优于二维图纸中千篇一律的线条。

(2)BIM 技术管迁可大大提高各个管线与车站间的协调性,可以通过复原现状车站区域管线,根据车站设计图复原车站施工维护模型,将各管线模型同车站模型进行碰撞检测,找出碰撞位置,测量下穿碰撞深度。协调需要拆迁的管线,并根据管线模型来进行线路的调整。

(3)碰撞检测便于观察理解,也能减少二维图出现的错误,对剖面图进行剖切,可以实现三维图转二维图,如图 15-6 所示为其中某车站的管线剖切图,从图中可以清晰地看出下穿车站的管线。

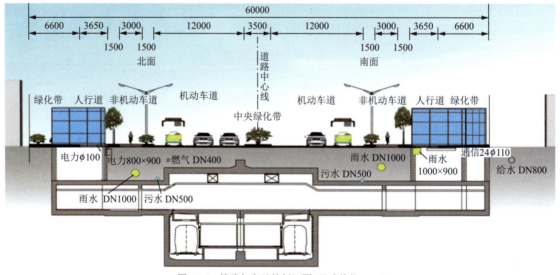

图 15-6 管线与车站的剖切图(尺寸单位:mm)

15.5.2 管线改迁 BIM 应用流程

管线改迁 BIM 的应用的基本流程如图 15-7 所示。

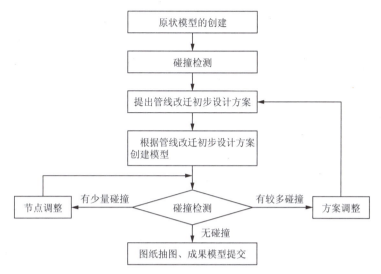

图 15-7 管线改迁 BIM 的应用的基本流程图

对现状地下管线与构筑物资料信息进行采集,包括管线搬迁地区周边地块平面图、地形图,管线搬迁地块周边建筑物、构筑物相关图纸、地下管线与构筑物勘察成果等。搭建完善的原状地下管网模型如图 15-8 所示。

新建或利用新建地铁站点的设计模型、现状管线模型与构筑物模型如图 15-9 所示。与新建车站模型进行碰撞检查,在整合模型的基础上设计管线改迁方案,设置管线保护措施,将车站、区间专业模型与现状模型整合成多专业总装模型,如图 15-10 所示。

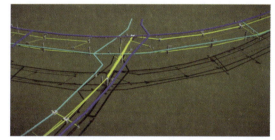

图 15-8 原状地下管网模型

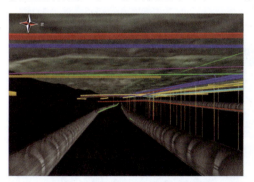

图 15-9 现状管线与构筑物环境搭建

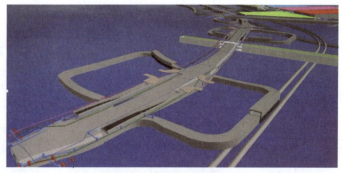

图 15-10 多专业总装模型

结合施工进度,施工场地布置,用施工模拟软件对管线改迁与道路翻浇的施工过程进行模拟,优化完善迁建方案;直接利用 BIM 模型生成管线改迁施工图纸,并形成管线改迁与道路翻浇模拟视频或其他可视化成果等。管线改迁可视化成果还可用于与有关部门沟通改迁方案。

1) 管线改迁 BIM 软件解决方案

管线改迁的 BIM 软件解决方案主要是针对模型创建、施工模拟、进度优化、方案展示等几个方面。各应用阶段可采用的软件如图 15-11 所示。

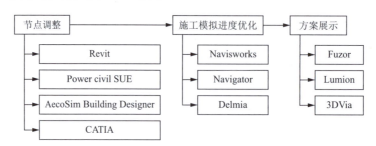

图 15-11　管线改迁 BIM 软件解决方案

2）BIM 模型的建立

管线改迁 BIM 模型特点与建立原则：

（1）确保现状模型信息的准确性，如果建模依据为现状地下管线的平面图、断面图，建成后需与地下管线成果探测图进行对比，保证现状模型与实际情况一致。

（2）使用统一的管道命名，模型构件信息完整，功能明确，定位清晰，材料参数、规格参数正确。

（3）需根据管线改迁方案建立各施工阶段的施工围挡模型。

（4）建立或载入地铁车站设计模型，无须十分精确，主要用于位置判断。

可根据管线避让原则增加管线可修改属性，通过信息筛选，选出最佳改迁方案。区分有压管与无压管、支管与干管、可弯曲管与不可弯曲管道，通过信息筛选，可选择浅埋管、无压管、可弯曲管、临时管优先改迁。

从全局考虑，现状模型富含的信息越丰富越好，有利于搜集现状资料，供后续工程使用。若单纯从管线改迁的应用角度出发，模型精度不需太高，可准确表达管道类型、定位、尺寸即可。各个管线按照不同专业分别建模，不同类型的管线应选用不同的颜色，便于专业区分，并做好引注，如图 15-12 所示。

也可以结合倾斜摄影模型组成 GIS+ 市政管线的综合三维模型。结合倾斜摄影模型的管线改迁模型如图 15-13 所示。结合倾斜摄影模型可以更真实地展示原状的地物地貌，还原管线改迁时的周边环境情况。

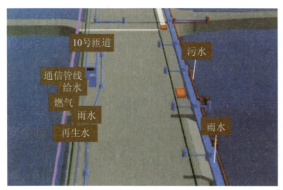

图 15-12　管网各专业模型总装

图 15-13　结合倾斜摄影模型的管线改迁模型

3）碰撞检测

碰撞检测可对管线改迁方案有一个初步的现场模拟，能够及时发现并修改问题，避免后期返工，优化管线排布方案，节约成本，提高效率。

（1）管线模型建好后，进行管线的碰撞检测。根据车站围护模型找出需要改迁的管线，确定管线改迁的位置，以及需拆除的部分，同时根据模型对管线改迁进行划分，分出永久改迁和临时改迁的管线,对管线的改迁方案进行初步评审。

(2)建造改迁管线方案的模型,对改迁管线方案的模型进行碰撞检测。首先对各个管线(如污水与雨水、污水与给水、雨水与给水等)进行碰撞检测,然后进行管线模型与车站围护模型的碰撞检测,如图 15-14 所示。

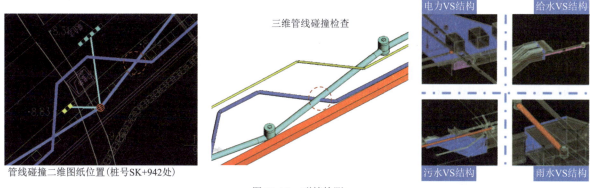

图 15-14　碰撞检测

(3)根据碰撞检测报告,对于碰撞点的冲突进行深入讨论、修改,如果无碰撞,则方案成立;如果有较少的碰撞,则对于部分节点进行修改,然后再检测,直至无碰撞;如果有较多的碰撞,则应对整体设计方案进行调整,然后对新模型重新进行碰撞检测,直至无碰撞。

15.3.3　管线改迁工程 BIM 应用成果

管线迁建模拟与优化的成果应包括现状管网信息模型、管线改迁与保护模型、优化报告、管线迁建模拟与优化模型等。

15.6　BIM 技术在工程项目管理中的应用

15.6.1　应用的目的与价值

BIM 是通过数字化技术,在计算机中建立一座虚拟建筑物,该虚拟建筑物可以提供单一的、完整的建筑信息,这些信息在建筑设计、施工和管理的过程中能促使加快决策速度、提高决策质量,从而使项目质量提高,收益增加。利用 BIM 精确统计和信息分类的特点,提高工程算量和造价的精确度,提高工程项目管理的透明度,并有序按进度实施工程建设。BIM 技术作为一种高效的管理工具,目前正以各种形式运用到越来越多的地铁工程项目中,协助管理人员进行技术、进度及成本等的管理。

15.6.2　基于 BIM 的工程动态项目管理

1)基于 BIM 的技术管理

施工技术管理的基础工作指为实现技术管理创造前提条件的基本工作。它主要包括编制和贯彻相关的标准和规程,在开展科学试验、组织进行信息技术的交流活动的基础上,建立并贯彻各项技术管理制度,最终达到促进科学技术进步的目的。BIM作为一种工具,可以很好地协助项目管理人员进行项目管理,地铁工程项目的技术工作相对来说比较复杂,也比较困难,它涉及项目的方方面面,对项目的质量、安全、进度、成本等有重要的影响。项目管理人员更需要BIM来协助其进行技术管理,以提高技术管理工作的效率。通过众多BIM的应用案例可以发现,BIM在技术管理方面的应用现状如下:

(1) 图纸问题梳理

施工单位在对CAD图纸进行翻模时,可以发现图纸未标注的地方、矛盾点甚至设计不规范等问题,通过建模基本可以解决图纸上的这些问题。

(2) 三维场地布置

通过BIM三维建模手段,可以根据现场情况,结合高清地图(百度地图、谷歌地图等)对施工场地做精细化规划,进而完成对临建设施工程量的初步统计。目前,该功能广泛应用于投标阶段。

(3) 投标方案动画

主要通过BIM技术对项目的施工规划进行三维动态展示。该功能也主要应用于投标阶段,应用率不是很高,只有少数企业在进行大型项目投标时应用,而且也是请专业公司进行制作,施工企业本身这种能力较弱。

(4) 施工方案模拟及三维技术交底

该应用主要通过三维建模软件创建施工方案,并做动态演示,使方案更加生动、形象。目前该应用在复杂钢筋节点、钢结构节点、大构件吊装等方面的使用率较高。

(5) 施工流水段的划分

通过BIM流水段划分功能提前划分施工流水段。目前,仅少数几款平台具备该功能,应用尚不广泛,企业更加依赖传统的方法进行流水段的划分。

(6) 三维碰撞检查

将不同专业的三维模型整合,然后进行碰撞检查,可以检查出各专业之间的碰撞点,并在三维模型中进行调整,该功能可以解决实际工程中的"错""漏""碰""缺"等问题。目前,该功能的应用率最高,应用BIM技术的项目都会使用该功能。

2) 基于BIM的成本管理

一般而言,大部分地铁施工企业的技术能力较强,但成本管理能力较弱。成本管理意识淡薄、管理措施不足、管理流程不健全是这类企业的通病。而新进入市场的企业,中标价较低,虽然对成本管理非常重视,但管理方法、管理措施都还存在一些问题。如何做好成本管理关系到企业的可持续发展。BIM技术可以协助项目管理人员进行成本管理工作,在BIM技术的协助下,管理人员的工作量减少,工作效率提升。目前,BIM技术在成本管理方面的应用虽然还不够广泛和深入,但成本管理功能已经得到重视和开发。应用现状如下:

(1) 制订材料用量计划

三维模型与时间、成本挂接后可得到包含成本信息的5D模型,通过在计算机上对建筑模型的模拟建造,计算出资源需求表,提前计划材料用量。但由于建模精度问题,目前主要应用在混凝土用量计划方面,其他材料方面应用较少。

(2) 审计变更调整

发生变更后,可在模型上进行准确更改,快速出量,使变更加准确,免了大量的烦琐工序,很多大的项目都有在变更上应用,一般的项目也正在普及。

(3)内部多算对比

将 3D 模型与时间、计划收入、计划成本、实际成本关联,计算机可以出三种费用(成本)的时间曲线图,管理人员可对其进行实时对比。由于现场实际成本的测算比较麻烦和困难,所以目前基本是对模型计划费用和模型实际费用进行的对比。

3)基于 BIM 的进度管理

进度管理就是采用科学的方法确定进度目标,编制进度计划和资源供应计划,并进行进度控制,在与质量、费用目标协调的基础上,实现工期目标。地铁项目施工阶段的进度管理是保证按时完成工程的关键,合理的进度管理便显得非常重要了。进度管理对项目的准时移交至关重要,关系到企业的合同履行问题。基于 BIM 的 4D 管理模型已经在很多项目上得到应用,例如广州东塔、上海金融中心等。目前,BIM 技术在进度管理中主要有以下两个应用点:

(1)协助安排施工进度计划

4D 管理模型可以提供可视化的施工进度计划,进而检验进度计划的合理性,该应用点可操作性强,在上述案例中都有所涉及,目前应用范围相对较广。

(2)进度分析总结

通过模型对一段时间内计划进度与实际进度的关系进行比较分析,得出实际进度是落后还是提前,出现这种现象的原因是什么的结论。该应用点在上述案例中应用较少,还有待探索。

第16章 交通疏解仿真技术应用

16.1 概 述

我国各大城市正处于大规模建设和发展时期,大量已有的大型公共空间和综合交通枢纽面临优化改建,如何评估改扩建期间项目对于周边道路交通状况的影响,是贯穿规划、设计、建设、运营管理整个过程的重要问题。在前期规划设计阶段与后期运营管理中采用先进的交通仿真技术,合理和科学地评估建筑设计方案、交通设计方案、交通疏解方案、设施配置方案和客流、车流组织方案的服务水平、效益和安全性,成为当前国内外规划设计与运营管理工作者的共识。交通仿真作为一种实用的工具,已经在交通运营分析、交通设施设计、交通新技术评价、交通安全评价、交通流模型研究等领域进行了广泛的运用,其目的就是运用计算机技术再现复杂的交通现象,并对这些现象进行解释、分析,找出问题的症结,最终对所研究的交通系统进行优化。在前期规划设计阶段,专业的车辆仿真模型及软件的应用,能够实现行车系统效率及安全可靠性的评价,针对建筑设计、交通设计、设施配置和客流、车流组织方案中存在的缺陷进行优化和调整,提高运营水平和安全性,降低后期管理难度。交通仿真技术在公共空间和交通枢纽的规划、设计、建设和运行管理各个阶段都能够发挥重要作用,产生巨大的经济和社会效益。

为缓解城市机动车的交通压力,提高城市居民的出行质量,我国各大城市以不同的速度大力发展地铁。然而,地铁的施工会对城市交通产生一定的影响。地铁站点施工占用大量道路资源,施工区域多在城市中心交通繁忙区,建设周期长,施工期间主城区城市道路交通将面临严峻的考验。如何处理地铁站点施工与城市道路交通的矛盾,逐渐成为城市交通规划与管理中亟待解决的问题之一。在地铁工程建设阶段和建设完成阶段,施行合适的交通疏解方案是缓解施工周边以及城市交通拥堵问题的有效途径,交通仿真技术可对交通疏解方案进行合理的评估,但目前交通疏解仿真在国内的应用还较少。通过对地铁施工周边路网进行仿真研究,可以对区域内各种类型的路口进行全面的分析,能够模拟具体的改建方案、车辆路径等,输出具体的评价指标。如车辆延误时间、排队长度、停车次数等,从而客观、精准评估地铁施工的交通疏解方案,定量分析不同的交通疏解方案对于周边道路交通的影响,明确各方案的优缺点,为政府部门提供科学决策依据。通过良好的用户输入、输出界面,可方便地与用户交互。仿真结果的动画演示的直观性使得疏解方案很容易被理解与接受,而且可根据评估结果对单因素及多因素进行分析,找到相关瓶颈点,优化施工疏解方案,确保周边交通保持在可接受的水平。交通仿真为交通疏解问题提供了新的解决思路和方法。

16.2 仿真类型及常用软件

16.2.1 仿真类型

从交通流理论的角度,交通仿真可分为宏观交通仿真和微观交通仿真。典型的宏观交通仿真主要采用出行路径选择模型、交通流量分配模型等描述交通流,微观交通仿真主要采用跟驰模型、超车模型和变换车道模型等描述交通流。宏观交通仿真系统对交通要素、实体、行为等细节描述要求较低,交通流被看作连续流,不考虑个别车辆的运动,而是从统计意义上成批地考虑车辆的运动。仿真过程通过速度—流量曲线来控制交通流的运行,它的主要参数是路段速度、密度和交通流量等。微观交通仿真采用基于单个车辆行为的微观交通流模型,主要从车辆的行驶行为、车道组的设置及交通设施的配置等各个微观细节来分析交通系统的特征或者优化其性能。微观交通仿真模型的主要参数是每辆车的当前速度、加速度和位置等,因此,能够细致地反映出车辆在道路上的跟车、超车及车道变换等微观行为。微观交通仿真与宏观交通仿真在仿真方法上完全不同,微观交通仿真通过考察单个驾驶员和车辆及其相互作用特征来描述系统的状态,而宏观仿真则是通过考察交通流特征,即车队的"平均"行为来描述系统的状态。微观交通仿真和宏观交通仿真都可用来研究交通流的特征,如交通流量、交通密度和平均车速等。除此之外,微观交通仿真还可以用来研究每辆车的运动状态,这是宏观交通仿真做不到的。

宏观仿真模型在描述交通现象时可从路网层面进行分析,涵盖范围较大;微观仿真模型在描述交通系统复杂现象和运作机理方面最具优势,应用也最广。如果考虑路网整体交通疏解后道路车流量的饱和度等情况,则可用交通疏解的宏观仿真模型;如果需对交通疏解后道路的平均车速,排队情况,车辆运行情况等进行更加详细的分析,则需用交通疏解的微观仿真模型。

16.2.2 仿真软件

1) 典型的宏观交通仿真软件

在交通疏解研究中,典型的宏观交通仿真软件有以下四种:

(1) Cube

Cube 交通软件包是由美国 Citilabs 公司开发的一套卓越的交通模拟与规划软件系统,同时也是交通规划领域使用最广泛的软件。Cube 是一套综合的交通模拟与规划软件系统,拥有一套完整的用于交通规划的软件模块。使用 Cube,用户能统计、对比和输出高质量的图形和各种类型的报告方法,快速生成决策信息。

(2) TransCAD

TransCAD 是由美国 Caliper 公司开发的第一个完全基于 GIS 的交通规划软件,用来储存、显示、管理和分析交通数据,它把 GIS 和交通模型的功能组合成一个单独的平台。TransCAD 所提供的交通规划工具包括四阶段模型、快速响应方法、基于出行链(Tour-based)的模型、离散选择模型、货运模型和组合(Simultaneous)模型。它提供从路段流量反推公路、载货汽车和公交流量的起讫点矩阵的方法。TransCAD 包括一套先进的公交规划和需求预测方法。

（3）EMME/2

EMME/2 最初是由加拿大 Montreal 大学开发，后由 INRO 咨询公司继承，该系统为用户提供了一套内容丰富、可进行多种选择的需求分析及网络分析与评价模型。EMME/2 系统可以在 PC（DOS 或 Windows 环境下）、各种工作站和服务站（UNIX 或 VMS 环境下）上运行。其最高版本可以处理 2800 个交通区、22400 个交通节点、56000 个路段、2800 条公交线路的交通网络。

（4）Visum

PTV VISION 是一组用于交通规划和交通工程的软件，由德国 PTV 公司开发，在德国及欧洲广泛使用。PTV VISION（VISION 指交互式网络优化的图形信息系统）的软件适用于从区域交通需求模型到交叉口的详细分析和仿真。其中的 Visum 是综合性的交通规划工具，可进行私人交通和公共交通的交通分配与交通需求计算。

2）典型的微观交通软件

典型的微观交通仿真软件有以下 6 种：

（1）Synchro/Sim Traffic

Synchro/Sim Traffic 最初是为交通建模和信号优化配时而开发的软件包，随着技术的发展，Synchro/Sim Traffic 增加了对高速公路、匝道和环形交叉口的建模功能，逐渐发展成为一个功能全面的微观交通仿真系统。

Synchro/Sim Traffic 具有极强的交叉口仿真性能，但当仿真范围扩大到较大规模路网时仿真效果要比其他仿真模型差，其适用于小规模的交叉口仿真。

（2）TSIS/Corsim（Corridor Microscopic Simulation）

TSIS/Corsim 是最早的基于窗口的微观仿真系统。TSIS/Corsim 仿真模型综合了应用于城市的 NetSim 和应用于高速公路的 FreSim 的特点。其中 TSIS/Corsim 具有先进的跟车和车道变化模型，以 1s 为间隔模拟车辆的运动，能模拟定时、动态和协同绿波控制信号、车辆排队、高速公路交织区域以及停车让行控制交叉口等。

TSIS/Corsim 在交叉口仿真方面比其他模型稍差，但对较大规模路网仿真的效果较好。

（3）Vissim

是离散的、随机的、以 0.1s 为时间步长的微观仿真模型。在 Vissim 中，车辆的纵向运动采用了心理—生理跟车模型，横向运动采用基于规则（rule-based）的算法，并采用动态交通分配进行路径选择。

VISSIM 在交叉口仿真和较大规模路网仿真方面，都具有较高的效率。

（4）Paramics

Paramics 是英国 Quadstone 公司的微观交通仿真产品。Paramics 能适应各种规模的路网（从单节点到全国规模的路网），能支持 100 万个节点、400 万个路段、32000 个区域。Paramics 具有实时动画的三维可视化用户界面，可以实现单一车辆微观处理，支持多用户并行计算，具有功能强大的应用程序接口。

Paramics 在交叉口仿真和较大规模路网仿真方面，都具有较高的效率。

（5）MIT SimLab/MITSim

MIT SimLab/MITSim 由美国麻省理工学院开发，主要模块包括微观交通仿真模型 MITSim 和交通分配仿真模型 TMS。其中 TMS 还包含一个准微观仿真模型 MesoTS。TMS 通过 MesoTS 预测交通网络状况，产生路线引导和信号控制策略，并可将 MITSim 输出的仿真结果作为输入，为路线引导和信号控制策略提供数据服务。

MIT SimLab 模型结构合理,更适应于交通分配评价和交通流疏导。

(6) TransModeler

TransModeler 在继承 MIT SimLab 模型合理结构的基础上,增加了一些新的功能。TransModeler 实现了微观仿真、准微观仿真和宏观仿真的无缝集成,可依据网络范围和仿真解析度选择合适的仿真模型。最为重要的是,TransModeler 将交通仿真模型和 GIS-T 有机结合起来,路网等空间数据存储与管理完全采用 GIS 数据处理方式,并且可通过数据库管理系统来管理路网等空间数据。此外,TransModeler 可在 GIS-T 图形界面上微观显示车辆运行状况及详细交通状况。

TransModeler 继承了 MIT SimLab 的优势,增加了公交运输等模型,微观仿真能力较强。MIT SimLab 将微观、准微观和宏观仿真模型无缝集成,并与 GIS 集成,构成了一个强大的综合交通分析和管理工具。

本书主要采用宏观仿真软件 TransCAD 对施工阶段的交通疏解进行宏观仿真分析,用微观仿真软件 Vissim 对施工恢复的交通疏解进行微观仿真分析。

16.3 仿真目的及技术路线

16.3.1 仿真目的

交通疏解仿真主要是采用仿真技术手段,通过构建仿真路网、标定相关仿真参数等建立仿真模型,模拟枢纽在不同的施工方案和施工恢复方案下周边道路的交通运行情况。通过选取相应指标评价道路的运行情况和服务水平,从中选择较好的交通疏解方案,然后找出交通网络的薄弱环节,提出优化方案并进行评价。此交通疏解仿真方法可为大型枢纽交通疏解的优化改造方案提供参考依据。

16.3.2 仿真主要内容

1)交通疏解方案的设计和分析

(1)交通疏解方案总体影响评估;
(2)交通疏解方案及措施。

2)道路车流仿真

(1)确定交通疏解方案的仿真范围;
(2)周边道路前期调查;
(3)周边道路车流仿真。

3)交通疏解方案评价及优化

(1)基于车辆仿真结果分析的交通疏解方案比选;
(2)优化方案设计;

（3）交通疏解方案优化后评价。

16.3.3 仿真技术路线

地铁施工及恢复期间交通疏解研究，从分析存在的问题到选择解决方案，都需要涉及交通信息的现状和未来交通状况的预测资料以及它们随不同时段转变的情况。采用现状信息资料进行交通分析，并结合交通预测信息和初拟的交通疏解方案建立基础仿真模型，然后根据仿真运行和评价指标结果来评估和优化交通疏解方案。

交通疏解仿真的技术路线如图16-1所示。

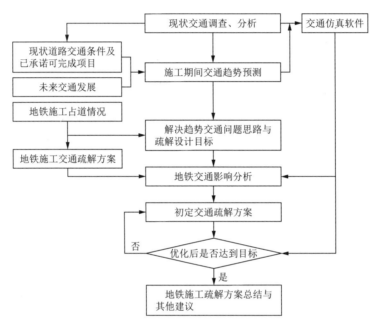

图16-1 交通疏解仿真技术路线

16.4 疏解阶段交通仿真

16.4.1 方案的设计和分析

1）交通疏解总体影响评估

通过交通模型的测试，预测城市交通在地铁建设期的交通运行状况，为交通疏解对策和方案确定提供支撑。主要包括区域现状评价、地铁施工占道对城市交通影响分析以及地铁建设期间交通增长预测。

2）交通疏解对策及措施

交通疏解方案按不同的地铁施工区段分别设计，根据不同施工区段的交通预测结果，在地铁施工期交通总体影响评估的基础上,提出初拟交通疏解方案,比较不同交通疏解方案的优缺点,确定最后采用哪种交通疏解方案需要交通仿真模型的评估。

16.4.2 仿真必要性评判

交通疏解仿真必要性主要从以下几点进行评判:
(1)工程附近的出行需求较大;
(2)工程会对该片区的交通服务产生影响;
(3)通过完善道路网络,优化交通组织,加强交通管理和建设短期的、临时性的交通疏导工程等方法减少工程对于周边交通的影响,但不确定哪种方法对于周边交通最有利。

如果满足以上三点,则可考虑实行交通疏解仿真。

16.4.3 交通疏解影响范围

一般选择枢纽对周围交通的核心影响范围作为交通疏解影响范围,可以选择周边几条主要城市道路围合的区域,并根据此范围确定交通疏解仿真路网。

16.4.4 交通疏解仿真方法

交通疏解仿真方法如下:首先界定项目的仿真范围,在仿真范围内进行仿真数据采集(周边路网情况、车流及信号配时等信息);接着基于采集的基础数据,进行交通仿真建模;通过选取相应指标评价道路的运行情况及服务水平,对各种交通疏解方案进行仿真分析,比选出最优的疏解方案;最后基于仿真挖掘工程周边路网的交通瓶颈点,对周边道路进行优化改善。交通疏解仿真方法可列为以下几项:
(1)界定仿真范围;
(2)工程周边道路前期调查;
(3)工程周边道路车流仿真;
(4)基于仿真结果的疏解方案比选;
(5)基于仿真结果的周边道路改善;
(6)结论与建议。

16.4.5 交通数据调查方案

1)工程仿真范围界定及周边道路网调查

基于工程规模及周边的交通流线分析,确定仿真范围,调查仿真范围及其周边的道路网情况,主要包括影响范围内的主次干道车道数、交叉口渠化情况等。

2)工程周边各主要道路进口道车流量及车辆构成调查

调查仿真范围及其周边早晚高峰的车流情况,主要包括主要道路、交叉口各进口道的车流量、平均车头时距、车型构成(小客车、大客车比例)等情况。

3）工程周边交叉口信号灯配时调查

调查仿真范围及其周边早晚高峰的交叉口信号配时情况。

16.4.6 仿真模型的构建及评价指标的选取

1）仿真路网构建

基于交通疏解方案和前期调查的路网信息，在仿真软件中建立路网模型。

2）仿真参数标定

基于前期调查的车流信息及信号配时情况，在仿真软件中导入路网的车流量、路径分配比例等信息，同时完成信号灯设置。

3）评价指标选取

基于问题选取作为方案评价的指标（排队长度、车辆延误、拥挤度和平均车速等），并且在仿真模型中布置相应的检测器。

16.4.7 交通疏解多方案对比分析及评价

1）仿真运行

仿真模型建好后，运行仿真，并从仿真结果文件获得相应的评价指标。

2）基于车辆仿真结果分析的疏解方案比选

分别将各种交通疏解方案导入到仿真模型，基于评价结果，选取最优的疏解方案，并且量化其对交通的影响。

16.4.8 交通疏解方案优化及评价

1）优化方案设计

根据仿真运行情况和仿真模型的评估结果，在多方案中最优方案的基础上再进行方案优化设计。

2）优化方案评估

（1）根据优化方案调整仿真模型，再次运行仿真得到优化方案的评价结果，如果评价结果达到预期目标，则确定优化方案为最终交通疏解方案。否则继续对方案进行修改和优化，直到评价结果达到预期目标。

（2）根据制定的交通疏解总体方案进行相应的交通疏解工程设计。主要包括施工临时道路工程，市政管线改移工程，施工期间交通标志、标线的设置以及地铁施工完毕后相应市政设施的恢复工程等。

16.5 恢复阶段交通仿真

16.5.1 方案设计和分析

1）施工恢复总体影响评估

通过预测城市交通在地铁施工恢复后的交通运行状况,为施工恢复方案确定提供支撑。主要包括区域现状评价、地铁施工恢复后城市交通影响分析以及施工恢复后的交通增长预测。

2）施工恢复方案及措施

根据施工恢复后的交通预测结果,在地铁施工恢复交通总体影响评估的基础上,提出初拟施工恢复方案;比较不同方案的优缺点;确定最后采用哪种方案需要交通仿真模型的评估。

16.5.2 方案仿真方法

1）确定恢复阶段的仿真范围

根据恢复阶段方案的交通影响范围,确定具体仿真路网范围。

2）周边道路前期调查

建立仿真模型前,对周边道路结构、各主要道路进口道车流量、车辆构成和信号配时等进行调查。

3）周边道路车流仿真

根据周边道路结构建立仿真模型的路网,然后根据前期的调查和交通趋势预测数据确定交通输入流量、车辆构成、路径分配比例和信号配时等,在施工恢复方案仿真模型建好后,运行仿真,并从仿真结果文件获得相应的评价指标。

16.5.3 恢复阶段方案评价及优化

1）基于车辆仿真结果分析的施工恢复方案比选

分别将各种施工恢复方案导入到仿真模型,基于评价结果,选取最优的方案,并且量化其对交通的影响。

2）优化方案设计

根据仿真运行情况和仿真模型的评估结果,在多方案中最优方案的基础上再进行方案优化设计。

16.5.4 优化后评价

根据优化方案调整仿真模型,再次运行仿真得到优化方案的评价结果,如果评价结果达到预期目标,则确定优化方案为最终施工恢复方案。否则继续对方案进行修改和优化,直到评价结果达到预期目标。

16.6 疏解阶段仿真案例

本节采用 TransCAD 宏观仿真软件和 Vissim 微观仿真软件,分别对案例中施工阶段和施工恢复阶段的交通疏解方案进行了仿真分析。

16.6.1 枢纽交通疏解方案概况

某城市综合交通枢纽位于城市中心区,规划为四条地铁线的换乘车站。枢纽设公交首末站,并同期建设地下商业空间。枢纽工程东西总长 870m,南北总长 620m,如图 16-2 所示。

1)施工阶段交通疏解方案

施工时考虑的交通疏解方案主要有两个:

(1)方案一

为进行地铁施工,将 A 路进行封路,将 A 路的车流量通过附近道路进行疏散。

① A 路封路后,其通往区域一的车流主要通过东西向的 D 路、E 路,以及南北向的 F 路、G 路、H 路、J 路等进行疏散,如图 16-3 所示。

图 16-2 枢纽周边道路原状

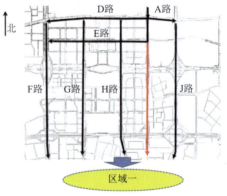

图 16-3 A 路通往区域一车流的疏散情况

② A 路通往区域二的车流主要通过东西向的 D 路、E 路、K 路,以及南北向的 F 路、G 路、H 路、J 路等进行疏散,如图 16-4 所示。

③ A 路通往区域三的车流主要通过东西向的 D 路、E 路、L 路,以及南北向的 F 路、H 路、J 路等进行疏散,如图 16-5 所示。

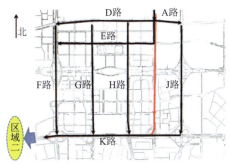
图16-4 A路通往区域二车流的疏散情况

图16-5 A路通往区域三车流的疏散情况

（2）方案二

① A路疏解方案：在现状桥西侧修建临时钢便桥，便桥竣工后将原来A路跨线桥部分拆除。枢纽南边A路采用倒边施工。

② B路交通疏解方案：利用B路两侧绿化带及现状桥墩间有效宽度，修建B路疏解道路。

方案一虽然工程实施简单，但容易增加枢纽周边道路交通压力，方案二可以有效疏解A路的交通流量，但工程实施难度较大。需采用交通仿真对不同方案进行评价后做出选择，如图16-6所示。

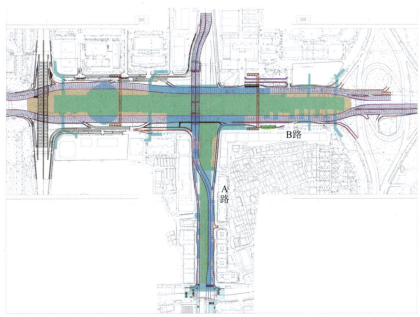

图16-6 施工阶段交通疏解方案二

2）施工恢复交通疏解方案

施工道路恢复后的疏解方案也考虑两种：

（1）方案一

将B路辅道提前到主路附近。此方案可有效减少人与车、车与车之间的冲突，但有些地块的出入需绕行。

施工恢复后交通疏解方案一如图16-7所示。

（2）方案二

将B路部分辅道提前到主路附近。此方案减少了车辆进出地块的绕行，但人与车、车与车之间的冲突仍然较多。

施工恢复交通疏解方案二如图16-8所示。

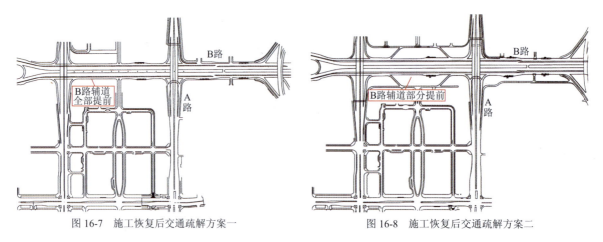

图 16-7 施工恢复后交通疏解方案一　　　　　　图 16-8 施工恢复后交通疏解方案二

为了选出对周围交通更有利的道路改善方案,采用交通仿真对不同方案进行评价后做出选择。

16.6.2　仿真必要性分析

枢纽位于城市发展轴交汇点,有大量机动车出行需求。目前的综合交通枢纽工程将在近几年影响到 B 路的道路情况,进而对该片区的交通服务产生影响。为了减少项目对于周边交通的影响,需要在地铁施工期间通过完善道路网络,优化交通组织,加强交通管理和建设合理的交通疏解工程来实现,目前有多个交通疏解方案,但不确定哪个方案对周边交通更有利。

枢纽作为城市的重要交通节点,在地铁施工期间交通疏解方案的优劣将对周边道路交通有着至关重要的影响,本项目拟采用枢纽周边道路车流仿真的方式,来定量分析评价施工期间交通疏解方案对于道路交通的改善效果,比选出最优的交通疏解方案,同时根据仿真结果对枢纽站点道路进行交通改善。

16.6.3　交通数据调查

为获得交通疏解仿真所需数据,对枢纽周边的路网、主要道路进口道车流量及车辆构成以及周边交叉口信号灯配时进行了调查。其中在调查车流量和信号交叉口配时情况时,将交叉口分为互通式立交、分离式立交、信号交叉口、无信号十字交叉口和无信号 T 形交叉口五种交叉口进行调查,采用录视频、数车等形式记录车流量和信号配时信息。

通过调查,现状枢纽附近路网的早高峰情况如图 16-9 所示,早高峰的交叉口服务水平情况如图 16-10 所示。

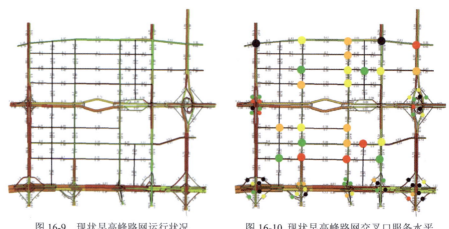

图 16-9　现状早高峰路网运行状况　　　　　　图 16-10　现状早高峰路网交叉口服务水平

从现状可以看出：拥堵路段主要集中在部分主要干道上；路网早高峰潮汐交通现象较为明显，自北向南车流量多；匝道的瓶颈点主要集中在几条主要干道的立交处。

16.6.4 仿真模型建立

1）采用 TransCAD 软件

分别构建施工阶段交通疏解的两个方案的路网，然后根据调查输入相应道路流量，完成施工阶段宏观仿真模型的构建。具体建模步骤如下：

(1) 在路网 CAD 中建立交通疏解方案下的路网和小区。

(2) 将路网 CAD 导入到 TransCAD 中。其中路网数据要检查，然后导入小区。

(3) 道路属性输入。道路根据路网 CAD 中的图层分类。

(4) 输入小区编号。

(5) 建立型心连杆。这个过程要在线层和点层中新加元素，而且新的元素和旧的元素无差别，要通过小区 ID 连接，用最短路工具可以检查新建道路的连通性，将小区编号导入到节点的属性中，以备后用。

(6) 计算阻抗矩阵。可以使用时间张度等进行计算。

(7) 现状 OD 模型校验，计算小区未来发生和吸引量，并导入到 TransCAD 中，打开阻抗矩阵，并且更改矩阵的索引。

(8) OD 的导入和导出。

(9) 创建期望线。

(10) 交通流量分配。要打开需分配的 OD 矩阵，把矩阵的索引更改为节点的 ID，把两个表连接到一起，计算交通疏解方案下各路段的饱和度，然后画出路网的流量图和饱和度图。

2）采用 Vissim 仿真软件

针对两种不同施工恢复方案分别构建对应的微观仿真路网，然后根据之前的调查结果和交通预测信息输入车流量、路径分配比例、信号配时等信息，完成两种方案的仿真模型的构建。具体建模步骤如下：

(1) 将交通疏解的路网底图导入到 Vissim 中，并输入图片的比例尺度。

(2) 建立路段和连接器。在路段中设置车道数、车道宽度、路段高度等信息（图 16-11），并通过连接器实现路段之间的连接。

(3) 车辆输入。激活车辆输入模式，输入车辆的流量、构成等数据。

(4) 行驶路径决策。车辆的行驶路径由一个固定的路段和连接器序列组成，选定路径起始的路段，设置路径决策的起终点（图 16-12），并根据交通调查和预测数据设置各条路径的车流量比例。

(5) 信号灯设置。根据交通疏解方案中信号灯的周期、绿信比等编辑对应的信号灯组，并将信号灯放到对应的路段上。

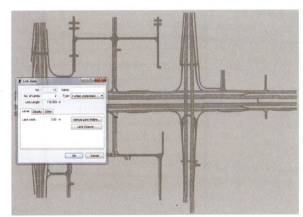

图 16-11　设置路段信息

（6）评价指标设定。打开路网性能配置窗口设定路网评价指标（图16-13），如平均车速、路网每车平均延误等，通过设置行程时间检测区段等设定路段指标，如路段每车平均延误等，通过设置节点来设定交叉口评价指标，如平均排队长度等。

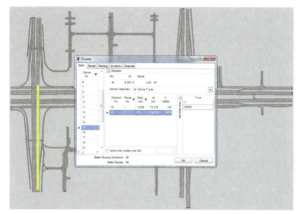

图16-12　设置路径信息

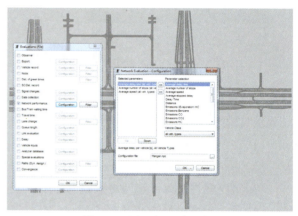

图16-13　设置路网评价指标

建立的仿真模型如图16-14和图16-15所示。

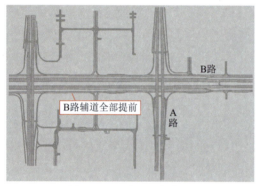

图16-14　方案一仿真模型

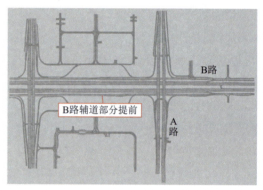

图16-15　方案二仿真模型

16.6.5　多方案对比分析及评价

1）施工阶段交通疏解仿真结果

对施工阶段交通疏解的两个方案分别进行宏观仿真后，得到仿真结果如图16-16和图16-17所示。

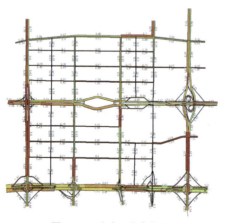

图16-16　方案一仿真结果

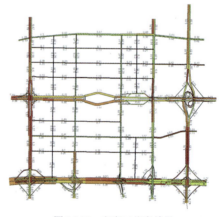

图16-17　方案二仿真结果

封路后，主要影响的路段为几条南北向主干道以及部分东西干道，几条南北向主干道局部路段饱和度接近 1.3，路段较为拥堵。而方案二和原来相比，只是局部道路路段车道变窄，其他基本没有影响，所以方案二的交通状况和现状基本一致，基本可以满足路网交通需求。

对仿真后路网交叉口的服务水平进行分析如图 16-18 和图 16-19 所示。

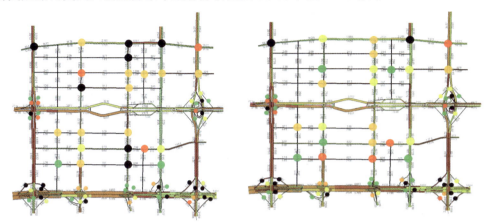

图 16-18　方案一仿真结果中交叉口服务水平　　图 16-19　方案二仿真结果中交叉口服务水平

对中心区交叉口做进一步分析，方案一仿真结果中共有 7 个 F 级交叉口，3 个 E 级交叉口，服务质量较差，其中有 4 条南北向道路均出现 F 级交叉口，且交叉口的服务水平有可能影响到下一交叉口，对整个路网通行有很大影响。方案二的仿真结果和现状基本一致，交叉口服务水平较好。

综合以上分析，选择方案二作为施工阶段的交通疏解方案。

2）施工恢复交通疏解仿真结果

分别运行施工恢复方案一和方案二的仿真模型（图 16-20、图 16-21），仿真时长为 1h，仿真结束后得到相应的评价指标。

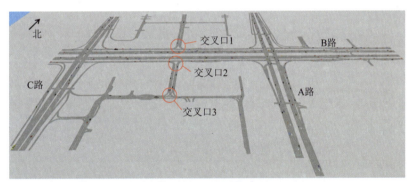

图 16-20　方案一仿真运行情况

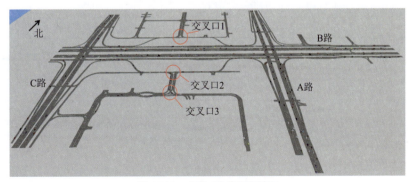

图 16-21　方案二仿真运行情况

两个方案在路网、路段和交叉口层次上的评价指标结果见表 16-1～表 16-3。

在仿真运行过程中可观察到：方案一的道路情况较为畅通，较少出现拥堵和排队现象；方案二在 B 路辅道进入到枢纽西南地块时车辆容易发生拥堵和排队现象。

（1）从"面"的层次进行分析。根据表 16-1 中路网评价指标结果可知，方案一的平均车速高于方案二，每车平均延误时间和平均停车次数都低于方案二，表明方案一车辆运行比方案二更为通畅。

路网评价指标结果对比　　　　　　　　　　　　　　　　　　　　　　　表 16-1

方　案	平均车速(km/h)	每车平均延误(s)	每车平均停车次数(次)
方案一	49.49	2.41	0.07
方案二	48.74	3.05	0.08

（2）从"线"的层次进行分析。根据表 16-2 中路段评价指标结果可知，方案一和方案二中 A、B、C 各方向路段的饱和度和延误指标差别不大，两个方案对于路段的影响没有明显差异。

路段评价指标结果对比　　　　　　　　　　　　　　　　　　　　　　　表 16-2

方　案	路　段	方　向	饱和度	每车平均延误(s)
方案一	A 路	自北向南	0.81	0.4
		自南向北	0.59	0.2
	B 路	自东向西	0.66	0.7
		自西向东	0.65	0.4
	C 路	自北向南	0.23	0
		自南向北	0.34	0.1
方案二	A 路	自北向南	0.82	0.5
		自南向北	0.59	0.2
	B 路	自东向西	0.65	0.6
		自西向东	0.65	0.4
	C 路	自北向南	0.23	0
		自南向北	0.34	0.1

（3）从"点"的层次进行分析。根据表 16-3 中交叉口评价指标结果可知，方案二中交叉口的平均排队长度、每车平均延误、每车平均停车次数等指标数值大部分超过方案一，其中方案二中交叉口 3 的平均排队长度接近方案一的 2 倍，可知方案一中交叉口的运行情况较好。

交叉口评价指标结果对比　　　　　　　　　　　　　　　　　　　　　　表 16-3

方　案	交叉口	平均排队长度(m)	每车平均延误(s)	每车平均停车次数(次)
方案一	交叉口 1	0	0.3	0
	交叉口 2	0	1.2	0.01
	交叉口 3	11.8	15.5	0.65
方案二	交叉口 1	0	0.1	0
	交叉口 2	7	15.4	0.5
	交叉口 3	20.6	19.6	0.76

综合仿真运行状况和仿真结果中"面""线""点"不同层次的评价指标，选择方案一作为交通疏解推荐方案。

从仿真运行情况可以看出，方案一中有些车辆进出地块时需经过一定的绕行，故对方案一实行进一步的优化。

16.6.6 方案优化及评价

对于施工恢复方案,在方案一的基础上,增加一些地块的内部循环道路,减少车辆进出地块的绕行,优化方案如图16-22所示。

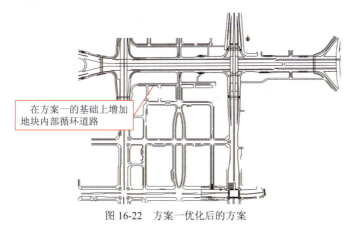

图 16-22 方案一优化后的方案

对优化后的方案构建仿真模型后,运行仿真 1h,仿真结束后得到相应的评价指标结果。优化方案的仿真运行情况如图 16-23 所示,评价指标结果见表 16-4～表 16-6。

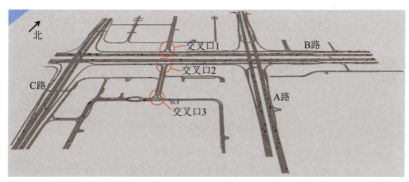

图 16-23 优化方案的仿真运行情况

优化方案的路网评价指标结果 表 16-4

方 案	平均车速(km/h)	每车平均延误(s)	每车平均停车次数(次)
优化方案	49.61	2.38	0.05

优化方案的路段评价指标结果 表 16-5

方 案	路 段	方 向	饱 和 度	每车平均延误(s)
优化方案	A路	自北向南	0.83	0.4
		自南向北	0.60	0.2
	B路	自东向西	0.64	0.5
		自西向东	0.63	0.5
	C路	自北向南	0.23	0
		自南向北	0.34	0

优化方案的交叉口评价指标结果 表 16-6

方 案	交叉口	平均排队长度(m)	每车平均延误(s)	每车平均停车次数(次)
优化方案	交叉口 1	0	0.4	0
	交叉口 2	0	1.2	0.01
	交叉口 3	10.2	13.6	0.52

对优化后的方案构建仿真模型后,运行仿真,根据仿真运行情况可看出,优化方案车辆进出地块更加方便。

(1)从"面"的层次进行分析,根据表16-4中路网评价指标结果可以看出,与优化前的方案一(表16-1)相比,优化方案的平均车速更高,每车平均延误时间和平均停车次数更少,路网整体情况有所提升。

(2)从"线"的层次进行分析,根据表16-5中路段评价指标结果可以看出,优化前后方案中A路、B路、C路各方向路段的饱和度和延误指标变化不大,两个方案对于路段的影响没有明显差异。

(3)从"点"的层次进行分析,根据表16-6中交叉口评价指标结果可以看出,优化方案中交叉口的平均排队长度、每车平均延误、每车平均停车次数等指标数值大部分低于方案一(表16-3),可知优化方案中交叉口的运行情况更好。

综合仿真运行状况和仿真结果中"面""线""点"不同层次的评价指标,选择优化方案作为交通疏解的最终推荐方案。

第17章 海绵城市技术应用

17.1 概述

过去十余年,伴随着经济的高速增长,我国城市进入了高速发展阶段,预计2020年,我国的城镇化率将达到60%。而城市普遍面临自然属性弱化甚至丧失的问题,如林地、农田和水系等生态空间被占用破坏,导致功能减退,城市下垫面硬质化使城市水系统破坏,导致城市内涝、干旱、水体富营养化等问题。针对城市发展过程中的水环境问题,相关部门也做了大量的改善工作,但城市水环境问题仅从末端处置效果甚微。基于源头低影响开发技术和新一代雨洪管理思维的海绵城市理论,让城市在适应环境变化和应对雨水带来的自然灾害等方面具有良好的"弹性"或"韧性",加强城市的自然属性,使其与城市的社会属性平衡协调发展,造就稳定且具有韧性的城市系统。海绵城市理论得到了城市建设者和管理者们的极大肯定,在政府的主导下,海绵城市的创建工作也在全国范围内如火如荼地开展。地铁工程建设占用市政绿化用地,需要对城市绿化实施迁移;同时,地铁工程建设占用城市既有的道路资源,也需要实施交通疏解工程。在地铁主体工程完工后,需要实施绿化和道路恢复工程。此外,地铁车站出入口前小广场及风亭、冷却塔、残疾人电梯及周边的绿化工程都属于海绵城市技术体系范畴,这就为我们在地铁前期工程建设中配合落实海绵城市的理念提供了契机。

17.2 技术综述

17.2.1 概念

海绵城市是一种以雨水综合管控为出发点的城市建设模式,是统筹解决水资源、水环境、水安全、水生态等水系统问题的重要措施和手段,其核心的技术内容是低影响开发(LID)。相较于国外提出的最佳管理措施(BMP)、可持续排水系统(SUDS)、水敏感城市设计(Water Sensitive Urban Design,WSUD)等雨水管理方式,海绵城市在关注雨水管控的基础上,同时强调对城市原有生态系统的维持和修复,使城市在适应环境变化和应对自然灾害等方面具有良好的"弹性",如图17-1所示。

海绵城市的概念:城市能够像海绵一样,在适应环境变化和应对自然灾害等方面具有良好的"弹性",下雨时吸水、蓄水、渗水、净水,需水时将蓄存的水"释放"并加以利用。提升城市生态系统功能,减少城市洪涝灾害的发生。

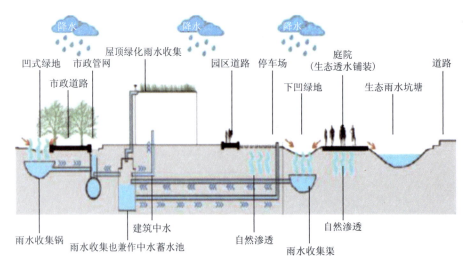

图 17-1 海绵城市示意图

17.2.2 作用及意义

海绵城市是指通过保护城市原有的河流湖泊、森林绿地等生态系统,修复在过去城市建设中受到损害的自然环境,并在未来的城市建设中按照低影响开发模式进行建设开发,使城市在适应环境变化和应对自然灾害等方面具有足够的弹性空间。这种弹性着重体现在对城市降雨的吸纳、存蓄、渗透、净化以及必要时将收集到的雨水资源重新利用上,海绵城市建设是一个系统工程,在建设过程中需要将自然降水、地表水和地下水当作一个系统统筹考虑,并协调给水、排水各方面需求,其建设是一个长期的过程。

海绵城市是在充分尊重自然生态和规律的基础上,通过城市灰色和绿色基础设备结合,让城市在面对干旱和洪涝时能够有海绵一样的能力,在确保城市用水安全的基础上,全面实现雨水在城市内部的储存、净化、渗透和再利用,从而改善城市的水环境。海绵城市的管理理念极大地改变了传统城市规划中末端控制、快排等固有的控制方法,构建了以"多目标""分散化""源头"为核心的新型雨洪管理思想,并以此为基础,实现水资源源头到最终利用的现代化水循环利用系统。海绵城市的建设有着重要的生态价值、经济价值和社会价值。

海绵城市建设的意义体现在以下几个方面:

(1)提高雨水下渗率,将雨洪蓄滞存储,补充水资源。

(2)减少地表径流产生的面源污染,有利于水环境保护和水质改善。

(3)减小洪峰流量,延迟洪峰时间。

(4)增加城市水面面积率、绿地率,丰富城市生态系统和生态廊道,增加生物多样性,维持生态平衡,使城市得以可持续发展。

传统"快排"模式和海绵城市模式如图 17-2 所示。

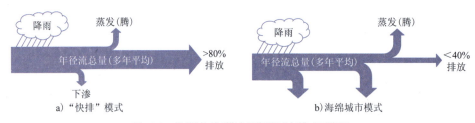

图 17-2 传统"快排"模式和海绵城市模式示意图

17.2.3 建设基本原则

1）生态优先原则

城市开发建设应保护河流、湖泊、湿地、坑塘、沟渠等水生态敏感区，优先利用自然排水系统与低影响开发设施，实现雨水的自然积存、自然渗透、自然净化和可持续水循环，提高水生态系统的自然修复能力，维护城市良好的生态功能。

2）安全为重原则

以保护人民生命财产安全和社会经济安全为出发点，综合绿色基础设施和灰色基础设施提高城市排水系统的建设质量和管理水平，消除安全隐患，增强防灾减灾能力，保障城市水安全。

3）因地制宜原则

各地应根据本地自然地理条件、水文地质特点、水资源禀赋状况、降雨规律、水环境保护与内涝防治要求等，合理确定低影响开发控制目标与指标，科学规划布局和选用下沉式绿地、植草沟、雨水湿地、透水铺装、多功能调蓄等低影响开发设施及其组合系统。

4）统筹建设原则

应结合海绵城市规划和城市基础设施建设方案，严格落实各层级相关规划中确定的低影响开发控制目标、指标和技术要求，统筹建设。低影响开发设施应结合建设时序，同时设计、同时施工、同时投入使用。

17.2.4 主要技术措施

1）技术选择影响因素

（1）蒸发

同一场降雨，下垫面特征不同，开发强度不同，其水资源的构成比例会有很大差异。一般来说，在自然植被条件下，总降雨量的40%会通过蒸腾、蒸发进入大气，10%会形成地表径流，50%将下渗成为土壤水和地下水。而城市的建设改变了这种格局，蒸腾、蒸发量将会超过总降雨量的40%，地表径流则可能从原来的10%增加到50%或者更多，下渗则会从50%减少到10%或更少。

从水文循环的角度考量，应确保开发前后的水文特征基本保持不变，包括径流总量、峰值流量和洪峰时间不变。要维持地块开发前后水文特征基本不变，就要采取渗透、储存、调蓄和滞留等方式，如图17-3所示。

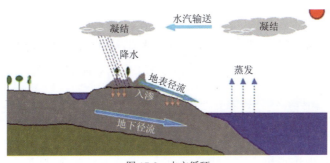

图17-3　水文循环

（2）土壤

土壤的最上层富含有机质,肥力较高,一般厚度在 15～30cm。表土是植被生长的基础,微生物活动的载体,降雨时表土能够渗透、储存和净化降水。

（3）地形、地势

"地形"指地表各种各样的形态,具体指地球表面高低起伏的各种状态,如山地、高原、平原、谷地、丘陵和平地等,自然形成地形地貌（坡度、坡向和高差）是城市赖以形成和发展的基础,地形、地势决定着城市的形态、结构和扩张方向。

2）技术类型

（1）海绵技术按功能可分为渗透、储存、调节、转输、截污净化等几类。通过各类技术的组合应用,可实现径流总量控制、径流峰值控制、径流污染控制、雨水资源化利用等目标。实践中,应结合不同区域水文地质、水资源特点及技术经济分析,按照因地制宜和经济高效的原则选择低影响开发技术及其组合系统。

（2）海绵城市的建设将彻底改变传统的建设观念。在传统建设模式下,城市下垫面硬化,每逢大雨,主要依靠管渠、泵站等"灰色"设施进行集中排水,以"快速排除"和"末端集中"控制为主的设计理念,往往造成逢雨必涝。传统市政追求"雨水排得越多、越快、越顺畅"的模式,忽略了雨水的循环利用。海绵城市的建设,综合采取"渗、滞、蓄、净、用、排"等措施,最大限度地减少城市开发建设对生态环境的影响,将 70% 的降雨就地吸纳、利用。

3）海绵技术"六"字方针

（1）渗:源头减少径流,净化初雨污染。

（2）滞:延缓峰现时间。

（3）蓄:降低项目区汇流流量的极值,实现雨水资源再利用,储蓄水源。

（4）净:减少城市水体污染,净化城市水源环境。

（5）用:缓解水资源短缺,节水减排。

（6）排:自然排放与人工机械辅助设施相结合、人造防洪排涝体系与天然水系河道相结合、地表明渠输水与地下埋藏式雨水管渠相结合。

4）技术措施分类

海绵设施通过下渗、径流渠道控制、滞留、过滤、生物净化、就近调蓄等一整套流程,来实现其控制目标。按照在区域汇流路径中实际发挥功能的位置,可大致划分为源头控制技术、中途控制技术和末端控制技术。

（1）源头控制技术包括屋顶绿化、下凹绿地、透水铺装、生态树池、雨水桶、集雨槽等。

（2）中途控制技术包括透水铺装、初期雨水滞留设施、渗透塘、调节塘、调节池、截污雨水井、渗透沟（管）渠、雨水过滤池、植被浅沟、生物滞留设施（又称"雨水花园"）、渗井、植草沟、初期弃流、人工土壤渗滤、植被缓冲带等。

（3）末端技术包括雨水塘、雨水湿地、生态堤岸、生物浮岛、集雨池、湿塘、蓄水池等。不同的雨水集蓄利用技术通常兼具促进雨水下渗、滞留、过滤、净化、调蓄功能,通常也在雨水径流的产流、汇流、收集、排放等多个环节均发挥功效。

17.2.5 常用海绵技术简介

地铁前期工程中可选用的海绵技术属于源头控制技术类,结合源头控制类海绵设施的特点,经过经济技术比较后选择海绵设施,常用的海绵设施如下。

1)透水铺装

透水铺装根据面层材料的不同,可分为透水砖铺装、透水水泥混凝土铺装和透水沥青混凝土铺装,嵌草砖、园林铺装中的鹅卵石、碎石铺装等也属于透水铺装,如图17-4所示。透水铺装结构应符合《透水砖路面技术规程》(CJJ/T 188—2012)、《透水沥青路面技术规程》(CJJ/T 190—2012)和《透水水泥混凝土路面技术规程》(CJJ/T 135—2009)的规定。污染物去除率(以SS计)可达80%~90%。

a)嵌草砖铺装示例　　　　　　　　b)透水沥青混凝土铺装示例

图17-4　透水铺装

2)绿色屋顶

绿色屋顶也称种植屋面、屋顶绿化等,如图17-5所示。根据种植基质深度和景观复杂程度,绿色屋顶又分为简单式和花园式,基质深度根据植物需求及屋顶荷载确定,简单式绿色屋顶的基质深度一般不大于150mm,花园式绿色屋顶在种植乔木时基质深度可超过600mm,绿色屋顶的设计可参考《种植屋面工程技术规程》(JGJ 155—2013)。污染物去除率(以SS计)可达70%~80%。

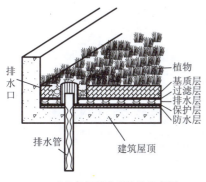

a)绿色屋顶典型构造示意图　　　　　　　b)常见绿色屋顶示例

图17-5　绿色屋顶

3)下沉式绿地

下沉式绿地具有狭义和广义分,狭义的下沉式绿地指低于周边铺砌地面或道路在200mm以内的绿地;广义的下沉式绿地泛指具有一定的调蓄容积(在以径流总量控制为目标进行目标分解或设计计算时,不包括调节容积),且可用于调蓄和净化径流雨水的绿地,如图17-6所示。

图 17-6 下沉式绿地示例

4）生物滞留设施

生物滞留设施指在地势较低的区域，通过植物、土壤和微生物系统蓄渗、净化径流雨水的设施。生物滞留设施分为简易型生物滞留设施和复杂型生物滞留设施，按应用位置不同，又分为雨水花园、生物滞留带、高位花坛、生态树池等，如图 17-7 所示。复杂型生物滞留设施污染物去除率（以 SS 计）可达 70%～95%。

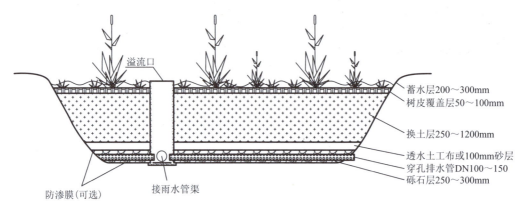

a）生物滞留设施典型构造示意图

b）雨水花园示例　　　　　　　　　c）生物滞留带示例

图 17-7 生物滞留

5）蓄水池

蓄水池指具有雨水储存功能的集蓄利用设施，具有削减峰值流量的作用，主要包括钢筋混凝土蓄水池，砖、石砌筑蓄水池及塑料蓄水模块拼装式蓄水池，用地紧张的城市大多采用地下封闭式蓄水池，如图 17-8 所示。蓄水池典型构造可参照国家建筑标准设计图集《雨水综合利用》（10SS705）。污染物去除率（以 SS 计）可达 80%～90%。

a）模块式蓄水池　　　　　　　　b）混凝土蓄水池　　　　　　　　c）地下封闭式蓄水池

图 17-8　蓄水池

6）雨水罐

雨水罐也称雨水桶，为地上或地下封闭式的简易雨水集蓄利用设施，可用塑料、玻璃钢或金属等材料制成，如图 17-9 所示。污染物去除率（以 SS 计）可达 80%～90%。

  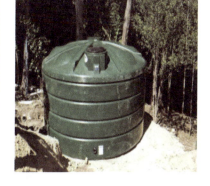

图 17-9　雨水罐

7）植草沟

植草沟指种有植被的地表沟渠，可收集、输送和排放径流雨水，并具有一定的雨水净化作用，可用于衔接其他各单项设施、城市雨水管渠系统和超标雨水径流排放系统，如图 17-10 所示。除转输型植草沟外，还包括渗透型的干式植草沟及常有水的湿式植草沟，可分别提高径流总量和径流污染控制效果。除湿式植草沟外，污染物去除率（以 SS 计）可达 35%～90%。

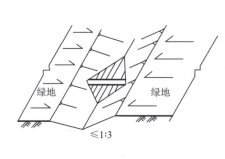  

a）三角形断面植草沟典型构造示意图　　　　　　　　　　b）植草沟示例

图 17-10　植草沟

8) 植被缓冲带

植被缓冲带为坡度较缓的植被区，经植被拦截及土壤下渗作用减缓地表径流流速，并去除径流中的部分污染物，植被缓冲带坡度一般为2%～6%，宽度不宜小于2m，如图17-11所示。污染物去除率（以SS计）可达50%～75%。

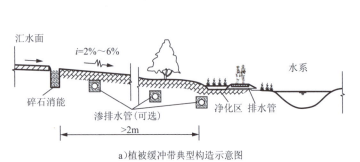

a) 植被缓冲带典型构造示意图　　　　　　　　　b) 植被缓冲带示例

图17-11　植被缓冲带

9) 初期雨水弃流设施

初期雨水弃流，指通过一定方法或装置将存在初期冲刷效应、污染物浓度较高的降雨初期径流予以弃除，以降低雨水的后续处理难度。弃流的雨水应及时处理，如排入市政污水管网（或雨污合流管网）由污水处理厂进行集中处理等。常见的初期弃流方法包括容积法弃流、小管弃流（水流切换法）等，弃流形式包括自控弃流、渗透弃流、弃流池、雨落管弃流等，如图17-12、图17-13所示。污染物去除率（以SS计）可达40%～60%。

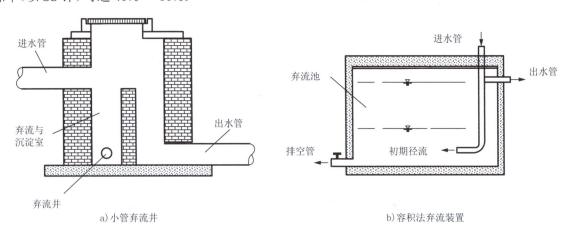

a) 小管弃流井　　　　　　　　　b) 容积法弃流装置

图17-12　初期雨水弃流设施典型构造示意图

图17-13　初期雨水弃流设施示例

17.2.6 海绵技术比选

不同海绵设施在补充地下水、集蓄利用、削减峰值流量及净化雨水等方面功能各有侧重,参照《海绵城市建设技术指南》中设施比选一览表(表17-1)。

海绵技术选一览表　　表17-1

单项设施	功能					控制目标			处置方式		经济性		污染物去除率(以SS计,%)	景观效果
	集蓄利用雨水	补充地下水	削减峰值流量	净化雨水	转输	径流总量	径流峰值	径流污染	分散	相对集中	建造费用	维护费用		
透水砖铺装	○	●	◎	◎	○	●	○	◎	√	—	低	低	80～90	—
透水水泥混凝土	○	○	◎	◎	○	◎	○	◎	√	—	高	中	80～90	—
透水沥青混凝土	○	○	◎	◎	○	◎	○	◎	√	—	高	中	80～90	—
绿色屋顶	○	○	◎	◎	○	◎	○	◎	√	—	高	中	70～80	好
下沉式绿地	○	●	◎	◎	○	●	◎	◎	√	—	低	低	—	一般
简易型生物滞留设施	○	●	◎	◎	○	●	◎	◎	√	—	低	低	—	好
复杂型生物滞留设施	○	●	◎	◎	○	●	◎	●	√	—	中	低	70～95	好
蓄水池	●	○	◎	◎	—	●	◎	◎	—	√	高	中	80～90	—
雨水罐	●	○	◎	○	—	●	◎	○	√	—	低	低	80～90	—
转输型植草沟	◎	○	○	●	◎	○	○	●	√	—	低	低	35～90	一般
干式植草沟	○	●	◎	◎	●	◎	◎	◎	√	—	低	低	35～90	好
湿式植草沟	○	○	○	●	●	○	○	●	√	—	中	低	—	好
植被缓冲带	○	○	○	●	—	○	○	●	√	—	低	低	50～75	一般
初期雨水弃流设施	◎	○	○	●	—	○	○	●	√	—	低	中	40～60	—

注:1. ● - 强;◎ - 较强;○ - 弱或很小。
2. SS去除率数据来自美国流域保护中心(Center For Watershed Protection,CWP)的研究数据。

17.3 海绵技术在不同类型项目中的应用

17.3.1 项目分类

1)建筑类

建筑物产生的径流雨水通过有组织的汇流与转输,经截污等预处理后引入绿地内的以雨水渗透、储存、调节等为主要功能的海绵设施。海绵设施的选择应结合绿地和景观水体优先设计生物滞留设施。

2)道路类

道路径流雨水通过有组织的汇流与转输,经截污等预处理后引入道路红线内、外绿地内,并通过设置在绿地内的以雨水渗透、储存、调节等为主要功能的海绵设施进行处理。海绵设施的选择应因地制宜、经济有效、方便易行,如结合道路绿化带和道路红线外绿地优先设计下沉式绿地、生物滞留带等。

3）绿地与广场类

绿地、广场及周边区域径流雨水应通过有组织的汇流与转输，经截污等预处理后引入绿地内的以雨水渗透、储存、调节等为主要功能的海绵设施，消纳自身及周边区域径流雨水，并衔接附近市政系统的雨水管渠系统，提高施工期间内涝防治能力。

17.3.2 不同类型项目海绵技术比选

1）海绵技术分类

海绵城市的"五大实用技术"是指渗透技术、滞蓄技术、调节技术、转输技术及截污净化技术。

（1）渗透技术。以渗透补充地下水为主，兼有水质净化作用，是指在绿地上通过透水铺砖、绿色屋顶、下凹式绿地、生物滞留设施、渗透塘、渗井等措施使雨水渗透到地下，减少有组织排水的压力，减少地表径流土壤侵蚀，并且可以补充地下水资源。

（2）滞蓄技术。具有雨水调节和滞蓄功能的技术，可提高雨水设施的利用率，是指利用蓄水池、雨水罐等储存处理过的雨水作为二次使用水源，回用的雨水可用于冲厕、灌溉等，可以有效节省市政用水。

（3）调节技术。指调节池、调节塘等峰值流量调控技术，其不具有径流体积及水质控制效果，因此以总量控制为目标时，雨水调节设施不参与计算。

（4）转输技术。用于衔接以上各类技术及其与室外排水、防洪等系统的植草沟、管渠及溢流/出水口等的衔接，是指通过植草沟、渗管等收集、传输雨水。

（5）截污净化技术。以水质控制为主，包括初期雨水弃流设施、沉淀池、种植屋面、缓冲带等，主要用于水质预处理或基于不同回用目标的深度处理，其出水多直接排放或集中处理后回用。

2）海绵技术比选

城市基础设施建设工程中常选用的海绵技术有转输技术、渗透技术、截污净化技术、滞蓄技术，极少选用调节技术。

各类用地中海绵设施的选用，应根据不同类型的用地功能、用地构成、土地利用布局、水文地质等特点进行，可参照《海绵城市建设技术指南》相关内容（表17-2）。

各类用地中海绵技术选用一览表　　表17-2

技术类型 （按主要功能）	单项设施	用地类型		
		建筑类	道路类	绿地与广场类
渗透技术	透水砖铺装	●	●	●
	透水水泥混凝土	◎	◎	◎
	透水沥青混凝土	◎	◎	◎
	绿色屋顶	●	○	○
	下沉式绿地	●	●	●
	简易型生物滞留设施	●	●	●
	复杂型生物滞留设施	●	●	◎
滞蓄技术	蓄水池	◎	○	◎
	雨水罐	●	○	○

续上表

技术类型 （按主要功能）	单项设施	用地类型		
		建筑类	道路类	绿地与广场类
转输技术	转输型植草沟	●	●	●
	干式植草沟	●	●	●
	湿式植草沟	●	●	●
截污净化技术	植被缓冲带	●	●	●
	初期雨水弃流设施	●	◎	◎

注：● - 宜选用；◎ - 可选用；○ - 不宜选用。

17.3.3 主要海绵设施选择及设计指引

1）道路海绵设施

（1）设施选择

①透水铺装

透水铺装适宜新建道路，可用于城市道路的人行道及非机动车道的路面停车区域。若道路（如非机动车道道路）的交通负荷较低，可在整个道路路面敷设透水铺装。透水铺装能够有效地消减径流流量，但水质处理性能不如植被浅沟、雨水花园。

②生物滞留槽

生物滞留槽，是一种狭长、线性、配置丰富景观植物、具有规则形状（长方形或正方形）的下凹式景观带，一般由预处理草沟（根据具体条件也可不设）、种植植物、浅层存水区、覆盖层、种植土壤层、沙滤层、砾石垫层、排水系统和溢流装置组成。生物滞留槽综合了目前大多数污染去除技术，包括存水区的固体沉淀作用、土壤层和沙滤层的物理过滤作用、植物吸附和离子交换作用及生物修复作用等。由于其功能的多样性，生物滞留槽已经成为城市面源污染低冲击设计技术中非常重要也是最常用的海绵设施。

③植草沟

植草沟下凹深度浅，线性延展，具有缓和的边坡和纵向坡度，适用于垂直方向交通量小、干扰小，具有长距离、连续、线性的分车绿带的城市道路以及具有一定距离连续性路侧绿带的城市道路。

④下沉式绿地

下沉式绿地指低于周边铺砌地面或道路在200mm以内的绿地。

⑤环保雨水口

环保雨水口是可用于处理面源污染的海绵城市设施，可取代普通雨水口，适用于各类型道路的雨水收集，对初期雨水径流具有较好的净化效果。针对不适合下沉式绿地等设施的道路沿线，建议加强环保雨水口建设，取缔沿线普通雨水口。

（2）设计指引

市政道路的建设充分利用了道路绿化带在收集、储存、入渗、净化雨水径流方面的功能，将道路绿化带建设为植生滞留槽的形式，道路雨水径流通过孔口道牙自流入绿化带入渗、排放。绿化带高程低于路面10～20cm，雨水口设于绿化带内，雨水口高程高于绿化带而不低于路面高程。道路雨水径流流入绿化带后，应进行储存和入渗，超过设计重现期的雨水溢流入雨水口，经雨水管道排放。雨水管道可采用穿孔管道，雨水在流行的过程中可继续入渗，见表17-3。

道路海绵设施设计指引　　　　　表17-3

道路设施	设计指引
机动车路面	适宜路段可试验采用多孔沥青路面或透水型混凝土路面
非机动车道路面（人行道、自行车道）	适宜路段可试验采用多孔沥青路面或透水型混凝土路面
道路附属绿化	①道路绿化带宜建为下凹式绿地，为增大雨水入渗量，绿化带内可采用其他渗透设施，如浅沟—渗渠组合系统、入渗井等； ②在有坡度的路段，绿化带应采用梯田式； ③道路雨水径流宜引入两边绿地入渗
路牙	宜采用开孔路牙、格栅路牙或其他形式，确保道路雨水能够顺利流入绿地
排水系统	①雨水口宜设于绿地内，雨水口高程高于绿地而低于路面； ②雨水口内宜设截污挂篮； ③道路排水管系可采用渗透管或渗透管—排放一体设施； ④市政道路沿线可因地制宜建设雨水调蓄设施，天然河道、湖泊等自然水体应成为雨水调蓄设施的首选，也可在公路沿线适宜位置建人工雨水调蓄池； ⑤土地条件许可时，道路沿线可建设雨水生态塘或人工湿地，道路雨水可引入其中处理、储存，雨水生态塘和人工湿地应兼有雨水处理、调蓄、储存的功能； ⑥经雨水生态塘和人工湿地处理后的雨水在非雨季时可用于灌溉和浇洒道路； ⑦为增大路牙豁口的收水能力，可在豁口处设置簸箕形收水口； ⑧在纵坡较大等路段可考虑设置复合横坡
改造要点	道路的海绵化改造主要可针对附属绿地、树池、路牙、非机动车道铺装等进行

①道路绿化带设计

a. 根据道路红线宽度时，确定道路绿地率。道路绿地率宜符合下列规定：

a）园林景观路绿地率不得小于40%；

b）红线宽度大于50m的道路绿地率不得小于30%；

c）红线宽度在40～50m的道路绿地率不得小于25%；

d）红线宽度小于40m的道路绿地率不得小于20%。

b. 道路绿地布局应符合下列规定：

a）种植乔木的分车绿带宽度不得小于1.5m，主干路上的分车绿带宽度不宜小于2.5m，行道树绿带宽度不得小于1.5m；

b）主、次干路中间分车绿带和交通岛绿地不得布置成开放式绿地；

c）人行道路毗邻商业建筑的路段，路侧绿带可与行道树绿带合并；

d）道路两侧环境条件差异较大时，宜将路侧绿带集中布置在条件较好的一侧。

②下沉式绿地设计

a. 宽度小于2.0m的绿地不宜采用下沉式绿地设计。

b. 下沉式绿地的下凹深度应根据植物耐淹性能和土壤渗透性能确定，应低于周边铺砌地面或道路，一般为100～200mm。

c. 下沉式绿地内一般应设置溢流口（如雨水口），保证暴雨时径流的溢流排放，溢流口顶部高程一般应高于绿地50～100mm。

d. 周边雨水宜分散进入下沉式绿地，当集中进入时应在入口处设置缓冲。

e. 当采用绿地入渗时可设置入渗池、入渗井等入渗设施增加入渗能力。

f. 下沉式绿地内一般应设置溢流口（如雨水口），保证暴雨时径流的溢流排放，溢流口顶部与绿地的高差不宜超过50mm。

g. 下沉式绿地应选择地势平坦、土壤排水性良好的场地，雨水下渗速度较快，对植物生长有利，且不易滋生蚊虫。

h. 当下凹式绿地种植土底部距离季节性最高地下水位小于1m时,应在种植土层下方设置滤水层排水层和厚度不小于1.2mm的防水膜;当下凹式绿地边缘距离建筑物基础小于3m水平距离时,应在其边缘设置厚度不小于1.2mm的防水膜。

i. 当径流污染严重时,下凹式绿地的雨水进水口应设置拦污设施。

j. 植物品种应选择当地适合生长的耐水性和宜共生群生的观赏性植物。

下沉式绿地典型构造如图17-14所示。

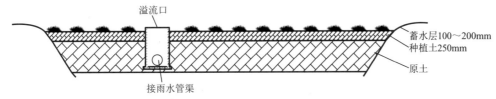

图17-14 下沉式绿地典型构造

③环保雨水口设计

环保雨水口可以处理面源污染,适用于各类型道路的雨水收集净化。在建设过程中应符合下列规定:

a. 环保雨水口宜建设在绿化带宽度小于2.0m的道路沿线,主要用于收集净化不透水机动车道雨水;

b. 过流能力和间距等技术参数应严格遵循普通雨水口设计规范;

c. 应能处理汇水面内10mm的初期雨水,初期雨水的污染物去除率应大于70%(以SS计);

d. 环保雨水口的承重应满足道路设计要求;

e. 严格设置截污挂篮,防止垃圾直接扫入雨水管道。

④优化道路设计

道路横断面设计应优化道路横坡坡向、路面与道路绿化带及周边绿地的竖向关系等,便于径流雨水汇入海绵设施。不同路面结构交接带及道路外侧宜设置绿化带,便于海绵设施布置及路面雨水收集排放。

a. 降低道路不透水面连续性

现有已开发场地,路网布局已经形成,市政道路不透水地表切断了雨水的自然通道,阻碍了雨水的自然下渗过程,同时径流中携带有各种污染物。故对新建或改造道路要最大限度地减少干扰,依据市政道路的空间条件,人行道尽量采用透水铺装,非机动车道可采用透水沥青路面、透水混凝土路面,道路绿化带尽量采用植被浅沟、雨水花园等生态措施,降低道路不透水的连续性,模拟自然水文功能功能,恢复与补偿地下水,以水质控制为主,兼具径流控制。

b. 改变道路排水方式

传统市政道路排水模式下,路面径流沿道路横纵坡快速汇集至边沟,经雨水口进入雨水管线,如图17-15所示。

图17-15 传统市政道路排水模式

为解决传统的道路排水带来的雨水径流污染、城市内涝灾害等问题,应构建基于海绵措施的道路排水模式。此种模式要求在现有道路设计的基础上,根据道路坡向,改变路面与绿地的竖向关系,在道路红线内、外绿化空间选择适宜的海绵措施对路面径流进行滞留净化及输送,下渗和超量雨水通过溢流设施进入市政雨水管道,如图 17-16 所示。

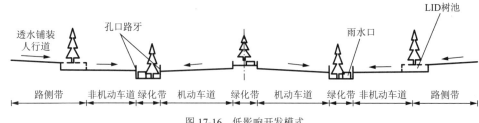

图 17-16　低影响开发模式

对比传统的道路排水模式,海绵城市道路排水模式是基于现有道路断面形式、路面坡度坡向和周边空间条件进行设计的,中央分隔带下凹,滞留自身雨水径流,下渗雨水和超量雨水通过溢流井和渗水盲管排入市政雨水管道。机动车道径流在重力作用下沿路面坡度汇集至边沟,通过孔口道牙进入机非分隔带内雨水海绵城市措施滞留净化,超量雨水通过溢流口进入市政雨水管线。非机动车道径流首先汇入生态树池,超量雨水通过暗渠流入红线外绿地。人行道采用透水铺装,径流坡向红线外绿地。红线外绿地海绵城市措施汇集道路及周边区域径流,超过其控制目标的径流通过溢流口进入市政管线。

由此可见,城市道路绿化率是海绵城市雨水系统构建的主要制约因素。对于绿化率高的道路进行不透水面分割,要避免不透水面的连接,滞留净化部分雨水径流,控制径流水质及水量;将城市道路红线外的路侧景观绿带改造成下凹的浅沟等技术措施,在浅沟汇流终端设计集中式的大型雨水措施,并最终溢流到城市河道,从而形成地表径流传输网络,不仅可以实现径流总量和峰值削减,还可以回补地下水,控制径流水质污染;对于绿化率较低的城市道路,在道路雨水口内加入过滤装置如截污雨水口,同时在雨水井底部设置污泥沉淀区。在道路雨水排水管路上,选取一些检查井设置旋流沉砂、沉淀、隔油等管道截污措施,净化径流水质。

⑤透水路面设计

透水砖铺装和透水水泥混凝土铺装主要适用于广场、停车场、人行道以及车流量和荷载较小的道路,如建筑与小区道路、市政道路的非机动车道等,透水沥青混凝土路面还可用于机动车道。小型车的停车场宜采用植草砖等透水铺装系统。园林绿地等场所也可采用鹅卵石、碎石铺地等透水铺装系统。透水铺装应用于以下区域时,还应采取必要的措施防止次生灾害或地下水污染的发生:

a.可能造成陡坡坍塌、滑坡灾害的区域,湿陷性黄土、膨胀土和高含盐土等特殊土壤地质区域。

b.使用频率较高的商业停车场、汽车回收及维修点、加油站及码头等径流污染严重的区域。

采用透水铺装系统时,可采用透水路面砖、透水混凝土、植草砖等作为主要透水面层材料,其典型构造如图 17-17 所示。

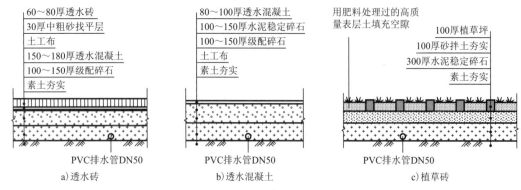

图 17-17　透水铺装系统典型构造示意图

透水路面砖、透水混凝土、植草砖的主要性能指标应符合表17-4～表17-6的要求。

透水路面砖的主要性能指标 表17-4

项 目	性能指标
耐磨性(磨坑长度，mm)	≤35.0
保水性(g/cm^2)	≥0.6
透水系数(15℃，mm/s)	≥0.1
抗压强度(MPa)	平均值≥40，单块最小值≥35
当产品的边长/厚度≥5时,抗折破坏荷载(N)	≥6000

透水混凝土的主要性能指标 表17-5

项 目	性能指标	项 目	性能指标
耐磨性(磨坑长度，mm)	≤30.0	28d抗压强度(MPa)	≥20.0
透水系数(15℃，mm/s)	≥0.5	28d弯拉强度(MPa)	≥2.5
连续孔隙率(%)	≥10.0		

植草砖的主要性能指标 表17-6

项 目	性能指标	项 目	性能指标
耐磨性(磨坑长度，mm)	≤35.0	抗压强度(MPa)	≥5.0
吸水率(%)	≤12.0		

透水铺装构造下的土基应稳定、密实、均质，应具有足够的强度、稳定性、抗变形能力和耐久性，并符合下列要求：

a) 土基应有一定的透水性能，透水系数不宜小于$1.0×10^{-3}$mm/s，当透水系数不能满足本要求时，应增加排水设计内容。

b) 土基回弹模量值不宜小于15MPa，压实度不应低于90%。

c) 透水铺装级配碎石层的压实度不应小于95%，压碎值不应大于26%；公称最大粒径不宜大于26.5mm；集料中小于或等于0.075mm颗粒含量不应超过3%。碎石级配应符合表17-7的规定。

级配碎石集料级配 表17-7

筛孔尺寸(mm)	26.5	19.0	13.2	9.5	4.75	2.36	0.075
通过质量百分率(%)	100	85～95	65～80	55～70	55～70	0～2.5	0～2

d) 采用透水砖作为面层时，砖铺应设留缝2～3mm，接缝用砂的含泥量应小于3%，泥块含量应小于1%，含水率宜小于3%，级配应符合表17-8的规定。

透水砖接缝用砂级配 表17-8

筛孔尺寸(mm)	10.0	5.0	2.5	1.25	0.63	0.315	0.16
累计筛余量(%)	0	0	0.16	0～20	15～75	60～90	90～100

e) 透水土工布的主要技术指标应符合表17-9的规定。

土工布主要性能指标要求 表17-9

项 目	性能指标	项 目	性能指标
单位面积质量(g/m^2)	≥200	断裂伸长率(%)	25～100
厚度(mm)	≥1.7	撕破强力(kN)	≥0.16
断裂强度(kN/m)	≥6.5		

f) 透水铺装交付使用后应定期进行养护，保证其正常的透水功能。当透水功能减弱后，可利用高压水流冲洗或真空吸附法清洁透水层进行恢复。

g) 当透水铺装下为地下室顶板，且覆土深度小于1m时，地下室顶板应设有疏水板及排水管等将渗透雨水导入与地下室顶板接壤的实土或其他雨水设施。

h）透水铺装系统所采用的材料除应符合本规范的规定外，还应符合《透水砖路面技术规程》（CJJ/T 188—2012）、《透水水泥混凝土路面技术规程》（CJJ/T 135—2009）、《透水砖路面（地面）设计与施工技术规程》（DBJ 13-104—2008）等现行有关标准的规定。

2）绿地广场海绵设施

（1）设施选择

绿地、广场规划设施主要有雨水花园、人工湿地、人工湖（水库）、洼地、植草沟（生态调节沟）、下沉绿地等，广场规划设施主要为透水广场、雨水广场等。

①雨水花园

雨水花园，如图 17-18 所示，是园林景观设计中常用城市绿化植被低地来处理雨水，通过对雨水的滞留、渗透以及蒸发等减少地表雨水径流，在一定程度上可以缓解城市雨水排放压力。此外，地表雨水悬浮物沉积到植物和土壤表面，雨水中的营养物质和重金属污染物得以减轻，缓解了生物降解处理的压力，实现生态环境的可持续性。

图 17-18 雨水花园

②洼地

洼地，如图 17-19 所示，有时也被称为干燥的池塘，在园林设计中利用低洼地临时滞留和储蓄第一时间汇入的雨水，较大地降低地表径流量，缓解地势低处的排水压力。临时滞留的雨水通过植被过滤逐步沉淀，并通过下渗和蒸发的方式将雨水吸收，因此，洼地通常很浅，滞留的雨水量较少。

图 17-19 洼地

③植草沟

植草沟,如图17-20所示,也称作生态调节沟,用于引导雨水远离基础设施,如人行道、道路、停车场和建筑等,并且与这些基础设施呈线性关系。植草沟通常采用本土植物和草坪搭配的形式形成线性缓冲带,在引导雨水的同时减缓地表径流,并通过植被来过滤、沉淀、渗透,最终引导至排水设施。植草沟的主要作用在于延缓雨水排入排水设施,降低城市排水系统下暴雨时的排水压力。

图 17-20　植草沟

④下沉绿地

下沉绿地,如图17-21所示,又称生物滞留池,主要应用于道路和广场绿地,用于收集和保留雨水径流,然后渗透、生物处理;道路广场地表径流被引导流向这些下沉绿地,并设计成水景的一部分。常见的生物滞留池用于街道景观带和在城市广场。

图 17-21　下沉绿地

⑤雨水广场

在景观设计中,将蓄水和缓解径流所需的设施进行景观化设计,并结合现状地势变化,形成镜水面、喷泉、叠水等景观元素,并将这些元素融入城市广场中,形成集雨水管理和社交聚会于一体的广场空间,就是通常所说的雨水广场,如图17-22所示。

雨水广场通常与生态调节池结合,地表水通过生态调节池中的植被过滤,再次利用形成叠水和景观水面。景观水面可作为长期的蓄水容器。广场铺装同样采用透水性材料,加强地表水的下渗。这样,在营造广场景观的同时,也能缓解城市的雨洪排放压力。

图 17-22　雨水广场

⑥透水广场

过去,在城市发展的过程中建设了大量的铺装广场,而传统铺装广场的透水性差,城市内地表雨水径流相当大,城市排水系统压力很大,许多城市经常性出现内涝;透水广场是针对这类问题所提出的缓解雨洪压力的措施,如图17-23所示,通过使用新型透水性材料和施工工艺,增强铺装广场的透水性,使得部分地表水下渗进入土壤,在一定程度上缓解了城市的排水压力。

图 17-23　透水广场

海绵设施建设应多注重透水性新材料和新工艺的使用,把硬质铺装广场建设为透水广场,增加硬质场地地表水的下渗量。尽管其下渗量无法与绿地的下渗量相比,但大面积透水广场的下渗,也能在一定程度上缓解城市的排水压力。

(2)设计指引

绿地广场设施海绵设计指引见表17-10。

绿地广场设施海绵设计指引　　　　　表17-10

广场设施	设 计 指 引
雨水花园	①雨水花园的蓄水深度应根据植物耐淹性能和土壤渗透性能确定,一般为200～300mm; ②公园绿地内雨水花园应根据地形、汇水面积确定规模和形式
洼地	洼地带适用于公园绿地中地势低洼处,利用低洼地临时滞留和储蓄第一时间汇入的雨水,较大地降低地表径流量,增强雨水渗透率。通过洼地调节的雨水应在24h内排空
植草沟	①浅沟断面形式宜采用倒抛物线形、三角形或梯形; ②植草沟的边坡坡度(垂直:水平)不宜大于1:3,纵坡不应大于4%,纵坡较大时宜设置为阶梯形植草沟或在中途设置消能台坎; ③植草沟水流的最大流速应小于0.8 m/s,曼宁系数宜为0.2～0.3; ④转输型植草沟内植被高度宜控制在100～200 mm

续上表

广场设施	设 计 指 引
绿地	①大面积绿地应建为下凹式,充分利用现有绿地入渗雨水; ②绿地应尽量低于周围硬化地面,并应建导流设施,以确保流入绿地的雨水能够迅速分散、入渗; ③与硬化地面衔接区域应设有缓坡处理; ④在绿地适宜位置可推广建设浅沟、洼地等雨水滞留、渗透设施或雨水处理设施; ⑤绿地内应设置溢流口(如渗井),保证暴雨时径流的溢流排放,溢流口顶部与绿地的高差不宜超过50mm; ⑥绿地适宜位置可建雨水收集回用系统,为确保安全性,雨水收集回用系统可建于地下,雨水经适当处理可回用于绿地绿化; ⑦雨水口宜设于绿地内,雨水口高程高于绿地而低于周围硬化地面; ⑧绿地适当位置可建雨水调蓄设施,并留有溢流设施; ⑨下沉深度应根据土壤渗透性能确定,一般为100~200mm; ⑩与非透水铺装间应做防水处理; ⑪改建区下沉式绿地率不低于30%,新建区下沉式绿地率不低于70%; ⑫绿地植物宜选用耐涝耐旱本地植物,以乔灌结合为主
广场	①公园非机动车道路、人行道、林荫小道、广场、停车场、庭院必须采用透水铺装地面,公园广场可采用透水地面的方式入渗雨水; ②公园不透水的路面雨水径流和透水路面超渗水应引入两边绿地入渗

17.4 海绵技术在地铁前期工程中的应用

17.4.1 海绵技术与地铁前期工程

1）应用范围

地铁作为城市大型交通设施,是城市建设的组成部分。地铁前期工程包含但并不限于地铁线站位上方的市政道路、管网及绿化园林等方面的改建、重建及新建。可根据城市的海绵整体布局,运用海绵城市设计策略,从收集利用道路、绿化园林的雨水径流、污染排放等方面进行改造,把地铁前期工程纳入城市海绵体系的建设,在城市绿地、广场、道路及排水系统基础上,通过提升城市自然系统组成的附加功能,使城市复合生态系统的水文功能趋于动态平衡,提高城市基础设施的抗灾能力,从而产生经济和生态效益。

2）设计原则

（1）保护性规划建设原则

在地铁规划建设过程中,应尽量合理避开和减少对天然坑塘、湿地、泛洪区及生态廊道等水敏感性区域的影响。

（2）水文干扰最小化原则

设计中优先通过分散、生态的雨水调蓄技术增加雨水的下渗和蒸发量,以维持区域开发前自然植被状态下的外排雨水总量、峰值流量,同时削减污染物总量。

（3）因地制宜原则

设计时应根据本地气候、水文、地形、地质、土壤类型、城市用地空间等特点,考虑当地水环境保护及水涝控制要求,合理确定径流控制目标及径流控制设施的选择与平面布局方案。

（4）多专业协调原则

在地铁前期工程中落实海绵城市技术时,要使绿化迁移、交通疏解、管线改迁及地铁主体结构工程等的设计相互衔接,发挥多专业的综合海绵功能和生态效益。

17.4.2 适合地铁前期工程的海绵设施

适合地铁前期工程的典型海绵设施见表 17-11。

适合地铁前期工程的典型海绵设施　　　　　　表 17-11

名称	示意图	功能类别	作用原理	适用条件	主要设计要点及参数	地铁类项目的适用性评估及建议
绿色屋顶		水质提升,总量控制,缓解热岛效应,生态提升	过滤、蒸发、植物吸收、调蓄	建筑屋顶	①分精细式和粗放式两种类别;②种植土壤以及过滤介质选择;③结构承载考虑;④顶防水设计;⑤排水设计(要求满足设计降雨下积水不能进入种植层);⑥植物选择	建筑类
蓝色屋顶		总量控制、峰值流量调蓄错峰	调蓄、蒸发	建筑屋顶	①结构承载考虑;②屋顶滞水设施屋顶防水设计;③调蓄时间不超过24h,最大水深限制;④溢流设计	建筑类
植草沟		水质提升、雨水传输、总量控制	过滤、转输、下渗	—	①断面设计;②竖向坡度限制;③挡水坝考虑;④土壤渗水性考虑;⑤植被设计	①城市慢行道边缘;②景观廊道、城市道路绿化带需要转输雨水且有条件的地方布置
雨水花园生物滞留池		总量控制、水质提升	过滤、渗透、生物吸附、蓄水	①停车场景观种植池;②公园及绿地;③城市道路景观	①小型雨水花园及大型生物滞留池;②预处理设施;③进水及配水设施;④积水面积及深度确定;⑤土壤渗水性测试;⑥几何现状考虑及水流路线考虑;⑦溢流设施;⑧过滤介质及土壤;⑨地下盲管排水(土壤条件允许,可以不设),地下蓄水层设计;⑩植物种植(绿草,树木及灌木设计,草本设计)	①地铁口街头绿地;②地铁线路区间景观走廊绿地

续上表

名称	示意图	功能类别	作用原理	适用条件	主要设计要点及参数	地铁类项目的适用性评估及建议
地下雨水调蓄设施、（雨水调蓄模块、雨水蓄水设备）		峰值流量调蓄错峰、总量控制	调蓄	①停车场及广场地下（地下调蓄）；②绿地及绿色LID设施下面	①调蓄量量化分析；②调蓄设施材料及调蓄产品评估；③水处理要求；④运行控制及维护管理考虑	在地势低洼的地方设置调蓄设施
透水路面（透水铺砖、透水混凝土、透水沥青）		水质提升、总量控制	过滤、渗透	①人行道；②车流量、及车速低的道路；③庭院及广场；④停车场	①路面形式选择；②土壤特性；③道路坡度；④汇水区大小限制；⑤荷载考虑；⑥预处理；⑦地下盲管、地下含水层设计；⑧下渗水排干时间限制；⑨观察井设计；⑩施工技术	人行道、停车场、广场等
树箱树池		总量控制、水质提升	过滤、渗透、生物吸附、蓄水	商业区、工业区、公园等	①可利用的空间；②土壤组成；③植物选择；④维护管理	道路行道树处
挡水设施		总量控制、峰值控制	提升下渗及水质处理能力、滞水、阻水、延长集水时间、防冲刷、水土保持	山地、陡坡、缓坡、驳岸	①挡水；②坡度限制；③特质土壤及有机改良配置	坡度较大处
平面布水设施		减少冲刷，改善水文水质条件	变集中流为漫流、增加下渗	①低影响开发设施入水口布水；②集中流出水口	①长度确定；②来水流速；③防冲刷垫；④超越考虑	①生物滞流设施，植物过滤带，植草沟入水口；②雨水立管断节处

515

第 18 章 快速拆架桥技术应用

18.1 概 述

随着我国经济的快速发展,市政工程的物质基础有了较大的改善,桥梁工程技术也在不断的完善,并且在逐步适应社会发展中得到优化,如今,桥梁工程划为一向利于民生的重要工程,体现着一个国家的基本国力和经济发展水平。但是随着绿色环保、低碳少污染、体现社会效益等观念的兴起与普及,市政桥梁工程作为社会重点民生工程,更需要做到绿色环保、低碳少污染,并体现其社会效益。

所谓"绿色环保"是指在桥梁建设、桥梁拆除过程中尽可能减少对环境的影响。首先,应降低施工过程中垃圾的产生和排放,减少光污染和噪声污染,降低对当地居民正常生活的干扰;其次,用先进技术作支持,在提升环保检测技术的同时提升桥梁施工技术,如减少污染,制造加工更先进的材料等。作为重要的市政工程项目,桥梁工程的施工技术、施工方法、施工工期等关系整个工程的经济效益和社会效益。

本章节以"绿色环保""社会效益"为切入点,阐述 SPMT 液压模块车在桥梁快速拆除和架设中的应用。

18.2 梁桥预制架设技术方案

在桥梁结构中除去大跨度的悬索桥、斜拉桥、拱桥外,梁桥是最广泛使用的结构形式。为了满足梁桥在市政工程中的架设需要,常采用下列施工方法。

18.2.1 预制吊装施工

预制吊装施工就是在工厂或现场专门开辟出桥梁的制作场地,集中制作预应力混凝土梁或钢梁。通过场内和场外运输至吊装工地,根据现场的不同情况采用相应的起重机械和吊装工艺,将梁按设计的顺序吊放安装至墩柱的支座上,最后根据设计要求,使梁系形成简支梁,或经过力系转换再使梁系形成连续梁。

施工现场的起重机械可以是各类扒杆式起重机、架桥机、提升机、水上起重船等设备。原则上,应从现场的施工条件、预制梁的运输条件出发,在安全、可靠的前提下,选择较经济、能够保证工期的起重机械。

1）起重机吊装施工

在现场使用单台起重机或两台起重机抬吊的方法，将预制梁安装到墩柱顶部或其盖梁上，经精确调整轴线和高程后，与设在墩柱顶或盖梁上的永久支座连接，完成单根梁的吊装施工，如图18-1所示。

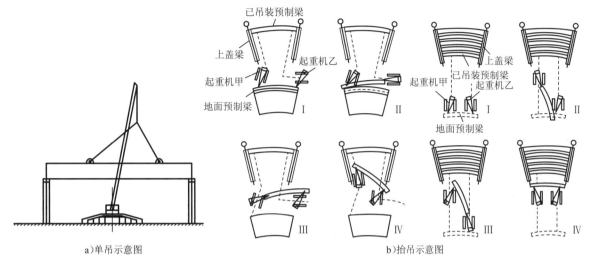

图18-1 起重吊装示意图

2）架桥机吊装施工

架桥机吊装充分利用了桥梁结构墩柱的承载能力。首先用起重机械将架桥机安装在两跨墩柱或其盖梁上，将要吊装的梁运至桥面或吊点区域，由架桥机将它们一一吊装到位，然后架桥机自行移动到新的一跨墩柱间，再吊装新一跨的梁，直至全桥段吊完后，将架桥机拆除。根据架桥机的构造和工作原理，依据现场的不同条件，可分成架桥机的尾部喂梁法、跨外喂梁法、跨内喂梁法。

尾部喂梁吊装是采用架桥机安装最常用的方法，但要有着地的匝道将各跨梁由预制场滑移拖运到桥面，或采用起重机吊运到起点的桥面上，再在完成的桥面上拖运滑移到架桥机下进行吊装，如图18-2所示。

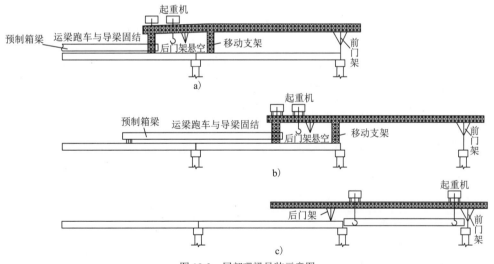

图18-2 尾部喂梁吊装示意图

跨外喂梁吊装是将需要安装的梁体运至每跨的墩柱外侧，架桥机行至悬挑在墩柱外的横轨道梁上，将梁吊起后再沿轨道梁行至安装位置，逐一安装。当一跨桥面梁安装完成后，架桥机沿纵移轨道上自行移动到新的一跨继续吊装作业，如图18-3所示。

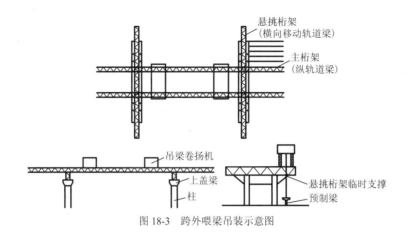

图 18-3 跨外喂梁吊装示意图

跨内喂梁吊装是将梁运至跨内,由于梁的长度大于跨内的净距,因此,架桥机两端吊梁后形成高低不一的状况,将梁呈斜向提升,以此来缩短梁的水平投影长度,两端通过墩顶或上盖梁后再将梁高端下降使梁呈水平状,再行准确安装。图 18-4 中第 8 号梁预先吊放在桥面,最后安装,以确保全部斜向梁都在跨内提升至桥面,全部梁架设完后,架桥机再移至新的安装跨,本方法特别适用于城市高架桥梁施工。

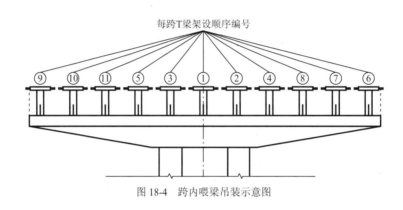

图 18-4 跨内喂梁吊装示意图

18.2.2 顶推(滑移)安装施工

在桥台后的引道(或引桥)上,设置箱梁的预制场地及安装千斤顶的反力台座,将在场地预制好的梁段,利用千斤顶将其沿桥轴线方向水平移动到新的位置,再在腾出的场地上预制新的梁段,经循环后完成全部箱梁的制作和安装。在多联桥施工时,还可以在一个固定的梁跨上预制钢筋混凝土预应力箱、钢—混凝土组合梁或钢箱梁,采用多点顶推方案完成全部桥梁的制作和安装。

1)预应力钢筋混凝土箱梁顶推施工

(1)单点顶推

在桥台的引道或引桥上设置预制场及千斤顶反力台座,反复地将预制好的预应力钢筋混凝土梁段沿桥的轴线方向水平顶推到新的位置,直至全桥完成,如图 18-5 所示。

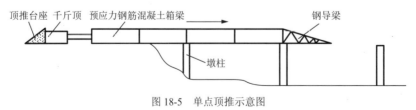

图 18-5 单点顶推示意图

（2）多点顶推

它与单点顶推的不同是在桥墩（包括临时墩）顶安装垂直和水平千斤顶，垂直千斤顶首先将梁段顶起，水平千斤顶使之前移，行程结束后，垂直千斤顶下降，将梁段临时搁放在墩顶，水平千斤顶复位，再循环上述过程，在各墩顶垂直千斤顶和水平千斤顶的共同作用下，把梁段推到新的位置，直至完成全桥的施工，如图 18-6 所示。

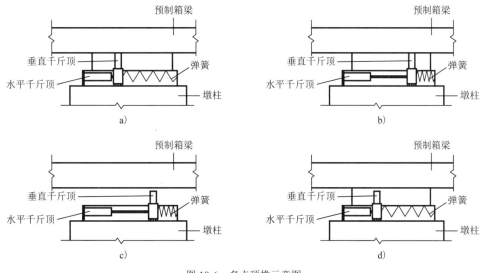

图 18-6 多点顶推示意图

2）钢箱梁滑移施工

在某些复杂的环境下，钢箱梁无法采用直接吊装的施工方法时，则将钢箱梁固定在一跨的梁面上拼装，然后整跨滑移到位，使用千斤顶和滑移桁架使之就位，再将桁架滑移到新的安装跨，经过不断循环就能完成全桥的钢箱梁架设任务。具体施工流程如图 18-7 所示，钢箱梁滑移施工示意如图 18-8 所示。

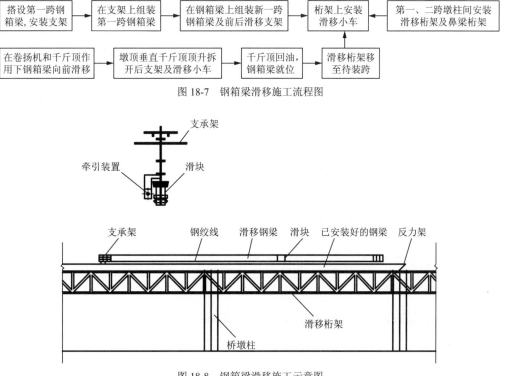

图 18-7 钢箱梁滑移施工流程图

图 18-8 钢箱梁滑移施工示意图

3）单跨拖拉滑移施工

某些桥梁的斜交梁跨度大,在跨过正在使用的道路(不能封闭交通)或建筑物时,可以将钢梁纵向分组,通过设置临时支墩的方法,将第一组钢梁拖拉到位,之后拆除临时墩,其他各组在第一组钢梁上拖过跨,然后再在墩顶横向滑移到位,使用千斤顶放下就位,如图18-9、图18-10所示。

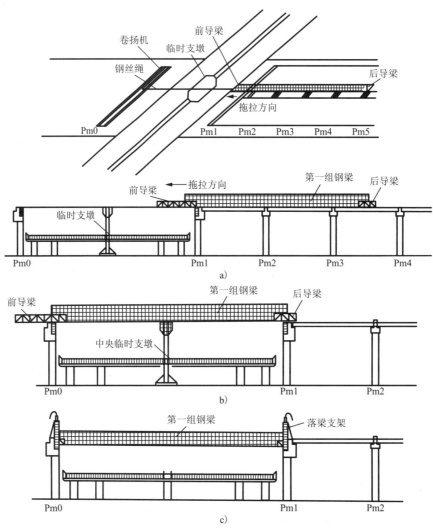

图 18-9 钢梁悬臂拖拉滑移施工工况图

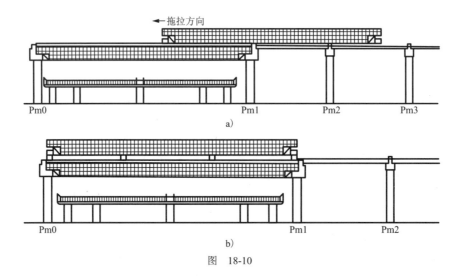

图 18-10

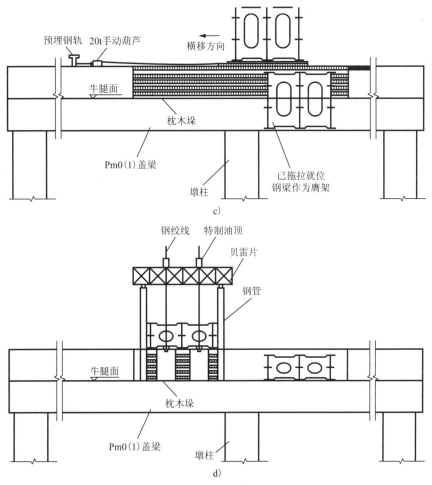

图 18-10 各组膺架法拖拉滑移施工工况图

18.3 梁桥拆除技术方案

18.3.1 拆桥简介

目前,我国中小跨径公路桥梁或者城市桥梁,大部分是钢筋混凝土或预应力混凝土梁式桥。而一些早期设计的梁式桥由于设计荷载等级较低,通行能力较差,已不能满足城市交通发展的需要,必须拆除重建;受当时设计理论、施工工艺、建筑材料、技术水平的限制,在多年运营之后,部分早期建造的梁式桥承载力下降,或出现病害,不能加固或加固无意义,不得不拆除重建;城市规划与布局的新一轮调整与原有的梁式桥位置冲突,导致这些梁式桥需要拆除重建。

桥梁拆除工程,是指对已经建成或部分建成的桥梁结构进行局部或整体分离并解体的施工过程。桥梁拆除施工是一件系统工程,具有高难度、高风险、高技术的特征,稍有不慎,就会酿成大的安全事故。虽然梁式桥拆除工程越来越多,但相关研究很少,尚无成型的拆除设计理论指导。故需对成功案例进行分析研究和总结,完善理论知识,以便于制定拆除的施工规范,形成相关指南以供借鉴。

18.3.2 拆桥特点

（1）没有明确的规范及标准提供参考。目前我国桥梁的发展还处在以建设为主的阶段，对于桥梁拆除缺乏正确的认知，没有相关规范。
（2）大多数桥梁原有资料不完整及拆除前自身状况不明确，造成桥梁拆除工程不可控因素多。
（3）原桥处于一个平衡状态，拆除时会打破平衡，风险较大。
（4）室外露天作业，受环境及天气因素干扰较大。

18.3.3 拆桥原则

1）一般原则

（1）安全原则：技术上安全，管理上安全，意识上安全，确保人身和财产安全。
（2）适应原则：应与边界条件、相关规定相适应，确保结构及功能上的适应性。
（3）经济原则：桥梁拆除一般无后期经济效益，拆除方案应体现经济性。
（4）文明环保原则：体现文明施工，考虑环保要求。

2）技术原则

（1）方法选用原则：边界条件（拆除对象、拆除顺序、拆除环境、桥梁结构形式、特殊要求）许可时，优选爆破拆除，否则选择化整为零的拆除方法。
（2）程序选用原则：平衡对称、化整为零。先上部，后下部；先水上，后水下；先附属，后主体；先吊运，后破碎。可以认为这就是"倒拆"。
（3）整体控制原则：施工前必须做好应急预案及监控方案，整个拆除过程中结构必须处于可控状态。
（4）方案比选原则：结合实际情况提出至少两种以上的可行施工方案进行比选。

18.3.4 拆桥方法

对不同的桥梁形式，在不同的环境下，所采用的拆除方法也应有所不同。根据采用的工具、动力及材料不同，桥梁拆除可分为人工拆除、机械拆除、爆破拆除及综合拆除等；根据拆除时所采用的工艺不同，桥梁拆除可分为直接拆除（坍塌法）、支撑拆除、爆破拆除及吊装拆除等。

1）人工拆除

人工拆除是指依靠人力和铁锤、风镐，手持切割器具等简单工具，对桥梁进行解体和破碎的施工方法。

（1）优点：简单、经济、不受场地限制。
（2）缺点：速度慢，噪声大。
（3）适用范围：仅适用于小型桥梁及大中型桥梁的桥面系或者局部拆除。

2）机械拆除

机械拆除是指使用带动力系统的大型器械，对桥梁进行解体和破碎的施工方法。

(1)优点：噪声小、污染小、速度较快。
(2)缺点：经济性较差，需进行严密的施工组织及施工监控。
(3)适用范围：场地允许情况下适用于各类桥梁。

3）爆破拆除

爆破拆除是指利用炸药（雷管）、水及化学膨胀剂等材料的膨胀作用对桥梁进行解体和破碎的施工方法。

根据所采用材料的不同，将爆破拆除划分为控制爆破拆除、水压爆破拆除、静力爆破拆除。

(1)优点：速度快、效果明显、经济性适中。
(2)缺点：爆破拆除后期清渣周期较长，需要严格封闭交通，前期准备时间较长。控制爆破拆除噪声大，振动大，存在飞石；水压爆破拆除条件相对苛刻，仅限于可盛水结构；静力爆破拆除无振动、无噪声、成本低，但有可能对水质及环境造成不良影响。
(3)适用范围：适用于周围有落渣及清渣环境或高度较矮的桥梁拆除，不适用于城市桥梁及桥下有通行（航）要求的桥梁拆除。

对于大跨径桥梁，为了保证拆除施工的经济性及安全性，一般会进行局部预爆破，综合利用以上三种爆破拆除方法的优点，即综合爆破拆除，使拆除施工达到最优效果。

4）直接拆除

直接拆除是指在不对结构采取辅助措施（如支架、拱架及临时加固措施等）的情况下，采用人工及机械进行拆除的施工方法。

(1)优点：简便、经济。
(2)缺点：噪声大，粉尘污染严重，速度较慢。
(3)适用范围：适用于跨径不大、高度较矮或完全废除的桥梁拆除。需要对周围进行安全防护，在城市桥梁拆除工程中应慎用。

5）支撑拆除

支持拆除是指在桥梁上部结构下侧搭设支架（少支架、多支架、拱架、浮船支架等），采用人工及机械进行破除，或者用静力切割设备对结构进行解体的施工方法。

采用人工及机械进行拆除时，优缺点及适用范围与直接拆除相似；采用静力切割设备时，振动、噪声及粉尘污染会明显降低，施工速度较快。经济性相对直接拆除均有所降低，但安全性更好。

6）吊装拆除

吊装拆除是通过解除（改变）原结构体系（连续缝、湿接缝、铰缝、横向联系、吊杆、系杆），然后采用切割及吊装设备分节段或构件（单梁、单板）逐一吊装拆除的施工方法。

(1)优点：噪声小、污染少。
(2)缺点：施工难度大、经济性较差，需要进行精细计算、施工组织及施工监控等。
(3)适用范围：适用于装配式桥梁、大跨径桥梁、高度较高桥梁、复杂环境桥梁及复杂结构桥梁。

7）综合拆除

综合拆除是指综合使用以上各种方法对桥梁进行解体和破碎的施工方法。现今多采用综合拆除。

18.4 新工艺技术（SPMT/模块车）

18.4.1 SPMT 自控式液压模块运输车简介

SPMT（Self Propelled Modular Transporters）为计算机自动控制的平板车，在欧洲广泛用于石化、海工、电力、和大型民建行业的重件顶升与运输。船舶业使用 SPMT 来进行船体部件在制造过程中的移动，运输业使用它们来移动桥梁。SPMT 通常用来运输质量介于 150～3300t 之间的桥梁，对位精度可达英寸以下。

SPMT 单车有 6 轴线单元和 4 轴线单元两种，每个轴线包括一对多模式转向的悬挂系统，轴距小于 1.5m。这两种单元可以横向和纵向拼接并且所有轴线能够同步移动，车体与控制器通过电缆连接，由一个随车步行的操作手进行控制。如果计算机发生故障，分体的 SPMT 仍然可以单独操作，此时需手动配合，以保证数据一致。

每个 SPMT 单元宽度为 2.4m，每轴线包括 4 条轮胎。3m 板车每轴线包括 8 条轮胎。SPMT 平台最低距地面 120cm。理想的行驶高度为 111.7～152.4cm，但有时也可以达到 91.4～127cm；SPMT 平台的设计垂直最小行程为 60.9cm；垂直升降范围 91.4～152.4cm。实际应用时，应假设其垂直调节范围在 40.6～50.8cm 之间。

控制器具有 4 项功能：转向、升降、行驶、制动。程控电子转向系统可以实现平面上的各种移动：前后直行、横行、斜行、任意角度的自然转向。每个悬挂可以围绕其支撑点做 360°回转。载重的 SPMT 行走速度为 4.8km/h（1.3m/s）。取决于地形和载荷总量，最高速度为 11.2km/h（3m/s）。不带 PPU（动力单元）的 4 轴线 SPMT 自控式液压模块运输车长度约为 6m，6 轴线为 9m，PPU 长度为 3.9～4.2m。

SPMT 平台可以在 60.9cm 范围内垂直调节，以确保在通过不平地面或过坡时，平台仍保持水平。根据需要，SPMT 平台上可以加装其他顶升装置。每个悬挂包含 2 个悬臂，每个悬臂通过球头连接 2 条轮胎，这些部件组成整个液压系统。液压系统可以分为 3 个或 4 个液压分组，以使负载均匀地分配到每个轴线。在桥梁移动过程中，如果地面发生沉降，液压系统将自动补偿地面的高差，如图 18-11 所示。

图 18-11　自控式液压模块运输车

18.4.2 SPMT 自控式液压模块运输车基本参数

SPMT 自控式液压模块运输车基本参数见表 18-1。

基本参数(单位:t)　　　　　　　　　　　　　　　　表 18-1

参　数	4 轴线	6 轴线
能力	142	213
自重	4.5	4.5
最大轴荷	40	40
最大净轴荷	35.5	35.5

18.4.3　SPMT 自控式液压模块运输车在桥梁工程中的应用

使用 SPMT 自控式液压模块运输车进行桥梁的运输,是 2004 预制桥梁构件及系统国际调研机构最优先推荐的施工方法,这一推荐建立在美国联邦公路管理局等组织的调研报告的基础上,此调研由联邦公路管理局(FHWA)、美国高速公路与运输管理协会(AASHTO)和运输研究委员会所属的全国高速公路研究计划组织(NCHRP)共同发起。此调研的目的是了解其他国家如何采用预制桥梁构件来减少交通干扰、提高工地安全、降低环境影响、提高施工能力、提升质量和降低寿命成本。

桥梁可以在预制场地受控的环境条件下进行预制,然后在工地现场快速安装,进而实现高质量、高效率的施工,相对于传统工艺所需的几个月或几年工期,施工时间大大减少。对于交通流量大的地点,如桥上或桥下每日车流量不低于 40000 辆的桥梁更换项目,应考虑采用 SPMT/模块车施工工艺。上述其他因素也表明,SPMT/模块车工艺是桥梁项目最好的选择。

1)传统的桥梁上部结构现场建造流程

(1)吊装横梁;
(2)安装结构模板或临时桥面模板和悬垂模板;
(3)在钢梁上安装抗剪螺栓;
(4)安装面板加固;
(5)浇灌面板水泥;
(6)固化水泥;
(7)移除临时模板;
(8)安装护栏和附属物,如灯柱、挡板、标牌等。

2)使用 SPMT/模块车工艺后传统的系列环节被简化成一步

SPMT/模块车施工工艺是使用 SPMT 将预制的上部结构从堆场运输到最终位置。采用该方法来安装预制桥梁之所以能够节省大量施工时间,是得益于 SPMT 的快速架桥和对传统施工流程的缩减。

(1)在现场准备完毕之前可以进行桥梁的预制。新桥可以在现场附近的堆场进行预制,而不会影响交通。低位建造提高了施工安全性。同时,预制时间宽裕,可以更加注意细节,以达到良好的长期性能。

(2)拆除程序大为简化。无须建造防护来保护桥下的交通,进而节省了时间和成本,减少了封路时间。消除了碎屑掉落穿过防护网影响桥下交通的危险。对比传统的现场拆除工艺,SPMT 能够快速地移除旧桥并运送至附近的堆场进行拆解,明显减少现场施工时间。SPMT 可以只参与旧桥的移除,或者同时参与旧桥移除与新桥架设。

(3)一旦现场准备完毕,可立即开始预制桥梁的安装。使用 SPMT 可在很短的时间内将桥梁上部结构或整座桥梁安装就位,加上建造验收,几小时内即可恢复交通。

（4）SPMT可以运输多跨上部结构和带有子结构的整座桥梁，节省更多时间。SPMT既可以运输水泥桥梁，也可以运输钢制桥梁。

3）采用SPMT自控式液压模块运输车的优点

SPMT在几分钟或几小时内即可移动桥梁的技术能力，大大减少了对交通的干扰，提高了工地的安全性，降低了施工对环境的影响且提高了施工效率。

使用SPMT安装桥梁，将现场施工时间降至最低。对桥上和桥下交通的干扰，由几个月降低至几分钟或几小时。现场施工时间的减少，也提高了汽车驾驶员和施工人员的现场安全性。也减少了对学校通道、医院通道和紧急响应通道的影响。另外，很短的施工时间也会改善公众对服务的评价。

在现场以外的地方建造预制桥梁系统，加之SPMT的快速运输，大大提高了桥梁的使用寿命并减少了维护需求。质量的提高基于以下几个原因：一是桥梁在一个受控的环境里建造，可连续施工，不受交通的影响；二是桥梁作为整体在堆场建造并作为整体进行运输，减少了桥面板接头数量；三是在堆场可以更早的开始建造，不受现场条件的限制，因而建造时间充裕。这些优点将提高预制桥梁的可靠性，进而达到100年使用寿命的预期。

这一工艺的采用，使得新桥可以在现场外部预制，并且可以从任何方向向最终位置快速运送，也消除了对吊车吊装的依赖。另外，重物由SPMT支撑，比由起重机吊在空中更安全。

对于施工方的益处，包括可以在现场附近的堆场使用传统方法建造桥梁；不限工时的工作所带来的灵活性，且由于远离交通并且在低处施工，能提高安全性、降低风险；另外，由于现场地基和下部结构的建造，可以与附近的堆场桥梁预制同时进行，现场发生的工期延迟（例如设备意外等原因）不会影响到堆场预制的工作；最后，由于大部分工作在现场以外进行，只需少数工人在交通附近或上方工作，增加了建造的安全性。

4）SPMT快速拆装桥梁的经济效益

（1）节省初始成本。体现在SPMT的快速运输上，包括减少交通维护带来的成本节省、减少路障带来的执法人员加班费用的节省、减少拆除旧桥板发生的二次处理和执照申办费用等。

（2）节省施工成本。体现在需建造、维护、维修封路期间的绕行道路和设施上，也体现在可减少施工方现场施工人员并能快速竣工上。

（3）可以快速竣工，进而可以竞标更多项目而不受资金的限制。

（4）桥梁寿命提高带来的成本节省。这一施工工艺带来的质量提高可增加桥梁的使用寿命并减少维护需求。

18.5　SPMT/模块车架设桥梁工程实例

深圳市岗厦北综合交通枢纽位于深南大道和彩田路交汇处，深南—彩田立交的正下方，为地下三层站结构。深南大道和彩田路是深圳市两条重要的城市主干道，地理位置敏感，这两条路的交通疏解工作直接关系整个福田中心区的交通环境。因工程建设需要，上跨深南大道需架设一座钢便桥，鉴于该位置特殊，上跨深南大道钢箱梁采用SPMT/模块车架设。

18.5.1 钢便桥概况

钢便桥上跨深南大道,跨径布置为188m(30m+2×46m+34m+32m),分两幅设置,单幅桥宽12m,上部结构采用钢箱梁,双箱单室;下部结构采用柱式桥墩,重力式桥台,钻孔灌注桩基础,如图18-12所示。

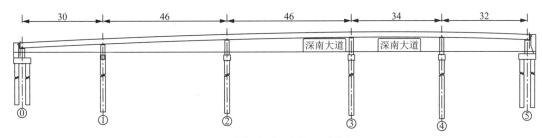

图18-12 桥梁立面示意图(尺寸单位:m)

18.5.2 总体架设方案

单幅桥钢箱梁顺桥向共划分10个节段,钢箱梁节段由专业厂家加工制造,加工完成后在厂内进行预拼装,经验收合格后按照安装顺序运输至施工现场。

上跨深南大道梁体节段采用SPMT/模块车架设,节段长度分别为26m、24m;余梁体节段采用常规方法(临时支墩,履带吊安装)。

18.5.3 搭设临时支架

1)安装临时支架

临时支架材料直接运输到施工现场,在现场完成钢管立柱和分配梁的加工制作。钢管底部通过与混凝土基础的预埋钢板焊接来固定。采用25t的汽车式起重机先安装钢管立柱,控制钢管立柱顶面高程,然后在钢管立柱上安装横向分配梁。分配梁与立柱之间需用加劲板补强,所有的型材对接均需用钢板补强。部分钢结构近墩柱位置底面为变截面,具有一定坡度,为非水平面结构,为防止钢结构滑动,在钢箱梁底部加垫楔形方木,同时在梁底焊接挡板,与临时支架顶部结构焊接,钢管支架检算时考虑其水平推力。

2)选择履带式起重机、吊具

根据梁体质量选择1台260t履带式起重机、1台300t履带式起重机和1台400t履带式起重机,并通过计算选择合适的吊装卡环与钢丝绳。

3)拆除临时支架

全桥共计5跨钢箱梁,其中单跨钢管支架数量最多为2个。钢管支架采用逐跨拆除方法,临时支架调节钢管的拆除通过力的转换及同步分级卸载来完成。拆除时,将千斤顶放在支架分配梁上,单跨每个支架上布置8台32t的千斤顶,每个钢管支架上同步顶升其中4台千斤顶使得调节钢管基本不受力,采用氧气乙炔切割拆除调节钢管。利用8台千斤顶交替受力达到分级卸载的目的(每次卸载不超过10mm),卸载完成后拆除千斤顶。调节钢管及千斤顶撤掉后开始拆除分配梁,切割分配梁成两段,采用25t起重机车在链条葫芦配合下放分配梁到地面进行拆除。再拆除连接系,最后拆除钢管立柱。拆除过程中用链条葫芦作保险防止立柱倾倒，造成安全隐患。支架拆除后及时倒运离开桥址，避免对交通运输产生过多影响。

18.5.4 SPMT/模块车架设

1) SPMT/模块车选用

采用 SPMT/模块车架设的梁体最大长度为 26m，质量达 135t，根据以上参数，选用 2 台模块车运输及安装，钢箱梁架设共选用 4 台模块车。单台 SPMT/模块车选用 8 轴线形式，轴距为 1.4m，宽为 2.43m，高为 1.5m，SMPT/模块车长为 15.4m，每轴线载重 30～35t。单台 SPMT/模块车承载力为 240～280t，满足运输要求。SPMT/模块车选用示意如图 18-13 所示。

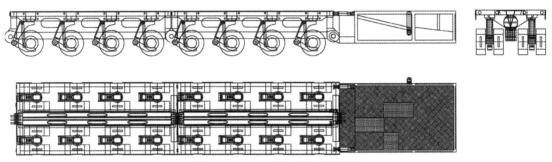

图 18-13　SPMT/模块车选用示意图

2) SPMT/模块车调节胎架

钢箱梁节段采用 SPMT/模块车运输及安装，根据路面高程及纵向坡度进行计算，钢箱梁底板距离路面高度为 5.13～5.25m，模块车高度范围为 1.15～1.85m，由此设计了高 3.92m 调节胎架，实际调节范围为 5.07～5.77m，满足现场需求，每个调节胎架由 8 根 $\phi426\times8$ 的钢管作为立柱，16a 槽钢作为连杆，I45a 工字钢作为分配梁等组拼而成。调节胎架结构示意如图 18-14 所示。

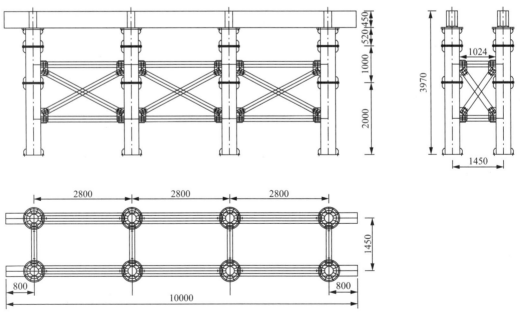

图 18-14　调节胎架结构示意图（尺寸单位：mm）

3）钢箱梁架设

（1）测量部署

根据设计单位给定的坐标点和高程控点、钢箱梁分段尺寸，对支撑体系定位、高程及每一分段梁段定位轴线和高程，对钢箱梁进行测量定位。

（2）测量步骤

①控制点的加密

以测量成果表和实地的导线点为依据，进行加密。测设过程中采用二级导线精度，加密点必须坚实牢固，保证道路施工过程中相邻导线点能互相通视，然后用电锤钻孔，埋设直径为14mm的钢铆钉头，导线起始点必须与测量成果表的复测点闭合。其精度应满足相关规范要求。

②高程点的加密

为满足施工需要增设的加密高程控制点均按四等高程控制要求测设。以设计测量成果表经复测高程点为起始点，进行一个往返测，其测设结果应满足相关规范的要求。

③桥支墩中心线、高程的复测

对各墩位基础中心线及高程进行复测。桥支墩中心线应符合现行《工程测量规范》（GB 50026—2007）及设计要求，复测成果报监理工程师，经认可后方能进行下一步工作。

④支撑体系测量控制

a. 平面控制

结合现场实际安装情况，对支撑体系进行现场定位。先用全站仪把梁段中心线投影线引测在路面上，用红油漆进行标识，直线段每12～16m测设一个点，曲线段每5m测设一个点。测设点位必须精准，测设误差必须达到图纸要求，否则应重测。中心线投射完毕后，沿纵向方向按支撑体系布置图把每一组的支撑体系的定位关系在路面上做标识。轴线投射完毕后用水准仪对支撑体系柱脚处进行找平并配置斜垫板。

b. 支撑体系上部控制

支撑体系格构柱安装整体稳定后，根据控制点坐标，用全站仪将之前布设的道路中线点、钢箱梁分段中心线投影点及左右路边点投在支撑体系横梁上，并沿纵向用细钢丝连接各点，在钢丝上把每一中心线分段尺寸投影点在钢丝上标示出来。在横梁纵向方向根据中心线把钢箱梁横向分段尺寸投影线在横梁上用样冲和油漆标示出来，再整体测量、检查投射点与理论值测设之间的误差是否符合设计要求。

c. 支撑体系高程控制

支撑体系高程点详细定位时，为减少每次测设的误差，可先在每联中心位置架设一临时测量台架，测量台架高度与支墩高度相近，水准仪放在临时测量台架上测量。支撑体系安装后，实际梁段底部高程＝支架高度＋预留段高度。在对支撑体系高程复查完毕后，用梁段下部高程减去支架高度，计算出钢箱梁每一分段四个支点处预留段高程，钢箱梁落位后，经复测，若支撑点顶部高程未满足要求，则应在支撑体系横梁上架设千斤顶来进行微调，直到与理论值一致。支撑体系的高程控制是从支撑体系底座开始的，根据要求对底座高程的相对高差进行观测，使用高差法将支撑体系底座操平（设 B 点高程＝A 点高程＋AB 点高差值）。在条件允许时，支撑体系的底座尽量控制到正负零。在架设仪器时尽量保持等距测量，少设站，多闭合，尽量减少测站时的观测误差。在支架格构柱稳定后对支架横梁上的平面进行复测，如达到要求，则可以开始安装钢箱梁。

d. 支座垫石复测

对盖梁支座垫石进行复测，误差不应超过规范允许范围。桥台上应设置固定的水准点和导线点，以便随时测定或复查支承垫石高程和支座纵横中心位置。由于施工地段比较分散,采用分区分段复测加密导线点与水准点。根据勘测单位提供的测量成果表的导线点、水准点数据,按照《工程测量规范》(GB 50026—2007)的要求进行测量。

⑤钢箱梁测量控制

a. 架设前,对钢箱梁平、纵设计参数表、支座设计参数等基本数据进行一次全面的校核,确认平面及立面曲线要素。安装钢箱梁之前,把每一段梁段轴线尺寸和图纸设计的线型投影在支撑体系上。

b. 在测量工作结束并确认无误后,首先采用SPMT/模块车架设钢箱梁,由中间向两侧架设,待模块车行驶指定位置后,根据上述所测箱梁的定位点及高程进行调整。调整过程中应循序、缓慢。

c. 采用SPMT/模块车对接钢梁全程需采用全站仪进行精准定位,待箱体梁段对接误差满足规范后方可进行焊接。

4)施焊方法及顺序

现场节段对接环横向焊缝采用单面焊双面成型焊接,背面贴陶质衬垫,底层用CO_2气体保护焊进行打底焊,中、上层填充和盖面焊道采用万能式埋弧自动焊平位焊接或CO_2气体保护焊焊接。

现场焊接时,根据吊装顺序安排详细的焊接顺序。

第一步:吊装梁段块体。首先同时完成顶板与底板纵缝焊接,然后完成中腹板焊接。

第二步:吊装两侧挑臂块体。两侧挑臂块体根据现场施工人员以及设备情况,可同时施工,两侧均为首先同时完成顶板与底板纵缝焊接,然后完成中腹板焊接。

第三步:完成环缝焊接。环缝焊接时,同样首先焊接顶板与底板焊缝,按照由中间向两侧的顺序进行;然后焊接两侧腹板位置焊缝,按照由下向上的顺序进行。

第四步:完成嵌补件的焊接。

5)施焊要求

(1)施焊时应按监理工程师要求和相关工艺文件规定焊接产品试板,产品试板的厚度、轧向、坡口尺寸应与所代表的接头一致,并与之采用相同的工艺方法及参数同时施焊。产品试板应做好标记,在经监理工程师验收合格后,方可取下移送试验部门取样试验。

(2)梁段间环缝为横桥向对接焊缝,是主要受力焊缝,要求100%熔透和100%无损检测。由于桥上施工条件较差,焊缝拘束度又很大,因此应从考试合格的焊工中挑选经验丰富、焊接水平较高的焊工施焊。

(3)桥上焊接施工的环境温度宜控制在5℃以上,相对湿度不大于80%,风力不大于5级。若在露天或雨天施焊,则应采取有效的防风、防雨、防潮措施。

(4)定位焊可采用手工焊或CO_2气体保护焊,执行桥上连接焊接工艺相关规定。当定位焊出现裂纹或其他严重缺陷时,应先查明原因再清除缺陷并补充定位焊。

(5)焊前全面检查接口的错边、间隙及坡口尺寸。

(6)焊接前用砂轮清除表面的铁锈,清除范围为焊缝两侧各50mm,除锈后24h内必须焊接,以防接头再次生锈或被污染。否则应重新除锈后再施焊。

(7)在钢箱内采用CO_2气体保护焊时,焊工要佩戴防护面罩,必须配备通风防护安全设施,以免焊接时产生的CO_2气体影响焊工人身安全。

6) SPMT/模块车使用安全措施

(1) 模块车运行时,其周围 30m 内不得有无关人员。操作人员时刻观察钢箱梁平整度,通过遥控调整 SPMT/模块车,使钢箱梁底在同一水平面上。

(2) 在钢箱梁下端焊接三角板作为限位(图 8-15),防止钢箱梁在输运过程中滑移,纵桥向每台模块车处布置两个,横桥向布置三道,即一次整体运输布置 12 个限位三角板。同时采用 4 台 5t 的链条葫芦把钢箱梁与调节支架顶面的承重梁进行捆绑,用来防止钢箱梁运输时滑移。

7) SPMT/模块车架设交通组织

根据施工需要,钢箱梁 26m 节段和 24m 节段采用 SPMT/模块车分 4 次安装,需占用深南大道主道 4 个夜晚,南、北两侧主道交替封闭施工。

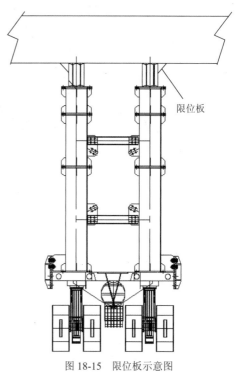

图 18-15 限位板示意图

(1) 26m 钢箱梁节段 SPMT/模块车安装:提前对深南大道做好道改工作,23:00 北侧主道全封闭,南侧主道双向通行布控,连续两个夜晚,封道时间为 23:00 ~ 6:00。

(2) 24m 钢箱梁节段 SPMT/模块车安装:提前对深南大道做好道改工作,23:00 南侧主道全封闭,北侧主道双向通行布控,连续两个夜晚,封道时间为 23:00 ~ 6:00。

18.5.5 工程实例总结

在实施过程中,结合桥位的实际技术条件,充分考虑周边居住环境及交通环境的需要,进行多个桥梁架设方案技术比选。经过现场考察和仔细研究,确定提出采用 SPMT/模块车架设方案。方案借鉴了运载火箭及大型滚装船截断运输的理念,充分利用模块车水平、垂直运输精度可以达到毫米级的特殊技术优势。同时该型号车辆采用重载橡胶轮,架设速度快、噪声小,经评估对现状交通影响最小,技术优势十分突出。

为保证架桥期间深南大道的交通连续,施工采用夜间施工,选择主线单边双向通行的交通疏解方案。采用 SPMT/模块车架桥可以将传统施工工艺需 7d 的工期缩短至 14h,由于现场准备充分,实际施工时间为每天 23:00 ~ 3:00,实际总施工时间为 8h,比原计划减少了 6h,大大加快了整个架桥进度,并且把对周边环境和交通的影响降到了最低。

此次施工采用国际标准的双车组多轴线 STMP/模块车辆技术,实现了单跨桥梁的一次性架设。充分说明该技术是一种安全可靠、全新的高技术架桥手段,是现代化的科技手段替代传统架桥手段的一次创新,发挥了其他架桥方式无法比拟的重大社会效益,目前在国内城市桥梁建设中尚属首例,对于城市桥梁预制、快速架设的新发展具有里程碑意义。

架桥施工过程如图 18-16 所示。

a）SPMT/模块车驶上深南大道　　　　　　b）SPMT/模块车行驶至对节点

c）梁体对接　　　　　　　　　　　　d）新梁架设到位

图 18-16　架桥施工过程

18.6 SPMT/模块车拆除桥梁工程实例

18.6.1 拆除桥梁概况

"深圳市岗厦北综合交通枢纽工程"位于深南大道与彩田立交立体交叉口，是深圳市轨道交通网中最重要的换乘节点，建成后是 2 号线、10 号线、11 号线、14 号线四线换乘的综合枢纽，建筑面积约 22 万 m²。该枢纽将实现 4 线换乘的功能，并兼顾常规公交、出租、社会车辆等综合交通接驳的作用。为满足该枢纽工程的建设需要，建设单位在多次现场考察和仔细研究后，决定对现状彩田立交桥进行拆除，待相应位置 10 号线岗厦北车站结构顶板完成后进行复建。

深南大道彩田立交桥建于 1992 年，该立交桥上跨深南大道，桥梁全长 145.8m，分两幅设置，单幅桥宽 14.25m，桥梁跨径布置为 20m+4×25m+20m。上部结构采用预应力混凝土连续箱梁，下部结构采用柱式桥墩、重力式桥台，钻孔灌注桩基础。上部箱梁结构采用分段现浇，先浇筑北侧三跨连续梁，待强度达到相关规范要求后再浇筑南侧三跨连续梁，预应力钢束采用连接器连接。

经现场考察、研究以及结合 SPMT/模块车快速架设彩田钢便桥的成功经验，在充分考虑周边居住环境及交通环境等因素后，提出采用 SPMT/模块车拆除方案。充分利用 SPMT/模块车在较短时间内移动桥梁的技术能力，大大减少了施工对交通的干扰，提前了交通恢复时间，提高了工地的安全性，降低了施工对环境的影响，提高了施工效率。

18.6.2 总体拆除方案

彩田立交中间4跨连续梁采用SPMT/模块车进行支撑切割运输拆除（夜晚半幅封道施工，封道时间23:00～6:00），运输到南北两岸存梁场卸车（南北两侧各用两台260t履带式起重机），然后在南北存梁场进行二次切割解体装运至弃梁场；南北两侧边跨均采用满堂支架进行支撑并逐段切割进行拆除，采用260t履带式起重机直接装运至弃梁场；墩柱采用25t汽车式起重机切割拆除方案直接装运至弃梁场。总体拆除方案如图18-17所示。

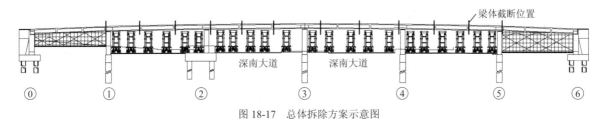

图18-17 总体拆除方案示意图

18.6.3 临时支墩拆除

北侧边跨因既有地铁2号线运营及现场地面条件达不到要求等，不能采用SPMT/模块车进行支撑快速拆除；南侧边跨因现场受限无法采用SPMT/模块车拆除，为减小外部受力对其影响，现场主要采用搭设满堂支架进行切割拆除作业。支架立杆纵桥向间距90cm布置、横桥向间距90cm布置，立杆布置要与切割线错开至少15cm；横杆竖向间距100cm布置；支架搭设后须逐根检查立柱顶紧梁底程度，确保每根立柱受到力且所有立柱受力基本均匀才可以开始切割施工。顶部通过地托顶紧梁底，地面通过地拖直接与基础接触，基础厚度为20cm。根据梁体重量选择4台260t履带式起重机，并通过计算选择合适的吊索进行吊装拆除。

18.6.4 SPMT/模块车拆除

1）SPMT/模块车选用

混凝土切割运输节段最大质量约为300t，切割运输最大梁段为12m，根据以上参数，单个运输节段选用2台SPMT/模块车运输。根据混凝土旧桥拆除顺序、高差位置，确定调节胎架拼装数量及组合形式。单次切割混凝土运输节段共选用6台SPMT/模块车。单台SPMT/模块车选用8轴形式，轴距为1.4m，宽为2.43m，高为1.5m，SPMT/模块车长为15.4m，每轴载重30～35t。单台SPMT/模块车承载力为240～280t，满足运输要求。SPMT/模块车选用示意如图18-18所示。

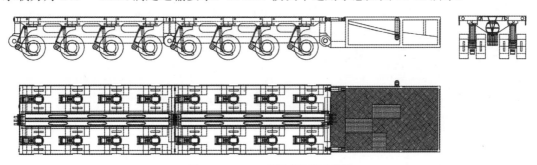

图18-18 SPMT/模块车选用示意图

2）SPMT/模块车调节胎架

既有彩田立交桥中间 4 跨采用模块车进行支撑，根据路面高程及连续梁纵向坡度进行计算。中间 4 跨连续梁底板距离路面高度为 5.62～5.75m，SPMT/模块车高度范围为 1.15～1.85m，由此设计调节胎架高为 4.17m，高度调节范围为 5.32～6.02m，满足现场施工。全部调节胎架在地面进行整体组拼，采用起重机将调节胎架安装至 SPMT/模块车上，安装完成后应进行检查验收。调节胎架结构示意如图 18-19 所示。

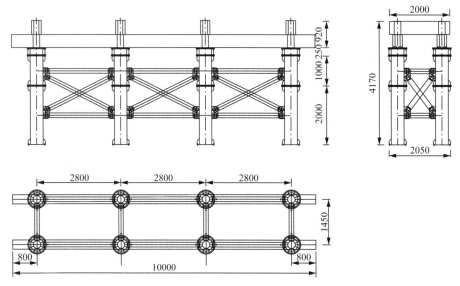

图 18-19 调节胎架示意图（尺寸单位：mm）

3）SPMT/模块车使用安全措施

（1）模块车运行时，其周围 30m 内不得有无关人员；操作人员应时刻观察混凝土梁平整度，通过遥控控制 SPMT/模块车，尽量使箱梁梁底在同一水平面上。

（2）箱梁底部与胎架接触面需设置 3cm 厚的橡胶垫，使其受力均衡并防止滑移。

4）SPMT/模块车拆除交通组织

根据施工需要，中间 4 跨连续梁应在 4d 内完成拆除，并转离出场，单次拆除按照单幅双跨进行切割作业。需占用深南大道主道 4 个夜晚，南、北两侧主道交替封闭施工。

（1）截断梁体 SPMT/模块车拆除：提前对深南大道做好道改工作，23：00 北侧主道全封闭，南侧主道双向通行布控，连续两个夜晚，封道时间为 23：00～6：00。

（2）截断梁体 SPMT/模块车拆除：提前对深南大道做好道改工作，23：00 南侧主道全封闭，北侧主道双向通行布控，连续两个夜晚，封道时间为 23：00～6：00。

18.6.5 拆除工况计算

本次拆桥共分为三种计算工况：

工况一：成桥状况，即彩田桥现有状况。
工况二：拆除第三跨，剩余梁体安全验算，如图 18-20 所示。
工况三：拆除第四跨，剩余梁体安全验算，如图 18-21 所示。

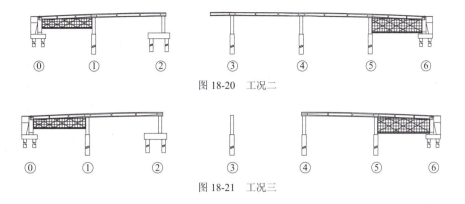

图 18-20　工况二

图 18-21　工况三

1）计算模型

计算模型如图 18-22～图 18-24 所示。

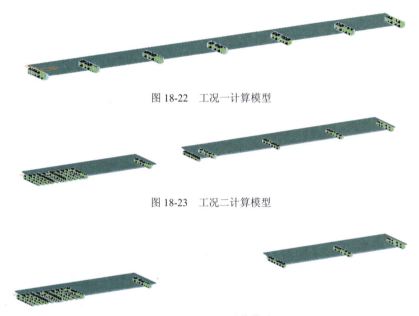

图 18-22　工况一计算模型

图 18-23　工况二计算模型

图 18-24　工况三计算模型

2）抗弯承载内力图

抗弯承载内力图如图 18-25～图 18-27 所示。

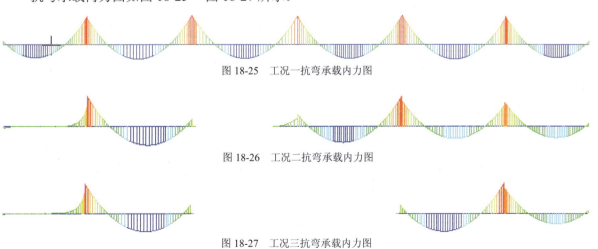

图 18-25　工况一抗弯承载内力图

图 18-26　工况二抗弯承载内力图

图 18-27　工况三抗弯承载内力图

3）正应力云图

正应力云图如图 18-28～图 18-30 所示。

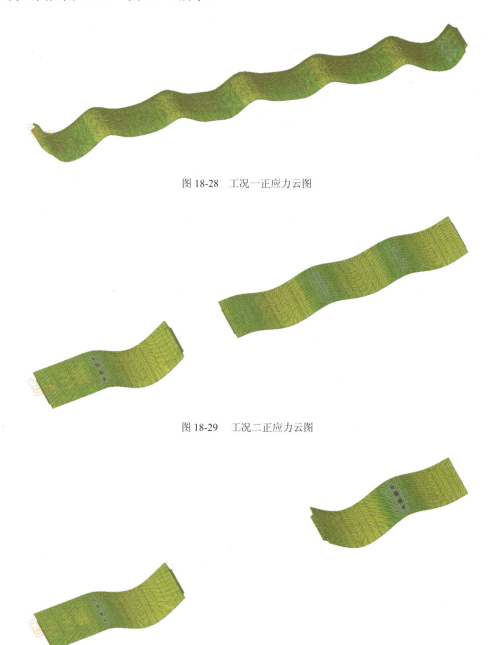

图 18-28　工况一正应力云图

图 18-29　工况二正应力云图

图 18-30　工况三正应力云图

18.6.6　工程实例总结

此次拆桥采用的 SPMT/ 模块车技术，是 SPMT/ 模块车成功快速架设彩田钢便桥的延续，充分证明了标准化 SPMT/ 模块车技术是一种安全可靠、全新的高技术拆架桥手段，可以发挥巨大的社会效益。岗厦北综合交通枢纽工程成功运用标准化 SPMT/ 模块车技术进行快速架桥、拆桥，将为后续类似工程积累丰富和宝贵的经验，对城市桥梁预制、快速架设、快速拆除的新发展具有里程碑意义。

拆桥施工过程如图 18-31 所示。

a）现场切割梁体

b）切割后驶离桥位1

c）切割后驶离桥位2

d）切割一跨后剩余梁体

图 18-31　拆桥施工过程

第 19 章 预制装配式桥墩施工技术

19.1 概述

桥墩预制拼装技术在各国的推广应用程度,与其工业化水平及劳动力成本密切相关。在 20 世纪 80 年代之前,限于当时的工业化水平,预制拼装的成本往往高于现浇施工,使得预制装配式桥墩技术的应用受到限制。20 世纪 80 年代以来,桥墩预制拼装技术首先在工业发达的欧美国家得到应用,预制装配式桥墩的形式涉及独柱墩、框架墩(又称排架墩)以及异形墩(如 Y 形墩)等。例如,1982 年美国佛罗里达建成的 Long Key 桥、Seven Mile 桥,其桥墩均采用了预制 Y 形墩柱。

目前,在美国、日本、新西兰等国家,已投入大量的人力、物力、财力,用于预制构件的研究并已取得一些成果。国内的工程技术人员也开始在这个领域开展一些有益的探索,应用于实际工程并积累了一些经验。该技术能很好地控制工程质量,还可以大大加快施工进度,确保工期。由预制墩身安装施工技术推广至全预制装配化的桥梁施工技术,不仅能很好地控制工程质量,而且还能加快施工进度、减少现场污染、降低成本,符合交通行业的发展要求,预制装配化施工也将成为桥梁施工的主流方法。

19.2 定义及适用范围

19.2.1 定义

预制装配式桥墩是将高大的桥墩沿垂直方向、按一定模数分成若干构件,所有预制件在预制场进行浇筑预制,待到凝期后,通过车船运输至现场,起吊拼装的一种新工艺。构件之间的连接方式有承插式连接、套筒灌浆连接、波纹管灌浆连接等,如图 19-1、图 19-2 所示。

图 19-1　套筒灌浆连接

图 19-2　波纹管灌浆连接

19.2.2 适用范围

预制装配式桥墩工艺适用于干扰较多的城区、施工场地狭窄、工期要求紧、环保要求高等市政、轨道交通工程。

19.3 国内外应用状况

随着我国城市化进程的快速推进,交通拥堵问题也日益突出,为解决这一问题,城市桥梁在国内大中城市中的建造越来越多。这些桥梁的建造主要以人工绑扎、现场浇筑为主,建设期间对城市中心区域的交通造成很大的压力,主要有:

(1)现场施工作业需要大量劳动力,作业环境差、施工效率低、施工周期长。

(2)大型桥梁结构现场施工占用施工场地大,对中心城区交通和居民出行影响大。

(3)现场施工容易产生粉尘、泥浆、噪声和光污染,环境因素干扰大,文明施工程度难以满足社会公众要求。

(4)施工监控管理难度大,管理效率低;粗放型施工模式导致行业整体能耗高,浪费严重。城市桥梁的传统现浇施工工艺已不能满足社会发展的需求。

在保证工程质量的前提下,寻求一种拼装化、快速化、集约化的城市桥梁装配式建造施工工艺显得尤为重要。快速施工、绿色施工已成为城市桥梁建设面临的迫切需求,而将混凝土桥梁结构的主要构件在工厂或预制场集中生产,现场拼装的全预制拼装桥梁技术的优势正符合城市桥梁建设的要求。

国内外预制装配式桥墩应用实例如图 19-3、图 19-4 所示。

图 19-3 美国华盛顿州 HfL 示范项目　　　　图 19-4 上海市政高架预制墩身和盖梁

19.4 工程特点

预制装配式桥墩工程特点:

(1)工厂化施工。各预制构件可在工厂、预制场内规模化生产,运至施工现场直接安装施工,方便快捷,有利于节能环保。构件的标准化和统一化注定了现场施工的规范化和程序化,使施工更方便快捷。

（2）标准化施工。根据结构特点和便于构件制作与安装的原则将结构拆分成模数化的构件，用于标准化的生产、安装和质量控制。

（3）质量可靠。构件制造安装施工标准化、规范化，更有利于工程质量的控制。

（4）环保节能。预制桥墩在构件厂加工成型，标准化的流水线作业减少了材料的浪费，同时，采用装配化施工大大减少了建筑垃圾的产生，现场无混凝土浇筑作业，也降低了施工噪声。

在市政、轨道交通预制桥梁应用中多采用套筒灌浆连接方式。本章重点讲述钢筋套筒连接—预制装配式桥墩施工工艺。钢筋套筒灌浆连接接头由带肋钢筋、套筒和灌浆料三部分组成。其连接原理是：在套筒内插入带肋钢筋，并灌注无收缩或微膨胀的水泥基灌浆料，使灌浆料充满套筒与钢筋之间的间隙，硬化后的灌浆料与钢筋的横肋和套筒内壁凹槽或凸肋紧密啮合，即实现两根钢筋连接后对所受外力的有效传递。

19.5 施工流程及技术要点

节段拼装桥墩连接主要有采用后张法预应力筋（钢绞线、精轧螺纹钢）连接、灌浆套筒连接、灌浆金属波纹管连接、插槽式接缝连接、承插式接缝连接、钢筋焊接或搭接并采用湿接缝连接以及混合连接构造等，以实现预制桥墩节段之间、预制墩身与盖梁之间、预制墩身与承台之间的连接，拼装接缝采用砂浆垫层或环氧胶接缝，在建的预制拼装桥墩目前已较少采用干接缝构造，这主要是出于耐久性的考虑，一些已建工程表明，干接缝构造易导致接缝附近钢筋遭受腐蚀，结构耐久性差。

预制装配式桥墩施工分为混凝土构件的预制、运输与安装三个环节。墩身通过预埋套筒灌浆连接承台预埋的钢筋，实现两者连接的整体性，墩身与承台之间的接触面采用砂浆垫层保证其密封性。在桥梁基础施工时，先是桥墩的工厂化预制，承台施工时预埋与墩身的连接钢筋，墩身预制时按相应位置安装灌浆套筒，待基础施工完成后将预制好的墩身运至现场，进行墩身安装。承台顶面预先清理干净，用高强度砂浆料拌制砂浆垫层，在砂浆垫层为塑性的状态下吊装墩柱，采用与吊重相匹配的起重机，将墩身对准轴线位置垂直下放到位，技术人员用全站仪从纵横轴线方向对墩身进行监测使其垂直，校核无误后，进行钢筋连接套筒并灌注高强砂浆，完成墩身施工。

其中灌浆连接套筒依据钢筋连接的方式制作成整体灌浆连接套筒。整体灌浆连接套筒一端为预制安装端，另一端为现场拼装端，套筒中间应设置钢筋限位挡板；预制安装端及现场拼装端长度均不小于$10d_s$（d_s为被连接纵向钢筋直径，下同），现场拼装端内径d_s宜选择+50mm；套筒下端应设置压浆口，套筒上端应设置出浆口，压浆口与端部净距应大于2cm；套筒制作允许误差为+2mm。

灌浆连接套筒应符合标准《钢筋连接用灌浆套筒》（JG/T 398—2012）的规定。灌浆连接套筒采用球墨铸铁制造，材料应符合《球墨铸铁件》（GB/T 1348—2009）的规定，其材料性能指标还应符合表19-1规定。

灌浆连接套筒性能指标　　　　　表19-1

项　目	性能指标	项　目	性能指标
抗拉强度 σ_b（MPa）	≥550	球化率（%）	≥85
断后伸长率 δ_s（%）	≥5	硬度（HBW）	180～250

灌浆连接套筒与高强无收缩水泥灌浆料组合体系性能应符合《钢筋机械连接技术规程》（JGJ

107—2016）中Ⅰ级连接接头要求，试件实测抗拉强度大于或等于钢筋抗拉强度（即不能先于钢筋拉伸破坏）。

灌浆连接套筒与高强无收缩水泥灌浆料组合体系性能应经过国家权威部门试验检测，并出具相应的型式试验合格报告。

保证灌浆连接套筒相关的附属配件合格，如止浆塞、压浆管、出浆管、定位销等。灌浆连接套筒在存放和运输过程中，应采取防护措施，防止污染、生锈、损伤。

灌浆套筒连接形式及套筒实物如图19-5、图19-6所示。

图19-5　灌浆套筒连接示意图

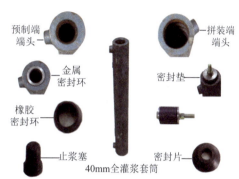

图19-6　灌浆套筒及组件实物

19.5.1　施工流程

预制场场地布置→钢筋笼制作→预制模板安装→混凝土浇筑及养护→预制件运输→墩身安装。

19.5.2　技术要点

1）预制场场地布置

预制场场地必须平整、坚实，避免低洼、积水。有必要将场地整平硬化且设置横坡及排水沟，根据地基及气候条件，采取必要的排水措施，排除雨期积水及养生积水，防止场地松软沉降。同时考虑构件场内、外运输装卸及混凝土运输等因素，沿预制场、存梁区设置便道，以方便施工。整个场地应安排合理，避免过分拥挤和不必要的占用土地，做到安排部署。

同时预制场场地根据桥梁墩身数量、规模选择其占地面积及位置，考虑运输方便、起重机站位及车辆的行走路线等，如果现场情况满足要求，则可在墩身之间选择场地，这样既可以减少征地面积又可以缩短运输距离。预制场场地平面如图19-7所示。

图19-7　预制场场地平面图

2）墩柱钢筋笼制作

（1）墩柱钢筋胎架加工及安装

钢筋笼制作允许偏差为 +2mm，墩柱钢筋笼胎架由底座、支架、挂片及定位板组成。墩柱钢筋笼拼装前，应对其各个部件进行验收复测，钢筋端定位板、套筒端定位板及挂片的开孔开槽位置更需精确测量。拼装过程要求胎架底座安装水平，精度控制在 +2mm 内。各支架安装要求位置精确、状态垂直，精度控制在 +2mm 内。墩柱钢筋笼胎架设计立面、三维效果和实物如图 19-8～图 19-10 所示。

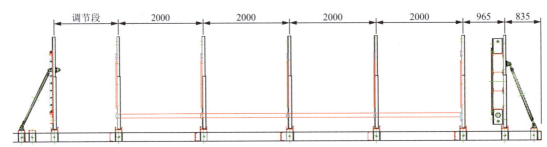

图 19-8 墩柱钢筋笼胎架设计立面图（尺寸单位：mm）

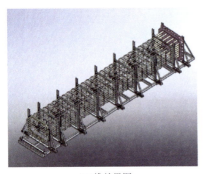

a）三维效果图

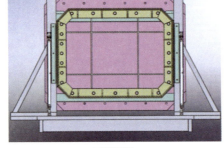

b）断面图

图 19-9 墩柱钢筋笼胎架三维效果图

图 19-10 墩柱钢筋笼胎架

（2）墩柱钢筋笼加工

墩柱钢筋笼在钢筋加工完毕后，应在胎架上完成其加工绑扎工作（图 19-11）。整个绑扎过程共分成 9 个步骤，不允许跳步加工，整个过程应边加工边测量，确保每一步加工的精度得到控制。

绑扎步骤如下：

①墩柱胎架组装完成后，安装墩柱钢筋固定端定位板及套筒固定端。

②一次性将灌浆套筒全部安装到位，并把套筒部位箍筋、拉钩安装到位。

③安装上排主筋和两道箍筋。

④安装底排主筋及侧面有拉钩的主筋。

⑤安装竖向拉钩，一头由 90° 手工弯曲成 135°。

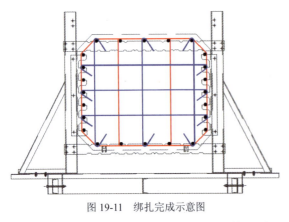

图 19-11 绑扎完成示意图

⑥安装横向拉钩，一头由 90° 手工弯曲成 135°。

⑦安装侧面其余主筋。

⑧采用 CO_2 保护焊，将箍筋及拉钩与主筋全部焊接到位。

⑨其他辅助装置安装，包括套筒止浆塞、柱顶钢绞线吊点、保护层垫块、调节千斤顶预埋螺栓套、

柱顶盖梁挡板预埋螺栓套安装、防雷接地板、局部加强措施的安装。

（3）套筒止浆塞安装

套筒止浆塞安装如图19-12所示。

图19-12　套筒止浆塞安装

（4）柱顶钢绞线吊点安装

墩柱吊装吊耳为双点预制吊环，吊耳布置于柱顶。墩柱采用预埋钢棒吊点进行吊装作业，预埋的最底部采用锚板及P锚挤压套的形式加强。

（5）保护层垫块安装

保护层垫块采用高强度混凝土制成，混凝土强度C50，直径12cm，垂直于主筋放置。

（6）柱顶盖梁挡板预埋螺栓套

柱顶盖梁挡板在墩柱与盖梁连接铺设垫层时起挡浆作用，需在墩柱的四面各安装2个预制螺栓套。

（7）沉降观测点预埋螺栓

沉降观测点预埋螺栓是用于墩柱安装完成后，进行沉降观测。

（8）防裂钢筋网布置

对于10m以上高度的墩柱，为防止吊装过程中产生裂缝影响墩柱外观及使用性能，应布置由ϕ10螺纹钢筋组成的防裂钢筋网，如图19-13所示。

图19-13　防裂钢筋网

（9）局部加强措施的安装

在墩柱钢筋笼的绑扎过程中，墩柱钢筋与套筒的紧固是关键控制点，应采取必要的措施确保其牢固。针对这种情况，绑扎过程中采取了以下两种措施（图19-14）：

①箍筋与加强钢筋顶住橡胶止浆圈；

②增加拉结筋连接主筋与底模。

（10）已完成的墩柱钢筋笼

已完成的墩柱钢筋笼如图19-15所示。

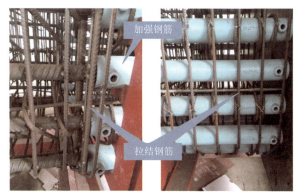

图 19-14 局部加强措施

图 19-15 已完成的墩柱钢筋笼

（11）钢筋加工及安装主要技术要点

①所有钢材的质量都必须符合相关规范要求，具有出厂合格证，经过现场取样送检合格后才能投入使用；

②钢筋加工的形状、尺寸应符合设计要求；

③箍筋与主筋应用钢丝绑牢固；

④钢筋机械连接接头、焊接接头质量应符合相关规定；

⑤将钢筋连接套筒安放在台座预埋钢筋上，进行箍筋绑扎，定位固定连接套筒位置，用橡胶堵头封堵好注浆孔；

⑥将墩身主筋插入灌浆连接套筒中，进行箍筋绑扎，用橡胶密封环封堵好连接套筒端头；

⑦钢筋保护层控制：钢筋与模板间采用塑料垫块，垫块应与钢筋绑扎牢固并互相错开。

3）预制模板安装

为确保墩柱竖向浇筑时钢筋笼底部伸出的锚固钢筋定位和竖向浇筑时外露的锚固钢筋位置准确，需在模板体系底模下部加装定制底架（图 19-16）。底模与底架之间通过调节段相连，通过不同高度调节段组合来适应各种规格主筋锚固长度。模板安装过程中保留柱顶及柱底的定位钢板，如图 19-17 所示。

（1）模板采用装配式整体钢模板，起重机分片吊装模板，在施工现场进行拼装完成。模板拼装期间，应认真检查拼装流程，依照正规模板拼装顺序进行模板拼装，保证其接缝严密、尺寸准确。

（2）正式安装模板前，应先打磨干净钢模板，刷高效脱模剂。

（3）应协调配合开展模板和钢筋安装工作，若部分模板的安装可能会影响到钢筋安装，则应待钢筋安装完毕后再安装模板。

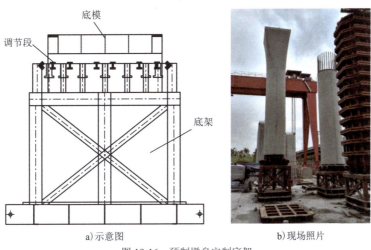

a) 示意图　　b) 现场照片

图 19-16　预制墩身定制底架

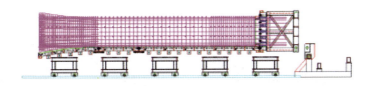

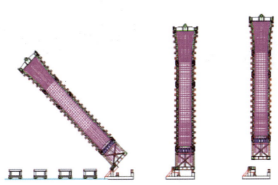

图 19-17　墩身模板工作示意图

（4）在模板顶的纵向、横向分别设置两道 I16 工字钢，长度为桥墩尺寸加模板厚度，工字钢与台座预埋地脚螺栓采用倒链连接，用于固定模板及墩身钢筋，防止混凝土浇筑过程中钢筋及模板上浮，影响墩身预制的质量。

（5）模板安装完毕后，检查其相关参数是否符合规范标准，检查结果合格并签认后，方可开始浇筑混凝土。

4）混凝土浇筑及养护

（1）混凝土浇筑

①准备工作

a. 做好人员的技术交底工作，明确人员分工及相应职责；

b. 检查搅拌站的材料储备及机械情况是否存在异常；

c. 检查和落实施工所用各项机械设备，同时检查备用设备的机械性能是否存在异常；

d. 检查输送泵及混凝土运输车道路是否存在异常；

e. 安排专人清理模板内的杂物，确保建筑前模板内无任何杂物，并进行润湿；

f. 参考当地的天气预报，合理确定浇筑时间。

②浇筑施工

a. 墩身混凝土浇筑落差大,为防止混凝土出现离析,应使用钢串筒定点浇筑。钢串筒由两节钢管与两个手摇绞车组成。混凝土施工前将钢串筒放入指定布料点,固定在钢筋定位架上。

b. 加固完成后操作手摇绞车将下节钢管下放至距施工缝处1m左右,将泵管插入钢串筒。随着混凝土浇筑面的升高,施工人员操作手摇绞车将下节钢管提起。

c. 下半部墩身浇筑完成后,使用吊车将钢串筒拆除,再将泵管深入模板内继续浇筑混凝土,保证整个浇筑过程混凝土自由落差在1m左右。同时分段分层进行施工,每层厚度应控制在30cm。

d. 混凝土分层浇筑时,每层混凝土厚度应不超过振动棒作用部分长度的1.25倍;在振捣上一层时,应插入下层中5cm左右,尽量缩小两层之间的缝隙,并且应在下层混凝土初凝后,再进行上层混凝土振捣。

e. 使用振动器时,振动器与模板的距离应合理,既不能过大也不能过小,应尽量避免碰撞钢筋、预埋件等。

预制墩身混凝土的浇筑和预制墩身构件的现场存放如图19-18、图19-19所示。

图19-18 预制墩身混凝土的浇筑

图19-19 预制墩身构件的现场存放

(2)混凝土防裂施工技术

墩身为大体积混凝土,其他部位也具有钢筋保护层厚、约束复杂、混凝土收缩不一致等易出现裂缝的特点,所以防裂是墩台预制的一项重要工作。从以往工程经验来看,承台及帽梁大体积混凝土部位极少出现裂缝,分段浇筑施工缝上方易出现规则竖向裂缝,应对此采取解决措施。

①混凝土配合比设计

混凝土配合比设计原则为:高耐久性、高抗裂性、体积稳定性。

影响混凝土强度的因素主要有集料的粒径和级配,集料应符合相关规范要求,同时满足工地使用泵送混凝土浇筑方式及规范要求。细集料应采用硬质洁净的天然中粗砂,细度模数为2.5～2.9,含泥量应不大于1.5%,泥块含量不大于0.5%。粗集料应为坚硬耐久的碎石,压碎指标应不大于8%,母岩抗压强度与梁体混凝土设计强度之比应大于2;粒径宜为5～20mm,最大粒径应不超过25mm,并分两级[5～10mm和10～20(25)mm]储存、运输、计量,使用时的粒径5～10mm碎石与粒径10～20(25)mm质量之比为(40±5)%:(60±5)%;含泥量应不大于1%。选用的集料应在试生产前进行碱活性试验。不得使用碱—碳酸盐反应的活性集料和膨胀率大于0.20%的碱—硅酸盐反应的活性集料。当所采用集料的碱—硅酸盐反应膨胀率在0.10%～0.20%时,混凝土中的总碱含量应不超过3kg/m³。确保所有进入到施工现场的砂石料都满足质量要求,一旦发现原材料不合格,应立即将其清除出施工场地。

水泥要求:水泥应采用强度等级不低于42.5级的低碱硅酸盐或低碱普通硅酸盐水泥(掺合料为粉煤灰或矿渣),CA含量应不大于8%;比表面积大于300m³/kg且小于350m³/kg。

混凝土配比要求:水泥用量不得小于300kg/m³,混凝土配合比中水胶比不得大于0.5。

②混凝土温度控制

通过延长存放时间,降低胶凝材料温度。料场设置遮阳棚。配置制冷制冰系统,制冷机组生产冷却水,可将温度控制在8℃以下;制冰机组生产洁净片冰,可将温度控制在-5℃以下。根据热工计算结果,调整混凝土拌和时掺冰、掺冷水的量,确保出机温度符合要求。混凝土运输罐车加保温层。混凝土浇筑尽量安排在夜间施工,避开11:00～16:00高温时段。混凝土入模温度应控制在10～28℃。

(3)混凝土浇筑注意事项

①采用符合设计要求的混凝土进行墩身浇筑,严格依照相关规范标准选择混凝土原料、确定配合比和拌制方法,在正式浇筑前,先进行混凝土的试验,然后结合试验报告确定最佳的配合比。

②在拌和站集中拌制墩身混凝土,全部采用泵送。为最大限度地确保墩身混凝土质量符合标准,应选用同一批次的经过审查的原材料及构件,如此混凝土的强度和外观可基本保持稳定。

(4)混凝土养护

①完成混凝土浇筑后,应选用塑料布包裹自动化喷淋养护,持续养护时间不少于7d。

②混凝土养护期间,应进行温度监控,定时测定混凝土的各项参数及环境参数,然后依据测定参数结果及时调整养护方案,确保混凝土相关操作符合规范标准,进而保证混凝土质量合格。

混凝土喷淋养护系统如图19-20所示。

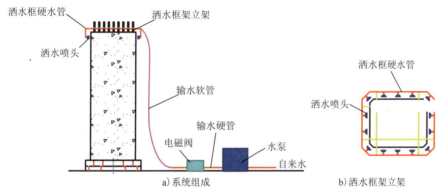

图19-20 混凝土喷淋养护系统示意图

5)预制件运输

(1)待养护28d后对墩身强度、完整性进行检测,检测合格后方可出厂。

(2)为了保证预制立柱安全、及时地运送到施工现场,应安排专业人员对沿线道路、桥梁进行实地勘察,确保道路、桥梁的承载力、路面宽度及净空满足运输车辆的要求,转弯口通行无障碍,对运输路线进行反复比选后,确定最优线路。

(3)采用多轴液压的专用运输车辆进行运输,在运输前办理好所有的运输手续。

(4)运输过程中车板与墩身之间安放抗振橡胶,两边用两根尼龙绑带捆绑,放置的位置前后相同,保证墩身的受力均匀及平稳,从而保证运输的安全。

6)墩身安装

墩身安装包括墩身初步就位、垫层坐浆、精调定位和套筒灌浆等关键工序。

(1)墩身初步就位

预制墩身运输至现场后,完成由平躺到竖立状态的翻转、就位安装。墩身吊装就位采用主辅双机吊装或用翻转台设备的单机吊装。两种方法的区别在于立柱从平躺至自立状态的翻转。双机吊装法以辅助起重机配合主起重机进行立柱翻转，单机翻转台法通过立柱底部铺设帆布卷垫在单机吊装过程中完成翻转。为保证吊装安全及构件的完整性，一般采用双起重机吊装翻转工艺。双起重机吊装翻转工艺如下：

①立柱卸车。立柱运输至施工点，通过1台主起重机及1台辅助起重机卸运。主起重机采用卸扣连接吊点，辅助起重机采用尼龙吊装带捆绑立柱的形式。

②立柱翻转。利用主起重机，以辅助起重机配合实施翻转，将立柱由平躺状态转换至由主起重机单机吊装的竖立状态。

③立柱就位准备。立柱竖直后辅吊脱离，由主起重机旋转至承台位置，立柱套筒对准承台插筋，使立柱处于就位状态。

墩身竖立翻转工艺如图19-21所示。

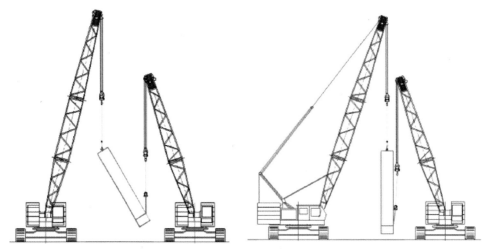

图19-21 墩身竖立翻转工艺

（2）立柱就位与调整

主要通过立柱底部设置的牛腿，利用千斤顶实现立柱垂直度的调节，并通过承台面上在立柱倒角处设置的支撑板和调节螺栓进行立柱的平面位置调节。立柱就位前，对立柱上下口进行结构分中，并在承台面上画出立柱安装的十字中心线，同时安装挡浆板，如图19-22所示。测量承台面高程。根据立柱顶高程及立柱预制构件长度，调整柱底橡胶垫板高程，确保立柱安装后柱顶高程符合设计要求，同时确保预埋插筋深入套筒内的长度满足设计要求。为确保立柱定位和调整的精度，需要进行立柱预就位。

①预就位

立柱插入承台预留钢筋之后，缓慢下放，保证立柱底部接触中心垫块。利用倒角支撑板进行平面位置的调节，使得立柱中线与承台预设的设计中心线对齐，确保立柱不产生扭转，就位准确。放置好调节用千斤顶（千斤顶应放置在牛腿下方，并靠近内侧），起重机缓慢卸力，下放立柱至中心垫块上；根据测量数据，通过千斤顶的升降，进行垂直度调整，如图19-23所示，调整结束，记录千斤顶位置及高度，将立柱吊离。

②正式就位

正式就位前设置砂浆垫层（图19-24、图19-25），用特种砂浆料拌制砂浆垫层，控制垫层厚度略高于2cm。特种砂浆为半成品料，其3h抗压强度≥40MPa，28d抗压强度≥80MPa，竖向膨胀率≥0.02%，水灰比为0.18。安装止浆环，将千斤顶调高4～5mm，然后逐次下放（图19-26），根据测量数据调节千斤顶，将每次调整的偏差控制在毫米级内。至偏差稳定在1mm以内，说明立柱已经准确就位，调整结束，锁定千斤顶，如图19-27所示。

图 19-22 挡浆板设置

图 19-23 千斤顶垂直度调整

图 19-24 垫层设置(坐浆)

图 19-25 墩身正式下放到位

图 19-26 千斤顶逐次下方到位

图 19-27 调整到位锁定千斤顶

(3)套筒灌浆

①灌浆工艺流程及施工方法

清理并封堵→拌制灌浆料→浆料检测→灌浆→封堵出浆孔→试块留置→清理灌浆机。

a. 封堵：使用塞缝料进行周边坐浆密封，塞缝料要求为早强、塑性好、干硬性水泥砂浆。

b. 拌制灌浆料：灌浆应使用灌浆专用设备(图 19-28)，并严格按设计规定配比灌浆料。

图 19-28 灌浆专用设备

图 19-29 立柱套筒灌浆

将配制好的水泥浆原料搅拌均匀后倒入灌浆专用设备中,保证灌浆料的坍落度。灌浆料应在制备后 0.5h 内用完。

c. 浆料检测:检查拌和后的浆液流动度,保证初始流动度不小于 300mm、30min 流动度不小于 260mm。

d. 灌浆:将拌和好的浆液导入灌浆泵,启动灌浆泵,待灌浆泵嘴流出浆液成线状时,将灌浆嘴插入预制墩身预留的灌浆孔(下方预留孔)进行灌浆(图 19-29)。

对于钢筋套筒灌浆按从中间向两边扩散的原则开始一点灌浆,按照技术规程要求,灌浆分区的长度以任意两个灌浆套筒间距不超过 1.5m 为准;进行一点灌浆时,按照浆料排出先后顺序进行出浆孔、灌浆孔封堵,在此期间保持注浆压力,直至所有出浆孔、灌浆孔出浆并封堵牢固后停止注浆;当一点灌浆遇到问题需要改变灌浆点时,各灌浆套筒已封堵灌浆孔、出浆孔要重新打开,待改变灌浆点,浆料重新流通后,再进行一次封堵。

接头灌浆充盈度检查:在构件完成注浆 5～10min,逐个取下出浆孔封堵塞,检查孔内凝固浆料的位置,浆料上表面应高于出浆孔下缘 5mm 以上,查看完毕符合要求的再次进行出浆孔封堵,若有不满足要求的需进行补灌,向不符合要求的出浆孔内进行补灌浆料,采用手动灌浆枪(前端加细软管,便于孔内排气)进行补灌作业,随即封堵补灌的出浆孔。

灌浆 2h 内,预制构件不得受到碰撞及扰动。散落的灌浆料拌和物不得二次使用。灌浆操作全过程应由监理人员旁站,填写灌浆施工检查记录。

e. 封堵出浆孔:间隔一段时间后,上方出浆孔会漏出浆液,待浆液成线状流出时,立即塞入专用橡皮塞堵住孔口,持压 30s 后抽出下方灌浆孔中的喷管,同时快速用专用橡皮塞堵住灌浆口。其他预制墩身预留灌浆孔依次同样灌浆,不得漏灌,每个预制墩身最好一次灌浆结束,尽量不要间隙多次灌浆。

f. 试块留置:灌浆作业应及时做好施工质量检查记录,留存影像资料,与灌浆套筒匹配的灌浆料依照每个施工段的所取试块组进行抗压检测。每一个施工段,取样送检一次。同种直径每班灌浆接头施工时制作一组,每层不少于 3 组 40mm×40mm×160mm 的长方体试件,标准养护 28d 后进行抗压强度试验;墩身底部接缝坐浆料,每工作班应制作一组且每施工段不少于 3 组 70.7mm×70.7mm×70.7mm 的立方体试件,标准养护 28d 后进行抗压强度试验。坐浆、灌浆强度应符合设计要求。灌浆及坐浆同条件试块每施工段不少于 1 组;套筒灌浆连接应符合设计、《钢筋机械连接技术规程》(JGJ 107—2016)中 I 级接头的性能要求及国家现行有关标准的规定。同种直径套筒灌浆连接接头,每完成 1000 个接头制作一组同条件接头试件做力学性能检验,每组试件 3 个接头。灌浆料相关技术指标见表 19-2。

高强无收缩水泥灌浆料技术指标　　　　　表 19-2

检测项目		性能指标
抗压强度	初始	≥300mm
	30min	≥260mm
	1d	≥35MPa
	3d	≥60MPa
	28d	≥85MPa
竖向自由膨胀率	24h 与 3h 差值	0.02%～0.50%
氯离子含量		≤0.03%
泌水率		0.00%

②灌浆施工重点、难点控制

a. 漏浆主要是由于墙体四周封堵不严或封堵材料强度不足发生滑移造成的,处理不当会直接影

响构件的连接质量和结构安全。针对不同情况应做出相应的处理,具体如下:

a)封堵不严造成的漏浆,可直接采用堵漏材料进行应急封堵。

b)封堵材料强度不足发生滑移造成的漏浆,用堵漏材料进行应急封堵,并适当采取模板围堵加固。

以上两种处理方法都不能解决漏浆时,应打开封堵材料,放空灌浆料,并采用大量清水冲洗干净,再重新封堵并灌浆。

b. 当灌浆孔未出浆而出浆孔正常出浆时,可认定此套筒内浆料饱满,无须处理。灌浆孔和出浆孔均未出浆时,用手动灌浆枪从灌浆孔进行补灌。灌浆孔出浆而出浆孔未出浆时,将手动灌浆枪前面加5mm直径的软管,将软管从出浆孔直接深入到出浆孔内缓缓补灌,直至灌浆料灌满为止。

c. 冬季灌浆施工时的环境温度宜在5℃以上,若环境温度不满足要求,则不应进行灌浆作业施工;若受工序关系影响必须进行作业时,则应采用温水(水温20～30℃)拌制灌浆料(确保灌浆料温度不低于15℃),每班拌制浆料须在20min内用完,每个连接区域灌浆完成后,应对连接处采取覆盖保温措施,养护时间不少于48h,确保浆料强度达到351MPa后方能进行下道工序。

③质量控制

a. 构件连接部位的处理和安装

安装前,检查预制构件内连接套筒灌浆腔、灌浆孔和出浆孔有无异物存在,清除构件连接部位混凝土表面的异物和积水,在水平面上安放一定数量的10～20mm厚硬塑料垫块,确保灌浆连通腔最小间隙。需要设置分仓连通腔时,在分仓部位进行坐浆处理(表面高程同硬塑料垫块上高程)。

b. 灌浆部位预处理和封堵质量

预制墩身要用具有密闭功能的封堵材料对其四周进行封堵,必要时采用木方压在封堵材料外侧作为支撑;封堵材料不得堵塞灌浆,对可能出现的漏浆、灌浆不畅等意外制定处置预案。

c. 灌浆料的加工制作

进入施工现场的灌浆料须具有产品合格证书、检验报告等一套出厂质量证明文件,并按照规范要求取样送检,合格后方能使用;灌浆料需妥善保管,应存于室内干燥环境中,防止受潮;每次使用前,应确认灌浆料在产品有效期内,打开包装袋后,确认产品外观无异常,再制作浆料;制作浆料须使用干净的自来水、洁净的容器和准确的计量器具,符合产品加工要求的搅拌设备或机具,严格按照产品说明书进行浆料拌制。

拌制浆料时须防止异物混入,及时清洗搅拌机具,禁止凝固或即将凝固的浆料混入拌制的浆料中;拌制成浆料后,盛放浆料的容器应加盖保护盖以防异物落入。

每班拌制浆料,使用前需检测流动度,符合要求方能进行灌浆。灌浆料应用电动搅拌器充分搅拌均匀,时间上从开始加水至搅拌结束不应少于5min,然后静置2～3min,搅拌后的浆料应在30min内使用完毕,以免因时间过长,引起灌浆料凝结,造成断孔。每个预制构件灌注总时间应控制在30min之内。

(4)安装完成

当砂浆垫层及砂浆强度达到设计强度的75%后拆除钢楔及斜撑,墩身安装完毕。

19.5.3 节段预制拼装

预制拼装桥墩有整体拼装式、分段拼接式。施工时,若桥墩高度较高,则需采用"节段式预制拼装桥墩"。

1)节段预制拼装施工方法

节段预制拼装施工工艺是将整跨墩身沿垂直于桥墩纵轴线方向切割,将墩体划分为若干个节段,将拟建桥墩的空间设计坐标转换、分解成为预制厂内各个节段的预控制坐标,在预制厂内采用密贴镶合匹配浇注法,将所有节段逐一制作完成;在施工现场采用特种大型架桥机设备将高精度制作完成的墩体节段,沿桥纵向循序排列,并连接成整体就位于桥墩上,如图 19-30 所示。

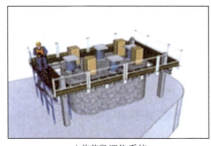
a) 首节段调位系统

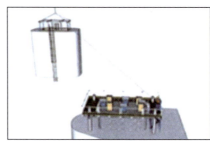
b) 首节段吊装

c) 首节段调位

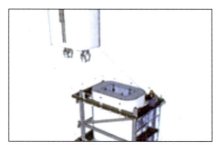
d) 其他节段安装

图 19-30　节段式预制拼装桥墩示意图

2）工艺流程及操作要点

（1）工艺流程

表面处理并充分干燥→拼接缝测量→涂刷环氧黏结剂→节段拼装→安放调节设备→垂直度、高程测量→调节立柱垂直度→灌浆套筒连接。

（2）操作要点

①拼装前应对立柱节段拼接缝进行表面处理,确保表面无油、无水及无可见灰粉。

②节段预制拼装时,应选用合适的造桥机及技术参数:最大吊挂重量、架设梁跨度、最大起重量、调梁小车起重量、适应纵坡、适应平曲线半径、行走速度、整机总质量、整机总电功率等。

③拼装前应对立柱节段拼接缝表面进行复测,高程允许偏差为 ±2mm,水平度允许偏差为 ±2mm/m。

④环氧黏结剂应均匀涂刷,涂刷时间宜控制在 30min 内,涂刷前、后均应采取防雨、雪、尘措施。

⑤上节立柱应设置调节设备,用于调节的预埋件应在立柱预制时安装。

⑥节段立柱拼装就位后应设置临时支承措施防止倾覆。

19.6　应用前景和发展趋势

相比现浇桥墩结构,装配式桥墩的预制墩身结构安装具有施工周期短、受天气影响小、利于保护环境、材料和能源利用率高、结构外观质量好、利于现场文明施工以及对周边环境影响小等优点。加上国家政策支持,建筑行业的国际发展形势等,装配式桥墩技术应用前景广阔。

预制装配式桥墩技术已经在上海、成都的城市桥梁工程中得到广泛应用。这种桥型的特点是施工周期快,施工质量更有保证。为解决交通问题,城市中需要建造更多的高架道路,传统的桥梁墩柱现浇建造技术由于其自身特点,会给城市造成更大的压力。因此,快速施工、绿色施工已成为城市桥梁建设的新需求,而桥梁预制拼装技术的优势正符合城市桥梁墩柱建设的要求。

近几年,我国公路、市政工程建设速度越来越快,对工程产品投入使用的时间要求也越来越紧;与墩柱现浇施工相比,虽然需要提前设置预制场地,墩柱吊装时需选用大吨位起重机,但墩柱实现了集中预制,减少了模板的投入套数以及劳力人数,也更进一步保证了施工安全、质量,并大大缩短了工期。推广至全预制装配化的桥梁施工技术,不仅能很好地控制工程质量,而且能加快施工进度,减少现场污染,符合行业发展的新要求。

第 20 章　城市综合管廊与地铁共建研究

20.1　概　述

城市综合管廊又名共同沟、共同管道、综合管沟,如图 20-1 所示,是指在城市道路下建造一个市政共用隧道空间,将电力、通信、燃气、供热、给排水等多种市政管线集于一体,设置专门的检修口、吊装口和监测系统,实施统一规划、统一设计、统一建设和管理,以达到地下空间的综合利用和资源共享的目的。

图 20-1　城市综合管廊

城市综合管廊不仅避免了市政管道建设时出现的城市道路拉链式建设,方便各种市政管线的敷设、维护检修和日常管理,增大市政管线系统的安全运营系数,而且由于城市综合管廊集约化的特点,对城市地下空间一体化建设,给海绵城市的建设创造了更为有利的地下条件。因此,城市综合管廊对满足人民的基本需求和提高城市综合承载力发挥着重要作用。

从 1832 年在法国巴黎出现的世界上第一条综合管廊至今,城市综合管廊在世界上已有 180 余年的发展历史。随着我国经济发展以及城市基础建设水平的提高和综合管廊技术的日臻成熟,2014 年我国开始研究并陆续出台了促进综合管廊发展建设的各种政策文件,2015 年开始大力推广城市综合管廊的建设。综合管廊作为国内市政建设管理现代化的象征,在我国主要一线城市均有建成。

城市综合管廊的建设是实现城市可持续发展的重要途径,且具有一定经济效益和突出的社会效益,但其在建设期间的影响范围较大,国家要求在城市新区、各类园区、成片开发区域新建道路时必须同步建设地下综合管廊,老城区要结合道路整治、旧城更新、地下空间开发等项目的建设,逐步推进地下综合管廊的建设。因此在地铁建设的同时进行综合管廊建设,其优势较明显。

20.2 可行性与实施原则

20.2.1 可行性分析

1）线位一致性

地铁区间隧道与城市综合管廊均宜布置在城市主干道上,两者并行的地段较多,线位一致性较高,具备共建的平面路由条件。

2）集约利用土地资源与地下空间

城市综合管廊与地铁建设位于不同的地层深度:综合管廊主要利用浅层地下空间,轨道交通主要利用中、浅层地下空间。建设高程上可互相协调,具备地下空间共同开发的基础条件。而城市土地资源是不可再生的宝贵资源,地下空间资源的有限性决定了其在进行城市建设时,必须考虑土地与地下空间资源的集约化利用,综合管廊与地铁共建能在地铁建设时,同步考虑综合管廊与地铁的位置关系,可以最大限度地集约利用地下空间。

3）同步建设,节省投资

地下空间的可利用价值随深度的增加递减,因而浅层地下空间得到较多建设工程的青睐。浅层地下空间在利用后,其更下方地下空间的利用成本大为增加。故综合管廊与地铁的同步建设是充分、合理利用地下空间,节约投资的最好选择。同时,还可减少这两个项目分开建设在交通疏解、管线改迁上的投资。

4）减少环境影响

地铁建设与城市综合管廊的建设都是建设周期长、影响范围大。随着城市居民物质生活水平的不断提高,人们对城市的生态环境提出了更高的要求。优美的城市环境,是城市现代化建设的基本要求。地铁与城市综合管廊共建,可最大限度地减少对地面交通、管线设施运行的影响,减少对街道景观的破坏,减少对建设项目周边居民、生产单位的生活、生产影响。

5）政府主导,机制完善

城市综合管廊与地铁建设主体均由政府主导组建,沟通渠道畅通,有利于二者的协同建设。地铁建设现已具备的先进组织管理经验、完善的工作协调机制,将有助于综合管廊建设的顺利开展。

20.2.2 实施原则

1）已建地铁区域

在已建成地铁区域,地铁建设时已经对地下空间进行了大范围的改造建设,若再次进行综合管廊建设,将对城市交通、居民生活造成较大影响,且由于综合管廊建设将扰动地层,会对地铁的正常维护、运行带来不便,因此,对此类区域,一般不建议新建城市综合管廊。

但在地下空间较为富裕、两者有足够的安全距离,且不影响地铁正常运行的区域,可结合道路改造、旧城更新等工程逐步开展城市综合管廊的建设。

2)在建(拟建)地铁区域

对于在建(拟建)地铁区域,综合管廊与地铁建设可同步进行,并综合考虑建设期间的交通疏解、管线改迁问题,将最大限度地减少占地,节省投资。

由于综合管廊建设近些年才大规模开展,考虑共建时仍不可避免地会与地铁建设存在时间差,这种情况下,两者应统筹规划、同步设计,有效衔接施工顺序,并根据具体情况区别对待。

对于埋设深度较浅的地铁站点,通常与管廊净距较小,在高程上地铁与综合管廊不具备分期建设的条件,建议两者同步建设完成。

对于埋深较大的地铁区间,纵断面上两者可互相避开,可考虑分期实施。若地铁先于综合管廊建设实施,则应根据地铁安全保护要求进行专项设计,以避免综合管廊施工时对地铁隧道的影响,尤其是以明挖法建设的管廊。若综合管廊先于地铁建设实施,则应预留地铁建设实施的条件,对管廊采取预留加固措施。

对多线换乘的地铁车站区域,由于地下空间资源相对紧张,综合管廊的建设应适当偏离。特别是相交管廊的节点设置,原则上应避让地铁换乘车站,合理利用地下空间。

20.3 城市综合管廊与地铁共建设计

20.3.1 城市综合管廊的分类

城市综合管廊一般分为干线综合管廊、支线综合管廊、缆线管廊三类,如图 20-2 所示。

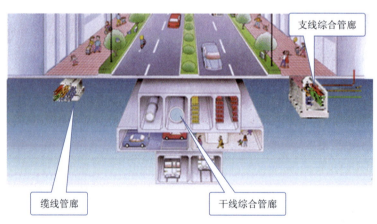

图 20-2 城市综合管廊分类

干线综合管廊负责向支线综合管廊提供配送服务,设置于机动车道或道路中央下方,是采用独立分仓敷设主干管线的综合管廊。其特点为:结构断面尺寸大,覆土相对较深,系统稳定且输送量大,维修及检测要求高。

支线综合管廊是联系干线综合管廊与终端用户的通道,设置在道路两侧或单侧,是采用单仓或双仓敷设配给管线的管廊。其特点为：有效断面较小，建设费用较少，系统稳定性和安全性高。

缆线管廊主要用于容纳电力电缆、通信线缆、有线电视线缆等，设有可开启盖板但其内部空间不能满足人员的正常通行。其特点为：空间断面较小，埋深小，不设通风、监控等设备，维护管理较为简单。

20.3.2 共建管廊段管线入廊分析

给水（再生水）、排水（雨水、污水）、电力、通信、路灯、热力（供冷、供热）、废物收集管道等市政管线原则上均可入廊。城市综合管廊内纳入何种管线，应根据各城市经济社会发展状况和地质、地貌、水文等自然条件，参考国内管廊试点城市的同类型管廊，结合本地区特点和实际需求等因素综合考虑。入廊管线相互影响关系详见表20-1。

入廊管线相互影响表　　　　　　　　　　　　　　　　表20-1

管线种类	给水(再生水)	排水(雨水、污水)	燃气	电力	电信	热力
给水(再生水)	√	○	√	√	√	√
排水(雨水、污水)	○	√	○	○	○	○
燃气	√	○	√	×	×	×
电力	√	○	×	√	√	×
通信	√	○	×	√	√	×
热力	√	○	×	×	×	√

注：√-无影响；×-有影响；○-其影响视情况而定。

与常规入廊管线略有差别的是，地铁是城市建设中重要的基础设施，是人员流动最密集的公共场所，其安全性要求高，与轨道共建管廊不仅要考虑与轨道相互空间的高程及位置，还要考虑安全风险，故重力流雨水、污水以及有爆炸风险的燃气，均应因地制宜，综合分析比较后方可确定其是否入廊。图20-3为可纳入综合管廊的市政管道图。

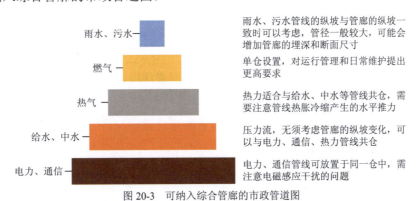

图20-3　可纳入综合管廊的市政管道图

1）电力电缆

城市电力电缆数量较多，管线敷设、检修较频繁，扩容的可能性较大。传统的埋设方式因维修及扩容，使得道路开挖的频率较高。随着城市的发展，目前在国内各城市都建有不同规模的电力隧道和电缆沟。电力电缆纳入综合管廊已经没有障碍。电力电缆是综合管廊内应纳入的重要管线。

2）通信线缆

目前国内通信线缆敷设方式主要有架空和埋地两种方式。架空敷设方式投资较小，但影响城市景观且安全性较差。传统的埋地敷设方式又容易因维修或扩容,而频繁开挖道路。同一道路下,各运营商各自分散建设,不利于地下空间的集约化利用。

通信线缆在综合管廊内具有布置灵活、不易受综合管廊纵横断面变化限制等优点,应作为纳入综合管廊的基本管线。为避免电力电缆对维护人员造成电力伤害,解决信息受电磁干扰等问题,综合管廊设计时必须考虑对电力事故与电磁干扰的防治措施。

3)给水管道、中水管道

给水管道、中水(再生水)管道的敷设范围广泛,检修、维护较为频繁。给水管道、中水管道纳入综合管廊内敷设,可避免传统直埋敷设引起的管道爆裂,避免管线检修引发的道路开挖和交通阻塞等问题。

给水管道、中水管道属于压力流管线,无断面坡度的限制要求,在管廊内敷设时可与热力、电力、通信管线中的任意管线进行组合,纳入管廊较为经济、合理。

4)燃气管道

相较于传统的直埋敷设,燃气管道入廊可避免因管道检修、更换等带来的道路开挖和交通阻塞问题;可避免因外界因素引发的天然气管道破坏事故,如各种管线的叠加引起的爆裂,砂土液化引起的管线开裂,外界施工及自然灾害引起的管线开裂等;可延长燃气管道使用寿命。天然气管道入廊,安全性是首要考虑因素,需采取相应的保障措施。燃气管道入廊应设置独立的燃气仓室。

综合考虑城市综合承载能力和入廊安全性后,建议经济条件较好、建设标准较高的城市考虑燃气管道入廊。

设计压力小于或等于1.6MPa的中压和次高压燃气管道均可纳入综合管廊,但设计压力大于0.8MPa且小于或等于1.6MPa的次高压燃气管道入廊,应进行项目安全评价。

5)雨水管道

雨水管管径较大,是市政管线中检修、维护次数较少的管线。雨水入廊可以采取管廊箱涵结构本体进行排水。由于雨水管线属于重力流,入廊将使管廊埋设深度增大。因此,单纯转输或过境雨水不建议进入共建管廊。若结合海绵城市专项规划,根据地形条件及道路实际情况,确有条件时,可考虑将初期雨水收集池、雨水调蓄池等海绵城市设施与管廊结合建设,有效提高轨道作为重要市政基础设施的雨水设计重现期标准。

6)污水管道

污水管管径仅次于雨水管径,同样为重力流管线,污水入廊需要在管廊内安装排水管道。污水入廊要考虑与街区预留污水的接驳问题,要考虑避免污水有机物在运输过程中产生的爆炸性气体的通风问题,还要考虑每隔一段距离的清淤问题,因此污水入廊对共建管廊影响非常大。建议污水为主管(DN≥500mm)且在大距离范围(≥200m)内,高程确实合适的可入管廊,考虑单仓、最外层设置,便于接驳、通风和清淤;若在过车站节点污水仓室有绕行入廊条件的,建设时优先考虑污水仓绕行,污水仓室无法绕行车站时建议污水直埋敷设。

综上所述,判别一类市政管线是否适合纳入综合管廊,需要从社会因素、经济因素、技术因素等多个方面去进行评判。

20.3.3 城市综合管廊断面选择

1）综合管廊标准横断面形式

综合管廊常用断面形式为矩形断面、圆形断面,也可见马蹄形及椭圆形断面。一般明挖采用矩形断面,盾构采用圆形断面。四仓管廊矩形断面如图20-4所示,圆形断面如图20-5所示。

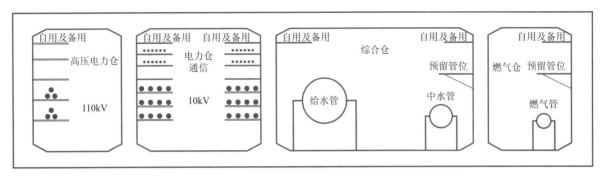

图20-4 矩形断面

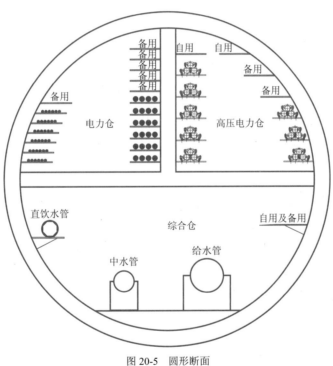

图20-5 圆形断面

2）综合管廊断面尺寸基本要求

（1）综合管廊标准断面内部净高,应根据容纳管线的种类、规格、数量、安装要求等综合确定,不宜小于2.4m。

（2）综合管廊标准断面内部净宽,应根据容纳管线的种类、数量、运输、安装、运行、维护等要求等综合确定。

（3）综合管廊通道净宽,应满足管道、配件及设备的运输要求,且符合下列规定:综合管廊内两侧设置支架或管道时,检修通道净宽不小于1.0m;单侧设置支架或管道时,检修通道净宽不小于0.9m,配备检修车的综合管廊检修通道宽度不小于2.2m。

（4）综合管廊的管道安装净距（图20-6）不宜小于表20-2规定。

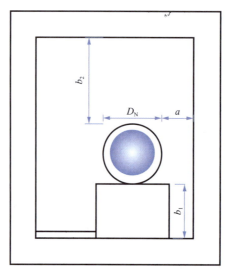

图20-6 管道安装净距示意图

管道安装净距（mm） 表20-2

公称直径 D_N（mm）	管道安装净距					
	铸铁管、螺栓连接钢管			焊接钢管、塑料管		
	a	b_1	b_2	a	b_1	b_2
$D_N < 400$	400	400	800	500	500	800
$400 \leq D_N < 800$	500	500		500	500	
$800 \leq D_N < 1000$	500	500				
$1000 \leq D_N < 1500$	600	600		600	600	
$D_N \geq 1500$	700	700		700	700	

20.3.4 共建设计类型

城市综合管廊与地铁根据二者高程及空间位置关系，一般有以下三种情况：
（1）城市综合管廊过地铁车站主体结构。
（2）城市综合管廊过地铁车站附属结构。
（3）城市综合管廊过地铁区间段。

1）城市综合管廊过地铁车站主体结构

地铁车站通常为地下两层站，路中布置，车站顶板埋深多在3.0～4.0m。
（1）管廊位于车站主体结构上方

在地铁车站埋深大，覆土深，当站体上方有空间敷设综合管廊时，可优先考虑从站体上方通过管廊，如图20-7所示。

该过站方式要求站体埋深较大，但为节省投资，地铁明挖站体一般覆土为3.0～4.0m，而综合管廊一般高度为5.0m左右。正常站体很难保证综合管廊的覆土要求。

（2）综合管廊拆分建设

当综合管廊纳入管线多，仓室多，管廊宽度大，在车站顶上方的空间内无法整体建设时，可考虑将管廊多仓室拆分成2个或3个，分左右同步过站，如图20-8所示。

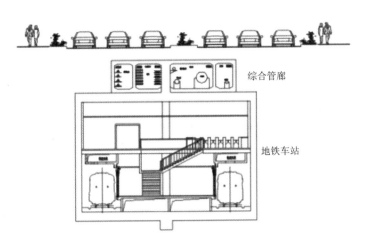

图 20-7　管廊位于结构上方

图 20-8　左右拆分过站

（3）管廊与车站共坑

当地铁站体所处位置平面空间较宽裕，一侧有建设管廊的空间，且管廊与地铁站体同步实施时，可将管廊与开挖建设的轨道共坑设计，如图 20-9 所示。

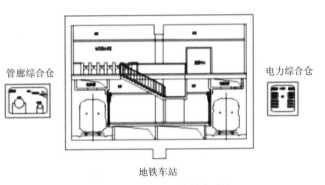

图 20-9　管廊与地铁站厅共坑

2）城市综合管廊过地铁车站附属结构

相比主体结构，出入口及风亭等地铁附属结构尺寸小，覆土一般为 4.6 ~ 5.0m，与管廊共建灵活性强，是常用建设形式。以下以出入口为例。

（1）管廊位于出入口上方

出入口覆土能满足管廊敷设时,可将管廊直接设置于出入口上方,如图 20-10 所示;若覆土不够,考虑主体结构高程不降时,可对出入口局部段进行下压一定深度处理,满足管廊敷设。

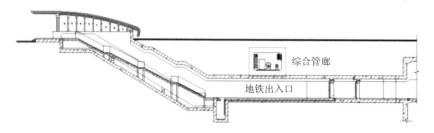

图 20-10　管廊位于出入口上方

（2）管廊位于出入口下方

若出入口通道上方无法满足管廊敷设时,可考虑管廊从出入口下方穿行。该方案管廊埋深大,一般在 10m 以上。管廊可结合轨道施工工序采用开挖或盾构施工,如图 20-11、图 20-12 所示。

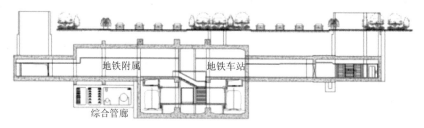

图 20-11　明挖施工

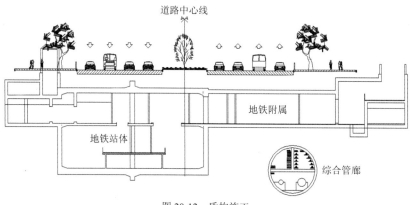

图 20-12　盾构施工

3）城市综合管廊过地铁区间段

（1）明挖合建

地铁明挖区间段可与管廊合建,如图 20-13 所示,图中下层为轨道通道,上层为管廊通道。

（2）明挖分建

当地铁区间在埋设深度较深,竖向及平面均满足一倍地铁轨道洞径距离,与综合管廊之间的建设互不影响时,地铁区间建设可与综合管廊进行分建。管廊可进行大开挖施工,如图 20-14 所示。

（3）管廊圆形断面盾构施工

对于综合管廊埋设深度较深,且综合管廊与地铁区间的间距满足盾构实施条件时,管廊可选择圆形断面盾构施工,如图 20-15 所示。

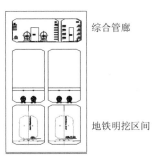

图 20-13 综合管廊与地铁明挖区间合建

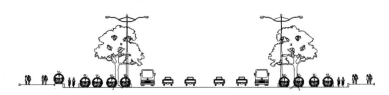

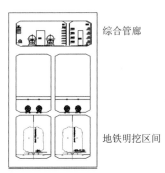

图 20-14 综合管廊与地铁明挖区间分建

图 20-15 管廊圆形断面盾构施工

20.3.5 城市综合管廊的施工工法

目前,综合管廊施工工法与地铁施工工法类似,主要分为明挖法、暗挖法两大类。根据开挖方式的不同,明挖法可分为放坡开挖、支护开挖,暗挖法可分为盾构法、顶涵(管)法、矿山法等。通常情况下,各种工法在地质条件、交通影响、对地下管线影响、工程造价等方面均有不同,工法对比分析见表20-3。

综合管廊施工工法综合比较表　　　　　　　　表20-3

对比因素	明挖法	盾构法	矿山法	顶涵法
适用地质条件	各种地质条件	各种地质条件	地下水不发育，地层有一定自稳能力	土质地层
施工占用场地	较大	较小	不占用	较小
管廊埋深	浅	较深	较深	较浅
对地面沉降影响	小	较小	较小	较小
对地面交通影响	影响大	工作井影响大	影响较小	工作井影响大
对地下管线影响	需拆迁、保护	无影响	无影响	较小
地面改迁	较大	小	小	较小
施工进度	快	较慢	慢	很慢
施工质量保证	容易	较易	较难	较难
工程造价	较小	较大	较大	较大

20.3.6　城市综合管廊与地铁共建施工时序

明挖段综合管廊原则上应与地铁同步施工，以减少对交通的影响，避免重复建设。盾构段综合管廊考虑抗浮等技术要求，应在车站附属设施建设完成后建设。

1）综合管廊先于地铁施工的情况

（1）明挖段综合管廊

综合管廊与轨道区间段平行或交叉时，为保证管廊与轨道区间的垂直间距，可适当减少管廊埋深，覆土厚度控制在1.5m以上。轨道区间段一般采用盾构方式施工，为避免施工时对管廊造成破坏，设计时应将轨道区间段顶板与管廊底板间的距离控制在6m以上；小于6m时，需采用必要的工法辅助。

在地铁站体段，综合管廊应为地铁站体预留空间，减少对站体建设的干扰，并尽量将管线纳入管廊，避免后期站体施工时产生的改迁。在相交段，地铁站体一般采用明挖施工，综合管廊应尽量减少占用道路空间，可将综合管廊双层布置，或根据规划情况将综合管廊变为分仓结构，分别布置在站体两侧。

（2）盾构段综合管廊

综合管廊与轨道区间平行或交叉时，应保证管廊与轨道盾构区间水平净距及垂直净距均大于1倍洞径。无法满足该要求时，可采用必要的工法辅助。

站体附属与盾构管廊交叉时，应尽量保证站体附属设施先于管廊盾构区间实施，以减少对盾构段管廊的影响。若不能满足，应重新复核管廊盾构区间抗浮的技术要求。

盾构段综合井、出线井等宜与站体一起实施，以减少交通疏解、管线改迁对周边环境的影响，并降低工程造价。

2）综合管廊与地铁同时施工或晚于地铁施工的情况

（1）明挖段综合管廊

综合管廊位于地铁区间段时，应重新复核区间段的抗浮等技术要求。综合管廊位于地铁站体段

时,需根据站体的设计方案来确定综合管廊的设计方案:

①若地铁站体设计能够在平面上预留综合管廊的管位,则两者之间基本不发生关系,仅需要处理好管廊与人行出入口的关系,以及施工过程中的相互保护等问题。

②若地铁站体设计无法在平面上为管廊预留管位,但能在竖向预留空间,则管廊可与地铁站体结合设置,此时根据预留高度,可将综合管廊断面压低,宽度加大,与地铁站体共板布置。

③当地铁站体附属的覆土深度小于3.0m时,综合管廊基本无法穿越地铁站体附属,建议管廊从附属下方穿过。

(2)盾构段综合管廊

盾构段综合管廊晚于地铁实施,有利于减少地铁站体施工对综合管廊盾构的影响。

地铁站体及附属宜与管廊盾构综合井、出线井同步实施,预留空间供管廊盾构通过。

20.3.7 城市综合管廊附属系统

1)消防系统

城市综合管廊内每隔200m设置防火墙、甲级防火门、阻火包等进行防火分隔。综合管廊主体结构应为耐火极限不低于3.0h的不燃性结构。

目前适用于综合管廊内火灾的灭火系统主要有气体灭火系统、水喷雾灭火系统、高压细水雾系统、超细干粉灭火系统。灭火系统类型的选择,应根据综合管廊中管线设置的种类、仓室的类型、管廊方案的大小等特点进行筛选,最终需由当地消防主管部门及建设单位确定灭火系统类型。

2)通风系统

明挖段综合仓、电力仓、燃气仓、污水仓按不大于400m作为一个通风分区,盾构段电力仓、水信仓、检修仓按600~1000m作为一个通风分区(具体可根据实际情况延长或缩短),每个通风分区分设进风口和排风口,采用机械排风或机械与自然进风相结合的通风方式。

3)供电与照明系统

城市综合管廊内需对供配电系统、照明系统、负荷侧的控制系统及防雷接地系统进行设计。综合管廊内的主要用电设备为送风机、排风机、潜污泵、照明、监控及检修设施等,其中消防设备、监控设备、应急照明、安全防范系统及燃气仓的事故风机为二级负荷,隧道正常照明、潜污泵、电力仓和综合仓的风机、排水泵检修插座箱为三级负荷。

4)监控与报警系统

为保证综合管廊内管线的安全稳定运行,必须设置监控与报警系统,对管廊内的管线及附属设备的运行状态(积水报警和排水系统的自动启动)、环境条件(照明、通风、有毒气体、温度、湿度)和人员的出入情况进行24h远程监控,发生火灾时需自动报警。

监控中心内设置中央监控系统,包括监控计算机、管理计算机、服务器、通信计算机、智能化模拟屏等设备,系统显示器上能够形象地反映管廊内的状况、设备状态、仪表检测数据和照明系统的实时数据。综合管廊内应设置异常浸水报警设备、温度探测设备及电动阀门等控制、检测设备,对管廊内的水灾、火灾及供水管道的运行状况进行监视和控制,各种设备均采用就地控制与远程控制两种方式。

5）排水系统

综合管廊内应设置自动排水系统。综合管廊的排水区间应根据道路的纵坡确定,排水区间不宜大于200m。综合管廊的低点应设置集水坑及自动水位排水泵。综合管廊的底板宜设置排水明沟,并通过排水沟将地面积水汇入集水坑内。综合管廊的排水应就近接入城市排水系统,并应在排水管的上端设置防倒灌措施。

6）标识系统

管廊标识系统由管廊及附属设施标识、管线标识、消防安全标识三部分组成。

参 考 文 献

[1] 上海市园林设计院有限公司. GB 50420—2007 城市绿地设计规范.2016年版.北京:中国计划出版社,2016.

[2] 中国城市规划设计研究院. CJJ 75—1997 城市道路绿化规划与设计规范.北京:中国建筑工业出版社,1998.

[3] 天津市园林管理局. CJJ 82—2012 园林绿化工程施工及验收规范.北京:中国建筑工业出版社,2013.

[4] 北京市市政工程设计研究总院. CJJ 37—2012 城市道路工程设计规范.2016年版.北京:中国建筑工业出版社,2016.

[5] 上海市政工程设计研究总院(集团)有限公司. CJJ 193—2012 道路路线设计规范.北京:中国建筑工业出版社,2013.

[6] 同济大学.CJJ 194—2013 城市道路路基设计规范.北京:中国建筑工业出版社,2013.

[7] 上海市政工程设计研究总院(集团)有限公司. CJJ 169—2012 城镇道路路面设计规范.北京:中国建筑工业出版社,2012.

[8] 华中科技大学. CJJ 152—2010 城市道路交叉口设计规程.北京:中国建筑工业出版社,2010.

[9] 北京市建筑设计研究院. GB 50763—2012 无障碍设计规范.北京:中国建筑工业出版社,2012.

[10] 交通运输部公路科学研究院. GB 5768.2—2009 道路交通标志和标线 第2部分:道路交通标志.北京:中国标准出版社,2009.

[11] GB 51038—2015 海市政工程设计研究总院(集团)有限公司,公安部交通管理科学研究所.城市道路交通标志和标线设置规范.北京:中国计划出版社,2015.

[12] 华中科技大学,等. CJJ 152—2010 城市道路交叉口设计规程.北京:中国建筑工业出版社,2011.

[13] 交通运输部公路局. JTG B01—2014 公路工程技术标准.北京:人民交通出版社股份有限公司,2015.

[14] 中交第一公路勘察设计研究院有限公司. JTG D20—2006 公路路线设计规范.北京:人民交通出版社,2006.

[15] 中交公路规划设计院有限公司. JTG D50—2006 公路沥青路面设计规范.北京:人民交通出版社股份有限公司,2016.

[16] 中交公路规划设计院有限公司. JTG D40—2011 公路水泥混凝土路面设计规范.北京:人民交通出版社,2011.

[17] 中交第二公路勘察设计研究院有限公司. JTG D30—2015 公路路基设计规范.北京:人民交通出版社股份有限公司,2015.

[18] 交通运输部公路科学研究院. JTG D82—2009 公路交通标志和标线设置规范.北京:人民交通出版社,2009.

[19] 交通运输部公路科学研究院. JTG D81—2006 公路交通安全设施设计规范.北京:人民交通出版社,2006.

[20] 赵一平,等. SZDB/Z 12—2008 深圳市公交中途站设置规范.

[21] 公安部交通管理科学研究所.GB 14886—2016 道路交通信号灯设置与安装规范.北京:中国标准出版社,2017.

[22] 深圳市公安局交通警察局.GA/T 851—2009 人行横道信号灯控制设置规范.北京:中国标准出版社,2010.

[23] 公安部交通管理科学研究所,公安部交通安全产品质量监督检测中心.GB 25280—2016 道路交通信号控制机.北京:中国标准出版社,2016.

[24] 公安部交通管理科学研究所.GA/T 527.1—2015 道路交通信号控制方式 第1部分:通用技术条件.北京:中国标准出版社,2015.

[25] 全国安全防范报警系统标准化技术委员会.GB 50395—2007 视频安防监控系统工程设计规范.北京:中国计划出版社,2007.

[26] 公安部交通管理科学研究所.GA/T 496—2014 闯红灯自动记录系统通用技术条件.北京:中国标准出版社,2014.

[27] 中国建筑东北设计研究院.JGJ 16—2008 民用建筑电气设计规范(附条文说明).北京:中国标准出版社,2008.

[28] 中国电信集团公司(广州研究院),广东天乐通信设备有限公司.GB/T 3482—2008 电子设备雷击保护导则.北京:中国标准出版社,2008.

[29] 工业和信息化部电子第四研究院,工业和信息化部电子第五研究所,上海市质量监督检验技术研究院,等.GB 4943.1—2011 信息技术设备安全 第1部分:通用要求.北京:中国标准出版社,2011.

[30] 公安部交通管理科学研究所,国家道路交通安全产品质量监督检验中心,哈尔滨新中新电子股份有限公司.GA/T 497—2016 道路车辆智能监测记录系统通用技术条件.北京:中国标准出版社,2017.

[31] 公安部交通管理科学研究所,等.GA/T 832—2014 道路交通安全违法行为图像取证技术规范.北京:中国标准出版社,2014.

[32] 济南城建集团有限公司,威海建设集团股份有限公司.GB/T 50903—2013 市政工程施工组织设计规范.北京:中国建筑工业出版社,2014.

[33] 北京市政建设集团有限责任公司,中国市政工程协会.CJJ 1—2008 城镇道路工程施工质量验收规范.北京:中国建筑工业出版社,2008.

[34] 北京市政建设集团有限责任公司.CJJ 2—2008 城市桥梁工程施工与质量验收规范.北京:中国建筑工业出版社,2009.

[35] 陕西省建筑科学研究院,等.GB 50203—2011 砌体结构工程施工质量验收规范.北京:中国建筑工业出版社,2012.

[36] 陕西省建筑科学研究院.GB 50924—2014 砌体结构工程施工规范.北京:中国建筑工业出版社,2014.

[37] 交通运输部公路科学研究院.JTG/T F20—2015 公路路面基层施工技术细则.北京:人民交通出版社股份有限公司,2015.

[38] 中交公路规划设计院有限公司.JTG F10—2006 公路路基施工技术规范.北京:人民交通出版社,2006.

[39] 交通运输部公路科学研究院.JTG/T F30—2014 公路水泥混凝土路面施工技术细则.北京:人民交通出版社,2014.

[40] 交通运输部公路科学研究院.JTG F40—2004 公路沥青路面施工技术规范.北京:人民交通出版社,2004.

[41] 中交一公局集团有限公司.JTG/T F50—2011 公路桥涵施工技术规范.北京:人民交通出版社,2011.

[42] 北京城建集团有限责任公司.GB 50299—1999 地下铁道工程施工及验收规范.北京:中国计划出版社,1999.

[43] 北京市城市照明管理中心,等.CJJ 89—2012 城市道路照明工程施工及验收规程.北京:中国建筑工业出版社,2012.

[44] 公安部交通管理科学研究所.GA/T 900—2010 城市道路施工作业交通组织规范.北京:中国标准出版社,

2011.

[45] 沈阳建筑大学,东北金城建设股份有限公司. JGJ 276—2012 建筑施工起重吊装工程安全技术规范. 北京:中国建筑工业出版社,2012.

[46] 沈阳建筑大学. JGJ 46—2005 施工现场临时用电安全技术规范(附条文说明). 北京:中国建筑工业出版社,2005.

[47] 中国有色金属工业西安勘察设计研究院,等. GB 50026—2007 工程测量规范(附条文说明). 北京:中国计划出版社,2008.

[48] 中国建筑股份有限公司,中建钢构有限公司. GB 50755—2012 钢结构工程施工规范. 北京:中国建筑工业出版社,2012.

[49] 上海市建设工程安全质量监督总站,上海城建建设实业(集团)有限公司. GB 50656—2011 施工企业安全生产管理规范. 北京:中国计划出版社,2012.

[50] 中国建筑科学研究院. GB 50666—2011 混凝土结构工程施工规范. 北京:中国建筑工业出版社,2012.

[51] 交通部公路科学研究所,交通部交通工程监理检测中心. JT/T 280—2004 路面标线涂料. 北京:人民交通出版社,2005.

[52] 上海市政工程设计研究院. GB 50013—2006 室外给水设计规范. 北京:中国计划出版社,2006.

[53] 上海市政工程设计研究总院,等. GB 50014—2006 室外排水设计规范. 室外排水设计规范. 2016年版. 北京:中国计划出版社,2016.

[54] 浙江省城市规划设计研究院. GB 50282—2016 城市给水工程规划规范. 北京:中国建筑工业出版社,2016.

[55] 陕西省城乡规划设计研究院,中国城市规划设计研究院. GB 50318—2017 城市排水工程规划规范. 北京:中国建筑工业出版社,2017.

[56] 沈阳市规划设计研究院. GB 50289—2016 城市工程管线综合规划规范. 北京:中国建筑工业出版社,2016.

[57] 住房和城乡建设部标准定额研究所,城市建设研究院. GB 50788—2012 城镇给水排水技术规范. 北京:中国建筑工业出版社,2016.

[58] 北京市政建设集团有限责任公司. GB 50268—2008 给水排水管道工程施工及验收规范. 北京:中国建筑工业出版社,2008.

[59] 水利部水利水电规划设计总院,中水北方勘测设计研究有限责任公司. GB/T 50805—2012 城市防洪工程设计规范. 北京:中国计划出版社,2012.

[60] 北京城市排水集团有限责任公司,北京市城市排水监测总站有限公司. GB/T 31962—2015 污水排入城镇下水道水质标准. 北京:中国标准出版社,2016.

[61] 北京市市政工程设计研究总院. GB 50332—2002 给水排水工程管道结构设计规范. 北京:中国建筑工业出版社,2003.

[62] 北京市市政工程设计研究总院. GB 50069—2002 给水排水工程构筑物结构设计规范. 北京:中国建筑工业出版社,2004.

[63] 北京市市政工程设计研究总院,北京市煤气热力工程设计院. GB 50032—2003 室外给水排水和燃气热力工程抗震设计规范. 北京:中国标准出版社,2003.

[64] 新兴铸管股份有限公司,合肥市久环给排水燃气设备有限公司,冶金工业信息标准研究院,等. GB/T 13295—2013 水及燃气用球墨铸铁管、管件和附件. 北京:中国标准出版社,2014.

[65] 苏州混凝土水泥制品研究院,北京韩建集团有限公司,北京市市政工程研究院,等. GB/T 11836—2009 混凝土和钢筋混凝土排水管. 北京:中国标准出版社,2009.

[66] 苏州混凝土水泥制品研究院有限公司,等. GB/T 19685—2017 预应力钢筒混凝土管. 北京:中国标准出版社,2018.

[67] 苏州混凝土水泥制品研究院,北京韩建集团有限公司,北京市市政工程研究院,等.GB/T 11836—2009 混凝土和钢筋混凝土排水管.北京:中国标准出版社,2009.

[68] 中国市政工程华北设计研究总院.CJJ 224—2014 城镇给水预应力钢筒混凝土管管道工程技术规程.北京:中国建筑工业出版社,2015.

[69] 同济大学,北京玻璃钢研究设计院有限公司.GB/T 21238—2016 玻璃纤维增强塑料夹砂管.北京:中国标准出版社,2017.

[70] 住房和城乡建设部科技发展促进中心.CJJ 101—2016 埋地塑料给水管道工程技术规程.北京:中国建筑工业出版社,2016.

[71] 成都川路塑胶集团,河北宝硕管材有限公司,南塑建材橡胶制品(深圳)有限公司,等.GB/T 10002.1—2006 给水用硬聚氯乙烯(PVC-U)管材.北京:中国标准出版社,2004.

[72] 中国建材检验认证集团股份有限公司,金德管业集团有限公司,北京市建筑工程物资协会.CJ/T 442—2013 建筑排水低噪声硬聚氯乙烯(PVC-U)管材.北京:中国标准出版社,2014.

[73] 山东胜利股份有限公司.GB/T 13663—2000 给水用聚乙烯(PE)管材.北京:中国标准出版社,2004.

[74] 中国石油化工股份有限公司北京燕山分公司树脂应用研究所,等.GB/T 18742.1—2017 冷热水用聚丙烯管道系统 第1部分:总则.北京:中国标准出版社,2017.

[75] 上海白蝶管业科技股份有限公司,等.GB/T 18742.2—2017 冷热水用聚丙烯管道系统 第2部分:管材.北京:中国标准出版社,2017.

[76] 上海白蝶管业科技股份有限公司,等.GB/T 18742.3—2017 冷热水用聚丙烯管道系统 第3部分:管件.北京:中国标准出版社,2017.

[77] 中建(北京)国际设计顾问有限公司,建设部给水排水产品标准化技术委员会.CECS:270—2010 给水排水丙烯腈-丁二烯-苯乙烯(ABS)管管道工程技术规程.北京:中国计划出版社,2010.

[78] 北京建筑大学,等.海绵城市建设技术指南——低影响开发雨水系统构建,2014.

[79] 中国建筑科学研究院,等.JG/T 398—2012 钢筋连接用灌浆套筒.北京:中国标准出版社,2012.

[80] 北京榆构有限公司.JG/T 408—2013 钢筋连接用套筒灌浆料.北京:中国标准出版社,2013.

[81] 北京预制建筑工程研究院有限公司,等.JGJ 355—2015 钢筋套筒灌浆连接应用技术规程.北京:中国建筑工业出版社,2015.

[82] 上海公路投资建设发展有限公司,上海市城市建设设计研究总院.DG/T J08-2160—2015,J 12992—2015 预制拼装桥墩技术规程.上海:同济大学出版社,2015.

[83] 中国建筑科学研究院.JGJ 107—2010 钢筋机械连接技术规程.北京:中国建筑工业出版社,2010.

[84] 中国建筑科学研究院.JG/T 398—2012 钢筋连接用灌浆套筒.北京:中国建筑工业出版社,2013.

[85] 吴子良.钢筋套筒灌浆连接技术.住宅产业,2011(6):59-61.

[86] 秦珩,钱冠龙.钢筋的套筒灌浆连接施工质量控制措施.施工技术,2013,42(14):113-115.

[87] 曹伟.大型混凝土构件桥墩装配式制作安装施工技术研究.价值工程,2017(33):78-80.

[88] 王贺敏.地铁与地下综合管廊统筹协调问题探讨.都市快轨交通,2017(5).

《地铁前期工程技术与管理实务》编写人员名单

编写内容			编 写 人
前言			胡鹰
第1篇 绿化迁移及恢复工程	第1章 绿化迁移及恢复工程设计	绿化迁移	林蕊、李严波、宋丽萍、张惠昌
		绿化恢复	蔡盛林、徐石林、刘璐璐、陈晶莹、苏洪林
	第2章 绿化迁移及恢复工程施工		徐伟光、邹玉香、叶蔚、刘璐璐
第2篇 交通疏解工程	第3章 交通疏解工程设计		蔡明、乔晓冉、郭栋、黄振宇、谭国威、史卿
	第4章 交通疏解工程施工		陈为、王媛、翁开翔、李星宇、张杨、梁敏、叶智威、李育贤
第3篇 管线改迁工程	第5章 管线改迁工程设计	给水排水、管线综合	张健君、陈卓如、曾静、叶少华
		电力	朱炫、殷涛、向杨威、刘荣华、赵梦晨、姚淼、龚武良、梁诚
		通信	余毅、蔡厚刚、陈秋宁、张书贵、杨海生、杨文辉、周志民
		燃气	庚敏莉、翁俊
	第6章 给水排水管线改迁工程施工		熊红珊、徐奇、胡庆生、张华芬
	第7章 电力管线改迁工程施工		李志华、杨伟军、黄燕宏、马楠、皮昊书、翟平义、刘洋
	第8章 通信管线改迁工程施工		黄荣忠、王伟、刘胜强、罗傲
	第9章 燃气管线改迁工程施工		罗冬林、赵水根、赵一伦、谢子钊、胡庆生、张华芬、李玉成、林峰、付秋翔、陈启华
第4篇 地铁前期工程项目管理	第10章 招投标与合同管理		胡鹰、谭劼、蔡翔
	第11章 设计管理		胡鹰、徐恢荣、蔡翔、乔晓冉、郭栋
	第12章 项目管理		胡鹰、白小宇、蔡翔
	第13章 工程质量管理		胡鹰、蔡翔、黄燕宏、李星宇、罗傲、胡庆生
	第14章 安全管理		胡鹰、蔡翔、黄燕宏、李星宇、罗傲、莫亚平、张丹、朱正光
第5篇 地铁前期工程新技术应用	第15章 BIM技术应用		侯铁、周琳
	第16章 交通疏解仿真技术应用		史卿、郝兆康、孙仁杰、谭国威
	第17章 海绵城市技术应用		张健君、吕英俊、王文娟、杨淑芳、林玉鹏
	第18章 快速拆架桥技术应用		陈宜言、乔晓冉、孙志国、涂俊
	第19章 预制装配式桥墩施工技术		张亚果、司兆辉、高超、张亮、吴道沅
	第20章 城市综合管廊与地铁共建研究		陈卓如、曾静、叶少华、杜永帮、闫智涛

特 别 鸣 谢

对给予本书在编写过程中提供大力支持和帮助的以下参编单位表示感谢！

深圳市市政设计研究院有限公司
深圳市绿化管理处
深圳园林股份有限公司
深圳市路桥建设集团有限公司
深圳市城市交通规划设计研究中心有限公司
深圳市水务(集团)有限公司
中国石油管道局工程有限公司
深圳市楚电建设工程设计咨询有限公司
广东省源天工程有限公司
江西省邮电规划设计院有限公司
广东南方电信规划咨询设计院有限公司
深圳市电信工程有限公司
深圳市燃气公司股份有限公司输配分公司
深圳市建安(集团)股份有限公司
中国交通建设股份有限公司南方分公司
深圳供电规划设计院有限公司
深圳市威彦达电力工程监理有限公司
中国电建集团华东勘测设计研究院有限公司
深圳供电局有限公司福田局
深圳市越众集团股份有限公司
深圳市燃气工程监理有限公司